中华传统文化经典读本

◎刘金同 丁清山 李亚男 编著

四书导读
孟子 中庸

山东城市出版传媒集团·济南出版社

图书在版编目（CIP）数据

四书导读：全两册 / 刘金同，丁清山，李亚男编著． -- 济南：济南出版社，2019.7

ISBN 978-7-5488-3882-1

Ⅰ．①四… Ⅱ．①刘… ②丁… ③李… Ⅲ．①儒家②四书－研究 Ⅳ．①B222.15

中国版本图书馆CIP数据核字（2019）第136816号

责任编辑：	刘德义
封面设计：	梁　丽
出版发行：	济南出版社
印　　刷：	济南新科印务有限公司
成品尺寸：	170mm×240mm　16开
印　　张：	46.75（全两册）
字　　数：	715千
版　　次：	2019年7月第1版
印　　次：	2019年7月第1次印刷
印　　数：	1—3000册
定　　价：	150.00元（全两册）

如有倒页、缺页、白页，请直接与印刷厂联系调换。
联系电话：0531—86131736

《四书导读〈孟子〉〈中庸〉》编委会

主　任　王茂兴

副主任　马金涛　李志强　王春花　刘来源
　　　　李昌武　杨福亮　李玉明

委　员　刘金同　李瑞成　李海梅
　　　　郑中军　杨　虹　崔月霞

内容简介

《大学》《论语》《孟子》《中庸》合在一起，称为"四书"。本书是《孟子》和《中庸》的导读本，分上下篇。上篇为《孟子》导读，《孟子》是由孟子及其弟子万章、公孙丑等共同编撰完成的，全书效仿《论语》，采用对话体的论文形式，记述孟子与诸侯国当权者及诸弟子的"疑难答问"，以及孟子自己的"法度之言"，体现了孟子的思想学说。下篇为《中庸》导读，《中庸》是"孔门传授心法"的著作，"放之则弥六合，卷之则退藏于密"，其味无穷，都是实用的学问。全书内容丰富，通俗易懂，被视为可供人们终身受用的哲学经典。

为了能让读者全面系统地诵读学习四书，本书采取原文、注释、译文的编排体例，下篇的《中庸》导读增加了评析。该书不仅适用于在校大学生的学习，也是广大青少年和党政干部以及人民群众学习传统文化的经典读物。

序

习近平总书记在党的十九大报告中指出："文化是一个国家、一个民族的灵魂。文化兴国运兴，文化强民族强。没有高度的文化自信，没有文化的繁荣兴盛，就没有中华民族伟大复兴。"并号召全国人民担负起新的文化使命，"坚持全民行动、干部带头，从家庭做起，从娃娃抓起。深入挖掘中华优秀传统文化蕴含的思想观念、人文精神、道德规范，结合时代要求继承创新，让中华文化展现出永久魅力和时代风采"。

为响应习近平总书记的号召，深入学习贯彻党的十九大精神，寿光市委、市政府印发了《寿光市传承发展中华优秀传统文化推进乡村文化文明振兴工作方案》，在全市深入开展中华优秀传统文化传承发展"十大行动"，推进传统文化进机关、进学校、进企业、进农村（社区）、进家庭等，实施公民道德建设工程。通过三年的努力，全市争取实现人人有良好的道德，家家有良好的家风，全社会文明和谐提高到一个崭新水平。目前，寿光市各级党政机关、学校、企业、农村（社区）以及家庭已掀起了学习践行中华优秀传统文化的热潮。为满足广大学习者的需求，潍坊科技学院国学研究所所长刘金同教授牵头编写了《〈大学〉〈论语〉导读》《〈孟子〉〈中庸〉导读》读本。刘金同教授多年来致力于中华优秀传统文化的学习研究，主编出版了《中国传统文化》《汉英〈弟子规〉释译》《传统文化经典释译》《国学经典释译》等20多部著作，发表了30多篇学术论文，在国内外颇有影响力。

中华文化源远流长、灿烂辉煌。在5000多年文明发展中孕育的中华优秀传统文化，积淀着中华民族最深沉的精神追求，代表着中华民族独特的精神标识，是中华民族生生不息、发展壮大的丰厚滋养，是中国特色社会主义植根的文化沃土，是当代中国发展的突出优势。中华优秀传统文化博大精深，灿若星河，其核心是儒家的伦理道德思想。孔子(公元前551年—公元前479年)是儒家的创始人，是中国古代著名的教育家、思想家和政治家，他编纂《春秋》，修订"六经"，其儒家思想对中国和世界都有深远的影响。"四书"是儒家伦理道德思想的经典著作，"四书"是指《大学》《论语》《孟子》《中庸》，是宋代大儒朱熹合成而称"四书"。在漫长的封建社会，"四书"一直被知识分子视作修身之法则，终生追求不止；被统治者奉为治国之圭臬，从上到下大力推行。政治家们从中寻找从政的灵感，老百姓从中寻找行为的依据。从元代开始，科举选士的试卷命题也必出自"四书"等经典。

学习"四书"，首先要按循序渐进的方法学习，朱熹谈"四书"的学习次第时说："先读《大学》，以定其规模；次读《论语》，以立其根本；次读《孟子》，以观其发越；次读《中庸》，以求古人之微妙处。"其次要多读原文，要发出声音以诵读，并且多读，以领会其精髓，受到启迪，使自己的道德品质不断升华，"修己以安百姓"。

寿光市政协原主席、市传统文化宣传教育中心主任　王茂兴

2018年2月

前 言

　　孔子所创的儒家学说，一百多年后，由于孟子的继承和发展而变得更丰富了，更系统了，在中国传统文化的苑囿里，终于长成了一棵根深叶茂的大树。

　　孟子名轲，字子舆，战国中期邹（今山东省邹城市）人，生于公元前380年前后，在世80多年。其父早逝，他从小得力于母亲教导和环境熏陶，热爱学习毫不松懈。他一生崇拜孔子，自称："乃所愿，则学孔子也。"他受业于孔子之孙子思的门人，可说是得到孔子学说的真传。学成之后，面对百家纷争、天下征战的局面，他一方面与杨、墨诸家学说激烈论战，一方面亲率弟子游历宋、滕、齐、梁诸国，向他们阐述"仁政"主张。由于当时"天下方务于合纵连衡，以攻伐为贤"，他的主张显然不合时宜，被人视为"迂阔于事"，遭到诸侯的拒绝。于是他更重于设帐授徒，把"得天下英才而教育之"作为人生一大乐趣。到了晚年更是专心于著述讲学，写成传世的重要著作《孟子》七篇。

　　关于《孟子》的作者，历来有争论，一说是孟子自著，一说是其弟子共同记述。我们还是同意《史记·孟荀列传》中的说法："（孟子）退而与万章之徒序《诗》《书》，述仲尼之意，作《孟子》七篇。"即是说，孟子与其弟子共同参与了著述。从全书思想内容和论辩风格的一致性来说，孟子亲自执笔的可能性更大些，至少他也是个润色审订者。孟子继承了孔子"仁"的学说而又有较大发展。他的"仁"主要体现在政治上，主张通过施行"仁政"去统一天下。具体内容主要有三点：一是"制民之产"，即让百姓有一份固定的田产，让他们不饥不寒，养生丧死而无憾。二是"与民同乐"，要统治者注意民心向背，体恤民意，赢得民心。三是"谨庠序之教"，建立人伦规范，形成良好的社会风尚。孟子认为"仁政"的核心是"保民"，只有施行"仁政"才能无敌于天下。这种主张在当时未能行得通，但却为后世有为的统治者提供了治国的基本方略，因此具有超越时代的价值。孟子提出"民为贵，社稷次之，君为轻"，要统治者多为人民的生存条件着想。对残害百姓的君王，他痛加指斥，认为可废可弑。这旷古未有的议论，更鲜明地反映了他的民本思想，是闪现于中国社会思想史上的一道强光。

孟子不但讲"仁"，也强调"义"。"义"的本意是行为合理适宜。孟子把"义"作为人的行为选择的最高标准。利义相比，应轻利取义；生死关头，也要舍生取义。"义"的内涵各时代当然有所不同，但利义选择问题，永远存在。因此孟子的利义观影响深远，对我们民族价值观念的形成具有重大作用。

"性善""性恶"论，是中国哲学史上的重要命题。孟子是"性善"论者。他说："人性之善也，人皆有之；人无有不善，水无有不下。"他把"性善"具体阐述为恻隐、羞恶、恭敬、是非这"四心"，认为对应这"四心"的仁、义、礼、智不是外加的，而是"我固有之"的，但他又说"求则得之，舍则失之"，即要自觉地向自身内心去追求，才能得到。这就是"反求诸己"。其实，人之初无所谓性善性恶，在长大的过程中，由于环境和教育的影响作用，才有了向善向恶的变化。性善虽是孟子的理论预设，但在分析人的实际道德状况时，也很重视环境对人的影响。

孟子的"人格"论影响深远。他所推崇的理想人格是"富贵不能淫，贫贱不能移，威武不能屈"。他认为人格的重要，远远高于财富、权力、地位。主张做人要做有"浩然之气"的"大丈夫"。怎样蓄积"浩然之气"，那就是：一要持志养气，坚持崇高的志向追求；二要"动心忍性"，有意识地在逆境中磨砺意志；三要"存心养性"，就是要清心寡欲。孟子的这些主张和理论是对中国传统文化的重要贡献。浩然之气的"大丈夫"，自古以来激励了无数的志士，诚如冯友兰先生所说："懂得了这个词汇，才可以懂得中国文化和中华民族的精神。"（冯友兰《中国哲学史新编》第二册）孟子的教育思想也值得后人重视。他认为学习成绩不决定于天资的高低，而决定于学习的态度，他用生动的故事作比喻，告诫学生学习一定要专心致志。学习的过程应该是循序渐进的，不应该"揠苗助长"。他又继承孔子"因材施教"的原则，提出"教亦多术"，对不同的学生要有不同的教学方法、不同的教学目标，都要因人而异。孟子又特别强调学习过程中的独立思考和独立见解。他有句名言："尽信《书》，则不如无《书》。"就是要求学生不轻信、不盲从书上结论或前人之说，通过积极思考得出自己的结论。

《孟子》在文章风格上是独树一帜的。孟子可以说是个雄辩家。他能用巧妙的方法将谈话引入预设的话题，能用不断的反诘揭露论敌的破绽，能用形象恰当的比喻说明事理，能用有力的逻辑推理阐明自己的论点。因此《孟子》文章，总体上具有明快练达、酣畅犀利、气势磅礴的风格特点，对中国文学创作的发展产生了重大的影响。

下篇《中庸》原来只是《礼记》中的一篇，一般认为它出于孔子的孙子子思（前483—前402）之手。据《史记·孔子世家》记载，孔子的儿子名叫孔鲤，字伯鱼；伯鱼的儿子名叫孔伋，字子思。孔子去世后，儒家分为八派，子思是其中一派。荀子把子思和孟子看成是一派。从师承关系来看，子思学于孔子的得意弟子之一曾子，孟子又学于子思。从《中庸》和《孟子》的基本观点来看，也大体上是相同的。所以有"思孟学派"的说法。后代因此而尊称子思为"述圣"。近代人们对《中庸》作者产生疑问，有人据第二十八章"生乎今之世，反古之道""今天下车同轨，书同文，行同伦"两段话，认为《中庸》是秦代作品；也有人认为是子思所作，只是掺入了秦人文字。多数学者认为现存的《中庸》，还应为子思所作，但可能经过秦代儒者的修改，大致写定于秦统一全国后不久。所以命名篇章的方式是以撮取文章的中心内容为题。

早在西汉时代就有专门解释《中庸》的著作，《汉书·艺文志》载录有《中庸说》二篇，以后各代都有关于这方面的著作相沿不绝。但影响最大的还是朱熹的《中庸章句》，他把《中庸》与《大学》《论语》《孟子》合在一起，使它成为"四书"之一，成为后世读书人求取功名的阶梯。

《中庸》在儒家典籍中，是高层次的理论色彩浓厚的著作。读通、读懂很不容易。朱熹认为读"四书"应最后读《中庸》，突出它的高深性。朱熹认为《中庸》"忧深言切，虑远说详""历选前圣之书，所以提挈纲维，开示蕴奥，未有若是之明且尽者也。（《中庸章句·序》）并且在《中庸章句》的开头引用程颐的话，强调《中庸》是"孔门传授心法"的著作，"放之则弥六合，卷之则退藏于密"，其味无穷，都是实用的学问。善于阅读的人只要仔细玩味，便可以终身受用不尽。程颐的说法也许有些过头，但《中庸》

的确是内容丰富，不仅提出了"中庸"作为儒家的最高道德标难，而且还以此为基础讨论了一系列的问题，涉及到儒家学说的各个方面。所以，《中庸》被推崇为"实学"，被视为可供人们终身受用的哲学经典，这也绝不是偶然的。朱熹在《四书章句集注》中，将"执其两端"的"两端"，训为"众论不同之极致"。毛泽东同志认为这个意见大体是对的，但应明确地指出"两端"就是指"过"与"不及"。他在给张闻天的信中写道："'过'的即是'左'的东西，'不及'的即是右的东西。依照现在我们的观点说来，过与不及乃指一定事物在时间与空间中运动，当其发展到一定状态时，应从量的关系上找出与确定其一定的质，这就是'中'或'中庸'，或'时中'。说这个事物已经不是这种状态而进到别种状态了，这就是别一种质，就是'过'或'左'倾了。说这个事物还停止在原来状态并无发展，这是老的事物，是概念停滞，是守旧顽固，是右倾，是'不及'。"（《毛泽东书信选》146–147页）因此，中庸之道，既是世界观又是方法论。

毛泽东同志对中庸思想有较高评价。他称中庸范畴是孔子的一大发现，一大功绩，值得认真研究。

本书上篇《孟子》导读由山东省潍坊科技学院国学研究所所长、农圣文化研究中心副主任刘金同教授和山东省潍坊科技学院丁清山讲师及山东省寿光市张建桥中学李亚男老师共同编著。参与上篇编写的还有：山东省昌乐宝石中等专业学校教师刘晓晨（硕士）、王天鹏（硕士），中国人民大学附属中学教师刘学斌（硕士），北京航空精密机械研究所研究员王冰倩（硕士）。下篇《中庸》导读主要由刘金同教授编著。该书的出版，得到了山东省寿光市委、市政府和潍坊科技学院院长李昌武教授以及山东省寿光市关心下一代工作委员会主任、寿光市中华优秀传统文化宣传教育中心主任王茂兴（原寿光市政协主席）、山东省寿光市电视台李海梅记者的大力支持，在此表示衷心感谢！

我们在为该书注译的过程中，主要参考了《十三经注疏》中的《孟子注疏》，南宋朱熹的《孟子章句集注》，清人焦循的《孟子正义》、戴震的《孟子字义疏证》，今人杨伯峻先生的《孟子译注》，台湾大学傅佩荣的《傅佩荣译解孟子》，同时还参阅了另外一些注本。我们的注译原则是，广搜博采，会同比较，在深刻理解的基础上，选出我们认为最能表达原文的注音、解释，最恰当的词语、句式。在前人误释或难解之处，我们不因袭旧注含混而过，而是重新考证，作出新的解释。我们着力于译，全书以直译为主，少用意译，以便尽可能减少译文失误，避免以己意掺入文意，同时给初学文言者提供方便。语言力求符合语境、人物、文章风格等，注重简洁晓畅。限于学识和能力，这些原则未必都能做到，文中错误定所难免，殷切期盼专家、读者批评指正。

编　者

2018 年 3 月 6 日

目 录

上篇 《孟子》导读

1. 梁惠王篇 上（凡七章）/3
2. 梁惠王篇 下（凡十六章）/17
3. 公孙丑篇 上（凡九章）/35
4. 公孙丑篇 下（凡十四章）/51
5. 滕文公篇 上（凡五章）/67
6. 滕文公篇 下（凡十章）/81
7. 离娄篇 上（凡二十八章）/97
8. 离娄篇 下（凡三十三章）/113
9. 万章篇 上（凡九章）/131
10. 万章篇 下（凡九章）/147
11. 告子篇 上（凡二十章）/161
12. 告子篇 下（凡十六章）/177
13. 尽心篇 上（凡四十六章）/195
14. 尽心篇 下（凡三十八章）/215

参考文献 /233

下篇 《中庸》导读

第一章 天命 /237

第二章 时中 /239

第三章 鲜能 /241

第四章 行明 /243

第五章 不行 /245

第六章 大智 /247

第七章 予知 /249

第八章 服膺 /251

第九章 可均 /253

第十章 问强 /255

第十一章 素隐 /257

第十二章 费隐 /259

第十三章 不远 /261

第十四章 素位 /263

第十五章 行远 /265

第十六章 鬼神 /267

第十七章 大孝 /269

第十八章 无忧 /271

第十九章 达孝 /273

第二十章 问政 /275

第二十一章 诚明 /283

第二十二章 尽性 /285

第二十三章 致曲 /287

第二十四章 前知 /289

第二十五章 自成 /291

第二十六章 无息 /293

第二十七章 大哉 /297

第二十八章 自用 /299

第二十九章 三重 /301

第三十章 祖述 /303

第三十一章 至圣 /305

第三十二章 经纶 /307

第三十三章 尚絅 /309

附录一 《中庸》全文/313

附录二 朱熹《中庸章句序》（原文、译文对照）/321

参考文献 /331

上 篇

《孟子》导读

1. 梁惠王篇 上①（凡七章）

【原文】

1.1 孟子见梁惠王②。王曰："叟！不远千里而来，亦将有以利吾国乎？"

孟子对曰："王！何必曰利？亦有仁义③而已矣。王曰'何以利吾国？'大夫曰'何以利吾家④？'士庶人曰'何以利吾身？'上下交征利而国危矣。万乘⑤之国，弑其君者，必千乘之家；千乘之国，弑其君者，必百乘之家。万取千焉，千取百焉，不为不多矣。苟为后义而先利，不夺不餍⑥。未有仁而遗其亲者也，未有义而后其君者也。王亦曰仁义而已矣，何必曰利？"

【注释】

①梁惠王上：《梁惠王》是《孟子》第一篇的篇名，《孟子》和《论语》一样，原无篇名，后人一般取每篇第一章中的前两三字为篇名。《孟子》共七篇，东汉末赵岐为《孟子》作注时，将每篇皆分为上、下，后人从之。

②梁惠王：即战国时魏惠王，前369年—前319年在位。魏原来都城在安邑（今山西夏县西北），因秦国的压力，前362年魏惠王迁都大梁（今河南开封），故魏也被称为梁，魏惠王也被称为梁惠王。"惠"是其死后的谥号。惠王三十五年，特地"卑礼厚币，以招贤者"，孟子于此时来到梁国。

③仁义："仁"是儒家的一种含义广泛的道德观念，是各种善的品德的概括，核心指人与人相互亲爱。"义"，儒家学说指思想行为符合一定的准则。

④大夫：先秦时代职官等级名，国君之下有卿、大夫、士三级。家：大夫的封邑。封邑是诸侯封赐所属卿、大夫作为世禄的田邑（包括土地上的劳动者在内），又称采（cǎi）地。

⑤乘（shèng）：量词，一车四马为一乘。当时战争的形式主要是车战，一辆兵车由四匹马拉，车上有三名武装战士，后有若干步兵。古代常以兵车的多少衡量诸侯国或卿大夫封邑的大小。

⑥餍（yàn）：满足。

【译文】

孟子谒见梁惠王。惠王说："老先生！您不远千里而来，将有什么有利于我的国家吗？"

孟子回答道："大王，您为什么定要说到利益呢？只有仁义就够了。大王说'怎样有利于我的国家？'大夫说'怎样有利于我的封邑？'士人平民说'怎样有利于我自身？'上上下下互相争夺利益，那国家就危险了。在拥有万辆兵车的国家，杀掉国君的，必定是国内拥有千辆兵车的大夫；在拥有千辆兵车的国家，杀掉国君的，必定是国内拥有百辆兵车的大夫。在拥有万辆兵车的国家里，这些大夫拥有千辆兵车；在拥有千辆兵车的国家里，这些大夫拥有百辆兵车，不算是不多了，如果轻义而重利，他们不夺取（国君的地位和利益）是绝对不会满足的。没有讲仁的人会遗弃自己父母的，没有行义的人会不顾自己君主的。大王只要讲仁义就行了，何必谈利益呢？"

【原文】

1.2 孟子见梁惠王。王立于沼上，顾鸿雁麋鹿，曰："贤者亦乐此乎？"

孟子对曰："贤者而后乐此，不贤者虽有此，不乐也。《诗》①云：'经始灵台，经之营之，庶民攻之，不日成之。经始勿亟，庶民子来。王在灵囿②，麀鹿③攸伏，麀鹿濯濯，白鸟鹤鹤。王在灵沼、於牣鱼跃。'文王以民力为台为沼，而民欢乐之，谓其台曰灵台，谓其沼曰灵沼，乐其有麋鹿鱼鳖。古之人与民偕乐，故能乐也。《汤誓》④曰：'时日害丧⑤，予及女⑥偕亡。'民欲与之偕亡，虽有台池鸟兽，岂能独乐哉？"

【注释】

①《诗》：即《诗经》，我国最早的诗歌总集。本只称诗，儒家列为经典，故称《诗经》，大抵是周初至春秋中期的作品，共三百零五篇，分为风、小雅、

大雅、颂四类。此章所引为《大雅·灵台》。

②王：此指周文王姬昌，殷王纣时的诸侯，子武王伐纣，灭殷。囿（yòu）：古代畜养禽兽的园林。

③麀（yōu）鹿：雌鹿。

④《汤誓》：《尚书》中的一篇。《尚书》是我国上古历史文件和部分追述上古事迹著作的汇编，是儒家经典之一。《汤誓》这一篇，记载商汤讨伐暴君夏王桀的誓词。传说，夏桀曾自比太阳，说太阳灭亡他才灭亡。此章所引是百姓诅咒夏桀的话。

⑤时：这。害（hé）：同"曷"，何时的意思。

⑥女（rǔ）：同"汝"，你。

【译文】

孟子谒见梁惠王。惠王站在池塘边上，一面观赏着鸿雁麋鹿，一面问道："贤人对此也感受到快乐吗？"

孟子答道："只有贤人才能感受到这种快乐，不贤的人纵然拥有珍禽异兽，也不会（真正感受到）快乐的。《诗经》上说：'文王规划筑灵台，基址方位细安排，百姓踊跃来建造，灵台很快就造好。文王劝说不要急，百姓干活更积极。文王巡游到灵囿，母鹿自在乐悠悠，母鹿肥美光泽好，白鸟熠熠振羽毛。文王游观到灵沼，鱼儿满池喜跳跃。'文王依靠民力造起了高台深池，但人民却高高兴兴，把他的台叫做灵台，把他的池沼叫做灵沼，为他能享有麋鹿鱼鳖而高兴。古代的贤君与民同乐，所以能享受到（真正的）快乐。《尚书·汤誓》中说：'这个太阳什么时候灭亡？我们要跟你同归于尽！'人民要跟他同归于尽，（他）纵然拥有台池鸟兽，难道能独自享受到快乐吗？"

【原文】

1.3 梁惠王曰："寡人之于国也，尽心焉耳矣。河内①凶，则移其民于河东②，移其粟于河内。河东凶亦然。察邻国之政，无如寡人之用心者。邻国之民不加少，寡人之民不加多，何也？"

孟子对曰："王好战，请以战喻。填然鼓之，兵③刃既接，弃甲曳兵而走。或百步而后止，或五十步而后止。以五十步笑百步，则何如？"

曰："不可，直不百步耳，是亦走也。"

曰："王如知此，则无望民之多于邻国也。不违农时，谷不可胜食也；数罟不入洿池④，鱼鳖不可胜食也；斧斤以时入山林，材木不可胜用也。谷与鱼鳖不可胜食，材木不可胜用，是使民养生丧死无憾也。养生丧死无憾，王道之始也。五亩之宅，树之以桑，五十者可以衣帛矣。鸡豚狗彘之畜，无失其时，七十者可以食肉矣。百亩之田，勿夺其时，数口之家可以无饥矣。谨庠序⑤之教，申之以孝悌之义，颁白者不负戴于道路矣。七十者衣帛食肉，黎民不饥不寒，然而不王者，未之有也。狗彘食人食而不知检，涂有饿莩⑥而不知发；人死，则曰'非我也，岁也。'是何异于刺人而杀之，曰'非我也，兵也。'王无罪岁，斯天下之民至焉。"

【注释】

①河内：指黄河以北的今河南省沁阳、济源、博爱一带，当时是魏国的领土。

②河东：指黄河以东的今山西省西南部，当时是魏国的领土。

③兵：兵器。

④数罟（cù gǔ）：密网。洿（wū）池：大池。

⑤庠（xiáng）序：古代地方所设的学校。

⑥莩（piǎo）：饿死的人。

【译文】

梁惠王说："我对于国家，真是够尽心的了。河内发生灾荒，就把那里的（一部分）百姓迁移到河东去，把粮食运到河内去赈济。河东发生灾荒，我也这么办。考察邻国的政务，没有哪个国君能像我这样为百姓操心的了。但是邻国的人口并不减少，而我们魏国的人口并不增多，这是什么缘故呢？"

孟子回答道："大王喜欢打仗，请让我拿打仗作比喻。咚咚地擂起战鼓，刀刃剑锋相碰，（就有士兵）丢盔弃甲，拖着兵器逃跑。有的逃了一百步停下来，有的逃了五十步住了脚。（如果）凭着自己只逃了五十步就嘲笑那些逃了一百步的人，那怎么样？"

惠王说："不可以，只不过后面的逃不到一百步罢了，这同样是逃跑呀。"

孟子说："大王如果懂得这一点，就不要指望魏国的百姓会比邻国多了。不耽误百姓的农时，粮食就吃不完；细密的鱼网不放入大塘捕捞，鱼鳖就吃不完；按一定的时令采伐山林，木材就用不完。粮食和鱼鳖吃不完，木材用不完，这就使百姓养家活口、办理丧事没有什么遗憾的了。百姓生养死丧没有什么遗憾，这就是王道的开始。五亩田的宅地，（房前屋后）多种桑树，五十岁的人就能穿上丝棉袄了。鸡、猪和狗一类家畜不错过它们的繁殖时节，七十岁的人就能吃上肉了。一百亩的田地，不要占夺（种田人的）农时，几口人的家庭就可以不饿肚子了。搞好学校教育，不断向年轻人灌输孝顺父母、敬爱兄长的道理，头发花白的老人就不必肩扛头顶着东西赶路了。七十岁的人穿上丝棉袄，吃上肉，百姓不挨冻受饿，做到这样却不能统一天下的，是绝不会有的。（现在，富贵人家的）猪狗吃着人吃的粮食，却不知道制止；道路上有饿死的尸体，却不知道开仓赈济；人饿死了，却说'这不是我的责任，是收成不好'，这跟把人刺死了，却说'不是我杀的人，是兵器杀的'，又有什么两样呢？大王请您不要怪罪于年成不好，（只要推行仁政）这样天下的百姓就会投奔到您这儿来了。"

【原文】

1.4 梁惠王曰："寡人愿安承教。"

孟子对曰："杀人以梃与刃，有以异乎？"

曰："无以异也。"

"以刃与政，有以异乎？"

曰："无以异也。"

曰："庖有肥肉，厩有肥马，民有饥色，野有饿莩，此率兽而食人也。兽相食，且人恶之；为民父母①，行政，不免于率兽而食人，恶在其为民父母也？仲尼曰：'始作俑②者，其无后乎！'为其象人而用之也。如之何其使斯民饥而死也？"

【注释】

①为民父母：参考《书经·洪范》："天子作民父母，以为天下王。"官员有如百姓父母，这是中国古代的政治思想。

②俑：古代用以殉葬的木偶或陶偶。在奴隶社会，最初用活人殉葬，由于社会生产力的发展，劳动力渐被重视，后来便改用俑来殉葬。孔子不了解

这一情况，误认为先有俑殉，后有人殉，故对俑殉深恶痛绝。

【译文】

梁惠王说："我乐于听取您的指教。"

孟子回答道："用木棍打死人跟用刀杀死人，（性质）有什么不同吗？"

惠王说："没有什么不同。"

（孟子又问道：）"用刀子杀死人跟用苛政害死人，有什么不同吗？"

惠王说："没有什么不同。"

孟子说："厨房里有肥嫩的肉，马棚里有壮实的马，（可是）老百姓面带饥色，野外有饿死的尸体，这如同率领着野兽来吃人啊！野兽自相残食，人们见了尚且厌恶，而身为百姓的父母，施行政事，却不免于率领野兽来吃人，这又怎能算是百姓的父母呢？孔子说过：'最初造出陪葬用的木俑土偶的人，该会断子绝孙吧！'这是因为木俑土偶像人的样子却用来殉葬。（这样尚且不可，）那又怎么能让百姓们饥饿而死呢？"

【原文】

1.5 梁惠王曰："晋国，天下莫强焉，叟之所知也。及寡人之身，东败于齐，长子死焉①；西丧地于秦七百里；南辱于楚。寡人耻之，愿比死者一洒②之，如之何则可？"

孟子对曰："地方百里而可以王。王如施仁政于民，省刑罚，薄税敛，深耕易耨③，壮者以暇日修其孝悌忠信，入以事其父兄，出以事其长上，可使制梃以挞秦楚之坚甲利兵矣。彼夺其民时，使不得耕耨以养其父母。父母冻饿，兄弟妻子离散。彼陷溺其民，王往而征之，夫谁与王敌？故曰：'仁者无敌。'王请勿疑！"

【注释】

①东败于齐，长子死焉：指前343年马陵之战，齐威王派田忌、孙膑率军队救韩伐魏，大败魏军于马陵。魏将庞涓自杀，太子申被俘。

②比：全，都。洒：同"洗"。

③耨（nòu）：锄草。

【译文】

梁惠王说:"晋国,以前天下没有哪个国家比它更强大的了,这是老先生您所知道的。(可是)传到我手中,东边败给了齐国,我的长子也牺牲了;西边又丢失给秦国七百里地方;南边被楚国欺侮,吃了败仗。对此我深感耻辱,想要为死难者洗恨雪耻,怎么办才好呢?"

孟子回答道:"百里见方的小国也能够取得天下。大王如果对百姓施行仁政,少用刑罚,减轻赋税,(提倡)深耕细作、勤除杂草,让年轻人在耕种之余学习孝亲、敬兄、忠诚、守信的道理,在家侍奉父兄,在外敬重尊长,(这样,)可以让他们拿起木棍打赢盔甲坚硬、刀枪锐利的秦楚两国的军队了。他们(秦、楚)常年夺占百姓的农时,使百姓不能耕作来奉养父母。父母受冻挨饿,兄弟妻儿各自逃散。他们使自己的百姓陷入了痛苦之中,(如果)大王前去讨伐他们,谁能跟大王对抗呢?所以(古语)说:'有仁德的人天下无敌。'大王请不要怀疑这个道理了!"

【原文】

1.6 孟子见梁襄王①,出,语人曰:"望之不似人君,就之而不见所畏焉。卒然问曰:'天下恶乎定?'吾对曰:'定于一。''孰能一之?'对曰:'不嗜杀人者能一之。''孰能与之?'对曰:'天下莫不与也。王知夫苗乎?七八月之间旱,则苗槁矣。天油然作云,沛然下雨,则苗浡然兴之矣。其如是,孰能御之?今夫天下之人牧,未有不嗜杀人者也。如有不嗜杀人者,则天下之民皆引领而望之矣。诚如是也,民归之,由②水之就下,沛然谁能御之?'"

【注释】

①梁襄王:惠王子,名嗣,前318年—前296年在位。
②由:同"犹",如同。

【译文】

孟子谒见了梁襄王,退出来后,对人说:"在远处看,他不像个国君,走到跟前也看不出他的威严。他突然发问道:'天下怎样才能安定?'我回答道:'天下统一了就会安定。'(他问:)'谁能使天下统一?'我答道:'不喜欢杀人的国君能使天下统一。'（他又问：）'谁会归顺服从他呢？'我回答道：'天下的人没有不归顺服从的。大王了解禾苗生长的情况吗？七八月间遇到天旱，禾苗就枯蔫了。（假如这时候）天上忽然涌起乌云，降下大雨来，那么禾苗就又能蓬勃旺盛地生长起来了。果真这样，谁又能阻止它生长呢？当今天下的国君没有不好杀人的。如果有不好杀人的，天下的老百姓必然都会伸长了脖子期望着他了。果真这么做了，老百姓归顺他，就跟水往低处奔流一样，浩浩荡荡，谁又能阻挡得住呢？'"

【原文】

1.7 齐宣王①问曰："齐桓、晋文②之事可得闻乎？"

孟子对曰："仲尼之徒无道桓文之事者，是以后世无传焉，臣未之闻也。无以，则王乎？"

曰："德何如则可以王矣？"

曰："保民而王，莫之能御也。"

曰："若寡人者，可以保民乎哉？"

曰："可。"

曰："何由知吾可也？"

曰："臣闻之胡龁曰，王坐于堂上，有牵牛而过堂下者，王见之，曰：'牛何之？'对曰：'将以衅钟③。'王曰：'舍之！吾不忍其觳觫④，若无罪而就死地。'对曰：'然则废衅钟与？'曰：'何可废也？以羊易之！'不识有诸？"

曰："有之。"

曰："是心足以王矣。百姓皆以王为爱也，臣固知王之不忍也。"

王曰："然；诚有百姓者。齐国虽褊小，吾何爱一牛？即不忍其觳觫，若无罪而就死地，故以羊易之也。"

曰："王无异于百姓之以王为爱也。以小易大，彼恶知之？王若隐其无罪而就死地，则牛羊何择焉？"

王笑曰："是诚何心哉？我非爱其财而易之以羊也。宜乎百姓之谓我爱也。"

曰："无伤也，是乃仁术也，见牛未见羊也。君子之于禽兽也，见其生，不忍见其死；闻其声，不忍食其肉。是以君子远庖厨也。"

王说⑤曰："《诗》云：'他人有心，予忖度之。'⑥夫子之谓也。夫我乃行之，反而求之，不得吾心。夫子言之，于我心有戚戚焉。此心之所以合于王者，何也？"

曰："有复于王者曰：'吾力足以举百钧，而不足以举一羽；明足以察秋毫之末，而不见舆薪。'则王许之乎？"

曰："否。"

"今恩足以及禽兽，而功不至于百姓者，独何与？然则一羽之不举，为不用力焉；舆薪之不见，为不用明焉；百姓之不见保，为不用恩焉。故王之不王，不为也，非不能也。"

曰："不为者与不能者之形何以异？"

曰："挟太山以超北海，语人曰：'我不能。'是诚不能也。为长者折枝，语人曰：'我不能。'是不为也，非不能也。故王之不王，非挟太山以超北海之类也；王之不王，是折枝之类也。"

"老吾老，以及人之老；幼吾幼，以及人之幼。天下可运于掌。《诗》云：'刑于寡妻，至于兄弟，以御于家邦。'⑦言举斯心加诸彼而已。故推恩足以保四海，不推恩无以保妻子。古之人所以大过人者，无他焉，善推其所为而已矣。今恩足以及禽兽，而功不至于百姓者，独何与？权，然后知轻重；度，然后知长短。物皆然，心为甚。王请度之！抑王兴甲兵，危士臣，构怨于诸侯，然后快于心与？"

王曰："否。吾何快于是？将以求吾所大欲也。"

曰："王之所大欲可得而闻与？"

王笑而不言。

曰："为肥甘不足于口与？轻暖不足于体与？抑为采色不足视于目与？声音不足听于耳与？便嬖⑧不足使令于前与？王之诸臣皆足以供之，而王岂为是哉？"

曰："否。吾不为是也。"

曰："然则王之所大欲可知已，欲辟土地，朝秦楚，莅中国而抚四夷也。以若所为求若所欲，犹缘木而求鱼也。"

王曰："若是其甚与？"

曰："殆有甚焉。缘木求鱼，虽不得鱼，无后灾。以若所为求若所欲，尽心力而为之，后必有灾。"

曰："可得闻与？"

曰："邹人与楚人战，则王以为孰胜？"

曰："楚人胜。"

曰："然则小固不可以敌大，寡固不可以敌众，弱固不可以敌强。海内之地方千里者九，齐集有其一。以一服八，何以异于邹敌楚哉？盖⑨亦反其本矣。今王发政施仁，使天下仕者皆欲立于王之朝，耕者皆欲耕于王之野，商贾皆欲藏于王之市，行旅皆欲出于王之涂，天下之欲疾其君者皆欲赴愬⑩于王。其若是，孰能御之？"

王曰："吾惛⑪，不能进于是矣。愿夫子辅吾志，明以教我。我虽不敏，请尝试之。"

曰："无恒产而有恒心者，惟士为能。若民，则无恒产，因无恒心。苟无恒心，放辟邪侈⑫，无不为已。及陷于罪，然后从而刑之，是罔民也。焉有仁人在位罔民而可为也？是故明君制民之产，必使仰足以事父母，俯足以畜妻子，乐岁终身饱，凶年免于死亡。然后驱而之善，故民之从之也轻。今也制民之产，仰不足以事父母，俯不足以畜妻子；乐岁终身苦，凶年不免于死亡。此惟救死而恐不赡，奚暇治礼义哉？王欲行之，则盍反其本矣。五亩之宅，树之以桑，五十者可以衣帛矣。鸡豚狗彘之畜，无失其时，七十者可以食肉矣。百亩之田，勿夺其时，八口之家可以无饥矣。谨庠序之教，申之以孝悌之义，颁白者不负戴于道路矣。老者衣帛食肉，黎民不饥不寒，然而不王者，未之有也。"

【注释】

①齐宣王：战国时齐国国王田辟疆，前319年—前301年在位。

②齐桓、晋文：齐桓公，春秋时齐国国君姜小白，前685年—前643年在位，春秋时第一个霸主。晋文公，春秋时晋国国君姬重耳，前636年—前628年在位，春秋五霸之一。

③衅（xìn）钟：古代一种祭祀仪式。新钟铸成后，杀牲取血，涂在钟的缝隙处。

④觳觫（hú sù）：因恐惧而发抖的样子。

⑤说（yuè）：同"悦"。

⑥以上两句出自《诗经·小雅·巧言》。

⑦以上三句出自《诗经·大雅·思齐》。刑：同"型"，示范。寡妻：嫡妻，正妻。家邦：大夫的封邑，诸侯的封国。

⑧便（pián）嬖（bì）：宠爱的奴仆。

⑨盖：何不。

⑩愬（sù）：申诉。

⑪惛（hūn）：发昏。

⑫放辟（pì）邪侈（chǐ）：放荡邪僻，不守正道，胡作非为。

【译文】

齐宣王问道："齐桓公、晋文公（称霸诸侯）的事情，可以讲给我听听吗？"

孟子回答道："孔子的门徒没有谈论齐桓公、晋文公事情的，因此后世没有传下来，我也就没有听说过。一定要我讲的话，那就谈谈用仁德统一天下的道理好吗？"

宣王问："仁德怎样就可以统一天下呢？"

孟子回答道："爱抚百姓而统一天下，就没有谁能阻挡得住他。"

宣王问："像我这样的国君可以做到爱抚百姓吗？"

孟子说："可以。"

宣王问："从哪里知道我可以呢？"

孟子说："我在胡龁那里听讲过这样一件事：（有一次）大王坐在堂上，有个人牵着牛从堂下经过，大王见了，问：'把牛牵到哪里去？'（那人）回答说：'要用它祭钟。'大王说：'放了它！我不忍心看它惊惧哆嗦的样子，像这么毫无罪过就被拉去杀掉。'（那人）问：'那么就不要祭钟了吗？'大王说：'怎么可以不要呢？用羊替代它！'不知是否有这件事？"

宣王说："有这回事。"

孟子说："凭这样的心肠就足以统一天下啦！（用羊代牛祭钟）百姓都

以为大王是出于吝啬，我本来就知道大王是不忍心啊。"

宣王说："是这样，确实有这样议论的百姓。齐国虽然狭小，我怎么吝惜一条牛呢？就是因为不忍心看到它惊惧哆嗦的样子，毫无罪过就被拉去杀掉，所以才用羊去替代它的。"

孟子说："大王不要责怪百姓以为您吝啬。用小羊换下大牛，他们哪能理解您的做法？（因为）大王如果可怜牲畜无辜被杀，那么牛和羊有什么区别呢？"

宣王笑着说："这倒底是一种什么样的心理呢？我并非吝惜钱财而以羊换牛啊。也难怪百姓要说我吝啬了。"

孟子说："没什么关系，这正是仁德的表现方式呢，（因为当时您只）看到了牛而没有看到羊啊。君子对于禽兽，看到它们活蹦欢跳的，就不忍心看见它们死去；听到它们哀叫悲鸣，就不忍心再吃它们的肉。正因为这样，君子要把厨房安在离自己较远的地方。"

宣王高兴地说："《诗经·小雅·巧言》中说：'别人想什么，我能猜得出。'正是说的老先生啊。我做了这件事，反过来推求为什么这么做，自己心里也闹不明白。先生这番话，使我心里有点开窍了。这样的心理之所以符合王道，又是为什么呢？"

孟子说："假如有个人向大王禀告说：'我的力气足以举起三千斤的东西，却举不起一片羽毛；我的视力足以看清秋天野兽毫毛的尖端，却看不见一车子的柴禾。'大王会相信这话吗？"

宣王说："不会。"

（孟子说：）"如今（大王的）恩惠足以施行到禽兽身上了，而功德却体现不到百姓身上，偏偏是什么原因呢？显然，一片羽毛举不起来，是因为不肯用力气；一车的柴禾看不见，是因为不肯用目力；百姓不被您爱抚，是因为不肯施恩德啊。所以大王未能做到用仁德统一天下，是不去做，而不是不能做啊。"

宣王问："不去做和不能做的表现形式，凭什么去区别呢？"

孟子说："用胳膊挟着泰山跳越北海，对人说：'我不能办到。'这是真的不能。给年长的人弯腰行礼，对人说：'我不能办到。'这就是不去做，而不是不能做。所以，大王没有做到用仁德统一天下，不属于挟着泰山跳越北海一类；大王没有做到用仁德统一天下，这是属于为长者弯腰行礼一类。"

（孟子又说：）"敬爱自己的长辈，进而也敬爱别人的长辈；爱抚自己的孩子，进而也爱抚别人的孩子。（这样）天下就可以在掌心中随意转动（要统一它就很容易了）。《诗经》上说：'先给妻子做榜样，再给兄弟好影响，凭这治家和安邦。'是说要把这样的用心推广到各个方面罢了。所以，如果广施恩德就足以安抚天下，不施恩德，连妻子儿女也安稳不住。古代的贤明君主之所以远远超过一般人，没有别的原因，只是善于将他们所做的推广开去罢了。现在（大王的）恩德已施行到禽兽身上，而功德却体现不到百姓身上，偏偏是什么原因呢？称一称，然后才知道轻重；量一量，然后才知道长短。万物都是这样，人心更是如此。大王请认真地考虑考虑吧！难道大王要兴师动众，使将士们身陷危险，同别的国家结下怨仇，然后心里才痛快吗？"

宣王说："不，对此我有什么痛快的呢？我想借此来实现我最大的心愿。"

孟子问："大王的最大心愿可以说给我听听吗？"

宣王笑而不答。

孟子问："是因为肥美甘甜的食物不够口腹享受吗？轻软温暖的衣服不够身体穿着吗？艳丽的色彩不够眼睛观赏吗？美妙的音乐不够耳朵聆听吗？左右的侍从不够使唤吗？这些，大王的臣下都足以供给，大王难道是为了这些吗？"

宣王说："不，我不为这些。"

孟子说："那么，大王的最大心愿可以知道了，就是想扩张疆土，使秦国楚国来朝拜，君临中原、安抚四周的民族。（不过，）凭您的做法去追求实现您的心愿，真好比是爬上树去捉鱼一样。"

宣王说："像这么严重吗？"

孟子说："只怕比这还严重呢！上树捉鱼，虽然捉不到鱼，不会有后患。按您的做法去实现您的心愿，费尽心力去做了，到头来必定有灾祸。"

宣王问："（道理）能说给我听听吗？"

孟子说："邹国跟楚国打仗，大王认为谁会获胜？"

宣王说："楚国胜。"

孟子说:"是这样,小的一方本来不可以同大的一方敌对,人少的本来不可以同人多的敌对,势力弱的本来不可以同势力强的敌对。天下千里见方的地方有九块,齐国的土地截长补短凑集在一起,占有其中的一块。靠这一块地方去征服其他八块地方,这同邹国跟楚国打仗有什么两样呢?(大王)何不回到(行仁政)这根本上来呢?如果现在大王发布政令、施行仁政,使得天下做官的人都想到大王的朝廷里任职,农夫都想到大王的田野里耕作,商人都想到大王的市场上做买卖,旅客都想从大王的道路上来往,各国痛恨他们国君的人都想跑来向您诉说。果真做到这样,谁能阻挡大王统一天下?"

宣王说:"我脑子昏乱,不能进到这一步了。希望先生辅佐我实现大志,明白地教给我方法。我虽然迟钝,请让我试一试。"

孟子说:"没有固定的产业,却有稳定不变的思想,只有士人能做到。至于百姓,没有固定的产业,随之就没有稳定不变的思想。如果没有稳定不变的思想,就会胡作非为,坏事没有不干的了。等到犯了罪,然后就用刑法处置他们,这就像是安下罗网坑害百姓。哪有仁人做了君主可以用这种方法治理的呢?所以贤明的君主所规定的百姓的产业,一定要使他对上足够奉养父母,对下足够养活妻儿,好年成就终年能吃饱,坏年成也能免于饿死。这样之后督促他们一心向善,百姓也就乐于听从了。而现在规定的百姓的产业,上不够奉养父母,下不够养活妻儿,好年成也还是一年到头受苦,坏年成还避免不了饿死。这(就使百姓)连维持生命都怕来不及,哪有空闲去讲求礼义呢?大王想行仁政,那么何不返回到根本上来呢?五亩的宅地,(房前屋后)栽上桑树,五十岁的人就能穿上丝棉袄了。鸡、狗、猪等禽畜,不要错过它们的繁殖时机,七十岁的人就能吃上肉了。一百亩的田,不要占夺农时,八口之家可以不挨饿了。搞好学校教育,反复说明孝顺父母、敬重兄长的道理,上了年纪的人就不会肩扛头顶着东西赶路了。老年人穿上丝棉吃上肉,一般百姓不挨饿受冻,这样还不能统一天下的,是从来不会有的。"

2. 梁惠王篇下（凡十六章）

【原文】

2.1 庄暴①见孟子，曰："暴见于王②，王语暴以好乐，暴未有以对也。"曰："好乐何如？"

孟子曰："王之好乐甚，则齐国其庶几乎！"

他日，见于王曰："王尝语庄子以好乐，有诸？"

王变乎色，曰："寡人非能好先王之乐也，直好世俗之乐耳。"

曰："王之好乐甚，则齐其庶几乎！今之乐由古之乐也。"

曰："可得闻与？"

曰："独乐乐，与人乐乐，孰乐？"

曰："不若与人。"

曰："与少乐乐，与众乐乐，孰乐？"

曰："不若与众。"

"臣请为王言乐。今王鼓乐于此，百姓闻王钟鼓之声，管籥③之音，举疾首蹙頞④而相告曰：'吾王之好鼓乐，夫何使我至于此极也？父子不相见，兄弟妻子离散。'今王田猎于此，百姓闻王车马之音，见羽旄⑤之美，举疾首蹙頞而相告曰：'吾王之好田猎，夫何使我至于此极也？父子不相见，兄弟妻子离散。'此无他，不与民同乐也。今王鼓乐于此，百姓闻王钟鼓之声，管籥之音，举欣欣然有喜色而相告曰：'吾王庶几无疾病与，何以能鼓乐也？'今王田猎于此，百姓闻王车马之音，见羽旄之美，举欣欣然有喜色而相告曰：'吾王庶几无疾病与，何以能田猎也？'此无他，与民同乐也。今王与百姓同乐，则王矣。"

【注释】

①庄暴（pù）：齐国大臣。

②王：指齐宣王。

③管籥（yuè）：古管乐器名。籥，似笛而短小。

④蹙（cù）頞（è）：蹙，紧缩；頞，鼻梁。蹙頞，形容愁眉苦脸的样子。

⑤羽旄（máo）：鸟羽和旄牛尾，古人用作旗帜上的装饰，故可代指旗帜。

【译文】

庄暴来见孟子，说："我被齐王召见，齐王告诉我，他喜爱音乐，我没有话回答他。"庄暴又问道："喜爱音乐怎么样？"

孟子说："（如果）齐王非常喜爱音乐，齐国恐怕就有希望了！"

后来的某一天，孟子被齐王接见，问（齐王）道："大王曾对庄暴说喜爱音乐，有这回事吗？"

齐王（不好意思地）变了脸色，说："我不是喜爱古代先王的音乐，只是喜爱世俗的音乐罢了。"

孟子说："大王非常喜爱音乐，齐国恐怕就有希望了！现在的音乐如同古代的音乐。"

齐王说："可以把道理讲给我听听吗？"

孟子问："一个人欣赏音乐的快乐，与别人一起欣赏音乐的快乐，哪一种更快乐？"

齐王说："不如同别人一起欣赏快乐。"

孟子问："同少数人一起欣赏音乐的快乐，同很多人一起欣赏音乐的快乐，哪一种更快乐？"

齐王说："不如同很多人一起欣赏快乐。"

（孟子说：）"请让我为大王谈谈音乐。假设现在大王在这里奏乐，百姓听了大王钟鼓的声音，箫笛的曲调，全都头脑作痛，眉头紧皱，互相议论说：'我们君王喜爱音乐，为什么使我们痛苦到这样的极点？父子不能相见，兄弟妻儿离散。'假设现在大王在这里打猎，百姓听到大王车马的声音，看到旗帜的华美，全都头脑作痛，眉头紧皱，互相议论说：'我们君王喜欢打猎，为什么使我们痛苦到这样的极点？父子不能相见，兄弟妻儿离散。'这没有别的原因，是不和百姓共同快乐的缘故。假设现在大王在这里奏乐，百姓听到钟鼓的声音，箫笛的曲调，都欢欣鼓舞，喜形于色，互相议论说：'我们君王大概没什么病吧，不然怎么能奏乐呢？'假设现在大王在这里打猎，百姓听到君王车马的声音，看到旗帜的华美，都欢欣鼓舞，喜形于色，互相议论说：'我们君王大概没什么病吧，不然怎么能打猎呢？'这没有别的原因，是和百姓共同快乐的缘故。如果大王能和百姓共同快乐，那就能称王于天下了。"

【原文】

2.2 齐宣王问曰："文王之囿①方七十里，有诸？"

孟子对曰："于传有之。"

曰："若是其大乎？"

曰："民犹以为小也。"

曰："寡人之囿方四十里，民犹以为大，何也？"

曰："文王之囿方七十里，刍荛②者往焉，雉兔者往焉，与民同之，民以为小，不亦宜乎？臣始至于境，问国之大禁，然后敢入。臣闻郊关之内有囿方四十里，杀其麋鹿者如杀人之罪，则是方四十里为阱于国中。民以为大，不亦宜乎？"

【注释】

①囿（yòu）：古代畜养禽兽的园林，无围墙的是"囿"，有围墙的是"苑"。

②刍（chú）荛（ráo）：割草砍柴。

【译文】

齐宣王问道："文王的园林有七十里见方，有这事吗？"

孟子答道："在文献上有这样的记载。"

宣王问："竟有这么大吗？"

孟子说："百姓还觉得小了呢。"

宣王说："我的园林四十里见方，百姓还觉得大，这是为什么呢？"

孟子说："文王的园林七十里见方，割草砍柴的可以去，捕鸟猎兽的可以去，是与百姓共同享用的，百姓认为太小，不也是很自然的吗？我初到齐国边境时，问明了齐国重要的禁令，这才敢入境。我听说国都郊区之内有个园林，四十里见方，杀了其中的麋鹿，就如同犯了杀人罪，这就像是在国内设下了一个四十里见方的陷阱。百姓认为太大了，不也是应该的吗？"

【原文】

2.3 齐宣王问曰："交邻国有道乎？"

孟子对曰："有。惟仁者为能以大事小，是故汤事葛①，文王事混夷②。惟智者为能以小事大，故大王事獯鬻③，勾践④事吴。以大事小者，乐天者也；以小事大者，畏天者也。乐天者保天下，畏天者保其国。《诗》云：'畏天之威，于时保之⑤。'"

王曰："大哉言矣！寡人有疾，寡人好勇。"

对曰："王请无好小勇。夫抚剑疾视，曰：'彼恶敢当我哉！'此匹夫之勇，敌一人者也。王请大之！《诗》云：'王赫斯怒，爰整其旅，以遏徂莒⑥，以笃周祜，以对于天下⑦。'此文王之勇也。文王一怒而安天下之民。《书》曰：'天降下民，作之君，作之师，惟曰其助上帝宠之。四方有罪无罪惟我在，天下曷敢有越厥志⑧？'一人⑨衡行于天下，武王耻之。此武王之勇也。而武王亦一怒而安天下之民。今王亦一怒而安天下之民，民惟恐王之不好勇也。"

【注释】

①汤事葛：汤，即商朝的创建者成汤。葛，古国名，故城在今河南宁陵县北。"汤事葛"，其事详见本书《滕文公下》第五章。

②混夷：即昆夷，殷末周初西戎国名。

③大（tài）王：也作"太王"，周文王的祖父古公亶父，周族首领。獯鬻（xūn yù）：古代北方的一个少数民族，周称猃狁（xiǎnyǔn），秦汉时称匈奴。

④勾（gōu）践：春秋时越国君主。前494年，越被吴打败，勾践屈辱事吴，后卧薪尝胆，发愤图强，终于灭掉吴国。

⑤以上两句出自《诗经·周颂·我将》。

⑥遏（è）徂（cú）莒（jǔ）：阻止侵犯莒国的敌人。

⑦以上五句出自《诗经·大雅·皇矣》。

⑧以上六句为《尚书》逸文，伪古文《尚书》放入《泰誓》篇。曷（hé）

敢有越厥（jué）志：谁敢有超越本分的行为。

⑨一人：指殷纣王。周武王起兵伐纣灭殷。

【译文】

齐宣王问道："同邻国交往有什么原则吗？"

孟子答道："有。只有仁人能以大国的地位侍奉小国，所以商汤曾侍奉葛国，文王曾侍奉混夷。只有聪明的人能以小国的地位侍奉大国，所以周太王曾侍奉獯鬻，勾践曾侍奉吴国。能以大国地位侍奉小国的，是乐于听从天命的人；能以小国地位侍奉大国的，是畏惧天命的人。乐于听从天命的能安定天下，畏惧天命的能保住他的国家。《诗经·周颂·我将》上说：'畏惧上天的威严，才能得到安定。'"

宣王说："讲得太好了！（不过）我有个毛病，我喜欢勇武。"

孟子答道："大王请不要喜欢小勇。按着剑、瞪着眼说：'他哪敢抵挡我！'这是平常之人的小勇，只能对付一个人罢了。大王请把它扩大开去！《诗经·大雅·皇矣》上说：'文王勃然发怒，于是整军备武，挡住侵犯莒国的敌人，增我周朝的威福，以此报答天下的期望。'这就是文王的勇武。文王一怒而安定了天下的百姓。《尚书·泰誓》上说：'上天降生万民，为他们设君主，立师长，要他们协助上天爱护百姓，天下有罪和无罪的，都有我在（处罚或安抚他们），天下谁敢超越它的本分？'有一个人横行天下，武王就感觉到耻辱。这就是武王的勇武。而武王也是一怒就安定了天下的百姓。如果现在大王也一怒就安定天下的百姓，那么百姓还唯恐大王不喜欢勇武呢！"

【原文】

2.4 齐宣王见孟子于雪宫①。王曰："贤者亦有此乐乎？"孟子对曰："有。人不得，则非其上矣。不得而非其上者，非也；为民上而不与民同乐者，亦非也。乐民之乐者，民亦乐其乐；忧民之忧者，民亦忧其忧。乐以天下，忧以天下，然而不王者，未之有也。

"昔者齐景公问于晏子②曰：'吾欲观于转附、朝儛③，遵海而南，放于琅邪④，吾何修而可以比于先王观也？'晏子对曰：'善哉问也！天子适诸侯曰巡狩。巡狩者，巡所守也。诸侯朝于天子曰述职。述职者，述所职也。无非事者。春省耕而补不足，秋省敛而助不给。夏谚曰：'吾王不游，吾何以休？吾王不豫，吾何以助？一游一豫，为诸侯度。'今也不然，师行而粮食，饥者弗食，劳者弗息。睊睊胥谗，民乃作慝[5]。方命虐民，饮食若流；流连荒亡，为诸侯忧。从流下而忘反，谓之流；从流上而忘反，谓之连；从兽无厌，谓之荒；乐酒无厌，谓之亡。先王无流连之乐，荒亡之行。惟君所行也。

"景公悦，大戒于国，出舍于郊。于是始兴发补不足。召大师曰：'为我作君臣相说之乐！'盖《徵招》《角招》[6]是也。其诗曰：'畜君何尤？'畜君者，好君也。"

【注释】

①雪宫：齐宣王的离宫（正宫之外临时居住的宫室）。

②齐景公：春秋时齐国君主姜杵臼，前547年—前490年在位。晏（yàn）子：即齐国著名贤臣晏婴。

③转附、朝儛（wǔ）：都是山名。

④琅（láng）邪（yá）：山名，在今山东胶南县南，面临黄海。

⑤慝（tè）：恶。

⑥《徵（zhǐ）招（sháo）》《角（jué）招（sháo）》：古代乐曲名。

【译文】

齐宣王在雪宫接见孟子。宣王问道："贤人也有这种快乐吗？"孟子答道："有。人们得不到这种快乐，就要抱怨他们的君主了。得不到就抱怨他们的君主，是不好的；作为百姓的君主却不与百姓同乐，也是不好的。君主把百姓的快乐当作自己的快乐，百姓也就会把君主的快乐当作自己的快乐；君主把百姓的忧患当作自己的忧患，百姓也就会把君主的忧患当作自己的忧患。乐，同天下人一起乐；忧，同天下人一起忧，这样还不能称王天下的，是从来不会有的。

"从前，齐景公问晏子道：'我想去游览转附、朝儛两座山，然后沿着海边往南，一直游览到琅邪；我要怎样修养才能和先王的巡游相比呢？'晏子答道：'问得好啊！天子到诸侯那里去叫巡狩。所谓巡狩，就是巡视诸侯所守的疆土。诸侯去朝见天子叫述职。所谓述职，就是汇报履行职守的情况。

都没有无事外出的。春天视察耕作情况，补助（种子、耕力）不足的人；秋天视察收获情况，周济歉收的人。夏代的民谚说：'我王不出来巡游，我们哪会得到休息？我王不出来视察，我们哪会得到补助？巡游视察，成为诸侯的榜样。'现在却不是这样，出巡时兴师动众，征集粮食，使得饥饿的人没有饭吃，劳累的人不得休息。人人侧目而视，个个怨声不绝，百姓就会作乱造反。（这样的巡游）背逆天意，祸害百姓，吃喝浪费如同流水；流连荒亡，成了诸侯的忧患。从上游顺流玩到下游，乐而忘返，这叫流；从下游逆水玩到上游，乐而忘返，这叫连；打猎不知尽兴，这叫荒；喝酒不知满足，这叫亡。先王没有流连的享乐、荒亡的行径。只看您怎么做了。

"景公听了十分高兴，在都城内做好了充分的准备，然后离开宫室搬到郊外住。接着就开仓救济穷人。又召来乐官，吩咐道：'给我作一首君臣同乐的乐曲！'大概就是《徵招》《角招》这两首吧。其中有句歌词说：'关心君主有什么过错？'关心君主，就是爱护君主的意思。"

【原文】

2.5 齐宣王问曰："人皆谓我毁明堂①，毁诸？已乎？"

孟子对曰："夫明堂者，王者之堂也。王欲行王政，则勿毁之矣。"

王曰："王政可得闻与？"对曰："昔者文王之治岐②也，耕者九一，仕者世禄，关市讥而不征，泽梁无禁，罪人不孥。老而无妻曰鳏，老而无夫曰寡，老而无子曰独，幼而无父曰孤。此四者，天下之穷民而无告者。文王发政施仁，必先斯四者。《诗》云：'哿矣富人，哀此茕独③！'"王曰："善哉言乎！"曰："王如善之，则何为不行？"

王曰："寡人有疾，寡人好货。"对曰："昔者公刘④好货，《诗》云：'乃积乃仓，乃裹糇粮，于橐于囊⑤，思戢用光。弓矢斯张，干戈戚扬，爰方启行⑥。'故居者有积仓，行者有裹囊也，然后可以爰方启行。王如好货，与百姓同之，于王何有？"

王曰："寡人有疾，寡人好色。"对曰："昔者太王好色，爱厥妃。《诗》云：'古公亶父，来朝走马，率西水浒，至于岐下，爰及姜女，聿来胥宇⑦。'当是时也，内无怨女，外无旷夫。王如好色，与百姓同之，于王何有？"

【注释】

①明堂：周天子东巡时接受诸侯朝见的地方，在泰山脚下。

②岐（qí）：地名，在今陕西省岐山县东北。相传周太王古公亶（dǎn）父自豳（陕西旬邑）迁此建邑，成为周族居住之处。

③以上两句出自《诗经·小雅·正月》。哿（gě），同"可"。茕（qióng）独：孤独。

④公刘：周族早期首领，曾率部落从邰迁至豳，周族从此兴旺起来。

⑤橐（tuó）、囊（náng）：盛东西的口袋。

⑥以上七句出自《诗经·大雅·公刘》。

⑦以上六句出自《诗经·大雅·绵》。聿（yù）：语助词。胥（xū）：勘察。

【译文】

齐宣王问道："人家都建议我毁掉明堂，毁掉它呢，还是不毁呢？"

孟子答道："明堂是（施行仁政的）王者的殿堂。大王如果打算施行仁政，就不要毁掉它了。"

宣王说："仁政的道理，能说给我听听吗？"孟子说："从前周文王治理岐地，农民只抽九分之一的税；做官的世代享受俸禄，关卡和市场（对商人）只稽查不征税；湖泊池沼不设禁令（任人捕鱼），惩办罪人不牵连妻儿。年老无妻叫鳏，年老无夫叫寡，年老无子叫独，年幼无父叫孤。这四种人是天下最困难而又无所依靠的人。文王发布政令、施行仁政，必定先照顾这四种人。《诗经·正月》上说：'富人的生活是称心啦，要怜悯这些孤独无依的人！'"

宣王说："说得好啊！"孟子说："大王如果觉得好，那么为什么不照着去做呢？"

宣王说："我有个毛病，我爱财。"孟子说："从前公刘爱钱财，《诗经·大雅·公刘》上说：'粮食积聚满囤仓，筹足干粮装橐囊。团结安定声威扬。箭上弦弓开张，干戈斧钺都带上，于是启程奔前方。'这就是说，留守故土的人粮食满囤仓，迁徙新地的人带足干粮，然后才启程远行。大王如果爱财，能和百姓共同享用，那么实行仁政有什么困难的呢？"

宣王说："我还有个毛病，我好美色。"孟子说："从前太王也好色，宠爱他的妃子。《诗经·大雅·绵》上说：'古公亶父，清晨骑马奔驰，沿着西边水滨，到了岐山脚下，带着宠妃姜氏女，来勘察可建宫室的地方。'在那时候，内无找不到丈夫的女子，外无打光棍的单身汉。大王如果好美色，（同时）也让百姓都有配偶，那么，实行仁政会有什么困难呢？"

【原文】

2.6 孟子谓齐宣王曰："王之臣有托其妻子于其友而之楚游者，比其反也，则冻馁其妻子，则如之何？"王曰："弃之。"曰："士师①不能治士，则如之何？"王曰："已之。"曰："四境之内不治，则如之何？"王顾左右而言他。

【注释】

①士师：古代的司法官，下属有乡士、遂士等。一遂为五县，分布于周朝王畿百里以外至二百里之地。

【译文】

孟子对齐宣王说："假如大王有个臣子，把妻子儿女托付给朋友照顾，自己到楚国去游历，等他回来时，妻子儿女却在受冻挨饿，对这样的朋友该怎么办？"宣王说："抛弃他！"孟子说："司法官管不好他的下级，那该怎么办？"宣王说："罢免他。"孟子说："一个国家治理不好，那该怎么办？"宣王扭头去看左右的人，把话题扯到别的事情上去了。

【原文】

2.7 孟子见齐宣王，曰："所谓故国者，非谓有乔木之谓也，有世臣之谓也。王无亲臣矣，昔者所进，今日不知其亡也。"

王曰："吾何以识其不才而舍之？"曰："国君进贤，如不得已，将使卑逾尊，疏逾戚，可不慎与？左右皆曰贤，未可也；诸大夫皆曰贤，未可也；国人皆曰贤，然后察之。见贤焉，然后用之。左右皆曰不可，勿听；诸大夫皆曰不可，勿听；国人皆曰不可，然后察之。见不可焉，然后去之。左右皆曰可杀，勿听；诸大夫皆曰可杀，勿听；国人皆曰可杀，然后察之。见可杀焉，然后杀之。故曰，国人杀之也。如此，然后可以为民父母。"

【译文】

孟子谒见齐宣王,说:"所谓故国,不是说国中要有高大的树木,而是说要有世代(与国家休戚相关)的臣子。现在大王没有亲信的臣子了,过去任用的人,现在不知哪里去了。"

宣王说:"我怎样识别哪些人没有才干而不任用他们呢?"孟子说:"国君进用人才,如果不得已,将会使地位低的超过地位高的,关系远的超过关系近的,对此能不慎重吗?(对于一个人,)左右侍臣都说他好,还不行;大夫们都说他好,也还不行;全国的人都说他好,这才去考察他;见他确实是好,这才任用他。左右侍臣都说不行,不要听信;大夫们都说不行,不要听信;全国的人都说不行,这才考察他;见他确实不行,这才罢免他。左右侍臣都说可杀,不要听信;大夫们都说可杀,不要听信;全国的人都说可杀,这才考察他;见他确实可杀,这才杀掉他。所以说,是全国的人杀掉他的。这样,才可以算是百姓的父母。"

【原文】

2.8 齐宣王问曰:"汤放桀①,武王伐纣②,有诸?"孟子对曰:"于传有之。"曰:"臣弑③其君,可乎?"曰:"贼仁者谓之贼,贼义者谓之残;残贼之人谓之一夫。闻诛一夫纣矣,未闻弑君也。"

【注释】

①汤放桀:桀(jié),夏朝最后一个君主,暴虐无道。传说商汤灭夏后,把桀流放到南巢(据传在今安徽省巢县一带)。

②武王伐纣:纣,商朝最后一个君主,昏乱残暴。周武王起兵讨伐,灭掉商朝,纣自焚而死。

③弑(shì):臣杀君或子女杀父母。

【译文】

齐宣王问道:"商汤流放夏桀,武王讨伐商纣,有这些事吗?"孟子回答道:"文献上有这样的记载。"宣王问:"臣子杀他的君主,可以吗?"孟子说:"败坏仁的人叫贼,败坏义的人叫残;残贼之人叫独夫。我只听说杀了独夫纣罢了,没听说臣杀君啊。"

【原文】

2.9 孟子见齐宣王,曰:"为巨室,则必使工师①求大木。工师得大木,则王喜,以为能胜其任也。匠人斫②而小之,则王怒,以为不胜其任矣。夫人幼而学之,壮而欲行之,王曰,'姑舍女所学而从我',则何如?今有璞玉③于此,虽万镒④,必使玉人雕琢之。至于治国家,则曰,'姑舍女所学而从我',则何以异于教玉人雕琢玉哉?"

【注释】

①工师:管理各种工匠的官员。

②斫(zhuó):砍、削。

③璞(pú)玉:未雕琢加工过的玉。

④镒(yì):古代重量单位,二十两(一说二十四两)为一镒。

【译文】

孟子谒见齐宣王,说:"建造大房子,就一定要叫工师去寻找大木料。工师找到了大木料,大王就高兴,认为工师是称职的。木匠砍削木料,把木料砍小了,大王就发怒,认为木匠是不称职的。一个人从小学到了一种本领,长大了想运用它,大王却说,'暂且放弃你所学的本领来听我的',那样行吗?设想现在有块璞玉在这里,虽然价值万金,也必定要叫玉人来雕琢加工。至于治理国家,却说,'暂且放弃你所学的本领来听我的',那么,这和非要玉匠(按您的办法)去雕琢玉石不可,有什么不同呢?"

【原文】

2.10 齐人伐燕,胜之。宣王问曰:"或谓寡人勿取,或谓寡人取之。以万乘之国伐万乘之国,五旬而举之,人力不至于此。不取,必有天殃。取之,何如?"

孟子对曰:"取之而燕民悦,则取之。古之人有行之者,武王是也。取之而燕民不悦,则勿取。古之人有行之者,文王是也①。以万乘之国伐万乘之国,箪食壶浆②以迎王师,岂有他哉?避水火也。如水益深,如火益热，亦运而已矣。"

【注释】

①文王是也：指周文王在三分天下有其二时，仍然服事商纣王的事。

②箪（dān）食壶浆：用箪装着食物用壶装着酒浆。箪，古代盛饭的圆形竹器。

【译文】

齐国攻打燕国，战胜了燕国。齐宣王问道："有人劝我不要吞并燕国，有人劝我吞并燕国。以一个拥有万辆兵车的国家去攻打另一个拥有万辆兵车的国家，五十天就打了下来，光凭人力是做不到的。不吞并它，必定会有上天降下的灾祸。吞并它，怎么样？"

孟子回答说："吞并了，燕国人民高兴，那就吞并它。古代有人这么做过，武王就是这样。吞并了，燕国人民不高兴，那就不要吞并。古代也有人这么做过，文王就是这样。以拥有万辆兵车的国家去攻打另一个拥有万辆兵车的国家，百姓带着酒食来迎接大王的军队，难道有别的要求吗？只是想避开水深火热的环境罢了。如果水更深，火更热，百姓也就只有转望别人去解救他们了。"

【原文】

2.11 齐人伐燕，取之。诸侯将谋救燕。宣王曰："诸侯多谋伐寡人者，何以待之？"

孟子对曰："臣闻七十里为政于天下者，汤是也。未闻以千里畏人者也。《书》曰：'汤一征，自葛始。'天下信之，东面而征，西夷怨；南面而征，北狄怨，曰：'奚为后我？'民望之，若大旱之望云霓也。归市者不止，耕者不变，诛其君而吊其民，若时雨降。民大悦。《书》曰：'徯我后，后来其苏。'今燕虐其民，王往而征之，民以为将拯己于水火之中也，箪食壶浆以迎王师。若杀其父兄，系累其子弟，毁其宗庙①，迁其重器②，如之何其可也？天下固畏齐之强也，今又倍地而不行仁政，是动天下之兵也。王速出令，反其旄倪③，止其重器，谋于燕众，置君而后去之，则犹可及止也。"

【注释】

①毁其宗庙：宗庙，天子、诸侯祭祀祖先的地方。国家保存，宗庙就得以保存。故"毁其宗庙"意味着灭其国家。

②迁其重器：重器，古代君王所铸造的作为传国宝器的鼎之类。迁其重器，意味着灭亡其国家。

③旄（mào）倪（ní）：旄，同"耄"，古时八十至九十岁称耄，这里泛指老人。倪，儿童。

【译文】

齐国攻打燕国，打下了燕国。别的诸侯国合谋去救燕国。宣王说："很多诸侯谋划来攻打我，怎么对付他们呢？"

孟子回答道："我听说凭七十里见方的一大块地方就统一了天下的，商汤就是这样。没有听说凭着千里见方的一大块地方还怕别人的。《尚书》上说：'商汤的征伐，从葛开始。'天下的人都信任商汤，他向东征伐，西边的民族就埋怨；向南征伐，北边的民族就埋怨，（他们埋怨）说：'为什么（不先征伐我们这里，而要）把我们放到后头呢？'人民盼望他，如同大旱时节盼望乌云虹霓一样。（汤的军队到了一地，）赶集市的照常做买卖，种田的照常干农活。杀了那里的暴君，慰问那里的百姓，像是及时雨从天而降，百姓欣喜若狂。《尚书》上又说：'等待我们的君王，君王来了，我们就得到新生。'现在，燕国虐待它的百姓，大王去征伐它，百姓都以为会把他们从水深火热中拯救出来，所以用竹筐盛了饭，瓦壶装了酒，迎接大王的军队。如果您杀戮他们的父兄，囚禁他们的子弟，毁坏他们的宗庙，搬走他们国家的宝器，那怎么行呢？天下本来就畏忌齐国的强大，现在齐国扩大了一倍的土地却不施行仁政，这就使得天下的诸侯要出兵攻打您了。大王赶快发布命令，把被抓的老人孩子遣送回去，停止搬运燕国的宝器，同燕国人商量，选立一个新国君，然后撤离燕国，那么还来得及阻止（各国动兵）。"

【原文】

2.12 邹与鲁哄①。穆公问曰："吾有司死者三十三人，而民莫之死也。诛之，则不可胜诛；不诛，则疾视其长上之死而不救，如之何则可也？"

孟子对曰："凶年饥岁，君之民老弱转乎沟壑，壮者散而之四方者，几②千人矣；而君之仓廪③实，府库充，有司莫以告，是上慢而残下也。曾子④曰：'戒之戒之！出乎尔者，反乎尔者也。'夫民今而后得反之也。君无尤焉！君行仁政，斯民亲其上，死其长矣。"

【注释】

①邹与鲁哄（hòng）：邹，国名，其地在今山东省西南，国都在邹（今山东邹城市），后为楚所灭。鲁，国名，其地在今山东省西南部，国都在曲阜，前256年为楚所灭。哄，斗。

②几：将近，几乎。

③仓廪（lǐn）：仓库。

④曾子：即曾参（shēn），字子舆，孔子弟子。

【译文】

邹国与鲁国交战。邹穆公问孟子："我的官员死了三十三人，而百姓没有一个肯为长官效死的。杀了他们吧，无法杀尽；不杀吧，又恨他们看着自己的长官死难而不去救，怎么办才好呢？"

孟子回答道："饥荒年头，您的百姓，年迈体弱的辗转饿死在荒山沟里，壮年人逃往四方，都快上千人了；然而您的粮仓里粮食满满的，库房里财物足足的，官员们没有一个向您报告（这些情况），这就是对上怠慢国君，对下残害百姓啊。曾子说过：'警惕啊，警惕啊！你做出的事，后果会反加到你身上。'百姓从今以后可以反过来这样对待他们的长官了。您不要责怪他们了！（如果）您能施行仁政，百姓自然就会亲近他们的长官，愿为长官牺牲了。"

【原文】

2.13 滕文公①问曰："滕，小国也，间于齐、楚。事齐乎？事楚乎？"孟子对曰："是谋非吾所能及也。无已，则有一焉：凿斯池也，筑斯城也，与民守之，效死而民弗去，则是可为也。"

【注释】

①滕文公：战国时滕国国君。滕立国于西周初，其地在今山东滕州市西南。

【译文】

滕文公问道:"滕国是个小国,夹在齐国和楚国的中间。侍奉齐国呢,还是侍奉楚国呢?"孟子回答道:"谋划这个问题不是我力所能及的。一定要我说,就只有一个办法:深挖护城河,筑牢城墙,与百姓共同守卫,百姓宁可献出生命也不逃离,这样就好办了。"

【原文】

2.14 滕文公问曰:"齐人将筑薛①,吾甚恐,如之何则可?"

孟子对曰:"昔者大王居邠②,狄③人侵之。去之岐山④之下居焉。非择而取之,不得已也。苟为善,后世子孙必有王者矣。君子创业垂统,为可继也。若夫成功,则天也。君如彼何哉?强为善而已矣。"

【注释】

①薛:国名,其地在今山东滕州市东南,战国初期为齐所灭,后成为齐权臣田婴、田文的封邑。

②邠(bīn):地名,在今陕西郴县。

③狄:即獯鬻,参看本篇第三章注。

④岐山:在今陕西省岐山县东北。

【译文】

滕文公问道:"齐国要修筑薛城,我很害怕,怎么办才好呢?"

孟子回答道:"从前,太王居住在邠地,狄人侵犯那里,他便离开,迁到岐山下居住。不是愿意选择那里居住,迫不得已罢了。(一个君主)如果能施行善政,后代子孙中必定会有称王于天下的。君子创立基业,传给后世,是为了可以继承下去。至于能否成功,那就由天决定了。您怎样对付齐国呢?只有努力推行善政罢了。"

【原文】

2.15 滕文公问曰:"滕,小国也,竭力以事大国,则不得免焉,如之何则可?"

孟子对曰:"昔者大王居邠,狄人侵之。事之以皮币,不得免焉;

事之以犬马，不得免焉；事之以珠玉，不得免焉。乃属其耆老而告之曰：'狄人之所欲者，吾土地也。吾闻之也：君子不以其所以养人者害人。二三子何患乎无君？我将去之。'去邠，逾梁山，邑于岐山之下居焉。邠人曰：'仁人也，不可失也。'从之者如归市。或曰：'世守也，非身之所能为也，效死勿去。'君请择于斯二者。"

【译文】

滕文公问道："滕国是个小国，竭力去侍奉大国，却不能免除威胁，怎么办才好呢？"

孟子回答道："从前，太王居住在邠地，狄人侵犯那里。（太王）拿皮裘丝绸送给狄人，不能免遭侵犯；拿好狗良马送给狄人，不能免遭侵犯；拿珠宝玉器送给狄人，还是不能免遭侵犯。于是召集邠地的父老，对他们说：'狄人想要的是我们的土地。我听说过这样一句话：君子不拿用来养活人的东西害人。你们何必担心没有君主？我要离开这里了。'于是离开邠地，越过梁山，在岐山下建城邑定居下来。邠地的人说：'是个仁人啊，不能失去他啊。'追随他迁居的人，多得像赶集市一般。也有人说：'（土地）是必须世世代代守护的，不是能自作主张的，拼了命也不能舍弃它。'请您在这两种办法中选择吧。"

【原文】

2.16 鲁平公①将出，嬖人②臧仓者请曰："他日君出，则必命有司所之。今乘舆已驾矣，有司未知所之，敢请。"公曰："将见孟子。"曰："何哉，君所为轻身以先于匹夫者？以为贤乎？礼义由贤者出，而孟子之后丧逾前丧。君无见焉！"公曰："诺。"乐正子③入见，曰："君奚为不见孟轲也？"曰："或告寡人曰：'孟子之后丧逾前丧'，是以不往见也。" 曰："何哉，君所谓逾者？前以士，后以大夫；前以三鼎，而后以五鼎与？"曰："否，谓棺椁衣衾④之美也。"曰："非所谓逾也，贫富不同也。"

乐正子见孟子，曰："克告于君，君为来见也。嬖人有臧仓者沮⑤君，君是以不果来也。"曰："行，或使之；止，或尼⑥之。行止，非人所能也。吾之不遇鲁侯，天也。臧氏之子焉能使予不遇哉？"

【注释】

①鲁平公：战国时鲁国国君姬叔，前316年—前297年在位。

②嬖（bì）人：国君宠幸的小臣、近侍或姬妾。

③乐正子：即乐正克，孟子弟子，当时在鲁国做官。

④椁（guǒ）：外棺。衣衾（qīn）：这里指死者入殓时所用的衣服被褥。

⑤沮（zǔ）：同"阻"，阻止。

⑥尼（nì）：阻止。

【译文】

鲁平公要外出，他所宠幸的近臣臧仓来请示，说道："往日您外出，总是告诉有关的官员要去的地方。现在车马都已准备好了，官员还不知道您要去哪儿，因此冒昧请示。"鲁平公说："要去见孟子。"臧仓说："您降低自己的身份主动去见一个普通人，是为什么呢？是认为他是个贤人吗？礼义的事是由贤人做出来的，然而孟子为母亲办丧事，超过了先前为父亲办丧事。您别去见他！"鲁平公说："好吧。"乐正子入朝见鲁平公，问道："您为什么不去见见孟轲呢？"鲁平公说："有人告诉我说：'孟子为母亲办丧事超过了为父亲办丧事'，所以我不去见他。"乐正子说："您所说的超过，是指什么呢？是指先前为父亲办丧事用士礼，后来为母亲办丧事用大夫之礼；先前办丧事用三个鼎，后来用五个鼎吗？"鲁平公说："不是的，是指棺椁衣物的华美。"乐正子说："这不叫超过，是前后贫富不同的缘故。"

乐正子去见孟子，说："我告诉过国君，他打算来见您的。宠臣中有个叫臧仓的阻止他，所以国君最终没有来。"孟子说："（道，）行得通，有某种力量促使它；行不通，有某种力量阻挠它。行和不行，不是人力所能决定的。我不能被鲁君信用，是天意啊。姓臧的小子怎能使我不被鲁君信用呢？"

3. 公孙丑篇 上（凡九章）

【原文】

3.1 公孙丑①问曰："夫子当路于齐，管仲②、晏子之功，可复许乎？"

孟子曰："子诚齐人也，知管仲、晏子而已矣。或问乎曾西③曰：'吾子与子路④孰贤？'曾西蹴然曰：'吾先子之所畏也。'曰：'然则吾子与管仲孰贤？'曾西艴然不悦，曰：'尔何曾比予于管仲？管仲得君如彼其专也，行乎国政如彼其久也，功烈如彼其卑也。尔何曾比予于是？'"曰："管仲，曾西之所不为也，而子为我愿之乎？"

曰："管仲以其君霸，晏子以其君显。管仲、晏子犹不足为与？"

曰："以齐王，由反手也。"

曰："若是，则弟子之惑滋甚。且以文王之德，百年而后崩，犹未洽于天下；武王、周公⑤继之，然后大行。今言王若易然，则文王不足法与？"

曰："文王何可当也。由汤至于武丁⑥，贤圣之君六七作，天下归殷久矣，久则难变也。武丁朝诸侯，有天下，犹运之掌也。纣之去武丁未久也，其故家遗俗，流风善政，犹有存者；又有微子、微仲、王子比干、箕子、胶鬲⑦，皆贤人也，相与辅相之，故久而后失之也。尺地，莫非其有也；一民，莫非其臣也，然而文王犹方百里起，是以难也。齐人有言曰：'虽有智慧，不如乘势；虽有镃基⑧，不如待时。'今时则易然也。夏后、殷、周之盛，地未有过千里者也，而齐有其地矣；鸡鸣狗吠相闻，而达乎四境，而齐有其民矣。地不改辟矣，民不改聚矣，行仁政而王，莫之能御也。且王者之不作，未有疏于此时者也；民之憔悴于虐政，未有甚于此时者也。饥者易为食，渴者易为饮。孔子曰：

'德之流行,速于置邮⑨而传命。'当今之时,万乘之国行仁政,民之悦之,犹解倒悬也。故事半古之人,功必倍之,惟此时为然。"

【注释】

①公孙丑:姓公孙,名丑,孟子弟子。

②管仲:名夷吾,字仲,春秋初期政治家,曾任齐桓公的相,在齐国进行许多改革,增强了齐国的国力,辅佐齐桓公,使之成为春秋时第一个霸主。

③曾西:名申,字子西,曾参之子。

④子路:姓仲名由,字子路,孔子弟子。

⑤周公:姓姬名旦,周武王之弟,因采邑在周(今陕西岐山北),称为周公。曾辅佐武王伐纣灭商,统一天下;后又辅佐成王,巩固了周初的统治。

⑥武丁:商代帝王,后被称为高宗。

⑦微子……胶鬲(gé):微子,商纣王的庶兄,名启。微仲,微启的弟弟。王子比干,纣王叔父,因多次劝谏,被纣王剖心而死。箕子,纣王叔父。胶鬲,纣王之臣。

⑧镃(zī)基:锄头。

⑨置邮:驿站。

【译文】

公孙丑问道:"如果您在齐国掌权,管仲、晏子那样的功业,能再次建立起来吗?"

孟子说:"你真是个齐国人啊,只知道管仲、晏子罢了。有人问曾西说:'你和子路相比,谁贤?'曾西不安地说:'子路是我的先人所敬畏的人。'那人又问:'那么你和管仲相比谁贤?'曾西顿时很不高兴地说:'你为什么竟拿我同管仲相比?管仲得到齐桓公的信任是那样专一,执掌国政是那样长久,而功业却是那样卑微。你为什么竟拿我同这个人相比?'"(孟子接着)说:"管仲那样的人是曾西不愿做的,而你以为我会愿意吗?"

公孙丑说:"管仲使他的君主称霸,晏子使他的君主扬名。管仲、晏子还不值得效仿吗?"

孟子说:"凭齐国的条件称王天下,真是易如反掌。"

公孙丑说:"如果是这样,我这个学生就更糊涂了。凭文王的德行,寿近百岁才去世，尚且没能（使仁政）遍及天下；武王、周公继承他的事业，这才（使仁政）遍及到天下。现在您说起称王天下，似乎很容易的样子，那么文王也不值得效法了吗？"

孟子说："哪可以同文王相比呢。从商汤到武丁，贤圣的君主出了六七个，天下归顺殷朝很久了，久了就难改变了。武丁使诸侯来朝拜，统治天下，就像将它放在手掌中转动一样容易。商纣距武丁的时代不算长，（武丁时代）勋旧世家遗留的习俗，及当时流行的良好风气和仁惠的政教措施，还有留存下来的；又有微子、微仲、王子比干、箕子、胶鬲，这些都是贤臣，一起辅佐他，所以过了很长的时间才失掉天下。（那时）没有一尺土地不是他的疆土，没有一个人不是他的臣民，然而文王还是在百里见方的地方兴起，所以是很困难的。齐国人有俗谚说：'虽然有智慧，不如趁形势；虽然有锄头，不如等农时。'现在（要称王天下）却是很容易的。夏、殷、周三朝兴盛时，土地没有超过纵横一千里的，而现在齐国有那么大的地方了；鸡鸣狗叫互相听到，一直传到四周的国境，齐国已经有那么多的百姓了。土地不必再扩大，百姓不必再招聚，施行仁政称王天下，没有人能阻挡得了的。况且，仁德的君王不出现，没有比现在隔得更长的了；百姓受暴政折磨的痛苦，没有比现在更厉害的了。饥饿的人什么都吃不挑拣，干渴的人什么都喝不挑拣。孔子说：'德政的流行，比驿站传递政令还要快。'当今这个时候，拥有万辆兵车的大国施行仁政，百姓对此感到喜悦，就像在倒悬着时被解救下来一样。所以，事情只要做古人的一半，功效必定是古人的一倍，这只有现在这个时候才能办到。"

【原文】

3.2 公孙丑问曰："夫子加齐之卿相，得行道焉，虽由此霸王，不异矣。如此，则动心否乎？"

孟子曰："否，我四十不动心。"

曰："若是，则夫子过孟贲[①]远矣。"

曰："是不难，告子[②]先我不动心。"

曰："不动心有道乎？"

曰:"有。北宫黝③之养勇也:不肤挠,不目逃,思以一豪挫于人,若挞之于市朝;不受于褐宽博,亦不受于万乘之君;视刺万乘之君,若刺褐夫;无严诸侯,恶声至,必反之。孟施舍④之所养勇也,曰:'视不胜犹胜也;量敌而后进,虑胜而后会,是畏三军者也。舍岂能为必胜哉?能无惧而已矣。'孟施舍似曾子,北宫黝似子夏⑤。夫二子之勇,未知其孰贤,然而孟施舍守约也。昔者曾子谓子襄⑥曰:'子好勇乎?吾尝闻大勇于夫子矣:自反而不缩,虽褐宽博,吾不惴焉;自反而缩,虽千万人,吾往矣。'孟施舍之守气,又不如曾子之守约也。"

曰:"敢问夫子之不动心与告子之不动心,可得闻与?"

"告子曰:'不得于言,勿求于心;不得于心,勿求于气。'不得于心,勿求于气,可;不得于言,勿求于心,不可。夫志,气之帅也;气,体之充也。夫志至焉,气次焉。故曰:'持其志,无暴其气。'"

"既曰'志至焉,气次焉',又曰'持其志,无暴其气'者,何也?"

曰:"志壹则动气,气壹则动志也。今夫蹶者趋者,是气也,而反动其心。"

"敢问夫子恶乎长?"

曰:"我知言,我善养吾浩然之气。"

"敢问何谓浩然之气?"

曰:"难言也。其为气也,至大至刚,以直养而无害,则塞于天地之间。其为气也,配义与道;无是,馁也。是集义所生者,非义袭而取之也。行有不慊于心,则馁矣。我故曰,告子未尝知义,以其外之也。必有事焉,而勿正,心勿忘,勿助长也。无若宋人然:宋人有闵其苗之不长而揠之者,芒芒然归,谓其人曰:'今日病矣!予助苗长矣。'其子趋而往视之,苗则槁矣。天下之不助苗长者寡矣。以为无益而舍之者,不耘苗者也;助之长者,揠苗者也,非徒无益,而又害之。"

"何谓知言?"

曰:"诐辞知其所蔽,淫辞知其所陷,邪辞知其所离,遁辞知其所穷。生于其心,害于其政;发于其政,害于其事。圣人复起,必从吾言矣。"

"宰我、子贡⑦善为说辞,冉牛、闵子、颜渊⑧善言德行。孔子兼之,曰：'我于辞命，则不能也。'然则夫子既圣矣乎？"

曰："恶！是何言也！昔者子贡问于孔子曰：'夫子圣矣乎？'孔子曰：'圣则吾不能，我学不厌而教不倦也。'子贡曰：'学不厌，智也；教不倦，仁也。仁且智，夫子既圣矣。'夫圣，孔子不居，是何言也？"

"昔者窃闻之：子夏、子游、子张⑨皆有圣人之一体，冉牛、闵子、颜渊则具体而微。敢问所安。"

曰："姑舍是。"

曰："伯夷、伊尹⑩何如？"

曰："不同道。非其君不事，非其民不使；治则进，乱则退，伯夷也。何⑪事非君，何使非民；治亦进，乱亦进，伊尹也。可以仕则仕，可以止则止，可以久则久，可以速则速，孔子也。皆古圣人也，吾未能有行焉；乃所愿，则学孔子也。"

"伯夷、伊尹于孔子，若是班乎？"

曰："否。自有生民以来，未有孔子也。"

曰："然则有同与？"

曰："有。得百里之地而君之，皆能以朝诸侯，有天下；行一不义，杀一不辜，而得天下，皆不为也。是则同。"

曰："敢问其所以异。"

曰："宰我、子贡、有若⑫，智足以知圣人，污不至阿其所好。宰我曰：'以予观于夫子，贤于尧、舜⑬远矣。'子贡曰：'见其礼而知其政，闻其乐而知其德；由百世之后，等百世之王，莫之能违也。自生民以来，未有夫子也。'有若曰：'岂惟民哉！麒麟之于走兽，凤凰之于飞鸟，太山之于丘垤⑭，河海之于行潦⑮，类也。圣人之于民，亦类也。出于其类，拔乎其萃。自生民以来，未有盛于孔子也。'"

【注释】

①孟贲（bēn）：古代著名勇士。

②告子：战国时人，名不详。

③北宫黝（yǒu）：姓北宫名黝，齐国人，事迹不详。

④孟施舍：姓孟名施舍；一说姓孟施，名舍。事迹不详。

⑤子夏：姓卜名商，字子夏，孔子弟子。

⑥子襄：曾参弟子。

⑦宰（zǎi）我、子贡：都是孔子弟子。宰我，姓宰名予，字子我。子贡，姓端木名赐，字子贡。

⑧冉牛、闵子、颜渊：都是孔子弟子。冉牛，姓冉名耕，字伯牛。闵子，姓闵名损，字子骞。颜渊，姓颜名回，字子渊。

⑨子游、子张：都是孔子弟子。子游，姓言名偃，字子游。子张，姓颛（zhuān）孙名师，字子张。

⑩伯夷、伊尹：伯夷，商末孤竹国君的长子。初孤竹君以次子叔齐为继承人；死后，叔齐让位给伯夷，伯夷不受，后两人都投奔到周。周武王伐纣时，伯夷兄弟两人拦马谏阻武王；周灭商后，两人隐居首阳山，不食周粟而死。伊尹，商汤之相，曾辅汤灭夏。

⑪何：通"可"。

⑫有若：姓有名若，孔子弟子。

⑬尧、舜：传说中父系氏族社会后期部落联盟的两个首领，儒家推崇他们是古代的圣君。

⑭丘垤（dié）：土丘。

⑮行潦（liǎo）：流动的水。

【译文】

公孙丑问道："如果让您担任齐国的卿相，能够实行您的主张了，那么即使因此而建立了霸业或王业，也不必感到奇怪的了。如果这样，您动心不动心呢？"

孟子说："不，我四十岁起就不动心了。"

公孙丑说："如果这样，老师就远远超过孟贲了。"

孟子说："做到这点不难，告子在我之前就做到不动心了。"

公孙丑问："做到不动心有什么方法吗？"

孟子说："有。北宫黝这样培养勇气：肌肤被刺不退缩，双目被刺不转睛；但他觉得，受了他人一点小委屈，就像在大庭广众之中被人鞭打了一般；

既不受平民百姓的羞辱，也不受大国君主的羞辱；把行刺大国君主看得跟行刺普通百姓一样；毫不畏惧诸侯，听了恶言，一定回击。孟施舍这样培养勇气，他说：'把不能取胜看作能够取胜；估量了势力相当才前进，考虑到能够取胜再交战，这是畏惧强大的敌人。我哪能做到必胜呢？能无所畏惧罢了。'（培养勇气的方法，）孟施舍像曾子，北宫黝像子夏。这两人的勇气，不知道谁强些，但孟施舍是把握住了要领。从前，曾子对子襄说：'你喜欢勇敢吗？我曾经在孔子那里听到过关于大勇的道理：反省自己觉得理亏，那么即使对普通百姓，我也不去恐吓；反省自己觉得理直，纵然面对千万人，我也勇往直前。'孟施舍的保持勇气，又不如曾子能把握住要领。"

公孙丑说："请问，您的不动心和告子的不动心，可以讲给我听听吗？"

（孟子说：）"告子曾说：'言论上有所不通，心里不必去寻求道理；心里有所不安，不必求助于意气。'心里有所不安，不必求助意气，这是可以的；言论上有所不通，心里不寻求道理，这不可以。心志是意气的主帅，意气是充满体内的。心志关注到哪里，意气就停留到哪里。所以说：'要把握住心志，不要妄动意气。'"

（公孙丑问：）"既说'心志关注到哪里，意气就停留到哪里'，又说：'要把握住心志，不要妄动意气'，这是为什么呢？"

孟子说："心志专一就能调动意气，意气专一也能触动心志。譬如跌倒和奔跑，这是意气专注的结果，反过来也使他的心志受到触动。"

（公孙丑问：）"请问，老师擅长哪方面？"

孟子说："我能识别各种言论，我善于培养我的浩然之气。"

（公孙丑说：）"请问什么叫浩然之气？"

孟子说："难说清楚啊。它作为一种气，最为盛大，最为刚强，靠正直去培养它而不伤害它，就会充塞天地之间。它作为一种气，要和义与道配合；没有这些，它就会萎缩。它是不断积累义而产生的，不是偶然地有过正义的举动就取得的。如果行为有愧于心，气就萎缩了。因此我说，告子不曾懂得义，因为他把义看作是外在的东西。（对浩然之气，）一定要培养它，不能停止下来；心里不能忘记它，也不妄自助长它。不要像宋国人那样：宋国有个担心他的禾苗不长而去拔高它的人，昏昏沉沉地回到家中，对家里人说：'今天累极了，我帮助禾苗长高啦!'他的儿子赶忙跑到田里去看,禾苗已经枯死了。天下不助苗生长的人实在很少啊。以为(培养浩然之气)没有用处而放弃的人,就像是不给禾苗锄草的懒汉;妄自帮助它生长的,就像拔苗助长的人,非但没有好处,反而危害了它。"

(公孙丑问:)"什么叫能识别各种言论?"

孟子说:"偏颇的言论,知道它不全面的地方;过激的言论,知道它陷入错误的地方;邪曲的言论,知道它背离正道的地方;躲闪的言论,知道它理屈辞穷的地方。(这些言论)从心里产生出来,会危害政治;从政治上表现出来,会危害各种事业。如果有圣人再次出现,一定会赞成我所说的。"

(公孙丑说:)"宰我、子贡擅长言谈辞令,冉牛、闵子、颜渊擅长阐述德行。孔子兼有这两方面的特长,(却还)说:'我对于辞令,是不擅长的。'(老师既然说擅长识别言论,)那么老师已经是圣人了吧?"

孟子说:"唉呀!这是什么话!从前子贡问孔子道:'老师是圣人了吧?'孔子说:'圣人,我不能做到,我只是学习不觉满足,教人不知疲倦。'子贡说:'学习不觉满足,这样就有智慧;教人不知疲倦,这是实践仁德。既有仁德又有智慧,老师已经是圣人了。'圣人,孔子尚且不敢自居,(你说我是圣人了,)这是什么话呀?"

(公孙丑说:)"以前我听说过这样的话:子夏、子游、子张都有圣人的一部分特点,冉牛、闵子、颜渊具备了圣人所有的特点,只是还嫌微浅。请问您处于哪种情况?"

孟子说:"暂且不谈这个问题。"

公孙丑问:"伯夷、伊尹怎么样?"

孟子说:"处世的方法不同。不是理想的君主不去侍奉,不是理想的百姓不去使唤;天下安定就入朝做官,天下动乱就辞官隐居,这是伯夷的处世方法。可以侍奉不好的君主,可以使唤不好的百姓,天下安定去做官,天下动乱也去做官,这是伊尹的处世方法。该做官就做官,该辞官就辞官,该任职长一些就任职长一些,该赶快辞职就赶快辞职,这是孔子的处世方法。(他们)都是古代的圣人,我还做不到他们这样;至于我所希望的,那就是学习孔子。"

(公孙丑问:)"伯夷、伊尹相对于孔子来说,是同等的吗?"

孟子说："不。自有人类以来，没有比得上孔子的。"

公孙丑问："那么他们有共同之处吗？"

孟子说："有。如果能有方圆百里的一块地方而由他们做君主，他们都能使诸侯来朝见而拥有天下；如果要他们干一件不义的事情，杀一个无辜的人而让他们得到天下，他们都是不愿去干的。这些是共同的。"

公孙丑说："请问孔子和他们不同的地方。"

孟子说："宰我、子贡、有若，他们的智慧足以了解孔子，即使有所夸大，也不至于阿谀吹捧他们所敬爱的人。宰我说：'根据我对老师的观察，老师远远超过尧、舜了。'子贡说：'见了一国礼制，就能知道一国的政治；听了一国的音乐，就能了解一国的德教；即使从一百代以后来评价这一百代的君主，也没有谁能违背孔子这个道理。自有人类以来，没有比得上孔子的。'有若说：'岂只是人类有这样的不同！麒麟对于走兽，凤凰对于飞鸟，泰山对于土丘，河海对于水沟，都是同类的。圣人对于一般的人，也是同类的。（这些）都高出了同类，超出了同群。自有人类以来，没有比孔子更伟大的了。'"

【原文】

3.3 孟子曰："以力假^①仁者霸，霸必有大国；以德行仁者王，王不待大。汤以七十里，文王以百里。以力服人者，非心服也，力不赡^②也；以德服人者，中心悦而诚服也，如七十子^③之服孔子也。《诗》云：'自西自东，自南自北，无思不服^④。'此之谓也。"

【注释】

①假：凭借。

②赡（shàn）：足。

③七十子：孔子办学多年，传说有弟子三千，其中优秀者七十人，这里是举其整数。

④以上三句出自《诗经·大雅·文王有声》。

【译文】

孟子说："凭借武力假托仁义的可以称霸，称霸必须具备大国的条件；依靠道德施行仁义的可以称王，称王不必要有大国的条件——商汤凭七十里见方的地方，文王凭百里见方的地方就称王了。靠武力使人服从，不是真心服从，只是力量不够（反抗）罢了；靠道德使人服从，是心里高兴，真心服从，就像七十位弟子敬服孔子那样。《诗经》上说：'从西从东，从南从北，无不心悦诚服。'就是说的这种情况。"

【原文】

3.4 孟子曰："仁则荣，不仁则辱。今恶辱而居不仁，是犹恶湿而居下也。如恶之，莫如贵德而尊士，贤者在位，能者在职；国家闲暇，及是时，明其政刑，虽大国，必畏之矣。《诗》云：'迨天之未阴雨，彻彼桑土，绸缪牖户。今此下民，或敢侮予①？'孔子曰：'为此诗者，其知道乎！能治其国家，谁敢侮之？'今国家闲暇，及是时，般乐怠敖②，是自求祸也。祸福无不自己求之者。《诗》云：'永言配命，自求多福③。'《太甲》④曰：'天作孽，犹可违；自作孽，不可活。'此之谓也。"

【注释】

①以上五句出自《诗经·豳风·鸱鸮》。迨（dài）：趁着。彻：剥取。桑土：桑树根的皮。绸缪（móu）：缠绕，修补。牖（yǒu）户：窗和门户。

②般（pán）乐：作乐。怠（dài）敖（áo）：怠惰傲慢。

③以上两句出自《诗经·大雅·文王》。永言配命：永，长。言，语气助词。配命，配合天命，按照天命的要求去做。

④《太甲》：《尚书》中的一篇，已失传；现在《尚书》中的《太甲》，系晋人伪作。

【译文】

孟子说："仁就获得尊荣，不仁就招来耻辱。如今有人厌恶耻辱却又安于不仁，这就像厌恶潮湿却又安于居住在低洼的地方一样。如果真的厌恶耻辱，就不如崇尚道德、尊重士人，让贤人在位做官，让能人在职办事；国家太平无事，趁这时候，修明政教刑法，（这样）即使大国，也必然会怕它了。《诗经》上说：'赶上天气没阴雨，取来桑皮拌上泥，窗洞门户细修葺。从今下边的人，有谁再敢把我欺？'孔子说：'做这篇诗的人，真懂得道啊！能治理好他的国家，谁还敢欺侮他？'如果国家太平无事，趁这时候寻欢作乐，怠惰傲慢，这是自找灾祸啊。祸与福，没有不是自己找来的。《诗经》上说：'永远配合天命，自己求来众多的幸福。'《太甲》说：'上天降下灾祸，还有办法可躲；自己造下罪孽，那就别想再活。'就是说的这个道理。"

【原文】

3.5 孟子曰："尊贤使能，俊杰在位，则天下之士皆悦，而愿立于其朝矣；市，廛①而不征，法而不廛，则天下之商皆悦，而愿藏于其市矣；关，讥而不征，则天下之旅皆悦，而愿出于其路矣；耕者，助②而不税，则天下之农皆悦，而愿耕于其野矣；廛，无夫里之布③，则天下之民皆悦，而愿为之氓④矣。信能行此五者，则邻国之民仰之若父母矣。率其子弟，攻其父母，自有生民以来未有能济者也。如此，则无敌于天下。无敌于天下者，天吏也。然而不王者，未之有也。"

【注释】

①廛（chán）：市中储藏、堆放货物的场所。

②助：指助耕公田。相传殷周时代实行一种叫"井田制"的土地制度。一里见方的土地划作"井"字形，成九块，每块百亩，其中一块作为公田，其余八块分给八家，八家同养公田。

③夫里之布：即"夫布""里布"。"夫布"，一夫的劳役税。"里布"，一户的地税。布，古代的一种货币。

④氓（méng）：居民，百姓，移民。

【译文】

孟子说："尊重贤人，任用能人，杰出的人在位，那么天下的士人都会高兴，而且愿意到那个朝廷去做官；市场，提供场地存放货物而不征租赁税，依照规定价格收购滞销货物，不使货物积压在货场，那么天下的商人都会高兴，愿意把货物存放在那个市场上了；关卡，只检查不征税，那么天下的旅客都会高兴，愿意经过那条道路了；对于种田的人，只要他们助耕公田，不征收私田的赋税，那么天下的农夫都会高兴，愿意在那样的田野里耕种了；人们居住的地方，没有劳役税和额外的地税，那么天下的人都会高兴，愿意来做那里的百姓了。真能做到这五个方面，那么邻国的百姓就会像敬仰父母一样敬仰他了。（邻国要想率领这样的百姓来攻打他，那正像是）率领子弟去攻打他们的父母，自有人类以来，没有能成功的。像这样就能无敌于天下。无敌于天下的人，是奉了上天使命的人。这样还不能称王的，是从来没有过的事。"

【原文】

3.6 孟子曰："人皆有不忍人之心①。先王有不忍人之心，斯有不忍人之政矣。以不忍人之心，行不忍人之政，治天下可运之掌上。所以谓人皆有不忍人之心者，今人乍②见孺子将入于井，皆有怵惕③恻隐之心；非所以内交④于孺子之父母也，非所以要誉⑤于乡党朋友也，非恶其声而然也。由是观之，无恻隐之心，非人也；无羞恶之心，非人也；无辞让之心，非人也；无是非之心，非人也。恻隐之心，仁之端⑥也；羞恶之心，义之端也；辞让之心，礼之端也；是非之心，智之端也。人之有是四端也，犹其有四体也。有是四端而自谓不能者，自贼者也；谓其君不能者，贼其君者也。凡有四端于我⑦者，知皆扩而充之矣，若火之始然⑧，泉之始达。苟能充之，足以保⑨四海；苟不充之，不足以事父母。"

【注释】

①不忍人之心：怜悯心，同情心。

②乍（zhà）：突然，忽然，猛然。

③怵（chù）惕（tì）：惊惧。

④内交：结交。内同"纳"。

⑤要誉：博取名誉。要同"邀"，求。

⑥端：开端，起源，源头。

⑦我：同"己"，自己，自身。

⑧然：同"燃"。

⑨保：定，安定。

【译文】

孟子说："人都有不忍伤害别人的心。先王有不忍伤害别人的心，才有不忍伤害别人的政治。用不忍伤害别人的心，施行不忍伤害别人的政治，那么治理天下就会像在手掌中转动它那么容易。之所以说人都有不忍伤害别人的心，（根据在于）假如现在有人忽然看到一个孩子要掉到井里去了，都会有惊恐同情的心情；不是想借此同孩子的父母攀交情，不是要在乡邻朋友中博取名声，也不是讨厌那孩子惊恐的哭叫声才这么做的。由此看来，没有同情心的，不是人；没有羞耻心的，不是人；没有谦让心的，不是人；没有是非心的，不是人。同情心是仁的开端，羞耻心是义的开端，谦让心是礼的开端，是非心是智的开端。人有这四种开端，就像他有四肢一样。有这四种开端却说自己不行，这是自己害自己；说他的君主不行，这是害他的君主。凡自身保有这四种开端的，就懂得扩大充实它们，（它们就会）像火刚刚燃起、像泉水刚刚涌出一样，（不可遏止。）如果能扩充它们，就足以安定天下；如果不扩充它们，那就连侍奉父母都做不到。"

【原文】

3.7 孟子曰："矢人岂不仁于函人哉①？矢人唯恐不伤人，函人唯恐伤人。巫②匠亦然。故术不可不慎也。孔子曰：'里仁为美。择不处仁，焉得智？'夫仁，天之尊爵也，人之安宅也。莫之御而不仁，是不智也。不仁、不智，无礼、无义，人役也。人役而耻为役，由弓人而耻为弓，矢人而耻为矢也。如耻之，莫如为仁。仁者如射：射者正己而后发；发而不中，不怨胜己者，反求诸己而已矣。"

【注释】

①矢（shǐ）：箭。函（hán）：铠甲。

②巫：以装神弄鬼替人祈祷为职业的人。有的兼给人治病，称为"巫医"。

【译文】

孟子说："造箭的人难道比造铠甲的人不仁吗？造箭的唯恐（造的箭不尖利）不能射伤人，造铠甲的唯恐（铠甲不坚硬）使人被射伤。（求神治病的）巫医和（做棺材的）木匠之间的关系也是这样。所以谋生的职业不能不慎重选择啊。孔子说：'住在有仁德的地方才好。经过选择却不住在有仁德的地方，哪能算聪明？'仁，是天（赋予人的）最尊贵的爵位，是人最安定的住所。

没有谁阻挡他（行仁），他却不仁，这是不明智。不仁、不智，无礼、无义，只配当别人的仆役。当了仆役而觉得当仆役羞耻，就像造弓的觉得造弓可耻、造箭的觉得造箭可耻一样。果真觉得可耻，不如就行仁。行仁的人就如比赛射箭：射箭手先要端正自己的姿势，然后放箭；射不中，不怨恨赢了自己的人，只有反过来在自己身上找原因罢了。"

【原文】

3.8 孟子曰："子路，人告之以有过，则喜。禹①闻善言，则拜。大舜有大焉，善与人同，舍己从人，乐取于人以为善。自耕稼、陶、渔以至为帝，无非取于人者。取诸人以为善，是与②人为善者也。故君子莫大乎与人为善。"

【注释】

①禹：传说中古代部落联盟的领袖，曾奉舜命治理洪水，后成为夏朝开国君主。

②与（yǔ）：帮助，赞许。

【译文】

孟子说："子路，别人指出他的过错，他就高兴。禹，听到善言，就拜谢。伟大的舜又超过了他们，好品德愿和别人共有，抛弃缺点，学人长处，乐于吸取别人的优点来修养自己的品德。舜从当农夫、陶工、渔夫，直到成为天子，没有哪一点长处不是从别人那里学来的。吸取众人的长处来修养自己的品德，这又有助于别人培养品德。所以，君子没有比帮助别人培养好品德更好的了。"

【原文】

3.9 孟子曰："伯夷，非其君不事，非其友不友。不立于恶人之朝，不与恶人言。立于恶人之朝，与恶人言，如以朝衣朝冠坐于涂炭。推恶恶①之心，思与乡人立，其冠不正，望望然去之，若将浼②焉。是故诸侯虽有善其辞命而至者，不受也。不受也者，是亦不屑就已。柳下惠③不羞污君，不卑小官；进不隐贤，必以其道；遗佚而不怨，厄穷而不悯④。故曰：'尔为尔，我为我，虽袒裼裸裎⑤于我侧，尔焉能浼我哉？'

故由由然⁶与之偕而不自失焉,援而止之而止。援而止之而止者,是亦不屑去已。"

孟子曰:"伯夷隘⁷,柳下惠不恭。隘与不恭,君子不由也。"

【注释】

①恶(wù)恶(è):讨厌恶人、坏事。

②浼(měi):污染。

③柳下惠:春秋时鲁国大夫,姓展名获,字禽;因封邑在柳下(地名),谥号"惠",故称为柳下惠。

④厄(è)穷而不悯(mǐn):穷困而不担忧。

⑤袒(tǎn)裼(xí)裸裎(chéng):袒裼,肉体袒露;裸裎,露身。

⑥由由然:得意洋洋的样子。

⑦隘(ài):狭隘。

【译文】

孟子说:"伯夷,不是他理想的君主就不去侍奉,不是他中意的朋友就不去结交。不在恶人的朝廷里做官,不同恶人交谈。在恶人的朝廷里做官,同恶人交谈,就觉得像是穿戴着上朝的衣帽坐在泥土炭灰上一样。把这种厌恶恶人的心情推广开去,他就会想,如果同一个乡下人站在一起,那人帽子戴得不正,就该生气地离开他,就像会被他玷污似的。因此,诸侯即使有用动听的言辞来请他的,他也不接受。不接受,就是不屑于接近他们。柳下惠不认为侍奉坏君主是羞耻的事,也不因为官职小而瞧不上;到朝廷做官,不掩藏自己的贤能,必定按自己的原则行事;被国君遗弃而不怨恨,处境穷困而不忧伤。所以他说:'你是你,我是我,即使你赤身裸体地在我身旁,你又哪能玷污我呢?'所以他能高高兴兴地同这样的人处在一起而不失去自己的风度,拉他留下,他就留下。拉他留下他就留下,这也就是不屑于离开罢了。"

孟子又说:"伯夷狭隘,柳下惠不严肃。狭隘与不严肃,君子是不效仿的。"

4.公孙丑篇 下（凡十四章）

【原文】

4.1 孟子曰："天时不如地利，地利不如人和。三里之城，七里之郭，环而攻之而不胜。夫环而攻之，必有得天时者矣；然而不胜者，是天时不如地利也。城非不高也，池非不深也，兵革非不坚利也，米粟非不多也；委①而去之，是地利不如人和也。故曰：域民②不以封疆之界，固国不以山谿③之险，威天下不以兵革之利。得道者多助，失道者寡助。寡助之至，亲戚畔④之；多助之至，天下顺之。以天下之所顺，攻亲戚之所畔；故君子有不战，战必胜矣。"

【注释】

①委：放弃。

②域民：域，界限。域民，限制人民。

③山谿（xī）：山谷。

④畔（pàn）：通"叛"，背叛。

【译文】

孟子说："有利的天时不如有利的地势，有利的地势不如人心的团结。三里的内城，七里的外城，包围起来攻打它，却不能取胜。包围起来攻打它，必定有得天时的战机；然而却不能取胜，这是有利的天时不如有利的地势。城墙不是不高，护城河不是不深，兵器铠甲不是不坚利，粮食不是不多；（可是敌人一来却）弃城逃离，这便是有利的地势不如人心的团结。所以说，控制人民不迁逃，不靠国家的疆界，巩固国家不靠山川的险阻，威服天下不靠兵器铠甲的坚利。得到仁义的人，帮助他的就多；失掉仁义的人，帮助他的就少。帮助他的人少到极点，连家里人都背叛他；帮助他的人多到极点，天下的人都归顺他。让天下人都归顺他的人去攻打连家里人都背叛他的人，（必然所向无敌；）所以君子不战则罢，战则必胜。"

【原文】

4.2 孟子将朝王，王使人来曰："寡人如就见者也，有寒疾，不可以风。朝①，将视朝，不识可使寡人得见乎？"

对曰："不幸而有疾，不能造朝。"

明日，出吊于东郭氏②。公孙丑曰："昔者辞以病，今日吊，或者不可乎？"

曰："昔者疾，今日愈，如之何不吊？"

王使人问疾，医来。孟仲子③对曰："昔者有王命，有采薪之忧，不能造朝。今病小愈，趋造于朝，我不识能至否乎？"使数人要④于路，曰："请必无归，而造于朝！"

不得已而之景丑氏宿⑤焉。景子曰："内则父子，外则君臣，人之大伦也。父子主恩，君臣主敬。丑见王之敬子也，未见所以敬王也。"

曰："恶！是何言也！齐人无以仁义与王言者，岂以仁义为不美也？其心曰：'是何足与言仁义也'云尔，则不敬莫大乎是。我非尧、舜之道，不敢以陈于王前，故齐人莫如我敬王也。"

景子曰："否，非此之谓也。《礼》曰：'父召，无诺；君命召，不俟驾。'固将朝也，闻王命而遂不果，宜与夫礼若不相似然。"

曰："岂谓是与？曾子曰：'晋楚之富，不可及也。彼以其富，我以吾仁；彼以其爵，我以吾义，吾何慊⑥乎哉？'夫岂不义而曾子言之？是或一道也。天下有达尊三：爵一，齿一，德一。朝廷莫如爵，乡党莫如齿，辅世长民莫如德。恶得有其一以慢其二哉？故将大有为之君，必有所不召之臣，欲有谋焉，则就之。其尊德乐道，不如是，不足与有为也。故汤之于伊尹，学焉而后臣之，故不劳而王；桓公之于管仲，学焉而后臣之，故不劳而霸。今天下地丑⑦德齐，莫能相尚，无他，好臣其所教，而不好臣其所受教。汤之于伊尹，桓公之于管仲，则不敢召。管仲且犹不可召，而况不为管仲者乎？"

【注释】

①朝（zhāo）：早晨。

②东郭氏：齐国的一个姓东郭的大夫。

③孟仲子：孟子的堂弟，又是他的学生。

④要（yāo）：拦截。

⑤景丑氏：齐国大夫景丑。 宿：歇宿。

⑥慊（qiàn）：同"歉"，欠缺。

⑦丑：类似，相近，同。

【译文】

孟子正要去朝见齐王，齐王派人来说："我本该来看望您的，但是有畏寒的病，不能吹风。明天早晨，我将临朝听政，不知（您是否肯来）让我见见您呢？"

孟子回话道："我不幸生了病，不能到朝廷上去。"

第二天，孟子出门到东郭氏家去吊丧。公孙丑说："昨天推说有病，今日却去吊丧，也许不合适吧？"

孟子说："昨天有疾，今天好了，怎么不能去吊丧？"

齐王派人来询问病情，医生也来了。孟仲子应付来人说："昨天有王的召令，他不巧有点小病，不能到朝廷去。今天病好了点，急匆匆赶赴朝廷去了，不知道现在到了没有？"孟仲子随即派了几个人到路上去拦截孟子，告诉他："请您一定不要回家，赶快到朝廷去！"

孟子不得已，就到景丑氏家去歇宿。景子说："在家有父子，在外有君臣，这是人世间最重大的伦理关系。父子关系以慈爱为主，君臣关系以恭敬为主。我看到了齐王对您敬重，却没看到您怎么敬重齐王。"

孟子说："唉！这是什么话！齐国人没有一个拿仁义的道理去说给齐王听的，难道是认为仁义不好吗？（只是）他们心里在想：'这个君王哪值得同他去谈仁义！'那么，（对齐王的）不恭敬没有比这更大的了。至于我，不是尧、舜之道不敢在齐王面前陈述，所以齐国人没有一个像我这样敬重齐王的。"

景子说："不，不是说的这个。《礼》的规定说：'父亲召唤，儿子不能用'诺'应答,（而要恭敬地用'唯'应答）；君王宣召,臣子不等车子驾好就动身。'您本来准备去朝见,听了君王的召令却不去了,这恐怕与礼的规定不大符合吧。"

　　孟子说:"难道能这么说吗？曾子说过:'晋国、楚国的财富,没法比得上。不过,它们凭借财富,我凭借我的仁德；它们凭借爵位,我凭借我的道义,我欠缺什么呢？'难道这话没有道理而曾子随便说说的么？这或许是另有一种道理的罢。天下普遍看重的东西有三样：爵位,年纪,道德。在朝廷里,没有比爵位更尊贵的；在乡里,没有比年龄更尊贵的；辅助君主、管理百姓,没有比道德更尊贵的。(他)哪能有了其中一种(爵位)而轻视另两种(年龄、道德)呢？所以想要有大作为的君主,必定有他不能召见的臣子,要有事情商议,那就(亲自)前去请教。如果他不像这样(诚心实意)地崇尚道德、喜爱仁义,就不值得同他一起干事。所以汤王对于伊尹,(首先是)向他学习,然后才把他当作臣子,所以不费力气就统一了天下；桓公对于管仲,(首先也是)向他学习,然后才把他当作臣子,所以不费力气就称霸诸侯。现在天下(大的诸侯国)土地相等,德行相似,谁也超不过谁,(之所以如此)没有别的原因,是因为(君主)喜欢任用听从他们使唤的人做臣,而不喜欢任用教导他们的人做臣。汤王对于伊尹,桓公对于管仲,就不敢随意召见。管仲尚且不能随意召见,何况不愿做管仲的人呢？"

【原文】

　　4.3 陈臻①问曰:"前日于齐,王馈兼金②一百而不受；于宋,馈七十镒③而受；于薛,馈五十镒而受。前日之不受是,则今日之受非也；今日之受是,则前日之不受非也。夫子必居一于此矣。"

　　孟子曰:"皆是也。当在宋也,予将有远行,行者必以赆,辞曰:'馈赆。'予何为不受？当在薛也,予有戒心,辞曰:'闻戒,故为兵馈之。'予何为不受？若于齐,则未有处也。无处而馈之,是货④之也。焉有君子而可以货取乎？"

【注释】

　　①陈臻(zhēn)：孟子弟子。

②馈（kuì）：赠送。金：古代所说的金，多是指黄铜。

③镒（yì）：古代的重量单位之一，二十两为一镒。

④货（huò）：收买，贿赂，交易。

【译文】

陈臻说："以前在齐国，齐王送您一百镒好金您不接受；在宋国，送您七十镒，您接受了；在薛，送您五十镒，您接受了。如果以前不接受是对的，那么后来接受就是错的；后来接受如果是对的，那么以前不接受就是不对的。在这两种情况中，您必定处于其中的一种了。"

孟子说："都是对的。当在宋国的时候，我将要远行，远行的人必然要用些路费，宋君说：'送点路费（给你）。'我为什么不接受？当在薛地的时候，我有防备（在路上遇害）的打算，主人说：'听说需要防备，所以送点钱给你买兵器。'我为什么不接受？至于在齐国，就没有（送钱的）理由。没有理由而赠送，这是收买我啊。哪有君子可以用钱收买的呢？"

【原文】

4.4 孟子之平陆①，谓其大夫②曰："子之持戟之士，一日而三失伍，则去之否乎？"

曰："不待三。"

"然则子之失伍也亦多矣。凶年饥岁，子之民，老羸转于沟壑③，壮者散而之四方者，几千人矣。"

曰："此非距心之所得为也。"

曰："今有受人之牛羊而为之牧之者，则必为之求牧与刍矣。求牧与刍而不得，则反诸其人乎？抑亦立而视其死与？"

曰："此则距心之罪也。"

他日，见于王曰："王之为都④者，臣知五人焉。知其罪者，惟孔距心。"为王诵⑤之。

王曰："此则寡人之罪也。"

【注释】

①平陆：齐国边境的邑，在今山东汶上县北。

②大夫：这里指地方上的行政长官。

③老羸（léi）：年老体弱。沟壑（hè）：山沟。

④都（dū）：都邑。

⑤诵：背诵复述。

【译文】

孟子到了平陆，对那里的长官（孔距心）说："如果你的卫士一天三次擅离职守，开除不开除他呢？"

孔距心说："不必等三次。"

（孟子说：）"那么您失职的地方也够多的了。荒年饥岁，您的百姓，年老体弱抛尸露骨在山沟的，年轻力壮逃荒到四方的，将近一千人了。"

孔距心说："这个问题不是我能够解决的。"

孟子说："假如现在有个人，接受了别人的牛羊而替他放牧，那么必定要为牛羊寻找牧场和草料了。如果找不到牧场和草料，那么是把牛羊还给那个人呢？还是就站在哪儿眼看着牛羊饿死呢？"

孔距心说："这是我的罪过。"

往后的某一天，孟子朝见齐王说："大王的地方长官我认识五个，能认识自己罪过的，只有孔距心。"（孟子）给齐王复述了一遍他与孔距心的谈话。

齐王说："这是我的罪过啊。"

【原文】

4.5 孟子谓蚳鼃①曰："子之辞灵丘而请士师②，似也，为其可以言也。今既数月矣，未可以言与？"

蚳鼃谏于王而不用，致为臣而去。齐人曰："所以为蚳鼃则善矣；所以自为，则吾不知也。"

公都子③以告。曰："吾闻之也：有官守者，不得其职则去；有言责者，不得其言则去。我无官守，我无言责也，则吾进退，岂不绰绰然有余裕哉？"

【注释】

①蚳（chí）鼃：齐国大夫。

②灵丘：齐国邑名。士师：官名，掌禁令、狱讼、刑罚，为古代法官之通称。
③公都子：孟子的学生。

【译文】

孟子对蚳蛙说："你辞去灵丘地方长官的职务，请求担任法官，似乎是有道理的，因为可以（接近齐王向他）进谏了。现在已经几个月了，还不可以进谏吗？"

蚳蛙向齐王进谏而不被采纳，便辞官而去。齐国有人议论说："孟子替蚳蛙出的主意倒是很好了，他怎么为自己考虑，我就不知道了。"

公都子把这话告诉了孟子。孟子说："我听说过这样的话：有官职的人，如果无法行使他的职责就辞职；有进谏责任的，无法尽到进谏的责任就辞职。我既没有官职，又没有进谏的责任，那么我的行动进退，难道不是宽宽绰绰大有回旋余地了吗？"

【原文】

4.6 孟子为卿于齐，出吊于滕，王使盖①大夫王驩为辅行。王驩朝暮见，反齐、滕之路，未尝与之言行事也。

公孙丑曰："齐卿之位，不为小矣；齐、滕之路，不为近矣，反之而未尝与言行事，何也？"

曰："夫既或治之，予何言哉？"

【注释】

①盖（gě）：齐国邑名，在今山东沂水县西北。王驩（huān）：盖邑的地方长官，齐王的宠臣。辅行：副使。指跟孟子到滕吊丧的副使。

【译文】

孟子在齐国担任卿，奉命到滕国去吊丧，齐王派盖地的大夫王驩作为副使与孟子同行。王驩（同孟子）朝夕相见，但在从齐国到滕国的来回路上，孟子不曾同他谈起出使的事情。

公孙丑说："齐国卿的职位不算小了；齐国与滕国之间，路不算近了，往返途中不曾同他谈起出使的事情，为什么呢？"

孟子说："那个人既然独自包办了，我还说什么呢？"

【原文】

4.7 孟子自齐葬于鲁，反于齐，止于嬴①。充虞②请曰："前日不知虞之不肖，使虞敦匠事。严，虞不敢请。今愿窃有请也：木若以美然？"

曰："古者棺椁③无度，中古④棺七寸，椁称⑤之。自天子达于庶人，非直为观美也，然后尽于人心⑥。不得⑦，不可以为悦；无财，不可以为悦。得之为有财⑧，古之人皆用之，吾何为独不然？且比化⑨者，无使土亲肤，于人心独无恔⑩乎？吾闻之也：君子不以天下俭其亲。"

【注释】

① 嬴（yíng）：齐国南部邑名，在今山东莱芜市西北。

② 充虞：孟子弟子。

③ 棺（guān）椁（guǒ）：装死人用的棺材。

④ 中古：指西周以后。

⑤ 称（chèn）：相称，对称。

⑥ 尽于人心：能尽人子之孝心。

⑦ 不得：受制度的限制不能厚葬。

⑧ 得之为有财：按礼制度规定可以厚葬和有较多的财物。为，与、和。

⑨ 比化：为死者考虑。比，为。化，死者。

⑩ 无恔（xiào）：不愉快。恔：愉快。

【译文】

孟子从齐国到鲁国去（安葬母亲），返回齐国时，在嬴地停留。充虞请问道："前些日子您不知道我缺乏能力，派我监理打造棺椁的事。当时事情匆迫，我不敢请教。现在想冒昧地问一下：那棺椁似乎太华美了吧？"

孟子说："上古时候，棺椁没有规定的厚度，中古时候，棺厚七寸，椁的厚度同棺相称。从天子到平民百姓，（棺椁讲究）不只是为了好看，而是这样才称尽了孝心。（由于等级的限制）不能用（好的棺椁），就不会称心；没有钱财用好的棺椁，也不会称心。既有资格又有钱财，古人就都用好棺椁，为什么偏我不能这样？而且为了避免泥土挨近死者的肌肤（而用厚棺椁），对于孝子之心岂不是一件感到慰藉的事吗？我听说过这样的话：君子是不会因为爱惜天下财物而从俭办父母的丧事的。"

【原文】

4.8 沈同①以其私问曰:"燕可伐与?"

孟子曰:"可。子哙不得与人燕,子之不得受燕于子哙②。有仕③于此,而子悦之,不告于王而私与之吾子之禄爵;夫士也,亦无王命而私受之于子,则可乎?何以异于是?"

齐人伐燕。或问曰:"劝齐伐燕,有诸?"

曰:"未也。沈同问'燕可伐与',吾应之曰'可。'彼然而伐之也。彼如曰:'孰可以伐之?'则将应之曰:'为天吏,则可以伐之。'今有杀人者,或问之曰:'人可杀与?'则将应之曰:'可。'彼如曰:'孰可以杀之?'则将应之曰:'为士师,则可以杀之。'今以燕伐燕,何为劝之哉?"

【注释】

①沈同:齐国大臣。

②其事参见《梁惠王下》第十、十一章及本篇下一章。子哙(kuài):燕国大王。

③仕:同"士"。

【译文】

沈同以个人名义问道:"燕国可以讨伐吗?"

孟子说:"可以。(燕王)子哙不得把燕国让给别人,(燕相)子之不得从子哙那里接受燕国。比方说,这里有个士人,您喜欢他,就不禀告君王而私自把自己的俸禄、爵位让给他,那个士人也不经君王同意,私自从您那里接受俸禄和爵位,这样行吗?(子哙)让君位的事,同这有什么两样?"

齐国攻打燕国。有人问道:"(您)鼓励齐国攻打燕国,有这回事吗?"

孟子说:"没有。沈同问'燕国可以征伐吗?'我答复他说'可以。'他们认为这个说法对,便去征伐燕国。他如果问'谁能去征伐燕国?'那我将答复他说:'奉了上天使命的人才可以去征伐。'就好比这里有个杀人犯,如果有人问我:'这个人该杀吗?'我就回答说:'可以。'他如果再问:'谁可以去杀这个杀人犯?'那我就会回答他:'做法官的才可以杀他。'现在,让一个跟燕国一样无道的国家去征伐燕国,我为什么要鼓励它呢?"

【原文】

4.9 燕人畔。王曰："吾甚惭于孟子①。"

陈贾②曰："王无患焉。王自以为与周公孰仁且智？"

王曰："恶！是何言也！"

曰："周公使管叔监殷，管叔以殷畔③。知而使之，是不仁也；不知而使之，是不智也。仁智，周公未之尽也，而况于王乎？贾请见而解之。"

见孟子，问曰："周公何人也？

曰："古圣人也。"

曰："使管叔监殷，管叔以殷畔也，有诸？"

曰："然。"

曰："周公知其将畔而使之与？"

曰："不知也。"

"然则圣人且有过与？"

曰："周公，弟也；管叔，兄也。周公之过，不亦宜乎？且古之君子，过则改之；今之君子，过则顺之。古之君子，其过也，如日月之食，民皆见之；及其更也，民皆仰之。今之君子，岂徒顺之，又从为之辞④。"

【注释】

①齐国占领燕国时，孟子曾向齐宣王提出，为燕立一君主而后撤离。齐王不听。两年内，燕人不服；赵国等诸侯国也反对齐吞并燕，怕齐国因此而变得更强大，于是立燕昭王，燕人拥护，迫使齐军败退撤回。

②陈贾（gǔ）：齐国大夫。

③周武王灭商后，封纣王之子武庚于其旧都，派其弟管叔、蔡叔、霍叔去监视殷的遗民。武王死后，成王幼，周公执政，管叔等和武庚反叛，后周公平定了叛乱。畔（pàn）：反抗，叛乱，通假"叛"。

④辞：借口。

【译文】

燕国人反抗（齐国的占领）。齐宣王说："我对孟子觉得很惭愧。"

陈贾说："大王不必犯愁。大王如果在仁和智方面同周公相比较，自己觉得谁强一些？"

齐王说："唉！这是什么话！"

陈贾说："周公派管叔去监察殷人，管叔却带着殷人叛乱。（如果周公）知道他会反叛还派他去，这是不仁；如果不知道他会反叛而派他去，这是不智。仁和智，周公还未能完全具备，何况大王您呢？请允许我见到孟子时向他作些解释。"

陈贾见到孟子，问道："周公是怎样一个人？"

孟子说："古代的圣人。"

陈贾说："他派管叔监察殷人，管叔却带着殷人叛乱，有这回事吗？"

孟子说："是这样。"

陈贾说："周公是知道他会反叛而派他去的吗？"

孟子说："（周公）不知道。"

"既然这样，那么（岂不是）圣人也会有过错吗？"

孟子说："周公是弟弟，管叔是哥哥。（谁能料到哥哥会背叛呢？）周公的过错，不也是情有可原的吗？况且，古代的君子，犯了过错就改正；现在的君子，犯了过错却照样犯下去。古代的君子，他的过错就像日食月食一样，人民都能看到；等他改正后，人民都仰望着他。现在的君子，岂只是坚持错误，竟还为错误作辩解。"

【原文】

4.10 孟子致为臣而归。王就见孟子，曰："前日愿见而不可得，得侍同朝，甚喜；今又弃寡人而归，不识可以继此而得见乎？"

对曰："不敢请耳，固所愿也。"

他日，王谓时子①曰："我欲中国而授孟子室，养弟子以万钟②，使诸大夫国人皆有所矜式。子盍为我言之？"

时子因陈子③而以告孟子，陈子以时子之言告孟子。孟子曰："然。夫时子恶知其不可也？如使予欲富，辞十万而受万，是为欲富乎？季孙④曰：'异哉子叔疑⑤！使己为政，不用，则亦已矣，又使其子弟为卿。人亦孰不欲富贵？而独于富贵之中有私龙断⑥焉。'古之为市也，以其所有易其所无者,有司者治之耳。有贱丈夫焉,必求龙断而登之,以左右望,而罔市利。人皆以为贱,故从而征之。征商自此贱丈夫始矣。"

【注释】

①时子:齐国大夫。

②钟:古代容量单位,一钟合古代的六石四斗。

③陈子:即陈臻,孟子弟子。

④季孙:人名,事迹不详。

⑤子叔疑:人名,事迹不详。

⑥龙断:垄断。把持,独占。

【译文】

孟子辞掉齐国的官职要回乡。齐王到孟子住处去见他,说:"过去想见您而不可能,(后来)能在一个朝廷里共事,我非常高兴;现在您要撇下我回去了,不知今后还能见到您不?"

孟子回答道:"我不敢要求(同大王相见)罢了,这本来就是我所希望的。"

过后的某一天,齐王对时子说:"我打算在都城里给孟子一所房屋,用一万钟粮食供养他的弟子,让大夫和百姓都有个效法的榜样。你何不替我去对孟子谈谈这件事呢?"

时子通过陈子把(齐王的打算)告诉给孟子,陈子就把时子的话告诉了孟子。孟子说:"是啊,时子哪知道这件事是不能做的呢?如果我想富,辞掉了十万钟的俸禄却来接受这一万钟的赏赐,这是想要富吗?季孙说:'真奇怪啊,子叔疑这个人!想让自己做官,没被任用,那也就算了,却又叫他的子弟去做卿。人们谁个不想富贵?而偏偏在富贵之中有人想独自垄断。'古时候做买卖,是拿自己所有的东西交换所没有的东西,有关部门的官吏管理这种事罢了。有个下贱的汉子,总要找块高地登上去,用来左右张望,(企图)把集市贸易的好处都捞到。人人都认为他卑鄙,于是就对他征税。对商人征税就是从这个下贱的汉子开始的。"

【原文】

4.11 孟子去齐,宿于昼①。有欲为王留行者,坐而言。不应,隐几而卧。

客不悦曰："弟子齐②宿而后敢言，夫子卧而不听，请勿复敢见矣。"

曰："坐！我明语子。昔者鲁缪公无人乎子思之侧，则不能安子思③；泄柳、申详无人乎缪公之侧，则不能安其身④。子为长者虑，而不及子思；子绝长者乎？长者绝子乎？"

【注释】

①昼：齐国邑名，在今山东临淄附近。

②齐：同"斋"，斋戒。古人在有重大事情前，沐浴更衣，不饮酒，不吃荤，以示诚敬，称斋戒。

③鲁缪（móu）公：鲁国国君，名显，前409年—前377年在位。子思，名孔伋，孔子之孙。鲁缪公尊敬子思，常派人在子思身边伺候致意，使子思安心。

④泄柳、申详：同为鲁缪公时贤人。泄柳亦称子柳；申详，孔子弟子子张之子。他们二人认为，如果没有贤者在左右维护君主，自身就感到不安。

【译文】

孟子离开齐国，在昼邑宿夜。有个想为齐王挽留孟子的人，恭敬地坐着跟孟子说话。孟子不答理他，靠着小桌子打盹。客人不高兴地说："我先斋戒了一天，然后才敢来同您说话，您却睡觉不听我说，今后再不敢来见您了。"（说完，起身要走。）

孟子说："坐下，我明白地告诉你。从前，鲁缪公要是没有人在子思身边（伺候致意），就不能使子思安心留下；要是没有贤人在鲁缪公身边，就不能使泄柳、申详（在鲁国）安身。你替我这个长辈着想，却想不到（鲁缪公怎样地对待）子思；（光劝我留下而不去劝齐王改变态度，）这是你跟我这个长辈搞僵了呢？还是我这个长辈跟你搞僵了呢？"

【原文】

4.12 孟子去齐。尹士①语人曰："不识王之不可以为汤武，则是不明也；识其不可，然且至，则是干②泽也。千里而见王，不遇故去，三宿而后出昼，是何濡滞也？士则兹不悦。"

高子③以告。曰："夫尹士恶知予哉？千里而见王，是予所欲也；不遇故去，岂予所欲哉？予不得已也。予三宿而出昼，于予心犹以为速，王庶几改之，王如改诸，则必反予。夫出昼，而王不予追也，予然后浩然有归志。予虽然，岂舍王哉？王由足用为善。王如用予，则岂徒齐民安，天下之民举安。王庶几改之！予日望之！予岂若是小丈夫然哉？谏于其君而不受，则怒，悻悻然④见于其面，去则穷日之力而后宿哉？"

尹士闻之，曰："士诚小人也。"

【注释】

①尹士：齐国人。

②干：求。

③高子：齐国人，孟子弟子。

④悻（xìng）悻然：怨恨愤怒的样子。

【译文】

孟子离开齐国。尹士对人说："不知道齐王不能成为商汤、周武王那样的君主，那就是不明智；知道齐王不可能，然而还是到齐国来，那就是为着贪求好处。不远千里地来见齐王，不相投合而离开，在昼邑住了三夜才走，为什么这样滞留迟缓呢？我对（孟子）这一点很不高兴。"

高子把这番话告诉了孟子。孟子说："那尹士哪会懂得我（的想法）呢？千里迢迢来见齐王，这是我自己愿意的；不相投合而离开，难道也是我愿意的吗？我是不得已罢了。我住了三夜才离开昼邑，在我心里还觉得太快了，（心想）齐王或许会改变态度的，齐王如果改变了态度，一定会召我回去。（等到）离开了昼邑，齐王没有（派人）追我回去，我这才毅然下定决心回老家去。我虽然这么做了，难道肯舍弃齐王吗？齐王还是完全可以行善政的。齐王如果任用我，那岂只是齐国的百姓得到安宁，天下的百姓都能得到安宁。齐王或许会改变态度的！我天天期望着他能改变！我难道像那种气度狭小的人吗？向君主进谏不被接受，就怒气冲冲，脸上显露出不满的表情，离开时就非得拼尽一天的气力赶路，然后才歇宿吗？"

尹士听了这话，说："我真是个小人啊。"

【原文】

4.13 孟子去齐，充虞①路问曰："夫子若有不豫色然②。前日虞闻诸夫子曰：'君子不怨天，不尤人③。'"

曰："彼一时，此一时也。五百年必有王者兴，其间必有名世者。由周而来，七百有余岁矣。以其数，则过矣；以其时考之，则可矣。夫天未欲平治天下也，如欲平治天下，当今之世，舍我其谁也？吾何为不豫哉？"

【注释】

①充虞（yú）：孟子弟子。

②不豫色然：不高兴的样子。

③此句是孔子之语，见《论语·宪问》。

【译文】

孟子离开齐国，充虞在路上问道："先生似乎有些不愉快的样子。以前我听先生您说过：'君子不抱怨天，不责怪人。'"

孟子说："那是一个时候，现在是一个时候。每五百年必定会有圣王出现，这期间也必定会有闻名于世的贤才。从周以来，已经七百多年了。按年数说，已经超过了；按时势来考察，该出现圣君贤臣了。上天还不想让天下太平罢了，如果想让天下太平，在当今这个时代，除了我还有谁（能担当这个重任）呢？我为什么不愉快呢？"

【原文】

4.14 孟子去齐，居休①。公孙丑问曰："仕而不受禄，古之道乎？"

曰："非也。于崇②，吾得见王，退而有去志，不欲变，故不受也。继而有师命，不可以请。久于齐，非我志也。"

【注释】

①休：地名，在今山东滕州市北，距孟子家约百里。

②崇：地名，不可考。

【译文】

孟子离开齐国，停住在休地。公孙丑问道："做了官却不接受俸禄，这是古代的规矩吗？"

孟子回答道："不是的。在崇地，我见到了齐王，回来后就有了离开齐国的想法，我不想改变（这个想法），所以不接受（俸禄）。接着齐国有战事，不便申请离开。长时间呆在齐国，不是我的意愿。"

5. 滕文公篇 上（凡五章）

【原文】

5.1 滕文公为世子，将之楚，过宋而见孟子。孟子道性善，言必称尧、舜。

世子自楚反，复见孟子。孟子曰："世子疑吾言乎？夫道一而已矣。成覸①谓齐景公曰：'彼，丈夫也；我，丈夫也，吾何畏彼哉？'颜渊曰：'舜，何人也？予，何人也？有为者亦若是。'公明仪②曰：'文王，我师也；周公岂欺我哉？'今滕，绝长补短，将五十里也，犹可以为善国。《书》曰：'若药不瞑眩，厥疾不瘳③。'"

【注释】

①成覸（jiàn）：齐国勇士。

②公明仪：曾参弟子。

③瞑（míng）眩（xuàn）：头晕目眩。厥（jué）：失去知觉，不省人事。瘳（chōu）：病愈。

【译文】

滕文公做太子时，（有一次）到楚国去，路过宋国时会见了孟子。孟子给他讲人性天生善良的道理，句句都要提到尧、舜。

太子从楚国返回，又来见孟子。孟子说："太子怀疑我的话吗？道理就这么一个罢了。成覸对齐景公说：'他，是个大丈夫；我，也是个大丈夫，我怕他什么呢？'颜渊说：'舜是什么样的人？我是什么样的人？（但是）有作为的人也能像他这样。'公明仪说：'文王，是我的老师；（说这话的）周公难道会欺骗我吗？'现在滕国的土地，截长补短，将近五十里见方，仍然可以治理成一个好国家。《尚书》上说：'如果药力不能使病人头晕目眩，那病是治不好的。'"

【原文】

5.2 滕定公薨①,世子谓然友②曰:"昔者孟子尝与我言于宋,于心终不忘。今也不幸至于大故,吾欲使子问于孟子,然后行事。"

然友之邹,问于孟子。

孟子曰:"不亦善乎! 亲丧,固所自尽也。曾子曰:'生,事之以礼;死,葬之以礼,祭之以礼,可谓孝矣。'诸侯之礼,吾未之学也;虽然,吾尝闻之矣。三年之丧,齐疏之服,飦③粥之食,自天子达于庶人,三代共之。"

然友反命,定为三年之丧。父兄百官皆不欲,曰:"吾宗国鲁先君莫之行④,吾先君亦莫之行也,至于子之身而反之,不可。且《志》曰:'丧祭从先祖。'曰:'吾有所受之也。'"

谓然友曰:"吾他日未尝学问,好驰马试剑。今也父兄百官不我足也,恐其不能尽于大事,子为我问孟子。"

然友复之邹问孟子。孟子曰:"然。不可以他求者也。孔子曰:'君薨,听于冢宰⑤,歠粥⑥,面深墨,即位而哭,百官有司莫敢不哀,先之也。'上有好者,下必有甚焉者矣。君子之德,风也;小人之德,草也。草尚之风,必偃。是在世子。"

然友反命。世子曰:"然,是诚在我。"五月居庐,未有命戒。百官族人可,谓曰知。及至葬,四方来观之。颜色之戚,哭泣之哀,吊者大悦。

【注释】

①滕定公:滕国国君。薨(hōng):古代王侯死了叫作薨。

②世子:指滕文公。然友:滕文公的老师。

③飦(zhān):稠粥。

④宗国:鲁国的始封祖和滕国的始封祖是兄弟,按照宗法制度,滕国尊称鲁国为宗国。

⑤冢(zhǒng)宰:官名,原是辅佐天子的官,百官之长,相当于后世的

宰相。

⑥歠（chuò）：饮，喝。

【译文】

滕定公去世，太子对然友说："以前孟子曾经同我在宋国交谈过，我心里始终没有忘记。现在不幸遇到了这大变故，我想让你去请教一下孟子，然后再治办丧事。"

然友到邹国去请教孟子。

孟子说："这不是很好吗！父母的丧事，本来就是应该尽到自己的心意去办的事。曾子说过：'父母在世，以礼侍奉；死了，以礼安葬，以礼祭祀，可以说是孝子。'诸侯的丧礼，我没有学过；虽然这样，我曾听说过。三年的服丧期，穿缝边的粗麻布丧服，喝粥，从天子到百姓，夏、商、周三代都是这样。"

然友回国作了汇报，太子决定实行三年的丧礼。宗室百官都不愿意，说："我们的宗国鲁国的前代君主，没有谁实行过这种丧礼，我们的前代君主也没有谁实行过，到了你身上却要违反传统，那不行。况且《志》记载说：'丧礼、祭礼要遵从先祖的规矩。'又说：'我们（的做法）都是有所继承的。'"

太子对然友说："过去我不曾讲求学问，喜欢骑马驰骋，比试剑法。现在宗室百官都不满意我，担心我不能竭尽孝道办好丧事，请您替我再向孟子请教。"

然友再次到邹国请教孟子。孟子说："是的，这是不能求助于别人的。孔子说：'国君死了，（太子）把政事托付给冢宰处理，喝粥，面色暗黑，走到孝子的位置上就哀哭，（这样，）大小官员没有敢不哀伤的，（因为太子）给他们带了头。'在上位的人爱好什么，下面的人必定对此更加爱好。君子的道德，好比是风；老百姓的道德，好比是草。风吹到草上，草必定倒伏。这件事就在于太子了。"

然友返国后作了汇报。太子说："对，这的确在于我自己。"（于是）太子五个月都住在丧庐里，没有发布过政令诫示。百官和同族的人都赞同，认为太子知礼。到了安葬那天，各地的人都来观看葬礼。太子面容悲戚，哭声哀伤，使吊丧的人非常满意。

【原文】

5.3 滕文公问为国。

孟子曰："民事不可缓也。《诗》云：'昼尔于茅，宵尔索绹；亟其乘屋，其始播百谷①。'民之为道也，有恒产者有恒心，无恒产者无恒心。苟无恒心，放辟邪侈，无不为已。及陷乎罪，然后从而刑之，是罔民也。焉有仁人在位罔民而可为也？是故贤君必恭俭礼下，取于民有制。阳虎②曰：'为富不仁矣，为仁不富矣。'夏后氏五十而贡，殷人七十而助，周人百亩而彻，其实皆什一也。彻者，彻也③；助者，藉也④。龙子⑤曰：'治地莫善于助，莫不善于贡。'贡者，校数岁之中以为常。乐岁，粒米狼戾，多取之而不为虐，则寡取之；凶年，粪⑥其田而不足，则必取盈焉。为民父母，使民盻盻然，将终岁勤动，不得以养其父母，又称贷而益之，使老稚转乎沟壑，恶在其为民父母也？夫世禄，滕固行之矣。《诗》云：'雨我公田，遂及我私⑦。'惟助为有公田。由此观之，虽周亦助也。设为庠序学校以教之。庠者，养也。校者，教也。序者，射也。夏曰校，殷曰序，周曰庠；学则三代共之，皆所以明人伦也。人伦明于上，小民亲于下。有王者起，必来取法，是为王者师也。《诗》云：'周虽旧邦，其命维新⑧。'文王之谓也。子力行之，亦以新子之国。"

使毕战问井地⑨。孟子曰："子之君将行仁政，选择而使子，子必勉之！夫仁政必自经界始。经界不正，井地不钧，谷禄不平，是故暴君污吏必慢其经界。经界既正，分田制禄可坐而定也。夫滕，壤地褊小，将为君子焉，将为野人⑩焉。无君子，莫治野人；无野人，莫养君子。请野九一而助，国中什一使自赋。卿以下必有圭田⑪，圭田五十亩，余夫二十五亩。死徙无出乡，乡田同井，出入相友，守望相助，疾病相扶持，则百姓亲睦。方里而井，井九百亩，其中为公田。八家皆私百亩，同养公田。公事毕，然后敢治私事，所以别野人也。此其大略也；若夫润泽之，则在君与子矣。"

【注释】

①以上四句出自《诗经·豳风·七月》。

②阳虎：又作阳货，春秋末鲁国大夫季氏的家臣。

③彻者，彻也：彻，通也。是说这种税制在周是天下通行的税制。

④助者，藉（jiè）也：藉，借也。意思是借助民力来耕种公田。

⑤龙子：古代贤人。

⑥粪：扫除。

⑦以上两句出自《诗经·小雅·大田》。

⑧以上两句出自《诗经·大雅·文王》。

⑨毕战：滕国的臣子。井地：即井田，相传为古代奴隶社会的一种土地制度。以方九百亩的地为一个单位，划成九区，其中为公田，八家均私田百亩，同养公田。因形如井字，故名。

⑩野人：郊野之人，乡下人。

⑪圭（guī）田：用于祭祀的田地。

【译文】

滕文公问怎样治理国家。

孟子说："治理百姓的事是不能松劲的。《诗经》上说：'白天去割茅草，晚上把绳搓好；赶紧上房修屋，就要播种百谷。'老百姓中形成这样一条准则，有固定产业的人会有稳定不变的思想，没有固定产业的就不会有稳定不变的思想。如果没有稳定不变的思想，那么违礼犯法、为非作歹的事，没有不去干的了。等到他们陷入犯罪的泥坑，然后便用刑罚处置他们，这就像是布下罗网陷害百姓。哪有仁人做了君主却干陷害百姓的事的呢？所以贤明的君主必定要恭敬、节俭，以礼对待臣下，向百姓征收赋税有一定的制度。阳虎曾说：'要发财就顾不上仁爱，要仁爱就不能发财。'夏朝每五十亩地，赋税采用'贡'法；商朝每七十亩地，赋税采用'助'法；周朝每一百亩地，赋税采用'彻'法。其实税率都是十分抽一。'彻'是'通'的意思，'助'是'借'的意思。龙子说：'管理土地的税法，没有比助法更好的，没有比贡法更差的。'贡法是比较若干年的收成，取平均数作为常数，按常数收税。丰年，粮食多得狼藉满地，多征些粮不算暴虐，（相对说来）贡法却征收得少；荒年，即使把落在田里的粮粒扫起来凑数，也不够交税的，而贡法却非要足数征收。（国君）作为百姓的父母，却使百姓一年到头劳累不堪，结果还不能养活父母，还得靠借贷来补足赋税，使得老人孩子四处流亡，死在沟壑，（这样的国君）哪能算是百姓的父母呢？做官的世代享受俸禄，滕国本来就实行了，（何不再实行助法，使百姓也得到好处呢？）《诗经》上说：'雨下到我们的公田里，于是也下到我们的私田里。'只有助法才有公田。由此看来，就是周朝也实行助法的。要设立庠、序、学、校来教导百姓。'庠'是教养的意思。'校'是教导的意思。'序'是习射的意思。（地方学校，）夏代称'校'，商代称'序'，周代称'庠'；'学'（是中央的学校），三代共用这个名称。（这些学校）都是用来教人懂得伦理关系的。在上位的人明白了伦理关系，百姓在下自然就会相亲相爱。（您要这么做了，）如果有圣王出现，必然会来效法的，这样就成了圣王的老师了。《诗经》上说：'岐周虽是古老的诸侯国，却新接受了天命。'这是讲的文王。您努力实行吧，也以此来更新您的国家。"

（滕文公）派毕战来问井田的问题。孟子说："您的国君打算施行仁政，选派你（到我这里来），你一定要努力啊！行仁政，一定要从划分、确定田界开始。田界不正，井田（的面积）就不均，作为俸禄的田租收入就不公平，因此暴君污吏必定要搞乱田地的界限。田界划分正确了，那么分配井田，制定俸禄标准，就可轻而易举地办妥了。滕国虽然地方狭小，但也要有人做君子，也要有人做农夫。没有（做官的）君子，就没有人来治理农夫；没有农夫，就没有人来供养君子。请考虑在农村实行九分抽一的助法，在都市自行交纳十分抽一的赋税。卿以下（的官吏）一定要有可供祭祀费用的五十亩田；对家中未成年的男子，另给二十五亩。（百姓）丧葬迁居都不离乡。乡里土地在同一井田的各家，出入相互结伴，守卫防盗相互帮助，有病相互照顾，那么百姓之间就亲近和睦。一里见方的土地定为一方井田，每一井田九百亩地，中间一块是公田。八家都有一百亩私田，（首先）共同耕作公田。公田农事完毕，才敢忙私田上的农活，这就是使君子和农夫有所区别的办法。这是井田制的大概情况；至于如何改进完善，那就在于你的国君和你（的努力）了。"

【原文】

5.4 有为神农之言者许行^①，自楚之滕，踵门而告文公曰："远方之人闻君行仁政，愿受一廛而为氓。"文公与之处。其徒数十人，皆衣褐，捆屦织席以为食。陈良^②之徒陈相与其弟辛，负耒耜^③而自宋之滕，曰："闻君行圣人之政，是亦圣人也，愿为圣人氓。"陈相见许行而大悦，尽弃其学而学焉。陈相见孟子，道许行之言曰："滕君则诚贤君也；虽然，未闻道也。贤者与民并耕而食，饔飧^④而治。今也滕有仓廪府库，则是厉民而以自养也，恶得贤？"

孟子曰："许子必种粟而后食乎？"曰："然。""许子必织布而后衣乎？"曰："否，许子衣褐。""许子冠乎？"曰："冠。"曰："奚冠？"曰："冠素。"曰："自织之与？"曰："否，以粟易之。"曰："许子奚为不自织？"曰："害于耕。"曰"许子以釜甑爨^⑤，以铁耕乎？"曰："然。""自为之与？"曰："否，以粟易之。"

"以粟易械器者，不为厉陶冶；陶冶亦以其械器易粟者，岂为厉农夫哉？且许子何不为陶冶，舍皆取诸其宫中而用之？何为纷纷然与百工交易？何许子之不惮烦？"曰："百工之事，固不可耕且为也。"

"然则治天下独可耕且为与？有大人之事，有小人之事。且一人之身，而百工之所为备，如必自为而后用之，是率天下而路也。故曰：或劳心，或劳力；劳心者治人，劳力者治于人；治于人者食人，治人者食于人。天下之通义也。"

"当尧之时，天下犹未平，洪水横流，泛滥于天下，草木畅茂，禽兽繁殖，五谷不登，禽兽偪人，兽蹄鸟迹之道交于中国。尧独忧之，举舜而敷治焉。舜使益^⑥掌火，益烈山泽而焚之，禽兽逃匿。禹疏九河，瀹济、漯而注诸海；决汝、汉，排淮、泗而注之江，然后中国可得而食也。当是时也，禹八年于外，三过其门而不入，虽欲耕，得乎？后稷教民稼穑^⑦，树艺五谷；五谷熟而民人育。人之有道也，饱食暖衣，逸居而无教，则近于禽兽。圣人有忧之，使契^⑧为司徒，教以人伦——父子有亲，君臣有义，夫妇有别，长幼有叙，朋友有信。放勋^⑨曰：'劳之来之，匡之直之，辅之翼之，使自得之，又从而振德之。'圣人之忧民如此，而暇耕乎？"

"尧以不得舜为己忧，舜以不得禹、皋陶⑩为己忧。夫以百亩之不易为己忧者，农夫也。分人以财谓之惠，教人以善谓之忠，为天下得人者谓之仁。是故以天下与人易，为天下得人难。孔子曰：'大哉尧之为君！惟天为大，惟尧则之。荡荡乎民无能名焉！君哉舜也！巍巍乎有天下而不与焉！'尧、舜之治天下，岂无所用其心哉？亦不用于耕耳。吾闻用夏变夷者⑪，未闻变于夷者也。陈良，楚产也，悦周公、仲尼之道，北学于中国。北方之学者，未能或之先也。彼所谓豪杰之士也。子之兄弟事之数十年，师死而遂倍之。昔者孔子没，三年之外，门人治任将归，入揖于子贡，相向而哭，皆失声，然后归。子贡反，筑室于场，独居三年，然后归。他日，子夏、子张、子游以有若似圣人，欲以所事孔子事之，强曾子。曾子曰：'不可。江、汉以濯之，秋阳以暴之⑫，皜皜乎不可尚已！'今也，南蛮𫛞舌之人，非先王之道，子倍子之师而学之，亦异于曾子矣！吾闻出于幽谷迁于乔木者，未闻下乔木而入于幽谷者。《鲁颂》曰：'戎狄是膺，荆舒是惩⑬。'周公方且膺之，子是之学，亦为不善变矣。"

"从许子之道，则市贾不贰，国中无伪。虽使五尺之童适市，莫之或欺。布帛长短同，则贾相若；麻缕丝絮轻重同，则贾相若；五谷多寡同，则贾相若；屦⑭大小同，则贾相若。"

曰："夫物之不齐，物之情也。或相倍蓰⑮，或相什百，或相千万。子比而同之，是乱天下也。巨屦小屦同贾，人岂为之哉？从许子之道，相率而为伪者也，恶能治国家？"

【注释】

①神农：上古传说中的人物，相传他首先制造农具，教导人民种田。战国时，提倡重视农业的学派标榜自己奉行神农学说。许行：战国时农家学派的代表人物。

②陈良：楚国的儒者。

③耒耜（lěi sì）：古代一种像犁的农具，木柄叫"耒"，犁头叫"耜"。

④饔飧（yōng sūn）：早饭叫"饔"，晚饭叫"飧"，这里用作动词，做饭。

⑤釜(fǔ)：金属制的锅。甑(zèng)：古代做饭用的一种陶器。爨(cuàn)：烧火做饭。

⑥益：舜的臣子。

⑦后稷(jì)：古代周族的始祖，名弃。善于种植各种粮食作物，曾在尧、舜时代做农官，教民耕种。稼(jià)穑(sè)：耕种粮食。

⑧契(xiè)：传说中商的始祖，曾任舜的司徒，掌管教化。

⑨放勋(xūn)：尧的称号。

⑩皋陶(gāo yáo)：相传是舜时掌管刑法的官。

⑪夏：指当时居住中原地区的民族。夷：古代对东部各族的统称，这里泛指居住于中原地区以外的部族。

⑫秋阳：秋天的太阳。周历比现在的农历早两个月，故"秋阳"相当于农历夏季的太阳。暴(pù)：曝晒。

⑬以上两句出自《诗经·鲁颂·閟宫》。

⑭屦(jù)：鞋。

⑮倍蓰(xǐ)：二倍到多倍。蓰：五倍。

【译文】

有一个奉行神农氏学说的人叫许行的，从楚国来到滕国，登门谒见滕文公，说："我这个远方来的人，听说您施行仁政，愿能得到一处住所，做您的百姓。"文公给了他一处住所。他的门徒有几十个人，都穿粗麻布衣，靠编草鞋织席子为生。陈良的弟子陈相和他的弟弟陈辛，背着农具从宋国来到滕国，（对滕文公）说："听说您施行圣人的政治，这样，您也就是圣人了，我愿做圣人的百姓。"陈相见到许行后大为高兴，就完全抛弃了自己原来所学的东西，改向许行学习。陈相见到了孟子，转述许行的话说："滕文公倒确实是贤明的君主；虽然如此，他还不懂得（贤君治国的）道理。贤君与人民一起耕作养活自己，一面烧火做饭，一面治理天下。现在，滕国有堆满粮食钱财的仓库，这是侵害百姓来供养自己，哪能称得上贤明呢？"

孟子问："许子一定是自己种了粮食才吃饭的吗？"陈相说："是的。"孟子问："许子一定是自己织了布才穿衣的吗？"答道："不是，许子穿粗麻编织的衣服。"孟子问："许子戴帽子吗？"答道："戴的。"孟子问："戴什么样的帽子？"答道："戴生丝织的帽子。"孟子问："自己织的吗？"答道："不，用粮食换来的。"孟子问："许子为什么不自己织呢？"答道："会妨碍农活。"孟子又问："许子用锅、甑烧饭，用铁农具耕田吗？"答道："是的。"孟子问："自己造的吗？"答道："不是，用粮食换来的。"

孟子说："农夫拿粮食交换（生活、生产所需的）器具，不算是侵害陶工冶匠；陶工冶匠也拿他们的器具交换粮食，难道就是侵害了农夫利益了吗？再说，许子为什么不自己制陶冶铁，停止交换样样东西都从自家屋里取来用？为什么要忙忙碌碌同各种工匠交换呢？为什么许子这样不怕麻烦呢？"陈相答道："各种工匠的活计本来就不可能边耕作边干的。"

孟子说："既然是这样的道理，那么治理天下的事偏能边耕作边干的吗？有官吏们的事，有小民们的事。再说一个人身上（所需的用品）要靠各种工匠来替他制备，如果一定要自己制作而后使用，这是导致天下的人疲于奔走。所以说：有些人动用心思，有些人动用体力；动用心思的人治理别人，动用体力的人被人治理；被人治理的人养活别人，治理人的人靠别人养活。这是天下通行的道理。"

"在尧的时代，天下还不太平，洪水横流，到处泛滥，草木遍地丛生，禽兽大量繁殖，庄稼没有收成，禽兽威逼人类，印满兽蹄鸟迹的道路遍布中原各地。尧为此独自忧虑，提拔舜来全面治理。舜派益掌管用火，益在山冈沼泽燃起大火，烧掉草木，禽兽逃窜躲藏。大禹疏通九条河道，治理济水、漯水，将它们导流入海；开通汝水、汉水，疏浚淮水、泗水，将它们导入长江。这样，中原百姓才能（耕种收获）吃上饭。在那时候，大禹八年在外，三次经过自己家的门口都没有进去，即使想亲自耕种，能办到吗？后稷教人民各种农事，种植五谷；五谷成熟了，人民才能养育。人类生活的通则是：吃饱、穿暖、安居而没有教育，便同禽兽差不多。圣人又忧虑这件事，任命契担任司徒，把伦理道理教给人民——父子讲亲爱，君臣讲礼义，夫妇讲内外之别，长幼讲尊卑次序，朋友讲真诚守信。放勋说：'慰劳他们，纠正他们，帮助他们，使他们自得其所，随后赈济他们给他们恩惠。'圣人为人民操心到这般程度，还有空闲耕作吗？"

"尧把得不到舜当作自己的忧虑，舜把得不到禹、皋陶当作自己的忧虑。

把耕种不好百亩田地当作自己忧虑的，是农夫。把财物分给人叫惠，教人行善叫忠，为天下物色贤才叫仁。因此，把天下让给别人是容易的，为天下物色到贤才是困难的。孔子说：'尧作为君主真是伟大啊！只有天是伟大的，只有尧能效法天。（尧的功德）浩荡无边啊，人民简直无法用言语来形容！真是个好君主啊，帝舜！多么崇高啊！拥有天下却不一一参与政事！'尧、舜治理天下，难道是无所用心的吗？只是不用在耕作上罢了。我只听说过用中原的文明去改变蛮夷的，没听说过被蛮夷改变的。陈良出生于楚国，爱好周公、孔子的学说，到北边的中原地区来学习。北方的学者没有人超过他的，他真称得上是杰出人物了。你们兄弟拜他为师几十年，老师一死就背叛了他。从前，孔子逝世，（弟子们服丧）三年后，收拾行李将要各自回去，走进子贡住处行礼告别，相对痛哭，泣不成声，这才回去。子贡又回到墓地，在祭场上搭了间房子，独居三年，然后才回家。后来的某一天，子夏、子张、子游认为有若像孔子，要用侍奉孔子的礼节侍奉有若，硬要曾子同意。曾子说：'不行！（老师的人品）如同经江汉之水洗涤过，盛夏的太阳曝晒过一般，洁白明亮得无人可以比得上了！'现在，那个话语难听得像伯劳鸟叫似的南方蛮子，攻击先王之道，你却背叛自己的老师去向他学习，这跟曾子相差太远了。我听说（鸟雀）从幽暗的山谷飞出来迁到高树上的，没听说从高树迁下来飞进幽暗山谷的。《诗经·鲁颂》上说：'征讨戎狄，惩罚荆舒。'周公尚且要征讨楚国人，你却还向楚国人学习，也真是不善改变的了。"

陈相说："（如果）依照许子的学说实行，那么市场上物价就不会有两样，国中就没有弄虚作假的；哪怕叫小孩上市场（买东西），也不会有人欺骗他。布和绸长短相同，价钱就一样；麻线丝绵轻重相同，价钱就一样；各种粮食多少相同，价钱就一样；鞋子大小相同，价钱就一样。"

孟子说："物品千差万别，这是客观情形。（它们的价值）有的相差一倍、五倍，有的相差十倍、百倍，有的相差千倍万倍。你把它们放在一起等同看待，这是扰乱天下罢了。做工粗糙的鞋与做工精细的鞋同一个价钱，人们难道还肯做（做工好的鞋）吗？依从了许子的主张，便会使大家一个跟着一个地干虚假欺骗的勾当，哪还能治理好国家？"

【原文】

5.5 墨者夷之，因徐辟①而求见孟子。孟子曰："吾固愿见，今吾尚病，病愈，我且往见，夷子不来！"他日，又求见孟子。孟子曰："吾今则可以见矣。不直，则道不见；我且直之。吾闻夷子墨者，墨之治丧也，以薄为其道也。夷子思以易天下，岂以为非是而不贵也？然而夷子葬其亲厚，则是以所贱事亲也。"

徐子以告夷子。夷子曰："儒者之道，古之人若保赤子②，此言何谓也？之则以为爱无差等，施由亲始。"徐子以告孟子。孟子曰："夫夷子信以为人之亲其兄之子，为若亲其邻之赤子乎？彼有取尔也③。赤子匍匐将入井，非赤子之罪也。且天之生物也，使之一本，而夷子二本故也④。盖上世⑤尝有不葬其亲者，其亲死，则举而委之于壑⑥。他日过之，狐狸食之，蝇蚋姑嘬⑦之。其颡有泚⑧，睨而不视⑨。夫泚也，非为人泚，中心达于面目，盖归反虆梩而掩之⑩。掩之诚是也，则孝子仁人之掩其亲，亦必有道矣。"

徐子以告夷子。夷子怃然为间，曰："命之矣。"

【注释】

①墨者：墨家学派的人。墨家学派的创始人是墨翟。墨家主张"兼爱""尚贤""尚同"等，提倡"节用""节葬"，反对"厚葬"。墨家学说反映了当时小生产者的利益。夷之：姓夷名之。徐辟：孟子弟子。

②若保赤子：见于《尚书·康诰》。意为先王爱护人民像保护小孩子一样。

③彼有取尔也：这句话是打个比方啊。

④而夷子二本故也：但是夷子却认为人有两个来源，所以才这样认为。

⑤上世：上古之世。

⑥举而委之于壑：把父母的尸体丢弃在沟里。

⑦蝇蚋（ruì）：苍蝇和蚊虫。姑：语气助词。嘬（chuài）：聚在一起吃。

⑧颡（sǎng）：额头。泚（cǐ）：出汗的样子。

⑨睨（nì）而不视：不忍心正视，只能斜视。睨，斜视。

⑩反虆（léi）梩（qī）而掩之：带来土筐和木锹来掩埋尸体。

【译文】

墨家学派的夷之通过徐辟求见孟子。孟子说:"我本来愿意接见,现在我还病着,等病好了,我将去见他,夷子不必来。"过了些日子,夷之又来求见孟子。孟子说:"我现在可以接见他了。(不过,)说话不直截了当,道理就显现不出来,我直截了当地说吧。我听说夷子是墨家学者,墨家办理丧事是以薄葬作为原则的。夷子想用它来改变天下的习俗,岂不是认为不薄葬就不值得称道吗?然而夷子却厚葬自己的父母,那是用他自己所鄙薄的方式来对待双亲了。"

徐辟把孟子的话告诉了夷子。夷子说:"按儒家的说法,古代的圣人(爱护百姓)就像爱护初生的婴儿,这句话什么意思呢?我认为是说,对人爱是不分差别等级的,只是施行起来是从自己的父母开始。"徐辟又把这话转告给孟子。孟子说:"夷子真认为爱自己的侄子就像爱邻人的婴儿一样吗?他只抓住了这一点:婴儿在地上爬,就要掉进井里了,这不是婴儿的过错,(所以人人去救。他以为这就是爱不分差别等级。)再说天生万物,使它们只有一个本源,(人只有父母一个本源。)然而夷子(主张爱不分差别等级,)是他认为有两个本源的缘故。大概上古曾有个不安葬父母的人,父母死了,就抬走抛弃在山沟里。后来的一天路过那里,看见狐狸在啃他父母的尸体,苍蝇、蚊虫叮吮着尸体。那人额头上不禁冒出汗来,斜着眼不敢正视。那汗,不是流给人看的,而是内心的悔恨表露在脸上,大概他就回家拿来筐和锹把尸体掩埋了。掩埋尸体确实是对的,那么孝子仁人掩埋他们亡故的父母,也就必然有(讲究方式的)道理了。"

徐子把这番话转告给夷子。夷子怅惘了一会,说:"我受到教诲了。"

6.滕文公篇 下（凡十章）

【原文】

6.1 陈代①曰："不见诸侯，宜若小然；今一见之，大则以王，小则以霸。且《志》曰：'枉尺而直寻'，宜若可为也。"

孟子曰："昔齐景公田，招虞人以旌，不至，将杀之。'志士不忘在沟壑，勇士不忘丧其元。'孔子奚取焉？取非其招不往也②。如不待其招而往，何哉？且夫枉尺而直寻者，以利言也。如以利，则枉寻直尺而利，亦可为与？昔者赵简子使王良与嬖奚乘③，终日而不获一禽。嬖奚反命曰：'天下之贱工也。'或以告王良。良曰：'请复之。'强而后可，一朝而获十禽。嬖奚反命曰：'天下之良工也。'简子曰：'我使掌与女乘。'谓王良。良不可，曰：'吾为之范我驰驱，终日不获一；为之诡遇，一朝而获十。《诗》云："不失其驰，舍矢如破④。"我不贯⑤与小人乘，请辞。'御者且羞与射者比；比而得禽兽，虽若丘陵，弗为也。如枉道而从彼，何也？且子过矣：枉己者，未有能直人者也。"

【注释】

①陈代：孟子弟子。

②古代君子召唤臣下，按规定要有相当的物件作标志，如齐景公召管园囿的小吏应以打猎的皮冠，他不遵守规定，小吏就不应召。

③赵简子：晋国大夫，名赵鞅。王良：春秋末年著名的驾车能手。奚：人名。

④以上两句出自《诗经·小雅·车攻》。

⑤贯：《尔雅·释诂》："习也。"即今"惯"字。

【译文】

陈代说："您不愿谒见诸侯，似乎气量小了些；如果现在谒见一下诸侯，大则凭借他们推行王政，小则凭借他们称霸天下。何况《志》上说：'委屈一尺却能伸直八尺'，好像是值得去做的。"

孟子说："从前，齐景公打猎，用旌旗召唤看护园囿的小吏，小吏不来，景公要杀他。'志士不怕弃尸山沟，勇士不怕丢掉脑袋。'孔子（称赞那个小吏）取他哪一点呢？取的是，不是他应该接受的召唤标志他就是不去。如果我不等诸侯的召聘就主动去谒见，那算什么呢？而且所谓委屈一尺可以伸直八尺，是根据利益来说的。如果只讲利益，那么假使委屈了八尺能伸直一尺而获利，也可以去干吗？从前赵简子派王良给自己宠幸小臣奚驾车去打猎，一整天打不到一只鸟。奚回来报告说：'（王良）是天下最无能的驾车人。'有人把这话告诉了王良。王良说：'请让我再驾一次。'经强求后奚才同意，结果一个早晨就猎获了十只鸟。奚回来报告说：'王良是天下最能干的驾车人。'简子说：'我就叫他专门给你驾车。'也对王良说了。王良不肯，说道：'我为他按规矩驾车，整天打不到一只；不按规矩驾车，一个早上就打到了十只。《诗经》上说：'不违反驾车规矩，箭一出手就能射中。'我不习惯给小人驾车，请同意我辞掉这差使。'驾车的人尚且耻于同（不守规矩的）射手合作，即使这样的合作能猎获堆积如山的禽兽，也不愿去干。如果背离正道去屈从他们诸侯，那算什么呢？而且你错了：使自己变得不正直的人，是不能够使别人正直的。"

【原文】

6.2 景春①曰："公孙衍、张仪②岂不诚大丈夫哉？一怒而诸侯惧，安居而天下熄。"

孟子曰："是焉得为大丈夫乎？子未学礼乎？丈夫之冠③也，父命之；女子之嫁也，母命之，往送之门，戒之曰：'往之女家，必敬必戒，无违夫子！'以顺为正者，妾妇之道也。居天下之广居，立天下之正位，行天下之大道；得志，与民由之；不得志，独行其道。富贵不能淫，贫贱不能移，威武不能屈，此之谓大丈夫。"

【注释】

①景春：战国时纵横家。

②公孙衍：魏国人，号犀首，当时著名的说客。张仪：战国时纵横家的代表人物，主张连横，为秦扩张势力。

③丈夫之冠：古时男子年二十行加冠礼，表示成年。

【译文】

景春说："公孙衍、张仪难道不是真正的大丈夫吗？他们一发怒，诸侯就害怕，他们安居家中，天下就太平无事。"

孟子说："这哪能算是大丈夫呢？你没有学过礼吗？男子行加冠礼时，父亲训导他；女子出嫁时，母亲训导她，送她到门口，告诫她说：'到了你家，一定要恭敬，一定要谨慎，不要违背丈夫！'把顺从当作正理，是妇人家遵循的道理。（公孙衍、张仪在诸侯面前竟也像妇人一样！）居住在天下最宽广的住宅'仁'里，站立在天下最正确的位置'礼'上，行走在天下最宽广的道路'义'上；能实现理想时，就同人民一起走这条正道；不能实现理想时，就独自行走在这条正道上。富贵不能迷乱他的思想，贫贱不能改变他的操守，威武不能压服他的意志，这才叫作大丈夫。"

【原文】

6.3 周霄①问曰："古之君子仕乎？"

孟子曰："仕。《传》曰：'孔子三月无君，则皇皇如也；出疆必载质。'公明仪②曰：'古之人三月无君，则吊。'"

"三月无君则吊，不以急乎？"

曰："士之失位也，犹诸侯之失国家也。《礼》曰：'诸侯耕助③，以供粢盛；夫人蚕缫④，以为衣服。牺牲不成，粢盛不洁，衣服不备，不敢以祭。惟士无田，则亦不祭。'牲杀、器皿、衣服不备，不敢以祭，则不敢以宴，亦不足吊乎？"

"出疆必载质，何也？"

曰："士之仕也，犹农夫之耕也；农夫岂为出疆舍其耒耜哉？"

曰："晋国亦仕国也，未尝闻仕如此其急。仕如此其急也，君子之难仕，何也？"

曰："丈夫生而愿为之有室，女子生而愿为之有家；父母之心，人皆有之。不待父母之命、媒妁之言，钻穴隙相窥，逾墙相从，则父母国人皆贱之。古之人未尝不欲仕也，又恶不由其道。不由其道而往者，与钻穴隙之类也。"

【注释】

①周霄：战国时魏人。

②公明仪：鲁国贤人。

③耕助：即"耕藉"。藉，藉田，帝王亲耕之田。古代每到开春，都有耕藉之礼，以示重视农业。其礼先由天子亲耕，然后三公九卿诸侯大夫等依次躬耕。

④夫人：诸侯的妻子。　蚕缫（sāo）：养蚕缫丝。

【译文】

周霄问道："古代的君子做官吗？"

孟子说："做官。古代的记载说：'孔子三个月没有被君主任用，就惶惶不安；离开这个国家时，必定要带上谒见另一个国家君主的见面礼。'公明仪说过：'古代的人如果三个月不被君主任用，那就要去安慰他。'"

（周霄说：）"三个月不被君主任用，就要去安慰，不是求官太迫切了吗？"

孟子说："士失掉了官位，就像诸侯失掉了国家。《礼》上说：'诸侯亲自耕种，用来供给祭品；夫人养蚕缫丝，用来供给祭服。（用作祭祀的）牛羊不肥壮，谷米不洁净，礼服不齐备，就不敢用来祭祀。士（失掉了官位就）没有田地俸禄，也就不能祭祀。'（祭祀用的）牲畜、祭器、祭服都不齐备，不敢用来祭祀，也就不敢宴请，（就像遇到丧事的人一样，）还不该去安慰他吗？"

（周霄问道：）"离开一国时，定要带上谒见别的国君的礼物，为什么呢？"

孟子说："士做官，就像农夫种田；农夫难道会因为离开一个国家就丢弃他的农具吗？"

周霄说："我们魏国也是个有官可做的国家，却不曾听说想做官这样急迫的。想做官是这样急迫，君子却又不轻易去做官，为什么呢？"

孟子说："男孩一出生，就愿给他找妻室，女孩一出生，就愿给她找婆家；父母的这种心情，人人都是有的。（但是，如果）不等父母的同意，媒人的说合，就钻洞扒缝互相偷看，翻过墙头跟人，那么父母和社会上的人都会认为这种人下贱。古代的君子不是不想做官，但又厌恶不从正道求官。不从正道求官，是同钻洞扒缝之类行径一样的。"

【原文】

6.4 彭更①问曰："后车数十乘，从者数百人，以传食于诸侯，不以泰乎？"

孟子曰："非其道，则一箪食不可受于人；如其道，则舜受尧之天下，不以为泰。子以为泰乎？"

曰："否，士无事而食，不可也。"

曰："子不通功易事，以羡补不足，则农有余粟，女有余布；子如通之，则梓匠轮舆②皆得食于子。于此有人焉，入则孝，出则悌，守先王之道，以待后之学者，而不得食于子；子何尊梓匠轮舆而轻为仁义者哉？"

曰："梓匠轮舆，其志将以求食也；君子之为道也，其志亦将以求食与？"

曰："子何以其志为哉？其有功于子，可食而食之矣。且子食志乎？食功乎？"

曰："食志。"

曰："有人于此，毁瓦画墁，其志将以求食也，则子食之乎？"

曰："否。"

曰："然则子非食志也，食功也。"

【注释】

①彭更：孟子弟子。

②梓（zǐ）匠轮舆：分别是制造木器、宫室、车轮、车箱的木匠。这里代指各类工匠。

【译文】

彭更问道："跟随的车子几十辆，随从的人员几百个，从这个诸侯国吃到那个诸侯国，不也太过分了吗？"

孟子说:"不合道理的,那么一小竹筐饭也不能接受人家的;如果是合理的,那么就是舜接受尧的天下,也不能认为是过分。你认为过分了吗?"

彭更说:"不,士无所事事吃人白食是不可以的。"

孟子说:"假设你不流通、交换产品成果,用多余的弥补不足的,那么农夫就会有多余的粮食,织女就会有多余的布匹;如果你互通有无,那么各类工匠都能在你这里(凭工作)换到饭吃。假定这里有个人,在家孝顺父母,在外尊敬兄长,恪守先王之道,以此来教育后辈求学的人,但他在你这里却得不到饭吃;你为什么看重各类工匠而轻视遵行仁义的人呢?"

彭更说:"各种工匠的动机,就是通过干活找口饭吃;君子修行仁义,动机也是找口饭吃吗?"

孟子说:"你何必讨论他们的动机呢?他们为你做事,可以给饭吃才给他们饭吃。再讲,你是根据动机给饭吃呢?还是根据他们所做的事给饭吃呢?"

彭更说:"根据动机给饭吃。"

孟子说:"假定有人在这里毁坏了屋瓦,画脏了新刷的墙,他的动机是找口饭吃,那么你给他饭吃吗?"

彭更说:"不给。"

孟子说:"既然这样,你就不是根据动机,而是根据所做的事给饭吃的了。"

【原文】

6.5 万章[①]问曰:"宋,小国也;今将行王政,齐、楚恶而伐之[②],则如之何?"

孟子曰:"汤居亳[③],与葛为邻。葛伯放而不祀。汤使人问之曰:'何为不祀?'曰:'无以供牺牲也。'汤使遗[④]之牛羊。葛伯食之,又不以祀。汤又使人问之曰:'何为不祀?'曰:'无以供粢盛[⑤]也。'汤使亳众往为之耕,老弱馈食。葛伯率其民,要其有酒食黍稻者夺之,不授者杀之。有童子以黍肉饷,杀而夺之。《书》曰:'葛伯仇饷。'此之谓也。为其杀是童子而征之,四海之内皆曰:'非富天下也,为匹夫匹妇复仇也。''汤始征,自葛载。'十一征而无敌于天下。东面而征，西夷怨；南面而征，北狄怨，曰：'奚为后我？'民之望之，若大旱之望雨也。归市者弗止，芸者不变，诛其君，吊其民，如时雨降，民大悦。《书》曰：'徯我后，后来其无罚。''有攸不惟臣，东征，绥厥⑥士女。篚厥玄黄⑦，绍我周王见休，惟臣附于大邑周。'其君子实玄黄于篚以迎其君子，其小人⑧箪食壶浆以迎其小人；救民于水火之中，取其残而已矣。《太誓》曰：'我武惟扬，侵于⑨之疆，则取于残，杀伐用张，于汤有光。'不行王政云尔；苟行王政，四海之内皆举首而望之，欲以为君。齐、楚虽大，何畏焉？"

【注释】

①万章：孟子弟子。

②齐、楚恶而伐之：指宋王偃早期想实行仁政以图强兴国的事，后宋发生内乱，诸大国觊觎，宋为齐所灭。

③亳（bó）：邑名，在今河南商丘县境内。

④遗（wèi）：赠送。

⑤粢（zī）盛（chéng）：粮食。

⑥绥（suí）厥（jué）：安抚。

⑦篚（fěi）厥玄黄：用竹筐装着黑色、黄色的绢帛迎接。

⑧小人：百姓。

⑨于：陈梦家《尚书通论》认为"于即是邘"，古国名。下"取于残"之"于"同。

【译文】

万章问道："宋国是个小国；现在打算施行仁政，如果齐、楚两国憎恨它，出兵攻打，那该怎么办？"

孟子说："从前汤居住在亳地，同葛国是邻国。葛伯放纵无道，不祭祀先祖。汤派人问他：'为什么不祭祀？'（葛伯）说：'没有供祭祀用的牲畜。'汤就派人送给他牛羊。葛伯把牛羊吃了，并不用来祭祀。汤又派人问他：'为什么不祭祀？'（葛伯）说：'没有供祭祀用的谷物。'汤就叫亳地的群众去替他耕种，年老体弱的送饭。葛伯带领自己的人拦截带有酒肉饭菜的人进行抢夺，不肯给的就杀掉。有个孩子拿着饭和肉去送给耕种的人，（葛伯）

杀了孩子，抢走了饭和肉。《尚书》上说：'葛伯仇视送饭的人。'就是说的这件事。因为葛伯杀了这个孩子，汤才去征讨他，普天下的人都说：'不是要把天下变为自己的财富，是为了给平民百姓报仇。''汤王征讨，从葛国开始。'征讨十一次，天下无敌。向东征讨，西面的民族就埋怨；向南征讨，北面的民族就埋怨，（他们埋怨）说：'为什么把我们这里放在后面？'人民盼望他来，就像大旱之年盼望下雨一样。（汤所到之处，）赶集的人络绎不绝，种田的人照常干活，杀掉那里的暴君，安抚那里的人民，就像及时雨从天而降，人民万分喜悦。《尚书》上又说：'等待我们君王，君王来了我们不再受折磨。'（又说）'攸国不称臣，（周武王）向东征讨它，安抚那里的人们。（人们）用竹筐装着黑色、黄色的绢帛迎接周王，愿意侍奉周王而受他恩泽，称臣归附大周国。'那里的官吏用筐装满黑色、黄色的绢帛迎接周王的官吏，那里的百姓抬着饭筐提着酒壶迎接周王的百姓；（就因为周王）把那里的人民从水深火热中拯救出来，除掉他们的暴君罢了。《太誓》上说：'我军威武要发扬，攻到于国疆土上，诛除暴君去凶残，杀伐之功震四方，伟绩辉煌胜成汤。'不行仁政便罢了；如果行仁政，普天下的人都将仰起头来盼望他，要拥护他做自己的君主。齐、楚两国尽管强大，有什么可怕的呢？"

【原文】

6.6 孟子谓戴不胜①曰："子欲子之王之善与？我明告子。有楚大夫于此，欲其子之齐语也，则使齐人傅诸？使楚人傅诸？"曰："使齐人傅之。"

曰："一齐人傅之，众楚人咻之，虽日挞而求其齐也，不可得矣；引而置之庄岳②之间数年，虽日挞而求其楚，亦不可得矣。子谓薛居州③善士也，使之居于王所。在于王所者，长幼卑尊皆薛居州也，王谁与为不善？在王所者，长幼卑尊皆非薛居州也，王谁与为善？一薛居州，独如宋王何？"

【注释】

①戴不胜：宋国大夫。

②庄岳：庄，街名；岳，里名，都在齐都城临淄城内。这里代指齐都中

的闹市区。

③薛居州：宋国人。

【译文】

孟子对戴不胜说："你希望你的君王学好吗？我明白地告诉你。假定有个楚国大夫在这里，想让他的儿子学齐国话，那么请齐国人教他呢，还是请楚国人教他呢？"戴不胜说："请齐国人教他。"

孟子说："一个齐国人教他，许多楚国人哇啦哇啦干扰他，即使天天鞭打他，逼他学会齐国话，也不可能学会的了；如果带他到齐国都城的闹市上住上几年，即使天天鞭打他，要他讲楚国话，也不可能的了。你说薛居州是个好人，让他住在宋王宫中。如果在王宫中的人，不论年龄大小、地位高低，都是薛居州那样的人，宋王还能同谁一起干坏事呢？如果在王宫中的人，不论年龄大小、地位高低，都不是薛居州那样的人，宋王又能同谁一起做好事呢？仅仅一个薛居州，能对宋王起什么作用呢？"

【原文】

6.7 公孙丑问曰："不见诸侯何义？"

孟子曰："古者不为臣不见。段干木逾垣而辟之①，泄柳闭门而不内②，是皆已甚；迫，斯可以见矣。阳货欲见孔子，而恶无礼。大夫有赐于士，不得受于其家，则往拜其门。阳货瞰孔子之亡③也，而馈孔子蒸豚④；孔子亦瞰其亡也，而往拜之。当是时，阳货先，岂得不见？曾子曰：'胁肩谄笑，病于夏畦⑤。'子路曰：'未同而言，观其色赧赧然⑥，非由之所知也。'由是观之，则君子之所养，可知已矣。"

【注释】

①段干木：战国初期人，孔子弟子子夏的弟子，曾做过魏文侯的老师。逾（yú）垣（yuán）而辟（bì）之：翻墙逃走。辟：同"避"。

②泄柳：鲁缪公时的贤者。内（nà）：同"纳"，接待。

③瞰（kàn）：窥视。亡（wáng）：不在家。

④馈（kuì）：赠送。豚（tún）：小猪。

⑤胁肩谄（chǎn）笑，病于夏畦（qí）：胁肩，耸起肩头，故作恭敬的样子。

胁肩谄笑形容逢迎谄媚的丑态。畦：本指菜地间划分的行列，这里作动词用，指在菜地里劳动。

⑥赧（nǎn）赧然：羞惭得脸通红的样子。

【译文】

公孙丑问道："不去求见诸侯，有什么道理吗？"

孟子说："古时候，不是诸侯的臣下，不去谒见诸侯。段干木越墙躲避（魏文侯的来访），泄柳关门不接待（鲁穆公），这么做都太过分了；如果执意，这样也是可以见见的。阳货想要孔子来见他，又怕被说成不懂礼数。（按礼节规定，）大夫赠赐礼物给士，（士因故）不能在家接受礼物，（事后）就应该前往大夫家拜谢。阳货探听到孔子不在家时，给孔子送去一只蒸熟的小猪；孔子也探听到阳货不在家时，才上门拜谢。当时，阳货先（送了礼物来），孔子哪能不去见他呢？曾子说：'耸起肩膀，装出笑脸，去巴结人，真比大热天在地里干活还难受。'子路说：'明明合不来还要交谈，看他脸色羞惭得通红的样子，这不是我能理解的。'由此看来，君子所要培养的道德操守，就可以知道了。"

【原文】

6.8 戴盈之①曰："什一，去关市之征，今兹未能，请轻之，以待来年，然后已，何如？"

孟子曰："今有人日攘②其邻之鸡者，或告之曰：'是非君子之道。'曰：'请损之，月攘一鸡，以待来年。然后已。'如知其非义，斯速已矣，何待来年？"

【注释】

①戴盈之：宋国大夫。

②攘（rǎng）：偷窃。

【译文】

戴盈之说："实行十分抽一的税率，免去关卡和市场上对商品的征税，今年不能实行了，就先减轻一些，等到明年再废止（现行的税制），怎么样？"

孟子说："假定有个人天天偷邻居的鸡，有人正告他说：'这不是君子的行为。'那人却说：'请允许少偷一些，每月偷一只鸡，等到明年再停止偷鸡。'如果知道那样事是不该做的，就该赶快停止，为什么要等到明年？"

【原文】

6.9 公都子①曰："外人皆称夫子好辩，敢问何也？"

孟子曰："予岂好辩哉？予不得已也！天下之生久矣，一治一乱。当尧之时，水逆行，泛滥于中国，蛇龙居之，民无所定；下者为巢，上者为营窟。《书》曰：'洚水警余。'洚水者，洪水也。使禹治之。禹掘地而注之海；驱蛇龙而放之菹；水由地中行，江、淮、河、汉是也。险阻既远，鸟兽之害人者消，然后人得平土而居之。尧舜既没，圣人之道衰，暴君代作。坏宫室以为污池，民无所安息；弃田以为园囿，使民不得衣食。邪说暴行又作，园囿、污池、沛泽多而禽兽至。及纣之身，天下又大乱。周公相武王诛纣，伐奄②三年讨其君，驱飞廉于海隅而戮③之。灭国者五十，驱虎、豹、犀、象而远之，天下大悦。《书》曰：'丕显哉，文王谟！丕承哉，武王烈！佑启我后人，咸以正无缺。'

"世衰道微，邪说暴行有作，臣弑其君者有之，子弑其父者有之。孔子惧，作《春秋》④。《春秋》，天子之事也。是故孔子曰：'知我者，其惟《春秋》乎！罪我者，其惟《春秋》乎！'圣王不作，诸侯放恣，处士横议，杨朱⑤、墨翟之言盈天下。天下之言，不归杨则归墨。杨氏为我，是无君也；墨氏兼爱，是无父也。无父无君，是禽兽也。公明仪曰：'庖有肥肉，厩有肥马；民有饥色，野有饿莩，此率兽而食人也！'杨、墨之道不息，孔子之道不著，是邪说诬民，充塞⑥仁义也。仁义充塞，则率兽食人，人将相食。吾为此惧，闲⑦先圣之道，距⑧杨、墨，放淫辞，邪说者不得作。作于其心，害于其事；作于其事，害于其政。圣人复起，不易吾言矣。

"昔者禹抑洪水而天下平；周公兼夷狄、驱猛兽而百姓宁；孔子成《春秋》，而乱臣贼子惧。《诗》云：'戎狄是膺，荆、舒是惩，则莫我敢承。'无父无君，是周公所膺也。我亦欲正人心，息邪说，距诐行，放淫辞，以承三圣者，岂好辩哉？予不得已也。能言距杨、墨者，圣人之徒也。"

【注释】

①公都子：孟子弟子。

②奄（yǎn）：国名，原附属商，其地在今山东省曲阜附近。周公伐奄是周成王时的事。

③飞廉：商纣王的宠臣。此处所记驱杀飞廉事，与《史记·秦本纪》所记不同。海隅（yú）：海边。戮（lù）：杀。

④《春秋》：春秋时期鲁国史官按年记载历史的书，孔子晚年曾对它进行删定。

⑤杨朱：战国初期思想家，魏国人，字子居，又称杨子、阳子或阳生。他主张"为我""全性葆真"，不拔一毛以利天下，与墨翟（dí）的"兼爱"主张相反。

⑥充塞：堵塞。

⑦闲：捍卫。同"衔"，遵从，捍卫。

⑧距：同"拒"，批驳，抗拒。

【译文】

公都子说："外面的人都说老师您喜欢辩论，请问，这是为什么呢？"

孟子说："我难道是喜欢辩论吗？我是不得已而辩论啊！天下有人类很久了，总是一时安定，一时动乱。在尧的时候，水势倒流，在中国泛滥，蛇龙到处盘踞，人们无处居住；地势低的地方，就在树上搭窝栖身，地势高的地方，就打相连的洞穴。《尚书》上说：'洚水警诫我们。'洚水，就是洪水。尧派禹治水。禹开挖河道，让洪水流注进大海；驱逐蛇龙，把它们赶进荒草丛生的沼泽；水都顺着地中间的河道流泄，这就是长江、淮河、黄河和汉水。险阻排除了，危害人类的鸟兽消灭了，然后人们才能够在平地上居住。尧舜去世后，圣人之道衰微了，暴君相继出现。毁坏民房开挖成深池，使人民无处安身；废弃农田改作园林，使人民断了衣食来源。荒谬的学说、暴虐的行为纷纷出现，园林、深池、沼泽多了，禽兽又聚集来了。到了商纣时，天下又大乱了。周公辅佐武王杀掉纣王，讨伐奄国，三年后除掉了奄君，把飞廉驱逐到海边杀掉。消灭的国家达五十个。把老虎、豹子、犀牛、大象驱赶到很远的地方，普天之下人心大快。《尚书》上说：'多么辉煌啊，文王的谋略！后继有人啊，武王的功业！扶助、启迪我们后人，都正确完美没有欠缺。'

"太平盛世和圣人之道又一次衰微了，荒谬的学说、暴虐的行为又纷纷出现了，有臣子杀君主的，有儿子杀父亲的。孔子感到忧惧，编写了《春秋》。《春秋》，（纠正君臣父子的名分，褒贬诸侯大夫的善恶，）这是天子的职权。所以孔子说：'了解我的，恐怕就在于这部《春秋》吧！怪罪我的，恐怕也就在于这部《春秋》吧！'（如今）圣王不出现，诸侯放纵恣肆，隐居不仕的人横发议论，杨朱、墨翟的言论充塞天下。天下的言论，不是归向杨朱一派，就是归向墨翟一派。杨朱宣扬一切为自己，这是心目中没有君王；墨翟宣扬对人一样地爱，这是心目中没有父母。心目中无父无君，这就成了禽兽。公明仪说过：'厨房里有肥肉，马棚里有肥马；而百姓面黄肌瘦，野外有饿死的尸体，这好比率领着野兽来吃人啊！'杨朱、墨翟的学说不灭亡，孔子的学说不光大，这会使邪说蒙骗人民，堵塞仁义。仁义被堵塞了，就导致率领野兽吃人，人与人将互相残食。我为此忧惧，决心捍卫古代圣人的思想，批驳杨朱、墨翟的学说，排斥荒诞的言论，使邪说不能产生。邪说从心里产生，就会危害事业；在事业上起了作用，就会危害政治。如果再有圣人出现，也不会改变我这话的。

"从前大禹制服了洪水而使天下太平；周公兼并了夷狄、赶跑了猛兽而使百姓安宁；孔子编写了《春秋》而使犯上作乱的人畏惧。《诗经》上说：'打击戎狄，严惩荆舒，就没有谁敢抗拒我。'目无父母、君主的人，正是周公所要讨伐的。我也想端正人心，扑灭邪说，批判放纵、偏激的行为，排斥荒诞的言论，以此来继承（禹、周公、孔子）三位圣人的事业，这难道是喜欢辩论吗？我是不得已啊。能够用言论批驳杨朱、墨翟的，才是圣人的追随者啊。"

【原文】

6.10 匡章①曰："陈仲子②岂不诚廉士哉？居於陵③，三日不食，耳无闻，目无见也。井上有李，螬食实者过半矣，匍匐往，将食之，三咽，然后耳有闻，目有见。"

孟子曰："于齐国之士，吾必以仲子为巨擘焉。虽然，仲子恶能廉？

充仲子之操，则蚓而后可者也。夫蚓，上食槁壤，下饮黄泉。仲子所居之室，伯夷④之所筑与？抑亦盗跖之所筑与⑤？所食之粟，伯夷之所树与？抑亦盗跖之所树与？是未可知也。"

曰："是何伤哉？彼身织屦，妻辟纑，以易之也。"

曰："仲子，齐之世家也；兄戴，盖⑥禄万钟；以兄之禄为不义之禄而不食也，以兄之室为不义之室而不居也，辟兄离母，处于於陵。他日归，则有馈其兄生鹅者，已频顣⑦曰：'恶用是鶃鶃者为哉⑧？'他日，其母杀是鹅也，与之食之。其兄自外至，曰：'是鶃鶃之肉也。'出而哇之。以母则不食，以妻则食之；以兄之室则弗居，以於陵则居之，是尚为能充其类也乎？若仲子者，蚓而后充其操者也。"

【注释】

①匡章：齐国人。

②陈仲子：齐国人，世称陈仲、田仲，又称於陵仲子。《淮南子·氾论训》说他"不入洿（同污）君之朝，不食乱世之食，遂饿而死"。

③於（wū）陵：齐国地名，在今山东邹平县境。

④伯夷：见《公孙丑上》第二章注。这里以伯夷代表廉洁的人。

⑤盗跖（zhí）：春秋末年奴隶起义的领袖，姓展，名跖，因住在鲁国柳下，故又称柳下跖："盗"是对他的诬称。这里以盗跖代表恶人。

⑥盖（gě）：齐国地名，是陈戴的食邑。

⑦顣（cù）：皱眉头。

⑧鶃（yì）：鶃鹅叫的声音。

【译文】

匡章说："陈仲子难道不是真正的廉洁之士吗？居住在於陵，三天没吃东西，（饿得）耳朵失去听觉，眼睛失去视觉。井台上有个李子，已被金龟子吃掉大半个了，他爬过去，拿起来吃，咽了三口，耳朵才听得见声音，眼睛才看得见东西。"

孟子说："在齐国的士人当中，我肯定认为陈仲子是首屈一指的。但是，陈仲子哪能叫作廉洁？要想将他所持的廉洁扩展到（衣、食、住、行）一切方面，那只有变成蚯蚓才能做到。蚯蚓，在地上吃干土，在地下喝泉水（一切都不求人）。而陈仲子住的房子，是伯夷造的呢，还是盗跖造的呢？他吃的粮食，是伯夷种的呢，还是盗跖种的呢？这些都还不知道呢。"匡章说："这有什么关系呢？他自己编草鞋，妻子绩麻搓线，用它们换取来自己所需要的东西。"

　　孟子说："仲子是齐国的世家；他的哥哥陈戴，在盖邑享受每年禄米万钟；仲子认为哥哥的禄米是不该得来的，因而不吃，认为哥哥的房屋也是不该得来的，因而不住，避开哥哥，离开母亲，住在於陵。有一天回家，见有人送给他哥哥一只活鹅，他紧皱着眉头说：'要这呃呃叫的东西干什么？'后来，他母亲杀了这只鹅，和仲子一块吃。他哥哥从外面回来，告诉仲子：'这就是那呃呃叫的东西的肉呀。'仲子便跑出去把吃的肉呕吐出来。因为是自己母亲的食物就不吃，因为是妻子的食物就吃；因为是哥哥的房屋就不住，因为是於陵的房屋就住了，这还算是能够推广他那种廉洁吗？像陈仲子那样的人，只有变成了蚯蚓才能扩展他所持的那种廉洁了。"

7. 离娄篇上（凡二十八章）

【原文】

7.1 孟子曰："离娄①之明，公输子②之巧，不以规矩，不能成方圆；师旷③之聪，不以六律④，不能正五音⑤；尧舜之道，不以仁政，不能平治天下。今有仁心仁闻而民不被其泽、不可法于后世者，不行先王之道也。故曰，徒善不足以为政，徒法不能以自行。《诗》云：'不愆不忘，率由旧章⑥。'遵先王之法而过者，未之有也。圣人既竭目力焉，继之以规矩准绳，以为方员平直，不可胜用也；既竭耳力焉，继之以六律正五音，不可胜用也；既竭心思焉，继之以不忍人之政，而仁覆天下矣。故曰，为高必因丘陵，为下必因川泽；为政不因先王之道，可谓智乎？是以惟仁者宜在高位。不仁而在高位，是播其恶于众也。上无道揆也，下无法守也，朝不信道，工不信度，君子犯义，小人犯刑，国之所存者幸也。故曰，城郭不完，兵甲不多，非国之灾也；田野不辟，货财不聚，非国之害也。上无礼，下无学，贼民兴，丧无日矣。《诗》曰：'天之方蹶，无然泄泄⑦。'泄泄，犹沓沓也。事君无义，进退无礼，言则非先王之道者，犹沓沓也。故曰，责难于君谓之恭，陈善闭邪谓之敬，吾君不能谓之贼。"

【注释】

①离娄：相传是黄帝时一个视力特别好的人。

②公输子：即公输班（或作公输般、公输盘），春秋末年鲁国人，故又称鲁班，是古代著名的建筑工匠。

③师旷：春秋时晋平公的乐师，名旷，相传他的辨音能力特别强。

④六律：指十二律中的六个阳律。十二律是古人用十二根律管所定的

十二个标准音，分为阴阳两类，阴律又叫六吕，阳律又叫六律。这里的六律代指十二律。

⑤五音：中国古代音乐所定的五个音阶，具体名称是：宫、商、角、徵(zhǐ)、羽。

⑥不愆(qiān)不忘，率由旧章：这两句出自《诗经·大雅·假乐》。意思是不犯错误，不要遗忘，一切都遵循旧的规章。

⑦天之方蹶(guì)，无然泄(yì)泄：这两句出自《诗经·大雅·板》。意思是上天正要降下祸乱，不要再多言。

【译文】

孟子说："即使有离娄那样的眼力，公输子那样的巧技，不靠圆规和曲尺，也画不出（标准的）方形和圆形；即使有师旷那样的听力，不靠六律，不能校正五音；即使有尧、舜之道，不行仁政，不能使天下太平。如果有了仁爱之心和仁爱的名声，百姓却没有受到他的恩泽，不能被后世效法，是因为他没有实行先王之道。所以说，光有善心不足以搞好政治，光有好的法度不会自动实行。《诗经》上说：'不犯错误，不要遗忘，完全遵循旧规章。'遵循先王的法度而犯错误，这是从来没有的事。圣人竭尽了目力，接着用圆规、曲尺、水准器、墨线，来制作方的、圆的、平的、直的东西，这些东西就用不尽了；圣人竭尽了耳力，接着用六律来校正五音，五音就运用无穷了；圣人竭尽了心思，接着又施行仁政，仁德就遍布天下了。所以说，要想显得高，一定要凭借山陵，要想显得低，一定要凭借河泽；执掌国政不凭借先王之道，能说是聪明吗？因此，只有仁人才应该处在高位。不仁的人处在高位，这会使他把邪恶传播给众人。在上的不依照义理度量事物，在下的不用法度约束自己，朝廷不信仰道义，官吏不信仰法度，君子触犯理义，小人触犯刑律，国家还能生存的，只是由于侥幸罢了。所以说，城墙不坚固，军队不够多，不是国家的灾难；土地没有扩大，财富没有积聚，不是国家的祸害。在上的不讲礼义，在下的不学礼义，作恶的百姓日益增多，国家的灭亡就没有几天了。《诗经》上说：'上天正要颠覆王朝，群臣不要吵吵闹闹。'吵吵闹闹，就是说话放肆随便。侍奉君主不讲义，一举一动不合礼，张口就诋毁先王之道，便是放肆随便。所以说，责求君王施行仁政，这叫恭敬；向君王陈述好的意见，堵塞他的邪念，这叫尊重；认为君王不能行善，这叫坑害君王。"

【原文】

7.2 孟子曰："规矩，方员之至也；圣人，人伦之至也。欲为君，尽君道；欲为臣，尽臣道。二者皆法尧、舜而已矣。不以舜之所以事尧事君，不敬其君者也；不以尧之所以治民治民，贼其民者也。孔子曰：'道二，仁与不仁而已矣。'暴其民甚，则身弑国亡；不甚，则身危国削，名之曰'幽''厉'①，虽孝子慈孙，百世不能改也。《诗》云：'殷鉴不远，在夏后之世②。'此之谓也。"

【注释】

①幽、厉：谥号名。《逸周书·谥法解》说："动祭乱常曰幽，杀戮无辜曰厉。"

②殷鉴不远，在夏后之世：这两句出自《诗经·大雅·荡》。意思是殷朝的戒鉴并不远，就在前代的夏朝。鉴：镜子，后引申为借鉴、教训。

【译文】

孟子说："圆规、曲尺，是方和圆的最高标准；圣人，是做人的最高典范。想成为好君主，就要尽到做君主的道理；想成为好臣子，就要尽到做臣子的道理。二者都效法尧、舜就行了。不用舜侍奉尧的态度来侍奉君主，就是不敬重他的君主；不用尧治理百姓的方法来治理百姓，就是残害他的百姓。孔子说：'道路只有两条，仁和不仁罢了。'对百姓残暴太厉害，就会自身被杀、国家灭亡；即使不太厉害，也会自身危险、国家削弱，死后被加上'幽''厉'这类恶谥，即使他有孝顺的子孙，一百代也无法更改了。《诗经》上说：'殷朝的借鉴不远，就在前代的夏朝。'说的就是这种情况。"

【原文】

7.3 孟子曰："三代之得天下也以仁，其失天下也以不仁。国之所以废兴存亡者亦然。天子不仁，不保四海；诸侯不仁，不保社稷；卿大夫不仁，不保宗庙；士庶人不仁，不保四体。今恶死亡而乐不仁，是犹恶醉而强酒。"

【译文】

孟子说:"夏、商、周三代得天下,是由于仁;他们失掉天下,是由于不仁。国家衰败、兴盛、生存、灭亡的原因,也是这样。天子不仁,不能保住天下;诸侯不仁,不能保住国家;卿大夫不仁,不能保住宗庙;士人和百姓不仁,不能保住自身。如果害怕死亡,却又乐意干不仁的事,这就像害怕喝醉却硬要多喝酒一样。"

【原文】

7.4 孟子曰:"爱人不亲,反其仁;治人不治,反其智;礼人不答,反其敬。行有不得者,皆反求诸己。其身正,而天下归之。《诗》云:'永言配命,自求多福①。'"

【注释】

①这两句出自《诗经·大雅·文王》。

【译文】

孟子说:"爱别人,别人不来亲近,就要反问自己仁的程度;治理别人却治理不好,就要反问自己智的程度;礼貌待人,别人却不理睬,就要反问自己恭敬的程度。行为有得不到预期效果的,都要反过来求问自己。自身端正了,天下的人就会来归附他。《诗经》上说:'永远配合天命,自己求来众多的幸福。'"

【原文】

7.5 孟子曰:"人有恒言,皆曰,'天下国家'。天下之本在国,国之本在家,家之本在身。"

【译文】

孟子说:"人们有句常说的话,都这么说,'天下国家'。天下的根本在于国,国的根本在于家,家的根本在于自身。"

【原文】

7.6 孟子曰:"为政不难,不得罪于巨室。巨室之所慕,一国慕之;

一国之所慕，天下慕之。故沛然德教溢乎四海。"

【译文】

孟子说："搞好政治不难，不得罪贤明的卿大夫就行了。他们所爱慕的，全国都会爱慕；全国所爱慕的，天下都会爱慕。因而德教就会浩浩荡荡充溢于天下了。"

【原文】

7.7 孟子曰："天下有道，小德役大德，小贤役大贤；天下无道，小役大，弱役强。斯二者，天也。顺天者存，逆天者亡。齐景公曰：'既不能令，又不受命，是绝物也。'涕出而女于吴①。今也小国师大国而耻受命焉，是犹弟子而耻受命于先师也。如耻之，莫若师文王。师文王，大国五年，小国七年，必为政于天下矣。《诗》云：'商之孙子，其丽不亿。上帝既命，侯于周服。侯服于周，天命靡常。殷士肤敏，祼将于京②。'孔子曰：'仁不可为众也。夫国君好仁，天下无敌。'今也欲无敌于天下而不以仁，是犹执热而不以濯也。《诗》云：'谁能执热，逝不以濯③？'"

【注释】

①事见《说苑·权谋》记载。齐景公惧怕吴王阖庐伐齐，不得已把女儿嫁给阖庐。送别女儿时，哭着说："余死不汝见矣。"又说："余有齐国之固，不能以令诸侯，又不能听，是生乱也。寡人闻之，不能令，则莫若从。"

②这八句出自《诗经·大雅·文王》。祼（guàn），宗庙祭祀的一种仪式，把郁鬯（chàng）酒浇在地上以迎接鬼神。将，助。

③这两句出自《诗经·大雅·柔桑》。执：救治。濯（zhuó）：洗涤。

【译文】

孟子说："天下有道时，道德低的受道德高的役使，才智少的受才智多的役使；天下无道时，力量小的受力量大的役使，势力弱的受势力强的役使。这两种情况，符合天理。顺从天理的生存，违逆天理的灭亡。齐景公说过：'我既不能命令别人，又不愿听别人命令，这就同别人断绝了关系。'景公不得已哭着把女儿嫁到吴国去。现在，小国效法大国，却又耻于接受大国命令，这就好比学生耻于接受老师的命令一样。如果真的感到羞耻，那就不如效法文王。效法文王，大国不出五年，小国不出七年，一定能在天下掌权。《诗经》上说：'商朝子子孙孙，不下十万余人。上帝既有命令，都向周朝归顺。都向周朝归顺，就因天命没有定论。殷朝的臣子，不论是漂亮的聪明的，都行裸献之礼，助祭在周王京城。'孔子说：'仁的力量，不在于人多。国君爱好仁德，就能天下无敌。'如果想无敌于天下而又不凭借仁，这就像热得受不了而又不肯洗澡一样。《诗经》上说：'谁能热得受不了，不去洗个澡？'"

【原文】

7.8 孟子曰："不仁者可与言哉？安其危而利其菑①，乐其所以亡者。不仁而可与言，则何亡国败家之有？有孺子歌曰：'沧浪之水清兮，可以濯我缨②；沧浪之水浊兮，可以濯我足。'孔子曰：'小子听之！清斯濯缨，浊斯濯足矣。自取之也。'夫人必自侮，然后人侮之；家必自毁，而后人毁之；国必自伐，而后人伐之。《太甲》曰：'天作孽，犹可违；自作孽，不可活。'此之谓也。"

【注释】

①菑（zāi）：灾祸。

②缨（yīng）：系帽子的丝带。

【译文】

孟子说："不仁的人还能同他讲什么吗？他们面临危险还自以为安全，灾祸临头还自以为得利，把导致亡国败家的事当作快乐。不仁的人如果还能同他谈什么，哪还会有亡国败家的事呢？从前有个孩子唱道：'沧浪的水碧清哟，可以洗我的帽带；沧浪的水浑浊哟，可以洗我的脚。'孔子说：'弟子们听着！水清就洗帽带，水浊就洗脚了。这是由水自己招来的。'一个人必然是自己招致侮辱，人家才来侮辱他；一个家必然是自己招致毁败，人家才来毁败它；一个国必然是自己招致讨伐，别人才来讨伐它。《太甲》上说：'上天降灾，还可以躲；自己作孽，别想再活。'说的就是这个意思。"

【原文】

7.9 孟子曰："桀、纣之失天下也，失其民也；失其民者，失其心也。得天下有道：得其民，斯得天下矣；得其民有道：得其心，斯得民矣；得其心有道：所欲与之聚之，所恶勿施尔也。民之归仁也，犹水之就下、兽之走圹也。故为渊驱鱼者，獭①也；为丛驱爵者，鹯②也；为汤、武驱民者，桀与纣也。今天下之君有好仁者，则诸侯皆为之驱矣。虽欲无王，不可得已。今之欲王者，犹七年之病求三年之艾③也。苟为不畜④，终身不得。苟不志于仁，终身忧辱，以陷于死亡。《诗》云：'其何能淑，载胥及溺⑤。'此之谓也。"

【注释】

①獭（tǎ）：水獭。一种动物。

②鹯（zhān）：鹯鹰。

③三年之艾：多年的艾草药。提醒我们，为善不能靠"一念之仁"，而是需要长期努力，亦即《中庸》所谓的"择善固执之"。

④畜（xù）：积蓄。

⑤这两句出自《诗经·大雅·柔桑》。淑：善。载：则。胥：都，全。及：与。溺（nì）：落水，淹没在水里。

【译文】

孟子说："桀和纣失天下，是由于失去了人民；失去人民，是由于失去了民心。得天下有办法：得到人民，就能得到天下了；得人民有办法：赢得民心，就能得到人民了；得民心有办法：他们想要的，就给他们积聚起来；他们厌恶的，不加在他们身上，如此而已。人民归向于仁，如同水往下方流、野兽奔向旷野一样。所以，替深水赶来鱼的是水獭；替树丛赶来鸟雀的是鹯鹰；替商汤王、周武王赶来百姓的，是夏桀和商纣。如果现在天下的国君有爱好仁德的，那么诸侯们就会替他把人民赶来。哪怕他不想称王天下，也不可能了。现在想称王天下的人，好比害了七年的病要找存放三年的艾来治。如果平时不积存，那就终身得不到。如果不立志在仁上，必将终身忧愁受辱，以至于死亡。《诗经》上说：'那怎能把事办好，只有一块儿淹死了。'说的就是这种情况。"

【原文】

7.10 孟子曰："自暴者，不可与有言也；自弃者，不可与有为也。言非礼义，谓之自暴也；吾身不能居仁由义，谓之自弃也。仁，人之安宅也；义，人之正路也。旷安宅而弗居，舍正路而不由，哀哉！"

【译文】

孟子说："自己残害自己的人，不可能同他有什么话说；自己抛弃自己的人，不可能同他有所作为。说话诋毁礼义，这叫自己残害自己；自认为不能守仁行义，这叫自己抛弃自己。仁德是人们最安全的住所，义行是人们最正确的道路。空着安全的住所不住，舍弃正确的道路不走，真可悲啊！"

【原文】

7.11 孟子曰："道在迩而求诸远，事在易而求诸难：人人亲其亲、长其长，而天下平。"

【译文】

孟子说："道路就在眼前，却向远处去寻找；事情本来容易，却找难的去做：只要人人爱父母、敬长辈，天下就会太平。"

【原文】

7.12 孟子曰："居下位而不获于上，民不可得而治也。获于上有道：不信于友，弗获于上矣。信于友有道：事亲弗悦，弗信于友矣。悦亲有道：反身不诚，不悦于亲矣。诚身有道：不明乎善，不诚其身矣。是故诚者，天之道也；思诚者，人之道也。至诚而不动者，未之有也；不诚，未有能动者也。"

【译文】

孟子说："身居下位而又不被上司信任，是不可能治理好百姓的。要取得上司信任有办法：如果不被朋友信任，也就不会得到上司信任了。要被朋友信任有办法：如果侍奉父母得不到父母欢心，也就不会被朋友信任了。要父母欢心有办法：如果反省自己不诚心诚意，也就得不到父母欢心了。要使自己诚心诚意有办法：如果不明白什么是善行，也就不会使自己诚心诚意了。

所以，诚是天然的道理，追求诚是做人的道理。极端诚心而不能使人感动，是从不会有的事；不诚心是没有谁会被感动的。"

【原文】

7.13 孟子曰："伯夷辟纣，居北海之滨①，闻文王作，兴曰：'盍归乎来! 吾闻西伯②善养老者。'太公③辟纣，居东海之滨④，闻文王作，兴曰：'盍归乎来! 吾闻西伯善养老者。'二老者，天下之大老也，而归之，是天下之父归之也。天下之父归之，其子焉往? 诸侯有行文王之政者，七年之内，必为政于天下矣。"

【注释】

①北海之滨：其地在今濒临渤海的河北昌黎一带。

②西伯：即周文王。

③太公：即姜太公，因祖先曾封于吕地，故又姓吕，名尚，字子牙，号太公望。曾辅佐文王、武王灭商建立周朝。

④东海之滨：其地在今山东莒县东部。

【译文】

孟子说："伯夷躲避纣王，隐居在北海边，听说文王兴盛起来了，高兴地说：'何不去投奔西伯呢! 我听说西伯善于奉养老人。'太公躲避纣王，隐居在东海边，听说文王兴盛起来了，高兴地说：'何不去投奔西伯呢! 我听说西伯善于奉养老人。'这两位老人，是天下最有声望的老人，（他们）投奔了西伯，这就使天下做父亲的都去投奔西伯了。天下做父亲的都投奔了西伯，他们的儿子还能往哪里去呢? 诸侯中如果有施行文王那样的仁政的，不出七年，一定能在天下执掌政权。"

【原文】

7.14 孟子曰："求也为季氏宰①，无能改于其德，而赋粟倍他日。孔子曰：'求非我徒也，小子鸣鼓而攻之可也。'由此观之，君不行仁政而富之，皆弃于孔子者也，况于为之强战? 争地以战，杀人盈野；争城以战，杀人盈城，此所谓率土地而食人肉，罪不容于死。故善战者服上刑,连诸侯者次之,辟草莱、任土地者次之。"

【注释】

①求也为季氏宰:求,冉求,孔子弟子。季氏,指季康子,鲁国卿大夫。

【译文】

孟子说:"冉求当了季氏的家臣,不能改变季氏的德行,征收田赋反而比过去增加一倍。孔子说:'求不是我的学生,弟子们,你们可以擂起鼓来声讨他!'由此看来,君主不施行仁政,反而去帮他聚敛财富的人,都是孔子所鄙弃的,更何况为他卖命打仗的人呢?为争夺一块地方打仗,而杀人遍野;为争夺一座城池打仗,而杀人满城,这就叫作领着土地来吃人肉,罪恶之大,将他处死都嫌不够。所以善于打仗的人该受最重的刑罚,唆使诸侯拉帮结伙打仗的人,该受次一等的刑罚,强令百姓垦荒耕种的人该受再次一等的刑罚。"

【原文】

7.15 孟子曰:"存乎人者,莫良于眸子①。眸子不能掩其恶。胸中正,则眸子瞭焉;胸中不正,则眸子眊②焉。听其言也,观其眸子,人焉廋哉③?"

【注释】

①眸(móu)子:眼睛。

②眊(mào):眼睛昏花不明。

③廋(sōu):藏匿,隐藏。

【译文】

孟子说:"观察一个人,最好的办法莫过于观察他的眼睛。眼睛掩藏不了他(内心)的邪恶。心胸正直,眼睛就明亮;心胸不正,眼睛就浊暗。听他说话,同时观察他的眼睛,这个人的善恶还能隐藏到哪里去呢?"

【原文】

7.16 孟子曰:"恭者不侮人,俭者不夺人。侮夺人之君,惟恐不顺焉,恶得为恭俭?恭俭岂可以声音笑貌为哉?"

【译文】

孟子说："恭敬的人不欺侮别人，节俭的人不掠夺别人。欺侮人、掠夺人的君主，唯恐别人不顺从，怎么能做到恭敬和节俭？恭敬和节俭难道可以靠声音笑貌强装出来的吗？"

【原文】

7.17 淳于髡曰①："男女授受不亲，礼与？"

孟子曰："礼也。"

曰："嫂溺，则援之以手乎？"

曰："嫂溺不援，是豺狼也。男女授受不亲，礼也；嫂溺，援之以手者，权也②。"

曰："今天下溺矣，夫子之不援，何也？"

曰："天下溺，援之以道；嫂溺，援之以手。子欲手援天下乎？"

【注释】

①淳于髡（kūn）：姓淳于名髡，战国时齐国有名的辩士，曾在齐威王、齐宣王时做官。

②权：变通。

【译文】

淳于髡说："男女之间不能亲手递接东西，是礼法的规定吗？"

孟子说："是礼法的规定。"

淳于髡又问："如果嫂子落水了，那么能用手拉她吗？"

孟子说："嫂子落水了而不去拉，这就如同豺狼了。男女之间不亲手递接东西，这是礼法的规定；嫂子落水而用手去拉，这是对礼法的变通。"

淳于髡说："现在，天下的人都掉落水中了，您不去救，为什么呢？"

孟子说："天下的人都落水了，要用王道去救；嫂子落水了，要用手去救。你难道想用手去救天下的人吗？"

【原文】

7.18 公孙丑曰："君子之不教子，何也？"

孟子曰："势不行也。教①者必以正；以正不行，继之以怒。继之以怒，则反夷矣。'夫子教我以正，夫子未出于正也。'则是父子相夷②也。父子相夷，则恶矣。古者易子而教之，父子之间不责善。责善则离，离则不祥莫大焉。"

【注释】

①教：指像老师一样，进行正式的教导。

②夷：伤。

【译文】

公孙丑说："君子不亲自教育自己的儿子，为什么呢？"

孟子说："因为情理上行不通。（父亲）教育（儿子）必然要用正确的道理；用正确的道理行不通，接着便会动怒。一动怒，就反而伤了感情了。（儿子会说：）'你用正确的道理教育我，而你自己的做法就不正确。'这样，父子之间就伤了感情。父子之间伤了感情，就坏事了。古时候相互交换儿子进行教育，父子之间不求全责备。相互求全责备，会使父子关系疏远，父子疏远，那就没有比这更不幸的了。"

【原文】

7.19 孟子曰："事，孰为大？事亲为大；守，孰为大？守身为大。不失其身而能事其亲者，吾闻之矣；失其身而能事其亲者，吾未之闻也。孰不为事？事亲，事之本也；孰不为守？守身，守之本也。曾子①养曾晳，必有酒肉；将彻，必请所与；问有余，必曰'有'。曾晳死，曾元养曾子，必有酒肉；将彻，不请所与；问有余，曰'亡矣'，将以复进也。此所谓养口体者也。若曾子，则可谓养志也。事亲若曾子者，可也。"

【注释】

①曾（zēng）子：即曾参（shēn），春秋时鲁国人，与他的父亲曾晳（xī）同为孔子的弟子。

【译文】

孟子说："哪一种侍奉最重要？侍奉父母最重要；哪一种守护最重要？守护自身（的善性）最重要。不丧失自身（善性）而能侍奉好父母的，我听说过；

丧失了自身（善性）而能侍奉好父母的，我从来没听说过。哪个长者不该侍奉？但侍奉父母才是侍奉的根本；哪种好品德不该守护？但守护自身（的善性）是守护的根本。曾子奉养他的父亲曾晳，每餐必定有酒肉；撤除食物时，必定要请示（剩下的酒肉）给谁；父亲问有没有剩余，必定说'有'。曾晳死后，曾元奉养他的父亲曾子，每餐也必定有酒肉；撤除时，不请示剩余的给谁；父亲问有没有剩余，就回答说'没有了'，准备拿吃剩的下顿再进奉给父亲。这叫作对父母的口体奉养。像曾子那样，就可以称为对父母心意的奉养了。侍奉父母能像曾子那样，就可以了。"

【原文】

7.20 孟子曰："人不足与適①也，政不足与间也；唯大人为能格君心之非。君仁，莫不仁；君义，莫不义；君正，莫不正。一正君而国定矣。"

【注释】

①適（zhé）：同"谪"，谴责，指责。

【译文】

孟子说："那些在位的小人，不值得去指责，他们的政事不值得去非议；只有大仁大德的人才能纠正君主思想上的错误。君主仁，没有谁不仁；君主义，没有谁不义；君主正，没有谁不正。一旦使君主端正了，国家就安定了。"

【原文】

7.21 孟子曰："有不虞①之誉，有求全之毁。"

【注释】

①虞（yú）：意想，意料，预料。

【译文】

孟子说："有料想不到的赞誉，有吹毛求疵的毁谤。"

【原文】

7.22 孟子曰："人之易其言也，无责耳矣。"

【译文】

孟子说:"一个人说话随随便便,那就不值得责备他了。"

【原文】

7.23 孟子曰:"人之患在好为人师。"

【译文】

孟子说:"人们的毛病在于喜欢充当别人的老师。"

【原文】

7.24 乐正子从于子敖①之齐。

乐正子见孟子。孟子曰:"子亦来见我乎?"

曰:"先生何为出此言也?"

曰:"子来几日矣?"

曰:"昔者。"

曰:"昔者,则我出此言也,不亦宜乎?"

曰:"舍馆未定。"

曰:"子闻之也,舍馆定,然后求见长者乎?"

曰:"克有罪。"

【注释】

①子敖(áo):王子敖,即王驩。

【译文】

乐正子跟随王子敖来到齐国。

乐正子去见孟子。孟子说:"你也来看我吗?"

乐正子说:"先生为什么要说这样的话呢?"

孟子问:"你来了几天了?"

乐正子说:"前些日子。"

孟子说:"前些日子就来了,那么我说这话不也是应该的吗?"

乐正子说:"(因为)住所没有定下来。"

孟子说:"你听说过,(非要)住所定下来了,才去求见长辈的吗?"

乐正子说:"我有过错。"

【原文】

7.25 孟子谓乐正子曰:"子之从于子敖来,徒餔啜也①。我不意子学古之道而以餔啜也。"

【注释】

①餔(bū)啜(chuò):吃喝。

【译文】

孟子对乐正子说:"你跟着王子敖来,只是为了混饭吃罢了。我没有想到,你学习古人的道理,竟是用它来混饭吃。"

【原文】

7.26 孟子曰:"不孝有三①,无后为大。舜不告而娶②,为无后也,君子以为犹告也。"

【注释】

①不孝有三:据赵歧注,不孝的三件事是:一、对父母的过错"阿意曲从",使父母陷入"不义";二、家境贫困,父母年老,却不愿当官求俸禄以供养父母;三、不娶妻子,没有儿子,断绝了后代。

②舜不告而娶:传说舜的父亲凶狠愚蠢,舜如果告诉他娶妻的事,肯定得不到他同意。不禀告不合礼,没有后代又是最大的不孝,两相权衡,只好"不告而娶"。

【译文】

孟子说:"不孝的事有三件,其中没有子孙后代是最大的不孝。舜没有禀告父母就娶妻,就因为怕没有后代,所以君子认为他如同禀告了一样。"

【原文】

7.27 孟子曰:"仁之实,事亲是也;义之实,从兄是也;智之实,知斯二者弗去是也;礼之实,节文①斯二者是也;乐之实,乐斯二者,乐则生矣②;生则恶可已③也,恶可已,则不知足之蹈之手之舞之。"

【注释】

①节文:节,调节。文,修饰,美化。

②"乐之实"三句:前一"乐",读 yuè,后二"乐",读 lè。

③恶(wū):不,不能够。已:停止,抑制住。

【译文】

孟子说:"仁的实质是侍奉父母;义的实质是顺从兄长;智的实质是明白这两方面的道理而不背离;礼的实质是在这两方面不失礼节、态度恭敬;乐的实质,是乐于做这两方面的事,快乐就产生了;快乐一产生就抑制不住,抑制不住,就会不知不觉地手舞足蹈起来。"

【原文】

7.28 孟子曰:"天下大悦而将归己,视天下悦而归己,犹草芥也,惟舜为然。不得乎亲,不可以为人;不顺乎亲,不可以为子。舜尽事亲之道而瞽瞍厎豫①,瞽瞍厎豫而天下化,瞽瞍厎豫而天下之为父子者定,此之谓大孝。"

【注释】

①瞽瞍(gǔ sǒu):舜的父亲,其事可参《万章上》二、四章。厎(zhǐ):致。豫:高兴,快乐。

【译文】

孟子说:"天下的人都很高兴地要来归附自己,把这种情景看得如同草芥的,只有舜是这样。不能得到父母的欢心,不可以做人;不能顺从父母的心意,不能做儿子。舜竭尽全力按侍奉父母的道理去做,终于使他的父亲瞽瞍高兴了;瞽瞍高兴了,天下的人由此受到感化;瞽瞍高兴了,天下父子之间应有的关系就确定了,这叫作大孝。"

8. 离娄篇下（凡三十三章）

【原文】

8.1 孟子曰："舜生于诸冯①，迁于负夏，卒于鸣条，东夷之人也。文王生于岐周②，卒于毕郢③，西夷之人也。地之相去也，千有余里；世之相后也，千有余岁。得志行乎中国，若合符节④，先圣后圣，其揆一也⑤。"

【注释】

①诸冯（féng）：与下文的负夏、鸣条，皆古地名，具体所在已无法确指，传说都在今山东省。

②岐（qí）周：岐，即今陕西岐山县东北的岐山；"周"是国名。

③毕郢（yǐng）：地名，在今陕西咸阳市东部。

④符节：古代朝廷用作凭证的信物，用金、玉、竹、铜、木等制作，形状不一，上写文字，剖分为二，双方各执一半，使用时将两半相合以验真假。

⑤揆（kuí）：尺度，准则。

【译文】

孟子说："舜生在诸冯，迁居到负夏，死在鸣条，是东方边远地区的人。文王生在岐周，死在毕郢，是西方边远地区的人。两地相距一千多里，时代相距一千多年，但他们得志后在中国所推行的，像符节一样吻合，先出的圣人和后出的圣人，他们（所遵循的）法度是一样的。"

【原文】

8.2 子产①听郑国之政，以其乘舆济人于溱、洧②。孟子曰："惠而不知为政。岁十一月，徒杠成；十二月，舆梁成，民未病涉也。君子平其政，行辟③人可也，焉得人人而济之？故为政者，每人而悦之，日亦不足矣。"

【注释】

①子产：春秋时郑国的贤相，姓公孙名侨，字子产。

②溱（zhēn）、洧（wěi）：郑国的两条河流名。

③辟（bì）：通"避"，回避，避让。

【译文】

子产治理郑国的政事，用自己乘坐的车子帮助别人渡过溱水和洧水。孟子说："（子产）仁惠却不懂治理政事的方法。（如果）十一月份把走人的桥修好，十二月份把行车的桥修好，百姓就不会为渡河发愁了。在上位的人搞好了政治，出行时让行人回避自己都可以的，哪能一个个地帮别人渡河呢？所以治理政事的人，对每个人都一一去让他喜欢，时间也就太不够用了。"

【原文】

8.3 孟子告齐宣王曰："君之视臣如手足，则臣视君如腹心；君之视臣如犬马，则臣视君如国人；君之视臣如土芥，则臣视君如寇仇。"①

王曰："礼，为旧君有服②，何如斯可为服矣？"

曰："谏行言听，膏泽下于民；有故而去，则君使人导之出疆，又先于其所往；去三年不反，然后收其田里。此之谓三有礼焉。如此，则为之服矣。今也为臣，谏则不行，言则不听；膏泽不下于民；有故而去，则君搏执之，又极之于其所往；去之日，遂收其田里。此之谓寇仇。寇仇，何服之有？"

【注释】

①本章第一段揭示君臣之间的伦理关系是相互的。

②臣子为旧君服丧，为期三月。

【译文】

孟子告诉齐宣王说："君主看待臣下如同自己的手足，臣下看待君主就会如同自己的腹心；君主看待臣下如同狗马，臣下看待君主就会如同不相识的人；君主看待臣下如同泥土草芥，臣下看待君主就会如同仇人。"

宣王说:"礼制规定,(已经离职的臣下)要为先前侍奉过的君主服孝,君主怎样做,臣下就能为他服孝呢?"

孟子说:"(臣下在职时)有劝谏,君主就听从,有建议,君主就采纳,使君主恩泽遍及百姓;(臣子)有原因离职(到别国去),君主就派人领他出境,并且派人先到他要去的地方作好安排;离开三年还不回来,才收回他的封地房屋。这叫三次有礼。这样,臣下就愿意为他服孝了。如今做臣下的,有劝谏,君主不接受,有建议,君主不肯听,(因此)恩泽不能遍及百姓;有原因离去,君主就要捉拿他,还想法使他在所去的地方陷入困境;离开的当天,就没收了他的封地房屋。这样就叫作仇人。(成了)仇人,哪有什么要服孝的呢?"

【原文】

8.4 孟子曰:"无罪而杀士,则大夫可以去;无罪而戮①民,则士可以徙②。"

【注释】

①戮(lù):杀。

②徙(xǐ):迁走。

【译文】

孟子说:"无罪而杀士人,那么大夫就可以离开;无罪而杀百姓,那么士人就可以迁走。"

【原文】

8.5 孟子曰:"君仁,莫不仁;君义,莫不义。"

【译文】

孟子说:"君主仁,就没有谁不仁;君主义,就没有谁不义。"

【原文】

8.6 孟子曰:"非礼之礼,非义之义,大人弗为。"

【译文】

孟子说:"不符合礼的'礼',不符合义的'义',有道德的人是不遵行的。"

【原文】

8.7 孟子曰："中也养不中，才也养不才，故人乐有贤父兄也。如中也弃不中，才也弃不才，则贤不肖之相去，其间不能以寸。"

【译文】

孟子说："道德行为合乎法度的人要教育、熏陶不合法度的人，有才能的人要教育、熏陶没有才能的人，所以人们都乐于有贤能的父兄。如果道德行为合乎法度的人鄙弃不合法度的人，有才能的人鄙弃没有才能的人，那么贤能的人与不贤能的人之间的距离，就近得不能用寸来度量了。"

【原文】

8.8 孟子曰："人有不为也，而后可以有为。"

【译文】

孟子说："一个人有所不为，然后才能有所为。"

【原文】

8.9 孟子曰："言人之不善，当如后患①何？"

【注释】

①后患：在此指被你谈论的人可能会挟怨报复。

【译文】

孟子说："说人家缺点，招来了后患怎么办？"

【原文】

8.10 孟子曰："仲尼不为已甚者。"

【译文】

孟子说："孔子是做什么事都不过分的人。"

【原文】

8.11 孟子曰："大人者，言不必信，行不必果，惟义①所在。"

【注释】

①义：即"宜"的意思，要配合适当的情况，作出正确的选择，找出"应该"的所在。

【译文】

孟子说："德行完备的人，说话不一定都兑现，做事不一定都彻底、有结果，只要落实在'义'上就行。"

【原文】

8.12 孟子曰："大人者，不失其赤子之心①者也。"

【注释】

①赤子之心：纯朴、真诚、易感，对人信赖关怀，并且充满希望，永不沮丧。他总是想要帮助群体、改善社会，并且只问耕耘不问收获。另外，大人还有高明的智慧与杰出的才干，所以不会轻易上当受骗。

【译文】

孟子说："德行完备的人，不会失去他婴儿般纯真的心思。"

【原文】

8.13 孟子曰："养生者不足以当大事，惟送死可以当大事。"

【译文】

孟子说："奉养父母还算不上大事，只有给他们送终才算得上大事。"

【原文】

8.14 孟子曰："君子深造之以道，欲其自得之也。自得之，则居之安；居之安，则资之深；资之深，则取之左右逢其原，故君子欲其自得之也。"

【译文】

孟子说："君子要按照正确的方法深入研究，是希望可以自己领悟道理。自己领悟的道理，就能牢固掌握它；牢固掌握了它，所受的启发就会很深；所受的启发深刻，就能左右逢源取之不尽，所以君子想要自己领悟道理。"

【原文】

8.15 孟子曰："博学而详说之，将以反说约也。"

【译文】

孟子说："广博地学习，详细地阐述，是要由此返回到能说出其要点的境地。"

【原文】

8.16 孟子曰："以善服人①者，未有能服人者也；以善养人，然后能服天下。天下不心服而王者，未之有也②。"

【注释】

①以善服人：仍有相互比较之意，"以善养人"则是愿意同别人一起为善。

②本句指应为尧、舜，以及夏、商、周三代的开国之君，而非通称所有君主。

【译文】

孟子说："靠善来使人心服，没有能使人心服的；靠善来教育感化人，才能使天下的人心服。天下的人不心服却能统治好天下的，是从来不会有的。"

【原文】

8.17 孟子曰："言无实不祥。不祥之实，蔽贤者当之。"

【译文】

孟子说："说话没有事实根据是不好的。不祥的后果由阻碍进用贤者的人承受。"

【原文】

8.18 徐子①曰："仲尼亟②称于水，曰'水哉，水哉！'何取于水也？"

孟子曰："原泉混混，不舍昼夜，盈科③而后进，放乎四海。有本者如是，是之取尔。苟为无本，七八月之间雨集，沟浍④皆盈，其涸⑤也，可立而待也。故声闻⑥过情，君子耻之。"

【注释】

①徐子：姓徐名辟，孟子弟子。

②亟（qì）：屡次。

③盈科：充满坑坎。科：坑坎。

④沟浍（kuài）：沟渠。

⑤涸（hé）：干枯。

⑥声闻（wèn）：名声。

【译文】

徐子说："孔子多次称赞水，说道'水啊，水啊！'对于水，孔子取它哪一点呢？"

孟子说："源头里的泉水滚滚涌出，日夜不停，注满洼坑后继续前进，最后流入大海。有本源的事物都是这样，孔子就取它这一点罢了。如果没有本源，像七八月间的雨水那样，下得很集中，大小沟渠都积满了水，但它们的干涸却只要很短的时间。所以，声望超过了实际情况，君子认为是可耻的。"

【原文】

8.19 孟子曰："人之所以异于禽兽者几希，庶民去之，君子存之。舜明于庶物，察于人伦，由仁义行，非行仁义也。"

【译文】

孟子说："人区别于禽兽的地方只有很少一点点，一般的人丢弃了它，君子保存了他。舜明白万事万物的道理，明察人伦关系，因此能遵照仁义行事，而不是勉强地施行仁义。"

【原文】

8.20 孟子曰："禹恶旨酒而好善言。汤执中，立贤无方①。文王视民如伤，望道而未之见。武王不泄迩②，不忘远。周公思兼三王，以施四事；其有不合者，仰而思之，夜以继日；幸而得之，坐以待旦。"

【注释】

①方：义同"常"。

②泄（xiá）迩：泄，狎；迩，近。

【译文】

孟子说:"禹讨厌美酒而喜欢善言。汤掌握住中正的原则,选拔贤人没有一成不变的常规。文王看待百姓,如同他们受了伤一样,(总是同情抚慰;)望见了'道'却像没有看见一样,(总是不断追求。)武王不轻慢近臣,不遗忘远臣。周公想要兼有三代圣王的功业,实践(上述)四个方面的美德;要是有不合当时情况的,就仰首思索,夜以继日;幸而想通了,就坐等天亮(以便立即实行)。"

【原文】

8.21 孟子曰:"王者之迹①熄而《诗》亡,《诗》亡然后《春秋》②作。晋之《乘》③,楚之《梼杌》,鲁之《春秋》,一也。其事则齐桓、晋文,其文则史。孔子曰:'其义则丘窃取之矣。'"

【注释】

①迹:当为"迹"。《说文解字》:"迹,古之遒人。"遒人是古代采集歌谣的官吏。

②《春秋》:各国史书的通称。又,相传孔子依据鲁国史官所编《春秋》,加以整理修订而成编年体鲁《春秋》。据上下文,这里的《春秋》似指前者。

③《乘(shèng)》:晋史书名。下文《梼杌》(táo wù)、《春秋》分别是楚国、鲁国史书名。

【译文】

孟子说:"圣王采集歌谣的做法废止后,《诗经》就没有了;《诗经》没有之后,就出现了《春秋》一类史书。晋国的《乘》,楚国的《梼杌》,鲁国的《春秋》,都是一样的。上面记载的是齐桓公、晋文公之类的事,上面的文字,都是由史官记录而成。孔子说:'各国史书(褒贬善恶)的原则,我私下里取来(运用到《春秋》中去)了。'"

【原文】

8.22 孟子曰:"君子之泽五世而斩,小人之泽五世而斩。予未得为孔子徒也,予私淑诸人也。"

【译文】

孟子说:"君子道德风尚的影响,五代以后就断绝了;小人道德风尚的影响,五代以后也就断绝了。我没能(赶上)做孔子的门徒,我是私下从别人那里学习(孔子的道德学问)的。"

【原文】

8.23 孟子曰:"可以取,可以无取,取伤廉;可以与,可以无与,与伤惠;可以死,可以无死,死伤勇。"

【译文】

孟子说:"可以拿,可以不拿,拿了就伤害了廉洁;可以给,可以不给,给了就伤害了恩惠;可以死,可以不死,死了就伤害了勇敢。"

【原文】

8.24 逄蒙学射于羿①,尽羿之道,思天下惟羿为愈己,于是杀羿。孟子曰:"是亦羿有罪焉。"

公明仪曰:"宜若无罪焉。"

曰:"薄乎云尔,恶得无罪?郑人使子濯孺子②侵卫,卫使庾公之斯③追之。子濯孺子曰:'今日我疾作,不可以执弓,吾死矣夫!'问其仆曰:'追我者谁也?'其仆曰:'庾公之斯也。'曰:'吾生矣。'其仆曰:'庾公之斯,卫之善射者也。夫子曰吾生,何谓也?'曰:'庾公之斯学射于尹公之他④,尹公之他学射于我。夫尹公之他,端人也,其取友必端矣。'庾公之斯至,曰:'夫子何为不执弓?'曰:'今日我疾作,不可以执弓。'曰:'小人学射于尹公之他,尹公之他学射于夫子,我不忍以夫子之道反害夫子。虽然,今日之事,君事也,我不敢废。'抽矢,扣轮,去其金,发乘矢而后反⑤。"

【注释】

①逄(páng)蒙学射于羿(yì):逄蒙,羿的学生,后背叛羿,帮助有穷国的相寒浞杀死了羿。羿,传说是古代有穷国的国君,以善射闻名。

②子濯(zhuó)孺子:郑国大夫。

③庾（yǔ）公之斯：卫国大夫。

④尹公之他（tuō）：卫国人。

⑤乘（shèng）：四支箭。"反"同"返"，返回。

【译文】

逢蒙向羿学射箭，完全学会了羿的技术，他想到天下只有羿比自己强，于是杀害了羿。孟子说："这件事羿也有过错。"

公明仪说："好像不该有过错吧。"

孟子说："过错小一点罢了，哪能说没有过错？郑国派子濯孺子侵犯卫国，卫国派庾公之斯追击他。子濯孺子说：'今天我的病发作了，不能拿弓，我是必死无疑的了。'问他的驾车人：'追我的人是谁？'驾车的说：'是庾公之斯。'子濯孺子说：'我能活命了。'驾车的说：'庾公之斯是卫国善于射箭的人。您（反而）说我可以活命，为什么这样说呢？'子濯孺子说：'庾公之斯是跟尹公之他学的射箭，尹公之他是跟我学的射箭。尹公之他是正派人，他看中的朋友一定也是正派的。'庾公之斯追到跟前，说：'先生为什么不拿弓？'子濯孺子说：'今天我的病发作了，无法拿弓。'庾公之斯说：'我向尹公之他学射箭，尹公之他是向您学射箭，我不忍心用您传授的技术反过来伤害您。虽然这么说，可是今天这事，是国君交付的事，我不敢不办。'说完便抽出箭来，在车轮上敲，敲掉箭头，射了四箭之后返身回去了。"

【原文】

8.25 孟子曰："西子蒙不洁，则人皆掩鼻而过之；虽有恶人①，齐②戒沐浴，则可以祀上帝。"

【注释】

①恶（è）人：丑陋的人。

②齐（zhāi）：假借为"斋"。

【译文】

孟子说："（如果）西施蒙上了脏东西，那么人人都会掩着鼻子走过她跟前；即使长得丑陋的人，只要（诚心）斋戒沐浴，那么也可以祭祀上帝。"

【原文】

8.26 孟子曰:"天下之言性①也,则故②而已矣。故者,以利为本。所恶于智者,为其凿也。如智者若禹之行水也,则无恶于智矣。禹之行水也,行其所无事也。如智者亦行其所无事,则智亦大矣。天之高也,星辰之远也,苟求其故,千岁之日至③,可坐而致也。"

【注释】

①性:指万物的本性。

②故:指表现出来的既成事实,可以让人去观察及研究的。

③日至:这里指冬至。

【译文】

孟子说:"天下之人所说的本性,无非指万物固有的道理而已。固有的道理是以顺乎自然作根本的。(有时)之所以要讨厌聪明,是因为它穿凿附会。如果聪明得能像禹使水顺势流泄那样,那就不会讨厌聪明了。禹使水顺势流泄,做的是不用穿凿而顺其自然的事。如果聪明人也能做不用穿凿而顺其自然的事,那聪明也就大得了不起了。天是很高的,星辰是很远的,如果能推求它们固有的(运行)规律,那么一千年后的冬至,也是可以坐着推算出来的。"

【原文】

8.27 公行子①有子之丧,右师②往吊。入门,有进而与右师言者,有就右师之位而与右师言者。孟子不与右师言,右师不悦,曰:"诸君子皆与骧言,孟子独不与骧言,是简③骧也。"

孟子闻之,曰:"礼,朝廷不历位而相与言,不逾阶而相揖也。我欲行礼,子敖以我为简,不亦异乎?"

【注释】

①公行子:齐国大夫。

②右师:官名,这里指王骧(huān)。王骧,字子敖(áo)。

③简(jiǎn):怠慢。

【译文】

公行子为儿子办丧事,右师前去吊丧。进了门,就有走上来同他说话的,

（坐下后，）又有走近他的座位来同他说话的。孟子不同右师说话，右师不高兴地说："大夫们都来同我说话，只有孟子不同我说话，这是怠慢我。"

孟子听了这话，说："按礼的规定，在朝廷上不能越过位次相互交谈，不能越过台阶相互作揖。我是想按礼办事，子敖却认为我怠慢了他，不也奇怪吗？"

【原文】

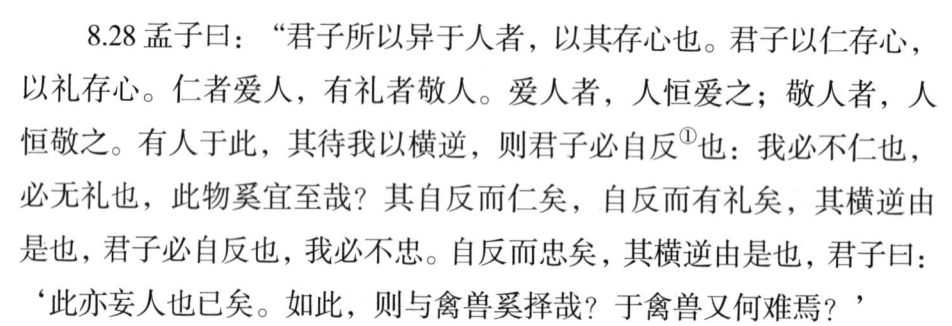

8.28 孟子曰："君子所以异于人者，以其存心也。君子以仁存心，以礼存心。仁者爱人，有礼者敬人。爱人者，人恒爱之；敬人者，人恒敬之。有人于此，其待我以横逆，则君子必自反①也：我必不仁也，必无礼也，此物奚宜至哉？其自反而仁矣，自反而有礼矣，其横逆由是也，君子必自反也，我必不忠。自反而忠矣，其横逆由是也，君子曰：'此亦妄人也已矣。如此，则与禽兽奚择哉？于禽兽又何难焉？'

"是故君子有终身之忧，无一朝之患也。乃若所忧则有之：舜，人也；我，亦人也。舜为法于天下，可传于后世，我由未免为乡人也，是则可忧也。忧之如何？如舜而已矣。若夫君子所患则亡矣。非仁无为也，非礼无行也。如有一朝之患，则君子不患矣。"

【注释】

①自反：自我反省。

【译文】

孟子说："君子之所以不同于一般人，是因为他保存在心里的思想不同。君子把仁保存在心里，把礼保存在心里。仁人爱人，有礼的人尊敬人。爱人的人，别人就一直爱他；尊敬人的人，别人就一直尊敬他。假设有个人，他以粗暴蛮横的态度对待我，那么君子必定会反省自己：我（对他）一定还有不仁的地方，无礼的地方，要不这种态度怎么会冲着我来呢？反省后做到仁了，反省后有礼了，那人的粗暴蛮横仍然如此，君子必定再反省：我（待他）一定还没有尽心竭力。经过反省，做到了尽心竭力，那人的粗暴蛮横还是这样，君子就说：'这不过是个狂人罢了。像他这样，同禽兽有什么区别呢？对于禽兽又有什么可计较的呢？'

"因此君子有终身的忧虑，没有一时的担心。至于终身忧虑的事是：舜是人，我也是人；舜给天下的人树立了榜样，影响可以流传到后世，我却仍然不免是个平庸的人，这是值得忧虑的。忧虑了怎么办？像舜那样去做罢了。至于说到君子（一时）所担心的，那是没有的。不仁的事不干，不合礼的事不做。即使有一时的担心，君子也不认为值得担心了。"

【原文】

8.29 禹、稷当平世，三过其门而不入，孔子贤之。颜子①当乱世，居于陋巷，一箪食，一瓢饮；人不堪其忧，颜子不改其乐，孔子贤之。

孟子曰："禹、稷、颜回同道。禹思天下有溺者，由己溺之也；稷思天下有饥者，由己饥之也，是以如是其急也。禹、稷、颜子，易地则皆然。今有同室之人斗者，救之，虽被发缨冠而救②之，可也。乡邻有斗者，被发缨冠而往救之，则惑也，虽闭户可也。"

【注释】

①颜子：即颜回，孔子弟子，以贤著称。

②被（pī）发缨（yīng）冠（guān）：古人戴帽子要先束发，然后用簪子把帽子固定在头发上，再系好帽带。披散着头发戴帽，这里是形容情况紧急，来不及像正常时那样戴帽子。救：止。

【译文】

禹、后稷处在太平时代，三次路过家门都不进去，孔子称赞他们。颜子处在乱世，居住在僻陋的巷子里，一个小竹筐装饭吃，一个瓢子舀水喝；别人忍受不了那种清苦，颜子却不改变他的快乐，孔子称赞他。

孟子说："禹、后稷、颜回（遵循）同一个道理。禹一想到天下的人有淹在水里的，就觉得仿佛是自己使他们淹在水里似的；后稷一想到天下的人还有挨饿的，就觉得仿佛是自己使他们挨了饿似的，所以才那样急迫（地去拯救他们）。禹、后稷和颜回如果互换一下处境，也都会这样的。假设现在有同室的人打架，（为了）阻止他们，即使（匆忙得）披散着头发就戴上帽子去阻止，也是可以的。如果乡邻中有打架的，也披散着头发就戴上帽子去阻止，那就太糊涂了；（对这种事，）即使关起门来（不管它）也是可以的。"

【原文】

8.30 公都子曰："匡章，通国皆称不孝焉，夫子与之游，又从而礼貌之，敢问何也？"

孟子曰："世俗所谓不孝者五：惰其四支，不顾父母之养，一不孝也；博弈好饮酒，不顾父母之养，二不孝也；好货财，私妻子，不顾父母之养，三不孝也；从耳目之欲，以为父母戮①，四不孝也；好勇斗很②，以危父母，五不孝也。章子有一于是乎？夫章子，子父责善而不相遇也。责善，朋友之道也；父子责善，贼恩之大者。夫章子，岂不欲有夫妻子母之属哉？为得罪于父，不得近，出妻屏③子，终身不养焉。其设心以为不若是，是则罪之大者；是则章子已矣。"

【注释】

①戮（lù）：朱熹《四书集注》："戮，羞辱也。"

②很：同"狠"。

③屏（bǐng）：屏退，疏远。

【译文】

公都子说："（齐国的）匡章，全国都说他不孝，您却同他交往，还对他很客气，请问这是为什么呢？"

孟子说："世俗所说的不孝，有五种情况：四肢懒惰，不顾父母的生活，这是一不孝；喜欢赌博喝酒，不顾父母的生活，是二不孝；贪图钱财，偏爱老婆孩子，不顾父母的生活，是三不孝；放纵于寻欢作乐，使父母蒙受羞辱，是四不孝；逞勇好斗，危及父母，是五不孝。章子在这五种不孝中犯有哪一种吗？章子是因为父子之间互相责求善行而不能相处在一块的。责求善行，这是朋友相处的原则；父子之间责求善行，却是大伤感情的事。章子难道不想有夫妻母子的团聚？只是因为得罪了父亲，不能亲近他，（不得已）把妻子儿女赶出了门，终身不要他们侍奉。他心里设想，不这么做，就是更大的罪过；这就是章子罢了。"

【原文】

8.31 曾子居武城①，有越寇。或曰："寇至，盍去诸？"曰："无寓人于我室，毁伤其薪木。"寇退，则曰："修我墙屋，我将反。"

寇退，曾子反。左右曰："待先生如此其忠且敬也，寇至则先去以为民望；寇退，则反，殆于不可。"沈犹行②曰："是非汝所知也。昔沈犹有负刍③之祸，从先生者七十人，未有与焉。"

子思④居于卫，有齐寇。或曰："寇至，盍去诸？"子思曰："如伋去，君谁与守？"

孟子曰："曾子、子思同道。曾子，师也，父兄也；子思，臣也，微也。曾子、子思易地则皆然。"

【注释】

①武城：鲁地名，在今山东费县境内。

②沈犹行：曾子弟子，姓沈犹，名行。

③负刍（chú）：人名，或说是背柴草的人。

④子思：孔子之孙，名伋（jí）。

【译文】

曾子居住在武城，越国军队来侵犯。有人说："敌人要来了，何不离开这里？"（曾子临离开时）说："不要让人住到我家来，毁坏了这里的树木。"敌人退走了，曾子就说："修好我的墙屋，我要回来了。"

敌人退走后，曾子回来了。他身边的人议论说："（武城人）对我们先生这样忠诚而恭敬，敌人来了，先生却先离开，给百姓做了这么个榜样；敌人退走了，他才回来，（这么做）恐怕不好。"沈犹行说："这不是你们所能明白的。从前，（先生曾住在我们那里，）沈犹家遭遇负刍作乱的祸事，跟随先生的七十个弟子，没有一个出事的，（因为他们是老师和客人，让他们先离开）。"

子思居住在卫国，有齐国军队来侵犯。有人说："敌人要来了，您何不离开这里？"子思说："如果我也离开，国君同谁来守城呢？"

孟子说："曾子和子思遵行相同的道理。曾子是老师，是长辈；子思是臣，身份低。如果曾子、子思互换了地位，也都会这样的。"

【原文】

8.32 储子^①曰："王使人瞯^②夫子，果有以异于人乎？"孟子曰："何以异于人哉？尧、舜与人同耳。"

【注释】

①储（chǔ）子：齐国人，曾任齐相。

②瞯（jiàn）：窥视，偷看，暗中观察。

【译文】

储子说："齐王派人暗中观察先生，(您)果真有同别人不一样的地方吗？"孟子说："哪有什么同别人不一样的呢？尧、舜都是同普通人一样的嘛。"

【原文】

8.33 齐人有一妻一妾而处室者，其良人出，则必餍酒肉而后反。其妻问所与饮食者，则尽富贵也。其妻告其妾曰："良人出，则必餍酒肉而后反；问其与饮食者，尽富贵也，而未尝有显者来。吾将瞯良人之所之也。"

蚤起，施^①从良人之所之，遍国中无与立谈者。卒之东郭墦^②间，之祭者，乞其余；不足，又顾而之他，此其为餍足之道也。其妻归，告其妾，曰："良人者，所仰望而终身也，今若此！"与其妾讪其良人，而相泣于中庭。而良人未之知也，施施^③从外来，骄其妻妾。由君子观之，则人之所以求富贵利达者，其妻妾不羞也，而不相泣者，几希矣。

【注释】

①施（yí）：通"迤"，斜行，这里形容暗暗尾随着别人走的样子。

②墦（fán）：坟墓。

③施（yí）施：得意的样子。

【译文】

齐国有个一妻一妾住在一起的人家。她们的丈夫每次出门，必定是喝足了酒、吃饱了肉之后才回家。妻子问同他一起吃喝的是什么人，他就说都是有钱有势的人。妻子告诉他的妾说："丈夫每次出去，总是酒足肉饱后回来；问他同谁一起吃喝，他就说都是有钱有势的人，可是从来没见有显贵的人来过。

我打算暗暗地察看他到什么地方去。"

（第二天）一早起来，（妻子）暗中跟着丈夫到他要去的地方，走遍全城没有一个站住了跟他说话的。最后走到了东门外的一块墓地中间，（见他）跑到祭坟的人那里，讨些残剩的酒菜吃；没吃饱，又东张西望上别处去乞讨，这就是他吃饱喝足的办法。妻子回家后，（把情况）告诉了妾，并说道："丈夫是我们指望终身依靠的人，现在他竟像这样！"（说罢）同妾一起嘲骂丈夫，在庭中相对而泣。而丈夫还不知道，得意洋洋地从外面回来，向妻妾摆架子。从君子看来，人们用来追求升官发财的手段，能使他们妻妾不感到羞耻、不相对而泣的，恐怕是很少的。

9.万章篇 上(凡九章)

【原文】

9.1 万章问曰:"舜往于田,号泣于旻天①,何为其号泣也?"

孟子曰:"怨慕也。"

万章曰:"'父母爱之,喜而不忘;父母恶之,劳而不怨。'然则舜怨乎?"

曰:"长息问于公明高②曰:'舜往于田,则吾既得闻命矣;号泣于旻天,于父母,则吾不知也。'公明高曰:'是非尔所知也。'夫公明高以孝子之心,为不若是恝③。我竭力耕田,共为子职而已矣,父母之不我爱,于我何哉?帝使其子九男二女,百官牛羊仓廪④备,以事舜于畎亩⑤之中,天下之士多就之者,帝将胥⑥天下而迁之焉。为不顺于父母,如穷人无所归。天下之士悦之,人之所欲也,而不足以解忧;好色,人之所欲,妻帝之二女⑦,而不足以解忧;富,人之所欲,富有天下,而不足以解忧;贵,人之所欲,贵为天子,而不足以解忧。人悦之、好色、富贵,无足以解忧者,惟顺于父母可以解忧。人少,则慕父母;知好色,则慕少艾⑧;有妻子,则慕妻子;仕则慕君,不得于君则热中。大孝终身慕父母。五十而慕者,予于大舜见之矣。"

【注释】

①旻(mín)天:天空。

②长息、公明高:长息,公明高的弟子;公明高,曾参的弟子。

③恝(jiá):无忧无愁的样子。

④仓廪(lǐn):粮库。指粮食。

⑤畎(quǎn)亩:田野。

⑥胥（xū）：全，都。

⑦妻帝之二女：传说尧把自己两个女儿娥皇和女英嫁给了舜。

⑧少艾（ài）：年轻美貌的人。艾，美好。

【译文】

万章问道："舜走到田里，对着天诉说、哭泣，他为什么要诉说、哭泣呢？"

孟子说："因为他（对父母）既抱怨又眷念。"

万章说："'父母喜欢自己，高兴而不忘记父母；父母讨厌自己，忧愁而不抱怨父母。'（按您这么说，）那么舜是抱怨父母吗？"

孟子说："（以前）长息曾问公明高：'舜到田里去，我听您解说过了；对天诉说、哭泣，这样对父母，我还不理解。'公明高说：'这不是你所能明白的了。'公明高认为，孝子的心是不能像这样无忧无虑的。我竭力耕田，恭敬地尽到做儿子的职责就行了,（要是）父母不喜欢我,我有什么责任呢？（舜却不是这样。）帝尧让自己的九个儿子两个女儿，带着大小官员、牛羊、粮食，到田野中侍奉舜，天下的士人投奔他的也很多，帝尧还将把整个天下让给他。（舜却）因为不能使父母顺心，而像走投无路的人无所归宿似的。天下的士人喜欢他，这是人人想得到的，却不足消除他的忧愁；漂亮的女子，这是人人想得到的，舜娶了帝尧的两个女儿，却不足以消除他的忧愁；财富，是人人想得到的，舜富有天下，却不足以消除他的忧愁；地位尊贵，是人人想得到的，舜尊贵到当了天子，却不足以消除他的忧愁。士人的喜欢、漂亮的女子、财富和尊贵，没有一样足以消除忧愁的，只有顺了父母心意才能消除忧愁。人在幼小的时候，就依恋父母；懂得找对象了，就倾慕年轻美貌的女子；有了妻子，就眷念妻子；做了官就思念君主，得不到君主信任，心里就热辣辣地难受。具有最大孝心的人，才能终身眷念父母。到了五十岁上还眷念父母的，我在伟大的舜的身上看到了。"

【原文】

9.2 万章问曰："《诗》云：'娶妻如之何？必告父母①'。信斯言也，宜莫如舜。舜之不告而娶，何也？"

孟子曰："告则不得娶。男女居室，人之大伦也；如告，则废人之大伦，以怼②父母，是以不告也。"

万章曰："舜之不告而娶，则吾既得闻命矣；帝之妻舜而不告，何也？"

曰："帝亦知告焉则不得妻也。"

万章曰："父母使舜完廪，捐阶，瞽瞍焚廪。使浚井，出，从而掩③之。象④曰：'谟盖都君⑤咸我绩，牛羊父母，仓廪父母，干戈朕，琴朕，弤⑥朕，二嫂使治朕栖。'象往入舜宫，舜在床琴。象曰：'郁陶⑦思君尔。'忸怩。舜曰：'惟兹臣庶，汝其于予治。'不识舜不知象之将杀己与？"

曰："奚而不知也？象忧亦忧，象喜亦喜。"

曰："然则舜伪喜者与？"

曰："否。昔者有馈生鱼于郑子产，子产使校人畜之池。校人烹之，反命曰：'始舍之，圉圉⑧焉；少则洋洋焉；攸然而逝。'子产曰：'得其所哉！得其所哉！'校人出，曰：'孰谓子产智？予既烹而食之，曰：得其所哉，得其所哉。'故君子可欺以其方，难罔以非其道。彼以爱兄之道来，故诚信而喜之，奚伪焉？"

【注释】

①这两句出自《诗经·齐风·南山》。

②怼（duì）：怨恨。

③掩（yǎn）：通"掩"。

④象：人名，相传是舜的同父异母弟。

⑤谟（mó）：计谋，谋略。盖（hài）："害"的假借字。都君：指舜。

⑥弤（dǐ）：漆成红色的弓。

⑦郁陶：思念之状。

⑧圉（yǔ）圉：半死不活。

【译文】

万章问道："《诗经》上说：'娶妻应该怎么做？一定先要禀告父母'。相信这道理的，应该没有人能比得上舜的。（可是）舜不禀告父母就娶妻，这是为什么呢？"

孟子说:"禀告了,就娶不成了。男女成婚,是人类重大的伦理关系;如果舜禀告了(而娶不成妻),就废掉了这种伦理关系,反而引起对父母怨恨,所以不禀告。"

万章说:"舜不禀告就娶妻,我已领教了您的解释;帝尧把女儿嫁给舜,却也不告诉舜的父母,为什么呢?"

孟子说:"帝尧也知道,告诉了他们就嫁不成了。"

万章说:"父母叫舜修理粮仓,(等他爬上仓后,)拿掉了梯子,(他父亲)瞽瞍放火烧粮仓,(想把舜烧死。)又曾叫舜淘井,(舜已经逃)出了井,(瞽瞍不知道,)随即就填井,(想把舜埋在井里。)象说:'谋害舜都是我的功劳。(害死了他,他的)牛羊归父母,粮食归父母,干戈归我,琴归我,弓归我,让两个嫂嫂替我整理床铺。'象走进舜的住房,(不料舜没有死,)舜正在床上弹琴。象(赶忙掩饰)说:'我可想念你啦!'神情很不自然。舜说:'我惦念着这些臣仆,希望你来帮我管理。'我不知道,舜真的不晓得象要杀害他吗?"

孟子说:"怎么会不知道呢?(舜看重兄弟情义,)象忧愁,他也忧愁;象高兴,他也高兴。"

万章说:"这么说,舜是假装高兴的吗?"

孟子说:"不。从前有人送条活鱼给郑国的子产,子产叫管理池塘的小吏把它放养到池塘里。小吏把鱼煮煮吃了。回来报告说:'刚放它时,半死不活的;不一会儿就摇摆着尾巴游开了;一转眼就游不见了。'子产说:'得着它的好去处了!得着它的好去处了!'小吏出来后说:'谁说子产聪明?我都把鱼煮吃掉了,他还说:得着它的好去处了,得着它的好去处了。'所以君子可以用合乎道理的事欺骗他,难以用没有道理的事蒙骗他。象装着敬爱兄长的样子来了,所以舜真诚地相信他,而且感到高兴,怎么是假装的呢?"

【原文】

9.3 万章问曰:"象日以杀舜为事,立为天子则放之,何也?"

孟子曰:"封之也;或曰放焉。"

万章曰:"舜流共工①于幽州,放驩兜②于崇山,杀三苗③于三危,殛鲧④于羽山，四罪而天下咸服，诛不仁也。象至不仁，封之有庳⑤。有庳之人奚罪焉？仁人固如是乎？在他人则诛之，在弟则封之？"

曰："仁人之于弟也，不藏怒焉，不宿怨焉，亲爱之而已矣。亲之，欲其贵也；爱之，欲其富也。封之有庳，富贵之也。身为天子，弟为匹夫，可谓亲爱之乎？"

"敢问或曰放者，何谓也？"

曰："象不得有为于其国，天子使吏治其国而纳其贡税焉，故谓之放。岂得暴彼民哉？虽然，欲常常而见之，故源源而来，'不及贡，以政接于有庳⑥。'此之谓也。"

【注释】

①共工：相传为尧的大臣。

②骧（huān）兜（dōu）：相传是尧、舜时的大臣。

③三苗：国名，在此指国君。

④殛（jí）：诛杀。鲧（gǔn）：传说是禹的父亲，尧曾派他治水，但没有治成功而获罪。

⑤有庳（bì）：传说是象的封地。

⑥这两句可能是《尚书》逸文。

【译文】

万章问道："象每天都把谋杀舜当作自己要干的事，舜做了天子后，只是流放了他，这是为什么？"

孟子说："是封他当诸侯；有人说是流放罢了。"

万章说："舜把共工流放到幽州，把骧兜流放到崇山，把三苗的君主驱逐到三危，把鲧诛死在羽山，将这四个人治了罪，天下便都归服，因为惩处的是不仁的人。象是最不仁的人，却封给他有庳。有庳的百姓有什么罪呢？仁人本该这么做的吗？对旁人就严加治罪，对弟弟就封他诸侯？"

孟子说："仁人对于自己的弟弟，不藏怒气在心里，不留怨恨在胸中，只知道要亲他爱他罢了。亲他，就想让他尊贵；爱他，就想让他富有。把有庳封给他，就是要让他既富有又尊贵。自己当了天子，弟弟却做百姓，能说是亲他爱他吗？"

万章又问道:"请问,有人说是流放,这话怎么讲呢?"

孟子说:"象不能在他的国家里任意行事,天子派了官吏去治理他的国家,收取那里的贡税,所以说是流放。象哪能对他的百姓施行暴政呢?虽然这样,舜还想常常见到象,所以象不断地来。(古书上说:)'不必等到朝贡的日子,(平常就)以政事为名接见有庳的国君。'就是说的这种情况。"

【原文】

9.4 咸丘蒙①问曰:"语云,'盛德之士,君不得而臣,父不得而子。'舜南面而立,尧帅诸侯北面而朝之,瞽瞍亦北面而朝之。舜见瞽瞍,其容有蹙。孔子曰:'于斯时也,天下殆哉,岌岌乎!'不识此语诚然乎哉?"

孟子曰:"否,此非君子之言,齐东野人之语也。尧老而舜摄也。《尧典》曰:'二十有八载,放勋乃徂落,百姓如丧考妣,三年,四海遏密八音②。'孔子曰:'天无二日,民无二王。'舜既为天子矣,又帅天下诸侯以为尧三年丧,是二天子矣。"

咸丘蒙曰:"舜之不臣尧,则吾既得闻命矣。《诗》云:'普天之下,莫非王土;率土之滨,莫非王臣③。'而舜既为天子矣,敢问瞽瞍之非臣,如何?"

曰:"是诗也,非是之谓也,劳于王事而不得养父母也。曰,'此莫非王事,我独贤劳也。'故说诗者,不以文害辞,不以辞害志;以意逆志,是为得之。如以辞而已矣,《云汉》④之诗曰:'周余黎民,靡有孑遗。'信斯言也,是周无遗民也。孝子之至,莫大乎尊亲;尊亲之至,莫大乎以天下养。为天子父,尊之至也;以天下养,养之至也。《诗》曰:'永言孝思,孝思维则⑤。'此之谓也。《书》曰:'祗载见瞽瞍,夔夔斋栗,瞽瞍亦允若⑥。'是为父不得而子也?"

【注释】

①咸丘蒙:姓咸丘名蒙,孟子弟子。

②八音:中国古代对乐器的统称。指金、石、土、革、丝、木、匏、竹等八种材料制成的乐器。这里指代音乐。

③以上四句出自《诗经·小雅·北山》。

④《云汉》：《诗经·大雅》中的一篇。

⑤以上两句出自《诗经·大雅·下武》。

⑥以上三句是《尚书》逸文。祗（zhī）：恭敬。载：侍奉。夔（kuí）夔斋栗：敬惧恐惧貌。若：顺，顺心。

【译文】

咸丘蒙问道："俗话说：'很有道德的人，君主不能把他当作臣下，父亲不能把他当作儿子。'舜做了天子，尧率领诸侯朝见他，他父亲瞽瞍也朝见他。舜见了瞽瞍，神色很不安。孔子说：'在这个时候呀，天下真是危险到极点啦！'不知这句话真这么说过吗？"

孟子说："不，这不是君子说的话，是齐国东边乡下人说的话。尧老了，舜代行天子职权。《尧典》上说：'（舜代行天子职权）二十八年，尧才去世，群臣如同死了父母一般，服丧三年，天下不闻音乐之声。'孔子说：'天上没有两个太阳，人间没有两个帝王。'（如果）舜当时已经做了天子，却又率领天下诸侯为尧服丧三年，这就同时有两个天子了。"

咸丘蒙说："舜没有把尧当作臣，我已领教了您的解释了。《诗经》上说：'普天之下，没有哪里不是天子的土地；四海之内，没有哪个不是天子的臣民。'舜已经做了天子了，瞽瞍却不是他的臣民，请问这又是怎么回事？"

孟子说："这首诗，不是你说的这个意思，（是说作这首诗的人）公事劳碌以致于不能奉养父母。（意思是）说，'这些没有一件不是公事，却只有我最劳碌'。所以解说诗的人，不能因为字面的解释而损害词句的意思，不能因为词句的解释而损害全诗的意思；要用自己的体会去揣度作者的原意，这样才能把握住诗意。如果只拘泥于词句的解释，（那么）《云汉》这首诗说：'周朝剩下的百姓，没有一个留存。'相信了这句话，这就成了周朝没有一个人留存了。孝子最大的孝，莫过于使父母尊贵；使父母尊贵的最高标准，莫过于用天下奉养父母。做了天子的父亲，这是最尊贵的地位了；用天下奉养父亲，这是最高的奉养了。《诗经》上说：'永远行孝道，孝道就是法则。'说的就是这个意思。《尚书》上说：'舜恭恭敬敬地去见瞽瞍，谨慎而又畏惧，瞽瞍也就真的顺心了。'这是父亲不能把他当儿子吗？"

【原文】

9.5 万章曰："尧以天下与舜，有诸？"

孟子曰："否。天子不能以天下与人。"

"然则舜有天下也，孰与之？"

曰："天与之。"

"天与之者，谆谆然命之乎？"

曰："否，天不言，以行与事示之而已矣。"

曰："以行与事示之者，如之何？"

曰："天子能荐人于天，不能使天与之天下；诸侯能荐人于天子，不能使天子与之诸侯；大夫能荐人于诸侯，不能使诸侯与之大夫。昔者，尧荐舜于天，而天受之；暴之于民，而民受之。故曰，天不言，以行与事示之而已矣。"

曰："敢问荐之于天，而天受之；暴之于民，而民受之，如何？"

曰："使之主祭，而百神享之，是天受之；使之主事，而事治，百姓安之，是民受之也。天与之，人与之，故曰：天子不能以天下与人。舜相尧二十有八载，非人之所能为也，天也。尧崩，三年之丧毕，舜避尧之子于南河①之南，天下诸侯朝觐②者，不之尧之子而之舜；讼狱者，不之尧之子而之舜；讴歌者，不讴歌尧之子而讴歌舜，故曰天也。夫然后之中国，践天子位焉。而居尧之宫，逼尧之子，是篡也，非天与也。《泰誓》③曰：'天视自我民视，天听自我民听。'此之谓也。"

【注释】

①南河：即漯河，因在尧都濮州的南面，故称南河。

②朝（cháo）觐（jìn）：朝拜。觐：拜见。

③《泰誓》：《尚书》篇名。下引两句是《泰誓》逸文。

【译文】

万章问道："尧把天下送给舜，有这回事吗？"

孟子说："没有。天子不能把天下送给人。"

万章问："那么，舜拥有的天下是谁给的呢？"

孟子说："天给他的。"

万章问："所说天给他的，是天反复告诉他的吗？"

孟子说："不，天不说话，凭舜的行动和办事表明是天给了他天下罢了。"

万章问："凭舜的行动和办事表明天给了他天下，这怎么说？"

孟子说："天子能把人推荐给天，不能让天把天下给这个人；诸侯能把人推荐给天子，不能让天子把诸侯的职位给这个人；大夫能把人推荐给诸侯，不能让诸侯把大夫的职位给这个人。从前，尧把舜推荐给天，天接受了；把舜介绍给百姓，百姓接受了。所以说，天不说话，凭舜的行动和办事表明天把天下给了他罢了。"

万章问："请问，把舜推荐给天，天接受了；把舜介绍给百姓，百姓接受了，为什么这么说？"

孟子说："叫舜主持祭祀，百神都来享用祭品，这表明天接受了他；叫舜主持政事，政事办得妥帖，百姓对他放心，这表明百姓接受了他。天授给他，人授给他，所以说，天子不能把天下送给人。舜帮助尧治理天下二十八年，不是人的意愿所能决定的，而是天的旨意。尧去世了，三年服丧结束，舜避开尧的儿子，到了南河的南面，（可是）天下诸侯来朝见天子的，却不到尧的儿子那里去，而到舜那里去；打官司的，不到尧的儿子那里去，而到舜那里去；讴歌的人，不讴歌尧的儿子而讴歌舜，所以说，这是天的旨意。舜这才回到国都，登上天子的位子。（如果他当初）搬住进尧的宫室，逼迫尧的儿子让位，这就是篡位了，不是天授给他的了。《泰誓》上说：'天的看法来自我们下民的看法，天的听闻来自我们下民的听闻。'说的就是这个意思。"

【原文】

9.6 万章问曰："人有言，'至于禹而德衰，不传于贤而传于子。'有诸？"

孟子曰："否，不然也。天与贤，则与贤；天与子，则与子。昔者，舜荐禹于天，十有七年，舜崩，三年之丧毕，禹避舜之子于阳城，天下之民从之，若尧崩之后不从尧之子而从舜也。禹荐益①于天，七年，禹崩，三年之丧毕，益避禹之子于箕山②之阴。朝觐讼狱者不之益而之启③，曰：'吾君之子也。'讴歌者不讴歌益而讴歌启，曰：'吾君之子也。'丹朱④之不肖，舜之子亦不肖。舜之相尧、禹之相舜也，历年多，施泽于民久。启贤，能敬承继禹之道。益之相禹也，历年少，施泽于民未久。舜、禹、益相去久远，其子之贤不肖，皆天也，非人之所能为也。莫之为而为者，天也；莫之致而至者，命也。匹夫而有天下者，德必若舜、禹，而又有天子荐之者，故仲尼不有天下。继世以有天下，天之所废，必若桀、纣者也，故益、伊尹、周公不有天下。伊尹相汤以王于天下，汤崩，大丁⑤未立，外丙⑥二年，仲壬四年，大甲⑦颠覆汤之典刑，伊尹放之于桐⑧。三年，太甲悔过，自怨自艾，于桐处仁迁义；三年，以听伊尹之训己也，复归于亳⑨。周公之不有天下，犹益之于夏，伊尹之于殷也。孔子曰：'唐、虞⑩禅；夏后、殷、周继，其义一也。'"

【注释】

①益：古代嬴姓各族的祖先，因助禹治水有功，被选为继承人。

②箕（jī）山：在今河南登封县东南。

③启：禹的儿子。禹死后，他即继位，从此确立了传子制度。

④丹朱：传说中尧之子，名朱，因居丹水，名为丹朱。传说他傲慢荒淫，尧因禅位给舜。

⑤大（tài）丁：即太丁，汤的长子。

⑥外丙：太丁的弟弟。下句仲壬，外丙的弟弟。

⑦大（tài）甲：即太甲，汤的嫡长孙，太丁之子。

⑧桐：地名，在今河南虞城县南，一说在山西荣河县。

⑨亳（bó）：地名，商汤的国都，故址在今河南商丘县北。

⑩唐、虞：相传尧建立的朝代叫"唐"，舜建立的朝代叫"虞"。

【译文】

万章问道："人们有这样的说法，'到了禹的时候道德就衰败了，（帝位）不传给贤人却传给儿子。'有这种情况吗？"

孟子说："不，不是这样的。天要传给贤人，就传给贤人；天要传给儿子，就传给儿子。从前，舜把禹推荐给天，十七年后，舜去世了，三年丧期完后，禹避开舜的儿子到阳城，天下百姓都跟随着他，就像尧去世后百姓不跟随尧的儿子却跟随舜一样。禹把益推荐给天，七年后，禹去世了，三年丧期完后，益避开禹的儿子，到了箕山北面。来朝见的诸侯及打官司的人不到益那里去，而到启那里去，（他们）说：'（他是）我们君主的儿子。'讴歌的人不讴歌益而讴歌启，说：'（他是）我们君主的儿子。'（尧的儿子）丹朱不成器，舜的儿子也不成器，（继承不了帝位。）舜辅佐尧、禹辅佐舜，经历了很多年，施给百姓恩泽的时间也长。启很贤明，能恭敬地继承禹的做法。益辅佐禹的年数少，施给百姓恩泽的时间不长。舜、禹、益之间相距的时间有长有短，他们的儿子有好有差，这都出自天意，不是人的意愿所能决定的。没有人能做到的却做到了，这是天意；没有人招致它来却来到了，这是命运。一个普通百姓却能得到天下，他的德性必然像舜和禹那样，而且还要有天子推荐他，所以仲尼（虽然圣贤，没有天子推荐）不能够得到天下。继承上代而得到了天下，天意却要废弃的，必然是像桀、纣那样的君主，所以益、伊尹、周公（虽然圣贤，但他们所辅佐的不是这样的君主，）就不能够得到天下。伊尹辅佐汤称王天下，汤死后，太丁没有继位（就死了），外丙在位两年，仲壬在位四年，太甲（继位后）破坏了汤的典章法度，伊尹把他流放到桐邑。三年后，太甲悔过，怨恨自己，改正自己，在桐邑做到心不离仁，行合乎义；三年后，已能听从伊尹的训导了，才又回到亳都（做天子）。周公不能得天下，（原因）正像益处在夏朝、伊尹处在殷朝（没有可能得天下）一样。孔子说：'唐尧、虞舜让位给贤人；夏、商、周三代由子孙继位，其中的道理是一样的。'"

【原文】

9.7 万章问曰："人有言，'伊尹以割烹要汤。'有诸？"

孟子曰："否，不然。伊尹耕于有莘①之野，而乐尧舜之道焉。非其义也，非其道也，禄之以天下，弗顾也；系马千驷②，弗视也。非其义也，非其道也，一介不以与人，一介不以取诸人。汤使人以币聘之，嚣嚣③然曰：'我何以汤之聘币为哉？我岂若处畎亩之中，由是以乐尧舜之道哉？'汤三使往聘之，既而幡然④改，曰：'与我处畎亩之中，由是以乐尧舜之道，吾岂若使是君为尧舜之君哉？吾岂若使是民为尧舜之民哉？吾岂若于吾身亲见之哉？天之生此民也，使先知觉后知，使先觉觉后觉也。予，天民之先觉者也，予将以斯道觉斯民也。非予觉之，而谁也？'思天下之民匹夫匹妇有不被尧舜之泽者，若己推而内⑤之沟中。其自任以天下之重如此，故就汤而说⑥之以伐夏救民。吾未闻枉己而正人者也，况辱己以正天下者乎？圣人之行不同也，或远，或近；或去，或不去，归洁其身而已矣。吾闻其以尧、舜之道要汤，未闻以割烹也。《伊训》曰：'天诛造攻自牧宫，朕载自亳⑦。'"

【注释】

①有莘（shēn）：莘，古国名，"有"是词头。故址在今山东曹县西北。传说商汤娶有莘氏之女。

②千驷（sì）：四匹马拉一辆车为驷，千驷即千辆车子。

③嚣（áo）嚣：清闲自在。

④幡（fān）然：迅速。幡：同"翻"。

⑤内（nà）：通"纳"。

⑥说（shuì）：说服，游说。

⑦《伊训》：《尚书》篇名。牧宫：桀所居之宫。载：始。

【译文】

万章问道："人们有这样的说法，'伊尹以当厨子来求得汤的任用。'有这回事吗？"

孟子说："不，不是这样的。伊尹原在有莘国的郊野耕作，喜爱尧舜之道。（如果）不符合义，不符合道，即使把天下当作俸禄给他，他也不理睬；即使有四千匹马拴在那里，他也不看一眼。（如果）不符合义，不符合道，一根草也不拿去送人，一根草也不拿别人的。汤派人带了礼物去聘请他，他无动于衷地说：'我要汤的聘礼干什么？哪如我生活在田野中，像这样把尧舜之道当作快乐呢？'汤又多次派人去聘请，不久他完全改变了态度，说：'与其隐居在田野中，把尧舜之道当作快乐，哪如使这个君主成为尧舜那样的君主呢？哪如使百姓成为尧舜时代那样的百姓呢？哪如亲眼见到尧舜那样的盛世呢？上天生育这些人民，就要使先知者帮助后知者觉悟，先觉者帮助后觉者觉悟。我，上天所生人民中的先觉者，我将用这尧舜之道去使人民觉悟。不是我使他们觉悟，又有谁呢？'他想到天下的人民中，要是有一个男的或一个女的没有享受到尧舜之道的恩泽的，就像是自己把他们推入了山沟似的。

他就像这样把天下的重任担在自己肩上，所以到汤那里劝说他讨伐夏桀，拯救人民。我未听说自己不正却能匡正别人的，更何况侮辱自己来匡正天下呢？圣人的行为是有不同的，有的避离君主，有的接近君主；有的离开朝廷，有的不离开朝廷，但都归结到使自身洁净罢了。我只听说他是凭尧舜之道去求汤任用的，没听说是靠当厨子去求官做的。《伊训》上（伊尹）说：'上天诛灭夏桀，原因来自夏桀本人，我只是从亳都开始谋划（讨伐）罢了。'"

【原文】

9.8 万章问曰："或谓孔子于卫主痈疽①，于齐主侍人瘠环②，有诸乎？"

孟子曰："否，不然也；好事者为之也。于卫主颜雠由③。弥子④之妻与子路之妻，兄弟也。弥子谓子路曰：'孔子主我，卫卿可得也。'子路以告。孔子曰：'有命。'孔子进以礼，退以义，得之不得曰'有命'，而主痈疽与侍人瘠环，是无义无命也。孔子不悦于鲁、卫，遭宋桓司马⑤将要而杀之，微服而过宋。是时孔子当阨，主司城贞子⑥，为陈侯周⑦臣。吾闻观近臣，以其所为主；观远臣，以其所主。若孔子主痈疽与侍人瘠环，何以为孔子？"

【注释】

①痈（yōng）疽（jū）：人名，又作雍渠、雍鉏、雍睢，卫灵公宠幸的宦官。

②瘠（jí）环：人名，齐景公宠幸的宦官。

③颜雠（chóu）由：卫国大夫，有贤名。

④弥（mí）子：即弥子瑕，卫灵公的宠臣。

⑤桓司马：即宋国的司马桓魋（tuí）。司马，官职名，掌管军政和军赋。

⑥司城贞子：陈国大夫。

⑦陈侯周：陈国国君，名周。

【译文】

万章问道："有人说，孔子在卫国时寄住在痈疽家里，在齐国时寄住在瘠环家里，有这回事吗？"

孟子说："不，不是这么回事；是好事者编造出来的。孔子在卫国寄住在颜雠由家。弥子瑕的妻子与子路的妻子是姐妹。弥子瑕曾对子路说：'孔子来住在我家，卫国卿的职位就可以得到。'子路把这话告诉给孔子。孔子说：'由命决定。'孔子做官与不做官，根据礼义行事，能不能得到官职，说要'由命决定'，如果寄住在痈疽和宦官瘠环那里，这便是无视礼义、命运了。孔子在鲁国、卫国感到不快，又遇到宋国的桓司马企图在半路上杀害他，就改换了衣着悄悄通过宋国。这时孔子正遭危难，便寄住到司城贞子家里，做了陈侯周的臣子。我听说过，观察在朝的臣子，看他所接待的客人；观察外来的臣子，看他所寄居处的主人。如果孔子寄住在痈疽和宦官瘠环家里，把他们当作主人，怎么还能算是孔子？"

【原文】

9.9 万章问曰："或曰，'百里奚自鬻①于秦养牲者五羊之皮，食牛以要秦穆公②'，信乎？"

孟子曰："否，不然；好事者为之也。百里奚，虞人也。晋人以垂棘之璧与屈产之乘，假道于虞以伐虢。宫之奇③谏，百里奚不谏。知虞公之不可谏而去之秦，年已七十矣，曾不知以食牛干④秦穆公之为污也，可谓智乎？不可谏而不谏，可谓不智乎？知虞公之将亡而先去之，不可谓不智也。时举于秦，知穆公之可与有行也而相之，可谓不智乎？相秦而显其君于天下，可传于后世，不贤而能之乎？自鬻以成其君，乡党自好者不为，而谓贤者为之乎？"

【注释】

①百里奚：虞国大夫，后在秦国任相，辅助秦穆公建立霸业。鬻（yù）：卖。

②秦穆公：又作秦缪公，秦国国君，公元前659年—前621年在位。

③宫之奇：虞国大夫。晋国曾两次向虞国借路以攻打虢（guó）国，宫之奇用"唇亡齿寒"的道理劝告虞公拒绝晋的要求，虞公不听。结果晋灭虢后，接着灭掉了虞国。虞公，虞国国君。

④曾（zēng）：竟，竟然。干：求取。

【译文】

万章问道："有人说，'百里奚用五张羊皮的代价把自己卖给秦国养牲口的人，替他喂牛，以此（寻找机会）求得秦穆公任用'，这是真的吗？"

孟子说："不，不是这样；是好事者编造的。百里奚是虞国人。当时晋国用垂棘所产的美玉和屈地所产的良马向虞国借路去攻打虢国。宫之奇劝告（虞公不要答应），百里奚不劝告。他知道虞公不会听从劝告，就离开虞国到了秦国，当时已经七十岁了，（如果）竟不知道靠替人喂牛求得秦穆公任用是污浊的，能说他聪明吗？（知道虞君）不会听从劝告就不去劝告，能说不聪明吗？知道虞公就要亡国而先离开，不能说不聪明啊。一旦在秦国受提拔，就知道穆公是个可以同他干一番事业的君主而辅佐他，能说不聪明吗？做了秦国的相而使他君主的威望显赫于天下，并且可以流传到后世，不是贤者能做到这一步吗？卖掉自己去成全君主，乡里自爱的人也不愿干的，倒能说贤者肯这么干吗？"

10. 万章篇 下（凡九章）

【原文】

10.1 孟子曰："伯夷，目不视恶色，耳不听恶声。非其君不事；非其民不使。治则进，乱则退。横政之所出，横民之所止，不忍居也。思与乡人处，如以朝衣朝冠坐于涂炭也。当纣之时，居北海之滨，以待天下之清也。故闻伯夷之风者，顽夫廉，懦夫有立志。

"伊尹曰：'何事非君，何使非民。'治亦进，乱亦进，曰：'天之生斯民也，使先知觉后知，使先觉觉后觉。予，天民之先觉者也，予将以此道觉此民也。'思天下之民匹夫匹妇有不与被尧、舜之泽者，若己推而内之沟中。其自任以天下之重也。

"柳下惠不羞污君，不辞小官。进不隐贤，必以其道。遗佚①而不怨，阨穷而不悯。与乡人处，由由然不忍去也。'尔为尔，我为我，虽袒裼裸裎②于我侧，尔焉能浼③我哉？'故闻柳下惠之风者，鄙夫宽，薄夫敦。

"孔子之去齐，接淅④而行；去鲁，曰：'迟迟吾行也，去父母国之道也。'可以速而速，可以久而久，可以处而处，可以仕而仕，孔子也。"

孟子曰："伯夷，圣之清者也；伊尹，圣之任者也；柳下惠，圣之和者也；孔子，圣之时者也。孔子之谓集大成。集大成也者，金声而玉振之也⑤。金声也者，始条理也；玉振之也者，终条理也。始条理者，智之事也；终条理者，圣之事也。智，譬则巧也⑥；圣，譬则力也。由射于百步之外也，其至，尔力也；其中，非尔力也。"

【注释】

①遗（yí）佚（yì）：不被重用。

②袒（tǎn）裼（xī）裸（luō）裎（chéng）：赤身露体。

③浼（měi）：污染。

④接淅（xī）：淘米。

⑤金：这里指青铜所铸的镈钟；镈钟是一种形状似钟的乐器，演奏时单独悬挂（有别于编钟）。玉：这里指玉制的特磬，一种乐器，演奏时也单独悬挂（有别于编磬）。

⑥譬（pì）则巧也：好比技巧。譬：比如，好比。

【译文】

孟子说："伯夷，眼睛不看妖艳之色，耳朵不听淫靡之声。不是他中意的君主，不去侍奉；不是他中意的百姓，不去使唤。世道太平就入朝做官，世道混乱就辞官隐居。暴政施行的国家，暴民居住的地方，他不忍居住。他觉得同乡下人处在一起，就像穿着礼服戴着礼帽坐在泥土炭灰上一样。在纣王当政时，他隐居在北海边上，等待天下太平。所以听说了伯夷风尚节操的，贪心的人变廉洁了，懦弱的人能立志了。

"伊尹说：'可以侍奉不好的君主，可以使唤不好的百姓。'世道太平他在朝做官，世道混乱，也在朝做官，还说：'上天生育这些民众，要叫先知的人帮助后知的人觉悟，先觉的人帮助后觉的人觉悟。我是上天所生民众中的先觉者，我将用这尧舜之道使这些民众觉悟起来。'每想到天下民众中的一男或一女还有没受到尧舜之道的恩泽的，就像是自己把他们推入了山沟似的。他自己把天下的重担挑在肩上。

"柳下惠不认为侍奉昏君羞耻，不因为官小而推辞。在朝做官不隐藏自己的贤能，一定按自己的原则办事。被君主遗弃而不怨恨，处境困窘而不自悲。同乡里人相处，自得其乐不忍离去。（他说）'你是你，我是我，即使你赤身露体在我旁边，又哪能玷污我呢？'所以听说了柳下惠风尚节操的人，狭隘的变得宽广了，刻薄的变得敦厚了。

"孔子离开齐国的时候，（不等生火做饭，）捞起淘的米就上路；离开鲁国时却说：'我要慢慢地走啊，这是离开祖国的态度。'该快点儿离开就快点儿离开，该久留就久留，该闲居就闲居，该做官就做官，这就是孔子。"

孟子说："伯夷是圣人中清高的人，伊尹是圣人中有责任感的人，柳下惠是圣人中随和的人，孔子是圣人中重时势的人。孔子可以说是集大成的。所谓集大成，（就像奏乐时）先由镈钟奏出声音，后用玉磬收束。镈钟的声音，是旋律节奏的开始；玉磬收束，是旋律节奏的终结。开始奏出旋律节奏，靠智慧；最后奏出旋律节奏，靠圣德。智慧好比技巧，圣德好比力气。就像在百步之外射箭，射到那个地方，是靠你的力气；射中那个目标，就不是单靠你的力气了。"

【原文】

10.2 北宫锜①问曰："周室班②爵禄也，如之何？"

孟子曰："其详不可得闻也，诸侯恶其害己也，而皆去其籍③；然而轲也尝闻其略也。天子一位，公一位，侯一位，伯一位，子、男同一位，凡五等也。君一位，卿一位，大夫一位，上士一位，中士一位，下士一位，凡六等。天子之制，地方千里，公侯皆方百里，伯七十里，子、男五十里，凡四等。不能五十里，不达于天子，附于诸侯，曰附庸。天子之卿受地视侯，大夫受地视伯，元士④受地视子、男。大国地方百里，君十卿禄，卿禄四大夫，大夫倍上士，上士倍中士，中士倍下士，下士与庶人在官者同禄，禄足以代其耕也。次国地方七十里，君十卿禄，卿禄三大夫，大夫倍上士，上士倍中士，中士倍下士，下士与庶人在官者同禄，禄足以代其耕也。小国地方五十里，君十卿禄，卿禄二大夫，大夫倍上士，上士倍中士，中士倍下士，下士与庶人在官者同禄，禄足以代其耕也。耕者之所获，一夫百亩；百亩之粪，上农夫食九人，上次食八人，中食七人，中次食六人，下食五人。庶人在官者，其禄以是为差。"

【注释】

①北宫锜（qí）：卫国人。

②班：列序，排序，等级。

③籍（jí）：指成册书籍，引申为凭据。

④元士：天子直辖区域内的上士。

【译文】

北宫锜问道:"周朝规定的官爵、俸禄的等级是怎样的?"

孟子说:"详细情况不能知道了,诸侯讨厌它妨害自己,把那些典籍都毁掉了;不过,我曾经听说过它的大致情况。天子一级,公爵一级,侯爵一级,伯爵一级,子爵、男爵同一级,共五个等级。(诸侯国里,)国君一级,卿一级,大夫一级,上士一级,中士一级,下士一级,共六个等级。天子的土地规模,一千里见方,公爵、侯爵都是一百里见方,伯爵是七十里见方,子爵、男爵是五十里见方,共四等。不足五十里见方的国家,不同天子直接联系,而是附属于诸侯,叫做'附庸'。天子的卿,受封土地同侯爵相等,大夫受封的土地同伯爵相等,元士受封的土地同子爵、男爵相等。大国的土地有百里见方,国君的俸禄是卿的十倍,卿的俸禄是大夫的四倍,大夫是上士的一倍,上士是中士的一倍,中士是下士的一倍,下士的俸禄同在官府当差的百姓相同,数量足以代替他种田的收入。中等国家的土地有七十里见方,国君的俸禄是卿的十倍,卿的俸禄是大夫的三倍,大夫是上士的一倍,上士是中士的一倍,中士是下士的一倍,下士同在官府当差的同等俸禄,俸禄足以代替他种田的收入。小国的土地有五十里见方,国君的俸禄是卿的十倍,卿的俸禄是大夫的两倍,大夫是上士的一倍,上士是中士的一倍,中士是下士的一倍,下士同在官府当差的百姓俸禄相等,俸禄足以代替他种田的收入。种田人的收入:一个农夫受田一百亩,一百亩地施肥耕种,上等的农夫可以养活九人,次于上等的可以养活八人,中等的农夫可以养活七人,比这差一点的可以养活六人,下等的农夫可以养活五人。在官府当差的百姓,他的俸禄是按这种区别来分等级。"

【原文】

10.3 万章问曰:"敢问友。"

孟子曰:"不挟长,不挟贵,不挟兄弟而友。友也者,友其德也,不可以有挟也。孟献子①,百乘之家也,有友五人焉:乐正裘、牧仲,其三人则予忘之矣。献子之与此五人者友也,无献子之家者也;此五人者,亦有献子之家,则不与之友矣。非惟百乘之家为然也,虽小国之君亦有之。费惠公②曰:'吾于子思,则师之矣;吾于颜般,则友之矣;

王顺、长息则事我者也。'非惟小国之君为然也，虽大国之君亦有之。晋平公之于亥唐③也，入云则入，坐云则坐，食云则食；虽蔬食菜羹，未尝不饱，盖不敢不饱也。然终于此而已矣。弗与共天位也，弗与治天职也，弗与食天禄也，士之尊贤者也，非王公之尊贤者也。舜尚见帝，帝馆甥于贰室④，亦飨舜⑤，迭⑥为宾主，是天子而友匹夫也。用下敬上，谓之贵贵；用上敬下，谓之尊贤。贵贵尊贤，其义一也。"

【注释】

①孟献子：鲁国大夫。

②费（bì）惠公：战国时小国费的国君。

③晋平公：春秋时晋国国君，姓姬名彪。亥（hài）唐：晋国人。

④帝馆甥于贰室：尧帝把女婿（舜）安排在别墅住。甥：女婿。贰室：副宫。

⑤亦飨（xiǎng）舜：也设宴款待舜。飨：用酒食款待人。

⑥迭（dié）：轮流。

【译文】

万章问道："请问怎样交友。"

孟子说："不倚仗年龄大，不倚仗地位高，不倚仗兄弟（的富贵）去交友。所谓交友，是同他的品德交朋友，是不可以有所倚仗的。孟献子是有百辆车马的大夫，他有五个朋友，乐正裘、牧仲，其他三人我忘了。献子同这五个人交友，没有自己是大夫的想法；这五个人，要是心里有献子是大夫的想法，也就不同他交友了。不仅是拥有百辆车马的大夫是这样，就是小国的君主也有这样的。费惠公说：'我对于子思，把他当作老师；对于颜般，就把他当作朋友了；王顺、长息不过是侍奉我的人罢了。'不仅小国的君主是这样，就是大国的君主也有这样的。晋平公对于亥唐（非常尊敬），（亥唐）叫他进去就进去，叫他坐就坐，叫他吃就吃，即使粗饭菜汤，也没有不吃饱的，因为不敢不吃饱。然而最终也就到这一步罢了。没有给他官位，没有给他职务，没有给他俸禄，这就如同士人的尊贤，而不是王公的尊贤。舜去见尧帝，尧帝把这位女婿安排在别墅住，并且款待他，（舜有时也请尧来，）两人轮流充当宾主，这是天子同平民百姓交朋友。地位低的尊敬地位高的，叫作尊敬有地位的人；地位高的尊敬地位低的人，叫作尊敬贤人。尊敬有地位的人和尊敬贤人，其中的道理是一样的。"

【原文】

10.4 万章问曰："敢问交际何心也？"

孟子曰："恭也。"

曰："'却之却之为不恭'，何哉？"

曰："尊者赐之，曰，'其所取之者义乎，不义乎？'而后受之。以是为不恭，故弗却也。"

曰："请无以辞却之，以心却之，曰，'其取诸民之不义也'，而以他辞无受，不可乎？"

曰："其交也以道，其接也以礼，斯孔子受之矣。"

万章曰："今有御人于国门之外者，其交也以道，其馈也以礼，斯可受御与？"

曰："不可。《康诰》[1]曰：'杀越人于货，闵不畏死，凡民罔不譈[2]。'是不待教而诛者也。殷受夏，周受殷，所不辞也；于今为烈，如之何其受之？"

曰："今之诸侯取之于民也，犹御也。苟善其礼际矣，斯君子受之，敢问何说也？"

曰："子以为有王者作，将比今之诸侯而诛之乎？其教之不改而后诛之乎？夫谓非其有而取之者盗也，充类至义之尽也。孔子之仕于鲁也，鲁人猎较[3]，孔子亦猎较。猎较犹可，而况受其赐乎？"

曰："然则孔子之仕也，非事道与？"

曰："事道也。"

"事道奚猎较也？"

曰："孔子先簿正祭器，不以四方之食供簿正。"

曰："奚不去也？"

曰："为之兆也。兆足以行矣而不行，而后去。是以未尝有所终三年淹[4]也。孔子有见行可之仕，有际可之仕，有公养之仕。于季桓子[5]，见行可之仕也；于卫灵公[6]，际可之仕也；于卫孝公[7]，公养之仕也。"

【注释】

①《康诰》：《尚书》中的一篇。

②憝（duì）：痛恨。

③猎较：古代风俗，打猎时争夺猎物，以所得用作祭祀。

④淹（yān）：滞留。

⑤季桓子：鲁国的正卿。

⑥卫灵公：卫国国君，前534年—前493年在位。

⑦卫孝公：不见于史书记载，可能即卫出公辄；辄是卫灵公之孙，继灵公即位。

【译文】

万章问道："请问，同别人交往要抱什么样的心情？"

孟子说："恭敬的心情。"

万章问："（常言道：）'（对别人的礼物）拒绝了又拒绝是不恭敬的'，为什么呢？"

孟子说："有地位的人赐给的礼物，（接受前暗自）说，'他得来这些东西是符合义的呢，还是不符合义的呢？'然后才接受。（人们）认为这是不恭敬的，所以不拒绝。"

万章说："如果不用言语拒绝，而在心里拒绝，（暗自）说，'他从百姓那里取来这些东西是不义的'，然后用别的理由拒绝接受，不行吗？"

孟子说："他以正当的理由送礼，按礼节规定送礼，这样，便是孔子也会接受的。"

万章说："如果有个在城外拦路抢劫的人，他以正当理由送礼，按礼节赠送，这样也可以接受他抢来的东西吗？"

孟子说："不行。《康诰》上说：'杀人抢劫，强横不怕死的人，人们没有不痛恨的。'这种人是不必等候教育就可以处死的。（这种规定，）殷朝从夏朝继承来，周朝从殷朝继承来，没有拒绝继承；到现在更是要继承它，怎么还能接受他的东西呢？"

万章说："现在的诸侯从百姓那里掠取财物，就像拦路抢劫一样。如果他们按照礼节交往，这样君子就可以接受他们的礼物，请问这又怎么说呢？"

孟子说:"你认为如果有圣王出现,他将会把现在的诸侯统统杀掉呢,还是把经过教育仍不悔改的诸侯杀掉呢?认为不是他该有的东西他拿了,这就是抢劫,这是把'抢劫'的含义范围扩大到最尽头了。孔子在鲁国做官时,鲁国人有打猎时争夺猎物的习俗,孔子也去争夺了。争夺猎物尚且可以,何况接受别人赠给的礼物呢?"

万章说:"那么孔子做官,不是为了行道吗?"

孟子说:"是为了行道。"

"行道何必去争夺猎物呢?"

孟子说:"孔子先用文书规定该用的祭器,(规定)不用四方珍奇的猎物充作祭品。(所以要用打猎争夺来的猎物作祭品,以避免祭品短缺。)"

万章说:"孔子为什么不辞官离开呢?"

孟子说:"为了试行(自己的主张)。试行的结果足以行得通,君主却不推行,这才离开那里。所以孔子不曾有过在一个国君那里呆满三年的。孔子或者看到有行道的可能而去做官,或者因为君主对他以礼相待而去做官,或者因为君主能供养贤士而去做官。对于季桓子,是有行道的可能而去做官;对于卫灵公,是他能以礼相待而去做官;对于卫孝公,是他能供养贤士而去做官。"

【原文】

10.5 孟子曰:"仕非为贫也,而有时乎为贫;娶妻非为养也,而有时乎为养。为贫者,辞尊居卑,辞富居贫。辞尊居卑,辞富居贫,恶乎宜乎?抱关击柝①。孔子尝为委吏②矣,曰:'会计当而已矣。'尝为乘田③矣,曰:'牛羊茁壮长而已矣。'位卑而言高,罪也;立乎人之本朝而道不行,耻也。"

【注释】

①抱关击柝(tuò):门卒敲击木梆子。

②委吏:古代管理粮仓账目的小官。

③乘(shèng)田:主管畜牧的小吏。

【译文】

孟子说:"做官不是因为贫穷,但有时却是因为贫穷;娶妻不是为了奉养父母,但有时却是为了奉养父母。因为贫穷而做官,就该不做大官而做小官,不要高薪只求薄禄。不做大官做小官,不要高薪求薄禄,干哪样最适宜呢?守门打更就行了。孔子曾经做过管仓库的小吏,说道:'账目对头就行了。'又曾经做过管理牲畜的小吏,说道:'牛羊长得肥壮就行了。'地位低下而议论朝政,是罪过;在君主的朝廷上做官,而政治主张不能推行,是耻辱。"

【原文】

10.6 万章曰:"士之不托诸侯,何也?"

孟子曰:"不敢也。诸侯失国,而后托于诸侯,礼也;士之托于诸侯,非礼也。"

万章曰:"君馈之粟,则受之乎?"

曰:"受之。"

"受之,何义也?"

曰:"君之于氓①也,固周之。"

曰:"周之则受,赐之则不受,何也?"

曰:"不敢也。"

曰:"敢问其不敢何也?"

曰:"抱关击柝者皆有常职以食于上。无常职而赐于上者,以为不恭也。"

曰:"君馈之,则受之,不识可常继乎?"

曰:"缪公之于子思也,亟问,亟馈鼎肉②。子思不悦。于卒也,摽③使者出诸大门之外,北面稽首再拜④而不受,曰:'今而后知君之犬马畜伋。'盖自是台⑤无馈也。悦贤不能举,又不能养也,可谓悦贤乎?"

曰:"敢问国君欲养君子,如何斯可谓养矣?"

曰:"以君命将之,再拜稽首而受。其后廪人继粟,庖人继肉,不以君命将之。子思以为鼎肉使已仆仆尔亟拜⑥也,非养君子之道也。尧之于舜也,使其子九男事之,二女女焉,百官牛羊仓廪备,以养舜于畎亩之中,后举而加诸上位,故曰,王公之尊贤者也。"

【注释】

①氓(méng):来自他国之民。

②鼎肉:朱熹《四书集注》云:"鼎肉,熟肉也。"

③摽(biāo):赶出。

④稽(qǐ)首再拜:稽首,古代跪拜礼,行礼时两手拱至地,头至手,不触及地。再拜,拜两次。据考,稽首再拜称为"凶拜",而下文再拜稽首称为"吉拜"。

⑤台:始。

⑥仆仆尔亟(qì)拜:连续不断地作揖叩拜行礼。

【译文】

万章问道:"士人不能寄居到别国诸侯那里靠禄米生活,为什么呢?"

孟子说:"因为不敢。诸侯丢了国家后,寄居到别国诸侯那里生活,是合乎礼的;士人寄居到别国诸侯那里靠禄米生活,是不合乎礼的。"

万章问:"如果是国君送给他谷米,那么能接受吗?"

孟子说:"能接受。"

万章问:"能接受是根据什么道理?"

孟子说:"国君对于别国迁居来的人,本来就该周济的。"

万章说:"周济他,就接受,赏赐他,就不接受,这又是什么道理?"

孟子说:"因为不敢。"

万章问:"请问,不敢接受是什么原因?"

孟子说:"守门打更的人都有一定的职务,因此靠上面供养。没有一定的职务而接受上面赏赐,被认为是不恭敬的。"

万章问:"国君送来的就接受,不知是否可以经常这么做?"

孟子说:"鲁缪公对于子思,多次问候,多次赠送肉食。子思很不高兴。最后,把缪公派来的人赶出大门外,面朝北跪下磕头,然后拱手拜了两拜,拒绝接受礼物,说:'如今才知道君王是把我当犬马一样畜养的。'打这以后就不给子思送东西了。喜爱贤士,却既不提拔任用他,又不能按恰当的方式供养他,能说是喜爱贤士吗?"

万章说:"请问,国君想要供养君子,怎样做才算是适宜的供养呢?"

孟子说:"(开始时,)以国君名义送去,他便拱手拜两拜,跪下磕头接受。以后就让粮仓的小吏不断送粮去,厨师不断送肉去,而不必再以国君名义去送。(这样可以免掉烦琐的礼节。)子思认为,那点儿肉,使得自己一次接一次地跪拜行礼,这不是供养君子的恰当做法。尧对于舜,派自己的九个儿子去侍奉他,把两个女儿嫁给他,百官、牛羊、粮食都齐备,在田野中供养他,然后提拔他,让他居于很高的职位。所以说,这是天子诸侯尊敬贤人的正确方法。"

【原文】

10.7 万章曰:"敢问不见诸侯,何义也?"

孟子曰:"在国曰市井之臣,在野曰草莽之臣,皆谓庶人。庶人不传质①为臣,不敢见于诸侯,礼也。"

万章曰:"庶人,召之役,则往役;君欲见之,召之,则不往见之,何也?"

曰:"往役,义也;往见,不义也。且君之欲见之也,何为也哉?"

曰:"为其多闻也,为其贤也。"

曰:"为其多闻也,则天子不召师,而况诸侯乎?为其贤也,则吾未闻欲见贤而召之也。缪公亟见于子思,曰:'古千乘之国以友士,何如?'子思不悦,曰:'古之人有言曰,事之云乎,岂曰友之云乎?'子思之不悦也,岂不曰:'以位,则子,君也;我,臣也;何敢与君友也?以德,则子事我者也,奚可以与我友?'千乘之君求与之友而不可得也,而况可召与?齐景公田,招虞人以旌,不至,将杀之②。'志士不忘在沟壑,勇士不忘丧其元。'孔子奚取焉?取非其招不往也。"

曰:"敢问招虞人何以?"

曰:"以皮冠。庶人以旃③,士以旂④,大夫以旌⑤。以大夫之招招虞人,虞人死不敢往;以士之招招庶人,庶人岂敢往哉?况乎以不贤人之招招贤人乎?欲见贤人而不以其道,犹欲其入而闭之门也。夫义,路也;礼,门也。惟君子能由是路,出入是门也。《诗》云:'周道如厎,其直如矢;君子所履,小人所视⑥。'"

万章曰:"孔子,君命召,不俟驾而行。然则孔子非与?"

曰:"孔子当仕有官职,而以其官召之也。"

【注释】

①传质:求见君主的人,将献给君主的见面礼品交给通报的人,由他传送进去,称为"传质"。

②参见《滕文公下》第一章注。

③旃(zhān):曲柄的旗子。

④旂(qí):悬有铃铛的旗。

⑤旌(jīng):有羽毛装饰旗杆的旗。

⑥以上四句出自《诗经·小雅·大东》。

【译文】

万章说:"请问,(士人)不去谒见诸侯,有什么道理吗?"

孟子说:"(不在职的士人,)住在都城的,叫市井之臣,住在农村的,叫草莽之臣,都算是百姓。百姓不向诸侯传送见面礼而成为臣属,就不敢谒见诸侯,这是礼的规定。"

万章说:"百姓,召他服役,就去服役;国君要见他,召他去,却不去见,为什么呢?"

孟子说:"去服役,是应该的;(不是臣属而)去见国君,是不应该的。再说国君要召见他,是因为什么呢?"

万章说:"因为他见识广博,因为他贤能。"

孟子说:"因为他见识广博,那么天子也不能召见老师的,何况诸侯呢?因为他贤能,那么我还没听说过,要见贤人竟去召唤他来的。鲁缪公多次去见子思,对他说:'古代有千辆兵车的国君去跟士人交朋友,怎么样?'子思很不高兴,说:'古人有句话说,只能(把他当老师)侍奉他,哪能声称同他交朋友呢?'子思之所以不高兴,难道不是说:'论地位,你是国君,我是臣,我怎么敢同国君交朋友呢?论道德,那么你该把我当老师侍奉,怎么可以说同我交朋友?'有千辆兵车的国君要求同他交朋友尚且办不到,更何况召他来见呢?(从前)齐景公打猎,用旌旗召唤管理园囿的小吏,小吏不来，（齐景公）要杀他。'志士不怕弃尸山沟，勇士不怕丧失头颅。'孔子赞扬他哪一点呢？赞扬他，不是该接受的召唤标志他就不去。"

万章问："请问，召唤管理园囿的小吏该用什么？"

孟子说："用皮帽子。召唤百姓用大红绸的曲柄旗，召唤士人用有铃铛的旗，召唤大夫用饰有羽毛的旌旗。用召唤大夫的旌旗去召园囿的小吏，小吏是死也不敢去的；用召唤士人的旗子去召百姓，百姓难道敢去吗？更何况用不尊重人的召唤方式去召唤贤人呢？想见贤人而不按合适的方式，那就像要人进来却又把他关在门外。义，好比是路；礼，好比是门。只有君子能沿着这条路走，从这座门进去。《诗经》上说：'大路平得像磨刀石，直得像箭；君子所走的道路，小人也会看着走。'"

万章说："孔子，国君召见他，他不等车马驾好就动身。那么，孔子是错了吗？"

孟子说："（那时）孔子正在做官，有官职，而（国君）是按他的官职召见他的。"

【原文】

10.8 孟子谓万章曰："一乡之善士斯友一乡之善士，一国之善士斯友一国之善士，天下之善士斯友天下之善士。以友天下之善士为未足，又尚论古之人。颂其诗，读其书，不知其人，可乎？是以论其世也。是尚友也。"

【译文】

孟子对万章说："一乡中的优秀人物，和这一乡的优秀人物交朋友；一国中的优秀人物，和这一国的优秀人物交朋友；天下的优秀人物，和天下的优秀人物交朋友。认为同天下的优秀人物交朋友还不够，就又上溯历史，评论古代的人物。吟诵他们的诗，读他们的著作，（但）不了解他们的为人，行吗？所以还要研究他们在那个时代的所作所为。这就是同古人交朋友。"

【原文】

10.9 齐宣王问卿。孟子曰："王何卿之问也？"

王曰："卿不同乎？"

曰："不同。有贵戚之卿，有异姓之卿。"

王曰："请问贵戚之卿。"

曰："君有大过则谏，反复之而不听，则易位。"

王勃然变乎色。

曰："王勿异也。王问臣，臣不敢不以正对。"

王色定，然后问异姓之卿。

曰："君有过则谏，反复之而不听，则去。"

【译文】

齐宣王问有关公卿的问题。

孟子说："大王问哪一种公卿呢？"

宣王问："公卿还有不同的吗？"

孟子说："不同。有（和国君同宗的）贵戚之卿，有异姓之卿。"

宣王说："请问贵戚之卿（应该怎样）。"

孟子说："（作为贵戚之卿，）国君有了重大错误，就要劝谏，反复劝谏还不听，就另立国君。"

宣王一下子变了脸色。

孟子说："大王不要奇怪。大王问我，我不敢不直话回答您。"

宣王脸色恢复了正常，然后问异姓之卿（应该怎样）。

孟子说："（作为异姓之卿，）国君有过错，就要劝谏，反复劝谏而不听，就离开。"

11. 告子篇 上（凡二十章）

【原文】

11.1 告子曰："性犹杞柳①也，义犹桮棬②也；以人性为仁义，犹以杞柳为桮棬。"

孟子曰："子能顺杞柳之性而以为桮棬乎？将戕③贼杞柳而后以为桮棬也？如将戕贼杞柳而以为桮棬，则亦将戕贼人以为仁义与？率天下之人而祸仁义者，必子之言夫！"

【注释】

①杞（qǐ）柳：树名，枝条柔韧，可以编制箱筐等器物。

②桮（bēi）棬（quān）：器名。先用枝条编成杯盘之形，再以漆加工制成杯盘。

③戕（qiāng）：伤害。

【译文】

告子说："人的本性好比杞柳，义好比杯盘；使人性变得仁义，就像把杞柳做成杯盘。"

孟子说："你能顺着杞柳的性状把它做成杯盘呢，还是要伤害了它的性状把它做成杯盘呢？如果是伤害了它的性状而把它做成杯盘，那么也要伤害了人的本性使它变得仁义吗？率领天下的人给仁义带来灾难的，必定是你这种论调吧！"

【原文】

11.2 告子曰："性犹湍水①也，决诸东方则东流，决诸西方则西流。人性之无分于善不善也，犹水之无分于东西也。"

孟子曰:"水信无分于东西,无分于上下乎?人性之善也,犹水之就下也。人无有不善,水无有不下。今夫水,搏而跃之,可使过颡②;激而行之,可使在山。是岂水之性哉?其势则然也。人之可使为不善,其性亦犹是也。"

【注释】

①湍(tuān)水:湍急的水。

②颡(sǎng):额头。

【译文】

告子说:"人性好比湍急的水,在东边开个口就往东流,在西边开个口就往西流。人性本来就不分善与不善,就像水流本来不分向东向西一样。"

孟子说:"水流确实是本来不分向东向西的,难道也不分向上向下吗?人性的善,就好比水朝下流一样。人性没有不善的,水没有不向下流的。水,拍打一下叫它飞溅起来,也能使它高过人的额头;阻挡住它叫它倒流,可以使它流到山上。这难道是水的本性吗?是形势导致这样的。人之所以可以使他变得不善,他本性的改变也正像这样。"

【原文】

11.3 告子曰:"生之谓性。"

孟子曰:"生之谓性也,犹白之谓白与?"

曰:"然。"

"白羽之白也,犹白雪之白;白雪之白犹白玉之白与?"

曰:"然。"

"然则犬之性犹牛之性,牛之性犹人之性与?"

【译文】

告子说:"天生的称作天性。"

孟子说:"天生的称作天性,就像白的称作白吗?"

告子说:"是的。"

孟子说:"白羽毛的白,就像白雪的白;白雪的白就像白玉的白吗?"

告子说:"是的。"

孟子说："那么，狗的天性就像牛的天性，牛的天性就像人的天性吗？"

【原文】

11.4 告子曰："食色，性也。仁，内也，非外也；义，外也，非内也。"

孟子曰："何以谓仁内义外也？"

曰："彼长而我长之，非有长于我也；犹彼白而我白之，从其白于外也，故谓之外也。"

曰："异！于白马之白也，无以异于白人之白也；不识长马之长也，无以异于长人之长与？且谓长者义乎？长之者义乎？"

曰："吾弟则爱之，秦人之弟则不爱也，是以我为悦者也，故谓之内。长楚人之长，亦长吾之长，是以长为悦者也，故谓之外也。"

曰："耆秦人之炙[①]，无以异于耆吾炙，夫物则亦有然者也，然则耆炙亦有外与？"

【注释】

①耆（shì）：同"嗜"，喜好，喜欢。炙（zhì）：烤肉。

【译文】

告子说："食欲、性欲，是人的天性。仁是生自内心的，不是外因引起的；义是外因引起的，不是生自内心的。"

孟子说："凭什么说仁是生自内心而义是外因引起的呢？"

告子说："他（比我）年长，我便尊敬他，不是预先就有'尊敬他'的念头在我心里的；好比他（肤色）白，我便认为他白，是由于他的白显露在外的缘故，所以说（义）是外因引起的。"

孟子说："奇怪！对于白马的白，没有什么区别于白人的白；不知道对老马的尊敬，也没有什么区别于对长者的尊敬吗？再说，是认为长者那里存在义呢，还是尊敬他的人那里存在义呢？"

告子说："是我弟弟，我就爱他；是秦国人的弟弟，就不爱他，这是由我决定爱谁的，所以说（仁）是生自内心的。尊敬楚国人中的长者，也尊敬我自己的长者，这是由对方年长决定的，所以说（义）是外因引起的。"

孟子说："爱吃秦国人烧的肉，同爱吃自己烧的肉是没有什么区别的，其他事物也有这种情况，那么爱吃肉也是由外因引起的吗？"

【原文】

11.5 孟季子①问公都子曰："何以谓义内也？"

曰："行吾敬，故谓之内也。"

"乡人长于伯兄一岁，则谁敬？"曰："敬兄。""酌则谁先？"曰："先酌乡人。""所敬在此，所长在彼，果在外，非由内也。"

公都子不能答，以告孟子。孟子曰："敬叔父乎，敬弟乎？彼将曰，'敬叔父。'曰，'弟为尸②，则谁敬？'彼将曰，'敬弟。'子曰，'恶在其敬叔父也？'彼将曰，'在位故也。'子亦曰，'在位故也。庸敬在兄，斯须③之敬在乡人。'"

季子闻之，曰："敬叔父则敬，敬弟则敬，果在外，非由内也。"

公都子曰："冬日则饮汤，夏日则饮水，然则饮食亦在外也？"

【注释】

①孟季子：朱熹云："疑是孟仲子之弟也。"或说为任国国君之弟季任。

②尸：古代祭祀时，代死者受祭、象征死者神灵的人，以臣下或死者的晚辈充任。后世改为用神主、画像。

③斯须：暂时。

【译文】

孟季子问公都子说："为什么说义是生自内心的呢？"

公都子说："（义是）表达我的敬意，所以说是生自内心的。"

（孟季子问）"有个同乡人比你大哥大一岁，那么先尊敬谁？"公都子说："尊敬大哥。"（孟季子又问：）"（如果在一起喝酒，）先给谁斟酒？"公都子说："先给那个同乡人斟酒。"（孟季子说：）"内心要敬重的（大哥）在这里，实际敬重的（同乡人）在那里，（可见义）果然是外因引起的，不是生自内心的。"

公都子不能回答，把这事儿告诉了孟子。孟子说："（你反问他）应该尊敬叔父呢，还是尊敬弟弟？他会说，'尊敬叔父。'（你再）问，'弟弟充当了受祭的代理人，那该尊敬谁？'他会说，'尊敬弟弟。'你就再问，'（如果这样）尊敬叔叔又体现在哪里呢？'他会说，'因为弟弟处在受祭代理人地位的缘故。'你也就说，'因为（那个同乡人）处在该受尊敬的地位上的缘故。平时尊敬的是大哥，这会儿该尊敬的是同乡人。'"

季子听说了这番话，说："该尊敬叔父时就尊敬叔父，该尊敬弟弟时就尊敬弟弟，（可见义）果然在于外因，不是生自内心的。"

公都子说："冬天要喝热水，夏天要喝凉水，那么饮食也在于外因引起的吗？"

【原文】

11.6 公都子曰："告子曰：'性无善无不善也。'或曰：'性可以为善，可以为不善；是故文、武兴，则民好善；幽、厉①兴，则民好暴。'或曰：'有性善，有性不善；是故以尧为君而有象；以瞽瞍为父而有舜；以纣为兄之子，且以为君，而有微子启、王子比干②。'今曰'性善'，然则彼皆非与？"

孟子曰："乃若其情，则可以为善矣，乃所谓善也。若夫为不善，非才之罪也。恻隐之心，人皆有之；羞恶之心，人皆有之；恭敬之心，人皆有之；是非之心，人皆有之。恻隐之心，仁也；羞恶之心，义也；恭敬之心，礼也；是非之心，智也。仁义礼智，非由外铄③我也，我固有之也，弗思耳矣。故曰，'求则得之，舍则失之。'或相倍蓰④而无算者，不能尽其才者也。《诗》曰：'天生烝民，有物有则。民之秉彝，好是懿德⑤。'孔子曰：'为此诗者，其知道乎！故有物必有则；民之秉彝也，故好是懿德。'"

【注释】

①幽、厉：指周幽王、周厉王，周代两个暴君。

②微子启、王子比干：微子启，据《左传》《史记》记载，是纣王的庶兄。王子比干，纣王叔父，因劝谏而被纣王剖心而死。

③铄（shuò）：以火熔金，自外而内。

④蓰（xǐ）：五倍。

⑤以上四句出自《诗经·大雅·烝民》。

【译文】

公都子说:"告子说:'天性没有善良、不善良的区别。'有人说:'天性可以变得善良,可以变得不善良;所以文王、武王得了天下,百姓就爱好善良;幽王、厉王统治了天下,百姓就变得凶暴。'又有人说:'有天性善良的,有天性不善良的;所以以尧为君主,却有象(这样的臣民);以瞽瞍为父亲,却有舜(这样的儿子);以纣为侄儿,并且以他为君主,却有微子启、王子比干。'现在您说'天性善良',那么他们所说的都错了吗?"

孟子说:"至于说到人的(天生的)情性,那是可以认为是善的,这就是我说的天性善良。至于有人变得不善,不是天性的过错。同情心,人人都有;羞耻心,人人都有;恭敬心,人人都有;是非心,人人都有。同情心就是仁;羞耻心就是义;恭敬心就是礼;是非心就是智。(可见)仁、义、礼、智不是由外界赠给我的,我本来就具有的,只是不去思考这些罢了。所以说,'探求就能得到它们,放弃就会失掉它们。'有人(同别人比)相差一倍、五倍甚至无数倍,这是不能充分表现他的天性的缘故。《诗经》上说:'上天生养众民,有事物便有法则。众民保持了常性,所以爱好美德。'孔子说:'作这篇诗的,是懂得道的啊!有事物便有法则;众民保持了常性,所以爱好美德。'"

【原文】

11.7 孟子曰:"富岁,子弟多赖;凶岁,子弟多暴,非天之降才尔殊也,其所以陷溺其心者然也。今夫麰麦①,播种而耰之,其地同,树之时又同,浡然②而生,至于日至之时,皆熟矣。虽有不同,则地有肥硗③,雨露之养、人事之不齐也。故凡同类者,举相似也,何独至于人而疑之?圣人,与我同类者。故龙子④曰:'不知足而为屦⑤,我知其不为蒉⑥也。'屦之相似,天下之足同也。口之于味,有同耆也;易牙⑦先得我口之所耆者也。如使口之于味也,其性与人殊,若犬马之与我不同类也,则天下何耆皆从易牙之于味也?至于味,天下期于易牙,是天下之口相似也。惟耳亦然。至于声,天下期于师旷⑧,是天下之耳相似也。惟目亦然。至于子都⑨,天下莫不知其姣也;不知子都之姣者,无目者也。故曰，口之于味也，有同耆焉；耳之于声也，有同听焉；目之于色也，有同美焉。至于心，独无所同然乎？心之所同然者何也？谓理也，义也。圣人先得我心之所同然耳。故理义之悦我心，犹刍豢⑩之悦我口。"

【注释】

①麰（móu）麦：大麦。

②浡（bó）然：旺盛的样子。

③硗（qiāo）：土地贫瘠，不肥沃。

④龙子：见《滕文公上》第三章注。

⑤屦（jù）：草鞋。

⑥蒉（kuì）：草筐。

⑦易牙：齐桓公的宠臣，传说他擅长烹饪。

⑧师旷：春秋时晋平公的乐师，生而目盲，善辨音律。

⑨子都：传说是古代的一个美男子。

⑩刍（chú）豢（huàn）：牲畜。

【译文】

孟子说："丰年，青年子弟大多懒惰；荒年，青年子弟大多凶暴，不是天生的情性有这种不同，是那影响思想的环境使他们变得这样的。比如种大麦，播了种，耙了地，种的地方相同，种的时间又相同，麦子蓬勃地生长，到夏至的时候，都成熟了。即使有所不同，也是因为土地的肥瘦、雨露的滋养、人工的管理不一样的缘故。所以凡是同类的，全都是相似的，为什么一说到人，偏偏要怀疑这一点呢？圣人是和我们同类的，所以龙子说：'不知道脚样而编鞋，我知道不会把它编成草筐的。'草鞋的相似，是因为天下之人的脚形是相同的。口对于味道，有同样的嗜好；易牙是最先掌握了我们口味上共同嗜好的人。假使口对于味道，生来就跟别人不一样，就像狗、马和我们不同类一样，那么天下的人为什么都追随易牙的口味呢？说到口味，天下的人都期望尝到易牙烹调的菜肴，这说明天下人的口味是相似的。耳朵也是这样。说到声音，天下的人都期望听到师旷演奏的乐曲，这说明天下之人的听觉是相似的。眼睛也是这样。说到子都，天下没有不知道他俊美的；不知道子都俊美的，是不长眼睛的人。所以说，口对于味道，有相同的嗜好；耳朵对于声音，有相同的听觉；眼睛对于容貌，有相同的美感。说到心，偏偏会没有相同的爱好吗？心的共同爱好是什么？就是理，就是义。圣人最先觉悟到我们人心的相同爱好罢了。所以理义能使我们心理愉悦，正像牛羊猪狗的肉能使我们享到口福一样。

【原文】

11.8 孟子曰："牛山之木尝美①矣，以其郊于大国也，斧斤伐之，可以为美乎？是其日夜之所息，雨露之所润，非无萌蘖②之生焉，牛羊又从而牧之，是以若彼濯濯③也。人见其濯濯也，以为未尝有材焉，此岂山之性也哉？虽存乎人者，岂无仁义之心哉？其所以放其良心者，亦犹斧斤之于木也，旦旦而伐之，可以为美乎？其日夜之所息，平旦之气④，其好恶与人相近也者几希，则其旦昼之所为，有梏⑤亡之矣。梏之反覆，则其夜气不足以存；夜气不足以存，则其违禽兽不远矣。人见其禽兽也，而以为未尝有才焉者，是岂人之情也哉？故苟得其养，无物不长；苟失其养，无物不消。孔子曰：'操则存，舍则亡；出入无时，莫知其乡⑥。'惟心之谓与？"

【注释】

①尝美：曾经繁茂。

②萌（méng）蘖（niè）：初生的草木之芽为萌，旁生的芽叫蘖，即草木的新枝嫩芽。

③濯（zhuó）濯：光秃秃的样子。

④平旦之气：清明之气。

⑤梏（gù）：通"搅"，可参清焦循《孟子·正义》。

⑥乡：同"向"。

【译文】

孟子说："牛山的树木曾经很繁茂，因为它处在大都市的郊外，常用刀斧砍伐它，还能保持繁茂吗？那山上日夜生长，受雨露滋润的树木，不是没有嫩芽新枝长出来，但牛羊接着又放牧到这里，因此成了那样光秃秃的了。

人们见它光秃秃的，就以为这山不曾长过成材的大树，这难道是牛山的本性么？就说在人的身上，难道会没有仁义之心吗？有些人之所以丧失了他的善心，也就像刀斧砍伐树木一样，天天砍伐，还能保住善心的繁茂吗？（尽管）他日夜有所滋生的善心，接触了天明时的晨气，而使他的好恶之心同一般人也有了少许的相近，（可是）他白天的所作所为，又将它搅乱、丧失了。反复地搅乱，那么他夜里滋生的那点善心就不足以保存下来；夜里滋生的善心不足以保存下来，那他离禽兽就不远了。人们见他像禽兽，就以为他不曾有过善良的天性，这难道是人的实情吗？所以如果得到好好的养护，没有东西不能生长；如果失去护养，没有东西不会消亡。孔子说：'把握着就存在，放弃了就丧失；出去进来没有定时，无人知道它的去向。'大概就是说的心吧？"

【原文】

11.9 孟子曰："无或①乎王之不智也。虽有天下易生之物也，一日暴②之，十日寒之，未有能生者也。吾见亦罕矣，吾退而寒之者至矣，吾如有萌焉何哉？今夫弈之为数③，小数也；不专心致志，则不得也。弈秋，通国之善弈者也。使弈秋诲二人弈，其一专心致志，惟弈秋之为听。一人虽听之，一心以为有鸿鹄将至，思援弓缴④而射之，虽与之俱学，弗若之矣。为是其智弗若与？曰：非然也。"

【注释】

①或：同"惑"，这里指惊讶，奇怪的意思。

②暴（pù）：曝晒。

③弈（yì）：围棋。数（shù）：技术，技巧。

④缴（zhuó）：拴在箭上的生丝绳，这里指代箭。

【译文】

孟子说："对于君王的不聪明，不必奇怪。即使有天下最容易生长的东西，（如果）晒它一天，冻它十天，没有能生长的。我见君王的次数很少，我一离开他，那些给他泼冷水的人马上又围上去了，（这样，）我对他刚有的那点善心的萌芽又能怎么样呢？（好比下棋，）下棋作为技艺，是小技艺；不专心致志，就学不到手。弈秋是全国最擅长下棋的。让弈秋教两个人下棋，其中一人专心致志,一心只听弈秋讲解。另外一人虽然也在听讲,却一心以为有只天鹅要飞来了,想着拿弓箭去射它,虽然他同另一人一起在学,却不如人家学得好了。是因为他的智力不如人家吗?当然不是这样。"

【原文】

11.10 孟子曰:"鱼,我所欲也,熊掌,亦我所欲也;二者不可得兼,舍鱼而取熊掌者也。生,亦我所欲也,义,亦我所欲也;二者不可得兼,舍生而取义者也。生亦我所欲,所欲有甚于生者,故不为苟得也;死亦我所恶,所恶有甚于死者,故患有所不辟也。如使人之所欲莫甚于生,则凡可以得生者,何不用也?使人之所恶莫甚于死者,则凡可以辟患者,何不为也?由是则生而有不用也,由是则可以辟患而有不为也,是故所欲有甚于生者,所恶有甚于死者。非独贤者有是心也,人皆有之,贤者能勿丧耳。一箪食,一豆①羹,得之则生,弗得则死,呼尔②而与之,行道之人弗受;蹴③尔而与之,乞人不屑也。万钟④则不辨礼义而受之,万钟于我何加焉?为宫室之美、妻妾之奉、所识穷乏者得⑤我与?乡⑥为身死而不受,今为宫室之美为之;乡为身死而不受,今为妻妾之奉为之;乡为身死而不受,今为所识穷乏者得我而为之,是亦不可以已乎?此之谓失其本心。"

【注释】

①豆:古代一种盛食物的器皿,形似高脚盘。

②呼尔:吆喝。

③蹴(cù):脚踢。

④钟:古代量器,六石四斗为一钟。

⑤得:通"德",此处作动词。

⑥乡(xiàng):同"向",以前,从前。

【译文】

孟子说:"鱼是我所喜爱的,熊掌也是我所喜爱的;两样不可能同时得到,就舍弃鱼而要熊掌。生存是我所喜爱的,义也是我所喜爱的;两样不能同时兼顾,就放弃生存而要义。生存是我所喜爱的,但所喜爱的有超过生存的，所以不做苟且偷生的事；死亡是我所憎恶的，但我所憎恶的有超过死亡的，所以有些祸患我不躲避。假使人们所喜爱的没有什么超过生存的了，那么凡是可以保命的手段，哪样不采用呢？假使人们所憎恶的没有什么超过死亡的了，那么凡是可以躲避祸患的事，哪样不去干呢？按这么做就能生存，然而有人却不去做，按这么做就能避开祸患，然而有人却不干，由此可见，所喜爱的有超过生存的，所憎恶的有超过死亡的。不仅仅是贤人有这样的思想，人人都是有的，只是贤人能不丧失它罢了。一筐饭，一碗汤，得到就能活，得不到就饿死，（但如果）吆喝着施舍给人，路上的饿汉也不愿接受；（如果）用脚踢着施舍给人，那就连乞丐也会不屑一顾的。一万钟的俸禄，如果不问是否合乎礼义就接受了，万钟的俸禄对我有什么好处呢？是为了住宅的华美、妻妾的侍奉和所认识的穷人感激我吗？本该宁死也不接受的，现在却为了住宅的华美而接受了；本该宁死也不接受的，现在却为了妻妾的侍奉而接受了；本该宁死也不接受的，现在却为了让所认识的穷人感激我而接受了，这些行径不也应该停止了么？这就叫丧失了他的本性。"

【原文】

11.11 孟子曰："仁，人心①也；义，人路②也。舍其路而弗由，放其心而不知求，哀哉！人有鸡犬放，则知求之；有放心而不知求。学问之道无他，求其放心而已矣。"

【注释】

①心：在此所谓的"心"，并非指具体的心脏，而是心思，主体的觉悟及思考能力。

②路：这里的"路"不指具体的道路，而是就人的选择而言。众多选择所合成的人生途径，应该以"义"为依归。

【译文】

孟子说："仁是人的（善）心，义是人的（正）路。放弃了他的正路而不走，丢失了他的善心而不寻找，可悲啊！有人走失了鸡狗还知道去寻找；有人丢失了善心却不知道去寻找。求学请教的道理不在于别的，在于找回他丢失了的善心罢了。"

【原文】

11.12 孟子曰:"今有无名之指屈而不信①,非疾痛害事也,如有能信之者,则不远秦楚之路,为指之不若人也。指不若人,则知恶之;心不若人,则不知恶,此之谓不知类②也。"

【注释】

①信:同"伸"。

②不知类:朱熹《四书集注》云:"言不知轻重之等也。"译文从之。

【译文】

孟子说:"如果现在有个人无名指弯曲了不能伸直,(虽然)既不疼痛又不妨碍做事,但如果有人能使它伸直,那么即使赶到秦国楚国去(医治),也不会嫌路远,为的是手指不如别人。手指不如别人,知道厌恶它;心不如别人,却不知道厌恶,这叫不懂轻重。"

【原文】

11.13 孟子曰:"拱把之桐梓①,人苟欲生之,皆知所以养之者。至于身,而不知所以养之者,岂爱身不若桐梓哉?弗思甚也。"

【注释】

①拱(gǒng)把:指树木的粗细。拱,两手合围。把,一手合围。梓(zǐ):梓树。

【译文】

孟子说:"一两把粗的桐树梓树,人们要想让它们生长,都知道该怎样去培养。至于本身,反倒不知道怎样培养自己,岂不是爱自身还不如爱桐树梓树吗?真是太不会考虑问题了。"

【原文】

11.14 孟子曰:"人之于身也,兼所爱。兼所爱,则兼所养也。无尺寸之肤不爱焉,则无尺寸之肤不养也。所以考其善不善者,岂有他哉?于己取之而已矣。体有贵贱,有小大①。无以小害大,无以贱害贵。养其小者为小人,养其大者为大人。今有场师②,舍其梧槚③,养其樲棘④,

则为贱场师焉。养其一指而失其肩背，而不知也，则为狼疾⑤人也。饮食之人，则人贱之矣，为其养小以失大也。饮食之人无有失也，则口腹岂适⑥为尺寸之肤哉？"

【注释】

①体有贵贱，有小大：朱熹《四书集注》云："贱而小者，口腹也；贵而大者，心志也。"

②场师：园艺师。

③梧（wú）槚（jiǎ）：梧桐树和楸树。

④樲（èr）棘（jí）：酸枣树和荆棘。

⑤狼疾：同"狼藉"，散乱、错杂的样子。这里是昏愦糊涂的意思。

⑥适（chì）：啻，只是。

【译文】

孟子说："人对于自己的身体，是各部分都爱护的。都爱护，便都加以保养。没有哪点儿肌肤不爱护，便没有哪点儿肌肤不保养。用来考察他保养得好不好，难道有别的方法吗？在于看他注重保养哪一部分罢了。身体有重要部分和次要部分，有小的部分和大的部分。不能因为（保养了）小的部分而损害了大的部分，不能因为（保养了）次要部分而损害了重要部分。只保养小的部分的，是小人；能保养大的部分的，是君子。如果现在有这么个园艺师，放弃培植梧桐槚树，去培植酸枣荆棘，那他就是个顶蹩脚的园艺师。（如果有人）保养了自己一个手指却丧失了肩背的功能，自己还不清醒，那他就是个顶糊涂的人。专讲吃喝的人，人们鄙视他，是因为他保养了小的部分而丧失了大的部分。如果讲究吃喝的人没有丢弃（善心的培养），那么他的吃喝难道还只是为了保养一尺一寸的肌肤吗？"

【原文】

11.15 公都子问曰："钧是人也，或为大人，或为小人，何也？"

孟子曰："从其大体为大人，从其小体①为小人。"

曰："钧是人也，或从其大体，或从其小体，何也？"

曰："耳目之官不思，而蔽于物。物交物，则引之而已矣。心之官则思，思则得之②，不思则不得也。此天之所与我者。先立乎其大者，则其小者不能夺也。此为大人而已矣。"

【注释】

①关于"大体""小体"，不是就形体大小而言，而是就其重要与否而言。

②思则得之：所得是"心"所同然的"理也，义也。"

【译文】

公都子问道："同样是人，有的成了君子，有的成了小人，是什么原因？"

孟子说："能依从重要器官的就成为君子，依从次要器官的就成为小人。"

公都子又问："同样是人，有人能依从重要器官，有人却依从次要器官，为什么呢？"

孟子说："耳朵、眼睛这些器官不会思考，（容易）被外物蒙蔽。因此一与外物接触，就被引诱过去。心这个器官是会思考的，思考就能得到（善性），不思考就得不到（善性）。这是天赋予我们的（最重要的）器官。先抓紧这个重要器官，那么（耳朵眼睛之类）次要器官就不会被（外物的引诱）夺走了。这就是成为君子的道理罢了。"

【原文】

11.16 孟子曰："有天爵者，有人爵①者。仁义忠信，乐善不倦，此天爵也；公卿大夫，此人爵也。古之人修其天爵，而人爵从之。今之人修其天爵，以要人爵；既得人爵，而弃其天爵，则惑之甚者也，终亦必亡而已矣。"

【注释】

①天爵、人爵：天爵指仁义忠信等，孟子认为这些是天然就值得尊贵的。人爵指通常所说的爵位。

【译文】

孟子说："有天爵，有人爵。仁义忠信，好善不倦，这就是天爵；公卿大夫，这些是人爵。古代的人修养他的天爵，而人爵就随天爵来了。现在的人修养天爵，是用它来获取人爵；一旦得了人爵，就丢弃了他的天爵，那是实在太糊涂了，最终（他的人爵）也一定会丧失的。"

【原文】

11.17 孟子曰："欲贵者，人之同心也。人人有贵于己者，弗思耳矣。人之所贵者，非良贵也。赵孟①之所贵，赵孟能贱之。《诗》云：'既醉以酒，既饱以德②。'言饱乎仁义也，所以不愿人之膏粱③之味也；令闻广誉施于身，所以不愿人之文绣④也。"

【注释】

①赵孟：即赵盾，字孟。春秋时晋国正卿，掌握晋国的实权，因而他的子孙后来也称赵孟。

②以上两句出自《诗经·大雅·既醉》，是周代祭祖时祭辞中的两句。今人高亨认为"德"字当作"食"，古德字作"悳"，与食形近而误（说见其《诗经今注》）。

③膏（gāo）粱（liáng）：肥肉与美谷。

④文绣（xiù）：华丽的衣服。

【译文】

孟子说："想要尊贵，这是人们共同的心理。人人都有可尊贵的东西，只是不去想到它罢了。别人给予的尊贵，不是真正的尊贵。赵孟给予了一个人尊贵，赵孟也能使他低贱。《诗经》上说：'既供奉美酒使他陶醉，又献上仁德使他满足。'这是说仁义满足了，所以就不羡慕别人的美味佳肴了；美好的名声、广泛的赞誉落在自己身上了，所以就不羡慕别人的锦绣衣裳了。"

【原文】

11.18 孟子曰："仁之胜不仁也，犹水之胜火。今之为仁者，犹以一杯水救一车薪之火也；不熄，则谓之水不胜火。此又与于不仁之甚者也，亦终必亡而已矣。"

【译文】

孟子说："仁能战胜不仁，就像水能战胜火一样。而现在一些行仁的人，好比用一杯水去浇灭一车木柴燃起的大火；火不熄灭，就说水不能战胜火。这反而助长了那些最不仁的人，（而他原来那点仁）也最终会丧失的。"

【原文】

11.19 孟子曰:"五谷者,种之美者也;苟为不熟,不如荑稗①。夫仁,亦在乎熟之而已矣。"

【注释】

①荑(tí):即稊,稗类植物。 稗(bài):稗子,一年生草本植物,叶子像稻,果实象黍米。是稻田害草。

【译文】

孟子说:"五谷是庄稼中的好品种,但如果不成熟,那还不如稗子之类野草。仁,也在于使它成熟罢了。"

【原文】

11.20 孟子曰:"羿之教人射,必志于彀①;学者亦必志于彀。大匠诲人必以规矩,学者亦必以规矩。"

【注释】

①彀(gòu):把弓拉满。

【译文】

孟子说:"羿教人射箭,一定要求把弓拉满;学射的人也力求自己把弓拉满。高明的工匠教人手艺,一定要用圆规和曲尺;学手艺的人也一定要使用圆规和曲尺。"

12.告子篇 下（凡十六章）

【原文】

12.1 任人有问屋庐子①曰："礼与食孰重？"

曰："礼重。"

"色与礼孰重？"

曰："礼重。"

曰："以礼食，则饥而死；不以礼食，则得食，必以礼乎？亲迎②，则不得妻；不亲迎，则得妻，必亲迎乎？"

屋庐子不能对，明日之邹以告孟子。

孟子曰："于答是也，何有？不揣其本而齐其末，方寸之木可使高于岑楼。金重于羽者，岂谓一钩金与一舆羽之谓哉？取食之重者与礼之轻者而比之，奚翅③食重？取色之重者与礼之轻者而比之，奚翅色重？往应之曰：'紾④兄之臂而夺之食，则得食；不紾，则不得食，则将紾之乎？逾东家墙而搂其处子⑤，则得妻；不搂，则不得妻，则将搂之乎？'"

【注释】

①屋庐子：姓屋庐名连，孟子弟子。

②亲迎：古代结婚六礼之一，新郎亲自至女家，迎新娘入室，行交拜合卺之礼。六礼即"纳采、问名、纳吉、纳征、请期、亲迎"。

③翅：同"啻"，何止。

④紾（zhěn）：扭。

⑤处子：未出嫁的女孩子。

【译文】

任国有个人问屋庐子道:"礼节和吃饭哪样重要?"

屋庐子说:"礼节重要。"

那人又问:"娶妻和礼节哪样重要?"

回答说:"礼节重要。"

那人又问:"按照礼节求饭吃,却吃不上而饿死;不按礼节求饭吃,却吃上了饭,那么也一定要按礼节行事吗?按亲迎礼娶亲,却娶不到妻子;不按亲迎礼,却能娶到妻子,那么也一定要行亲迎礼吗?"

屋庐子不能回答,第二天就到邹国去,把问题告诉给孟子。孟子说:"回答这个问题有什么困难呢?不度量原来基础的高低,只比较它们的末端,那么寸把长的木块也能使它高过尖顶的高楼。金属比羽毛重,难道是就一只金属带钩和一车子羽毛相比来说的吗?拿吃饭的重要问题同礼节的细小方面相比,何止是吃饭重要?拿娶妻的重要问题同礼节的细小方面相比,何止是娶妻重要?你去这样回答他:'扭住哥哥的胳膊夺他的饭吃,就能得到饭吃;不扭就得不到饭吃,那么就该扭他吗?翻过东边人家的墙头,搂抱那家的闺女,就能得到妻子;不去搂抱,就得不到妻子,那么就该去搂抱吗?'"

【原文】

12.2 曹交[①]问曰:"人皆可以为尧、舜,有诸?"

孟子曰:"然。"

"交闻文王十尺,汤九尺,今交九尺四寸以长,食粟而已,如何则可?"

曰:"奚有于是?亦为之而已矣。有人于此,力不能胜一匹雏[②],则为无力人矣;今曰举百钧,则为有力人矣。然则举乌获[③]之任,是亦为乌获而已矣。夫人岂以不胜为患哉?弗为耳。徐行后长者谓之弟[④],疾行先长者谓之不弟。夫徐行者,岂人所不能哉?所不为也。尧、舜之道,孝弟而已矣。子服尧之服,诵尧之言,行尧之行,是尧而已矣。子服桀之服,诵桀之言,行桀之行,是桀而已矣。"

曰:"交得见于邹君,可以假馆,愿留而受业于门。"

曰："夫道若大路然，岂难知哉？人病不求耳。子归而求之，有余师。"

【注释】

①曹交：人名，生平不详。

②一匹雏（chú）：一只小鸡。

③乌获：人名，传说是古代的一个大力士。

④弟（tì）：同"悌"，敬爱哥哥。

【译文】

曹交问道："人人都能成为尧、舜，有这说法吗？"

孟子说："有的。"

曹交又问："我听说文王身长十尺，汤身长九尺，我曹交有九尺四寸多高，只知道吃饭罢了，怎样才可以（成为尧、舜）呢？"

孟子说："这有什么难的呢？只要去做就行了。如果有个人，力气提不起一只小鸡，那他就是个没有力气的人了；如果说能举起三千斤的东西，那就是个很有力气的人了。既然这样，那么只要能举起乌获举过的重量，这样也就成为乌获了。一个人可担心的，难道在于不能胜任吗？在于不去做罢了。慢慢地跟在长者后面走，叫作悌；快步抢在长者前面走，叫作不悌。慢慢走，难道是一个人不能做到的吗？不去做罢了。尧、舜之道，孝和悌而已。（如果）你穿尧所穿的衣服，说尧所说的话，做尧所做的事，这样也就成为尧了。（如果）你穿桀所穿的衣服，说桀所说的话，做桀所做的事，这样就变成桀了。"

曹交说："我能见到邹君，可以向他借个住处，愿意留下来在您门下学习。"

孟子说："（尧舜之）道就像大路一样，哪里是难懂的呢？就怕人们不去寻求罢了。你回去寻求吧，会有很多老师的。"

【原文】

12.3 公孙丑问曰："高子①曰：'《小弁》②，小人之诗也。'"

孟子曰："何以言之？"

曰："怨。"

曰:"固哉,高叟之为诗也!有人于此,越人关弓而射之,则己谈笑而道之;无他,疏之也。其兄关弓而射之,则己垂涕泣而道之;无他,戚之也。《小弁》之怨,亲亲也;亲亲,仁也。固矣夫,高叟之为诗也!"

曰:"《凯风》③何以不怨?"

曰:"《凯风》,亲之过小者也;《小弁》,亲之过大者也。亲之过大而不怨,是愈疏也;亲之过小而怨,是不可矶④也。愈疏,不孝也;不可矶,亦不孝也。孔子曰:'舜其至孝矣,五十而慕。'"

【注释】

①高子:中国春秋时期齐国的大夫世族,是齐文公之子公子高的后裔,是齐国二守之一。生平不详。

②《小弁(pán)》:《诗经·小雅》中的一篇。旧说是指责周幽王的诗。周幽王先娶申后,生宜臼,立为太子;后宠褒姒,改立褒姒之子伯服为太子,废申后及太子宜臼。此诗述说的就是宜臼的哀伤、怨恨之情。传说是宜臼的老师所作。

③《凯风》:《诗经·邶风》中的一篇。旧说卫国有个已有七个儿子的母亲想改嫁,于是七个儿子作此诗来自责不孝,以使母亲感悟。

④矶(jī):激也,刺激。

【译文】

公孙丑问道:"高子说:'《小弁》是小人(所作)的诗。(对吗?)'"

孟子说:"凭什么这么说呢?"

(公孙丑)说:"因为诗中有怨恨。"

孟子说:"高老先生的论诗太呆板了!如果有一个人,越国人拉开弓去射他,(事后)他可以有说有笑地讲这件事;没有别的原因,只因为和越国人关系疏远,(可以由他去犯罪。)如果是他哥哥拉开了弓射他,(事后)他就会哭哭啼啼地讲这件事;没有别的原因,只因为和哥哥关系亲近,(不愿让他服罪。)《小弁》的怨恨,出自热爱亲人;热爱亲人就是仁。太呆板了,高老先生这样的论诗!"

公孙丑问:"《凯风》这首诗为什么没有怨恨情绪?"

孟子说:"《凯风》这首诗,是写母亲的小过错;《小弁》所写的是父亲的大过错。父母过错大而不怨恨,这是更加疏远父母;父母过错小而怨恨,这是一点都不能受刺激。更加疏远父母,这是不孝;不能受(父母)一点刺激,也是不孝。孔子说过:'舜是最孝顺的了,到了五十岁上还眷念着父母。'"

【原文】

12.4 宋牼①将之楚,孟子遇于石丘,曰:"先生将何之?"

曰:"吾闻秦、楚构兵②,我将见楚王说而罢之。楚王不悦,我将见秦王说而罢之。二王我将有所遇焉。"

曰:"轲也请无问其详,愿闻其指③。说之将何如?"

曰:"我将言其不利也。"

曰:"先生之志则大矣,先生之号则不可。先生以利说秦、楚之王,秦、楚之王悦于利,以罢三军之师,是三军之士乐罢而悦于利也。为人臣者,怀利以事其君;为人子者,怀利以事其父;为人弟者,怀利以事其兄;是君臣、父子、兄弟终去仁义,怀利以相接,然而不亡者,未之有也。先生以仁义说秦、楚之王,秦、楚之王悦于仁义,以罢三军之师,是三军之士乐罢而悦于仁义也。为人臣者,怀仁义以事其君;为人子者,怀仁义以事其父;为人弟者,怀仁义以事其兄;是君臣、父子、兄弟去利,怀仁义以相接也,然而不王者,未之有也。何必曰利?"

【注释】

①宋牼(kēng):宋国人,也叫宋荣,战国时著名学者。

②构兵:交战。

③指:同"旨",主旨,核心,要点。

【译文】

宋牼要到楚国去,孟子在石丘遇上了他,问道:"先生准备上哪儿去?"

宋牼说:"我听说秦国和楚国在交战,我想去见楚王,劝说他停战。如果楚王不高兴听,我再去见秦王,劝说他停战。两位君王中,我总会遇到能说得通的吧。"

孟子说:"我不想问个详细,只想了解你的主要想法。你打算怎样去劝说呢?"

宋牼说:"我将向他们指出交战的不利之处。"

孟子说:"先生的用心诚然是好极了,先生的说法却不行。先生用利去劝说秦王、楚王,秦王、楚王喜欢利而让军队休战,这样也就使三军官兵因为追求利才乐于停战。(要是都这样,)做臣子的怀着求利的念头侍奉国君;做儿子的怀着求利的念头侍奉父亲;做弟弟的怀着求利的念头侍奉哥哥,这会使君臣、父子、兄弟最终背离仁义,怀着求利的念头相互对待,这样的国家却不灭亡,是从来没有的。先生(如果)用仁义去劝说秦王、楚王,秦王、楚王喜爱仁义而让军队休战,这就会使三军官兵因为喜爱仁义而乐于停战。(要是都这样,)做臣的,心怀仁义侍奉国君;做儿子的心怀仁义侍奉父亲;做弟弟的心怀仁义侍奉哥哥,这样就会使君臣、父子、兄弟去掉求利的念头,而怀着仁义之心相互对待了,这样的国家还不能称王天下的,是从来没有的。何必要说利呢?"

【原文】

12.5 孟子居邹,季任①为任处守,以币交,受之而不报。处于平陆②,储子为相,以币交,受之而不报。他日,由邹之任,见季子;由平陆之齐,不见储子。屋庐子喜曰:"连得间③矣。"

问曰:"夫子之任,见季子;之齐,不见储子,为其为相与?"

曰:"非也。《书》曰:'享多仪,仪不及物曰不享,惟不役志于享。'为其不成享也。"

屋庐子悦。或问之,屋庐子曰:"季子不得之邹,储子得之平陆。"

【注释】

①季任:任国国君的弟弟。

②平陆:齐国地名,即今山东省汶上县。

③连:屋庐子的名。间(jiàn):差错,漏洞,错误。

【译文】

孟子居住在邹国(的时候),季任正在任国代理国政,送礼物来结交孟子,孟子收了礼物却不回谢。(孟子)居住在平陆(的时候),储子担任齐国的相，送礼物来结交孟子，孟子收了礼也不回谢。后来，孟子从邹国到了任国，拜访了季子；从平陆到了齐国，却不拜访储子。屋庐子高兴地说："我发现老师的差错了。"

问道："老师到了任国，拜访了季子；到了齐国，不拜访储子，是因为储子只是担任相国吗？"

孟子说："不是的。《尚书》上说：'进献礼品看重礼仪，礼仪配不上礼品，就叫没有进献，因为心意不在进献上。'这是因为它没有完成进献的缘故。"

屋庐子听了很高兴。有人问他这件事，屋庐子说："季子（在代理国政，）不能亲自到邹国去，而储子（作为卿相）是能亲自到平陆去的。"

【原文】

12.6 淳于髡①曰："先名实者，为人也；后名实者，自为也。夫子在三卿②之中，名实未加于上下而去之，仁者固如此乎？"

孟子曰："居下位，不以贤事不肖者，伯夷也；五就汤，五就桀者，伊尹也；不恶污君，不辞小官者，柳下惠也。三子者不同道，其趋一也。一者何也？曰，仁也。君子亦仁而已矣，何必同？"

曰："鲁缪公之时，公仪子③为政，子柳、子思④为臣，鲁之削也滋甚。若是乎，贤者之无益于国也！"

曰："虞不用百里奚而亡，秦穆公用之而霸。不用贤则亡，削何可得与？"

曰："昔者王豹处于淇⑤，而河西善讴；绵驹处于高唐⑥，而齐右善歌；华周、杞梁之妻，善哭其夫，而变国俗⑦。有诸内，必形诸外。为其事而无其功者，髡未尝睹之也。是故无贤者也，有则髡必识之。"

曰："孔子为鲁司寇，不用，从而祭，燔肉⑧不至，不税冕⑨而行。不知者以为为肉也，其知者以为为无礼也。乃孔子则欲以微罪行⑩，不欲为苟去。君子之所为，众人固不识也。"

【注释】

①淳于髡（kūn）：齐国大夫。见本书《离娄上》第十七章注。

②三卿（qīng）：指上卿、亚卿、下卿，都是爵位。三卿，另有相、将、

客卿之说。孟子应为齐王之客卿。

③公仪子：即公仪休，曾任鲁国的相。

④子柳、子思：子柳，即泄柳，曾任鲁缪公的卿。子思，孔子之孙，名伋。

⑤王豹：卫国人，善于唱歌。淇：淇水，卫国河流名。

⑥绵驹（jū）：一位善于唱歌的人。高唐：齐国邑名。

⑦华周、杞梁：齐国大夫，在齐国攻打莒国时战死。传说他们的妻子闻讯后，对着城墙痛哭，把城墙哭塌了。齐国人受到感染，以至善哭成风。

⑧燔（fán）肉：祭时用的熟肉。古礼，天子和诸侯祭祀后，要将一部分祭肉赐给大夫。

⑨税（tuō）冕（miǎn）：税，同"脱"。冕，祭祀时用的帽子。

⑩乃孔子则欲以微罪行：这句隐含的意思是，孔子不想让人觉得自己弃官而去都是鲁国执政者的过错，因为这样做是失礼的。

【译文】

淳于髡说："重视名望功业的，是为了天下的人；轻视名望功业的，是为了自己（的清白）。先生的地位在齐国的三卿之中，但就名望功业来说，上不能匡正君主，下不能拯救百姓，就辞职而去了，仁人本该就是这样的吗？"

孟子说："处在低下的地位，不以贤人的身份侍奉不贤的君主，这是伯夷的态度；五次到汤那里做事，五次到桀那里做事，这是伊尹的态度；不讨厌昏庸的君主，不拒绝微小的官职，这是柳下惠的态度。三个人做法不同，方向是一致的。一致的是什么？就是仁。君子只要仁就行了，何必要处处相同？"

淳于髡说："鲁缪公的时候，公仪子掌管政事，子柳、子思也在朝做臣，然而鲁国疆土被别国侵夺却更加严重，贤人无益于国家就像这样的呀！"

孟子说："（从前，）虞国因为不用百里奚而亡国，秦穆公用了他就称霸，（可见）不用贤人就会亡国，（到那时，只是想）割让点地方办得到吗？"

淳于髡说："从前王豹居住在淇水边，河西的人因此而善于唱歌；绵驹居住在高唐，齐国西部的人因此而善于唱歌；华周、杞梁的妻子，为丈夫的死而哭得异常伤心，因而改变了一国的风气。内心有什么，必然会显露在外面。做了那件事而不见那件事的功效，我还没有见过这种情况呢。所以现在是没有贤人，要有，我一定会知道的。"

孟子说："孔子担任鲁国的司寇，不受信任，有一次跟随（鲁君）去祭祀，祭肉不按规定送来，于是顾不上脱掉祭祀时所戴的礼帽就走了。不了解孔子的，以为他是为了那点祭肉而离开的，了解孔子的，只认为他是因为鲁国的失礼而离开的。至于孔子，却正想担点儿（这一类的）小罪名离开，不想随便弃官而去。君子所做的事，一般人本来就是不理解的。"

【原文】

12.7 孟子曰："五霸①者，三王之罪人也；今之诸侯，五霸之罪人也；今之大夫，今之诸侯之罪人也。天子适诸侯曰巡狩，诸侯朝于天子曰述职。春省耕而补不足，秋省敛而助不给。入其疆，土地辟②，田野治，养老尊贤，俊杰在位，则有庆③，庆以地。入其疆，土地荒芜，遗老失贤，掊④克在位，则有让⑤。一不朝，则贬其爵；再不朝，则削其地；三不朝，则六师移之。是故天子讨而不伐，诸侯伐而不讨。五霸者，搂⑥诸侯以伐诸侯者也，故曰，五霸者，三王之罪人也。五霸，桓公为盛。葵丘之会⑦，诸侯束牲载书而不歃血⑧。初命曰，诛不孝，无易树子，无以妾为妻。再命曰，尊贤育才，以彰有德。三命曰，敬老慈幼，无忘宾旅。四命曰，士无世官，官事无摄⑨，取士必得，无专杀大夫。五命曰，无曲防⑩，无遏籴⑪，无有封而不告。曰，凡我同盟之人，既盟之后，言归于好。今之诸侯皆犯此五禁，故曰，今之诸侯，五霸之罪人也。长君之恶其罪小，逢君之恶⑫其罪大。今之大夫皆逢君之恶，故曰，今之大夫，今之诸侯之罪人也。"

【注释】

①五霸：指春秋时代先后称霸的五个诸侯，具体哪五个诸侯，说法不一。据《孟子》原书考察，可能是指齐桓公、晋文公、秦穆公、楚庄王、吴王阖庐。

②辟（pì）：开垦。

③庆：赏赐。

④掊（póu）克：聚敛钱财的人。

⑤让：责备。

⑥搂（lǒu）：挟持。

⑦葵丘之会：葵丘，地名，在今河南兰考县东。会，盟会，古代诸侯间聚会而结盟。盟会时要用牛作祭品，或杀，或不杀。

⑧歃（shà）血：结盟时的一种仪式。立盟时杀牲取血，盟誓者口含其血，或涂于口旁，表示诚信。如果不歃血，则表示相信与盟的人不敢背约。

⑨官事无摄（shè）：不要一身兼多任。

⑩曲防：到处修建堤坝。

⑪遏（è）籴（dí）：禁止粮食买卖。

⑫逢（féng）君之恶：引导君主走向错误。

【译文】

孟子说："五霸是三王的罪人，现在的诸侯是五霸的罪人，现在的大夫是现在诸侯的罪人。天子到诸侯那里去叫作巡狩，诸侯朝见天子叫作述职。（天子巡狩，）春天视察耕种情况，补助（种子、劳力）不足的农户；秋天视察收获情况，救济缺粮农户。进入某个诸侯国，（那里）土地开垦得多，田野整治得好，老人得到赡养，贤人受到尊敬，有才能的人在位做官，那就有奖赏，拿土地奖赏。进入某个诸侯国，（如果那里）土地荒芜，遗弃老人，排斥贤人，贪官污吏在位，那就给予责罚。（诸侯）一次不朝见（天子），就降他的爵位；两次不朝见，就削减他的封地；三次不朝见，就派军队去。所以，天子（对于有罪的诸侯，只是）发布命令声讨他的罪行，而不（亲自）征伐；诸侯（是奉天子之命去）征伐而不声讨。五霸却是胁迫诸侯去讨伐别的诸侯，（破坏了三王规矩，）所以说五霸是三王的罪人。五霸中，齐桓公最强。在葵丘盟会上，诸侯们捆绑了牺牲，把盟书放在它身上，并不歃血。（盟书）第一条说，责罚不孝的人，不得擅自改立太子，不得把妾立为正妻。第二条说，尊重贤人，培育人才，用来表彰有德行的人。第三条说，要敬老爱幼，不要忘了来宾和旅客。第四条说，士人不能世代做官，公职不能兼任，选用士人一定要得当，不得擅自杀戮大夫。第五条说，不得到处修筑堤坝，（垄断水利，）不得阻止邻国来买粮食，不能私自封赏而不报告盟主。盟书最后说，凡是我们同盟的人，盟会之后都恢复友好关系。现在的诸侯都违背了这五条誓约，所以说，现在的诸侯是五霸的罪人。（因为顺从君王而）助长了君王的过错，这个罪行还算小的；（故意）逢迎君王的过错，这个罪行就大了。现在的大夫都逢迎君王的过错，所以说，现在的大夫是现在诸侯的罪人。"

【原文】

12.8 鲁欲使慎子①为将军。

孟子曰："不教民而用之，谓之殃民。殃民者，不容于尧、舜之世。一战胜齐，遂有南阳②，然且不可。"

慎子勃然不悦曰："此则滑厘所不识也。"

曰："吾明告子。天子之地方千里；不千里，不足以待诸侯。诸侯之地方百里；不百里，不足以守宗庙之典籍③。周公之封于鲁，为方百里也；地非不足，而俭于百里。太公之封于齐也，亦为方百里也；地非不足也，而俭④于百里。今鲁方百里者五，子以为有王者作，则鲁在所损乎？在所益乎？徒取诸彼以与此，然且仁者不为，况于杀人以求之乎？君子之事君也，务引其君以当道，志于仁而已。"

【注释】

①慎子：名滑厘，据说是一个善于用兵的人。

②南阳：地名，在泰山西南面，本属于鲁，后被齐侵夺。

③典籍：这里指记载先祖典章法度的文册。

④俭（jiǎn）：少。

【译文】

鲁国想叫慎子担任将军。

孟子说："不先训练百姓就用他们打仗，这叫坑害百姓。坑害百姓的人，在尧、舜时代是不容许存身的。（现在即使鲁国）一仗就打赢了齐国，收回了南阳，这样也还是不行。"

慎子顿时不高兴地说："这我真是不明白了（这我就不了解了）。"

孟子说："我来明白地告诉你。天子的土地千里见方；不到千里见方，就不够条件接待诸侯。诸侯的土地百里见方；不足百里见方，就不够条件奉守宗庙里的典籍。（当年）周公分封在鲁地，是百里见方的一块；土地不是不够，但也只不过百里见方。太公分封在齐地，也是百里见方的一块；也不是土地不够，却只不过百里见方。现在鲁国的土地有五个百里见方那么大，你认为，如果有圣王出现，那么鲁国是在土地应该削减之列呢？还是在应该增加之列呢？不费力就把那里的土地取来并入这里，这样的事仁人尚且不干，何况用杀人来求取土地呢？君子侍奉君主，只该专心一意地引导君主走正道，立志在仁上罢了。"

【原文】

12.9 孟子曰："今之事君者皆曰：'我能为君辟土地，充府库。'今之所谓良臣，古之所谓民贼也。君不乡道，不志于仁，而求富之，是富桀也。'我能为君约与国，战必克。'今之所谓良臣，古之所谓民贼也。君不乡道，不志于仁，而求为之强战，是辅桀也。由今之道，无变今之俗，虽与之天下，不能一朝居也。"

【译文】

孟子说："现在那些侍奉君主的人都说：'我能为君主开辟土地，增加财富。'现在所说的良臣，正是古代所说的残害百姓的人。君主不向往道德，不立志行仁，（做臣的）却谋求让他富足，这好比是让夏桀富足。（这些人又说：）'我能替君主纠集盟国，每战必胜。'现在所说的良臣，正是古代所说的残害百姓的人。君主不向往道德，不立志行仁，（做臣的）却为他拼命打仗，这好比是帮夏桀打仗。沿着现在这条路走，不改变现在这种风气，即使把天下给了他，也是一天都坐不安稳的。"

【原文】

12.10 白圭①曰："吾欲二十而取一，何如？"

孟子曰："子之道，貉②道也。万室之国，一人陶，则可乎？"

曰："不可，器不足用也。"

曰："夫貉，五谷不生，惟黍生之；无城郭、宫室、宗庙、祭祀之礼，无诸侯币帛饔飧③，无百官有司，故二十取一而足也。今居中国，去人伦，无君子，如之何其可也？陶以寡，且不可以为国，况无君子乎？欲轻之于尧、舜之道者，大貉小貉也；欲重之于尧、舜之道者，大桀小桀也。"

【注释】

①白圭：姓白名丹，字圭，曾任魏相。

②貉（mò）：北方的一个小国名。同"貊"。

③饔（yōng）飧（sūn）：用食物招待客人。

【译文】

白圭说："我想采用二十抽一的税率，怎么样？"

孟子说："你的做法是貉国的做法。有一万户的国家，只有一个人制作陶器，那行吗？"

白圭说："不行，陶器会不够用的。"

孟子说："那个貉国，五谷不能生长，只有黍能生长；没有城墙、宫室、宗庙和祭祀的礼仪，没有诸侯之间赠礼宴请之类交际往来，没有各种官府、官吏，所以二十抽一也就够了。而现在你居住在中国，（却要像貉国那样）抛弃人伦，废掉官吏，怎么能行呢？制作陶器的人少了，尚且不能治国，何况没有官吏呢？想使税率比尧、舜的标准还低的，是大大小小貉那样的国家；想使税率比尧、舜的标准还高的，是大大小小桀那样的暴君。"

【原文】

12.11 白圭曰："丹之治水也愈于禹。"

孟子曰："子过矣。禹之治水，水之道也，是故禹以四海为壑。今吾子以邻国为壑①。水逆行谓之洚水②，洚水者，洪水也，仁人之所恶也。吾子过矣。"

【注释】

①以邻国为壑（hè）：据《韩非子·喻老》篇说，白圭治水注重修筑和保护堤防，致使水无出路，流入邻国。壑：山沟或大水坑。

②洚（jiàng）水：大水泛滥。

【译文】

白圭说："我治水的方法胜过大禹。"

孟子说："你错啦。大禹治水，是顺应水性，所以大禹把四海当作蓄水场所。现在你却是把邻国当作蓄水场所。倒流泛滥的水叫洚水，洚水就是洪水，是仁人最讨厌的。你错啦！"

【原文】

12.12 孟子曰："君子不亮①，恶乎执？"

【注释】

①亮：同"谅"，信也，诚信。

【译文】

孟子说："君子不讲求诚信，还有什么操守呢？"

【原文】

12.13 鲁欲使乐正子为政。孟子曰："吾闻之，喜而不寐。"

公孙丑曰："乐正子强乎？"

曰："否。"

"有知虑乎？"

曰："否。"

"多闻识乎？"

曰："否。"

"然则奚为喜而不寐？"

曰："其为人也好善。"

"好善足乎？"

曰："好善优于天下，而况鲁国乎？夫苟好善，则四海之内皆将轻千里而来告之以善；夫苟不好善，则人将曰：'訑訑①，予既已知之矣。'訑訑之声音颜色，距人于千里之外。士止于千里之外，则谗谄面谀之人至矣。与谗谄面谀之人居，国欲治，可得乎？"

【注释】

①訑（yí）訑：听别人意见时的不耐烦声音。

【译文】

鲁国想让乐正子管理国家政事。孟子说："我听了这消息，高兴得睡不着。"

公孙子问："乐正子刚强吗？"

答道:"不。"

"有智慧谋略吗?"

答道:"不。"

"见多识广吗?"

答道:"不。"

(公孙丑于是说:)"既然这样,(先生)为什么高兴得睡不着呢?"

答道:"他这个人啊,爱听好意见。"

"爱听好意见就足够了吗?"

答道:"爱听好意见,治理天下就绰绰有余,何况治理一个鲁国?如果爱听好意见,那么天下的人都愿意不远千里地赶来把好意见告诉给他;如果不爱听好意见,那么人们就会(模仿他的腔调)说:'唔唔,我早就知道了。'那种腔调脸色早把别人拒绝在千里之外了。士人千里之外止步不来,那么喜欢进谗言和阿谀献媚的人就会凑到跟前来了。同这帮人混在一起,想治理好国家,可能吗?"

【原文】

12.14 陈子①曰:"古之君子何如则仕?"

孟子曰:"所就三,所去三。迎之致敬以有礼;言,将行其言也,则就之。礼貌未衰,言弗行也,则去之。其次,虽未行其言也,迎之致敬以有礼,则就之。礼貌衰,则去之。其下,朝不食,夕不食,饥饿不能出门户,君闻之,曰:'吾大者不能行其道,又不能从其言也,使饥饿于我土地,吾耻之。'周之,亦可受也,免死而已矣②。"

【注释】

①陈子:即陈臻,孟子弟子。

②免死而已矣:本句道出了古代读书人的委曲。

【译文】

陈子问道:"古代的君子怎样才肯做官?"

孟子说:"去做官有三种情况,辞去官职有三种情况。(君主)恭敬礼貌地迎接他,并将按他所说的去实行,那就去做官。礼貌没有衰减,却不再按他说的去做了，那就辞去官职。其次，虽然没有按他说的去做，但也恭敬礼貌地迎接他去，那就去做官。一旦礼貌也衰减了，那就辞去官职。最差的是，早上没饭吃，晚上也没饭吃，饿得出不了门；君主知道后说：'我在大政方针上不能实行他的主张，又不能听取他的言论，致使他在我的国土上又饥又饿，对此我感到耻辱。'于是周济他，这也是可以接受的，是为了免于饿死罢了。"

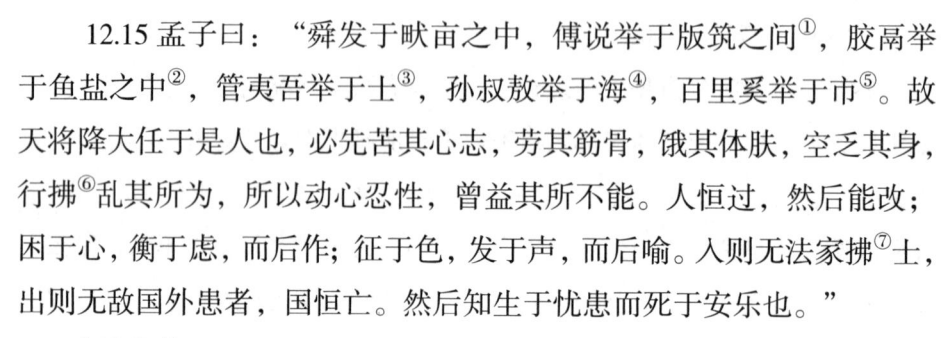

【原文】

12.15 孟子曰："舜发于畎亩之中，傅说举于版筑之间①，胶鬲举于鱼盐之中②，管夷吾举于士③，孙叔敖举于海④，百里奚举于市⑤。故天将降大任于是人也，必先苦其心志，劳其筋骨，饿其体肤，空乏其身，行拂⑥乱其所为，所以动心忍性，曾益其所不能。人恒过，然后能改；困于心，衡于虑，而后作；征于色，发于声，而后喻。入则无法家拂⑦士，出则无敌国外患者，国恒亡。然后知生于忧患而死于安乐也。"

【注释】

①傅说（yuè）：传说是商代一位贤人，因罪服刑，在傅险筑墙；后被商王武丁访求到而提拔为相。版筑：古代筑墙的方法，用两版相夹，填入泥土，用杵捣实，拆版后即成土墙。

②胶鬲：传说是商纣王的臣，他怎么被提拔、被谁提拔，已不见于记载。

③管夷吾：即管仲。原是齐国公子纠的家臣，纠与公子小白（即后来的齐桓公）争夺君位，失败后逃至鲁国而遭杀；管仲也被鲁人囚禁押回齐国。后由鲍叔牙推荐，被桓公提拔为相。

④孙叔敖（áo）：楚国隐士，后被楚庄王提拔为令尹。

⑤百里奚：见本书《万章上》第九章注。

⑥拂（fú）：违背，不顺。

⑦拂（bì）：通"弼"，辅佐。

【译文】

孟子说："舜在田野中兴起，傅说从筑墙的苦役中提拔出来，胶鬲从鱼盐贩子中提拔出来，管夷吾从狱官手中提拔出来，孙叔敖从海边的隐居生活中提拔出来，百里奚从买卖场所提拔出来。所以上天要把重大的担子加给这个人，必定要先使他的心志受困苦，使他的筋骨受劳累，使他的肌体受饥饿，使他的身子受困乏，使他每做一事都受干扰、被打乱，以此来使他心理受振动、性格变坚韧，增加他所缺少的才能。一个人常有过失，才能改正；心志遭困苦，思虑被阻塞，才能发愤有为；表露在脸色上，抒发在言语中，才能使人了解。国内没有执法的大臣和辅佐君主的士人，国外没有势均力敌的国家和外患的威胁，国家常常会灭亡。这样，就能明白忧患中能获得生存、安乐中会遭致灭亡的道理了。"

【原文】

12.16 孟子曰："教亦多术矣，予不屑之教诲也者，是亦教诲之而已矣。"

【译文】

孟子说："教育也是有多种方式的，（对某个人，）我不屑去教诲他，这也是教诲他的一种方式罢了。"

13.尽心篇 上（凡四十六章）

【原文】

13.1 孟子曰："尽其心者，知其性也。知其性，则知天矣。存其心，养其性，所以事天也。夭寿不贰，修身以俟之，所以立命也。"

【译文】

孟子说："（一个人）尽自己的善心，就是觉悟到了自己的本性。觉悟到了自己的本性，就是懂得了天命。保存自己的善心，养护自己的本性，以此来对待天命。不论寿命是长是短都不改变态度，只是修身养性等待天命，这就是确立正常命运的方法。"

【原文】

13.2 孟子曰："莫非命也，顺受其正；是故知命者不立乎岩墙①之下。尽其道而死者，正命也；桎梏②死者，非正命也。"

【注释】

①岩墙：就要倾塌的墙。
②桎（zhì）梏（gù）：拘禁犯人的刑具。

【译文】

孟子说："没有一样不是天命（决定），顺从天命，接受的是正常的命运；因此懂天命的人不会站立在危墙下面。尽力行道而死的，是正常的命运；犯罪受刑而死的，不是正常的命运。"

【原文】

13.3 孟子曰："求则得之①，舍则失之，是求有益于得也，求在我者也。求之有道，得之有命②，是求无益于得也，求在外者也。"

【注释】

①求则得之：是在我本身可以做到的仁义礼智。

②得之有命：指的是之间的富贵荣华。

【译文】

孟子说："寻求就能得到它，舍弃就会失掉它，这样寻求就有益于得到，因为所寻求的存在于我本身之内的缘故。寻求它有方法，得到它靠命运，这样寻求无益于得到，因为所寻求的在我本身之外的缘故。"

【原文】

13.4 孟子曰："万物皆备于我矣。反身而诚，乐莫大焉。强恕①而行，求仁莫近焉。"

【注释】

①强（qiǎng）恕：勉于恕道。

【译文】

孟子说："万物之理我都具备了。反问自己，所具备的道理是实实在在存在的，快乐没有比这更大的了。努力按推己及人的恕道去做，求仁的道路没有比这更近的了。"

【原文】

13.5 孟子曰："行之而不著焉，习矣而不察焉，终身由之而不知其道者，众也。"

【译文】

孟子说："做了而不明白，习惯了而不觉察，一辈子走这条路，却不知道那是条什么路，这种人是一般的人。"

【原文】

13.6 孟子曰："人不可以无耻。无耻之耻，无耻矣。"

【译文】

孟子说："人不能没有羞耻心。把没有羞耻心当作羞耻，那就不会有耻辱了。"

【原文】

13.7 孟子曰："耻之于人大矣。为机变之巧者，无所用耻焉。不耻不若人，何若人有？"

【译文】

孟子说："羞耻对于人关系大极了。玩弄权术诡计的人，是到处不讲羞耻的。不认为不如别人是羞耻，怎么能赶上别人呢？"

【原文】

13.8 孟子曰："古之贤王，好善而忘势；古之贤士，何独不然？乐其道而忘人之势，故王公不致敬尽礼，则不得亟见之。见且由不得亟，而况得而臣之乎？"

【译文】

孟子说："古代的贤君好善，而忘记自己的权势；古代的贤士，又何尝不是这样？他们乐于行道而忘记了别人的权势，所以王公大人不恭敬尽礼，就不能常常见到贤士。相见尚且不可多得，更何况要把他们当臣属呢？"

【原文】

13.9 孟子谓宋勾践①曰："子好游乎？吾语子游。人知之，亦嚣嚣②；人不知，亦嚣嚣。"曰："何如斯可以嚣嚣矣？"曰："尊德乐义，则可以嚣嚣矣。故士穷不失义，达不离道。穷不失义，故士得己焉；达不离道，故民不失望焉。古之人，得志，泽加于民；不得志，修身见于世。穷则独善其身，达则兼善天下。"

【注释】

①宋勾践：人名，身世不详。

②嚣（áo）嚣：怡然自得的样子。

【译文】

孟子对宋勾践说:"你喜欢游说吗?我告诉你游说(的态度)。人家理解,我悠然自得无所求;人家不理解,我也悠然自得无所求。"宋勾践问道:"怎样就能做到悠然自得无所求呢?"孟子说:"崇尚德,爱好义,就能悠然自得无所求。所以士人穷困时不失掉义,得志时不背离道。穷困时不失掉义,所以士人能保持自己的操守;得志时不背离道,所以不会使百姓失望。古代的人,得志时,施给人民恩泽;不得志时,修养品德立身在世。穷困时,独自保持自己的善性,得志时还要使天下的人保持善性。"

【原文】

13.10 孟子曰:"待文王而后兴者①,凡民也。若夫豪杰之士②,虽无文王犹兴。"

【注释】

①兴:不指外在事功,而指"择善固执",走上人生正途。

②豪杰之士:孟子曾称赞楚人陈良学习儒家有成,为"豪杰之士"。

【译文】

孟子说:"等文王(那样的圣君)出现后才奋发的,是平凡的人。至于杰出人物,即使没有文王出现,也能奋发有为。"

【原文】

13.11 孟子曰:"附之以韩、魏之家①,如其自视欿然②,则过人远矣。"

【注释】

①韩、魏之家:指春秋末期晋国六卿中的韩、魏两家。这两家当时拥有很大的权势和很多的财产。

②欿(kǎn):"坎"的假借字,视盈若虚的意思。

【译文】

孟子说:"把韩、魏两大家的财富增加给他,如果他还自认为没有什么,那他就远远超过一般人了。"

【原文】

13.12 孟子曰："以佚道使民①，虽劳不怨。以生道杀民②，虽死不怨杀者。"

【注释】

①佚（yì）道：佚，同"逸"。让百姓安逸。

②生道：设法为百姓找到活路。

【译文】

孟子说："依据（让百姓）安逸的原则去役使百姓，百姓即使劳累也不怨恨；依据（让百姓）生存的原则去杀人，被杀的人虽死不怨杀他的人。"

【原文】

13.13 孟子曰："霸者之民驩虞①如也，王者之民皞皞②如也。杀之而不怨，利之而不庸③，民日迁善而不知为之者。夫君子所过者化，所存者神，上下与天地同流，岂曰小补之哉？"

【注释】

①驩（huān）虞（yù）：欢娱。

②皞（hào）皞：悠然自得，心旷神怡。

③庸（yōng）：报答，酬谢。

【译文】

孟子说："霸主的百姓愉快欢乐，圣王的百姓心旷神怡。（圣王的百姓）被杀而不怨恨谁，得了好处而不报答谁，一天天趋向于善，却不知道谁使他们这样。圣人经过哪里，哪里就受感化；住在哪里，哪里就有神奇的变化，造化之功上与天齐下与地同，难道说只是小小的补益吗？"

【原文】

13.14 孟子曰："仁言不如仁声之入人深也，善政不如善教之得民也。善政，民畏之；善教，民爱之。善政得民财，善教得民心。"

【译文】

孟子说："仁德的言辞不如仁德的声望深入人心，良好的政治不如良好的教育能获得民心。良好的政治，百姓害怕（违背）它；良好的教育，百姓乐于接受它。良好的政治能聚敛到百姓的财富，良好的教育能赢得民心的拥护。"

【原文】

13.15 孟子曰："人之所不学而能者，其良能也①；所不虑而知者，其良知也。孩提之童无不知爱其亲者，及其长也，无不知敬其兄也。亲亲，仁也；敬长，义也；无他，达之天下也。"

【注释】

①良：自然之意。

【译文】

孟子说："人不经学习就能做的，那是良能；不经思考就能知道的，那是良知。年幼的孩子，没有不知道要爱他们父母的；长大后，没有不知道要敬重他们兄长的。爱父母就是仁，敬兄长就是义，这没有别的原因，只因为（仁和义）是通行于天下的。"

【原文】

13.16 孟子曰："舜之居深山之中，与木石居，与鹿豕游①，其所以异于深山之野人者几希；及其闻一善言，见一善行，若决江河，沛②然莫之能御也。"

【注释】

①豕（shǐ）：猪。

②沛（pèi）：水流的样子。

【译文】

孟子说："舜居住在深山里，与树木、石头作伴，与鹿、猪相处，他区别于深山里不开化百姓的地方是很少的；（可是）等他听了一句善言，见了一种善行，（就会立即照着去做，）像决了口的江河一般，澎湃之势没有谁能阻挡得住。"

【原文】

13.17 孟子曰："无为其所不为，无欲其所不欲，如此而已矣。"

【译文】

孟子说："不要让他干不想干的事，不要让他想不想得的东西，这就行了。"

【原文】

13.18 孟子曰："人之有德、慧、术、知者，恒存乎疢疾①。独孤臣孽子②，其操心也危③，其虑患也深，故达④。"

【注释】

①疢（chèn）疾：义同灾患。
②孤臣孽子：孤臣，受疏远的臣；孽子，非嫡妻所生之子。
③危：不安。
④达：通达事理。

【译文】

孟子说："有德行、智慧、谋略、见识的人，常常是因为他生活在患难之中。只有那些孤臣和孽子，他们持有警惧不安的心理，考虑忧患很深远，所以通达事理。"

【原文】

13.19 孟子曰："有事君人者，事是君则为容悦者也；有安社稷臣者，以安社稷为悦者也；有天民①者，达可行于天下而后行之者也；有大人者，正己而物正者也。"

【注释】

①天民：朱熹《四书集注》云："民者，无位之称，以其全尽天理，乃天之民，故谓之天民。"

【译文】

孟子说："有侍奉君主的人，那是专把侍奉某个君主当作快乐的；有安定国家的人，那是把安定国家当作快乐的人；有不在职位而保全天理的人，那是知道'道'能在天下推行了然后来行道的人；有圣人，那是端正了自己而外物随之就端正的人。"

【原文】

13.20 孟子曰："君子有三乐，而王天下不与存焉。父母俱存，兄弟无故，一乐也；仰不愧于天，俯不怍①于人，二乐也；得天下英才而教育之，三乐也。君子有三乐，而王天下不与存焉。"

【注释】

①怍（zuò）：惭愧。

【译文】

孟子说："君子有三件值得快乐的事，用仁德统一天下不包括在内。父母都健在，兄弟没病没灾，这是第一件快乐的事；抬头无愧于天，低头无愧于人，这是第二件快乐的事；得到天下的优秀人才而教育他们，这是第三件快乐的事。君子有这三件快乐的事，用仁德统一天下不包括在内。"

【原文】

13.21 孟子曰："广土众民，君子欲之，所乐不存焉；中天下而立，定四海之民，君子乐之，所性不存焉。君子所性，虽大行不加焉，虽穷居不损焉，分定故也。君子所性，仁义礼智根于心，其生色也睟然①，见于面，盎②于背，施③于四体，四体不言而喻。"

【注释】

①睟（suì）然：润泽之貌。

②盎（àng）：显现。

③施（shī）：延及。

【译文】

孟子说："广阔的土地，众多的人民，君子是想得到的，但他的快乐不在这方面；站立在天下的中央，安定普天下的百姓，君子对此感到快乐，但他的本性不在这方面。君子的本性，即使他的理想完全实现了，也不会因此而有所增加；即使窘困隐居，也不会因此而有所减少，这是由于本分已经确定的缘故。君子的本性，仁义礼智植根在心中，它们产生的气色是纯正和润的，显现在脸上，充满在体内，延伸到四肢。四肢不必等他的吩咐，便明白该怎样做了。"

【原文】

13.22 孟子曰："伯夷辟纣①，居北海之滨，闻文王作，兴曰：'盍②归乎来，吾闻西伯善养老者。'太公辟纣，居东海之滨，闻文王作，兴曰：'盍归乎来，吾闻西伯善养老者。'天下有善养老，则仁人以为己归矣。五亩之宅，树墙下以桑，匹妇蚕之，则老者足以衣帛矣。五母鸡，二母彘③，无失其时，老者足以无失肉矣。百亩之田，匹夫耕之，八口之家足以无饥矣。所谓西伯善养老者，制其田里，教之树畜④，导其妻子使养其老。五十非帛不暖，七十非肉不饱。不暖不饱，谓之冻馁⑤。文王之民无冻馁之老者，此之谓也。"

【注释】

①辟（bì）纣（zhòu）：躲避纣王。辟，通"避"。

②盍（hé）：为什么。

③彘（zhì）：猪。

④树畜（xù）：栽桑养畜。

⑤冻馁（něi）：挨冻受饿。

【译文】

孟子说："伯夷躲避纣王，隐居在北海之滨，听说文王兴盛起来了，就说：'何不归到他那里去呢，我听说西伯善于奉养老人。'姜太公躲避纣王，隐居在东海之滨，听说文王兴盛起来了，就说：'何不归到他那里去呢，我听说西伯善于奉养老人。'天下有善于奉养老人的人，仁人便把他当作自己要投奔的人了。五亩的住宅地，墙下栽上桑树，妇女用它养蚕，老人就完全能穿上丝棉衣了。养五只母鸡、两只母猪，不错过它们的繁殖时期，老人就完全不会缺肉吃了。一百亩的耕地，由男子耕种，八口之家就完全不会有饥饿了。所谓西伯善于奉养老人，（就在于他）规定了百姓的田亩宅地，教育他们栽桑养畜，引导他的妻子儿女奉养老人。五十岁的人，不穿丝棉就不暖，七十岁的人，没有肉吃就不饱。不暖不饱，就叫挨冻受饿。文王的百姓中没有挨冻受饿的人，说的就是这种情况。"

【原文】

13.23 孟子曰："易其田畴①，薄其税敛，民可使富也。食之以时，用之以礼，财不可胜用也。民非水火不生活，昏暮叩人之门户求水火，无弗与者，至足矣。圣人治天下，使有菽粟②如水火。菽粟如水火，而民焉有不仁者乎？"

【注释】

①易其田畴（chóu）：易，治理。田畴，土地。

②菽（shū）粟（sù）：粮食。

【译文】

孟子说："（让百姓）种好他们的地，减轻他们的赋税，就可以使百姓富足。按一定时节食用，按礼的规定使用，财物就用不完了。百姓没有水和火就无法生活，晚上敲人门户求水讨火，没有人不给的，因为家家水火都多极了。圣人治理天下，就要使百姓的粮食多得像水火。粮食多得像水火，那么老百姓哪还有不仁爱的呢？"

【原文】

13.24 孟子曰："孔子登东山而小鲁，登泰山而小天下，故观于海者难为水，游于圣人之门者难为言。观水有术，必观其澜。日月有明，容光①必照焉。流水之为物也，不盈科②不行；君子之志于道也，不成章不达。"

【注释】

①容光：容得下光线。

②科：坑洼。

【译文】

孟子说："孔子登上了东山，觉得鲁国变小了；登上了泰山，觉得天下变小了，所以看过大海的人，就难以被别的水吸引了，在圣人门下学习的人，就难以被别的言论吸引了。观赏水有一定的方法,一定要观赏它的波澜。日月都有光,细小的缝隙必定都照到。流水这东西,不流满洼坑就不再向前流;君子有志于道,不到相当程度就不可能通达。"

【原文】

13.25 孟子曰:"鸡鸣而起,孳孳①为善者,舜之徒也;鸡鸣而起,孳孳为利者,跖②之徒也。欲知舜与跖之分,无他,利与善之间也。"

【注释】

①孳(zī)孳:同"孜孜",勤勉,努力不懈的样子。
②跖(zhí):同"蹠",相传为春秋时期的大盗。

【译文】

孟子说:"鸡叫就起身,孜孜不倦地行善,是舜一类的人;鸡叫就起身,一刻不停地求利,是跖一类的人。要想知道舜和跖的区别,没有别的,只在行善和求利的不同罢了。"

【原文】

13.26 孟子曰:"杨子①取为我,拔一毛而利天下,不为也。墨子兼爱,摩顶放踵②利天下,为之。子莫③执中;执中为近之。执中无权,犹执一也。所恶执一者,为其贼道也,举一而废百也。"

【注释】

①杨子:即杨朱,见《滕文公下》第九章注。
②摩顶放踵(zhǒng):摩,假借为磨,《说文》:"磨,烂也。"引申为损伤。放,疑为"致",前人引此多有作"致"者。踵,脚后跟。
③子莫:战国时鲁国人。

【译文】

孟子说:"杨子奉行'为我',拔根汗毛就对天下有利,他也不干。墨子提倡'兼爱',(哪怕)从头到脚都受伤,只要对天下有利,也愿干。子莫持中间态度,持中间态度就接近正确了。(但是,)持中间态度而没有变通,也还是执着在一点上。执着于一点之所以不好,是因为它损害了道,抓住了一点而丢弃了其他一切的缘故。"

【原文】

13.27 孟子曰："饥者甘食，渴者甘饮，是未得饮食之正也，饥渴害之也。岂惟口腹有饥渴之害？人心亦皆有害。人能无以饥渴之害为心害，则不及人不为忧矣。"

【译文】

孟子说："饥饿的人觉得任何食物都好吃，口渴的人觉得任何水都好喝，这并没有尝到饮食的正常味道，而是受了饥渴损害的缘故。难道只有嘴巴肚子有饥渴的损害？人心也都有损害。人们能够不把（类似）饥渴的损害变成对心的损害，那么（一时）赶不上别人，也不必为此忧虑了。"

【原文】

13.28 孟子曰："柳下惠不以三公易其介①。"

【注释】

①介：节操。三公：有两种说法，一是太师、太傅、太保；二是司马、司徒、司空。都是辅佐国君的高官。

【译文】

孟子说："柳下惠不会因为做大官而改变他的操守。"

【原文】

13.29 孟子曰："有为者辟若①掘井，掘井九轫②而不及泉，犹为弃井也。"

【注释】

①辟（pì）若：辟通"譬"。辟若，比如。
②轫（rèn）：同"仞"。古代七尺（或说八尺）为一仞。

【译文】

孟子说："做事好比打井，打了六七丈深还没打到泉水，仍然是口废井。"

【原文】

13.30 孟子曰:"尧、舜,性之也;汤、武,身之也;五霸,假之也。久假而不归,恶知其非有也?"

【译文】

孟子说:"尧、舜是本性具备仁义,商汤王、周武王是亲身实践仁义,五霸是假借仁义。假借久了而不归还,哪能知道他们本来是没有仁义的呢?"

【原文】

13.31 公孙丑曰:"伊尹曰:'予不狎于不顺①,放太甲于桐,民大悦。太甲贤,又反之,民大悦。'贤者之为人臣也,其君不贤,则固可放与?"

孟子曰:"有伊尹之志,则可;无伊尹之志,则篡也。"

【注释】

①狎(xiá):亲昵。顺:顺乎仁义。

【译文】

公孙丑说:"伊尹说:'我不亲近不遵循仁义的人,把太甲放逐到桐邑,百姓非常高兴;太甲变好了,又让他回来(作君主),百姓非常高兴。'贤人作为臣,君主不好,本来就可以将他放逐的吗?"

孟子说:"有伊尹那样的意图,就可以;没有伊尹那样的意图,那就是篡位了。"

【原文】

13.32 公孙丑曰:"《诗》曰:'不素餐兮①。'君子之不耕而食,何也?"

孟子曰:"君子居是国也,其君用之,则安富尊荣;其子弟从之,则孝悌忠信。'不素餐兮',孰大于是?"

【注释】

①此句出自《诗经·魏风·伐檀》。素餐(cān):白吃饭。

【译文】

公孙丑说:"《诗经》上说:'不白吃饭啊。'君子不耕种,却也吃饭,是什么道理呢？"

孟子说："君子住在这个国家，这一国的君主任用他，便能得到安定、富足、尊贵、荣耀；他的弟子跟随他，便能孝顺父母、尊敬兄长、办事尽心、讲求诚信。'不白吃饭啊'，哪样比这功劳更大？"

【原文】

13.33 王子垫①问曰："士何事？"

孟子曰："尚志。"

曰："何谓尚志？"

曰："仁义而已矣。杀一无罪非仁也，非其有而取之非义也。居恶在？仁是也；路恶在？义是也。居仁由义，大人之事备矣。"

【注释】

①王子垫：齐王之子，名垫。

【译文】

王子垫问道："士该做什么事？"

孟子说："使自己志向高尚。"

王子垫问："什么叫使自己志向高尚？"

孟子说："遵行仁义罢了。杀一个无罪的人是不仁的，不该是自己的东西而取来，是不义的。该住的地方在哪里？仁就是；该行的路在哪里？义就是。能居住在仁上，行走在义上，（那）君子该做的事就都齐全了。"

【原文】

13.34 孟子曰："仲子①，不义与之齐国而弗受，人皆信之，是舍箪食豆羹之义也。人莫大焉亡②亲戚君臣上下。以其小者信其大者，奚可哉？"

【注释】

①仲子：即陈仲子，见本书《滕文公下》第十章注。

②亡（wú）：不，没有。

【译文】

孟子说:"陈仲子,(如果)不合道理地把齐国送给他,他不会接受,人人都相信这一点,(不过)这只是拒绝一筐饭、一碗汤那样的小义罢了。人的罪过没有比不讲亲属君臣尊卑关系更大的了。因为他有小义就相信他有大义,怎么可以呢?"

【原文】

13.35 桃应①问曰:"舜为天子,皋陶②为士,瞽瞍杀人,则如之何?"

孟子曰:"执之而已矣。"

"然则舜不禁与?"

曰:"夫舜恶得而禁之?夫有所受之也。"

"然则舜如之何?"

曰:"舜视弃天下犹弃敝蹝也③。窃负而逃,遵海滨而处,终身䜣然④,乐而忘天下。"

【注释】

①桃应:孟子弟子。

②皋(gāo)陶(yáo):人名,他是尧舜时期的法官。

③敝(bì)蹝(xǐ):破旧的鞋子。蹝:通"屣"。

④䜣(xīn)然:高兴的样子。䜣,同"欣"。

【译文】

桃应问道:"舜是天子,皋陶是法官,(如果)瞽瞍杀了人,那该怎么办?"

孟子说:"把他捉起来罢了。"

(桃应问:)"那么,舜不阻止吗?"

孟子说:"舜哪能去阻止呢?(皋陶的权力)是有所承受的。"

(桃应问:)"那么舜该怎么办?"

孟子说:"舜把抛弃天下看得如同丢弃破鞋子一样。(因此他会)偷偷地背着父亲逃跑,沿海边住下来,一辈子高高兴兴的,快乐得忘了天下。"

【原文】

13.36 孟子自范①之齐，望见齐王之子，喟②然叹曰："居移气，养移体，大哉居乎！夫非尽人之子与？"

孟子曰："王子宫室、车马、衣服多与人同，而王子若彼者，其居使之然也；况居天下之广居者乎？鲁君之宋，呼于垤泽之门③。守者曰：'此非吾君也，何其声之似我君也？'此无他，居相似也。"

【注释】

①范：齐国地名。

②喟（kuì）：叹息。

③垤（dié）泽之门：即宋国的东城南门。

【译文】

孟子从范邑到齐国去，远远地看见了齐王的儿子，很感慨地说："居住环境改变人的气质，奉养改变人的体质，所处的环境真是关系大极了！他和别人不都一样是做儿子的吗？"

孟子说："王子的住房、车马、衣服多半跟别人的相同，而王子却是那样（与众不同），是因为他居住的环境使他变得这样的；何况居住在（'仁'这个）天下最宽广的住所中的人呢？（有一次）鲁君到宋国去，在宋国的垤泽城门下吆喝，守门人议论说：'这个人不是我们的君主，为什么他的声音像我们的国君呢？'这没有别的原因，所居住的环境相似罢了。"

【原文】

13.37 孟子曰："食而弗爱，豕交①之也；爱而不敬，兽畜②之也。恭敬者，币之未将者也。恭敬而无实，君子不可虚拘。"

【注释】

①豕（shǐ）交：养猪。

②兽畜（xù）：畜养牲口。

【译文】

孟子说："只给吃而不爱抚，那就像对待猪一样；爱抚而不恭敬，那就像畜养牲口一样。恭敬之心是礼物送上之前就该具有的。只有恭敬的形式，却没有诚心实意，君子就不能徒然地受它的约束。"

【原文】

13.38 孟子曰："形色，天性也；惟圣人然后可以践形。"

【译文】

孟子说："形体容貌是天生的；只有成了圣人才能无愧于（他的）形体容貌。"

【原文】

13.39 齐宣王欲短丧。公孙丑曰："为期之丧①，犹愈于已乎？"

孟子曰："是犹或紾其兄之臂，子谓之姑徐徐云尔，亦教之孝悌而已矣。"

王子有其母死者，其傅为之请数月之丧②。公孙丑曰："若此者何如也？"

曰："是欲终之而不可得也。虽加一日愈于已，谓夫莫之禁而弗为者也。"

【注释】

①期（jī）：一周年，一整月。

②以上两句，据《仪礼·丧服记》，王子在母亲（诸侯之妾）死后，因父亲还在，不必服丧，只在下葬时穿穿麻衣而已，因此"数月之丧"也就不是短丧了。若心中没有哀思，守丧难免沦于形式。这也是一个礼与仁配合的问题。

【译文】

齐宣王想缩短服丧的期限。公孙丑说："（为父母）服丧一年，总还比不服丧好吧？"

孟子说："这就像有人在扭他哥哥的胳膊，你却对他说暂且慢慢扭吧之类的话，（能有什么用呢？）你只要用孝父母、敬兄长的道理去教育他就行了。"

有个王子的生母死了，他的老师为他去请求君主，允许他服丧几个月。公孙丑问（孟子）道："像这样的事该怎样看？"

孟子说:"这是想服丧三年而无法办到的缘故。即使多服丧一天也总比不服丧好,这是针对那些没有谁禁止他而他自己不肯服丧的人说的。"

【原文】

13.40 孟子曰:"君子之所以教者五:有如时雨化之者,有成德者,有达财①者,有答问者,有私淑艾者②。此五者,君子之所以教也。"

【注释】

①财:同"才"。

②淑(shū)艾(ài):拾取,受到教诲。淑,通"叔",拾取。艾,取。

【译文】

孟子说:"君子教育的方法有五种:有像及时雨滋润沾化的,有帮助养成品德的,有帮助发展才能的,有解答疑问的,有(靠品德学问使人)私下受到教诲的。这五种就是君子施行教育的方法。"

【原文】

13.41 公孙丑曰:"道则高矣,美矣,宜若登天然,似不可及也;何不使彼为可几及而日孳孳也?"

孟子曰:"大匠不为拙工改废绳墨①,羿不为拙射变其彀率②。君子引而不发,跃如也。中道而立,能者从之。"

【注释】

①绳墨:木工取直用的工具。

②拙(zhuō):笨拙。彀(gòu)率(shuài):拉弓的标准。

【译文】

公孙丑说:"道是很高很好啊,(但要学它,)那就像登天那样,似乎不可能达到的;何不让它变得有希望达到从而使人每天不懈地追求它呢?"

孟子说:"高明的木匠不会因为笨拙的徒工而改变、废弃绳墨,羿不会因为笨拙的射手而改变拉弓的标准。君子(教导别人,正如教人射箭,)拉满了弓却不射出箭,只是跃跃欲试(地做示范)。君子站立在道的中间,有能力的人便会跟从他学。"

【原文】

13.42 孟子曰："天下有道，以道殉身；天下无道，以身殉道。未闻以道殉乎人者也。"

【译文】

孟子说："天下清明太平，道能被我施行；天下混乱黑暗，不惜为道献身。没听说牺牲了道去迎合别人的。"

【原文】

13.43 公都子曰："滕更①之在门也，若在所礼，而不答，何也？"

孟子曰："挟贵而问，挟贤而问，挟长而问，挟有勋劳而问，挟故而问，皆所不答也。滕更有二焉。"

【注释】

①滕更：滕国国君的弟弟，曾就学于孟子。

【译文】

公都子说："滕更在您门下学习时，似乎是属于要以礼相待的人，然而您却不回答（他的发问），为什么呢？"

孟子说："倚仗地位来发问，倚仗能干来发问，倚仗年长来发问，倚仗有功劳来发问，倚仗老交情来发问，都是我不愿回答的。滕更占了其中的两条。"

【原文】

13.44 孟子曰："于不可已①而已者，无所不已。于所厚者②薄，无所不薄也。其进锐者，其退速。"

【注释】

①不可已：指择善而言，必须固执一生。

②所厚者：是依"爱的差等"而定。

【译文】

孟子说："对于不该抛弃的人却抛弃了，那就没有什么人不可抛弃了。对于该厚待的人却给予薄待，那就没有什么人不可薄待的了。进得太快的人，退得也快。"

【原文】

13.45 孟子曰："君子之于物也，爱之而弗仁；于民也，仁之而弗亲。亲亲而仁民，仁民而爱物。"

【译文】

孟子说："君子对于万物，爱惜而不必施予仁德；对于百姓，施予仁德而不必视作亲人。（君子）首先要亲近亲人，进而把仁德施给百姓；把仁德施给百姓，进而爱惜万物。"

【原文】

13.46 孟子曰："知者无不知也，当务之为急；仁者无不爱也，急亲贤之为务。尧、舜之知而不遍物，急先务也；尧、舜之仁不遍爱人，急亲贤也。不能三年之丧，而缌、小功之察①；放饭流歠②，而问无齿决③，是之谓不知务。"

【注释】

①缌（sī）、小功：丧服名。古代丧服分为斩衰、齐衰、大功、小功、缌麻五个等级，服丧期相应分为三年、一年、九个月、五个月、三个月五等。

②放饭流歠（chuò）：放，大；歠，饮。意思是大口吃饭、大口喝汤。按礼的规定，在尊长面前这样吃喝，是大不敬的行为。

③齿决：此指用牙咬断干肉。按礼的规定，在尊长面前这样做，是不礼貌的。

【译文】

孟子说："聪明人本该无所不知，（但总是）急于知道眼前该做的事情；仁人本该无所不爱，（但总是）急于先爱亲人和贤人。尧、舜的智慧不能遍知所有事物，是因为急于去做眼前的大事；尧、舜的仁德不能遍爱所有的人，是因为急于先爱亲人和贤人。（如果有人）不实行三年的丧礼，却讲究缌麻、小功这类（三五个月的）丧礼；（在尊长面前用餐，）大吃大喝，却讲究不用牙齿咬断干肉（这类小礼节），这就叫不懂轻重缓急。"

14. 尽心篇 下（凡三十八章）

【原文】

14.1 孟子曰："不仁哉梁惠王也！仁者以其所爱及其所不爱，不仁者以其所不爱及其所爱。"公孙丑问曰："何谓也？""梁惠王以土地之故，糜烂其民而战之，大败，将复之，恐不能胜，故驱其所爱子弟以殉之，是之谓以其所不爱及其所爱也。"

【译文】

孟子说："梁惠王真不仁啊！仁人把给予他所爱的人的恩德推及到他所不爱的人，不仁者把带给他所不爱的人的祸害推及到他所爱的人。"公孙丑问道："为什么这么说呢？"（孟子说）"梁惠王因为土地的缘故，糟踏百姓的生命驱使他们去打仗，大败后准备再打，担心不能取胜，所以又驱使他所爱的子弟去为他送死，这就叫把带给他所不爱的人的祸害推及到他所爱的人。"

【原文】

14.2 孟子曰："春秋无义战①。彼善于此，则有之矣。征者，上伐下也，敌国不相征也。"

【注释】

①春秋无义战：诸侯有罪，只有天子可以征讨；但春秋时代天子势衰，以致战争皆非天子之意，所以无义战。这种说法无异于反对绝大多数的战争。

【译文】

孟子说："春秋时代没有符合义的战争。那一次（战争）比这一次好一点的情况，还是有的。所谓征，是指天子讨伐诸侯，同等的诸侯国是不能相互征讨的。"

【原文】

14.3 孟子曰:"尽信《书》,则不如无《书》。吾于《武成》①,取二三策②而已矣。仁人无敌于天下,以至仁伐至不仁,而何其血之流杵③也?"

【注释】

①《武成》:《尚书》篇名,早已亡佚。东汉王充《论衡·艺增》上说:"夫《武成》之篇,言武王伐纣,血流浮杵,助战者多,故至血流如此。"

②策:竹简。

③杵(chǔ):舂米用的木棒。

【译文】

孟子说:"完全相信《尚书》,不如没有《尚书》。我对于(《尚书》中的)《武成》篇,就只取其中二三处罢了。仁人无敌于天下,凭(武王那样)最仁的人去讨伐(商纣那样)最不仁的人,怎么会血流得把杵(舂米的木棒)都漂起来呢?"

【原文】

14.4 孟子曰:"有人曰,'我善为陈①,我善为战。'大罪也。国君好仁,天下无敌焉。南面而征,北狄怨;东面而征,西夷怨,曰:'奚为后我?'武王之伐殷也,革车三百两②,虎贲③三千人。王曰:'无畏!宁尔也,非敌百姓也。'若崩厥角稽首④。征之为言正也,各欲正己也,焉用战?"

【注释】

①陈(zhèn):同"阵"。

②两(liàng):同"辆"。

③虎贲(bēn):勇士。

④若崩厥(jué)角(jiǎo)稽(qǐ)首:额角碰地,顿首,跪拜,叩头的声音,像山崩一样。

【译文】

孟子说:"有人说,'我善于布阵,我善于打仗。'这是大罪恶。国君爱好仁,就会天下无敌。(商汤)征伐南方,北方的民族就埋怨;征伐东方,西方的民族就埋怨。埋怨说:'为什么把我们放在后边?'武王讨伐殷商,有战车三百辆、勇士三千人。武王(向殷商的百姓)说:"不要害怕,(我们是来)安抚你们的,不是来同百姓为敌的。'(殷商的百姓都跪倒叩头,)额角碰地的声音,像山岩崩塌一般。'征'就是'正'的意思。如果各国都有端正自己的打算,哪还用得着打仗?"

【原文】

14.5 孟子曰:"梓匠轮舆能与人规矩,不能使人巧。"

【译文】

孟子说:"木匠和车匠能教给人圆规、曲尺的使用方法,却不能使人技术精巧。"

【原文】

14.6 孟子曰:"舜之饭糗茹草也①,若将终身焉;及其为天子也,被袗衣,鼓琴,二女果②,若固有之。"

【注释】

①饭糗(qiǔ):饭,动词,吃。糗,干粮。茹(rú):动词,吃。

②果:通"婐(wǒ)",侍女,这里是侍候的意思。

【译文】

孟子说:"舜在吃干粮咽野菜的时候,就像打算终身这么过日子似的。到他做了天子后,穿着细葛布衣服,弹着琴,尧的两个女儿侍候着,又像本来就享有这种生活似的。"

【原文】

14.7 孟子曰:"吾今而后知杀人亲之重也:杀人之父,人亦杀其父;杀人之兄,人亦杀其兄。然则非自杀之也,一间耳。"

【译文】

孟子说:"我现在才知道杀害别人亲人的严重性:杀了人家的父亲,人家也会杀他父亲;杀了人家的哥哥,人家也会杀他哥哥。虽然不是他自己杀了父亲和哥哥,但也只差那么一点点了。"

【原文】

14.8 孟子曰:"古之为关也,将以御暴;今之为关也,将以为暴。"

【译文】

孟子说:"古时候设立关卡,是要用它抵御残暴;而现在设立关卡,却是想用它来施行残暴。"

【原文】

14.9 孟子曰:"身不行道,不行于妻子;使人不以道,不能行于妻子。"

【译文】

孟子说:"自己不按道行动,道在他妻子儿女身上也实行不了;不按道去使唤人,那就连妻子儿女也使唤不了。"

【原文】

14.10 孟子曰:"周于利者,凶年不能杀①;周于德者,邪世不能乱。"

【注释】

①周:充足。杀(shài):窘困,缺乏。

【译文】

孟子说:"富于财利的人,荒年不能使他困窘;富于道德的人,乱世不能使他迷乱。"

【原文】

14.11 孟子曰:"好名之人,能让千乘之国,苟非其人,箪食豆羹见于色。"

【译文】

孟子说:"爱名声的人,能够让出大国国君的位置;如果不是这样的人,就是让出一小筐饭、一碗汤,脸色也会显出不高兴。"

【原文】

14.12 孟子曰:"不信仁贤,则国空虚;无礼义,则上下乱;无政事,则财用不足。"

【译文】

孟子说:"不信任仁人贤士,国家实力就会空虚;没有礼义,上下等级关系就会混乱;没有政事,国家财用就会不足。"

【原文】

14.13 孟子曰:"不仁而得国者,有之矣;不仁而得天下者,未之有也。"

【译文】

孟子说:"不仁的人得到一个国家,有这样的情况;不仁的人却得到天下,是从来没有过的。"

【原文】

14.14 孟子曰:"民为贵,社稷次之,君为轻。是故得乎丘民①而为天子,得乎天子为诸侯,得乎诸侯为大夫。诸侯危社稷,则变置。牺牲既成,粢盛既絜②,祭祀以时,然而旱干水溢,则变置社稷。"

【注释】

①丘民:众民。

②粢(zī)盛(chéng)既絜:盛在祭器内的粟米已洁净。絜,同"洁",洁净。

【译文】

孟子说:"百姓是最重要的,土谷之神次于百姓,君主的地位更要轻些。所以得到许多百姓的拥护就能做天子,得到天子信任就能做诸侯,得到诸侯信任就能做大夫。诸侯危害了土谷之神，那就改立诸侯。祭祀用的牲畜是肥壮的，谷物是清洁的，又是按时祭祀的，然而还是干旱水涝，那就改立土谷之神。"

【原文】

14.15 孟子曰："圣人，百世之师也，伯夷、柳下惠是也。故闻伯夷之风者，顽夫廉，懦夫有立志；闻柳下惠之风者，薄夫敦①，鄙夫宽。奋乎百世之上，百世之下，闻者莫不兴起也。非圣人而能若是乎？而况于亲炙之者乎？"

【注释】

①敦（dūn）：老实厚道。

【译文】

孟子说："圣人是百代人的师表，伯夷、柳下惠就是这样的人。所以，听说过伯夷的道德风范的，贪婪的人会变廉洁，懦弱的人会有立志的决心；听说过柳下惠的道德风范的，刻薄的人会变得厚道，狭隘的人会变得宽广。百代之前（奋发有为），百代之后，听说过他们事迹的人，没有不振作奋发的。不是圣人能像这样吗？（百代以后的影响尚且这样，）更何况当时亲身受过他们熏陶的人呢？"

【原文】

14.16 孟子曰："仁也者，人也①。合而言之，道也。"

【注释】

①仁也者，人也：指仁是人的特色所在。没有人，不必谈仁；要想了解人，则非谈仁不可。

【译文】

孟子说："所谓仁，意思就是人。人和仁结合起来，就是所说的道。"

【原文】

14.17 孟子曰："孔子之去鲁，曰：'迟迟吾行也，去父母国之道也。'去齐，接淅而行，去他国之道也。"

【译文】

孟子说："孔子离开鲁国时，说道：'我要慢慢地走啊，这是离开祖国的态度。'离开齐国时，将淘好了的米捞起来就走，这是离开别的国家时的态度。"

【原文】

14.18 孟子曰："君子之阨于陈、蔡之间①，无上下之交也。"

【注释】

①君子之阨于陈、蔡之间：君子，指孔子。阨（è），同"厄"，穷困，灾难。据《史记·孔子世家》记载，（哀公四年）楚使人聘孔子，孔子将往，而陈、蔡两国大夫担心孔子被楚任用后对他们不利，于是派徒役包围孔子，致使孔子和他的弟子断粮多日，饿得爬不起来。"阨于陈、蔡之间"即指此事。

【译文】

孟子说："孔子在陈国、蔡国之间遭围困，是由于跟这两国的君臣没有交往的缘故。"

【原文】

14.19 貉稽①曰："稽大不理于口。"

孟子曰："无伤也。士憎兹多口。《诗》云：'忧心悄悄，愠于群小。'②孔子也。'肆不殄厥愠，亦不殒厥问。'③文王也。"

【注释】

①貉（mò）稽（jī）：人名，生世不详。

②以上两句出自《诗经·邶风·柏舟》。

③肆（sì）不殄（tiǎn）厥（jué）愠（yùn），亦不殒（yǔn）厥问：以上两句出自《诗经·大雅·绵》。肆：不顾一切。殄：灭绝。厥：其，他的。愠：怨恨。殒：损害。问：声誉。

【译文】

貉稽说："我貉稽被人家说了很多坏话。"

孟子说:"没关系的。士人总会受到七嘴八舌非议的。《诗经》上说:'忧心忡忡排遣不了,小人对我又恨又恼。'孔子就是这样的人。(又说:)'不消除别人的怨恨,也不丧失自己的名声。'说的就是文王。"

【原文】

14.20 孟子曰:"贤者以其昭昭使人昭昭,今以其昏昏使人昭昭。"

【译文】

孟子说:"贤人用自己清楚明白的道理使别人也清楚明白,现在的人却要用连他自己都糊里糊涂的道理去使人清楚明白。"

【原文】

14.21 孟子谓高子曰:"山径之蹊间①,介然②用之而成路;为间③不用,则茅塞④之矣。今茅塞子之心矣。"

【注释】

①蹊(xī)间:小空隙,小路。

②介然:始终不断。

③为间:不长的时间。

④茅塞(sè):茅草堵塞。

【译文】

孟子对高子说:"山坡上的小路一点点宽度,经常去走才能成为路;只要一个时候不走,茅草就会堵塞住它。现在茅草堵塞住你的心了。"

【原文】

14.22 高子曰:"禹之声尚文王之声。"孟子曰:"何以言之?"曰:"以追蠡①。"曰:"是奚足哉?城门之轨,两马之力与?"

【注释】

①追(duī)蠡(lí):追,钟钮用来挂钟;蠡,要断的样子。

【译文】

高子说:"禹的音乐胜过文王的音乐。"孟子问:"凭什么这么说?"

高子说:"因为(禹传下来的钟上的)钟钮都快断了。(可见人们喜欢演奏它。)"孟子说:"这哪足以说明问题呢?城门下的车迹很深,是一二匹马的力量造成的吗?(那是年深月久车马过得多了造成的。禹传下的钟钮快要断了,也正是年代久远的缘故。)"

【原文】

14.23 齐饥。陈臻曰:"国人皆以夫子将复为发棠,殆不可复?"

孟子曰:"是为冯妇也。晋人有冯妇者,善搏虎,卒为善,士则之。野有众逐虎,虎负嵎①,莫之敢撄②。望见冯妇,趋而迎之。冯妇攘臂下车③。众皆悦之,其为士者笑之。"

【注释】

①负嵎(yú):背靠山角。

②撄(yīng):靠近,触犯。

③攘(rǎng)臂(bì):捋起袖子露出胳膊。

【译文】

齐国饥荒。陈臻说:"国都里的人都认为老师会再次(劝说齐王)打开棠邑的粮仓(救济百姓),恐怕不会再这么做了吧?"

孟子说:"这样就成冯妇了。晋国有个叫冯妇的人,善于打虎,后来行善不打虎了,士人都效法他。(有一次)野外有许多人在追逐一只虎,老虎背靠山的角落,没有人敢靠近它。(人们)远远看见了冯妇,便跑上去迎接他。冯妇便捋起袖子下车(去打虎)。大家都喜欢他,可是那些称为士的人却讥笑他。"

【原文】

14.24 孟子曰:"口之于味也,目之于色也,耳之于声也,鼻之于臭也,四肢之于安佚也,性也,有命焉,君子不谓性①也。仁之于父子也,义之于君臣也,礼之于宾主也,知之于贤者也,圣人之于天道也,命也,有性焉,君子不谓命也。"

【注释】

①性、命：性，是本性；命，是命运。

【译文】

孟子说："口对于美味，眼睛对于美色，耳朵对于好听的声音，鼻子对于香味，四肢对于安逸，（都是极喜欢的，）这是天性，（但能否享受到，）其中有命的作用，所以君子不强调天性。仁对于父子关系，义对于君臣关系，礼对于宾主关系，智慧对于贤者，圣人对于天道，（都是极重要的，）这都是由命决定的，（能否得到它们，）其中也有天性的作用，所以君子不强调命的作用。"

【原文】

14.25 浩生不害问曰①："乐正子何人也？"孟子曰："善人也，信人也。""何谓善？何谓信？"曰："可欲之谓善，有诸己之谓信，充实之谓美，充实而有光辉之谓大，大而化之之谓圣，圣而不可知之之谓神。乐正子，二之中，四之下也。"

【注释】

①浩生不害：姓浩生，名不害，齐国人。

【译文】

浩生不害问道："乐正子是怎样一个人？"孟子说："是个善人、信人。"（浩生不害问：）"什么叫'善'？什么叫'信'？"孟子说："值得喜爱的叫'善'，自己确实具有'善'就叫'信'，'善'充实在身上就叫'美'，既充实又有光辉就叫'大'，既'大'又能感化万物就叫'圣'，'圣'到妙不可知就叫'神'。乐正子是在'善'和'信'二者之中，'美''大''圣''神'四者之下的人。"

【原文】

14.26 孟子曰："逃墨必归于杨，逃杨必归于儒。归，斯受之而已矣。今之与杨、墨辩者，如追放豚①，既入其苙②，又从而招之③。"

【注释】

①豚（tún）：猪。

②苙（lì）：饲养牲畜的圈栏。

③招：缚其足。

【译文】

孟子说："避开墨子这一派，必定会归入杨朱这一派；避开杨朱这一派，必定会回归到儒家这一派。回归了，接纳他就是了。而现在同杨朱、墨子辩论的人，好像在追跑掉的猪，已经追回、赶入猪圈了，还要接着把它的脚拴住。（这未免过分了。）"

【原文】

14.27 孟子曰："有布缕之征，粟米之征，力役之征。君子用其一，缓其二；用其二，而民有殍；用其三，而父子离。"

【译文】

孟子说："有征收布帛的赋税，有征收粮食的赋税，有征发人力的赋税。君子征收了其中一种，就缓征其他两种；同时征收两种，百姓就会有饿死的了；同时征收三种，就会使百姓们父子离散各顾自己了。"

【原文】

14.28 孟子曰："诸侯之宝三：土地，人民，政事。宝珠玉者，殃必及身。"

【译文】

孟子说："诸侯的宝物有三样：土地，人民，政事。把珍珠美玉当作宝物的，灾祸必将落到他身上。"

【原文】

14.29 盆成括仕于齐①。孟子曰："死矣，盆成括！"盆成括见杀，门人问曰："夫子何以知其将见杀？"曰："其为人也小有才，未闻君子之大道也，则足以杀其躯而已矣。"

【注释】

①盆成括（kuò）：姓盆成，名括。

【译文】

盆成括在齐国做官。孟子说："盆成括要丧命了！"盆成括被杀，学生问道："老师怎么会知道他将被杀？"孟子说："他有点小才智，但不懂君子的大道理，那就足以招来杀身之祸罢了。"

【原文】

14.30 孟子之滕，馆于上宫。有业屦于牖①上，馆人求之弗得。或问之曰："若是乎从者之廋②也？"曰："子以是为窃屦来与？"曰："殆③非也。夫子之设科也，往者不追，来者不拒。苟以是心至，斯受之而已矣。"

【注释】

①业屦（jù）：还没有编织成的鞋子。牖（yǒu）：窗户。

②廋（sōu）：藏匿。

③殆（dài）：大概，差不多，几乎。

【译文】

孟子到了滕国，住在上宫。有一双还没织好的草鞋放在窗台上，旅馆里的人来找而没有找到。有人问孟子："跟随你来的人怎么竟像这样乱藏人家东西呢？"孟子说："你以为这些人是为了偷鞋子而来这里的吗？"那人说道："大概不是的。先生订了规章条例（接收学生学习），走了的不追究，有来的不拒绝。只要凭着求学愿望来的，就接收他罢了。（这可难免会有手脚不清的人混进来呢！）"

【原文】

14.31 孟子曰："人皆有所不忍，达之于其所忍，仁也；人皆有所不为，达之于其所为，义也。人能充无欲害人之心，而仁不可胜用也；人能充无穿窬①之心，而义不可胜用也；人能充无受尔汝②之实，无所往而不为义也。士未可以言而言，是以言餂③之也；可以言而不言，是以不言恬之也，是皆穿窬之类也。"

【注释】

①穿窬（yú）：穿穴逾墙，偷东西。

②尔汝：尔、汝，都是第二人称代词，古代尊长称呼卑幼时用，如果平辈之间用来称呼，则是对对方的轻视。

③恬（tiǎn）：获取。

【译文】

孟子说："人人都有不忍心干的事，把它推及到他所忍心去干的事上，就是仁；人人都有不肯去干的事，把它推及到他所肯干的事上，就是义。一个人能把不想害人的心理扩展开去，仁就用不尽了；一个人能把不愿扒洞翻墙（行窃）的心理扩展开去，义就用不尽了；一个人能把不愿受人轻蔑的心理扩展开去，那么无论到哪里，（言行）都是符合义的了。士人，不可以交谈而去交谈，这是用言语试探对方来取利；可以交谈却不去交谈，这是用沉默试探对方来取利，这些都是扒洞翻墙一类的行径。"

【原文】

14.32 孟子曰："言近而指远者，善言也；守约而施博者，善道也。君子之言也，不下带①而道存焉；君子之守，修其身而天下平。人病舍其田而芸人之田，所求于人者重，而所以自任者轻。"

【注释】

①不下带：带，腰带。古人视不下带，即只视带之上。此处比喻注意眼前常见之事。

【译文】

孟子说："言语浅近而含义深远，这是善言；把握住的十分简要，而施行时效用广大，这是善道。君子所说的，虽然是眼前近事，而道却蕴含在其中；君子所把握住的，是修养自己，却能使天下太平。常人的毛病在于荒弃自己的田地，却要替人家耕耘田地，要求别人的很重，而加给自己的责任却很轻。"

【原文】

14.33 孟子曰："尧、舜，性者也；汤、武，反之也。动容周旋中礼者，盛德之至也。哭死而哀，非为生者也。经德不回，非以干禄也。言语必信，非以正行也。君子行法，以俟命而已矣。"

【译文】

孟子说："尧、舜的仁德，是出自本性；汤王、武王的仁德，是（经过修身）回复到本性。动作容貌等一切方面都符合礼，这是美德的最高表现。为死者哭得悲哀，不是做给活人看的。遵循道德而不违背，不是用来求官做的。言语必求信实，不是用来修正自己的品行的。君子遵循天然的道理去做，以此等待命运的安排罢了。"

【原文】

14.34 孟子曰："说①大人，则藐之，勿视其巍巍然。堂高数仞，榱题②数尺，我得志，弗为也。食前方丈，侍妾数百人，我得志，弗为也。般③乐饮酒，驱骋田猎，后车千乘，我得志，弗为也。在彼者，皆我所不为也；在我者，皆古之制也，吾何畏彼哉？"

【注释】

①说（shuì）：游说。

②榱（cuī）题：屋檐下的椽子头，这里借指屋檐。

③般（pán）：大。

【译文】

孟子说："向权贵进言，要藐视他，不要看他那副高高在上的样子。殿堂几丈高，屋檐几尺宽，我要得志了，就不这么干。面前摆满美味佳肴，侍妾有数百人，我要得志了，就不这么干。饮酒作乐，驰骋打猎，让成千辆车子跟随着，我要得志了，就不这么干。他们的所作所为，都是我所不愿干的；我所愿干的，都是符合古代制度的，我为什么要怕他们呢？"

【原文】

14.35 孟子曰："养心莫善于寡欲。其为人也寡欲，虽有不存焉者，寡矣；其为人也多欲，虽有存焉者，寡矣。"

【译文】

孟子说："修养善心的方法，没有比减少求利的欲望更好的了。一个人求利的欲望少，那么即使善心有些丧失，也是很少的；一个人求利的欲望多，那么即使善心有所保存，也一定是很少的。"

【原文】

14.36 曾晳嗜羊枣①，而曾子不忍食羊枣。公孙丑问曰："脍炙与羊枣孰美②？"孟子曰："脍炙哉！"公孙丑曰："然则曾子何为食脍炙而不食羊枣？"曰："脍炙所同也，羊枣所独也。讳名不讳姓，姓所同也，名所独也。"

【注释】

①曾（zēng）晳（xī）：曾参（shēn）的父亲。嗜（shì）：爱好，喜欢。羊枣：即小黑枣，因形状色泽似羊屎，故称羊枣。

②脍（kuài）炙（zhì）：脍：用刀切细的肉丝或肉丁。炙，烤肉。

【译文】

曾晳爱吃羊枣，（死后，他的儿子）曾子就不忍心吃羊枣。公孙丑问道："烤肉与羊枣，哪样味道好？"孟子说："当然是烤肉！"公孙丑又问："那么曾子为什么吃烤肉而不吃羊枣？"孟子说："烤肉是大家共同爱吃的，而吃羊枣是（曾晳）独有的嗜好。（因此曾子不忍心吃。）（如同避讳）只避名不避姓，因为姓是很多人共用的，而名是一个人独有的。"

【原文】

14.37 万章问曰："孔子在陈曰：'盍归乎来！吾党之士狂简，进取，不忘其初。'孔子在陈，何思鲁之狂士？"

孟子曰："孔子'不得中道而与之，必也狂狷乎！狂者进取，狷者有所不为也'。孔子岂不欲中道哉？不可必得，故思其次也。"

"敢问何如斯可谓狂矣？"

曰："如琴张、曾晳、牧皮①者，孔子之所谓狂矣。"

"何以谓之狂也？"

曰："其志嘐嘐②然，曰'古之人，古之人'。夷考其行，而不掩焉者也。狂者又不可得，欲得不屑不洁之士而与之，是獧③也，是又其次也。孔子曰：'过我门而不入我室，我不憾焉者，其惟乡原④乎！乡原，德之贼也。'"

曰："何如斯可谓之乡原矣？"

曰："'何以是嘐嘐也？言不顾行，行不顾言，则曰，古之人，古之人。行何为踽踽凉凉⑤？生斯世也，为斯世也，善斯可矣。'阉然媚于世也者，是乡原也。"

万章曰："一乡皆称原人焉，无所往而不为原人，孔子以为德之贼，何哉？"

曰："非之无举也，刺之无刺也，同乎流俗，合乎污世，居之似忠信，行之似廉洁，众皆悦之，自以为是，而不可与入尧、舜之道，故曰'德之贼'也。孔子曰，'恶似而非者'：恶莠⑥，恐其乱苗也；恶佞⑦，恐其乱义也；恶利口，恐其乱信也；恶郑声，恐其乱乐也；恶紫，恐其乱朱也；恶乡原，恐其乱德也。君子反经而已矣。经正，则庶民兴；庶民兴，斯无邪慝⑧矣。"

【注释】

①琴张、牧皮：都是人名，身世不详；有人说是孔子的学生。

②嘐嘐（xiāo xiāo）：志向远大、口气不凡。

③獧（juàn）：同"狷"。

④乡原：指看起来恭谨忠厚，实质上却没有是非原则，苟同世俗，只图博取好名声的人，相当于现在所说的好好先生。

⑤踽（jǔ）踽凉凉：孤单冷清的样子。

⑥恶（wù）莠（yǒu）：憎恶莠草。

⑦佞（nìng）：能说会道，花言巧语。

⑧慝（tè）：奸邪。

【译文】

万章问道："孔子在陈国说：'何不回（鲁国）去啊！我乡里的年轻弟

子志大而狂放，想进取而不改旧习。'孔子在陈国时，为什么要惦念鲁国那些狂放的读书人呢？"

孟子说："孔子说过，'找不到言行合乎中庸的人交往，必定只能同狂者和狷者交往了。狂者一味进取，狷者（遇事）拘谨、退缩'。孔子难道不想结交合乎中庸之道的人吗？（只是）不能一定结交到，所以想结交次一等的人。"

（万章问：）"请问怎样的人能称作狂放的人？"

孟子说："像琴张、曾皙、牧皮，就是孔子所说的狂放的人。"

（万章问：）"为什么说他们狂放呢？"

孟子说："他们志向远大、口气不凡，开口便说'古代的人，古代的人'。考察他们的行动，却（和他们的言论）不全吻合。（如果这样的）狂者也结交不到，就想找到不屑于干肮脏事的人同他结交，这种人就是狷者，这是又次一等的了。孔子说：'路过我门口而不进我屋子，我不感到遗憾的，大概只有乡原吧！乡原是戕害道德的人。'"

万章问："怎样的人能称他为乡原呢？"

孟子说："（乡原指责狂者说）'为什么志向、口气那么大？说的不顾做的，做的不顾说的，却还说什么，古代的人，古代的人。（又批评狷者说：）做事为什么那样孤孤单单？生在这个社会，为这个社会做事，只要人家认为好就行了。'像宦官那样在世上献媚邀宠的人就是乡原。"

万章问："一乡的人都称他是忠厚人，所到之处也表现出是个忠厚人，孔子却认为（这种人）戕害道德，什么道理呢？"

孟子说："（这种人）要批评他，却举不出具体事来；要指责他，却又觉得没什么能指责的；和颓靡的习俗、污浊的社会同流合污，平时似乎忠厚老实，行为似乎很廉洁，大家都喜欢他，他也自认为不错，但是却不能同他一起学习尧、舜之道，所以说是'戕害道德的人'。孔子说过，'要憎恶似是而非的东西'：憎恶莠草，是怕它淆乱禾苗；憎恶歪才，是怕它淆乱了义；憎恶能说会道，是怕它淆乱信实；憎恶郑国音乐，是怕它淆乱雅乐；憎恶紫色，是怕它淆乱了大红色；憎恶乡原，是怕他淆乱了道德。君子是要回复到正道罢了。正道的形象树端正了，百姓就会奋发振作；百姓奋发振作，就不会有邪恶了。"

【原文】

14.38 孟子曰："由尧、舜至于汤，五百有余岁，若禹、皋陶，则见而知之；若汤，则闻而知之。由汤至于文王，五百有余岁，若伊尹、莱朱①，则见而知之；若文王，则闻而知之。由文王至于孔子，五百有余岁，若太公望、散宜生②，则见而知之；若孔子，则闻而知之。由孔子而来至于今，百有余岁，去圣人之世若此其未远也，近圣人之居若此其甚也，然而无有乎尔，则亦无有乎尔！"

【注释】

①莱朱：传说是商汤的贤臣，一说就是仲虺（huì），商汤的相。

②太公望：即吕尚，见本书《离娄上》第十三章注。散宜生：姓散宜，名生，周文王的贤臣。

【译文】

孟子说："从尧、舜到商汤，有五百多年，像禹和皋陶，是亲眼见到过而知道尧、舜的；至于商汤，则是听了传说才知道的。从商汤到文王，有五百多年，像伊尹和莱朱，是亲眼见过而知道商汤的；至于文王，则是听了传说才知道的。从文王到孔子，又有五百多年，像太公望和散宜生，是亲眼见过而知道文王的；至于孔子，则是听了传说才知道的。从孔子到现在，有一百多年，离圣人的时代是这样的不远，离圣人的家乡是这样的近，这样的条件下还没有继承的人，那也就不会有继承的人了！"

参考文献：

[1] 杨伯峻．孟子译注 [M]．北京：中华书局，2008.

[2] 方勇．孟子 [M]．北京：中华书局，2015.

[3] 丁春生．四书五经（典藏本）[M]．呼和浩特：内蒙古人民出版社，2002.

[4] 焦循，沈文倬．孟子正义 [M]. 北京：中华书局，2017.

[5] 傅佩荣．傅佩荣译解孟子 [M]．北京：东方出版社，2012.

[6] 张居正．张居正直解孟子 [M]．北京：中国言实出版社，2017.

[7] 司马迁．史记 [M]．北京：北京燕山出版社，2007.

[8] 刘金同.国学经典翻译 [M].北京：高等教育出版社，2012.

[9] 颜炳罡．孟子 [M]. 济南：济南出版社，2016.

下 篇

《中庸》导读

第一章 天命

【原文】

天命[1]之谓性；率性[2]之谓道；修道之谓教。

道也者，不可须臾离也；可离，非道也。是故君子戒慎乎其所不睹，恐惧乎其所不闻。

莫见乎隐[3]，莫显乎微。故君子慎其独也。

喜、怒、哀、乐之未发，谓之中[4]。发而皆中节[5]，谓之和[6]。中也者，天下之大本也。和也者，天下之达道也。

致[7]中和，天地位焉，万物育焉。

【注释】

[1]天命：天赋。朱熹解释说："天以阴阳五行化生万物，气以成形，而理亦赋焉，犹命令也。"（《中庸章句》）所以，这里的天命（天赋）实际上就是指的人的自然禀赋，并无神秘色彩。

[2]率性：遵循本性。率，遵循，按照。

[3]莫：在这里是"没有什么更……"的意思。见（xiàn）：通"现"，显现。乎：于，在这里有比较的意味。

[4]中（zhōng）：中正，不偏不倚，无"过"无"不及"，恰到好处。

[5]中（zhòng）节：符合节度法度。

[6]和（hé）：符合常理，合乎法度而中正和谐。

[7]致：达到。

【译文】

人的自然禀赋叫作"性"，顺着本性行事叫作"道"，按照"道"的原则修养叫作"教"。

"道"是不可以片刻离开的,如果可以离开,那就不是"道"了。所以,品德高尚的人在没有人看见的地方也是谨慎的,在没有人听见的地方也是有所戒惧的。

越是隐蔽的地方越是明显,越是细微的地方越是显著。所以,品德高尚的人在一人独处的时候也是谨慎的。

喜怒哀乐没有表现出来的时候,叫作"中";表现出来以后符合节度,叫作"和"。"中",是人人都有的本性;"和",是大家遵循的原则。

达到"中和"的境界,天地便各在其位了,万物便生长繁育了。

【评析】

这是《中庸》的第一章,从道不可片刻离开引入话题,强调在《大学》里面也阐述过的"慎其独"问题,要求人们加强自觉性,真心诚意地顺着天赋的本性行事,按道的原则修养自身。

解决了上述思想问题后,本章才正面提出"中和"(即中庸)这一范畴,进入全篇的主题。

本章是从情感的角度切入,对"中""和"作正面的基本的解释。按照本章的意思,在一个人还没有表现出喜、怒、哀、乐的情感时,心中是平静淡然的,所以叫作"中",但喜、怒、哀、乐是人人都有而不可避免的,它们必然要表现出来。表现出来而符合常理,有节度,这就叫作"和"。二者协调和谐,这便是"中和"。人人都达到"中和"的境界,大家心平气和,社会秩序井然,天下也就太平无事了。

本文具有全篇总纲的性质,以下十章(二至十一)都围绕本文内容而展开。

第二章 时中

【原文】

仲尼[1]曰:"君子中庸[2],小人反中庸。君子之中庸也,君子而时中。小人之反中庸也,小人而无忌惮[3]也。"

【注释】

[1]仲尼:即孔子,名丘,字仲尼。

[2]中庸:即中和。庸:常,平常,不易(改变),永恒,不变的意思。朱熹注"中庸者,不偏不倚,无过不及",它是儒家的最高道德标准。

[3]忌惮(dàn):顾忌和畏惧。

【译文】

仲尼说:"君子中庸,小人违背中庸。君子之所以中庸,是因为君子随时做到适中,无过无不及。小人之所以违背中庸,是因为小人肆无忌惮。"

【评析】

孔子的学生子贡曾经问孔子:"子张和子夏哪一个贤一些?"孔子回答说:"子张过分,子夏不够。"子贡问:"那么是子张贤一些吗?"孔子说:"过分与不够是一样的。"(《论语·先进》)

这一段话是对"君子而时中"的生动说明。也就是说,过分与不够貌似不同,其实质却都是一样的,都不符合中庸的要求。中庸的要求是不偏不倚,无"过"无"不及",恰到好处,如宋玉笔下的大美人东家之子:"增之一分则太长,减之一分则太短;著粉则太白,施朱则太赤。"(《登徒子好色赋》)

第三章 鲜能

【原文】

子曰:"中庸其至矣乎!民鲜[1]能久矣。"

【注释】

[1]鲜(xiǎn):少,不多。

【译文】

孔子说:"中庸大概是最高的德行了吧!大家很少能够长久实行。"

【评析】

正因为它是最高的德行,最高的道德标准,所以,很少有人能够真正实行它。难以长久实行中庸之道的原因,就在于难以准确把握中庸之道的尺度。做人做事能够不偏不倚,恰到好处,是不容易做到的。这样说来,中庸之道是不是也只能作为一种理想的道德规范而加以提倡呢?

第四章 行明

【原文】

子曰："道[1]之不行也，我知之矣：知者[2]过之；愚者不及也。道之不明也，我知之矣：贤者过之；不肖者[3]不及也。人莫不饮食也，鲜能知味也。"

【注释】

[1]道：即中庸之道。

[2]知者：即智者，与愚者相对，指智慧超群的人。知，同"智"。

[3]不肖（xiào）者：与贤者相对，指不贤的人。

【译文】

孔子说："中庸之道不能实行的原因，我知道了：聪明的人自以为是，认识过了头；愚蠢的人智力不及，不能理解它。中庸之道不能弘扬的原因，我知道了：贤能的人做得太过分；不贤的人根本做不到。就像人们没有不吃不喝的，但却很少有人能够真正品尝其中的滋味。"

【评析】

孔子找到了中庸之道不能实行的原因，还是过与不及的问题。正因为要么太过，要么不及，所以，总是不能做得恰到好处。而无论是过还是不及，无论是智还是愚，或者说，无论是贤还是不肖，都是因为缺乏对"道"的自觉性，正如人们每天都在吃吃喝喝，但却很少有人去真正品味其中滋味一样，人们虽然也在按照一定的道德规范行事，但由于自觉性不高，在大多数情况下不是做得过了头就是做得不够，难以"中和"得恰到好处。所以，提高自觉性是推行中庸之道至关重要的一环。

第五章 不行

【原文】

子曰："道其不行矣夫[1]。"

【注释】

[1]其：表示推测的语气助词。夫（fú）：语尾词表示感叹。

【译文】

孔子说："中庸之道大概不能实行了啊。"

【评析】

孔子提倡中庸之道，但他看到了当时私有制下，人们的道德境界还没有那么高，他认为中庸之道看来是行不通了，因此而发出悲观的感叹。

第六章 大智

【原文】

子曰："舜其大知也与！舜好问而好察迩言[1]。隐恶而扬善。执其两端，用其中于民。其斯以为舜乎[2]！"

【注释】

[1]迩（ěr）言：浅近的话。迩：近。

[2]其斯以为舜乎：这就是舜之所以为舜的地方吧！其：语气词，表示推测。斯：这。"舜"字的本义是仁义盛明，所以孔子有此感叹。

【译文】

孔子说："舜可真是具有大智慧的人啊！他喜欢向人问问题，又善于分析别人浅近话语里的含义。隐藏人家的坏处，宣扬人家的好处。过与不及两端的意见他都掌握，采纳适中的用于老百姓。这就是舜之所以为舜的地方吧！"

【评析】

隐恶扬善，执两用中。既是不偏不倚、无过无不及的中庸之道，又是杰出的领导艺术。要真正做到，当然得有非同一般的大智慧。要做到执两用中，不仅要有对中庸之道的自觉意识，而且得有丰富的经验和过人的识见。要做到隐恶扬善，更得有博大的胸襟和宽容的气度。对于一般人来说，不扬你的恶就算是谢天谢地了，岂敢奢望他隐你的恶而扬你的善！如此看来，仅有大智慧都还不一定做得到隐恶扬善，还得有大仁义才行啊。

大智大仁的舜帝毕竟只有一个，不然的话，孔圣人又怎么会感叹又感叹呢？

第七章 予知

【原文】

子曰："人皆曰'予[1]知',驱而纳诸罟擭[2]陷阱之中,而莫之知辟[3]也。人皆曰'予知',择乎中庸,而不能期月[4]守也。"

【注释】

[1]予:我。

[2]罟(gǔ):捕兽的网。擭(huò):装有机关的捕兽的木笼。

[3]辟(bì):同"避"。

[4]期(jī)月:一整月。

【译文】

孔子说："人人都说'我是明智的',可是被驱使到罗网陷阱中去,却不知躲避。人人都说'我是明智的',可是选择了中庸之道却连一个月时间也不能坚持。"

【评析】

聪明反被聪明误。自以为聪明,好走极端,走偏锋,不知适可而止,不合中庸之道,所以往往自投罗网而自己却还不知道。另一方面,虽然知道适可而止的好处,知道选择中庸之道作为立身处世原则的意义。但好胜心难以满足,欲壑难填,结果是越走越远,不知不觉间又放弃了适可而止的初衷,背离了中庸之道。就像孔子所惋惜的那样,连一个月都不能坚持住。

第八章 服膺

【原文】

子曰："回[1]之为人也，择乎中庸，得一善，则拳拳服膺[2]，而弗[3]失之矣。"

【注释】

[1]回：指孔子的学生颜回。

[2]拳拳服膺（yīng）：牢牢地放在心上。拳拳：牢握不舍的样子，引申为恳切。服：着，放置。膺：胸口。

[3]弗（fú）：不。

【译文】

孔子说："颜回就是这样一个人，他选择了中庸之道，得到了它的好处，就牢牢地把它放在心上，再也不让它失去。"

【评析】

这是针对前一章所说的那些不能坚持中庸之道的人而言的。作为孔门的高足，颜回能够学以致用，身体力行，经常被老师推荐为大家学习的榜样，在中庸之道方面也不例外。一旦认定，就坚定不移地坚持下去。这是颜回的作为，也是孔圣人"吾道一以贯之"（《论语·里仁》）的风范。

第九章 可均

【原文】

子曰:"天下国家,可均[1]也;爵禄[2],可辞[3]也;白刃,可蹈[4]也;中庸不可能也。"

【注释】

[1]均:即平,指治理。

[2]爵:爵位。禄:官吏的薪俸。

[3]辞:放弃。

[4]蹈:踏。

【译文】

孔子说:"天下国家,可以治理;官爵俸禄,可以放弃;雪白的刀刃,可以践踏而过;中庸却不容易做到。"

【评析】

孔子对中庸之道持高扬和捍卫态度。事实上,一般人对中庸的理解往往过于肤浅,看得比较容易。孔子正是针对这种情况有感而发,所以把它推到了比赴汤蹈火、治国平天下还难的境地。其目的还是在于引起人们对中庸之道的高度重视。

第十章 问强

【原文】

子路[1]问强。子曰:"南方之强与?北方之强与?抑而强与[2]?宽柔以教,不报[3]无道,南方之强也,君子居[4]之;衽金革[5],死而不厌[6],北方之强也,而强者居之。故君子和而不流[7],强哉矫[8]!中立而不倚,强哉矫!国有道,不变塞[9]焉,强哉矫!国无道,至死不变,强哉矫!"

【注释】

[1]子路:名仲由,孔子的学生。

[2]抑:选择性连词,意为"还是"。而(ěr):代词,尔,你。与:疑问语气词。

[3]报:报复。

[4]居:处。

[5]衽(rèn)金革:用兵器甲盾当枕席。衽:卧席,此处用为动词。金:指铁制的兵器。革:指皮革制成的甲盾。

[6]死而(ér)不厌:死而后已的意思。

[7]和而不流:性情平和又不随波逐流。

[8]矫(jiǎo):坚强的样子。

[9]不变塞(sāi):不因受阻而改变志向。塞:不通,穷困的境遇。

【译文】

子路问什么是强。孔子说:"南方的强呢?北方的强呢?还是你认为的强呢?用宽容柔和的精神去教育人,人家对我蛮横无礼也不报复,这是南方的强,品德高尚的人具有这种强;用兵器甲盾当枕席,死而后已,这是北方的强，勇武好斗的人就具有这种强。所以，品德高尚的人和顺而不随波逐流，这才是真强啊！保持中立而不偏不倚，这才是真强啊！国家政治清平时不改变志向，这才是真强啊！国家政治黑暗时坚持操守，宁死不变，这才是真强啊！"

【评析】

子路性情鲁莽，勇武好斗，所以孔子教导他：有体力的强，有精神力量的强，但真正的强不是体力的强，而是精神力量的强。精神力量的强体现为和而不流，柔中有刚；体现为中庸之道；体现为坚持自己的信念不动摇，宁死不改变志向和操守。"三军可夺帅也，匹夫不可夺志也。"（《论语·子罕》）这就是孔子所推崇的强。"砍头不要紧，只要主义真。杀了夏明翰，自有后来人。"这就是孔子所推崇的强。说起来，还是崇高的英雄主义，献身的理想主义。不过，回到《中庸》本章来，孔子在这里所强调的，还是"中立而不倚"的中庸之道，儒学中最为高深的道行。

第十一章 素隐

【原文】

子曰："素隐行怪[1]，后世有述[2]焉，吾弗为之矣。君子遵道而行，半途而废，吾弗能已[3]矣。君子依乎中庸，遯世不见知[4]而不悔，唯圣者能之。"

【注释】

[1]素：据《汉书》，应为"索"。隐：隐僻。怪：怪异。

[2]述：记述。

[3]已：止，停止。

[4]遯（dùn）世不见知：避世隐居不被人知道。遯：同"遁"，逃避。见：被。

【译文】

孔子说："寻找隐僻的歪道理，做些怪诞的事情来欺世盗名，后世也许会有人来记述他，为他立传，但我是绝不会这样做的。有些品德不错的人按照中庸之道去做，但是半途而废，而我是绝不会停止的。真正的君子遵循中庸之道，即使一生避世隐居，不被人知道也不后悔，这只有圣人才能做得到。"

【评析】

钻牛角尖，行为怪诞，出风头，走极端，欺世盗名的做法，根本不合中庸之道的规范，自然是为圣人所不齿的。找到正确的道路，走到一半又停了下来，这也是圣人所不欣赏的。唯有正道直行，一条大路走到底，这才是圣人所赞赏并身体力行的。所以，"路漫漫其修远兮，吾将上下而求索。"（屈原）这是圣人所赞赏的精神。"鞠躬尽瘁，死而后已。"（诸葛亮）这也是圣人所赞赏的精神。

　　以上几章从各个方面引述孔子的言论，反复申说第一章所提出的"中和"（中庸）这一概念，弘扬中庸之道，是全篇的第一大部分。

第十二章 费隐

【原文】

君子之道,费而隐[1]。

夫妇[2]之愚,可以与[3]知焉,及其至也,虽圣人亦有所不知焉。夫妇之不肖,可以能行焉,及其至也,虽圣人亦有所不能焉。天地之大也,人犹有所憾。故君子语大,天下莫能载焉;语小,天下莫能破[4]焉。

《诗》云:"鸢飞戾天[5],鱼跃于渊。"言其上下察[6]也。

君子之道,造端[7]乎夫妇,及其至也,察乎天地。

【注释】

[1]费(fèi)而隐:既广大又精微。费:广大。隐:精微。

[2]夫妇:匹夫匹妇,指普通男女。

[3]与:动词,参与。

[4]破:分开。

[5]鸢(yuān)飞戾(lì)天,鱼跃于渊:引自《诗经·大雅·旱麓》。鸢,老鹰。戾:到达。

[6]察:昭著,明显。

[7]造端:开始。

【译文】

君子的道广大而又精微。

普通男女虽然愚昧,也可以知道君子的道,但它的最高深境界,即便是圣人也有弄不清楚的地方。普通男女虽然不贤明,也可以实行君子的道,但它的最高深境界,即便是圣人也有做不到的地方。天地如此之大,但人们仍有不满足的地方。所以,君子之道,说到"大",就大得连整个天下都载不下;说到"小",天下就没有什么能够破解得开。

《诗经》说:"鸢鸟飞向天空,鱼儿跳跃深水。"这是说上下分明。

君子的道,开始于普通男女,但它的最高深境界却张显于整个天地。

【评析】

这一章另起炉灶,回到第一章"道也者,不可须臾离也,可离非道也"进行阐发,以下八章(十三至二十)都是围绕这一中心而展开的。

正因为道不可须臾离开,所以,道就应该有普遍的可适应性,应该"放之四海而皆准",连普通男女都可以知道,可以学习,也可以实践。

不过,知道是一回事,一般性的实践是一回事,要进入其高深境界又是另一回事了。所以,道又必须有精微奥妙的一方面,供德行高、修养深的学者进行深造,进行创造性的实践。

如此两方面的性质结合起来,使道既广大又精微,既有普及性又有提高性,既下里巴人又阳春白雪,说到底,是一个开放的、兼容的、可发展的体系。

道是如此,世界上的许多事情也都是如此。说到唱歌,卡拉OK谁都可以来上几句,但要唱出歌星级水平可就是另一回事了。说到下棋,知道下棋规则、棋瘾大的人很多,可要成为一名真正的棋手就是另外一回事了。诸如此类,不胜枚举。凡事都有一知半解与精通的区别,匹夫匹妇与"圣人"的分别也就在这里。

第十三章 不远

【原文】

子曰:"道不远人。人之为道而远人,不可以为道。

"《诗》云:'伐柯伐柯,其则不远[1]。'执柯以伐柯,睨[2]而视之,犹以为远。故君子以人治人,改而止。

"忠恕违道[3]不远,施诸己而不愿,亦勿施于人。

"君子之道四,丘未能一焉:所求乎子,以事父,未能也;所求乎臣,以事君,未能也;所求乎弟,以事兄,未能也;所求乎朋友,先施之,未能也。庸[4]德之行,庸言之谨;有所不足,不敢不勉;有余,不敢尽。言顾行,行顾言,君子胡不慥慥尔[5]。"

【注释】

[1]伐柯伐柯,其则不远:引自《诗经·豳风·伐柯》。伐柯:砍削斧柄。柯:斧柄。则:法则,这里指斧柄的式样。

[2]睨(nì):斜视。

[3]违道:离道。违:离。

[4]庸:平常。

[5]胡:何、怎么。慥慥(zào):忠厚诚实的样子。

【译文】

孔子说:"道并不排斥人。如果有人实行道却排斥他人,那就不可以实行道了。

《诗经》说:'砍削斧柄,砍削斧柄,斧柄的式样就在眼前。'握着斧柄砍削斧柄,应该说不会有什么差异,但如果你斜眼一看,还是会发现差异很大。所以,君子总是根据不同人的情况采取不同的办法来治理,只要他能改正错误实行道就行。

一个人做到忠恕，离道也就差不远了。什么叫忠恕呢？自己不愿意的事，也不要施加给别人。

君子的道有四项，我孔丘连其中的一项也没有能够做到：作为一个儿子应该对父亲做到的，我没有能够做到；作为一个臣民应该对君王做到的，我没有能够做到；作为一个弟弟应该对哥哥做到的，我没有能够做到；作为一个朋友应该先做到的，我没有能够做到。平常的德行努力实践，平常的言谈尽量谨慎；德行的实践有不足的地方，不敢不勉励自己努力；说话、办事都要留有余地，却不敢放肆而无所顾忌。说话符合自己的行为，行为符合自己说过的话，这样的君子怎么会不忠厚诚实呢？"

【评析】

道不可须臾离的基本条件是道不远人。换言之，一条大道，欢迎所有的人行走。相反，如果只允许自己走，而把别人推得离道远远的，就像鲁迅笔下的假洋鬼子只准自己"革命"而不准别人（阿Q）"革命"，那自己也就不是真正的革命者了。

推行道的另一条基本原则是从实际出发，从不同人不同的具体情况出发，使道既具有"放之四海而皆准"的普遍性，又能够适应不同个体的特殊性。这就是普遍性与特殊性相结合。

既然如此，就不要对人求全责备，而应该设身处地，将心比心地为他人着想，自己不愿意的事，也不要施加给他人。因为金无足赤，人无完人，不要说人家，就是自己，不也还有很多应该做到而没有能够做到的吗？所以要开展批评，也要开展自我批评。圣贤如孔子，不就从四大方面对自己进行了严厉的批评吗？那就更不要说我们这些凡夫俗子了，哪里没有这样或那样的毛病呢？

只要你做到忠恕，也就离道不远了。尽己之心为"忠"，推己及人为"恕"。"己所不欲，勿施于人。"还要"言顾行，行顾言"，做到言行一致，表里如一。

第十四章 素位

【原文】

君子素其位[1]而行，不愿乎其外。

素富贵，行乎富贵；素贫贱，行乎贫贱；素夷狄[2]，行乎夷狄；素患难，行乎患难。君子无入[3]而不自得焉。

在上位，不陵[4]下；在下位，不援[5]上。正己而不求于人则无怨。上不怨天，下不尤[6]人。故君子居易以俟命[7]，小人行险以徼幸。

子曰："射[8]有似乎君子，失诸正鹄[9]，反求诸其身。"

【注释】

[1]素其位：安于现在所处的地位。素：平素，现在的意思。这里作动词用。

[2]夷：指东方的部族；狄：指西方的部族。夷狄：泛指当时的少数民族。

[3]无入：无论处于什么情况下。入：处于。

[4]陵：欺侮。

[5]援：攀援，本义指抓着东西往上爬，引申为投靠有势力的人往上爬。

[6]尤：抱怨。

[7]居易：居于平安的地位，也就是安居现状的意思。易：平安。俟（sì）命：等待天命。

[8]射：指射箭。

[9]正（zhèng）鹄（gǔ）：正、鹄：均指箭靶子；画在布上的叫正，画在皮上的叫鹄。

【译文】

君子安于现在所处的地位去做应做的事，不生非分之想。

处于富贵的地位，就做富贵人应做的事；处于贫贱的状况，就做贫贱人应做的事；处于边远地区，就做在边远地区应做的事；处于患难之中，就做在患难之中应做的事。君子无论处于什么情况下都是安然自得的。

处于上位，不欺侮在下位的人；处于下位，不攀援在上位的人。端正自己而不苛求别人，这样就不会有什么抱怨了。上不抱怨天，下不抱怨人。所以，君子安居现状来等待天命，小人却铤而走险妄图侥幸获得利益。

孔子说："君子立身处世就像射箭一样，射不中，不怪靶子不正，只怪自己箭术不行。"

【评析】

素位而行近于《大学》里面所说的"知其所止"，换句话说，叫作安守本分，也就是人们常说的——安分守己。

这种安分守己是对现状的积极适应、处置，是什么角色，就做好什么事，如台湾著名漫画家蔡志忠先生所说："自己是什么就做什么；是西瓜就做西瓜，是冬瓜就做冬瓜，是苹果就做苹果；冬瓜不必羡慕西瓜，西瓜也不必嫉妒苹果……"然后才能游刃有余，进一步积累、创造自己的价值，取得水到渠成的成功。

事实上，任何成功的追求、进取都是在对现状恰如其分的适应和处置后取得的。一个不能适应现状、在现实面前手足无措的人，是很难取得成功的。举个例子：一位教授，因偶尔发现卖大饼的人很赚钱，一个月2万元，比自己给大学生上课还赚得多，于是便放下课不上而去卖大饼。这样做值得吗？不值得，这就叫作不守本分，不"知其所止"。在我们的现实生活中，诸如此类的例子其实还可以举出许多，这就是人们常说的"这山望着那山高"，实质上是没有认识清楚自己，迷失了方向。

与"这山望着那山高"相似的另一种迷失是不满足自己的职位，总是奢望向上爬，奢望高升，总是怨天尤人，而不像圣人所说的那样"反求诸其身"。只可惜很多人没有真正认识到"素其位而行"，安分守己，提高自己的修养，"居易以俟命"；而是心存妄想，只知道羡慕甚至嫉妒别人，不惜采取一切手段向上爬，"行险以侥幸"，结果是深深地陷入无休无止的勾心斗角和无尽的烦恼之中，迷失了本性。凡有奢望，必生烦恼。所以，不要去妄想什么，只问自己该做什么吧。

第十五章 行远

【原文】

君子之道,辟如行远必自迩[1],辟如登高必自卑[2]。

《诗》曰:"妻子好合,如鼓瑟琴。兄弟既翕,和乐且耽。宜尔室家,乐尔妻帑[3]。"子曰:"父母其顺矣乎。"

【注释】

[1] 辟(pì):同"譬",比如,像。迩(ěr):近。

[2] 卑(bēi):低处,低下。

[3] "妻子好合……":引自《诗经·小雅·常棣》。妻子:妻与子。好合:和睦。鼓:弹奏。翕(xī):和顺,融洽。耽(dān):《诗经》原作"湛",安乐。帑(nú):通"孥",子孙。

【译文】

君子实行中庸之道,就像走远路一样,必定要从近处开始;就像登高山一样,必定要从低处起步。

《诗经》说:"妻子儿女感情和睦,就像弹琴鼓瑟一样。兄弟关系融洽,和顺又快乐。使你的家庭美满,使你的妻儿幸福。"孔子赞叹说:"这样,父母也就称心如意了啊!"

【评析】

老子说:"千里之行,始于足下。"荀子说:"不积跬步,无以至千里;不积小流,无以成江海。"都是"行远必自迩,登高必自卑"的意思。万事总宜循序渐进,不可操之过急。否则,"欲速则不达",效果适得其反。一切从自己做起,从自己身边切近的地方做起。要在天下实行中庸之道,首先要和顺自己的家庭。说到底,还是《大学》修、齐、治、平循序渐进的道理。

第十六章 鬼神

【原文】

子曰："鬼神之为德，其盛矣乎！视之而弗见，听之而弗闻，体物而不可遗[1]。使天下之人，齐明盛服[2]，以承祭祀。洋洋乎！如在其上，如在其左右。《诗》曰：'神之格思，不可度思，矧可射思[3]？'夫微之显，诚之不可掩[4]，如此夫。"

【注释】

[1]遗（yí）：遗忘。

[2]齐（zhāi）：通"斋"，斋戒。明：洁净。盛服：即盛装。

[3]"神之格思……"：引自《诗经·大雅·抑》。格：来临。思：语气词。度（duó）：揣度。矧（shěn）：况且。射（yì）：厌，指厌怠不敬。

[4]掩：掩盖。

【译文】

孔子说："鬼神的德行可真是大得很啊！看它也看不见，听它也听不到，但它却体现在万物之中使人无法忘记它。天下的人都斋戒净心，穿着庄重整齐的服装去祭祀它。（鬼神）无所不在啊！好像就在你的头顶上，好像就在你左右。《诗经》说：'神的降临，不可揣测，怎么能够怠慢不敬呢？'从隐微到显著，真诚的心就是这样不可掩盖啊！"

【评析】

这一章借孔子对鬼神的论述说明道无所不在,道"不可须臾离。"另一方面，也是照应第12章说明"君子之道费而隐"，广大而又精微。看它也看不见、听它也听不到是"隐"，是精微；但它却体现在万物之中使人无法离开它，是"费"，是广大。作一个形象的比喻，道也好，鬼神也好，就像空气一样，看不见，听不到，但却无处不在，无时不在，任何人也离不开它。既然如此，当然应该是人人皈依，就像对鬼神一样地虔诚礼拜了。这是作者本章所要说明的意图。

第十七章 大孝

【原文】

子曰:"舜其大孝也与!德为圣人,尊为天子,富有四海之内;宗庙飨之[1],子孙保之。故大德,必得其位,必得其禄,必得其名,必得其寿。故天之生物,必因其材而笃[2]焉。故栽者培[3]之,倾者覆[4]之。《诗》曰:'嘉乐君子,宪宪令德,宜民宜人,受禄于天;保佑命之,自天申之[5]。'故大德者必受命。"

【注释】

[1]宗庙:古代天子、诸侯祭祀先王的地方。飨(xiǎng):用酒食等供奉祭祀。之:代词,指舜。

[2]材:资质,本性。笃:厚,这里指厚待。

[3]培:培育。

[4]覆:倾覆,摧败。

[5]"嘉乐君子……":引自《诗经·大雅·假乐》。嘉乐:即《诗经》之"假乐","假"通"嘉",意为美善。宪宪:《诗经》作"显显",显明兴盛的样子。令:美好。申:重申。

【译文】

孔子说:"舜是个最孝顺的人吧!德行方面是圣人,地位上是尊贵的天子,财富拥有整个天下;(舜去世后)宗庙里祭祀他,子子孙孙都保持他的功业。所以,有大德的人必定得到他应得的地位,必定得到他应得的俸禄,必定得到他应得的名声,必定得到他应得的长寿。所以,上天生养万物,必定根据它们的资质而厚待它们。能成材的得到培育,不能成材的就让他倾覆。《诗经》说:'高尚优雅的君子,有光明美好的德行,让人民安居乐业,享受上天赐予的福禄。上天保佑他，任用他，给他以重大的使命。'所以，有大德的人必定会承受天命。"

【评析】

天生我材必有用。只要你修身而提高德行，"居易以俟命"，总有一天会受命于天，担当起治国平天下的重任。到那时，名誉、地位、财富都已不在话下，应有的都会有。就像前苏联故事片《列宁在十月》里的主人公瓦西里说的："面包会有的，一切都会有的。"

由此看来，儒学并不是绝对排斥功利，而只是反对那种急功近利，不安分守己的做法。换言之，儒学所强调的，是从内功练起，修养自身，提高自身的德行和才能，然后顺其自然，水到渠成地获得自己应该获得的一切。

这其实也正是中庸之道的精神——凡事不走偏锋，不走极端，而是循序渐进，一步一个脚印走下去。

第十八章 无忧

【原文】

子曰:"无忧者,其惟文王乎!以王季为父,以武王为子;父作之,子述之。

"武王缵大王、王季、文王之绪[1]。壹[2]戎衣,而有天下,身不失天下之显名;尊为天子,富有四海之内;宗庙飨之,子孙保之。

"武王末受命,周公成文武之德,追王[3]大王、王季,上祀先公以天子之礼。斯礼也,达乎诸侯、大夫及士、庶人[4]。父为大夫,子为士,葬以大夫,祭以士。父为士,子为大夫,葬以士,祭以大夫。期[5]之丧,达乎大夫;三年之丧,达乎天子;父母之丧,无贵贱,一也。"

【注释】

[1]缵(zuǎn):继承。大王:太王,即王季的父亲古公亶父。绪:事业。

[2]壹(yī):同"一"。

[3]追王(wàng):追尊……为王。

[4]庶(shù)人:平民,百姓。

[5]期(jī):一周年。

【译文】

孔子说:"无忧无虑的人,大概只有文王吧!他有王季做父亲,有武王做儿子;父亲王季为他开创了事业,儿子武王继承了他的遗愿,完成他未竟的事业。

"武王继承了曾祖大王、祖父王季、父亲文王的事业。灭掉了大殷,夺得了天下,他身不失显赫天下的美好声名;尊贵为天子,富有天下四海财富;后代在宗庙里祭祀他,子子孙孙永不断绝。

"周武王晚年受命于天，平定天下，周公成就文王武王的德行，追尊大王、王季为王，用天子的祭祀祭祖先。这种制度一直实行到诸侯、大夫、士以及平民之中。如果父亲是大夫，儿子是士，就用大夫的礼安葬，用士的礼祭祀。如果父亲是士，儿子是大夫，就用士的礼节安葬，用大夫之礼祭祀。服丧一周年，这种制度实行到大夫；服丧三周年，这种制度实行到天子；为父母服丧，不分贵贱都是一样的。"

【评析】

本章所讲，一个家族的兴盛，往往是几代人的努力，表明了齐家的重要性。不同身份的人，葬礼和服丧的时限是有区别的，但为父母服丧，不分贵贱都是一样的。现代社会虽然提倡厚养薄葬，但也应该做到慎终追远。

第十九章 达孝

【原文】

子曰："武王、周公，其达孝矣乎！夫孝者，善继人之志，善述人之事者也。

"春秋，修其祖庙，陈其宗器[1]，设其裳衣[2]，荐其时食。宗庙之礼，所以序昭穆也；序爵，所以辨贵贱也；序事，所以辨贤也；旅酬[3]，下为上，所以逮[4]贱也；燕毛[5]，所以序齿也。践其位，行其礼，奏其乐，敬其所尊，爱其所亲；事死如事生，事亡如事存，孝之至也。郊社之礼，所以事上帝[6]也；宗庙之礼，所以祀乎其先也。明乎郊社之礼，禘尝[7]之义，治国其如示诸掌乎！"

【注释】

[1] 宗器：宗庙祭器。

[2] 设：摆设、陈列。裳（cháng）衣：衣服。裳，古代指裙子。

[3] 旅：次序，众人。酬（chóu）：宴饮敬酒。

[4] 逮：逮及、达到。

[5] 燕毛：泛指宴饮时年长者居上位的礼节。燕，通"宴"。

[6] 上帝：远古的帝王，先帝。

[7] 禘（dì）尝：按周礼，夏祭曰禘，秋祭曰尝，古代常用以指天子、诸侯岁时祭祖的大典。

【译文】

孔子说："武王、周公，他们是最孝的了吧！所谓的孝者，是善于继承先人的志向、善于传述先人的事迹的人。

"每年的春秋修理他们的祖庙，陈列宗庙祭器，摆设上祖先的衣裳，荐献时新的食物。宗庙的礼仪，是用以序列昭穆次序的。按爵位排序，用以辨别贵贱；按事功排序，用以辨别贤良；众人宴饮举杯敬酒时，晚辈必须先敬长辈，祖先的恩惠就会延及晚辈；让年长者坐上位，用以排列年齿。站到自己的位置上，进行应有礼节，奏起那音乐；恭敬那所尊重的，敬爱那所亲爱的；侍奉死去的人如同侍奉活着的人一样，侍奉亡故的人如同侍奉生存的人一样，这是最高的孝了。郊祭与社祭的礼节，用以侍奉先帝，宗庙的祭礼，用以祭祀祖先。明白郊、社这两种祭礼以及禘（夏祭）与尝（秋祭）的义理，治理国家就如同展示这手掌一样容易了。"

【评析】

本章讲到了什么是孝者，所谓的孝者，是善于继承先人的志向、善于传述先人事迹的人。既要按时扫墓，修缮祖庙，也要注意次序的排列。不仅要对活着的长辈尊敬，而且对已故去的祖先也要敬重。并指出了孝的最高境界是"事死如事生，事亡如事存"。

第二十章 问政

【原文】

哀公[1]问政。子曰:"文武之政,布在方策[2]。其人[3]存,则其政举;其人亡,则其政息[4]。人道敏[5]政,地道敏树。夫政也者,蒲卢[6]也。故为政在人,取人以身,修身以道,修道以仁。仁者,人也,亲亲为大;义者,宜也,尊贤为大。亲亲之杀[7],尊贤之等,礼所生也。在下位不获乎上,民不可得而治矣。故君子不可以不修身;思修身,不可以不事亲;思事亲,不可以不知人;思知人,不可以不知天。天下之达道五,所以行之者三,曰:君臣也、父子也、夫妇也、昆弟[8]也、朋友之交也。五者,天下之达道也。知、仁、勇三者,天下之达德也。所以行之者,一也。或生而知之;或学而知之;或困而知之;及其知之,一也。或安而行之;或利而行之;或勉强而行之;及其成功,一也。"

子曰:"好学近乎知,力行近乎仁,知耻近乎勇。知斯三者,则知所以修身;知所以修身,则知所以治人;知所以治人,则知所以治天下国家矣。凡为天下国家有九经[9],曰:修身也、尊贤也、亲亲也、敬大臣也、体[10]群臣也、子庶民[11]也、来百工[12]也、柔远人[13]也、怀[14]诸侯也。修身,则道立;尊贤,则不惑;亲亲,则诸父昆弟不怨;敬大臣,则不眩[15];体群臣,则士之报礼重;子庶民,则百姓劝[16];来百工,则财用足;柔远人,则四方归之;怀诸侯,则天下畏之。齐明盛服[17],非礼不动,所以修身也;去谗远色[18],贱货而贵德,所以劝贤也;尊其位,重其禄,同其好恶,所以劝亲亲也;官盛任使[19],所以劝大臣也;忠信重禄,所以劝士也;时使薄敛[20],所以劝百姓也;日省月试[21],既禀称事[22],所以劝百工也;送往迎来,嘉善而矜[23]不能，所以柔远人也；继绝世[24]，举废国[25]，治乱持[26]危，朝聘[27]以时，厚往而薄来，所以怀诸侯也。凡为天下国家有九经，所以行之者，一也。

"凡事豫[28]则立，不豫则废。言前定，则不跲[29]；事前定，则不困；行前定，则不疚；道前定，则不穷。

"在下位不获乎上，民不可得而治矣。获乎上有道：不信乎朋友，不获乎上矣；信乎朋友有道：不顺乎亲，不信乎朋友矣；顺乎亲有道：反诸身不诚，不顺乎亲矣；诚身有道：不明乎善，不诚乎身矣[30]。

"诚者，天之道也；诚之者，人之道也。诚者，不勉而中[31]，不思而得，从容中道[32]，圣人也；诚之者，择善而固执之者也。博学之，审问之，慎思之，明辨之，笃行之。有弗学，学之弗能，弗措[33]也；有弗问，问之弗知，弗措也；有弗思，思之弗得，弗措也；有弗辨，辨之弗明，弗措也；有弗行，行之弗笃，弗措也。人一能之，己百之；人十能之，己千之。果能此道矣，虽愚必明，虽柔必强。"

【注释】

[1]哀公：春秋时鲁国国君。姓姬名蒋，"哀"是谥（shì）号。

[2]布：陈列。方：书写用的木板。策：书写用的竹简。

[3]其人：指文王、武王。

[4]息：灭，消失。

[5]敏：勉力，用力，致力。

[6]蒲卢：即芦苇。芦苇性柔而具有可塑性。

[7]杀（shài）：减少，降等。

[8]昆弟：兄和弟，也包括堂兄堂弟。

[9]九经：九条准则。经：准则。

[10]体：体察，体恤。

[11]子庶民：以庶民为子。子：动词，当作自己的孩子。庶民：平民。

[12]来：招来。百工：各种工匠。

[13]柔远人：安抚边远地方来的人。

[14]怀：安抚。

[15]眩（xuàn）：遇事无措。

[16]劝：勉力，努力。

[17]齐(zhāi)明盛服：像斋戒那样净心虔诚，穿着庄重整齐的服装。齐：斋。

[18]谗(chán)：说别人的坏话，这里指说坏话的人。色：美女。

[19]盛：多。任使：足够使用。

[20]时使：指使用百姓劳役有一定时间，不误农时。薄敛：赋税轻。

[21]省(xǐng)：视察。试：考核。

[22]既(xì)：通"饩"，赠送（食物）。禀(lǐn)：粮食。称(chèn)：符合。事：劳动成果。

[23]矜(jīn)：怜悯，同情。

[24]继绝世：延续已经中断的家庭世系。

[25]举废国：复兴已经没落的邦国。

[26]持：扶持。

[27]朝(cháo)聘：诸侯定期朝见天子。每年一见叫小聘，三年一见叫大聘，五年一见叫朝聘。

[28]豫：同"预"。

[29]跲(jiá)：说话不通畅。

[30]这一段与《孟子·离娄上》中一段基本相同。到底是《中庸》引《孟子》还是《孟子》引《中庸》，不好断定。张岱年先生《中国哲学史料学》认为是《孟子》引《中庸》。

[31]中(zhòng)：做到。

[32]从容中(zhòng)道：自然而然地符合上天的原则。中：符合。

[33]弗(fú)措：不罢休。弗：不。措：停止，罢休。

【译文】

鲁哀公询问政事。孔子说："周文王、周武王的政事都记载在典籍上。他们在世，这些政事就实施；他们去世，这些政事也就废弛了。治理人的途径是勤于政事；治理地的途径是多种树木。说起来，政事就像芦苇一样具有可塑性。所以为政的关键在于用人，要得到适用的人在于修养自己，修养自己在于遵循大道，遵循大道要从仁义做起。仁就是爱人，亲爱亲族是最大的仁；义就是事事做得适宜，尊重贤人是最大的义。至于说亲爱亲族要分亲疏，尊重贤人要有等级，这都是礼的要求。如果贤人在低下的地位，而得不到在上层的地位，人民便得不到好的治理了。所以，君子不能不修养自己；要修养自己，不能不侍奉亲族；要侍奉亲族，不能不了解他人；要了解他人，不能不知道天理。天下人共有的伦常关系有五项，用来处理这五项伦常关系的德行有三种。君臣、父子、夫妇、兄弟、朋友之间的交往，这五项是天下人共有的伦常关系；智、仁、勇，这三种是用来处理这五项伦常关系的德行。至于这三种德行的实施，道理都是一样的。比如说，有的人生来就知道它们；有的人通过学习才知道它们；有的人要遇到困难后才知道它们；但只要他们最终都知道了，也就是一样的了。又比如说，有的人自觉自愿地去实行它们；有的人为了某种好处才去实行它们；有的人勉勉强强地去实行；但只要他们最终都实行起来了，也就是一样的了。"

孔子说："喜欢学习就接近了智，努力实行就接近了仁，知道羞耻就接近了勇。知道这三点，就知道怎样修养自己，知道怎样修养自己，就知道怎样管理他人，知道怎样管理他人，就知道怎样治理天下和国家了。治理天下和国家有九条原则。那就是：修养自身，尊崇贤人，亲爱亲族，敬重大臣，体恤群臣，爱民如子，招纳工匠，优待远客，安抚诸侯。修养自身就能确立正道；尊崇贤人就不会思想困惑；亲爱亲族就不会惹得叔伯兄弟怨恨；敬重大臣就不会遇事无措；体恤群臣，士人们就会竭力报效；爱民如子，老百姓就会忠心耿耿；招纳工匠，财物就会充足；优待远客，四方百姓就会归顺；安抚诸侯，天下的人都会敬畏了。像斋戒那样净心虔诚，穿着庄重整齐的服装，不符合礼仪的事坚决不做，这是为了修养自身；驱除小人，疏远女色，看轻财物而重视德行，这是为了尊崇贤人；提高亲族的地位，给他们以丰厚的俸禄，与他们爱憎相一致，这是为了亲爱亲族；让众多的官员供他们使用，这是为了敬重大臣；真心诚意地任用他们，并给他们以较多的俸禄，这是为了体恤群臣；使用民役不误农时，少收赋税，这是为了爱民如子；每天视察每月考核，按劳付酬，这是为了招纳工匠；来时欢迎，去时欢送，嘉奖有才能的人，救济有困难的人，这是为了优待远客；延续绝后的家族，复兴灭亡的国家，治理祸乱，扶持危难，按时接受朝见，赠送丰厚，纳贡菲薄，这是为了安抚诸侯。

总而言之，治理天下和国家有九条原则，但实行这些原则的道理都是一样的。

"任何事情，事先有预备就会成功，没有预备就会失败。说话先有预备，就不会中断；做事先有预备，就不会受挫；行为先有预备，就不会后悔；道路预先选定，就不会走投无路。

"在下位的人，如果得不到在上位的人信任，就不可能治理好平民百姓。得到在上位的人信任有办法：得不到朋友的信任就得不到在上位的人信任；得到朋友的信任有办法：不孝顺父母就得不到朋友的信任；孝顺父母有办法：反省自己不真诚就不能孝顺父母；使自己真诚有办法：不明白什么是善就不能够使自己真诚。

"真诚是上天的原则，追求真诚是做人的原则。天生真诚的人，不用勉强就能做到，不用思考就能拥有，自然而然地符合上天的原则，这样的人是圣人。努力做到真诚，就要选择美好的目标执著追求：广泛学习，详细询问，周密思考，明确辨别，切实实行。要么不学，学了没有学会绝不罢休；要么不问，问了没有懂得绝不罢休；要么不想，想了没有想通绝不罢休；要么不分辨，分辨了没有明确绝不罢休；要么不实行，实行了没有成效绝不罢休。别人用一分努力就能做到的，我用一百分的努力去做；别人用十分的努力做到的，我用一千分的努力去做。如果真能够做到这样，虽然愚笨也一定可以聪明起来，虽然柔弱也一定可以刚强起来。"

【评析】

这一章是《中庸》全篇的枢纽。此前各章主要是从方方面面论述中庸之道的普遍性和重要性，这一章则从鲁哀公询问政事引入，借孔子的回答提出了政事与人的修养的密切关系，从而推导出天下人共有的五项伦常关系、三种德行、治理天下国家的九条原则，最后落脚到"真诚"的问题上来，并提出了做到真诚的五个具体方面。本章以后各章，就是围绕"真诚"的问题而展开的了。

回到本章的内容来看，首先谈的是政治问题。直到20世纪80年代明确提出"以经济建设为中心"，中国社会一直是一个政治型的社会，政治在社会生活中具有头等重要的地位，也是儒学具有头等重要的话题。孔子把政治比作芦苇，取的是它的可塑性。意思是说：什么样的人执政，就会有什么样的政治。尧、舜、禹、汤、文、武执政，于是有仁政；纣王执政，于是有酒池肉林；始皇执政，于是有焚书坑儒；太宗执政，于是有贞观之治；希特勒执政，于是有法西斯主义。如此等等，不一而足。所以，孔子提出"为政在人"的问题，强调执政者的修养。

关于天下人共有的五项伦常关系，除了因进入民主时代而再无君臣关系外，其它几项关系都依然是与我们血肉相连而不可分割的，也都是需要我们正确处理而不可忽视的。至于处理这几项关系的三种德行，智、仁当然是不言而喻的，倒是"知耻近乎勇"一点，值得我们补上两句。俗话说："羞耻之心，人皆有之。"孟子说："羞耻之心对于人至关重要！搞阴谋诡计的人是不知道羞耻的。不以自己不如别人为羞耻，怎么能够赶得上别人呢？"（《孟子·尽心上》）也就是说，知道羞耻是赶上别人的重要条件之一。个人是这样，一个国家、一个民族也是这样，所以，我们以"毋忘国耻"作为爱国主义教育的重要内容之一。究其实质，正是因为"知耻近乎勇"。一个人只有知道羞耻，才能够勇于改正错误，勇于弥补自己的不足，迎头赶上别人，从而免于羞耻。一个民族，一个国家，只有知道羞耻，才能够发奋图强，富国强兵，富民兴邦，自立于世界民族之林。这就是"知耻近乎勇"的道理所在。

关于治理天下国家的九条原则，方方面面，实际上是《大学》里提出的修身、齐家、治国、平天下几个阶段的具体展开，是实用的统治学理论。值得我们特别注意的是"凡事豫则立，不豫则废"的思想。这与孔子所说的"人无远虑，必有近忧"（《论语·卫灵公》）相近，都是未雨绸缪，防患于未然，或者说是"不打无准备之仗"的思想，具有深刻的哲学内涵，值得我们贯彻到实际生活中去，而不仅仅适用于政治范畴。

最后说到如何做到真诚的问题。"择善固执"是纲，选定美好的目标而执著追求。"博学、审问、慎思、明辨、笃行"是目，是追求的手段。立于"弗措"的精神，"人一能之，己百之；人十能之，己千之"的态度，也就是俗语所说的"笨鸟先飞"的态度，龟兔赛跑的寓言里那获胜的乌龟的态度，都是执著的体现。"弗措"的精神，也就是《荀子·劝学》里的名言"锲而舍之，朽木不折；锲而不舍，金石可镂"的精神；其实，无论是纲还是目，也无论是精神还是态度，都绝不仅仅适用于对真诚的追求，在学习、工作、生活的方方面面，只要抓住这样的纲，张开这样的目，坚持这样的精神与态度，有什么样的困难不能克服呢？有什么样的成功不能取得呢？

总而言之，本章内容丰富而涵盖面广，几乎涉及到《大学》格、致、诚、正、修、齐、治、平的各个环节，特别值得引起我们的重视。

第二十一章 诚明

【原文】

自诚明[1]，谓之性[2]；自明诚，谓之教。诚则[3]明矣；明则诚矣。

【注释】

[1] 自：从，由。明：明白。

[2] 性：天性，先天之禀赋。

[3] 则：即，就。

【译文】

由真诚而自然明白道理，这叫做天性；由明白道理后做到真诚，这叫做人为的教育。真诚也就会自然明白道理，明白道理后也就会做到真诚。

【评析】

无论是天性还是后天人为的教育，只要做到了真诚，二者也就合一了。

明道向善不问先天后天。从另一个角度看，这里也表达了天人合一的思想。

第二十二章 尽性

【原文】

唯天下至诚，为能尽其性[1]；能尽其性，则能尽人之性；能尽人之性，则能尽物之性；能尽物之性，则可以赞天地之化育；可以赞天地之化育[2]，则可以与天地参[3]矣。

【注释】

[1]尽其性：充分发挥本性。

[2]赞：赞助。化育：化生和养育。

[3]与天地参（sān）：与天地并列为三。参：并列。

【译文】

只有天下极端真诚的人能充分发挥他的本性；能充分发挥他的本性，就能充分发挥众人的本性；能充分发挥众人的本性，就能充分发挥万物的本性；能充分发挥万物的本性，就可以帮助天地培育生命；能帮助天地培育生命，就可以与天地并列为三了。

【评析】

真诚者只有首先对自己真诚，然后才能对全人类真诚。真诚可使自己立于与天地并列为三的不朽地位。它的功用居然有如此之大，那我们又何乐而不为呢！

第二十三章 致曲

【原文】

其次致曲[1]，曲能有诚，诚则形[2]，形则著[3]，著则明[4]，明则动，[5]动则变，变则化[6]。唯天下至诚为能化。

【注释】

[1]其次：次一等的人，即次于圣人的人，也就是贤人。致曲：致力于某一方面。曲，偏。

[2]形：显露，表现。

[3]著：显著。

[4]明：光明。

[5]动：感动。

[6]化：即化育。

【译文】

比圣人次一等的贤人致力于某一方面，致力于某一方面也能做到真诚，做到了真诚就会表现出来，表现出来就会逐渐显著，显著了就会发扬光大，发扬光大就会感动他人，感动他人就会引起转变，引起转变就能化育万物。只有天下最真诚的人能化育万物。

【评析】

这一章相对于上一章而言，上一章说的是天生至诚的圣人，这一章说的是比圣人次一等的贤人。换句话说，圣人是"自诚明"，天生就真诚的人，贤人则是"自明诚"，通过后天教育明白道理后才真诚的人。贤人虽然致力于某一方面，但通过教育和修养，通过："形、著、明、动、变、化"的阶段，同样可以一步一步地达到圣人的境界：化育万物，与天地并列为三。说到底，只要你努力奋斗,曲径通幽,条条道路通罗马,最终都可以大功告成,修成正果。

在劝人真诚的问题上,《中庸》真可以说是苦口婆心、不遗余力的了。

第二十四章 前知

【原文】

至诚之道，可以前知[1]。国家将兴，必有祯祥[2]；国家将亡，必有妖孽[3]。见乎蓍龟[4]，动乎四体[5]。祸福将至：善，必先知之；不善，必先知之。故至诚如神[6]。

【注释】

[1]前知：预知未来。

[2]祯（zhēn）祥：吉祥的预兆。

[3]妖孽：物类反常的现象。草木之类称妖，虫豸（zhì）之类称孽。

[4]见（xiàn）：呈现。蓍（shī）龟：蓍草和龟甲，用来占卜。

[5]四体：手足，指动作仪态。

[6]如神：像神一样微妙，不可言说。

【译文】

极端真诚，可以预知未来的事。国家将要兴旺，必然有吉祥的征兆；国家将要衰亡，必然有不祥的反常现象。呈现在蓍草龟甲上，表现在手脚动作上。祸福将要来临时：是福，可以预先知道；是祸，也可以预先知道。所以极端真诚就像神灵一样。

【评析】

心诚则灵。灵到能预知未来吉凶祸福的程度，可就不是一般人能达到的境界了。

至于"国家将兴，必有祯祥；国家将亡，必有妖孽"的现象，历代的正史野史记载可以说是比比皆是，不胜枚举。你说它是迷信也罢，说它是无稽之谈也罢，反正不仅一般人津津乐道，就是正统儒学的经典，不也同样认为这种现象"见乎蓍龟，动乎四体"吗？

其实，撩开神秘的迷雾，这里的意思不外乎是说，由于心灵达到了至诚的境界，不被私心杂念所迷惑，就能洞悉世间万物的变化规律，因此而能够预知未来的吉凶祸福、兴亡盛衰。一言归总，还是说到真诚的出神入化功用。

第二十五章 自成

【原文】

诚者，自成[1]也；而道，自道[2]也。

诚者，物之终始；不诚，无物。是故君子诚之为贵。

诚者，非自成己而已[3]也，所以成物也。成己，仁也；成物，知也。性之德也，合外内之道也，故时措[4]之宜也。

【注释】

[1]自成：自我成全，也就是自我完善的意思。

[2]自道（dǎo）：自我引导。

[3]已：止，罢了。

[4]措（cuò）：筹划办理。

【译文】

诚是天命之性，是自我的完善；道是率性之理，是应当自我引导的。

真诚贯穿于事物的始终；没有真诚，就没有了事物。因此，君子以真诚为贵。

真诚并不是自我完善就够了，而是还要完善事物。自我完善是仁德；完善事物是智慧。仁和智是出于本性的德行，是融合自身与外物的准则，所以任何时候施行都是适宜的。

【评析】

好学近乎智，力行近乎仁。这里把智、仁与真诚的修养结合起来了。因为，真诚从大的方面来说，是事物的根本规律，是事物的发端和归宿；真诚从细的方面来说，是自我的内心完善。所以，要修养真诚就必须做到物我同一，天人合一。而要做到这一点既要靠学习来理解，又要靠实践来实现。

这里最值得注意的是真诚的外化问题，也就是说，真诚不仅仅像我们一般所理解的是一种主观内在的品质，自我的道德完善，而且还是外化他人和一切事物当中去的智慧。自己真诚了，他人真诚了，真诚无处不在，无时不有，世界也就美好无欺了。说到底，还是真诚的奇妙神功，无诚则无仁义，无诚则无智慧。

第二十六章 无息

【原文】

故至诚无息[1]。不息则久，久则征[2]，征则悠远，悠远则博厚，博厚则高明。博厚，所以载物也；高明，所以覆物也；悠久，所以成物也。博厚配地，高明配天，悠久无疆[3]。如此者，不见而章[4]，不动而变，无为而成。天地之道，可一言[5]而尽也：其为物不贰[6]，则其生物不测。天地之道：博也、厚也、高也、明也、悠也、久也。

今夫天，斯昭昭[7]之多，及其无穷也，日月星辰系[8]焉，万物覆焉。今夫地，一撮[9]土之多，及其广厚，载华岳[10]而不重，振[11]河海而不泄，万物载焉。今夫山，一卷石[12]之多，及其广大，草木生之，禽兽居之，宝藏兴焉。今夫水，一勺之多，及其不测[13]，鼋、鼍[14]、蛟、龙、鱼、鳖生焉，货财殖焉。

《诗》云："维天之命，於穆不已[15]。"盖曰天之所以为天也。"於乎不显，文王之德之纯[16]。"盖曰文王之所以为文也。纯亦不已。

【注释】

[1] 息：止息，休止。

[2] 征：征验，显露于外。

[3] 无疆：无穷无尽。

[4] 见（xiàn）：显现。章：即彰，彰明。

[5] 一言：即一字，指"诚"字。

[6] 不贰：诚是忠诚如一，所以不贰。

[7] 斯：此。昭（zhāo）昭：光明。

[8] 系（jì）：维系。

[9]撮(cuō)：容量单位。十撮等于一勺。指数量极少。

[10]华岳：即华山。

[11]振：通"整"，整治，引申为约束。

[12]一卷(quán)石：一拳头大的石头。卷：通"拳"。

[13]不测：不可测度，指浩瀚无涯。

[14]鼋(yuán)、鼍(tuó)：鼋：元鱼，大鳖。鼍：鳄鱼。

[15]维天之命，於(wū)穆不已：引自《诗经·周颂·维天之命》。维：语气词。於：语气词，呜呼。穆：深远。不已：无穷。

[16]於(wū)乎不(pī)显，文王之德之纯：引自《诗经·周颂·维天之命》。於乎：语气词，呜呼。不显：又大又明显。"不"通"丕"，即大。

【译文】

所以，极端真诚是没有止息的。没有止息就会保持长久，保持长久就会显露出来，显露出来就会悠远，悠远就会广博深厚，广博深厚就会高大光明。广博深厚的作用是承载万物，高大光明的作用是覆盖万物，悠远长久的作用是生成万物。广博深厚可以与地相比，高大光明可以与天相比，悠远长久则是永无止境。达到这样的境界，不显示也会明显，不行动也会感人化物，无所作为也会有所成就。

天地的法则，可以用一"诚"字来概括：诚本身专一不二，所以生育万物多得不可估量。天地的法则：就是广博、深厚、高大、光明、悠远、长久。

现在我们所说的天，原本不过是由一点一点的光明聚积起来的，可等到它无边无际时，日月星辰都靠它维系，世界万物都靠它覆盖。现在我们所说的地，原本不过是由一撮土一撮土聚积起来的，可等到它广博深厚时，承载像华山那样的崇山峻岭也不觉得重，容纳众多的江河湖海也不会泄漏，世间万物都由它承载了。现在我们所说的山，原本不过是由拳头大的石块聚积起来的，可等到它高大无比时，草木在上面生长，禽兽在上面居住，宝藏在上面储藏。现在我们所说的水，原本不过是一勺一勺聚积起来的，可等到它浩瀚无涯时，鼋、鼍、蛟、龙、鱼、鳖等都在里面生长，珍珠、珊瑚等有价值的东西都在里面繁殖。

《诗经》说："天命多么深远啊，永远无穷无尽！"这大概就是说的天之所以为天的原因吧。"呜呼！多么显赫光明啊，文王的品德纯真无二！"这大概就是说的文王之所以被尊称为"文（谥号）"的原因吧。纯真也是没有止息的。

【评析】

生命不息，真诚不已。这是儒学修身的要求。不仅不已，而且还要显露发扬出来，达到悠远长久、广博深厚、高大光明，从而承载万物，覆盖万物，生成万物。而这正是天地的法则，说穿了，还是由真诚的追求而达到与天地并列为三的终极目的。这使人想到诗人屈原在《桔颂》里的咏叹："秉德无私，参天地兮！"实质上是一种巨人哲学，一种英雄主义追求。有人说："无奸不商。"这当然是与"诚"相悖逆的选择。真正的大商人，百年老字号，都是以诚信为本的儒商。

第二十七章 大哉

【原文】

大哉！圣人之道！洋洋[1]乎，发育万物，峻极于天。优优[2]大哉，礼仪[3]三百，威仪[4]三千。待其人[5]而后行。故曰："苟不至德[6]，至道不凝[7]焉。"故君子尊德性而道问学[8]，致广大而尽精微，极高明而道中庸。温故而知新，敦厚以崇礼。

是故居上不骄，为下不倍[9]。国有道，其言足以兴；国无道，其默足以容[10]。《诗》曰："既明且哲，以保其身[11]。"其此之谓与？

【注释】

[1]洋洋：盛大，浩瀚无边。

[2]优优：充足有余。

[3]礼仪：古代礼节的主要规则，又称经礼。

[4]威仪：古代典礼中的动作规范及待人接物的礼节，又称曲礼。

[5]其人：指圣人。

[6]苟不至德：如果没有极高的德行。苟，如果。

[7]凝：凝聚，引申为成功。

[8]问学：询问，学习。

[9]倍：通"背"，背弃，背叛。

[10]容：容身，指保全自己。

[11]既明且哲，以保其身：引自《诗经·大雅·烝民》。哲：智慧，指通达事理。

【译文】

伟大啊，圣人的道！浩瀚无边，生养万物，与天一样崇高。充足有余，礼仪三百条，威仪三千条。这些都有待于圣人来实行。所以说："如果没有极高的德行，就不能成功极高的道。"因此，君子尊崇道德修养而追求知识学问，达到广博境界而又钻研精微之处，洞察一切而又奉行中庸之道。温习已有的知识从而获得新知识，诚心诚意地崇奉礼节。

所以身居高位不骄傲，身居低位不自弃。国家政治清明时，他的言论足以振兴国家；国家政治黑暗时，他的沉默足以保全自己。《诗经》说："既明智又通达事理，可以保全自身。"大概就是说的这个意思吧？

【评析】

这一章在继续盛赞圣人之道的基础上，提出了两个层次的重要问题。

首先是修养德行以适应圣人之道的问题。因为没有极高的德行，就不能成功极高的道，所以君子应该"尊崇道德修养而追求知识学问，达到广博境界而又钻研精微之处，洞察一切而又奉行中庸之道。温习已有的知识从而获得新知识，诚心诚意地崇奉礼节。"朱熹认为，这五句"大小相资，首尾相应"，最得圣贤精神，要求学者尽心尽意研习。其实，五句所论不外乎尊崇道德修养和追求知识学问这两个方面，用我们今天的话来说，也就是"德育"和"智育"的问题。

有了德、智两方面的修养，是不是就可以通行无阻地实现圣人之道了呢？问题当然不是如此简单。修养是主观方面的准备，而实现圣人之道还有赖于客观现实方面的条件。客观现实条件具备当然就可以大行其道，客观现实条件不具备又应该怎样做呢？这就需要"居上不骄，为下不倍"，身居高位不骄傲，要有"富贵不能淫，贫贱不能移，威武不能屈"（《孟子·滕文公下》）的大丈夫气概。至于"国有道，其言足以兴；国无道，其默足以容"的态度，则是与孟子所说的"穷则独善其身，达则兼善天下"（《孟子·尽心上》）一脉相承的，都是对于现实政治的一种处置，一种适应。反过来说，也就是一种安身立命、进退仕途的艺术，所以，归根结底，还是"既明且哲，以保其身。"当然，说者容易做者难，看似平淡却艰辛，要做到明哲保身，的确是非常不容易的。所以唐代大诗人白居易写道"明哲保身，进退始终，不失其道，自非贤达，孰能兼之？"（《杜佑致仕制》）宋代陆游更是直截了当地感叹道："信乎明哲保身之难也！"（《跋范文正公书》）

明哲保身，方能进退自如，使自己立于不败之地。这当然与那种"事不关己，高高挂起"的"自由主义表现"是风马牛不相及的，我们切莫把它混为一谈。

第二十八章 自用

【原文】

子曰:"愚而好自用[1],贱而好自专[2],生乎今之世,反[3]古之道。如此者,灾及其身者也。"

非天子不议礼,不制度[4],不考文[5]。今天下,车同轨,书同文,行同伦[6]。虽有其位,苟无其德,不敢作礼乐焉;虽有其德,苟无其位,亦不敢作礼乐焉。

子曰:"吾说夏礼[7],杞不足征[8]也;吾学殷礼[9],有宋[10]存焉;吾学周礼[11],今用之,吾从周。"

【注释】

[1]自用:凭自己主观意图行事,自以为是,不听别人意见,即刚愎自用的意思。

[2]自专:独断专行。

[3]反:通"返",回复的意思。

[4]制度:在这里作动词用,指制定法度。

[5]考文:考订文字规范。

[6]车同轨,书同文,行同伦:车子的轮距一致;字体统一;伦理道德相同。(这种情况是秦始皇统一六国后才出现的,据此知道《中庸》有些章节的确是秦代儒者所增加的。)

[7]夏礼:夏朝的礼制。

[8]杞(qǐ):国名,传说是周武王封夏禹的后代于此,故城在今河南杞县。征,验证。

[9]殷礼:殷朝的礼制。商朝从盘庚迁都至殷(今河南安阳)到纣亡国,

一般称为殷代，整个商朝也称商殷或殷商。

[10]宋：国名，商汤的后代居此，故城在今河南商丘县南。

[11]周礼：周朝的礼制。

【译文】

孔子说："愚昧却喜欢自以为是，卑贱却喜欢独断专行，生于现在的时代却一心想回复到古时去。这样做，灾祸会降临到自己的身上。"

不是天子就不要议订礼仪，不要制定法度，不要考订文字规范。现在天下，车子的轮距一致，文字的字体统一，实行的伦理道德相同。虽有相应的地位，如果没有相应的德行，是不敢制作礼乐制度的；虽然有相应的德行，如果没有相应的地位，也是不敢制作礼乐制度的。

孔子说："我谈论夏朝的礼制，夏的后裔杞国已不足以验证它；我学习殷朝的礼制，殷的后裔宋国还残存着它；我学习周朝的礼制，现在还实行着它，所以我遵从周礼。"

【评析】

本章承接上一章发挥"为下不倍（背）"的意思。反对自以为是、独断专行，也有"不在其位，下谋其政"（《论语·泰伯》）的意思。归根结底，其实还是素位而行、安分守己的问题。

此外有一点值得注意的是，这里所引孔子的话否定了那种"生乎今之世，反古之道"的人，这与一般认为孔子主张"克己复礼"、具有复古主义倾向的看法似乎有些冲突。其实，孔子所要复的礼，恰好是那种"今用之"的"周礼"，而不是"古之道"的"夏礼"和"殷礼"。因为夏礼已不可考，而殷礼虽然还在它的后裔宋国那里残存着，但毕竟也已是过去的了。所以，从本章所引孔子的两段话来看，孔子反对旧制度，主张与时俱进的新礼制。的确不能随随便便地给他扣上"拉历史倒车"的复古主义者帽子。

第二十九章 三重

【原文】

王天下有三重焉[1]，其寡过矣乎！上焉者[2]，虽善无征，无征不信；不信，民弗从。下焉者[3]，虽善不尊，不尊不信；不信，民弗从。故君子之道，本诸身，征诸庶民，考诸三王而不缪[4]，建诸天地而不悖[5]，质[6]诸鬼神而无疑，百世以俟[7]圣人而不惑。质鬼神而无疑，知天也；百世以俟圣人而不惑[8]，知人也。是故君子动而世为天下道，行而世为天下法，言而世为天下则。远之则有望[9]，近之则不厌。

《诗》曰："在彼无恶，在此无射。庶几夙夜，以永终誉[10]。"君子未有不如此，而蚤[11]有誉于天下者也。

【注释】

[1] 王（wàng）天下有三重焉：王天下：在天下做王的意思，也就是统治天下。王：作动词用。三重（zhòng）：指上一章所说的三件重要的事：仪礼、制度、考文。

[2] 上焉者：指在上位的人，即君王。

[3] 下焉者：指在下位的人，即臣下。

[4] 三王：指夏、商、周三代君王。缪（miù）：通"谬"，错误。

[5] 建：立。悖（bèi）：违背道理。

[6] 质：质询，询问。

[7] 俟（sì）：待。

[8] 道：通"导"，先导。

[9] 望：威望。

[10]《诗》曰句：引自《诗经·周颂·振鹭》。恶（wù）：憎恶。射（yì）：

通"致",厌弃的意思。庶几(jī):几乎。夙(sù)夜:早晚。夙:早。

[11] 蚤(zǎo):通"早"。

【译文】

治理天下能够做好(议订礼仪,制订法度,考订文字规范)这三件重要的事,也就没有什么大的过失了吧!在上位的人,虽然行为很好,但如果没有验证,就不能使人信服;不能使人信服,老百姓就不会听从。在下位的人,虽然行为很好,但由于没有尊贵的地位,也不能使人信服;不能使人信服,老百姓就不会听从。所以君子治理天下的道理,应该以自身的德行为根本,并从老百姓那里得到验证,考查夏、商、周三代先王的做法而没有错误,立于天地之间而没有违背正道,质询于鬼神而没有疑问,百世以后待到圣人出现也没有什么不理解的地方。质询于鬼神而没有疑问,这是知道天理;百世以后待到圣人出现也没有什么不理解的地方,这是知道人意。所以君子的举止能世世代代成为天下的先导,行为能世世代代成为天下的法度,语言能世世代代成为天下准则。在远处有威望,在近处也不使人厌恶。

《诗经》说,"在那里没有人憎恶,在这里没有人厌烦。日日夜夜操劳啊,为了保持美好的名誉。"君子没有不这样做而能够早早在天下获得名誉的。

【评析】

这一章承接"居上不骄"的意思而发挥。要求当政者身体力行,不仅要有好的德行修养,而且要有行为实践的验证,才能取信于民,使人听从,这就好比我们今天要求政府为老百姓办实事一样。只有这样,才能做到"远之则有望,近之则不厌",成为老百姓的公仆。

从理论上来说,这一章所强调的,依然是重实践的观点。"本诸身,征诸庶民",以自身的德行为根本,并从老百姓那里得到验证。这是主客观的结合,理论与实践的统一,用客观实践来检验自己的主观意图、见解、理论是否符合老百姓的利益与愿望。从而使自己的举止能世世代代成为天下的先导,行为能世世代代成为天下的法度,语言能世世代代成为天下的准则。这里当然还是蕴含着儒家对伟大与崇高的向往和对不朽的渴望,也就是中国古代知识分子崇奉的立德、立功、立言三不朽追求。

第三十章 祖述

【原文】

仲尼祖述[1]尧、舜,宪章文、武[2];上律天时,下袭[3]水土。辟如天地之无不持载,无不覆帱[4];辟如四时之错行[5],如日月之代明[6]。万物并育而不相害,道并行而不相悖。小德川流,大德敦化[7]。此天地之所以为大也。

【注释】

[1]祖述:效法、遵循前人的行为或学说。

[2]宪章:遵从,效法。文武:文王、武王。

[3]袭:与上文的"律"近义,都是遵循、符合的意思。

[4]覆帱(dào):覆盖。

[5]错行:交错运行,流动不息。

[6]代明:交替光明,循环变化。

[7]敦化:使万物敦厚纯朴。

【译文】

孔子继承尧、舜,以文王、武王为典范;上遵循天时,下符合地理。就像天地那样没有什么不承载,没有什么不覆盖;又好像四季的交错运行,日月的交替光明。万物一起生长而互不妨害,道路同时并行而互不冲突。小的德行如河水一样长流不息,大的德行使万物敦厚纯朴。这就是天地的伟大之处啊!

【评析】

天地的伟大之处,就是孔子的伟大之处。因为孔子与天地比肩,与日月同辉。这一章以孔子为典范,盛赞他的德行,为学者塑造了一个伟大、崇高而不朽的形象，使他流芳百世而成为后代人永远学习与敬仰的楷模。这就是大成至圣先师的孔圣人。从《中庸》本身的结构来看，这也是从理论到实际了，从中庸之道方方面面的阐述落实到一个具体的榜样上来，而榜样的力量是无穷的。

第三十一章 至圣

【原文】

唯天下至圣,为能聪明睿知[1],足以有临[2]也;宽裕[3]温柔,足以有容[4]也;发强刚毅[5],足以有执[6]也;齐庄中正[7],足以有敬也;文理密察[8],足以有别[9]也。

溥博渊泉,而时出之[10]。溥博如天,渊泉如渊。见[11]而民莫不敬,言而民莫不信,行而民莫不说[12]。是以声名洋溢[13]乎中国,施及蛮貊[14]。舟车所至,人力所通,天之所覆,地之所载,日月所照,霜露所队[15],凡有血气者,莫不尊亲[16],故曰配天。

【注释】

[1] 睿(ruì)知:聪明智慧。知:通"智"。

[2] 有临:居上临下。临:本指高处朝向低处,后引申为上对下之称。

[3] 宽裕:广大舒缓。

[4] 有容:容纳,包容。

[5] 发强刚毅:奋发勇健有力,刚强坚毅。

[6] 有执:操持决断天下大事。

[7] 齐(zhāi)庄中正:恭敬庄重,不偏不倚。齐:斋,恭敬。

[8] 文理密察:条理清晰,详察细辨。

[9] 有别:辨别是非正邪。

[10] 溥(pǔ)博渊泉,而时出之:溥博:辽阔广大。溥:普遍,辽阔。渊泉:深潭。

[11] 见(xiàn):表现。指仪容。

[12] 说(yuè):通"悦",喜悦。

[13]洋溢：广泛传播。

[14]施及蛮貊(mò)：施及：蔓延，传到。蛮貊：古代两个边远部族的名称。

[15]队（zhuì）：通"坠"，坠落。

[16]尊亲：尊重亲近。

【译文】

只有天下崇高的圣人，才能做到聪明智慧，能够居上位而临下民；宽宏大量，温和柔顺，能够包容天下；奋发勇健，刚强坚毅，能够决断天下大事；威严庄重，忠诚正直，能够博得人们的尊敬；条理清晰，详辨明察，能够辨别是非邪正。

崇高的圣人，美德广博而又深厚，并且时常会表现出来。德性广博如天，德性深厚如渊。美德表现在仪容上，百姓没有谁不敬佩；表现在言谈中，百姓没有谁不信服；表现在行动上，百姓没有谁不喜悦。这样，美好的名声广泛流传在中国，并且传播到边远的少数民族地区。凡是车船行驶到的地方，人力通行的地方，苍天覆盖的地方，大地承载的地方，日月照耀的地方，霜露降落的地方，凡有血气的生物，没有不尊重和不亲近他们的，所以说圣人的美德能与天相匹配。

【评析】

崇高的圣人，美德能与天相匹配。凡有血气的生物，没有不尊重和不亲近他们的，因为他们能够做到聪明智慧，能够居上位而临下民；宽宏大量，温和柔顺，能够包容天下；奋发勇健，刚强坚毅，能够决断天下大事；威严庄重，忠诚正直，能够博得人们的尊敬；条理清晰，详辨明察，能够辨别是非邪正。这就是圣人的特征。

第三十二章 经纶

【原文】

唯天下至诚，为能经纶[1]天下之大经，立天下之大本[2]，知天地之化育。夫焉有所倚？肫肫[3]其仁，渊渊其渊[4]，浩浩其天[5]。苟不固[6]聪明圣知，达天德者[7]，其孰能知之[8]？

【注释】

[1]经纶：在用蚕丝纺织以前整理丝缕。这里引申为治理国家大事，创制天下的法规。经：纺织的经线。

[2]大本：根本大德。本：根本。

[3]肫（zhūn）肫：与"忳忳"同，诚挚的样子。

[4]渊渊其渊：意为圣人的思虑如潭水一般幽深。渊渊：水深。

[5]浩浩其天：圣人的美德如苍天一般广阔。浩浩：原指水盛大的样子。

[6]固：实在，真实。

[7]达天德者：通达天赋美德的人。达：通达，通贯。

[8]其孰能知之：之：代词，指文中首句中"天下至诚"。

【译文】

只有天下最高境界的真诚，才能成为治理天下的崇高典范，才能树立天下的根本法则，掌握天地化育万物的深刻道理。这需要依靠什么呢？诚挚的仁心，像潭水那样幽深的思虑，像苍天那样广阔的美德。如果不是真正聪明智慧，通达天赋美德的人，还有谁能知道天下地地道道的真诚呢？

【评析】

本章提出了只有天下最高境界的真诚，才能成为治理天下的崇高典范。要想达到天下最高境界的真诚，依靠的是诚挚的仁心、幽深的思虑和崇高的

美德。也只有至诚之人，才可以做到"为天地立心，为生民立命，为往圣继绝学，为万世开太平。"（宋代·张载《张子语录》）

第三十三章 尚䌹

【原文】

《诗》曰:"衣锦尚䌹[1]。"恶其文之著也。故君子之道,闇然而日章[2];小人之道,的然[3]而日亡。君子之道,淡而不厌,简而文,温而理;知远之近,知风之自,知微之显,可与入德矣。

《诗》云:"潜虽伏矣,亦孔之昭[4]。"故君子内省不疚,无恶于志。君子之所不可及者,其唯人之所不见乎!

《诗》云:"相在尔室,尚不愧于屋漏[5]。"故君子不动而敬,不言而信。

《诗》曰:"奏假无言,时靡有争[6]。"是故君子不赏而民劝,不怒而民威于鈇钺[7]。

《诗》曰:"不显惟德,百辟其刑之[8]。"是故君子笃恭而天下平。

《诗》云:"予怀明德,不大声以色[9]。"子曰:"声色之于以化民,末也。"

《诗》曰:"德輶如毛[10]。"毛犹有伦[11]。"上天之载,无声无臭[12]。"至矣!

【注释】

[1] 衣（yì）锦尚䌹（jiǒng）：引自《诗经·卫风·硕人》。衣：此处作动词用,指穿衣。锦：指色彩鲜艳的衣服。尚：加。䌹：同"褧",用麻布制的罩衣。

[2] 闇（àn）然：隐藏不露。闇：暗。章：彰显。

[3] 的（dì）然：鲜明,显著。

[4] 潜虽伏矣,亦孔之昭（zhāo）：引自《诗经·小雅·正月》。孔：很。

昭：明显。

[5] 相在尔室，尚不愧于屋漏：引自《诗经·大雅·抑》。相：注视。屋漏，指古代室内西北角设小帐的地方。相传是神明所在，所以这里是以屋漏代指神明。不愧屋漏喻指心地光明，不在暗中做坏事，起坏念头。

[6] 奏假（gé）无言，时靡（mǐ）有争：引自《诗经·商颂·烈祖》。奏：进奉。假：通"格"，即感通，指诚心能与鬼神或外物互相感应。靡：没有。

[7] 鈇（fū）钺（yuè）：古代执行军法时用的斧子。

[8] 不显惟德，百辟（bì）其刑之：引自《诗经·周颂·烈文》。不显："不"通"丕（pī）"，不显即大显。辟：诸侯。刑：通"型"，示范，效法。

[9] 予怀明德，不大声以色：引自《诗经·大雅·皇矣》。声：号令。色：容貌。以：与。

[10] 德輶（yóu）如毛：引自《诗经·大雅·杰民》。輶：古代一种轻便车，引申为轻。

[11] 伦：比。

[12] 上天之载，无声无臭（xiù）：引自《诗经·大雅·文王》。臭：气味。

【译文】

《诗经》说："身穿锦绣衣服，外面罩件套衫。"这是为了避免锦衣花纹大显露。所以，君子的道，深藏不露而日益彰明；小人的道显露无遗而日益消亡。君子的道，平淡而有意味，不会使人厌烦，简略而有文采，温和而有条理；由近知远，由风知源，由微知显，这样，就可以进入道德的境界了。

《诗经》说："潜藏虽然很深，但也会很明显的。"所以君子自我反省没有愧疚，没有恶念头存于心志之中。君子的德行之所以一般人达不到，大概就是在这些不被人看见的地方吧！

《诗经》说："看你独自在室内的时候，是不是能无愧于神明。"所以，君子就是在没做什么事的时候也是恭敬的，就是在没有对人说什么的时候也是信实的。

《诗经》说："进奉诚心，感通神灵，肃穆无言，没有争执。"所以，君子不用赏赐，老百姓也会受到鼓励；不用发怒，老百姓也会比看到刀斧刑具还要畏惧。

《诗经》说:"弘扬那德行啊,诸侯们都来效法。"所以,君子笃实恭敬就能使天下太平。

《诗经》说:"我怀有光明的品德,不用厉声厉色。"孔子说:"用厉声厉色去教育老百姓,是最拙劣的行为。"

《诗经》说:"德行轻如毫毛。"轻如毫毛还是有物可比拟。"上天所承载的,既没有声音也没有气味。"这才是最高的境界啊!

【评析】

越是道德修养高的人,越是内敛。这种最高的境界就是空气的境界。空气无声、无色、无味,谁也看不见、听不到、嗅不出,可是谁也离不开它。德行能到这种境界,当然是神仙之人了。可谁又能达到这种境界呢?就是孔圣人也未必就能达到吧。

所以还有次一等的境界,这就是"轻如毫毛"的境界。借用诗圣杜甫的诗,是"好雨知时节,当春乃发生。随风潜入夜,润物细无声"(《春夜喜雨》)的境界。这种境界,和风细雨,沁人心脾而入人肺腑,使人在潜移默化中受到感化,这大概就是圣人的境界吧。

至于那种声色俱厉的疾风暴雨式的做法,那种强制性的方法,正如孔子所说:"末也!"已谈不上什么境界,不过是一种不得已而为之的手段罢了。

本章是《中庸》全篇的结尾,君子应做到"慎独",重在强调德行的实施。从天理到人道,从知到行,从理论到实践,从"君子笃恭"到"天下平",既回到与《大学》相呼应的人生进修阶梯之上,又撮取《中庸》全篇的宗旨而加以概括。各段文字,既有诗为证又引申发挥。难怪朱熹要在《中庸章句》的末尾大发感叹:"这样反复叮咛以教人的用意是多么深切啊,后世学者难道可以不用心去钻研体会吗?"的确也是如此啊!

附录一

《中庸》全文

第一章

　　天命之谓性；率性之谓道；修道之谓教。

　　道也者，不可须臾离也；可离，非道也。是故君子戒慎乎其所不睹，恐惧乎其所不闻。

　　莫见乎隐，莫显乎微。故君子慎其独也。

　　喜、怒、哀、乐之未发，谓之中。发而皆中节，谓之和。中也者，天下之大本也。和也者，天下之达道也。

　　致中和，天地位焉，万物育焉。

第二章

　　仲尼曰："君子中庸，小人反中庸。君子之中庸也，君子而时中。小人之反中庸也，小人而无忌惮也。"

第三章

　　子曰："中庸其至矣乎！民鲜能久矣。"

第四章

　　子曰："道之不行也，我知之矣：知者过之；愚者不及也。道之不明也，我知之矣：贤者过之；不肖者不及也。人莫不饮食也。鲜能知味也。"

第五章

　　子曰："道其不行矣夫。"

第六章

子曰："舜其大知也与！舜好问而好察迩言。隐恶而扬善。执其两端，用其中于民。其斯以为舜乎！"

第七章

子曰："人皆曰'予知'，驱而纳诸罟擭陷阱之中，而莫之知辟也。人皆曰'予知'，择乎中庸，而不能期月守也。"

第八章

子曰："回之为人也，择乎中庸，得一善，则拳拳服膺，而弗失之矣。"

第九章

子曰："天下国家，可均也；爵禄，可辞也；白刃，可蹈也；中庸不可能也。"

第十章

子路问强。子曰："南方之强与？北方之强与？抑而强与？宽柔以教，不报无道，南方之强也，君子居之；衽金革，死而不厌，北方之强也，而强者居之。故君子和而不流，强哉矫！中立而不倚，强哉矫！国有道，不变塞焉，强哉矫！国无道，至死不变，强哉矫！"

第十一章

子曰："素隐行怪，后世有述焉，吾弗为之矣。君子遵道而行，半途而废，吾弗能已矣。君子依乎中庸，遁世不见知而不悔，唯圣者能之。"

第十二章

君子之道，费而隐。

夫妇之愚，可以与知焉，及其至也，虽圣人亦有所不知焉。夫妇之不肖，可以能行焉，及其至也，虽圣人亦有所不能焉。天地之大也，人犹有所憾。故君子语大，天下莫能载焉；语小，天下莫能破焉。

《诗》云:"鸢飞戾天,鱼跃于渊。"言其上下察也。

君子之道,造端乎夫妇,及其至也,察乎天地。

第十三章

子曰:"道不远人。人之为道而远人,不可以为道。

"《诗》云:'伐柯伐柯,其则不远。'执柯以伐柯,睨而视之。犹以为远。故君子以人治人,改而止。

"忠恕违道不远。施诸己而不愿,亦勿施于人。

"君子之道四,丘未能一焉:所求乎子,以事父,未能也;所求乎臣,以事君,未能也;所求乎弟,以事兄,未能也;所求乎朋友,先施之,未能也。庸德之行,庸言之谨;有所不足,不敢不勉;有余,不敢尽。言顾行,行顾言。君子胡不慥慥尔。"

第十四章

君子素其位而行,不愿乎其外。

素富贵,行乎富贵;素贫贱,行乎贫贱;素夷狄,行乎夷狄;素患难,行乎患难。君子无入而不自得焉。

在上位,不陵下;在下位,不援上。正己而不求于人,则无怨。上不怨天,下不尤人。故君子居易以俟命,小人行险以侥幸。

子曰:"射有似乎君子,失诸正鹄,反求诸其身。"

第十五章

君子之道,辟如行远必自迩,辟如登高必自卑。

《诗》曰:"妻子好合,如鼓瑟琴。兄弟既翕,和乐且耽。宜尔室家,乐尔妻帑。"子曰:"父母其顺矣乎。"

第十六章

子曰:"鬼神之为德,其盛矣乎!视之而弗见,听之而弗闻,体物而不可遗。使天下之人,齐明盛服,以承祭祀。洋洋乎!如在其上,如在其左右。《诗》

曰：'神之格思，不可度思，矧可射思？'夫微之显，诚之不可掩，如此夫。"

第十七章

子曰："舜其大孝也与！德为圣人，尊为天子，富有四海之内；宗庙飨之，子孙保之。故大德，必得其位，必得其禄，必得其名，必得其寿。故天之生物，必因其材而笃焉。故栽者培之，倾者覆之。《诗》曰：'嘉乐君子，宪宪令德，宜民宜人，受禄于天。保佑命之，自天申之。'故大德者必受命。"

第十八章

子曰："无忧者，其惟文王乎！以王季为父，以武王为子；父作之，子述之。

"武王缵大王、王季、文王之绪。壹戎衣，而有天下，身不失天下之显名；尊为天子，富有四海之内；宗庙飨之，子孙保之。

"武王末受命，周公成文武之德，追王大王、王季，上祀先公以天子之礼。斯礼也，达乎诸侯、大夫及士、庶人。父为大夫，子为士，葬以大夫，祭以士。父为士，子为大夫，葬以士，祭以大夫。期之丧，达乎大夫；三年之丧，达乎天子；父母之丧，无贵贱，一也。"

第十九章

子曰："武王、周公，其达孝矣乎。夫孝者，善继人之志，善述人之事者也。

"春秋，修其祖庙，陈其宗器，设其裳衣，荐其时食。宗庙之礼，所以序昭穆也；序爵，所以辨贵贱也；序事，所以辨贤也；旅酬下为上，所以逮贱也；燕毛，所以序齿也。践其位，行其礼，奏其乐，敬其所尊，爱其所亲；事死如事生，事亡如事存，孝之至也。郊社之礼，所以事上帝也；宗庙之礼，所以祀乎其先也。明乎郊社之礼，禘尝之义，治国其如示诸掌乎。"

第二十章

哀公问政。子曰："文武之政，布在方策。其人存，则其政举；其人亡，则其政息。人道敏政，地道敏树。夫政也者，蒲卢也。故为政在人，取人以身，修身以道，修道以仁。仁者，人也，亲亲为大；义者，宜也，尊贤为大。

亲亲之杀，尊贤之等，礼所生也。在下位不获乎上，民不可得而治矣。故君子不可以不修身；思修身，不可以不事亲；思事亲，不可以不知人；思知人，不可以不知天。天下之达道五，所以行之者三，曰：君臣也、父子也、夫妇也、昆弟也、朋友之交也。五者，天下之达道也。知、仁、勇三者，天下之达德也。所以行之者，一也。或生而知之；或学而知之；或困而知之；及其知之，一也。或安而行之；或利而行之；或勉强而行之；及其成功，一也。"

子曰："好学近乎知，力行近乎仁，知耻近乎勇。知斯三者，则知所以修身；知所以修身，则知所以治人；知所以治人，则知所以治天下国家矣。凡为天下国家有九经，曰：修身也、尊贤也、亲亲也、敬大臣也、体群臣也、子庶民也、来百工也、柔远人也、怀诸侯也。修身，则道立；尊贤，则不惑；亲亲，则诸父昆弟不怨；敬大臣，则不眩；体群臣，则士之报礼重；子庶民，则百姓劝；来百工，则财用足；柔远人，则四方归之；怀诸侯，则天下畏之。齐明盛服，非礼不动，所以修身也；去谗远色，贱货而贵德，所以劝贤也；尊其位，重其禄，同其好恶，所以劝亲亲也；官盛任使，所以劝大臣也；忠信重禄，所以劝士也；时使薄敛，所以劝百姓也；日省月试，既禀称事，所以劝百工也；送往迎来，嘉善而矜不能，所以柔远人也；继绝世，举废国，治乱持危，朝聘以时，厚往而薄来，所以怀诸侯也。凡为天下国家有九经，所以行之者，一也。

"凡事豫则立，不豫则废。言前定，则不跲；事前定，则不困；行前定，则不疚；道前定，则不穷。

"在下位不获乎上，民不可得而治矣。获乎上有道：不信乎朋友，不获乎上矣；信乎朋友有道：不顺乎亲，不信乎朋友矣；顺乎亲有道：反诸身不诚，不顺乎亲矣；诚身有道：不明乎善，不诚乎身矣。

"诚者，天之道也；诚之者，人之道也。诚者，不勉而中，不思而得，从容中道，圣人也；诚之者，择善而固执之者也。博学之，审问之，慎思之，明辨之，笃行之。有弗学，学之弗能，弗措也；有弗问，问之弗知，弗措也；有弗思，思之弗得，弗措也；有弗辨，辨之弗明，弗措也；有弗行，行之弗笃，弗措也。人一能之，己百之；人十能之，己千之。果能此道矣，虽愚必明，虽柔必强。"

第二十一章

自诚明，谓之性；自明诚，谓之教。诚则明矣；明则诚矣。

第二十二章

唯天下至诚，为能尽其性；能尽其性，则能尽人之性；能尽人之性，则能尽物之性；能尽物之性，则可以赞天地之化育；可以赞天地之化育，则可以与天地参矣。

第二十三章

其次致曲，曲能有诚，诚则形，形则著，著则明，明则动，动则变，变则化。唯天下至诚为能化。

第二十四章

至诚之道，可以前知。国家将兴，必有祯祥；国家将亡，必有妖孽。见乎蓍龟，动乎四体。祸福将至：善，必先知之；不善，必先知之。故至诚如神。

第二十五章

诚者，自成也；而道，自道也。

诚者，物之终始；不诚，无物。是故君子诚之为贵。

诚者，非自成己而已也，所以成物也。成己，仁也；成物，知也。性之德也，合外内之道也，故时措之宜也。

第二十六章

故至诚无息。不息则久，久则征，征则悠远，悠远则博厚，博厚则高明。博厚，所以载物也；高明，所以覆物也；悠久，所以成物也。博厚配地，高明配天，悠久无疆。如此者，不见而章，不动而变，无为而成。天地之道，可一言而尽也。其为物不贰，则其生物不测。天地之道：博也、厚也、高也、明也、悠也、久也。

今夫天，斯昭昭之多，及其无穷也，日月星辰系焉，万物覆焉。今夫地，一撮土之多，及其广厚，载华岳而不重，振河海而不泄，万物载焉。今夫山，一卷石之多，及其广大，草木生之，禽兽居之，宝藏兴焉。今夫水，一勺之多，及其不测，鼋、鼍、蛟、龙、鱼、鳖生焉，货财殖焉。

《诗》云："维天之命，于穆不已。"盖曰天之所以为天也。"於乎不显，文王之德之纯。"盖曰文王之所以为文也。纯亦不已。

第二十七章

大哉圣人之道！洋洋乎，发育万物，峻极于天。优优大哉，礼仪三百，威仪三千。待其人而后行。故曰："苟不至德，至道不凝焉。"故君子尊德性而道问学，致广大而尽精微，极高明，而道中庸。温故而知新，敦厚以崇礼。

是故居上不骄，为下不倍。国有道，其言足以兴；国无道，其默足以容。《诗》曰："既明且哲，以保其身。"其此之谓与？

第二十八章

子曰："愚而好自用，贱而好自专，生乎今之世，反古之道，如此者，灾及其身者也。"

非天子不议礼，不制度，不考文。今天下，车同轨，书同文，行同伦。虽有其位，苟无其德，不敢作礼乐焉。虽有其德，苟无其位，亦不敢作礼乐焉。

子曰："吾说夏礼，杞不足征也；吾学殷礼，有宋存焉；吾学周礼，今用之，吾从周。"

第二十九章

王天下有三重焉，其寡过矣乎！上焉者，虽善无征，无征不信；不信，民弗从。下焉者，虽善不尊，不尊不信；不信，民弗从。故君子之道，本诸身，征诸庶民。考诸三王而不缪，建诸天地而不悖，质诸鬼神而无疑，百世以俟圣人而不惑。质鬼神而无疑，知天也；百世以俟圣人而不惑，知人也。是故君子动而世为天下道，行而世为天下法，言而世为天下则。远之则有望，近之则不厌。

《诗》曰："在彼无恶，在此无射。庶几夙夜，以永终誉。"君子未有不如此，而蚤有誉于天下者也。

第三十章

仲尼祖述尧、舜，宪章文、武；上律天时，下袭水土。辟如天地之无不持载，无不覆帱；辟如四时之错行，如日月之代明。万物并育而不相害，道并行而不相悖。小德川流，大德敦化。此天地之所以为大也。

第三十一章

唯天下至圣，为能聪明睿知，足以有临也；宽裕温柔，足以有容也；发强刚毅，足以有执也；齐庄中正，足以有敬也；文理密察，足以有别也。

溥博渊泉，而时出之。溥博如天，渊泉如渊。见而民莫不敬，言而民莫不信，行而民莫不说。是以声名洋溢乎中国，施及蛮貊。舟车所至，人力所通，天之所覆，地之所载，日月所照，霜露所队，凡有血气者，莫不尊亲，故曰配天。

第三十二章

唯天下至诚，为能经纶天下之大经，立天下之大本，知天地之化育。夫焉有所倚？肫肫其仁，渊渊其渊，浩浩其天。苟不固聪明圣知，达天德者，其孰能知之？

第三十三章

《诗》曰："衣锦尚䌹。"恶其文之著也。故君子之道，闇然而日章；小人之道，的然而日亡。君子之道，淡而不厌，简而文，温而理；知远之近，知风之自，知微之显，可与入德矣。

《诗》云："潜虽伏矣，亦孔之昭。"故君子内省不疚，无恶于志。君子之所不可及者，其唯人之所不见乎！

《诗》云："相在尔室，尚不愧于屋漏。"故君子不动而敬，不言而信。

《诗》曰："奏假无言，时靡有争。"是故君子不赏而民劝，不怒而民威于鈇钺。

《诗》曰："不显惟德，百辟其刑之。"是故君子笃恭而天下平。

《诗》云："予怀明德，不大声以色。"子曰："声色之于以化民，末也。"

《诗》曰："德輶如毛。"毛犹有伦。"上天之载，无声无臭。"至矣。

附录二
朱熹《中庸章句序》（原文、译文对照）

中庸章句序

（南宋）朱熹

朱熹（1130年—1200年），南宋哲学家、教育家，当时最博学的学者。19岁中进士，曾任秘阁修撰等职，从事教学近50年。在中国儒学史上，朱熹的作用和影响仅次于孔子。朱学传到日本，在德川时代一度形成朱子学热。

《中庸》是"四书五经"中的儒家经典著作之一。《中庸章句》是朱熹为《中庸》这部经典作的注释。《中庸章句序》是朱熹在《中庸章句》这部书前面加的一篇序言。

【原文】

中庸何为而作也？子思子忧道学之失其传而作也。盖自上古圣神继天立极，而道统之传有自来矣。其见于经，则"允执厥中"者，尧之所以授舜也；"人心惟危，道心惟微，惟精惟一，允执厥中"者，舜之所以授禹也。尧之一言，至矣，尽矣！而舜复益之以三言者，则所以明夫尧之一言，必如是而后可庶几也。

盖尝论之：心之虚灵知觉，一而已矣。而以为有人心、道心之异者，则以其或生于形气之私，或原于性命之正，而所以为知觉者不同，是以或危殆而不安，或微妙而难见耳。然人莫不有是形，故虽上智不能无人心，亦莫不有是性，故虽下愚不能无道心。二者杂于方寸之间，而不知所以治之，则危者愈危，微者愈微，而天理之公卒无以胜夫人欲之私矣。精则察夫二者之间而不杂也，一则守其本心之正而不离也。

从事于斯，无少间断，必使道心常为一身之主，而人心每听命焉，则危者安、微者著，而动静云为自无过不及之差矣。

夫尧、舜、禹，天下之大圣也。以天下相传，天下之大事也。以天下之大圣，行天下之大事，而其授受之际，丁宁告戒，不过如此。则天下之理，岂有以加于此哉？自是以来，圣圣相承：若成汤、文、武之为君，皋陶、伊、傅、周、召之为臣，既皆以此而接夫道统之传，若吾夫子，则虽不得其位，而所以继往圣、开来学，其功反有贤于尧舜者。然当是时，见而知之者，惟颜氏、曾氏之传得其宗。及曾氏之再传，而复得夫子之孙子思，则去圣远而异端起矣。子思惧夫愈久而愈失其真也，于是推本尧舜以来相传之意，质以平日所闻父师之言，更互演绎，作为此书，以诏后之学者。盖其忧之也深，故其言之也切；其虑之也远，故其说之也详。其曰"天命率性"，则道心之谓也；其曰"择善固执"，则精一之谓也；其曰"君子时中"，则执中之谓也。世之相后，千有余年，而其言之不异，如合符节。历选前圣之书，所以提挈纲维、开示蕴奥，未有若是之明且尽者也。

自是而又再传以得孟氏，为能推明是书，以承先圣之统，及其没而遂失其传焉。则吾道之所寄不越乎言语文字之间，而异端之说日新月盛，以至于老佛之徒出，则弥近理而大乱真矣。然而尚幸此书之不泯，故程夫子兄弟者出，得有所考，以续夫千载不传之绪；得有所据，以斥夫二家似是之非。盖子思之功于是为大，而微程夫子，则亦莫能因其语而得其心也。惜乎！其所以为说者不传，而凡石氏之所辑录，仅出于其门人之所记，是以大义虽明，而微言未析。至其门人所自为说，则虽颇详尽而多所发明，然倍其师说而淫于老佛者，亦有之矣。

熹自蚤岁即尝受读而窃疑之，沉潜反复，盖亦有年，一旦恍然似有以得其要领者，然后乃敢会众说而折其中，既为定著《章句》一篇，以俟后之君子。而一二同志复取石氏书，删其繁乱，名以《辑略》，且记所尝论辩取舍之意，别为《或问》，以附其后。然后此书之旨，支分节解、脉络贯通、详略相因、巨细毕举，而凡诸说之同异得失，亦得以曲畅旁通，而各极其趣。虽于道统之传，不敢妄议，然初学之士，或有取焉，则亦庶乎行远升高之一助云尔。

淳熙己酉春三月戊申，新安朱熹序。

【译文对照】

【朱熹序】

中庸何为而作也？子思子忧道学之失其传而作也。

【俗译】

《中庸》是为了什么原因而被写下来的呢？《中庸》的作者是子思。子思担忧关于"道"的学问会逐渐被人遗忘甚至失传，所以才作了这些文字以便传世。

【朱熹序】

盖自上古圣神继天立极，而道统之传有自来矣。其见于经，则"允执厥中"者，尧之所以授舜也；"人心惟危，道心惟微，惟精惟一，允执厥中"者，舜之所以授禹也。

【俗译】

远至上古，堪称圣神的上古之人就逐渐从对"天"的观察活动中总结出了至极之理，也就是宇宙的普遍规律，并将其称之为"道"，使其一代代地传下来，是为道统。现在还可以从经书中看到的，有"允执厥中"，这是尧传位给舜的时候所说的话；"人心惟危，道心惟微，惟精惟一，允执厥中"，这是舜传位给禹的时候所说的话。

【朱熹序】

尧之一言，至矣，尽矣！而舜复益之以三言者，则所以明夫尧之一言，必如是而后可庶几也。

【俗译】

尧所说的那一句话，就已经讲清楚了什么是"道"的至极之理，也已经完全包容了至极之理的内容。而舜后来在这一句话上又加上了三句，这是为了更好地说明尧所说的那句话的前因后果，因为只有明白了前因后果才有可能对"道"的理解达到既精且微的"庶几"的地步。

【朱熹序】

盖尝论之：心之虚灵知觉，一而已矣。

【俗译】

总的说来，由人的心所能感知觉悟得到的虚冥之中的本质，用一个符号"一"就可以将之完全囊括尽了。所谓"心"，指的是人的"思"，即逻辑思维；所谓"灵"，指的是自然的"本质"，也就是处于虚冥之中的逻辑本质；而所谓符号"一"，则可以将其表述为一个总的定律，即：宇宙的逻辑定律箭头"一"。在佛家另一解释："平等、大爱、不分别。"

【朱熹序】

而以为有人心、道心之异者，则以其或生于形气之私，或原于性命之正，而所以为知觉者不同，是以或危殆而不安，或微妙而难见耳。

【俗译】

然而，也有人对"心"有不同的看法，从而区分出"人心"和"道心"。之所以有这种分别，在于其各自对"形"和"气"的产生或源起的探讨角度有所不同：有的是从"性命"的"正"与否这个角度去探讨的，所以在对"正"的感知和觉悟的方面就出现了不同；有的是从本质所表现的危殆而不安的状态这个角度去探讨的，所以在对其状态上的微妙而难见的情形的认识方面就出现了不同。

【朱熹序】

然人莫不有是形，故虽上智不能无人心，亦莫不有是性，故虽下愚不能无道心。

【俗译】

然而，既然是人，就没有不具有"形"的，所以即便是在智力方面堪称"上智"的人，也不能没有"人心"；既然是人，就没有不具有"性"的，所以即便是在智力方面为"下愚"的人，也不能没有"道心"。

【朱熹序】

二者杂于方寸之间，而不知所以治之，则危者愈危，微者愈微，而天理之公卒无以胜夫人欲之私矣。

【俗译】

"人心"和"道心"两者，都杂处于人的"形"和"性"的每一个地方，只是看人自身能不能以"治"的程序去加以处理而已。所以，对于"人心"

和"道心"这两者，从其"危"的角度去看的，则会感到其发展是愈来愈"危"；从其"微"的角度去看的，则会感到其发展是愈来愈"微"。但是，"天理"也就是宇宙的本质是恒定不变的，不会因某一个人本身在"欲"的方面有所不同就随之有所不同。

【朱熹序】

精则察夫二者之间而不杂也，一则守其本心之正而不离也。

【俗译】

如果说人的"思"能够达到"精"的高度，就会看到"人心"和"道心"这两者之间并没有什么不同；如果说人能够得到"一"，就自然可以将自身的"心"守护并维持在"正"的范围里，使自身的"心"不再有与"人心"和"道心"出现分离的情形。

【朱熹序】

从事于斯，无少间断，必使道心常为一身之主，而人心每听命焉，则危者安、微者著，而动静云为自无过不及之差矣。

【俗译】

所以，如果对一切事情都惟"精"惟"一"并持之以恒地去加以处理，就必然可以使"道心"成为一个人的主要的方面，而"人心"则变成从属的方面，处处听命于"道心"的指引和安排。倘如此，则从"危"的角度去探讨的就必然会达到"安"的境界；从"微"的角度去探讨的就必然会达到"得"的境界；甚至在说到"动"和"静"的事情时，也不会发生什么太过或者不足的偏差。

【朱熹序】

夫尧、舜、禹，天下之大圣也。以天下相传，天下之大事也。以天下之大圣，行天下之大事，而其授受之际，丁宁告戒，不过如此。则天下之理，岂有以加于此哉？

【俗译】

尧、舜、禹都可以说是"天下"的"大圣"之人了。所谓"天下"，也就是与人相关的"道"，有两个方面的意思：一方面是指存在着宇宙自然的"道"，一方面指人在教化（人类文明整体）上人能理解并利用宇宙自然的"道"。

所谓"大圣",是指完全了解了"道"的人。普天之下,能把"道"代代相传,这就是天下最大的事。普天之下,有"大圣"之人来做传"道"的大事,且在传承之时,上一代将道法教授于下一代,下一代从上一代接受其道法,慎重其事,反反复复地叮咛告诫,其所交代的话,也就不过如此而已了。如此说来,天下之理又哪还有比这些话中所包含的至理更为深刻的道理呢?

【朱熹序】

自是以来,圣圣相承:若成汤、文、武之为君,皋陶、伊、傅、周、召之为臣,既皆以此而接夫道统之传,若吾夫子,则虽不得其位,而所以继往圣、开来学,其功反有贤于尧舜者。

【俗译】

所以,自从人类得到"道"以来,一代代圣人相互传承,其中有像成汤、文、武这样的君王,有像陶、伊、傅、周、召这样的大臣,都是得到了"道"的真传,所以可以将这样的传统称之为"道统",即是关于"道"的传统。像我们所尊敬的孔老夫子,虽然本人没有朝廷的官爵禄位,然而,由于其继承整理了以往圣人关于"道"的学问,为后来的人在学习"道"的学问上开辟了道路,其在"道"的功德方面甚至还远胜于尧舜这样的君王。

【朱熹序】

然当是时,见而知之者,惟颜氏、曾氏之传得其宗。及曾氏之再传,而复得夫子之孙子思,则去圣远而异端起矣。

【俗译】

然而,在当时那个时候,对于"道"能由"见"而能达到"知"的境界的,只有颜氏、曾氏而已,这两人可说是真正体悟到了"道"的本质,得到了孔老夫子的真传,是孔老夫子的正宗门人。其后由曾氏再往下传,又回传至孔老夫子的孙子子思。在子思那个时候,学界已与孔子的圣学相去已远,各种异端邪学已经繁衍起来。

【朱熹序】

子思惧夫愈久而愈失其真也,于是推本尧舜以来相传之意,质以平日所闻父师之言,更互演绎,作为此书,以诏后之学者。

【俗译】

子思恐怕时日愈久远则道统的真正学问也会流失得愈多,所以按照尧舜相传的关于"道"的本来之深意,加之平日从父辈和老师之处所得到的见闻,相互参照演绎,作成此书《中庸》,以将道统的精髓诏告于后世的学者。

【朱熹序】

盖其忧之也深,故其言之也切;其虑之也远,故其说之也详。其曰"天命率性",则道心之谓也;其曰"择善固执",则精一之谓也;其曰"君子时中",则执中之谓也。

【俗译】

正因为子思的担忧已经极为深刻,所以其言语也就极为肯切;也正因为其思虑已经极为深远,所以其论说也就极为详备。子思说"天命率性",其所要论述的是关于"道心"的方面;子思说"择善固执",其所要论述的是关于"精一"的方面;子思说"君子时中",其所要论述的是关于"执中"的方面。

【朱熹序】

世之相后,千有余年,而其言之不异,如合符节。

【俗译】

子思故去之后,至今已有一千多年,然而其所说的话仍然处处显示着其正确性。

【朱熹序】

历选前圣之书,所以提挈纲维、开示蕴奥,未有若是之明且尽者也。

【俗译】

在所有前圣的书籍之中,像此书这样纲目清晰、推理严谨、思想深刻、说明详尽的却并不多见。

【朱熹序】

自是而又再传以得孟氏,为能推明是书,以承先圣之统,及其没而遂失其传焉。

【俗译】

到后来此书又得以传至孟子,使此书能进一步得到推崇说明,从而继承了先圣的道统。可惜孟子去世之后，此书却逐渐被湮没遗忘而使道统失传。

【朱熹序】

则吾道之所寄不越乎言语文字之间，而异端之说日新月盛，以至于老佛之徒出，则弥近理而大乱真矣。

【俗译】

我们在说到"道"的时候，总是将其深意寄托在言语文字之间而已，然而异端之说却不止于此，手法花样推陈出新，日新月异，以至于老学和佛学的教徒们无处不在，其说看似与道统之理相合，实则是大大搞乱了真正的道统之理。

【朱熹序】

然而尚幸此书之不泯，故程夫子兄弟者出，得有所考，以续夫千载不传之绪；得有所据，以斥夫二家似是之非。

【俗译】

好在此书并没有完全泯灭于故去的历史之中，所以出了程氏兄弟这样的人，对其加以仔细考察研究，接上断了一千多年的圣学主脉，并以此书论点为据，驳斥老学和佛学两家似是而非的谬论。

【朱熹序】

盖子思之功于是为大，而微程夫子，则亦莫能因其语而得其心也。

【俗译】

从这个方面来看，子思的功绩是巨大的。但是没有程氏兄弟的功绩，那么也是不能从其言语中得到关于"心"的至为明确的论述。

【朱熹序】

惜乎！其所以为说者不传，而凡石氏之所辑录，仅出于其门人之所记，是以大义虽明，而微言未析。至其门人所自为说，则虽颇详尽而多所发明，然倍其师说而淫于老佛者，亦有之矣。

【俗译】

说起来实在可惜！之所以这样的学说不能广为传播，在于石氏所辑录的那些资料，都只不过是出自于程氏兄弟的门人之手而已，所以虽然其大义还在，然而在其细微之处却没有剖析清楚。甚至其门人以自己的话来取而代之，虽然这些话显得比较详尽并还有许多发挥和说明，却有不少已超过了其师的论述范围，甚至有的还沾染了老学和佛学的论调。

【朱熹序】

熹自蚤岁即尝受读而窃疑之，沈潜反复，盖亦有年，一旦恍然似有以得其要领者，然后乃敢会众说而折其中，既为定著《章句》一篇，以俟后之君子。

【俗译】

我本人自小在父辈们的督促下研读经书，心中也一直有着不少疑问。然而只是在经过多年搜索沉思、潜移默化、反复玩味，一旦恍然大悟，得到了其中的要领之后，才敢于将各家之说融汇起来，选取沉稳适中的观点，着手编定这样的《章句》一篇，以有益于今后读经的人。

【朱熹序】

而一二同志复取石氏书，删其繁乱，名以《辑略》，且记所尝论辩取舍之意，别为《或问》，以附其后。

【俗译】

又经一两个志趣相投者取来石氏所编之书，删掉其繁杂紊乱之处，以不同的名目进行编辑整理，定名为《辑略》，且对于有关的一些论辩按其论旨之意，以其他形式编辑起来，以解疑问，定名为《或问》，所以编于其后，作为附属。

【朱熹序】

然后此书之旨，支分节解、脉络贯通、详略相因、巨细毕举，而凡诸说之同异得失，亦得以曲畅旁通，而各极其趣。

【俗译】

然后又按照此书所论之主旨，分成不同的章节来加以注解，使其脉络贯通、详略相因、巨细毕举，凡是所论说到的，不管同或者异，得或者失，也都做到了虽然婉然曲折却最终可以中和流畅，虽然旁敲侧击却最终可以精一通达，且可以看到各个论说的方面都达到了应该达到的高度，也都各有各的旨趣。

【朱熹序】

虽于道统之传，不敢妄议，然初学之士，或有取焉，则亦庶乎行远升高之一助云尔。

【俗译】

这么编排整理是否得宜，虽然在道统的传播方面还不敢妄加议论，然而对于初学的人士来说，或许还算是可取的，因为这样做就可以为初学者在求索的遥遥之途上的步步高升助上一臂之力了。

【朱熹序】

淳熙己酉春三月戊申，新安朱熹序。

【俗译】

（南宋）淳熙16年（公元1189年）3月13日，朱熹序于新安。

【俗译补记】

从朱熹此篇序言中可以清楚地看到，朱熹是将《中庸》作为一篇研究宇宙自然的本质的论文来加以推荐的。人们对此有极深误解，认为"中庸"仅是社会伦理之说。若人们能从古人的原文去加以深研，就一定能发现"中"是关于宇宙自然的根本规律。简言之，一切事物中都有"中"，而理解所有的"中"的最简单办法是"时中"，也就是关于时间的"中"。所有的事物都有"时"的过程方面的规定性，《中庸》从种种不同的方面对"时"的这种特性进行了深入论述，人们可以从"时"的角度着手去理解《中庸》。

参考文献：

[1] 马肇基. 国学经典 [M]. 北京：线装书局，2012.

[2] 刘金同. 国学经典释译 [M]. 北京：高等教育出版社，2012.

[3] 何亚辉. 四书五经 [M]. 北京：光明日报出版社，2011.

[4] 王朝亮. 大学·中庸·论语·孟子 [M]. 北京：华艺出版社，2009.

[5] 王国轩. 大学·中庸 [M]. 北京：中华书局，2016.

[6] 张践. 中庸 [M]. 济南：济南出版社，2016.

中华传统文化经典读本

四书导读

大学 论语

◎刘金同 丁清山 李亚男 编著

山东城市出版传媒集团·济南出版社

图书在版编目（CIP）数据

四书导读：全两册 / 刘金同，丁清山，李亚男编著． -- 济南：济南出版社，2019.7

ISBN 978-7-5488-3882-1

Ⅰ．①四… Ⅱ．①刘… ②丁… ③李… Ⅲ．①儒家②四书－研究 Ⅳ．① B222.15

中国版本图书馆 CIP 数据核字（2019）第 136816 号

责任编辑：刘德义
封面设计：梁　丽
出版发行：济南出版社
印　　刷：济南新科印务有限公司
成品尺寸：170mm×240mm　16 开
印　　张：46.75（全两册）
字　　数：715 千
版　　次：2019 年 7 月第 1 版
印　　次：2019 年 7 月第 1 次印刷
印　　数：1—3000 册
定　　价：150.00 元（全两册）

如有倒页、缺页、白页，请直接与印刷厂联系调换。
联系电话：0531—86131736

《四书导读〈大学〉〈论语〉》编委会

主　任　王茂兴

副主任　马金涛　李志强　王春花　刘来源

　　　　李昌武　杨福亮　李玉明

委　员　刘金同　李瑞成　李海梅

　　　　郑中军　杨　虹　崔月霞

内容简介

《大学》《论语》《孟子》《中庸》合称为四书。本书为《〈大学〉〈论语〉导读》，是《大学》和《论语》的合编本。内容分为上下篇，上篇为《大学》导读本，下篇为《论语》导读本。

《大学》旨在说明"大学之道"，即"大学"教育的目的、内容、步骤、方法及指导方针，是儒家教育的纲领性论著，也是我国古代论述修身治国的佳作。经一章提出了"明明德""亲民""止于至善"三条纲领，又提出了格物、致知、诚意、正心、修身、齐家、治国、平天下八个条目。八个条目是实现三条纲领的途径。在八个条目中，修身是根本的一条，"自天子以至于庶人，壹是皆以修身为本"。十章分别解释明明德、新民、止于至善、本末、格物致知、诚意、正心、修身、齐家、治国平天下。

《论语》内容广博，涉及到政治、教育、礼仪、经济、文学、天道观、认识论等等，反映了孔子伦理体系最基本的思想，这个体系的核心是"仁"，实施"仁"的手段和途径是"礼"。《论语》成了中国社会的"圣经"，大到齐家、治国、平天下，小到个人的待人接物、一言一行，都在它的规范之中。

该书采取原文、注释、译文、评析的编排体例。为了读者能全面系统地学习《大学》《论语》，在书的后面附有《大学》《论语》原文以及朱熹的《大学章句序》原文和译文。该书不仅适用于在校大学生的学习，也是广大青少年和党政干部以及民众学习传统文化的经典读物。

序

习近平总书记在党的十九大报告中指出："文化是一个国家、一个民族的灵魂。文化兴国运兴，文化强民族强。没有高度的文化自信，没有文化的繁荣兴盛，就没有中华民族伟大复兴。"并号召全国人民担负起新的文化使命，"坚持全民行动、干部带头，从家庭做起，从娃娃抓起。深入挖掘中华优秀传统文化蕴含的思想观念、人文精神、道德规范，结合时代要求继承创新，让中华文化展现出永久魅力和时代风采"。

为响应习近平总书记的号召，深入学习贯彻党的十九大精神，寿光市委、市政府印发了《寿光市传承发展中华优秀传统文化推进乡村文化文明振兴工作方案》，在全市深入开展中华优秀传统文化传承发展"十大行动"，推进传统文化进机关、进学校、进企业、进农村（社区）、进家庭等，实施公民道德建设工程。通过三年的努力，全市争取实现人人有良好的道德，家家有良好的家风，全社会文明和谐提高到一个崭新水平。目前，寿光市各级党政机关、学校、企业、农村（社区）以及家庭已掀起了学习践行中华优秀传统文化的热潮。为满足广大学习者的需求，潍坊科技学院国学研究所所长刘金同教授牵头编写了《〈大学〉〈论语〉导读》《〈孟子〉〈中庸〉导读》读本。刘金同教授多年来致力于中华优秀传统文化的学习研究，主编出版了《中国传统文化》《汉英〈弟子规〉释译》《传统文化经典释译》《国学经典释译》等20多部著作，发表了30多篇学术论文，在国内外颇有影响力。

中华文化源远流长、灿烂辉煌。在5000多年文明发展中孕育的中华优秀传统文化，积淀着中华民族最深沉的精神追求，代表着中华民族独特的精神标识，是中华民族生生不息、发展壮大的丰厚滋养，是中国特色社会主义植根的文化沃土，是当代中国发展的突出优势。中华优秀传统文化博大精深，灿若星河，其核心是儒家的伦理道德思想。孔子(公元前551年—公元前479

年）是儒家的创始人，是中国古代著名的教育家、思想家和政治家，他编纂《春秋》，修订"六经"，其儒家思想对中国和世界都有深远的影响。"四书"是儒家伦理道德思想的经典著作，"四书"是指《大学》《论语》《孟子》《中庸》，是宋代大儒朱熹合成而称"四书"。在漫长的封建社会，"四书"一直被知识分子视作修身之法则，终生追求不止；被统治者奉为治国之圭臬，从上到下大力推行。政治家们从中寻找从政的灵感，老百姓从中寻找行为的依据。从元代开始，科举选士的试卷命题也必出自"四书"等经典。

学习"四书"，首先要按循序渐进的方法学习，朱熹谈"四书"的学习次第时说："先读《大学》，以定其规模；次读《论语》，以立其根本；次读《孟子》，以观其发越；次读《中庸》，以求古人之微妙处。"其次要多读原文，要发出声音以诵读，并且多读，以领会其精髓，受到启迪，使自己的道德品质不断升华，"修己以安百姓"。

寿光市政协原主席、市传统文化宣传教育中心主任　王茂兴

2018年2月

前 言

本书为《〈大学〉〈论语〉导读》。内容分为上下两篇，上篇为《大学》导读本，下篇为《论语》导读本。

《大学》原为《礼记》第四十二篇。宋朝程颢、程颐兄弟把它从《礼记》中抽出，编次章句。朱熹将《大学》《论语》《孟子》《中庸》合编注释，称为"四书"，从此《大学》成为儒家经典。程颢、程颐认为《大学》是"孔氏之遗书，而初学入德之门也"。朱熹把《大学》重新编排整理，分为"经"一章，"传"十章，并认为"格物致知"章已缺失，作了著名的《补传》。他认为，"经一章盖孔子之言，而曾子述之；其传十章，则曾子之意，而门人记之也。"就是说，"经"是孔子的话，曾子记录下来；"传"是曾子解释"经"的话，由曾子的学生记录下来。曾子(前505—前435)，名参，字子舆，春秋末期鲁国武城（现在山东境内）人。相传《孝经》即曾子所著。曾子是孔子的学生，被后世尊为"宗圣"。

朱熹认为"古人为学次第者,独赖此篇之存"。一个"独"字，充分说明了《大学》的重要性。由于朱熹把《大学》纳入《四书章句集注》之中，宋朝理宗时期，理学名臣真德秀又作《大学衍义》，向皇帝进讲《大学》，《大学》成了政治读物。到元代文化转型期，《四书章句集注》成为各级学校必读书，士子求取功名利禄的考试书，整整五百九十二年，读书人昼夜攻读，不仅《大学》本文烂熟于心，就连章句也牢牢铭记。到近代，孙中山先生表彰《大学》。他赞赏《大学》中的"格物、致知、诚意、正心，修身、齐家、治国、平天下"的修养目标和修养方法，认为这些都是"应该要保存"的中国的"独有宝贝"。

《大学》旨在说明"大学之道"，即"大学"教育的目的、内容、步骤、方法、及指导方针，是儒家教育的纲领性论著，也是我国古代论述修身治国的佳作。经一章提出了"明明德""亲民""止于至善"三条纲领，又提出了"格物、致知、诚意、正心、修身、齐家、治国、平天下"八个条目。八个条目是实现三条纲领的途径。在八个条目中，修身是根本的一条，"自天子以至于庶人，壹是皆以修身为本"。十章分别解释"明明德、新民、止于至善、知本、格物致知、诚意、正心、修身、齐家、治国平天下"。明明德是指弘扬光明正大的品德。新民是指让人们革旧图新。止于至善是指要达到最好的境界。知本是指做事要分清主次，抓住根本。格物致知是指通过穷究事物的原理来获得知识。诚意就是"勿自欺"，不要"掩其不善而著其善"。正心就是端正自己的心思。修身就是加强自身修养，提高自身素质。齐家就是管理好自己的家庭、家族。治国平天下是谈治理国家的事。怎样治理国家呢？首先要做表率；自己讨厌的，不加给别人；要得众、慎得、生财、举贤。"得众则得国，失众则失国"；"有德此有人，有人此有土，有土此有财"；见贤能举，举而能先。做到"为人君，止于仁；为人臣，止于敬；为人子，止于孝；为人父，止于慈；与国人交，止于信"。

孔子思想和儒家学说之所以能成为中华民族文化精神的无形之魂，主要在于他有一部经典性的传家之宝——也是一部镇世、镇心之宝——《论语》。

《论语》被司马迁称为"孔氏书"，读《论语》，必须对孔子其人有所了解。孔子（公元前551—公元前479），鲁国陬邑（今山东曲阜东南）人。孔子曾经周游列国，一直都在不遗余力地推行、传播自己的学说，希望有国者能够崇信并施行自己的学说，并进而实现他的王道社会理想。其间虽偶有被有国者重视起用、执掌权柄的时候，但基本上是处于一种惶惶然的不得志状态。司马迁描述他的这种状态道："去鲁，斥乎齐，逐乎宋、卫，困于陈、蔡之间……"几近放逐。他自己则自嘲为"丧家之狗"，可见其狼狈（《史记·孔子世家》）。但是这种状态并不影响孔子是一位前无古人、后无来者的创教立道的启世先圣。《史记·孔子世家》上说："孔子不仕，退而修《诗》《书》《礼》《乐》，弟子弥众，至自远方，莫不受业焉。"他的思想和学说超越了现实权势，影响及于全天下。

孔子在世时已被誉为"天纵之圣""天之木铎"，是当时社会上最博学的学者之一，并且被后世统治者尊为"孔圣人""至圣""至圣先师""万世师表"。在漫长的中国古代社会中，《论语》成了中国社会的"圣经"，大到齐家、治国、平天下，小到个人的待人接物、一言一行，都在它的规范之中。要想了解中国的历史文化，就不能不读《论语》。

《论语》是中国最早的语录体著作。书中记录的大部分是孔子和弟子的对话，也有其弟子们的对话，全书共二十篇。在中国古代传统文化中，《论语》的地位非常高，影响非常大。到了东汉时期，《论语》已被列入经书之列，成为学者必读之书，其研究成为一个专门学问，后代学者对其注疏者不计其数。北宋政治家赵普曾有"半部《论语》治天下"之说。宋代大儒朱熹视《论语》为经典中的经典，并作《四书章句集注》，成为当时及后代士子的修身圭臬。明太祖朱元璋更是将《论语》钦定为科举必读之书，此举对中国古代传统文化及思想发展影响深远。它从一个侧面反映出此书在中国古代社会所发挥的作用与影响之大。作为一部优秀的语录体散文集，它以言简意赅、含蓄隽永的语言记述了孔子的言论。对于每一个中国传统文化的爱好者、学者，以及每一个想求得生命升华的中国人来说，《论语》都是一部必读之书。进入21世纪，中华大地上出现了持续不衰的"国学热"，人们开始在古代经典中寻找解决现代社会问题的智慧，其中《论语》就是最受国人关注和重视的一部经典。大家纷纷从古人的智慧中寻求心灵的升华、情感的依归和生命的价值，从"至圣先师"的名言中探求生活的真谛。

《论语》的主要内容：一是孔子"仁"的思想。孔子的思想核心是"仁"，表现在社会政治方面就是"德政"，这是孔学中处于思想境界高层的内容，由此可以实现"修身、齐家、治国、平天下"。二是孔子人格理想的追求。与德政思想相适应，孔子提出了一系列有关人生修养的论点和见解，这是实现仁的人格保证。在孔子看来，"仁"的实现，要通过"礼"来达到，"克己复礼为仁"，"一日克己复礼，天下归仁焉"，"克己"既是人修身养性、培养高尚操守的过程，也是实现仁的途径。三是孔子进步的教育思想。作为一个大教育家，孔子对中国的教育有着杰出的贡献，当然他还没有系统完备的理论，但《论语》中所展示出的教育学说和教育方法，在人类教育理论中仍是最光彩的一页。在教育内容上，孔子不仅重视书本知识，更强调社会实践，提倡学以致用。在教育态度上，孔子主张"学而不厌，诲人不倦"，而且学习前人的东西要有自己的态度，去伪存真，改其不足而学其优长。在教育方法上，孔子善于因材施教，采用"不愤不启""不悱不发"的启发式教育，而从不填鸭式地强行灌输。在学风上，孔子主张"知之为知之，不知为不知""多闻阙疑""不耻下问"，反对弄虚作假和脱离实际。这一切，即使在当今最先进的教育理论中，依然是最重要的闪光之点。需要强调指出的是，孔子的教育思想不仅仅是针对学校教育或家庭教育而言，它还是一种自我教育的理论，是人生不断自修、不断进步的学说。

文化，民族之本。国学，文化之基。弘扬中华优秀传统文化，造福人类万代子孙。

本书由山东省潍坊科技学院国学研究所所长、农圣文化研究中心副主任刘金同教授编著。参与该书编写的有：山东省潍坊科技学院副教授杨现昌（博士）、讲师王君君（硕士），山东省昌乐宝石中等专业学校教师刘晓晨（硕士）、王天鹏（硕士），中国人民大学附属中学教师刘学斌（硕士），北京航空精密机械研究所研究员王冰倩（硕士）。该书的出版，得到了山东省寿光市委、市政府和潍坊科技学院院长李昌武教授以及山东省寿光市关心下一代工作委员会主任、寿光市中华优秀传统文化宣传教育中心主任王茂兴（寿光市原政协主席）、山东省寿光市电视台李海梅记者的大力支持，在此表示衷心感谢！

本书采取原文、注释、译文、评析的编排体例。为了能让读者全面系统地诵读《大学》《论语》，在书的后面附有《大学》《论语》原文以及朱熹的《大学章句序》原文和译文。该书不仅适用于在校大学生的学习；也是广大青少年和党政干部以及民众学习传统文化的经典读物。

本书在编写过程中，参考了众多专著，在此表示衷心的感谢！不当之处，敬请读者批评指正。

编　者
2018 年 3 月 6 日

目 录

上篇 《大学》导读

第一章　大学之道（经文）/3

第二章　明明德（传一）/7

第三章　新民（传二）/9

第四章　止于至善（传三）/11

第五章　知本（传四）/15

第六章　格物致知（传五）/17

第七章　诚意（传六）/19

第八章　正心修身（传七）/21

第九章　修身齐家（传八）/23

第十章　齐家治国（传九）/25

第十一章　治国平天下（传十）/29

附录一　《大学》全文 /37

附录二　朱熹《大学章句序》（原文、译文）/41

参考文献 /45

下篇 《论语》导读

学而篇第一 /49

为政篇第二 /65

八佾篇第三 /81

里仁篇第四 /97

公冶长篇第五 /109

雍也篇第六 /127

述而篇第七 /145

泰伯篇第八 /167

子罕篇第九 /181

乡党篇第十 /199

先进篇第十一 /215

颜渊篇第十二 /233

子路篇第十三 /247

宪问篇第十四 /263

卫灵公篇第十五 /287

季氏篇第十六 /305

阳货篇第十七 /315

微子篇第十八 /329

子张篇第十九 /337

尧曰篇第二十 /349

附录：《论语》原文 /353

参考文献 /385

上 篇

《大学》导读

第一章 大学之道（经文）

【原文】

大学之道[1]，在明明德[2]，在亲民[3]，在止于至善。

知止[4]而后有定，定而后能静，静而后能安，安而后能虑，虑而后能得[5]。物有本末，事有终始。知所先后，则近道矣。

古之欲明明德于天下者，先治其国；欲治其国者，先齐其家[6]；欲齐其家者，先修其身[7]；欲修其身者，先正其心；欲正其心者，先诚其意；欲诚其意者，先致其知[8]；致知在格物[9]。物格而后知至，知至而后意诚，意诚而后心正，心正而后身修，身修而后家齐，家齐而后国治，国治而后天下平。自天子以至于庶人[10]，壹是[11]皆以修身为本。

其本乱而末[12]治者否矣；其所厚者薄，而其所薄者厚[13]，未之有也[14]。

【注释】

[1]大学之道：大学的宗旨。"大学"一词在古代有两种含义：一是"博学"的意思；二是相对于小学而言的"大人之学"。古人8岁入小学，学习"洒扫应对进退、礼乐射御书数"等文化基础知识和礼节；15岁入大学，学习伦理、政治、哲学等"穷理正心，修己治人"的学问。所以，后一种含义其实也和前一种含义有相通的地方，同样有"博学"的意思。"道"的本义是道路，引申为规律、原则等，在中国古代哲学、政治学里，也指宇宙万物的本原、个体，一定的政治观或思想体系等，在不同的上下文环境里有不同的意思。

[2]明明德：前一个"明"作动词，有使动的意味，即"使彰明"，也就是发扬、弘扬的意思。后一个"明"作形容词，明德也就是光明正大的品德。

[3]亲民：根据后面的"传"文，"亲"应为"新"，即革新、弃旧图新。

亲民，也就是新民，使人弃旧图新、去恶从善。

[4]知止：知道目标所在。

[5]得：收获。

[6]齐其家：管理好自己的家庭或家族，使家庭或家族和和美美，蒸蒸日上，兴旺发达。

[7]修其身：修养自身的品性。

[8]致其知：使自己获得知识。

[9]格物：认识、研究万事万物。

[10]庶人：指平民百姓。

[11]壹是：都是。本：根本。

[12]末：相对于本而言，指枝末、枝节。

[13]厚者薄：该重视的不重视。薄者厚：不该重视的却加以重视。

[14]未之有也：即未有之也。没有这样的道理。

【译文】

大学的宗旨在于弘扬光明正大的品德，在于使人弃旧图新，在于使人达到最完善的境界。

知道应达到的境界才能够志向坚定；志向坚定才能够镇静不躁；镇静不躁才能够心安理得；心安理得才能够思虑周详；思虑周详才能够有所收获。每样东西都有根本有枝末，每件事情都有开始有终结。明白了这本末始终的道理，就接近事物发展的规律了。

古代那些要想在天下弘扬光明正大品德的人，先要治理好自己的国家；要想治理好自己的国家，先要管理好自己的家庭和家族；要想管理好自己的家庭和家族，先要修养自身的品性；要想修养自身的品性，先要端正自己的心思；要想端正自己的心思，先要使自己的意念真诚；要想使自己的意念真诚，先要使自己获得知识；获得知识的途径在于认识、研究万事万物。通过对万事万物的认识、研究后才能获得知识；获得知识后意念才能真诚；意念真诚后心思才能端正；心思端正后才能修养品性；品性修养后才能管理好家庭和家族；管理好家庭和家族后才能治理好国家；治理好国家后天下才能太平。上自国家元首，下至平民百姓，人人都要以修养品性为根本。

若这个根本被扰乱了,(家庭、家族、国家、天下)要治理好是不可能的。不分轻重缓急,本末倒置却想做好事情,没有这样的道理!

【评析】

这里所展示的,是儒学三纲八目的追求。所谓三纲,是指明明德、新民、止于至善。它既是《大学》的纲领旨趣,也是儒学"垂世立教"的目标所在。所谓八目,是指格物、致知、诚意、正心、修身、齐家、治国、平天下。它既是为达到"三纲"而设计的条目功夫,也是儒学为我们所展示的人生进修阶梯。纵览"四书""五经",我们发现,儒家的全部学说实际上都是循着这"三纲""八目"而展开的。所以,抓住这"三纲""八目"你就等于抓住了一把打开儒学大门的钥匙。循着这进修阶梯一步一个脚印,你就会登堂入室,领略儒学经典的奥义。就这里的阶梯本身而言,实际上包括"内修"和"外治"两大方面:前面四级"格物、致知,诚意、正心"是"内修";后面三级"齐家、治国、平天下"是"外治"。而其中间的"修身"一环,则是连结"内修"和"外治"两方面的枢纽,它与前面的"内修"项目连在一起,是"独善其身";它与后面的"外治"项目连在一起,是"兼济天下"。两千多年来,一代又一代中国知识分子"穷则独善其身,达则兼善天下"(《孟子·尽心上》),把生命的历程铺设在这一阶梯之上。所以,它实质上已不仅仅是一系列学说性质的进修步骤,而是具有浓厚实践色彩的人生追求阶梯了。它铸造了一代又一代中国知识分子的人格心理,时至今日,仍然在我们身上发挥着潜移默化的作用。不管你是否意识到了,不管你积极还是消极,"格、致、诚、正,修、齐、治、平"的观念总是或隐或显地在影响着你的思想,左右着你的行动,使你最终发现,自己的人生历程也不过是在这儒学的进修阶梯上或近或远地展开。事实上,作为中国知识分子,又有几人是真正出道入佛的野鹤闲云、隐逸高士呢?说到底,依然是十人九儒,如此而已。

第二章 明明德（传一）

【原文】

《康诰》[1]曰："克[2]明德。"《大甲》曰[3]："顾諟天之明命[4]。"《帝典》[5]曰："克明峻德[6]。"皆[7]自明也。

【注释】

[1]《康诰（gào）》：《尚书·周书》中的一篇。《尚书》是上古历史文献和追述古代事迹的一些文章的汇编，是"五经"之一，称为"书经"。全书分为《虞书》《夏书》《商书》《周书》四部分。

[2]克：能够。

[3]《大（tài）甲》：即《太甲》，《尚书·商书》中的一篇。

[4]顾：思念。諟（shì）：古"是"字，此。明命：光明的禀性。

[5]《帝典》：即《尧典》，《尚书·虞书》中的一篇。

[6]克明峻德：《尧典》原句为"克明俊德"。俊：与"峻"相通，意为大、崇高等。

[7]皆：都，指前面所引的几句话。

【译文】

《康诰》说："能够弘扬光明的品德。"《太甲》说："念念不忘这上天赋予的光明禀性。"《尧典》说："能够弘扬崇高的品德。"这些都是说要自己弘扬光明正大的品德。

【评析】

这是"传"的第一章，对"经"当中"大学之道，在明明德"一句进行引证发挥，说明弘扬人性中光明正大的品德是从夏、商、周三皇五帝时代就开始强调了的，有书为证，而不是我们今天别出心裁、标新立异的产物。《三字经》说:"人之初,性本善;性相近,习相远;苟不教,性乃迁。"也就是说,人的本性生来都是善良的,只不过因为后天的环境影响和教育才导致了不同的变化,从中生出许多恶的品质。因此,儒家的先贤们强调后天环境和教育的作用,在作为"四书"之首的《大学》里开宗明义,提出"大学"的宗旨就在于弘扬人性中光明正大的品德,使人达到最完善的境界。以我们今天的眼光来看,"在明明德"就是加强道德的自我完善,发掘、弘扬自己本性中的善根,而摒弃邪恶的诱惑。从这个意义上说,无论是西方基督教的"忏悔",东方佛教的"修行",还是列夫·托尔斯泰式的"道德自我完善",乃至于我们今天所倡导的"培养四有新人"等等,都是"在明明德",以弘扬人性中光明正大的品德为目的。

第三章 新民（传二）

【原文】

汤之《盘铭》[1]曰："苟日新[2]，日日新，又日新。"《康诰》曰："作新民[3]。"《诗》曰："周虽旧邦，其命维新[4]。"是故君子无所不用其极[5]。

【注释】

[1]汤：即成汤，商朝的开国君主。《盘铭》：刻在器皿上用来警戒自己的箴言。这里的器皿是指商汤的洗澡盆。

[2]苟：如果。新：这里的本义是指洗澡除去身体上的污垢，使身体焕然一新，引申义则是指精神上的弃旧图新。

[3]作：振作，激励。新民：即"经"里面说的"亲民"，实应为"新民"。意思是使民新，也就是使人弃旧图新，去恶从善。

[4]"《诗》曰"句：这里的《诗》指《诗经·大雅·文王》。周：周朝。旧邦：旧国。其命：指周朝所禀受的天命。维：语助词，无意义。

[5]是故君子无所不用其极：所以品德高尚的人无处不追求完善。是故：所以。君子：有时候指贵族，有时指品德高尚的人，根据上下文不同的语境而有不同的意思。

【译文】

商汤王刻在洗澡盆上的箴言说："如果能够一天新，就应保持天天新，新了还要更新。"《康诰》说："激励人弃旧图新。"《诗经》说："周朝虽然是旧的国家，但却禀受了新的天命。"所以，品德高尚的人无处不追求完善。

【评析】

  如果说"在明明德"还是相对静态地要求弘扬人性中光明正大的品德的话，那么，"苟日新，日日新，又日新"就是从动态的角度来强调不断革新，加强思想革命化的问题了。"苟日新，日日新，又日新"被刻在商汤王的洗澡盆上，本来是说洗澡的问题：假如今天把一身的污垢洗干净了，以后便要天天把污垢洗干净。引申出来，精神上的洗礼、品德上的修炼、思想上的改造又何尝不是这样呢？这使人想到基督教的每日忏悔，使人联想到女作家杨绛把她那本写"干校"生活的书起名为"洗澡"。精神上的洗澡就是《庄子·知北游》所说的"澡雪而精神"，《礼记·儒行》所说的"澡身而浴德"，说到底，也就是毛泽东所一再强调的"加强思想革命化"。展示的是一种革新的姿态，驱动人们弃旧图新。

第四章 止于至善(传三)

【原文】

《诗》云:"邦畿千里,惟民所止[1]。"《诗》云:"缗蛮黄鸟,止于丘隅[2]。"子曰:"于止,知其所止,可以人而不如鸟乎?"

《诗》云:"穆穆文王,於缉熙敬止![3]"为人君,止于仁;为人臣,止于敬;为人子,止于孝;为人父,止于慈;与国人交,止于信。

《诗》云:"瞻彼淇澳,菉竹猗猗。有斐君子,如切如磋,如琢如磨。瑟兮僩兮,赫兮喧兮。有斐君子,终不可谖兮[4]!""如切如磋"者,道[5]学也;"如琢如磨"者,自修也;"瑟兮僩兮"者,恂慄[6]也;"赫兮喧兮"者,威仪也;"有斐君子,终不可谖兮"者,道盛德至善,民之不能忘也。

《诗》云:"於戏!前王不忘[7]。"君子贤其贤而亲其亲,小人乐其乐而利其利,此以没世不忘也[8]。

【注释】

[1]邦畿(jī)千里,惟民所止:引自《诗经·商颂·玄鸟》。邦畿:都城及其周围的地区。止:有至、到、停止、居住、栖息等多种含义,随上下文而有所区别。在这句里是居住的意思。

[2]缗(mín)蛮黄鸟,止于丘隅(yú):引自《诗经·小雅·绵蛮》。缗蛮:即绵蛮,鸟叫声。隅:角落。止:栖息。

[3]穆穆文王,於缉熙敬止:引自《诗经·大雅·文王》。穆穆:仪表美好端庄的样子。於(wū):叹词。缉(jī):继续。熙:光明。敬:庄重。止:语助词,无意义。

[4]《诗》云:这几句诗引自《诗经·卫风·淇澳》。淇:指淇水,在今

河南北部。澳（yù）：水边。菉（lù）竹猗（yī）猗：嫩绿的竹子郁郁葱葱。斐（fěi）：文采。瑟兮僴（xiàn）兮：庄重而胸襟开阔的样子。赫兮喧兮：显耀盛大的样子。谊：《诗经》原文作"谖（xuān）"，遗忘。

[5] 道：说、言的意思。

[6] 恂（xún）慄（lì）：恐惧，戒惧。

[7] 於（wū）戏（hū）！前王不忘：引自《诗经·周颂·烈文》。於戏：叹词。前王：指周文王、周武王。

[8] 此以没世不忘也：此以：因此。没（mò）世：去世。

【译文】

《诗经》说："京城及其周围，都是老百姓向往的地方。"《诗经》又说："绵蛮叫着的黄鸟，栖息在山冈上。"孔子说："连黄鸟都知道它该栖息在什么地方，难道人还可以不如一只鸟儿吗？"

《诗经》说："品德高尚的文王啊，为人光明磊落，做事始终庄重谨慎。"做国君的，要做到仁爱；做臣子的，要做到恭敬；做子女的，要做到孝顺；做父亲的，要做到慈爱；与他人交往，要做到讲信用。

《诗经》说："看那淇水弯弯的岸边，嫩绿的竹子郁郁葱葱。有一位文质彬彬的君子，研究学问如加工骨器，不断切磋；修炼自己如打磨美玉，反复琢磨。他庄重而开朗，仪表堂堂。这样的一个文质彬彬的君子，真是令人难忘啊！"这里所说的"如加工骨器，不断切磋"，是指做学问的态度；这里所说的"如打磨美玉，反复琢磨"，是指自我修炼的精神；说他"庄重而开朗"，是指他内心谨慎而有所戒惧；说他"仪表堂堂"，是指他非常威严；说"这样一个文质彬彬的君子，可真是令人难忘啊！"是指由于他品德非常高尚，达到了最完善的境界，所以使人难以忘怀。

《诗经》说："啊！前代的君王真使人难忘。"这是因为君主贵族们能够以前代的君王为榜样，尊重贤人，亲近亲族，一般平民百姓也都蒙受恩泽，享受安乐，获得利益。所以，虽然前代君王已经去世，但人们还是永远不会忘记他们。

【评析】

这一段发挥"在止于至善"的经义。首先在于"知其所止"，即知道你应该停在什么地方，其次才谈得上"止于至善"的问题。俗语说："人往高处走，水往低处流。"鸟儿尚且知道找一个栖息的林子，人怎么可以不知道自己应该落脚的地方呢？所以，"邦畿千里，惟民所止。"大都市及其郊区古来就是人们向往而聚居的地方。但这还只是身体的"知其所止"，不是经义的所在。经义的所在是精神的"知其所止"，也就是"在止于至善"。要达到这"至善"的境界，不同的人，不同的身份有不同的努力方向，而殊途同归，最后要实现的，就是通过"如切如磋，如琢如磨"的研修而达到"盛德至善，民之不能忘也！"成为流芳百世的具有完善人格的人。这当然是一种理想主义的英雄主义的教育：渴望不朽，崇尚伟大，追求完善。对于一般读者，尤其是当今读者来说，这种要求似乎过于理想化，过于远距离了。倒是回过头来说到"知其所止"，对于我们来说，仍具有较深的启发意义。"知其所止"，也就是知道自己应该"止"的地方，找准自己的位置，这一点，说起来容易做起来难。天地悠悠，过客匆匆，多少人随波逐流，终其一生而不知其所止，尤其是当今时代，生活的诱惑太多，可供选择的机会太多，更给人们带来了选择的困惑。比如说，在过去的时代，"万般皆下品，惟有读书高。"读书人心态平衡，或许还"知其所止"，知道自己该干什么。可是，进入市场经济时代后，所谓"下海"的机会与诱惑重重地叩击着人们的心扉，读书人被推到了生活的十字路口：何去何从？所止何处？不少人不知道自己该干什么了——精神的流浪儿无家可归。以至于出现了教授卖大饼之类的畸形社会现象。其实，《大学》本身说得好："为人君，止于仁；为人臣，止于敬；为人子，止于孝；为人父，止于慈；与国人交，止于信。"不同的身份，不同的人有不同的"所止"，关键在于寻找最适合自身条件、最能扬长避短的位置和角色——"知其所止"。这才是最最重要的。这样一来，教授当然也就不会去卖大饼了！

第五章 知本（传四）

【原文】

子曰："听讼，吾犹人也；必也使无讼乎[1]！"无情者不得尽其辞[2]。大畏民志[3]，此谓知本。

【注释】

[1]子曰句：引自《论语·颜渊》。听讼：听诉讼，即审案子。犹人：与别人一样。

[2]无情者不得尽其辞：使隐瞒真实情况的人不能够花言巧语。

[3]民志：民心，人心。

【译文】

孔子说："听诉讼审理案子，我也和别人一样；目的在于使诉讼不再发生。"使隐瞒真实情况的人不敢花言巧语。使人心畏服，这就叫作抓住了根本。

【评析】

这一段以孔子谈诉讼的话来阐发"物有本末，事有终始"的道理，强调凡事都要抓住根本。审案的根本目的是使案子不再发生，这正如"但愿世间人无病，何愁架上药生尘"的道理一样。

审案和卖药都只是手段，或者说是"末"，使人心里畏服不再犯案和增强体质不再生病才是目的，或者说才是"本"。

说到底，是一个教化与治理的问题，教化是本，治理是末。正是由此出发，我们才能够理解《大学》强调以修身为本，齐家、治国、平天下都只是末的道理。

本末的关系如此，终始的因果也一样。从哲学命题的角度来看，本末是本质论，终始是发展观，千古哲学的两大范畴在《大学》这篇儒学的入门读物中以轻轻巧巧的八个字对仗而出："物有本末，事有终始。"再以八个字加以干净利落的解决："知所先后，则近道矣。"真是语言极度简洁而蕴含无比深刻，显出"经"的本色。

第六章 格物致知[1]（传五）

【原文】

所谓致知在格物者，言欲致吾之知，在即物而穷其理也[2]。盖人心之灵莫不有知，而天下之物莫不有理，惟于理有未穷[3]，故其知有不尽也。是以《大学》始教，必使学者即凡天下之物，莫不因其已知之理而益[4]穷之，以求至乎其极。至于用力之久，而一旦豁然贯通焉，则众物之表里精粗无不到，而吾心之全体大用无不明矣。此谓物格，此谓知本，此谓知之至也。

【注释】

[1]这一章的原文只有"此谓知本。此谓知之至也"两句。朱熹认为，"此谓知本"一句是上一章的衍文，"此谓知之至也"一句前面又缺了一段文字。所以，朱熹根据上下文关系补充了一段文字，这里所选的，就是朱熹补充的文字。

[2]即：接近，接触。穷：穷究，彻底研究。

[3]未穷：未穷尽，未彻底。

[4]益：更加，进一步。

【译文】

说获得知识的途径在于认识、研究万事万物，是指要想获得知识，就必须接触事物而彻底研究它的原理。人的心灵都具有认识能力，而天下万事万物都总有一定的原理，只不过因为这些原理还没有被彻底认识，所以使知识显得很有局限。因此，《大学》一开始就教学习者接触天下万事万物，用自己已有的知识去进一步探究，以彻底认识万事万物的原理。经过长期用功，总有一天会豁然贯通，到那时，万事万物的里外巨细都被认识得清清楚楚，而自己内心的一切认识能力都得到淋漓尽致的发挥，再也没有蔽塞。这就叫万事万物被认识、研究了，这就叫抓住了事物的根本，这就叫知识达到顶点了。

【评析】

格物致知——通过对万事万物的认识、研究而获得知识，而不是从书本到书本地获得知识。这种认识论很具有实践的色彩，打破了一般对儒学死啃书本的误解。

"格物致知"在宋以后成了中国哲学中的一个重要范畴，到清朝末年，"格致"（即"格物致知"的省称）又成了对声光化电等自然科学部门的统称。鲁迅在《呐喊·自序》里说："在这学堂里，我才知道在这世上，还有所谓格致，算学，地理，历史，绘图和体操。"这说明"格物致知"的深刻影响。

事实上，时至今日，当我们说到知识的获取时，仍离不开"格物致知"这一条途径。因为，它不是说的"秀才不出门，便知天下事"，而是说的"你要知道梨子的滋味，你就得变革梨子，亲口吃一吃"（毛泽东《实践论》语）。

简言之，"格物致知"把我们引向万事万物，引向实践，引向"实践是检验真理的唯一标准"和"实践是认识的唯一源泉"。

第七章 诚意（传六）

【原文】

所谓诚其意[1]者，毋[2]自欺也。如恶恶臭[3]，如好好色[4]，此之谓自谦[5]。故君子必慎其独[6]也。

小人闲居[7]为不善，无所不至，见君子而后厌然[8]，掩[9]其不善，而著[10]其善。

人之视己，如见其肺肝然，则何益矣？此谓诚于中[11]，形于外，故君子必慎其独也。

曾子曰："十目所视，十手所指，其严乎！"富润屋[12]，德润身[13]，心广体胖[14]，故君子必诚其意。

【注释】

[1]诚其意：使意念真诚。

[2]毋：不要。

[3]恶（wù）恶（è）臭（xiù）：厌恶腐臭的气味。臭：气味，较现代单指臭（chòu）味的含义宽泛。

[4]好（hào）好（hǎo）色：喜爱美丽的女子。好色：美女。

[5]谦（qiè）：通"慊"，满足。

[6]慎其独：在独自一人时也谨慎不苟。

[7]闲居：即独处。

[8]厌（yǎn）然：躲躲闪闪的样子。

[9]掩：遮掩，掩盖。

[10]著（zhù）：显示。

[11]中（zhōng）：指内心。下面的"外"指外表。

[12] 润屋：装饰房屋。

[13] 润身：修养自身。

[14] 心广体胖（pán）：心胸宽广，身体舒泰安康。胖：大，安泰舒适。

【译文】

意念真诚的意思是说，不要自己欺骗自己。要像厌恶腐臭的气味一样，要像喜爱美丽的女人一样，一切都发自内心。所以，品德高尚的人哪怕是在一个人独处的时候，也一定要谨慎。

品德低下的人在私下里无恶不作，一见到品德高尚的人便躲躲闪闪，掩盖自己所做的坏事而装出一副善良高尚的样子。殊不知，别人看你自己，就像能看见你的心肺肝脏一样清楚，掩盖有什么用呢？这就叫作内心的真实，一定会表现到外表上来。所以，品德高尚的人哪怕是在一个人独处的时候，也一定要谨慎。

曾子说："许多双眼睛看着，许多手指着，这难道不令人畏惧吗！"财富可以装饰房屋，品德却可以修养身心，使心胸宽广而身体舒泰安康。所以，品德高尚的人，一定要使自己的意念真诚。

【评析】

一个人要做到真诚，最重要。"慎其独"，在一个人独处的时候也谨慎，简而言之，就是人前人后一个样。人前真诚，人后也真诚，一切都发自肺腑，发自内心，发自我全部的感官，就像手脚长在我自己身上一样自然自如，一样真实无欺，而不是谁外加于我的"思想改造"，外加于我的清规戒律。

从反面来说，"若要人不知，除非己莫为。"自欺欺人，掩耳盗铃，总有东窗事发的一天。

在市场经济时代，金钱诱惑滚滚而来，政府反腐倡廉，"慎其独"是不是也应该作为我们必修的一课呢？

须知，金玉满堂，并不能保得你心情舒畅，身体安康，倒是那《红楼梦》中的《好了歌》唱得好："终朝只恨聚无多，及到多时眼闭了。"所以，比装修房屋（富润屋）更重要的还是修养自己（德润身），修养身心，做到心宽体胖。而要做到这一切，还得要回到那起始点——君子必诚其意。真诚做人，立身之本。

第八章 正心修身（传七）

【原文】

所谓修身在正其心者，身有所忿懥[1]，则不得其正；有所恐惧，则不得其正；有所好乐[2]，则不得其正；有所忧患，则不得其正。心不在焉，视而不见，听而不闻，食而不知其味。此谓修身在正其心。

【注释】

[1]身：程颐认为应为"心"。忿（fèn）懥（zhì）：愤怒。

[2]好（hào）乐：喜好。

【译文】

之所以说修养自身的品性要先端正自己的心思，是因为心有愤怒就不能够端正；心有恐惧就不能够端正；心有喜好就不能够端正；心有忧虑就不能够端正。心思不端正就像心不在自己身上一样，虽然在看，却像没有看见一样；虽然在听，却像没有听见一样；虽然在吃东西，却一点也不知道是什么滋味。所以说，要修养自身的品性，必须要先端正自己的心思。

【评析】

正心是诚意之后的进修阶梯。

诚意是意念真诚，不自欺欺人。但是，仅仅有诚意还不行。因为，诚意可能被喜、怒、哀、乐、惧等情感支配役使，使你成为感情的奴隶而失去控制。

所以，在"诚其意"之后，还必须要"正其心"，也就是要以端正的心思（理智）来驾驭感情，进行调节，以保持中正平和的心态，集中精神修养品性。

这里需要注意的是，理与情，正心和诚意不是绝对对立、互不相容的。朱熹说：喜、怒、哀、乐、惧等都是人心所不可缺少的，但是，一旦我们不能自察，任其左右自己的行动，便会使心思失去端正。所以，正心不是要完全摒弃喜、怒、哀、乐、惧等情欲，不是绝对禁欲，而只是说要让理智来克制、驾驭情欲，使心思不被情欲所左右，从而做到情理和谐地修身养性。

也就是说，修身在正其心不外乎是要心思端正，不要三心二意，不要为情所牵，"心不在焉，视而不见，听而不闻，食而不知其味"。（这几句后来成了成语和名言，用来生动地描绘那种心神不属，思想不集中的状态，是教书先生在课堂上批评学生的常用语。）

这样来理解，修身在正其心也就没有什么神秘感了。

第九章 修身齐家（传八）

【原文】

所谓齐其家在修其身者，人之其所亲爱而辟[1]焉；之其所贱恶[2]而辟焉；之其所畏敬而辟焉；之其所哀矜[3]而辟焉；之其所敖惰[4]而辟焉。故好而知其恶[5]，恶而知其美[6]者，天下鲜矣。故谚有之曰："人莫知其子之恶[7]，莫知其苗之硕[8]。"此谓身不修，不可以齐其家。

【注释】

[1]之：即"于"，对于。辟（pì）：通"僻"，偏颇，偏向。

[2]贱恶（wù）：厌恶。

[3]哀矜（jīn）：同情，怜悯。

[4]敖（ào）惰：骄作怠慢，轻视。敖：通"傲"，骄傲。

[5]好（hào）而知其恶（è）：喜爱某人又看到那人的缺点。

[6]恶（wù）而知其美：厌恶某人又看到那人的优点。

[7]恶（è）：坏。

[8]硕：大，肥壮。

【译文】

之所以说管理好家庭和家族要先修养自身，是因为人们对于自己亲爱的人会有偏爱；对于自己厌恶的人会有偏恨；对于自己敬畏的人会有偏向；对于自己同情的人会有偏心；对于自己轻视的人会有偏见。所以能够喜爱某人又看到那人的缺点、厌恶某人又看到那人的优点的人，天下很少。所以有谚语说："人都不知道自己孩子的坏，人都不满足自己庄稼的好。"这就是不修养自身就不能管理好家庭和家族的道理。

【评析】

在这里，修养自身的关键是克服感情上的偏私：正己，然后正人。

儒学的进修阶梯由内向外展开，这里是中间过渡的一环。在此之前的格物、致知、诚意、正心都在个体自身进行，在此之后的齐家、治国、平天下，开始处理人与人之间的关系，从家庭走向社会，从独善其身转向兼济天下。当然，其程序仍然是由内逐步外推。首先是与自身密切相关的家庭和家族，然后才依次是国家、天下。正因为首先是与自身密切相关的家（家庭和家族），所以才有一个首当其冲的克服感情偏私的问题。中国人常说："家和万事兴。"美国人说："家是父亲的王国，母亲的世界，儿童的乐园。"德国人说："人无国王、庶民之分，只要家有和平，便是最幸福的人。"法国人说得更好："对于亚当而言，天堂是他的家；然而对于亚当的后裔而言，家是他们的天堂。"（伏尔泰语）

但是，如果你不排除偏私之见，修身正己以正人，你就不能管理好这个你所拥有的天堂和乐园，就会像有人所告诫的那样："坏家庭无法养育我们纯洁的灵魂，倒有可能成为我们自掘的墓场。"天堂不就变成地狱了吗？

第十章 齐家治国（传九）

【原文】

　　所谓治国必先齐其家者，其家不可教而能教人者，无之。故君子不出家而成教于国。孝者，所以事君也；弟[1]者，所以事长也；慈[2]者，所以使众也。《康诰》曰："如保赤子[3]。"心诚求之，虽不中[4]，不远矣。未有学养子而后嫁者也。

　　一家仁，一国兴仁；一家让，一国兴让；一人贪戾，一国作乱。其机[5]如此，此谓一言偾[6]事，一人定国。尧、舜帅[7]天下以仁，而民从之；桀、纣帅天下以暴[8]，而民从之。其所令反其所好[9]，而民不从。是故君子有诸[10]己，而后求诸人；无诸己，而后非诸人。所藏乎身不恕[11]，而能喻[12]诸人者，未之有也。故治国在齐其家。

　　《诗》云："桃之夭夭，其叶蓁蓁。之子于归，宜其家人[13]。"宜其家人，而后可以教国人。

　　《诗》云："宜兄宜弟[14]。"宜兄宜弟，而后可以教国人。

　　《诗》云："其仪不忒[15]，正是四国。"其为父子兄弟足法，而后民法之也。此谓治国在齐其家。

【注释】

[1]弟（tì）：通"悌"。指弟弟应该敬爱哥哥。

[2]慈：指父母爱子女。

[3]如保赤子：《尚书·周书·康诰》原文作"若保赤子"。这是周成王告诫康叔的话，意思是保护平民百姓如母亲养护婴孩一样。赤子：婴孩。

[4]中（zhòng）：达到目标。

[5]机：本指弩箭上的发动机关，引申指关键。

[6] 偾（fèn）：败，坏。

[7] 尧、舜：传说中父系氏族社会后期部落联盟的两位领袖，即尧帝和舜帝，历来被认为是圣君的代表。帅：通"率"，率领，统帅。

[8] 桀（jié）：夏代最后一位君主。纣：即殷纣王，商代最后一位君主。二人历来被认为是暴君的代表。暴：凶暴。

[9] 其所令反其所好：统治者的号令与自己的嗜好（实际做法）相反。

[10] 诸："之于"的合音。

[11] 恕：即恕道。孔子说："己所不欲，勿施于人。"意思是说，自己不想做的，也不要让别人去做。这种推己及人、将心比己的品德就是儒学所倡导的恕道。

[12] 喻：使别人明白。

[13] 桃之夭夭……：引自《诗经·周南·桃夭》。夭夭（yāo）：鲜嫩，美丽。蓁蓁（zhēn）：茂盛的样子。之子于归：这个女子出嫁。

[14] 宜兄宜弟（dì）：兄弟和睦。

[15] 其仪不忒（tè）……：引自《诗经·曹风》。仪：仪表，仪容。忒：差错。

【译文】

之所以说治理国家必须先管理好自己的家庭和家族，是因为不能管教好家人而能管教好别人的人，是没有的。所以，有修养的人在家里就受到了治理国家方面的教育。对父母的孝顺可以用于侍奉君主；对兄长的恭敬可以用于侍奉官长；对子女的慈爱可以用于管理民众。《康诰》说："如同爱护婴儿一样。"内心真诚地去追求，即使达不到目标，也不会相差太远。要知道，没有先学会了养孩子再去出嫁的人啊！一家仁爱，一国也会兴起仁爱；一家礼让，一国也会兴起礼让；一人贪婪暴戾，一国就会犯上作乱。其联系就是这样紧密，这就叫作：一句话就会坏事，一个人就能安定国家。尧、舜用仁爱统治天下，老百姓就跟随着仁爱；桀、纣用凶暴统治天下，老百姓就跟随着凶暴。统治者的命令与自己的实际做法相反，老百姓是不会服从的。所以，品德高尚的人，总是自己先做到，然后才要求别人做到；自己先不这样做，然后才要求别人不这样做。不采取这种推己及人的恕道，而想让别人按自己的意思去做，那是不可能的。所以，要治理国家必须先管理好自己的家庭和家族。

《诗经》说："桃花鲜美，树叶茂密，这个姑娘出嫁了，让全家人都和睦。"让全家人都和睦，然后才能够让一国的人都和睦。

《诗经》说："兄弟和睦。"兄弟和睦了，然后才能够让一国的人都和睦。

《诗经》说："容貌举止庄重严肃，成为四方国家的表率。"只有当一个人无论是作为父亲、儿子，还是兄长、弟弟，都值得人效法时，老百姓才会去效法他。这就是要治理国家必须先管理好家庭和家族的道理。

【评析】

国家，国家，仅从语词关系来看，国和家的关系就是如此血肉相连，密不可分；尤其是在以家族为中心的宗法制社会时代，家是一个小小的王国，家长就是它的国王；国是一个大大的家，国王就是它的家长。因此，有君君、臣臣、父父、子子的规范贯穿国与家；也正因为如此，我们才能理解，"治国必先齐其家"。

不过，进入现代社会，情况已发生了极大变化：一方面，国已不允许实行家长制；另一方面，家已大大地民主化。不仅君君、臣臣、父父、子子的规范已成为过去，就是孝、悌观念也日渐式微，丧失了"君子不出家而成教于国"的基本条件。而且，"其家不可教而能教人者"的现象也不是"无之"，而是不难见到了。比如说，一个优秀教师教不好自己的子女，一些当政官员的公子以身试法等等。这类事情屡见不鲜，很是令人深思。

从另一方面来看，《大学》的这一章反复强调以身作则，要求"君子有诸己，而后求诸人；无诸己，而后非诸人"，指出"其所令反其所好，而民不从"，"所藏乎身不恕，而能喻诸人者，未之有也。"这些思想却并不因为社会时代的变迁而失去光彩。它既是对"欲治其国者"的告诫，值得推荐给当政为官的人作为座右铭；也是对儒学"恕道"原则的阐发，可广泛应用于生活的各个方面，作为我们立身处世、待人接物的有益参照。

第十一章 治国平天下（传十）

【原文】

所谓平天下在治其国者，上老老[1]而民兴孝；上长长[2]而民兴弟；上恤孤[3]而民不倍[4]；是以君子有絜矩之道[5]也。

所恶于上，毋以使下；所恶于下，毋以事上；所恶于前，毋以先后；所恶于后，毋以从前；所恶于右，毋以交于左；所恶于左，毋以交于右。此之谓絜矩之道。

《诗》云："乐只君子，民之父母[6]。"民之所好好之，民之所恶恶之，此之谓民之父母。《诗》云："节彼南山，维石岩岩。赫赫师尹，民具尔瞻[7]。"有国者不可以不慎。辟，则为天下僇矣[8]。《诗》云："殷之未丧师[9]，克配上帝。仪监于殷，峻命不易。"道得众则得国，失众则失国。

是故君子先慎乎德。有德此[10]有人，有人此有土，有土此有财，有财此有用。

德者本也，财者末也。外本内末，争民施夺[11]。是故财聚则民散，财散则民聚。是故言悖[12]而出者，亦悖而入；货悖而入者，亦悖而出。

《康诰》曰："惟命不于常。"道善则得之，不善则失之矣。

《楚书》曰："楚国无以为宝，惟善以为宝。"[13]舅犯曰："亡人无以为宝，仁亲以为宝。"[14]

《秦誓》[15]曰："若有一个臣，断断[16]兮无他技，其心休休[17]焉，其如有容[18]焉。人之有技，若己有之；人之彦圣[19]，其心好之；不啻[20]若自其口出，实能容之。以能保我子孙黎民，尚亦有利哉！人之有技，媢嫉[21]以恶之；人之彦圣，而违之俾不通[22]，实不能容。以不能保我子孙黎民，亦曰殆[23]哉！"唯仁人放流[24]之，迸诸四夷[25]，不与同中国[26]。此谓唯仁人为能爱人，能恶人。见贤而不能举，举而不能先，命[27]也；见不善而不能退，退而不能远，过也。好人之所恶，恶人之所好，是谓拂[28]人之性，灾必逮夫[29]身。是故君子有大道，必忠信以得之，骄泰[30]以失之。

生财有大道：生之者众，食之者寡；为之者疾，用之者舒；则财恒足矣。仁者以财发身[31]，不仁者以身发财。未有上好仁，而下不好义者也；未有好义，其事不终者也；未有府库[32]财，非其财者也。

孟献子[33]曰："畜马乘[34]，不察于鸡豚[35]；伐冰之家[36]，不畜牛羊；百乘之家[37]，不畜聚敛之臣[38]。与其有聚敛之臣，宁有盗臣。"此谓国不以利为利，以义为利也。长国家[39]而务财用者，必自小人矣，彼为善之。小人之使为国家，灾害并至。虽有善者，亦无如之何[40]矣！此谓国不以利为利，以义为利也。

【注释】

[1] 老老：尊敬老人。前一个"老"字作动词，意思是把老人当做老人看待。

[2] 长长：尊重长辈。前一个"长"字作动词，意思是把长辈当做长辈看待。

[3] 恤（xù）：体恤，周济。孤，孤儿，古时候专指幼年丧失父亲的人。

[4] 倍：通"背"，背弃。

[5] 絜（xié）矩之道：儒家伦理思想之一，指一言一行要有示范作用。絜，量度。矩，画直角或方形用的尺子，引申为法度，规则。

[6] "乐（lè）只君子，民之父母"：引自《诗经·小雅·南山有台》。乐：快乐，喜悦。只，语助词。

[7] "节彼南山……"：引自《诗经·小雅·节南山》。节：高大。岩岩：险峻的样子。师尹：太师尹氏，太师是周代的三公之一。尔：你。瞻：瞻仰，仰望。

[8] 辟（pì）：偏差。僇（lù）：通"戮"，杀戮。

[9] "殷之未丧师……"：引自《诗经·大雅·文王》。师：民众。配：符合。仪：宜。监：鉴戒。峻：大。不易：不容易保有。

[10] 此：乃，才。

[11]争民施夺：与民争利，施行劫夺。

[12]悖（bèi）：逆，违背道理。

[13]"《楚书》"句：《楚书》：楚昭王时史书。楚昭王派王孙围（yǔ）出使晋国。晋国赵简子问楚国珍宝美玉现在怎么样了。王孙围答道：楚国从来没有把美玉当作珍宝，只是把善人如观射父（人名）这样的大臣看作珍宝。事见《国语·楚语》。

[14]"舅犯"句：舅犯：晋文公重耳的舅舅狐偃，字子犯。亡人：流亡的人，指重耳。晋僖公四年十二月，晋献公因受骊姬的谗言，逼迫太子申生自缢而死。重耳避难逃亡在狄国时，晋献公逝世。秦穆公派人劝重耳归国掌政。重耳将此事告子犯，子犯以为不可，对重耳说了这几句话。事见《礼记·檀弓下》。

[15]《秦誓》：《尚书·周书》中的一篇。

[16]断断：真诚的样子。

[17]休休：宽宏大量。

[18]有容：能够容人。

[19]彦（yàn）圣：指德才兼备。彦：美。圣：明。

[20]不啻（chì）：不但。

[21]媢（mào）疾：妒嫉。

[22]违：阻抑。俾（bǐ）：使。

[23]殆（dài）：危险。

[24]放流：流放。

[25]迸（bǐng）：通"屏"，驱逐。四夷：四方之夷。夷指古代东方的部族。

[26]中国：全国中心地区。与现代意义的"中国"一词意义不一样。

[27]命：东汉郑玄认为应该是"慢"字之误。慢即轻慢。

[28]拂（fú）：逆，违背。

[29]逮（dài）：及、到。夫（fú）：助词。

[30]骄泰：骄横放纵。

[31]发身：修身。发：发达，发起。

[32]府库：国家收藏财物的地方。

[33]孟献子：鲁国大夫，姓仲孙名蔑。

[34] 畜（xù）：养。乘（shèng）：指用四匹马拉的车。畜马乘是士人初做大夫官的待遇。

[35] 察：关注。豚（tún）：猪。

[36] 伐冰之家：指丧祭时能用冰保存遗体的人家。是卿大夫类大官的待遇。

[37] 百乘之家：拥有一百辆车的人家，指有封地的诸侯王。

[38] 聚敛之臣：搜刮钱财的家臣。聚，聚集。敛，征收。

[39] 长（zhǎng）国家：成为国家之长，指君王。

[40] 无如之何：没有办法。

【译文】

所说的平定天下，先要治理好自己的国家，是因为，在上位的人尊敬老人，老百姓就会孝顺自己的父母；在上位的人尊重长辈，老百姓就会尊重自己的兄长；在上位的人体恤救济孤儿，老百姓也会同样跟着去做。所以，品德高尚的人总是实行以身作则、推己及人的"絜矩之道"。

如果厌恶上司对你的某种行为，就不要用这种行为去对待你的下属；如果厌恶下属对你的某种行为，就不要用这种行为去对待你的上司；如果厌恶在你前面的人对你的某种行为，就不要用这种行为去对待在你后面的人；如果厌恶在你后面的人对你的某种行为，就不要用这种行为去对待在你前面的人；如果厌恶在你右边的人对你的某种行为，就不要用这种行为去对待在你左边的人；如果厌恶在你左边的人对你的某种行为，就不要用这种行为去对待在你右边的人。这就叫做"絜矩之道"。

《诗经》说："使人心悦诚服的国君啊，是老百姓的父母。"老百姓喜欢的，他也喜欢；老百姓厌恶的，他也厌恶，这样的国君就可以说是老百姓的父母了。《诗经》说："巍峨的南山啊，岩石耸立。显赫的尹太师啊，百姓都仰望你。"统治国家的人不可不谨慎。稍有偏颇，就会被天下人推翻。《诗经》说："殷朝没有丧失民心的时候，还是能够与上天的要求相符的。请用殷朝作个鉴戒吧，守住天命并不是一件容易的事。"这就是说，得到民心就能得到国家，失去民心就会失去国家。

所以，品德高尚的人首先注重修养德行。有德行才会有人拥护，有人拥护才能保有土地，有土地才会有财富，有财富才能供给使用。

德是根本，财是枝末。假如把根本当成了外在的东西，却把枝末当成了内在的根本，那就会和老百姓争夺利益。所以，君王聚财敛货，民心就会失散；君王散财于民，民心就会聚在一起。这正如你说话不讲道理，人家也会用不讲道理的话来回答你；财货来路不明不白，总有一天也会不明不白地失去。

《康浩》说："天命是不会始终如一的。"这就是说，行善便会得到天命，不行善便会失去天命。

《楚书》说："楚国没有什么是宝，只是把善当作宝。"舅犯说："流亡在外的人没有什么是宝，只是把仁爱当作宝。"

《秦誓》说："如果有这样一位大臣，忠诚老实，虽然没有什么特别的本领，但他心胸宽广，有容人的肚量，别人有本领，就如同他自己有一样；别人德才兼备，他心悦诚服，不只是在口头上表示，而是打心眼里赞赏。用这种人，是可以保护我的子孙和百姓的，是可以为他们造福的啊！相反，如果别人有本领，他就妒嫉、厌恶；别人德才兼备，他便想方设法压制、排挤，无论如何容忍不得。用这种人，不仅不能保护我的子孙和百姓，而且可以说是危险得很！"因此，有仁德的人会把这种容不得人的人流放，把他们驱逐到边远的四夷之地去，不让他们同住在国中。这说明，有德的人爱憎分明。发现贤才而不能选拔，选拔了而不能重用，这是轻慢；发现恶人而不能罢免，罢免了而不能把他驱逐得远远的，这是过错。喜欢众人所厌恶的，厌恶众人所喜欢的，这是违背人的本性，灾难必定要落到自己身上。所以，做国君的人有正确的途径：忠诚信义，便会获得一切；骄奢放纵，便会失去一切。

生产财富也有正确的途径：生产的人多，消费的人少；生产的人勤奋，消费的人节省。这样，财富便会经常充足。仁爱的人仗义疏财以修养自身的德行，不仁的人不惜以生命为代价去敛钱发财。没有在上位的人喜爱仁德，而在下位的人却不喜爱忠义的；没有喜爱忠义而做事却半途而废的；没有国库里的财物不是属于国君的。

孟献子说："养了四匹马拉车的士大夫之家，就不需再去养鸡养猪；丧祭用凿冰的卿大夫家，就不要再去养牛养羊；拥有一百辆兵车的诸侯之家，就不要去收养搜刮民财的家臣。与其有搜刮民财的家臣，不如有偷盗东西的家臣。"这意思是说，一个国家不应该以财货为利益，而应该以仁义为利益。

做了国君却还一心想着聚敛财货，这必然是有小人在诱导，而那国君还以为这些小人是好人。让他们去处理国家大事，结果是天灾人祸一齐降临。这时虽有贤能的人，却也没有办法挽救了！所以，一个国家不应该以财货为利益，而应该以仁义为利益。

【评析】

　　这是《大学》的最后一章，具有结尾的性质。全章在阐释"平天下在治其国"的主题下，具体展开了如下几方面的内容，一、君子有絜矩之道。二、民心的重要：得众则得国，失众则失国。三、德行的重要：德本财末。四、用人的问题：唯仁人为能爱人，能恶人。五、利与义的问题：国不以利为利，以义为利。

　　所谓絜矩之道，是与前一章所强调的"恕道"一脉相承的。如果说，"恕道"重点强调的是"己所不欲，勿施于人"的将心比心方面；那么，"絜矩之道"则是重在强调以身作则的示范作用方面。如孔子对季康子说："当政者的德行好比是风，老百姓的德行好比是草，只要风吹草上，草必然随风倒伏。"（《论语·颜渊》）世道人心，上行下效。关键是看你说什么，提倡什么，做什么。榜样的力量是无穷的，领袖的力量更是不可估量的。所以，当政治国的人必须要有"絜矩之道"。

　　关于民心的重要性，已经是古往今来都勿庸置疑的了。水能载舟，也能覆舟。不过，道理虽然是勿庸置疑的，但纵观历史，却往往是当局者迷，旁观者清。所以，才会有王朝的更迭，江山的改姓，当政者"为天下僇"。

　　德行是儒学反复记述、强调的中心问题之一。把德与财对举起来进行比较，提出"德本财末"的思想，尽管从儒学的全部治国方略来看，也有"先富后教"（《论语·子路》）、"有恒产者有恒心"（《孟子·滕文公上》）等强调经济基础的思想，但总的说来，重精神而轻物质、崇德而抑财的倾向仍是非常突出的。

　　正因为"德本财末"，所以就牵涉到一个用人的问题。而在用人的问题上，同样是品德第一，才能第二。对于这一点，《大学》不厌其烦地引述了《尚书·秦誓》里的一大段话，说明一个人即使没有什么才能，但只要心胸宽广能容人，"宰相肚里能撑船"，便可以重用。相反，即使你非常有才能，但如果你嫉贤妒能，容不得人，也是危害无穷，不能任用的。所以，"唯仁人为能爱人，能恶人。"当政治国的人必须要有识别人才的本领。

　　与"德本财末"密切相关的另一对范畴便是"利"与"义"的问题。为了阐述"利"与"义"的关系问题，《大学》提出了"生财有大道"的看法，即生产的人多，消费的人少；生产的人勤奋，消费的人节省。这是一段很富于经济学色彩的论述，浅显易懂而勿庸置疑。值得我们注意的是下面的两句话："仁者以财发身，不仁者以身发财，""以财发身"的人把财产看作身外之物，所以能仗义疏财以修养自身的德行，就像著名的列夫·托尔斯泰那样，解散农奴，实行自身禁欲，以实现良心与道德的自我完善。"以身发财"的人爱财如命，奉行"人为财死，鸟为食亡"的原则，不惜以生命为代价去敛钱发财。或贪赃枉法，铤而走险，或贪婪吝啬，如巴尔扎克笔下的葛朗台，果戈理笔下的泼留希金等。都是"终朝只恨聚无多，及到多时眼闭了。"（《红楼梦·好了歌》）所以，还是"以财发身"，超脱一点好。

　　总起来说，这一章收束《大学》全篇，内容丰富，包含了儒学的不少重要思想。我们将会看到，这些思想在《中庸》《论语》《孟子》等儒家经典中还有反复的论述和展开。

附录一

《大学》全文

第一章

大学之道,在明明德,在亲民,在止于至善。

知止而后有定,定而后能静,静而后能安,安而后能虑,虑而后能得。物有本末,事有终始。知所先后,则近道矣。

古之欲明明德于天下者,先治其国;欲治其国者,先齐其家;欲齐其家者,先修其身;欲修其身者,先正其心;欲正其心者,先诚其意;欲诚其意者,先致其知。致知在格物。物格而后知至,知至而后意诚,意诚而后心正,心正而后身修,身修而后家齐,家齐而后国治,国治而后天下平。自天子以至于庶人,壹是皆以修身为本。

其本乱,而末治者否矣。其所厚者薄,而其所薄者厚,未之有也。

第二章

《康诰》曰:"克明德。"《大甲》曰:"顾諟天之明命。"《帝典》曰:"克明峻德。"皆自明也。

第三章

汤之《盘铭》曰:"苟日新,日日新,又日新。"《康诰》曰:"作新民。"《诗》曰:"周虽旧邦,其命维新。"是故君子无所不用其极。

第四章

《诗》云:"邦畿千里,惟民所止。"《诗》云:"缗蛮黄鸟,止于丘隅。"子曰:"于止,知其所止,可以人而不如鸟乎?"

《诗》云:"穆穆文王,於缉熙敬止!"为人君,止于仁;为人臣,止于敬；为人子，止于孝；为人父，止于慈；与国人交，止于信。

《诗》云："瞻彼淇澳，菉竹猗猗。有斐君子，如切如磋，如琢如磨。瑟兮僴兮，赫兮喧兮。有斐君子，终不可谖兮！""如切如磋"者，道学也；"如琢如磨"者，自修也；"瑟兮僴兮"者，恂慄也；"赫兮喧兮"者，威仪也；"有斐君子，终不可谖兮"者，道盛德至善，民之不能忘也。

《诗》云："於戏，前王不忘。"君子贤其贤而亲其亲，小人乐其乐而利其利，此以没世不忘也。

第五章

子曰："听讼，吾犹人也；必也使无讼乎！"无情者不得尽其辞。大畏民志，此谓知本。

第六章

【所谓致知在格物者，言欲致吾之知，在即物而穷其理也。盖人心之灵莫不有知，而天下之物莫不有理，惟于理有未穷，故其知有不尽也。是以《大学》始教，必使学者即凡于天下之物，莫不因其已知之理而益穷之，以求至乎其极。至于用力之久，而一旦豁然贯通焉，则众物之表里精粗无不到，而吾心之全体大用无不明矣。此谓物格，】（朱熹补传）此谓知本，此谓知之至也。

第七章

所谓诚其意者，毋自欺也。如恶恶臭，如好好色，此之谓自谦。故君子必慎其独也。

小人闲居为不善，无所不至，见君子而后厌然，掩其不善，而著其善。

人之视己，如见其肺肝然，则何益矣？此谓诚于中，形于外，故君子必慎其独也。

曾子曰："十目所视，十手所指，其严乎！"富润屋，德润身，心广体胖，故君子必诚其意。

第八章

所谓修身在正其心者，身有所忿懥，则不得其正；有所恐惧，则不得其正；有所好乐，则不得其正；有所忧患，则不得其正。心不在焉，视而不见，听而不闻，食而不知其味。此谓修身在正其心。

第九章

所谓齐其家在修其身者，人之其所亲爱而辟焉；之其所贱恶而辟焉；之其所畏敬而辟焉；之其所哀矜而辟焉；之其所敖惰而辟焉。故好而知其恶，恶而知其美者，天下鲜矣。故谚有之曰："人莫知其子之恶，莫知其苗之硕。"此谓身不修不可以齐其家。

第十章

所谓治国必先齐其家者，其家不可教而能教人者，无之。故君子不出家而成教于国。孝者，所以事君也；弟者，所以事长也；慈者，所以使众也。《康诰》曰："如保赤子。"心诚求之，虽不中，不远矣。未有学养子而后嫁者也。

一家仁，一国兴仁；一家让，一国兴让；一人贪戾，一国作乱。其机如此，此谓一言偾事，一人定国。尧、舜帅天下以仁，而民从之；桀、纣帅天下以暴，而民从之。其所令反其所好，而民不从。是故君子有诸己，而后求诸人；无诸己，而后非诸人。所藏乎身不恕，而能喻诸人者，未之有也。故治国在齐其家。

《诗》云："桃之夭夭，其叶蓁蓁。之子于归，宜其家人。"宜其家人，而后可以教国人。

《诗》云："宜兄宜弟。"宜兄宜弟，而后可以教国人。

《诗》云："其仪不忒，正是四国。"其为父子兄弟足法，而后民法之也。此谓治国在齐其家。

第十一章

所谓平天下在治其国者，上老老而民兴孝；上长长而民兴弟；上恤孤而民不倍；是以君子有絜矩之道也。

所恶于上，毋以使下；所恶于下，毋以事上；所恶于前，毋以先后；所恶于后，毋以从前；所恶于右，毋以交于左；所恶于左，毋以交于右。此之谓絜矩之道。

《诗》云："乐只君子，民之父母。"民之所好好之，民之所恶恶之，此之谓民之父母。《诗》云："节彼南山，维石岩岩。赫赫师尹，民具尔瞻。"有国者不可以不慎。辟，则为天下僇矣。《诗》云："殷之未丧师，克配上帝。仪监于殷，峻命不易。"道得众则得国，失众则失国。

是故君子先慎乎德。有德此有人，有人此有土，有土此有财，有财此有用。

德者本也，财者末也。外本内末，争民施夺。是故财聚则民散，财散则民聚。是故言悖而出者，亦悖而入；货悖而入者，亦悖而出。

《康诰》曰："惟命不于常。"道善则得之，不善则失之矣。

《楚书》曰："楚国无以为宝，惟善以为宝。"舅犯曰："亡人无以为宝，仁亲以为宝。"

《秦誓》曰："若有一个臣，断断兮无他技，其心休休焉，其如有容焉。人之有技，若己有之；人之彦圣，其心好之；不啻若自其口出，实能容之。以能保我子孙黎民，尚亦有利哉！人之有技，媢嫉以恶之；人之彦圣，而违之俾不通，实不能容。以不能保我子孙黎民，亦曰殆哉！"唯仁人放流之，迸诸四夷，不与同中国。此谓唯仁人为能爱人，能恶人。见贤而不能举，举而不能先，命也；见不善而不能退，退而不能远，过也。好人之所恶，恶人之所好，是谓拂人之性，灾必逮夫身。是故君子有大道，必忠信以得之，骄泰以失之。

生财有大道：生之者众，食之者寡；为之者疾，用之者舒；则财恒足矣。仁者以财发身，不仁者以身发财。未有上好仁，而下不好义者也；未有好义，其事不终者也；未有府库财，非其财者也。

孟献子曰："畜马乘，不察于鸡豚；伐冰之家，不畜牛羊；百乘之家，不畜聚敛之臣。与其有聚敛之臣，宁有盗臣。"此谓国不以利为利，以义为利也。长国家而务财用者，必自小人矣，彼为善之。小人之使为国家，灾害并至。虽有善者，亦无如之何矣！此谓国不以利为利，以义为利也。

附录二

朱熹《大学章句序》（原文、译文）

大学章句序
（宋）朱熹

朱熹（1130年—1200年），南宋哲学家、教育家，当时最博学的学者。19岁中进士，曾任秘阁修撰等职，从事教学近50年。在中国儒学史上，朱熹的作用和影响仅次于孔子。朱学传到日本，在德川时代一度形成朱子学热。

《大学》是"四书五经"中排在第一位的儒家经典著作。《大学章句》是朱熹为《大学》这部经典作的注释。《大学章句序》是朱熹在《大学章句》这部书前面加的一篇序言。

【原文】

《大学》之书，古之大学所以教人之法也。

盖自天降生民，则既莫不与之以仁义礼智之性矣。然其气质之禀或不能齐，是以不能皆有以知其性之所有而全之也。一有聪明睿智能尽其性者出于其间，则天必命之以为亿兆之君师，使之治而教之，以复其性。此伏羲、神农、黄帝、尧、舜所以继天立极，而司徒之职、典乐之官所由设也。

三代之隆，其法寖备，然后王宫、国都以及闾巷，莫不有学。人生八岁，则自王公以下，至于庶人之子弟，皆入小学，而教之以洒扫、应对、进退之节，礼、乐、射、御、书、数之文；及其十有五年，则自天子之元子、众子，以至公、卿、大夫、元士之适子，与凡民之俊秀，皆入大学，而教之以穷理、正心、修己、治人之道。此又学校之教、大小之节所以分也。

夫以学校之设，其广如此，教之之术，其次第节目之详又如此，而其所以为教，则又皆本之人君躬行心得之余，不待求之民生日用彝伦之外，是以当世之人无不学。其学焉者，无不有以知其性分之所固有，职分之所当为，而各俯焉以尽其力。此古昔盛时所以治隆于上，俗美于下，而非后世之所能及也！

及周之衰，贤圣之君不作，学校之政不修，教化陵夷，风俗颓败。时则有若孔子之圣，而不得君师之位以行其政教，于是独取先王之法，诵而传之，以诏后世。若《曲礼》《少仪》《内则》《弟子职》诸篇，固小学之支流余裔，而此篇者，则因小学之成功，以著大学之明法，外有以极其规模之大，而内有以尽其节目之详者也。三千之徒，盖莫不闻其说，而曾氏之传独得其宗，于是作为传义，以发其意。及孟子没而其传泯焉，则其书虽存，而知者鲜矣！

自是以来，俗儒记诵词章之习，其功倍于小学而无用；异端虚无寂灭之教，其高过于大学而无实。其他权谋术数，一切以就功名之说，与夫百家众技之流，所以惑世诬民、充塞仁义者，又纷然杂出乎其间。使其君子不幸而不得闻大道之要，其小人不幸而不得蒙至治之泽，晦盲否塞，反覆沉痼，以及五季之衰，而坏乱极矣！

天运循环，无往不复。宋德隆盛，治教休明。于是河南程氏两夫子出，而有以接乎孟氏之传。实始尊信此篇而表章之，既又为之次其简编，发其归趣，然后古者大学教人之法、圣经贤传之指，粲然复明于世。虽以熹之不敏，亦幸私淑而与有闻焉。顾其为书犹颇放失，是以忘其固陋，采而辑之，间亦窃附己意，补其阙略，以俟后之君子。极知僭踰，无所逃罪，然于国家化民成俗之意、学者修己治人之方，则未必无小补云。

【注释】

《大学》这部书，是用来说明古代大学教学的原则和方法的。

自从上天降生人类以来，（上天）就无不赋予每一个人以仁、义、礼、智的本性。然而人与人的天资和智力存在差别，所以不是每个人都能知道自己本来就应该具备这些善良和理智的本性而努力保全它。（许多人由于没有认识到自己作为一个人本来应该具备的善良和理智的本性，在日常生活中缺乏修养，逐步减少甚至丧失了这种善良的本性。）一旦在社会群体中出现了聪明智慧并且能充分发展其善良本性的人，那么，上天必定赋予他一个使命，让他担当众人的君师（即领袖，或领导人），使其治理和教育众人，以恢复众人本来应有的善良和理性的本性。这就是伏羲、神农、黄帝、尧、舜之所以承受天命而成为人民的君师和榜样的原因，也是承担教育职责的司徒、典乐之类的官职之所以设立的理由。

夏、商、周三代兴旺发达，时代久远，（我们的祖先）对生产、生活法则的认识，以及在社会生活典章制度的建立等方面都积累了丰富的经验，逐渐达到了比较齐备的程度，在这样的基础上，（为了传承这些经验）从王宫到国都以及普通街巷，无不设立学校。八岁的孩子，上自王公的子孙，下至老百姓的子弟，都进入小学学习。小学教学的内容是：日常生活、待人接物的基本礼节，礼仪、音乐、射箭、驾车、识字、计算等基础知识和基本技能。待孩子长到十五岁，则自君王可继位的太子和其他儿子，以及公侯、大臣、官员之正妻所生的儿子，连同老百姓中的优秀子弟，都进入大学。教学的内容是穷尽事理、端正本心、修养自身、管理人的原则和方法。这就是说，学校教育在年龄界限和深浅难易上是以大学、小学来划分的。

学校的设置是如此广泛，教学方法的次序和内容是如此详细分明，而所教的内容，都是人君亲身经历的经验、教训和心得，不要求学习人民群众日常生活规则和伦理之外的知识。正因为这样，当世之人没有不学习的。这些学习的人，没有不知道自己所固有的天赋本性的，也没有不明白自己的职分所应当做和不应当做的，这样各人就埋头尽力来做好自己的事情。这就是古代兴盛时政治修明于上，风俗美善于下，而后世赶不上的原因。

到周朝衰落后，贤圣之君没有出现，上述学校的教学体制不能推行，教化随世事而变迁，风俗也颓废败坏。在这样的时代，出现了一个像孔子这样的圣人，却得不到君师的地位来推行他的政教学说，于是他就独自去总结先王的法则，讲习、传诵以昭告后世。（开设私人学校，仿效先王之法，招收弟子习读《诗》《书》和历史文献，把先王之道传授弟子，再由弟子传教后人。）例如，《曲礼》《少仪》《内则》《弟子职》等篇，都是小学的内容，以支流末节的形式流传下来。而这一篇《大学》，是在小学得以成功存留的基础上，用来讲明大学的教学方法的。《大学》这部书，就其涉及范围（外延）而言，所研究的对象非常广泛，规模极其广大，而就其内容来说，条理十分清楚，内容十分详细。孔子有三千多学生，没有一个没听过孔子讲解这些内容的，却只有曾子明白其中的真义，于是写成书籍，作为传讲的精义，并在此基础上加以发挥和说明，传播到后世。（曾子将《大学》传给了孟子，）到孟子死后，孔子的传统消失了。《大学》这部书虽然存在，但知其真义者太少了。

从这以后，普通学者诵读记忆词句文章，所下的功夫数倍于小学但没有用；那些异端虚无寂灭的说教，他们所谓的高妙超过了大学却无实际的意义。其他的什么权谋术数之类，一切以成就功名利禄为目的的说教，以及形形色色的技能、技巧等等，尽管其中也充塞着仁义的说教，又纷然杂出并流行于世，实际上都是蛊惑人心、误导民众的理论。（以上这些原因）使得君王、大臣、官员不幸而听不到根本道理的要义，使平民百姓不幸不能得到政治修明的恩泽，昏暗不明，德教不行，这样沉重的社会弊病反反复复积累下来，到五代十国之时的衰败、坏乱到了极点。

"天"是以不断循环的方式运行的，没有什么过去了就不再重复出现的情形。到了宋朝，道德又开始兴盛起来了，社会安定了，教育又重新引起社会的重视。于是出了河南程氏（程颢、程颐）两位先生，继承孟子的传统，开始尊崇、信奉《大学》这部书并不断传扬，又将传下来的古书重新编辑，发挥其中的旨趣和深义，至此以后，古代大学教育人的原则和方法，古代圣贤经传的宗旨，重新放射出粲然光彩。虽然我朱熹不够聪明，也有幸从我老师那里听说了程氏两先生的学说。我觉得程氏两先生编写的书仍有缺点和失误，于是忘记我自己的浅陋，将该书重新编辑，其间也把我自己的见解写入书中，补充了其中的缺漏之处，等待以后的学者纠正。我深深知道自己超越了本分（能力所限），我必须为书中的瑕疵承担责任，然而，对于为国家净化民俗的想法，对于给学习的人提供修养自身和管理他人的方式方法来说，这样做未必不是小有裨益的。

参考文献：

[1] 马肇基.国学经典[M].北京：线装书局，2012.

[2] 刘金同.国学经典释译[M].北京：高等教育出版社，2012.

[3] 何亚辉.四书五经[M].北京：光明日报出版社，2011.

[4] 王朝亮.大学·中庸·论语·孟子[M].北京：华艺出版社，2009.

[5] 王国轩.大学·中庸[M].北京：中华书局，2016.

[6] 于建福.大学[M].济南：济南出版社，2016.

下 篇

《论语》导读

学而篇第一

【本篇引语】

《学而》是《论语》第一篇的篇名。《论语》中各篇一般都是以第一章的前二三个字作为该篇的篇名。《学而》一篇包括16章，内容涉及诸多方面。其中重点是"吾日三省吾身"；"节用而爱人，使民以时"；"礼之用，和为贵"以及仁、孝、信等道德范畴。

【原文】

1.1 子曰(1)："学(2)而时习(3)之，不亦说(4)乎？有朋(5)自远方来，不亦乐(6)乎？人不知(7)，而不愠(8)，不亦君子(9)乎？"

【注释】

(1)子：中国古代对于有地位、有学问的男子的尊称，有时也泛称男子。《论语》书中"子曰"的子，都是指孔子而言。孔子（公元前551年9月28日—公元前479年4月11日），子姓，孔氏，名丘，字仲尼，祖籍宋国栗邑（今河南省商丘市夏邑县），生于春秋时期鲁国陬邑（今山东省曲阜市）。中国著名的思想家、教育家，与弟子周游列国十四年，晚年修订六经，即《诗》《书》《礼》《乐》《易》《春秋》。相传孔子有弟子三千，其中有贤人七十二。孔子去世后，其弟子及其再传弟子把孔子及其弟子的言行语录和思想记录下来，整理编成儒家经典《论语》。 孔子在古代被尊奉为"天纵之圣""天之木铎"，是当时社会上的最博学者之一，被后世统治者尊为孔圣人、至圣、至圣先师、大成至圣文宣王先师、万世师表。其儒家思想对中国和世界都有深远的影响，孔子被列为"世界十大文化名人"之首。孔子被尊为儒教始祖，随着孔子影响力的扩大，孔子祭祀也一度成为和上帝、国家的祖先同等级别的"大祀"。

(2)学：孔子在这里所讲的"学"，主要是指学习西周的礼、乐、诗、书等传统文化典籍。

(3)时习：在周秦时代，"时"字用作副词，意为"在一定的时候"或者"在适当的时候"。但朱熹在《论语集注》一书中把"时"解释为"时常"。"习"，指演习礼、乐；复习诗、书。也含有温习、实习、练习的意思。

(4)说（yuè）：通"悦"，愉快、高兴的意思。

(5)有朋：一本作"友朋"。旧注说，"同门曰朋"，即同在一位老师门下学习的叫朋，也就是志同道合的人。

(6)乐（lè）：快乐。与说（yuè）有所区别。旧注说，悦在内心，乐则见于外。

(7)人不知：此句不完整，没有说出人不知道什么，缺少宾语。一般而言，"知"是了解的意思。人不知，是说别人不了解自己。

(8)愠（yùn）：恼怒，怨恨。

(9)君子：《论语》书中的君子，有时指有德者，有时指有官位者。此处指孔子理想中具有高尚人格的人。

【译文】

孔子说："学了又时常温习和练习，不是很愉快吗？有志同道合的人从远方来，不是很令人高兴吗？人家不了解我，我却不怨恨、恼怒，不也是一个有德的君子吗？"

【评析】

宋代著名学者朱熹对此章评价极高，说它是"入道之门，积德之基"。本章这三句话是人们非常熟悉的。历来的解释都是：学了以后，又时常温习和练习，不也很高兴吗？等等。三句话，一句一个意思，前后句子也没有什么连贯性。但也有人认为这样解释不符合原意，指出这里的"学"不是指学习，而是指学说或主张；"时"不能解为时常，而是时代或社会的意思，"习"不是温习，而是使用，引申为采用。而且，这三句话不是孤立的，而是前后相互连贯的。这三句的意思是：自己的学说，要是被社会采用了，那就太高兴了；退一步说，要是没有被社会采用，可是很多朋友赞同我的学说，纷纷到我这里来讨论问题，我也感到快乐；再退一步说，即使社会不采用，人们也不理解我，我也不怨恨，这样做，不也就是君子吗？（见《齐鲁学刊》1986年第6期文）这种解释可以自圆其说，而且也有一定的道理，供读者在理解本章内容时参考。

总之，本章提出以学习为乐事，做到人不知而不愠，反映出孔子学而不厌、诲人不倦、注重修养、严格要求自己的主张。这些思想主张在《论语》书中多处可见，有助于对第一章内容的深入了解。

【原文】

1.2 有子[1]曰："其为人也孝弟[2]，而好犯上[3]者，鲜[4]矣；不好犯上，而好作乱者，未之有也[5]。君子务本[6]，本立而道[7]生。孝弟也者，其为仁之本[8]与！"

【注释】

(1) 有子：姓有名若，孔子的学生，比孔子小13岁，一说小33岁。后一说较为可信。在《论语》书中，记载的孔子学生，一般都称字，只有曾参和有若称"子"。因此，许多人认为《论语》即由曾参和有若所著述。

(2) 孝弟：孝：子女对待父母的正确态度；弟（tì）：通"悌"，即弟弟对待兄长的正确态度。孝、弟是孔子和儒家特别提倡的两个基本道德规范。旧注说：善事父母曰孝，善事兄长曰弟。

(3) 好（hào）犯上：好：喜好；犯：冒犯；上：指在上位的领导、管理者。

(4) 鲜（xiǎn）：少的意思。《论语》书中的"鲜"字，都是如此用法。

(5) 未之有也：此为"未有之也"的倒装句型。古代汉语的句法有一条规律，否定句的宾语若为代词，一般置于动词之前。

(6) 务本：务：专心、致力于。本：根本。

(7) 道：在中国古代思想里，道有多种含义。此处的道，指孔子提倡的仁道，即以仁为核心的整个道德思想体系及其在实际生活中的体现。简单讲，就是治国做人的基本原则。

(8) 为仁之本：仁是孔子哲学思想的最高范畴，又是伦理道德准则。为仁之本：即以孝悌作为仁的根本。还有一种解释，认为古代的"仁"就是"人"字，为仁之本即做人的根本。

【译文】

有子说:"孝顺父母,顺从兄长,而喜好触犯上层统治者,这样的人是很少见的。不喜好触犯上层统治者,而喜好造反的人是没有的。君子专心致力于根本,根本建立了,治国做人的原则也就有了。孝顺父母、顺从兄长,这就是仁的根本啊!"

【评析】

有若认为,人们如果能够在家中对父母尽孝,对兄长顺服,那么他在外就可以对国家尽忠,忠以孝悌为前提,孝悌以忠为目的。儒家认为,在家中实行了孝悌,统治者内部就不会发生"犯上作乱"的事情;再把孝悌推广到劳动民众中去,民众也会绝对服从,而不会起来造反,这样就可以维护国家和社会的安定。

这里所提的孝悌是仁的根本,对于读者理解孔子以仁为核心的哲学、伦理思想非常重要。在春秋时代,周天子实行嫡长子继承制,其余庶子则分封为诸侯,诸侯以下也是如此。整个社会从天子、诸侯到大夫这样一种政治结构,其基础是封建的宗法血缘关系,而孝悌说正反映了当时宗法制社会的道德要求。

孝悌与社会的安定有直接关系。孔子看到了这一点,所以他的全部思想主张都是由此出发的,他从为人孝悌就不会发生犯上作乱之事这点上,说明孝悌即为仁的根本这个道理。自春秋战国以后的历代封建统治者和文人,都继承了孔子的孝悌说,主张"以孝治天下",汉代即是一个显例。他们把道德教化作为实行封建统治的重要手段,对民众的道德观念和道德行为产生了极大影响,也对整个中国传统文化产生了深刻影响。因此,我们应充分发挥道德在社会安定方面所应有的作用。

【原文】

1.3 子曰:"巧言令色[1],鲜矣仁[2]!"

【注释】

(1)巧言令色:朱熹注曰:"好其言,善其色,致饰于外,务以说人。"巧和令都是美好的意思。但此处应释为专说好听的话,装出和颜悦色的样子。

(2) 鲜（xiǎn）矣仁：为"仁鲜矣"的倒装，谓语提前。鲜：少。

【译文】

孔子说："花言巧语，装出和颜悦色的样子，这种人的仁心就很少了！"

【评析】

上一章里提出，孔子和儒家学说的核心是仁，仁的表现之一就是孝与悌。这是从正面阐述什么是仁的问题。这一章，孔子讲仁的反面，即为花言巧语，工于辞令。儒家崇尚质朴，反对花言巧语；主张说话应谨慎小心，说到做到，先做后说，反对说话办事随心所欲，只说不做，停留在口头上。这表明，孔子和儒家注重人的实际行动，特别强调人应当言行一致，力戒空谈浮言，心口不一。这种踏实态度和质朴精神长期影响着中国人，成为中华传统文化中的精华内容。

【原文】

1.4 曾子[1]曰："吾日三省[2]吾身。为人谋而不忠[3]乎？与朋友交而不信[4]乎？传不习[5]乎？"

【注释】

(1) 曾子：姓曾名参（shēn），字子舆，生于公元前505年，鲁国人，是被鲁国灭亡了的鄫国贵族的后代。曾参是孔子的得意门生，以孝闻名，据说《孝经》就是他撰写的。

(2) 三省（xǐng）：省：检查、察看。三省有几种解释：一是三次检查；二是从三个方面检查；三是多次检查。其实，古代在有动作性的动词前加上数字，表示动作频率多，不必认定为三次。

(3) 忠：指对人尽心竭力。

(4) 信：诚实。

(5) 传（chuán）不习：传：旧注曰："受之于师谓之传"，指老师传授给自己的。习：与"学而时习之"的"习"字一样，指温习、实习、演习等。

【译文】

曾子说："我每天多次反省自己，为别人办事是不是尽心竭力了呢？与朋友交往是不是做到诚实可信了呢？老师传授给我的学业是不是复习了呢？"

【评析】

儒家十分重视个人的道德修养，以求塑造成理想人格。而本章所讲的自省，则是自我修养的基本方法。

在春秋时代，社会变化十分剧烈，反映在意识领域中，即人们的思想信仰开始发生动摇，传统观念似乎已经在人们的头脑中出现危机。于是，曾参提出了"反省内求"的修养办法，不断检查自己的言行，使自己修成完美的理想人格。《论语》书中多次谈到自省的问题，要求孔门弟子自觉地反省自己，进行自我批评，加强个人思想修养和道德修养，改正个人言行举止上的各种错误。这种自省的道德修养方式在今天仍有值得借鉴的地方，因为它特别强调进行修养的自觉性。

在本章中，曾子还提出了"忠"和"信"的范畴。忠的特点是一个"尽"字，办事尽力，死而后已。如后来儒家所说的那样，"尽己之谓忠"。"为人谋而不忠乎"，是泛指对一切人，并非专指君主。就是指对包括君主在内的所有人，都尽力帮助。因此，"忠"在先秦是一般的道德范畴，不止用于君臣关系。至于汉代以后逐渐将"忠"字演化为"忠君"，这既与儒家的"忠"有关联，又有重要的区别。"信"的含义有二，一是信任，二是信用。其内容是诚实不欺，用来处理上下等级和朋友之间的关系，信特别与言论有关，表示说真话，说话算数。这是一个人立身处世的基石。

【原文】

1.5 子曰："道[1]千乘之国[2]，敬事[3]而信，节用而爱人[4]，使民以时[5]。"

【注解】

(1) 道：一本作"导"，作动词用。这里是治理的意思。

(2) 千乘（shèng）之国：指拥有1000辆战车的国家，指当时的诸侯国。乘：意为辆。这里指古代军队的基层单位。每乘拥有四匹马拉的兵车一辆，车上甲士3人，车下步卒72人，后勤人员25人，共计100人。

(3) 敬事："敬"字一般用于表示个人的态度，尤其是对待所从事的事务要谨慎专一、兢兢业业。

（4）爱人：古代"人"的含义有广义与狭义的区别。广义的"人"，指一切人群；狭义的"人"，仅指士大夫以上各个阶层的人。此处的"人"与"民"相对而言，可见其用法为狭义。

（5）使民以时：要役使百姓按照农时耕作与收获。时：指农时。

【译文】

孔子说："治理一个拥有一千辆兵车的国家，就要严谨认真地办理国家大事而又恪守信用，诚实无欺，节约财政开支而又爱护官吏臣僚，役使百姓要不误农时"。

【评析】

孔子在本章中所说的话，主要是对国家的执政者而言的，是关于治理国家的基本原则。他讲了三个方面的问题，即要求统治者严肃认真地办理国家各方面事务，恪守信用；节约用度，爱护官吏；役使百姓应注意不误农时等。这是治国安邦的基点。

【原文】

1.6 子曰："弟子[1]入[2]则孝，出则弟[3]，谨[4]而信，汎[5]爱众，而亲仁[6]。行有余力[7]，则以学文[8]。"

【注释】

（1）弟（dì）子：一般有两种意义：一是指年纪较小、为人弟和为人子的人；二是指学生。这里是指学生。

（2）入：指进入到父母住处，或说在家。

（3）出则弟（tì）：外出拜师学习，要用悌道对待师长。出：与"入"相对而言，指外出拜师学习。弟：同"悌"。

（4）谨：寡言少语称之为谨。

（5）汎（fàn）：同"泛"，广泛的意思。

（6）仁：仁即仁人，有仁德之人。

（7）行有余力：行：躬行实践。余力：闲暇时间，多余的精力。

（8）文：古代文献。主要有诗、书、礼、乐等文化知识。

【译文】

孔子说:"弟子们在父母跟前,就孝顺父母;出门在外,要顺从师长;言行要谨慎,要诚实可信;要广泛地去爱众人,亲近那些有仁德的人。这样躬行实践之后,还有闲暇时间的话,就再去学习文献知识。"

【评析】

本篇第二章中曾提到孝悌的问题,本章再次提及这个问题。孔子要求弟子们首先要致力于孝悌、谨信、爱众、亲仁,培养良好的道德观念和道德行为,如果还有闲暇时间和多余的精力,则用以学习古代典籍,增长文化知识。这表明孔子的教育是以道德教育为中心,重在培养学生的德行修养,而对于书本知识的学习,则摆在第二位。

孔子办教育,把培养学生的道德观念放在第一位,而文化学习只是第二位的。事实上,历史上的任何社会,教育都是为其政治服务的,尤其重视学生的道德品行和政治表现,把"德"排在"识"的前面,这是社会的需要。他们就是要培养适应社会要求的各方面人才。

【原文】

1.7 子夏[1]曰:"贤贤易色[2];事父母,能竭其力;事君,能致其身[3];与朋友交,言而有信。虽曰未学,吾必谓之学矣。"

【注释】

(1)子夏:姓卜名商,字子夏,孔子的学生,比孔子小44岁,生于公元前507年。孔子死后,他在魏国宣传孔子的思想主张。

(2)贤贤易色:尊重贤者而改变好色之心。贤贤:尊重贤者。第一个"贤"字作动词用,尊重的意思。易:一是改变的意思;二是轻视的意思。色:女色。

(3)致其身:致,意为"献纳""尽力"。这里是说把生命奉献给君主。

【译文】

子夏说:"一个人能够看重贤德而不以女色为重;侍奉父母,能够竭尽全力;服侍君主,能够献出自己的生命;同朋友交往,说话诚实恪守信用。这样的人,尽管他自己说没有学习过,我一定说他已经学习过了。"

【评析】

上一章有"行有余力，则以学文"一句。本章中子夏所说的这段话，实际是对上章的进一步发挥。子夏认为，一个人有没有学问，他的学问的好坏，主要不是看他的文化知识，而是要看他能不能实行"孝""忠""信"等传统伦理道德。只要做到了"孝""忠""信"，即使他说自己没有学习过，但他已经是有道德修养的人了。所以，将这一章与前一章联系起来阅读分析，就更可以看到孔子教育重在德行的基本特点。

【原文】

1.8 子曰："君子(1)不重(2)则不威；学则不固(3)；主忠信(4)；无(5)友不如己(6)者；过(7)则勿惮(8)改。"

【注释】

(1) 君子：具有高尚人格的人。

(2) 重：庄重、自持。

(3) 学则不固：有两种解释：一是与上句相连，不庄重就没有威严，所学也不坚固；二是喻人见闻少，学了就可以不固陋。

(4) 主忠信：以忠信为主。

(5) 无：通"毋"，"不要"的意思。

(6) 不如己：一般解释为不如自己。另一种解释说，"不如己者，不类乎己，所谓'道不同不相为谋'也"。把"如"解释为"类似"。后一种解释更为符合孔子的原意。

(7) 过：过错、过失。

(8) 惮（dàn）：害怕、畏惧。

【译文】

孔子说："君子不庄重就没有威严；学习可以使人不闭塞；要以忠信为主；不要同与自己不同道的人交朋友；有了过错，就不要怕改正。"

【评析】

本章中，孔子提出了君子应当具有的品德，这部分内容主要包括庄重威严、认真学习、以忠信为主、慎重交友、过而能改等项。作为具有理想人格的君子，从外表上应当给人以庄重大方、威严深沉的形象，使人感到稳重可靠，可以付之重托。他重视学习，不自我封闭，以忠信为主，善于结交朋友，而且有错必改。以上所提五条原则是相当重要的。作为具有高尚人格的君子，"过则勿惮改"就是对待错误和过失的正确态度，可以说，这一思想闪烁着真理光辉，反映出孔子理想中的完美品德，对于研究和理解孔子思想有重要意义。

【原文】

1.9 曾子曰："慎终[1]追远[2]，民德归厚矣。"

【注释】

(1)慎终：谨慎地对待父母的去世。终：人死。

(2)追远：追念久远的祖先。远：指祖先。

【译文】

曾子说："谨慎地对待父母的去世，追念久远的祖先，自然会导致老百姓日趋忠厚老实了。"

【评析】

孔子并不真相信鬼神的存在，他说"敬鬼神而远之"，就证明了这一点。尽管他没有提出过人死之后有所谓灵魂的存在这种主张，但他却非常重视丧祭之礼。在孔子的观念中，祭祀已经被异化，不单是祭祀亡灵，而是把祭祀之礼看作一个人孝道的继续和表现，通过祭祀之礼，可以寄托和培养个人对父母和先祖尽孝的情感。因此，本章仍是继续深化"孝"这一道德观念和道德行为的内容。

儒家重视孝的道德，是因为孝是忠的基础，一个不能对父母尽孝的人，他是不可能为国尽忠的。所以忠是孝的延伸和外化。关于忠、孝的道德观念，在《论语》书中时常出现，表明儒家十分重视忠孝等伦理道德观念，希望把人们塑造成有教养的忠孝两全的君子。只要做到忠与孝，那么，社会与家庭就可以得到安定。

【原文】

1.10 子禽[1]问于子贡[2]曰："夫子[3]至于是邦[4]也，必闻其政，求之与？抑⁽⁵⁾与之与？"子贡曰："夫子温、良、恭、俭、让⁽⁶⁾以得之。夫子之求之也，其诸⁽⁷⁾异乎人之求之与？"

【注释】

(1)子禽：姓陈名亢，字子禽。郑玄所注《论语》说他是孔子的学生，但《史记·仲尼弟子列传》未载此人，故一说子禽非孔子学生。

(2)子贡：姓端木名赐，字子贡，卫国人，比孔子小31岁，是孔子的学生，生于公元前520年。子贡善辩，孔子认为他可以做大国的宰相。据《史记》记载，子贡在卫国做了商人，家有财产千金。

(3)夫子：这是古代的一种敬称，凡是做过大夫的人都可以取得这一称谓。孔子曾担任过鲁国的司寇，所以他的学生们称他为"夫子"。后来，因此而沿袭以称呼老师。《论语》书中所说的"夫子"，都是孔子的学生对他的称呼。

(4)邦：指当时割据的诸侯国。

(5)抑：表示选择的文言连词，有"还是"的意思。

(6)温、良、恭、俭、让：就字面理解即为温顺、善良、恭敬、俭朴、谦让。这是孔子的弟子对他的赞誉。

(7)其诸：语气词，有"大概""或者"的意思。

【译文】

子禽问子贡说："老师到了一个国家，总能听到这个国家的政事。这是他自己求得呢，还是人家主动告诉他的呢？"子贡说："老师温顺、善良、恭敬、俭朴、谦让，所以才得到的，（这也可以说是求得的），但他求的方法，或许与别人的求法不同吧。"

【评析】

本章通过子禽与子贡两人的对话，把孔子的为人处世品格勾画出来。孔子之所以受到各国统治者的礼遇和器重，就在于孔子具备温和、善良、恭敬、俭朴、谦让的道德品格。例如，这五种道德品质中的"让"，在人格的塑造过程中，就起着十分重要的作用。"让"是在功名利权上先人后己，在职责义务上先己后人。"让"用之于外交如国事访问，也是合乎客观需要的一个重要条件。孔子就是因具有这种品格，所以每到一个国家，都受到各国国君的礼遇。孔子认为，好胜，争取名声；夸功，争取名利；争不到便怨恨别人，以及在名利上贪心不足,都不符合让的原则。据此可知,让这一基本原则形成社会风尚的可贵之处是:就人情而言,长谦让名利地位之风,人们就多学别人所长而鉴人所短。让可以导人于团结、亲睦、向善;不让则诱人嫉贤妒能。二者的社会效果截然相反。

【原文】

1.11 子曰:"父在,观其(1)志;父没(2),观其行(3);三年(4)无改于父之道(5),可谓孝矣。"

【注释】

(1)其:指代儿子。

(2)没(mò):死去。

(3)行:指行为举止等。

(4)三年:对于古人所说的数字不必过于机械的理解,只是说要经过一个较长的时间而已,不一定仅指三年的时间。

(5)道:有时候是一般意义上的名词,无论好坏、善恶都可以叫道。但更多时候是积极意义的名词,表示善的、好的东西。这里表示"合理内容"的意思。

【译文】

孔子说:"父亲在世的时候,(因为他无权独立行动),要观察他的志向;在他父亲死后,要考察他的行为;若是他长期不改变父亲制定的合理规矩,这样的人可以说是尽到孝了。"

【评析】

这一章仍然谈的是有关"孝"的问题,把"孝"字具体化了。在本章中孔子说一个人当父亲死后,多年都不改变他父亲所制定的那一套规矩,这就是尽孝了。其实,这样的孝,是强调了儿子对父亲遗志的继承。继承的目的是为了更好地发扬光大。历史在发展,社会在前进,人们的思想观念,言谈举止都不能总停留在过去的水平上,"青出于蓝而胜于蓝",后代超过前代,这是历史的必然。

【原文】

1.12 有子曰:"礼之用⁽¹⁾,和⁽²⁾为贵。先王之道⁽³⁾,斯⁽⁴⁾为美。小大由之,有所不行。知和而和,不以礼节⁽⁵⁾之,亦不可行也。"

【注释】

(1)礼:在春秋时代,"礼"泛指奴隶社会的典章制度和道德规范。孔子的"礼",既指"周礼",礼节、仪式,也指人们的道德规范。用:应用,施行。

(2)和:调和、和谐、协调。

(3)先王之道:指尧、舜、禹、汤、文、武、周公等古代帝王的治世之道。

(4)斯:这、此等意。这里指礼,也指和。

(5)节:约束,节制。

【译文】

有子说:"礼的应用,以和谐为贵。古代君主的治国方法,宝贵的地方就在这里。但不论大事小事只顾按和谐的办法去做,有的时候就行不通。(这是因为)为和谐而和谐,不以礼来节制和谐,也是不可行的。"

【评析】

"和"是儒家所特别倡导的伦理、政治和社会原则。《礼记·中庸》写道:"喜怒哀乐之未发谓之中,发而皆中节谓之和。"杨遇夫《论语疏证》写道:"事之中节者皆谓之和,不独喜怒哀乐之发一事也。和今言适合,言恰当,言恰到好处。"孔门认为,礼的推行和应用要以和谐为贵。但是,凡事都要讲和谐,或者为和谐而和谐,不受礼仪的约束也是行不通的。这是说,既要遵守礼所规定的等级差别,相互之间又不要出现不和。孔子在本章提出的这个观点是有意义的。但从理论上看待这个问题,我们又感到,孔子既强调礼的运用以和为贵,又指出不能为和而和,要以礼节制之,可见孔子提倡的和并不是无原则的调和,这是有其合理性的。

【原文】

1.13 有子曰:"信近⁽¹⁾于义⁽²⁾,言可复⁽³⁾也;恭近于礼,远⁽⁴⁾耻辱也;因⁽⁵⁾不失其亲,亦可宗⁽⁶⁾也。"

【注解】

(1) 近：接近、符合的意思。

(2) 义：义是儒家的伦理范畴，是指思想和行为符合一定的道德标准，这个标准就是"礼"。

(3) 复：实践的意思。朱熹《集注》云：复，践言也。"

(4) 远(yuǎn)：动词，使用用法，使之远离的意思，此外亦可以译为避免。

(5) 因：依靠、凭藉。一说因应写作姻，但从上下文看似有不妥之处。

(6) 宗：可靠，尊重，推崇而效法。

【译文】

有子说："讲信用要符合于义，（符合于义的）话才能实行；恭敬要符合于礼，这样才能远离耻辱；所依靠的都是可靠的人，也就值得尊敬了。"

【评析】

孔子的弟子有子在本章所讲的这段话，表明他们对"信"和"恭"是十分看重的。"信"和"恭"都要以周礼为标准，不符合于道义的话绝不能讲，讲了就不是"信"的态度；不符合于礼的事绝不能做，做了就不是"恭"的态度。这是讲为人处世的基本态度。

【原文】

1.14 子曰："君子食无求饱，居无求安，敏于事而慎于言，就有道而正焉[1]，可谓好学也已。"

【注释】

(1) 就有道而正焉：就：靠近、看齐。有道：指有道德的人。正：匡正、端正。

【译文】

孔子说："君子，饮食不求饱足，居住不要求舒适，对工作勤劳敏捷，说话小心谨慎，到有道德的人那里去匡正自己，这样就可以说是好学了。"

【评析】

本章重点提到对于君子的道德要求。孔子认为，一个有道德的人，不应当过多地讲究自己的饮食与居处，他在工作方面应当勤劳敏捷，谨慎小心，而且能经常检讨自己，请有道德的人对自己的言行加以匡正。作为君子应该克制追求物质享受的欲望，把注意力放在塑造自己道德品质方面，这是值得借鉴的。

【原文】

1.15 子贡曰："贫而无谄(1)，富而无骄，何如(2)？"子曰："可也。未若贫而乐(3)，富而好礼者也。"子贡曰："《诗》云，'如切如磋，如琢如磨(4)'，其斯之谓与？"子曰："赐(5)也，始可与言《诗》已矣！告诸往而知来者(6)。"

【注释】

(1) 谄（chǎn）：意为巴结、奉承。

(2) 何如：怎么样。

(3) 贫而乐：一本作"贫而乐道"。

(4) 如切如磋（cuō），如琢如磨：此二句见《诗经·卫风·淇澳》。有两种解释：一说切磋琢磨分别指对骨、角、象牙、玉石四种不同材料的加工，否则不能成器；一说加工象牙和骨，切了还要磋，加工玉石，琢了还要磨，有精益求精之意。

(5) 赐（cì）：子贡名，孔子对学生都称其名。

(6) 告诸往而知来者：诸：之，指代你；往：过去的事情；来：未来的事情。

【译文】

子贡说："贫穷而能不谄媚，富有而不骄傲自大，怎么样？"孔子说："这也算可以了。但是还不如虽贫穷却乐于道，虽富裕而又好礼之人。"子贡说："《诗》上说，'要像对待骨、角、象牙、玉石一样，切磋它，琢磨它'，就是讲的这个意思吧？"孔子说："赐呀，我可以同你谈论《诗》了！你能从我已经讲过的话中领会到我还没有说到的意思。"

【评析】

孔子希望他的弟子以及所有的人们，都能够达到贫而乐道、富而好礼这样的理想境界，因而在平时对弟子的教育中，就把这样的思想讲授给学生。贫而乐道，富而好礼，社会上无论贫或富都能做到各安其位，便可以保持社会的安定了。孔子对子贡比较满意,在这段对话中可以看出,子贡能独立思考、举一反三,因而得到孔子的赞扬。这是孔子教育思想中的一个显著特点。

【原文】

1.16 子曰:"不患[1]人[2]之不己知,患不知人也。"

【注释】

(1) 患:忧虑、怕。

(2) 人:指有教养、有知识的人,而非民。

【译文】

孔子说:"不怕别人不了解自己,只怕自己不了解别人。"

【评析】

这段话是孔子对自己学生所传授的为人处世之道。在孔子的观念中,"学而优则仕",是一种积极入世的态度。这里的潜台词是:在了解别人的过程中,也使别人了解自己。

为政篇第二

【本篇引语】

《为政》篇包括24章。本篇主要内容涉及孔子"为政以德"的思想、如何谋求官职和从政为官的基本原则、学习与思考的关系、孔子本人学习和修养的过程、温故而知新的学习方法，以及对孝、悌等道德范畴的进一步阐述。

【原文】

2.1 子曰："为政以德(1)，譬如北辰(2)，居其所(3)而众星共(4)之。"

【注释】

(1) 为政以德：统治者应以道德进行统治，即"德治"。以：用。

(2) 北辰：北极星。

(3) 所：处所，位置。

(4) 共（gǒng）：通"拱"，环绕的意思。

【译文】

孔子说："当政者以道德教化来治理政事，就会像北极星那样，自己居于一定的方位，而群星都会环绕在周围。"

【评析】

这段话代表了孔子的"为政以德"的思想，意思是说，统治者如果实行德治，群臣百姓就会自动围绕着你转。这是强调道德对政治生活的决定作用，主张以道德教化为治国的原则。这是孔子学说中较有价值的部分，表明儒家治国的基本原则是德治，而非严刑峻法。

【原文】

2.2 子曰："《诗》三百(1)，一言以蔽(2)之，曰：'思无邪(3)'。"

【注释】

(1)《诗》三百：《诗》，指《诗经》一书，此书实有305篇，三百只是举其整数。

(2)蔽（bì）：概括的意思。

(3)思无邪：此为《诗经·鲁颂》中的一句，此处的"思"作思想解。无邪：纯正，正直。

【译文】

孔子说："《诗经》三百篇，可以用一句话来概括它，就是'思想纯正'。"

【评析】

孔子时代，可供学生阅读的书还不很多，《诗经》经过孔子的整理加工以后，被用作教材。孔子对《诗经》有深入研究，所以他用"思无邪"来概括它。《论语》中解释《诗经》的话，都是按照"思无邪"这个原则而提出的。

【原文】

2.3 子曰："道(1)之以政(2)，齐(3)之以刑，民免(4)而无耻(5)；道之以德，齐之以礼，有耻且格(6)。"

【注释】

(1)道（dǎo）：通"导"，引导。

(2)政：法制，禁令。

(3)齐：整齐、约束。

(4)免：避免、躲避。

(5)耻：羞耻之心。

(6)格：正，纠正，守规矩。

【译文】

孔子说："用法制禁令去引导百姓，使用刑法来约束他们，老百姓只是求得免于犯罪受惩，却失去了廉耻之心；用道德教化引导百姓，使用礼制去统一百姓的言行，百姓不仅会有羞耻之心，而且也就守规矩了。"

【评析】

在本章中，孔子举出两种截然不同的治国方针。孔子认为，刑罚只能使人避免犯罪，不能使人懂得犯罪可耻的道理；而道德教化比刑罚要高明得多，既能使百姓循规蹈矩，又能使百姓有知耻之心，这反映了道德在治理国家时有不同于法制的特点。因此，治理国家应该"德治与法治相结合"。

【原文】

2.4 子曰："吾十有(1)五而志于学；三十而立(2)；四十而不惑(3)；五十而知天命(4)；六十而耳顺(5)；七十而从心所欲不逾矩(6)。"

【注释】

(1) 有（yòu）：通"又"。

(2) 立：站得住的意思。

(3) 不惑：掌握了知识，不被外界事物所迷惑。

(4) 天命：指不能为人力所支配的事情。

(5) 耳顺：指对那些于己不利的意见也能正确对待。

(6) 从心所欲不逾矩：从：遵从；逾：越过；矩：规矩。

【译文】

孔子说："我十五岁立志于学习；三十岁能够自立；四十岁能不被外界事物所迷惑；五十岁懂得了天命；六十岁能正确对待各种言论，不觉得不顺；七十岁能随心所欲而不越出规矩。"

【评析】

在本章里，孔子自述了他学习和修养的过程。这一过程，是一个随着年龄的增长，思想境界逐步提高的过程。就思想境界来讲，整个过程分为三个阶段：15岁到40岁是学习领会的阶段；50岁、60岁是安心立命的阶段，也就是不受环境左右的阶段；70岁是主观意识和做人的规则融合为一的阶段。在这个阶段中，道德修养达到了最高的境界。孔子的道德修养过程，有合理因素：第一，他看到了人的道德修养不是一朝一夕的事，要经过长时间的学习和锻炼，要有一个循序渐进的过程。第二，道德的最高境界是思想和言行的融合，自觉地遵守道德规范，而不是勉强去做。这两点对任何人，都是适用的。

【原文】

2.5 孟懿子(1)问孝。子曰:"无违(2)。"樊迟御(3),子告之曰:"孟孙(4)问孝于我,我对曰'无违'。"樊迟曰:"何谓也?"子曰:"生,事之以礼;死,葬之以礼,祭之以礼。"

【注释】

(1)孟懿(yì)子:姓仲孙名何忌,"懿"是谥号(死后所得的尊号)。鲁国大夫。其父(孟僖子)临终前要他向孔子学礼。

(2)无违:不要违背礼制。

(3)樊(fán)迟:姓樊名须,字子迟。孔子的弟子,比孔子小46岁。他曾和冉求一起帮助季康子进行革新。御(yù):驾驭马车。

(4)孟孙:指孟懿子。

【译文】

孟懿子问什么是孝。孔子说:"孝就是不要违背礼。"樊迟给孔子驾车,孔子告诉他:"孟孙问我什么是孝,我回答他说'不要违背礼'。"樊迟说:"不要违背礼是什么意思呢?"孔子说:"父母活着的时候,要按礼侍奉他们;父母去世后,要按礼埋葬他们、祭祀他们。"

【评析】

孔子极其重视孝,要求人们对自己的父母尽孝道,无论他们在世或去世,都应如此。但这里着重讲的是,尽孝时不应违背礼的规定,否则就不是真正的孝。可见,孝不是空泛的、随意的,必须按礼的规定,依礼而行。

【原文】

2.6 孟武伯(1)问孝,子曰:"父母唯其疾之忧(2)。"

【注释】

(1)孟武伯:孟懿子的儿子,名彘(zhì)。武是他的谥号。

(2)父母唯其疾之忧:对父母,要特别为他们的疾病担忧。其:代词,指父母。疾:病。

【译文】

孟武伯向孔子请教孝道。孔子说:"对父母,要特别为他们的疾病担忧。

（这样做就可以算是尽孝了。）"

【评析】

本章是孔子对孟懿子之子问孝的答案。对于这里孔子所说的"父母唯其疾之忧"，历来有三种解释：1.父母爱自己的子女，无所不至，唯恐子女有疾病，子女能够体会到父母的这种心情，在日常生活中格外谨慎小心，这就是孝。2.做子女的，只要做到父母和自己有病时担忧，其他方面不担忧，就算是尽孝了。3.子女只要为父母的病疾而担忧，其他方面不必过多地担忧。本文采用第三种说法，子女尽孝应特别关心父母的身体健康。

【原文】

2.7 子游[1]问孝。子曰："今之孝者，是谓能养。至于犬马，皆能有养[2]，不敬，何以别乎？"

【注释】

(1) 子游：姓言名偃，字子游，吴人。他是孔子的学生，比孔子小45岁。

(2) 养：饲养。

【译文】

子游问什么是孝。孔子说："如今所谓的孝，只是说能够赡养父母便足够了。然而，就是狗、马都能够得到饲养。如果不存心孝敬父母，那么赡养父母与饲养狗和马又有什么区别呢？"

【评析】

本篇还是谈论孝的问题。对于"至于犬马，皆能有养"一句，历来也有几种不同的解释。一是说狗守门、马拉车驮物，也能侍奉人；二是说犬马也能得到人的饲养。本文采用后一种说法，因为此说比较妥贴。

【原文】

2.8 子夏问孝。子曰："色难[1]。有事，弟子服其劳[2]；有酒食，先生馔[3]，曾[4]是以为孝乎？"

【注释】

(1) 色（sè）难（nán）：色：好脸色，和颜悦色。难：不容易的意思。

(2)弟子服其劳：弟子：指晚辈、儿女等。服：从事、担负。服劳即服侍。

(3)先生馔（zhuàn）：先生：指长者或父母。馔：意为饮食、吃喝。

(4)曾（zēng）：难道，竟然。

【译文】

子夏问什么是孝。孔子说："（当子女的要尽到孝），最不容易的就是对父母和颜悦色。有了事情，儿女替父母去做；有了酒饭，让父母吃，难道能认为这样就可以算是孝了吗？"

【评析】

本篇的第5、6、7、8章，都是孔子谈论有关孝的问题。孔子所提倡的孝，体现在各个方面和各个层次，反映了宗法制度的需要，适应了当时社会的需要。一个共同的思想，就是不仅要从形式上按周礼的原则侍奉父母，而且要从内心深处真正地孝敬父母。

【原文】

2.9 子曰："吾与回(1)言终日，不违(2)，如愚。退而省其私(3)，亦足以发，回也不愚。"

【注释】

(1)回：姓颜名回，字子渊，生于公元前521年，比孔子小30岁，鲁国人，孔子的得意门生。

(2)不违：不提相反的意见和问题。

(3)退而省（xǐng）其私：考察颜回私下里与其他学生讨论学问的言行。退：退回。省：考察。

【译文】

孔子说："我整天给颜回讲学，他从来不提反对意见和疑问，像个愚蠢的人。等他退下之后，我考察他私下的言论，发现他对我所讲授的内容有所发挥，可见颜回其实并不愚蠢。"

【评析】

这一章讲孔子的教育思想和方法。他不满意那种"不违"、从来不提相反意见和问题的学生，希望学生在接受教育的时候，要开动脑筋，思考问题，对老师所讲的问题应当有所发挥。所以，他认为不思考问题，不提不同意见的人，是蠢人。

【原文】

2.10 子曰："视其所以(1)，观其所由(2)，察其所安(3)，人焉廋哉(4)？人焉廋哉？"

【注释】

(1)所以：所做的事情。

(2)所由：所走过的道路。

(3)所安：所安的心境。

(4)廋（sōu）：隐藏、藏匿。

【译文】

孔子说："（要了解一个人），应看他所做的事情，观察他所走的道路，考察他安心干什么，这样，这个人怎样能隐藏得了呢？这个人怎样能隐藏得了呢？"

【评析】

本章主要讲如何了解别人的问题。孔子认为，对人应当听其言而观其行，还要看他做事的心境，从他的言论、行动到他的内心，全面了解观察一个人，那么这个人就没有什么可以隐瞒得了的。

【原文】

2.11 子曰："温故而知新(1)，可以为师矣。"

【注释】

(1)温故而知新：故：已经过去的。新：新的知识。

【译文】

孔子说："在温习旧知识时，能有新体会、新发现，就可以当老师了。"

【评析】

"温故而知新"是孔子对我国教育学的重大贡献之一，他认为，不断温习所学过的知识，从而可以获得新知识。这一学习方法不仅在封建时代有其价值，在今天也有不可否认的适应性。人们的新知识、新学问往往都是在过去所学知识的基础上发展而来的。因此，温故而知新是一个十分可行的学习方法。

【原文】

2.12 子曰："君子不器(1)。"

【注释】

(1)器（qì）：器具。

【译文】

孔子说："君子不像器具那样，（只有某一方面的用途）。"

【评析】

君子是孔子心目中具有理想人格的人，非凡夫俗子。他应该担负起治国安邦之重任，对内可以妥善处理各种政务；对外能够应对四方，不辱君命。所以，孔子说，君子应当博学多识，具有多方面才干，不只局限于某个方面，因此，他可以通观全局、领导全局，成为合格的领导者。这种思想在今天仍有可取之处。

【原文】

2.13 子贡问君子。子曰："先行其言，而后从之。"

【译文】

子贡问怎样做一个君子。孔子说："对于你要说的话，先实行了，再说出来。"

【评析】

做一个有道德修养、有博学多识的君子，这是孔子弟子们孜孜以求的目标。孔子认为，作为君子，不能只说不做，而应先做后说。只有先做后说，才可以取信于人。

【原文】

2.14 子曰："君子周而不比(1)，小人(2)比而不周。"

【注释】

(1)周而不比：周：合群。比（旧读 bì）：勾结。

(2)小人：没有道德修养的凡人。

【译文】

孔子说："君子合群而不与人勾结，小人与人勾结而不合群。"

【评析】

孔子在这一章中提出君子与小人的区别点之一，就是小人结党营私，与人相勾结，不能与大多数人融洽相处；而君子则不同，他胸怀广阔，与众人和谐相处，从不与人相勾结，这种思想在今天仍不失其积极意义。

【原文】

2.15 子曰："学而不思则罔(1)，思而不学则殆(2)。"

【注释】

(1)罔（wǎng）：迷惑、糊涂。

(2)殆（dài）：疑惑、危险。

【译文】

孔子说："只读书学习，而不思考问题，就会罔然无知而没有收获；只思考而不读书学习，就会疑惑不解。"

【评析】

孔子认为，在学习的过程中，学和思不能偏废。他指出了学而不思的局限，也道出了思而不学的弊端。主张学与思相结合。只有将学与思相结合，才可以使自己成为有道德、有学识的人。这种思想在今天的教育活动中有其值得肯定的价值。

【原文】

2.16 子曰："攻乎异端(1)，斯害也已(2)。"

【注释】

(1)攻乎异端：攻：攻读，学习钻研。异端：偏离正道的学说。

(2)斯害也已：斯：代词，这。也已：这里用作语气词。

【译文】

孔子说："专心攻读异端邪说，这是有害的。"

【评析】

孔子告诫人们，对于异端邪说，不可专心致志地去攻读，以免误入歧途，对人产生危害。另有学者将"攻乎异端，斯害也已"译为："做事情过或不及，都是祸害啊！"这是要求人们做事情要遵守中庸之道。

【原文】

2.17 子曰："由(1)，诲女(2)知之乎？知之为知之，不知为不知，是知(3)也。"

【注释】

(1)由：姓仲名由，字子路。生于公元前542年，孔子的学生，长期追随孔子。

(2)女（rǔ）：通"汝"，你。

(3)知（zhì）：通"智"，聪明，明智。

【译文】

孔子说："由，我教给你怎样做的话，你明白了吗？知道就是知道，不知道就是不知道，这就是智慧啊！"

【评析】

本章里孔子说出了一个深刻的道理："知之为知之，不知为不知，是知也。"对于文化知识和其他社会知识，人们应当虚心学习、刻苦学习，尽可能多地加以掌握。但人的知识再丰富，总有不懂的问题。那么，就应当有实事求是的态度。只有这样，才能学到更多的知识。

【原文】

2.18 子张学干禄(1)。子曰："多闻阙疑(2)，慎言其余，则寡尤(3)；多见阙殆(4)，慎行其余，则寡悔。言寡尤，行寡悔，禄在其中矣。"

【注释】

(1)子张学干（gān）禄：子张：姓颛（zhuān）孙名师，字子张。比孔子小48岁，孔子的学生。干禄：求取官职。干：求的意思。禄：即古代官吏的俸禄。

(2)阙疑：阙（quē）：缺。此处意为放置在一旁。疑：怀疑。

(3)寡尤：少过错。尤：过错。

(4)殆（dài）：疑惑、危险。

【译文】

子张要学谋取官职的办法。孔子说："要多听，有怀疑的地方先放在一旁不说，其余有把握的，也要谨慎地说出来，这样就可以少犯错误；要多看，有疑惑的地方先放在一旁不做，其余有把握的，也要谨慎地去做，就能减少后悔。说话少过失，做事少后悔，官职俸禄就在这里了。"

【评析】

孔子并不反对他的学生谋求官职，在《论语》中还有"学而优则仕"的观念。他认为，身居官位者，应当谨言慎行，说有把握的话，做有把握的事，这样可以减少失误，减少后悔，这是对国家对个人负责任的态度。当然这里所说的，并不仅仅是一个为官的方法，也表明了孔子在知与行二者关系问题上的观念，是对上一章"知之为知之"的进一步解说。

【原文】

2.19 哀公[1]问曰："何为则民服？"孔子对曰[2]："举直错诸枉[3]，则民服；举枉错诸直，则民不服。"

【注释】

(1)哀公：姓姬名蒋，哀是其谥号，鲁国国君，公元前494至前468年在位。

(2)对曰：《论语》中记载对国君及在上位者问话的回答都用"对曰"，以表示尊敬。

(3)举直错诸枉：把正直无私的人提拔起来，把邪恶不正的人置于一旁。举：选拔。直：正直公平。错：同"措"，放置。枉：不正直。

【译文】

鲁哀公问："怎样才能使百姓服从呢？"孔子回答说："把正直无私的人提拔起来，把邪恶不正的人置于一旁，老百姓就会服从了；把邪恶不正的人提拔起来，把正直无私的人置于一旁，老百姓就不会服从统治了。"

【评析】

亲君子，远小人，这是孔子一贯的主张。在选用人才的问题上也是如此。荐举贤才、选贤用能，这是孔子德治思想的重要组成部分。宗法制度下的选官用吏，唯亲是举，非亲非故者即使再有才干，也不会被选用。孔子的这种用人思想可以说在当时是一大进步。"任人唯贤"的思想，在今天不失其珍贵的价值。

【原文】

2.20 季康子(1)问："使民敬、忠以劝(2)，如之何？"子曰："临之以庄(3)，则敬；孝慈(4)，则忠；举善而教不能，则劝。"

【注释】

(1)季康子：姓季孙名肥，康是他的谥号，鲁哀公时任正卿，是当时政治上最有权势的人。

(2)忠以劝：以：连接词，与"而"同。劝：勉励。这里是自勉努力的意思。

(3)临之以庄：临：对待。庄：庄重。

(4)孝慈：孝老爱幼。

【译文】

季康子问道："要使老百姓对当政的人尊敬、尽忠而努力工作，该怎样去做呢？"孔子说："你用庄重的态度对待老百姓，他们就会尊敬你；你对父母孝顺、对子弟慈祥，百姓就会尽忠于你；你选用善良的人，又教育能力差的人，百姓就会互相勉励、加倍努力了。"

【评析】

本章内容还是在谈如何从政的问题。孔子主张"礼治""德治"，这不单单是针对老百姓的，对于当政者也是如此。当政者本人应当庄重严谨、孝顺慈祥，老百姓就会对当政的人尊敬、尽忠又努力工作。

【原文】

2.21 或(1)谓孔子曰："子奚不为(2)政？"子曰："《书》(3)云：'孝乎惟孝，友于兄弟。'施(4)于有政，是亦为政，奚其为为政？"

【注释】

(1)或：有人。不定代词。

(2)子奚不为：奚（xī）：疑问词，相当于"为什么"。为（wéi）：从事。

(3)《书》：指《尚书》。

(4)施：施行；延及。

【译文】

有人对孔子说："你为什么不从事政治呢？"孔子回答说："《尚书》上说：'孝就是孝敬父母，友爱兄弟。'施行孝悌影响政事，也就是从事政治，又要怎样才能算是为政呢？"

【评析】

这一章反映了孔子两方面的思想主张。其一，国家政治以孝为本，孝父友兄的人，才有资格担当国家的官职，说明了孔子的"德治"思想主张。其二，孔子从事教育，不仅是教授学生的问题，而且是通过对学生的教育，间接参与国家政治，这是他教育思想的实质，也是他为政的一种形式。

【原文】

2.22 子曰："人而无信，不知其可也。大车无輗(1)，小车无軏(2)，其何以行之哉？"

【注释】

(1)輗（ní）：古代大车车辕前面横木上的木销子。

(2)軏（yuè）：古代小车车辕前面横木上的木销子。

【译文】

孔子说："一个人不讲信用，不知道他怎么可行。就好像大车没有輗、小车没有軏一样，它靠什么行走呢？"

【评析】

信，是儒家传统伦理准则之一。孔子认为，信是人立身处世的基点。在《论语》书中，信的含义有两种：一是信任，即取得别人的信任；二是对人讲信用。在后面的《子张》《阳货》《子路》等篇中，都提到信的道德。

【原文】

2.23 子张问："十世[1]可知也？"子曰："殷因[2]于夏礼，所损益[3]可知也；周因于殷礼，所损益可知也。其或[4]继周者，虽百世，可知也。"

【注释】

(1) 世：古时称30年为一世。也有的把"世"解释为朝代。

(2) 因：因袭，沿用，继承。

(3) 损益：减少和增加，即优化、变动之意。

(4) 其或：如果，假定。

【译文】

子张问孔子："今后十世（的礼仪制度）可以预先知道吗？"孔子回答说："商朝继承了夏朝的礼仪制度，所减少和所增加的内容是可以知道的；周朝又继承商朝的礼仪制度，所废除的和所增加的内容也是可以知道的。如果有继承周朝的，就是一百世以后的情况，也是可以预先知道的。"

【评析】

本章中孔子提出一个重要概念：损益。它的含义是增减、兴革。既对前代典章制度、礼仪规范等有继承、沿袭，也有改革、变通。这表明，孔子本人并不是顽固保守派，并不一定要回到周公时代，他也不反对所有的改革。当然，他的损益程度是受限制的，是以不改变周礼的基本性质为前提的。一切改革和发展，都是在原有的基础上进行的；因此一百世以后的情况，也是可以预先知道的。

【原文】

2.24 子曰："非其鬼[1]而祭之，谄[2]也。见义[3]不为，无勇也。"

【注释】

(1) 鬼：有两种解释：一是指鬼神；二是指死去的祖先。这里泛指鬼神。

(2) 谄（chǎn）：谄媚、阿谀。

(3) 义：事之宜也，人应该做的事。

【译文】

孔子说:"不是你应该祭的鬼神,你却去祭它,这就是谄媚。见到应该挺身而出的事情,却袖手旁观不去做,就是怯懦没有勇气。"

【评析】

在本章中,孔子又提出"义"和"勇"的概念,这都是儒家有关塑造高尚人格的规范。《论语集解》注:义,所宜为。符合于仁、礼要求的,就是义。"勇",就是果敢,勇敢。孔子把"勇"作为实行"仁"的条件之一,"勇",必须符合"仁、义、礼、智",才算是勇,否则就是"乱"。孔子提倡见义勇为。

八佾篇 第三

【本篇引语】

《八佾》篇包括26章。本篇主要内容涉及"礼"的问题，主张维护礼在制度上、礼节上的种种规定；孔子提出"绘事后素"的命题，表达了他的伦理思想以及"君使臣以礼，臣事君以忠"的政治道德主张。本篇重点讨论如何维护"礼"的问题。

【原文】

3.1 孔子谓季氏(1)："八佾舞于庭(2)，是可忍(3)也，孰(4)不可忍也？"

【注释】

(1)谓：说，评论。季氏：季孙氏，即季平子。鲁国正卿。

(2)八佾（yì）：佾：乐舞的行列。古时一佾8人，八佾就是64人。据《周礼》规定，只有周天子才可以使用八佾，诸侯为六佾，卿大夫为四佾，士用二佾。季氏是正卿，只能用四佾。

(3)可忍：可以忍心。一说可以容忍。

(4)孰（shú）：什么。

【译文】

孔子评论季孙氏说："他用六十四人在自己的庭院中奏乐舞蹈，这样的事他都忍心去做，还有什么事情不可狠心做出来呢？"

【评析】

春秋末期，奴隶制社会处于土崩瓦解、礼崩乐坏的过程中，违犯周礼、犯上作乱的事情不断发生，这是封建制代替奴隶制过程中的必然表现。季孙氏用八佾舞于庭院，是典型的破坏周礼的事件。对此，孔子表现出极大的愤慨，"是可忍也，孰不可忍"一句，反映了孔子对此事的基本态度。

【原文】

3.2 三家者以《雍》彻⑴。子曰："'相维辟公，天子穆穆'⑵，奚取于三家之堂⑶？"

【注释】

(1) 三家者以《雍》彻：三家：鲁国当政的三家：孟孙氏、叔孙氏、季孙氏。他们都是鲁桓公的后代，又称"三桓"。《雍》：《诗经·周颂》中的一篇。古代天子祭宗庙完毕撤去祭品时唱这首诗。彻：通"撤"，撤祭。

(2) 相维辟公，天子穆穆：《雍》诗中的两句。相：辅助。维：语助词，无意义。辟（bì）公：指诸侯。穆穆：庄严肃穆。

(3) 奚取于三家之堂：怎么能用在你三家的庙堂里呢？奚：怎么。堂：接客祭祖的地方。

【译文】

孟孙氏、叔孙氏、季孙氏三家在祭祖完毕撤去祭品时，也命乐工唱《雍》这篇诗。孔子说："（《雍》诗上这两句）'助祭的是诸侯，天子严肃静穆地在那里主祭。'这样的意思，怎么能用在你三家的庙堂里呢？"

【评析】

本章与前章都是谈鲁国当政者违"礼"的事件。对于这些越礼犯上的举动，孔子表现得极为愤慨，天子有天子之礼，诸侯有诸侯之礼，各守各的礼，才可以使天下安定。因此，"礼"是孔子政治思想体系中的重要范畴。

【原文】

3.3 子曰："人而不仁，如礼何？人而不仁，如乐⑴何？"

【注释】

(1) 乐（yuè）：音乐，是表达人们思想情感的一种形式，在古代，它也是礼的一部分。

【译文】

孔子说："一个人没有仁德，他怎么能实行礼呢？一个人没有仁德，他怎么能运用乐呢？"

【评析】

乐是表达人们思想情感的一种形式，在古代，它也是礼的一部分。礼与乐都是外在的表现，而仁则是人们内心的道德情感和要求，所以乐必须反映人们的仁德。这里，孔子就把礼、乐与仁紧紧联系起来，认为没有仁德的人，根本谈不上什么礼、乐的问题。

【原文】

3.4 林放(1)问礼之本。子曰："大哉问！礼，与其奢也，宁俭；丧，与其易(2)也，宁戚(3)。"

【注释】

(1)林放：鲁国人。

(2)易：治理。这里指有关丧葬的礼节仪式办理得很周到。一说谦和、平易。

(3)戚：心中悲哀的意思。

【译文】

林放问什么是礼的根本。孔子回答说："你问的问题意义重大！就礼节仪式的一般情况而言，与其奢侈，不如节俭；就丧事而言，与其在礼节仪式上治办周备，不如内心真正哀伤。"

【评析】

本章记载了鲁人林放向孔子问礼的对话。他问的是：礼的根本究竟是什么。孔子在这里似乎没有正面回答他的问题，但仔细琢磨，孔子还是明确解答了礼之根本的问题。这就是，礼节仪式只是表达礼的一种形式，但根本不在形式而在内心。不能只停留在表面仪式上，更重要的是要从内心和感情上体悟礼的根本，符合礼的要求。

【原文】

3.5 子曰："夷狄(1)之有君，不如诸夏之亡(2)也。"

【注释】

(1)夷狄：古代中原地区的人对周边地区的贬称，谓之不开化，缺乏教养，不知书达礼。

(2)诸夏之亡：诸夏：古代中原地区华夏族的自称。亡（wú）：无。古书中的"无"字多写作"亡"。

【译文】

孔子说："夷狄都有君主，不像中原诸国，君主已经名存实亡了。"

【评析】

孔子强烈反对目无君主的做法。在他看来，礼崩乐坏，不守秩序，君臣不分，就是大逆不道。华夏之族，不守礼法，还不如夷狄之人。

【原文】

3.6 季氏旅于泰山(1)，子谓冉有(2)曰："女弗能救(3)与？"对曰："不能。"子曰："呜呼！曾谓泰山不如林放乎(4)？"

【注释】

(1)旅于泰山：旅：祭名。祭祀山川为旅。当时，只有天子和诸侯才有祭祀名山大川的资格。泰山：今山东省境内名山，古代帝王常在此行封禅天地之礼，后尊为五岳之首。

(2)冉有：姓冉，名求，字子有，生于公元前522年，孔子的弟子，比孔子小29岁。当时是季氏的家臣，所以孔子责备他。

(3)女：同"汝"，你。救：劝阻的意思。这里指谏止。

(4)曾（zēng）：竟然，难道。林放：鲁国人。

【译文】

季孙氏去祭祀泰山。孔子对冉有说："你难道不能劝阻他吗？"冉有说："不能。"孔子说："唉！难道说泰山神还不如林放知礼吗？"

【评析】

祭祀泰山是天子和诸侯的专权，季孙氏只是鲁国的大夫，他竟然也去祭祀泰山，孔子认为这是"僭礼"行径。所以孔子反问道：难道说泰山神还不如林放知礼吗？泰山之神，是不会接受季孙氏不合规矩的祭祀的。

【原文】

3.7 子曰："君子无所争，必也射(1)乎！揖(2)让而升，下而饮。

其争也君子。"

【注释】

(1) 射：原意为射箭。此处指古代的射礼。

(2) 揖（yī）：拱手行礼，表示尊敬。

【译文】

孔子说："君子没有什么可与别人争的事情。如果有的话，那就是射箭比赛了。比赛时，先相互作揖谦让，然后上场；比赛结束退下来，又共同喝酒。这就是君子之争。"

【评析】

孔子在这里所说的"君子无所争"，即使要争，也是彬彬有礼的争，这反映了孔子和儒家思想的一个重要特点，即强调谦逊礼让而鄙视无礼的、不公正的竞争，这是可取的。

【原文】

3.8 子夏问曰："'巧笑倩兮，美目盼兮，素以为绚兮[1]。'何谓也？"子曰："绘事后素[2]。"曰："礼后乎？"子曰："起予者商也[3]，始可与言《诗》已矣。"

【注释】

(1) 巧笑倩兮，美目盼兮，素以为绚兮：前两句见《诗经·卫风·硕人》篇。倩（qiàn）：面容姣好。兮：语助词，相当于"啊"。盼（pàn）：眼睛黑白分明。绚（xuàn）：有文采。

(2) 绘事后素：先有白底然后绘画。绘：画。素：白底。

(3) 起予者商也：起：启发。予：我，孔子自指。商：子夏，名商。

【译文】

子夏问孔子："'笑容真好看啊，美丽的眼睛黑白分明啊，像洁白的底子上绘着绚丽的色彩啊。'这是什么意思呢？"孔子说："先有白底然后绘画。"子夏又问："那么，是不是说礼也是后起的事呢？"孔子说："能启发我的人是商（子夏），现在可以同你讨论《诗经》了。"

【评析】

子夏从孔子所讲的"绘事后素"中，领悟到"仁先礼后"的道理，受到孔子的称赞。就伦理学说，这里的礼指对行为起约束作用的外在形式——礼节仪式；素指行礼的内心情操。礼后于什么情操？孔子没有直说，但一般认为是后于仁的道德情操。子曰："人而不仁，如礼何？人而不仁，如乐何？"孔子认为，外表的礼节仪式同内心的情操应是统一的，如同绘画一样，质地不洁白，不会画出丰富多采的图案。

【原文】

3.9 子曰："夏礼吾能言之，杞不足征也⑴；殷礼吾能言之，宋不足征也⑵。文献不足故也⑶。足，则吾能征之矣。"

【注释】

⑴杞不足征也：杞（qǐ）：春秋时，周朝国名，是夏禹的后裔。在今河南杞县一带。征：证明。

⑵宋：春秋时国名，是商汤的后裔，在今河南商丘一带。

⑶文献：文：指历史典籍；献：指贤人。

【译文】

孔子说："夏朝的礼，我能说出来，（但是它的后代）杞国不足以证明我的话；殷朝的礼，我能说出来，（但它的后代）宋国不足以证明我的话。这都是由于文字资料和熟悉夏礼和殷礼的贤人不足的缘故。如果足够的话，我就可以得到证明了。"

【评析】

这一段话表明两个问题。孔子对夏、商、周代的礼仪制度等非常熟悉，他希望人们都能恪守礼的规范，可惜当时超越本分、破坏礼制的人实在太多了。其次，他认为对夏、商、周之礼的说明，要靠足够的历史典籍和贤人来证明，也反映了他对知识的求实态度。

【原文】

3.10 子曰："禘自既灌而往者⑴，吾不欲观之矣⑵。"

【注释】

(1)禘（dì）：古代只有天子才可以举行的祭祀祖先的非常隆重的典礼。灌：禘礼中第一次献酒。

(2)吾不欲观之矣：我不愿意看了。

【译文】

孔子说："对于行禘礼的仪式，从第一次献酒以后，我就不愿意看了。"

【评析】

在孔子看来，一个人的等级名分，不仅活着的时候不能改变，死后也不能改变。生时是尊者、贵者，死后其亡灵也是尊者、贵者。鲁国的国君超越身份僭用禘礼，所以孔子不想看。这里，他对行禘礼的议论，反映出当时礼崩乐坏的状况，也表示了他对现状的不满。

【原文】

3.11 或问禘之说(1)。子曰："不知也。知其说者之于天下也，其如示诸斯(2)乎！"指其掌。

【注释】

(1)禘之说（shuō）：关于禘祭的规定。说：理论、道理、规定。

(2)斯："斯"指后面的"掌"。

【译文】

有人问孔子关于举行禘祭的规定。孔子说："我不知道。知道这种规定的人，对治理天下的事，就会像把这东西摆在这里一样（容易）吧！"（一面说一面）指着他的手掌。

【评析】

孔子认为，在鲁国的禘祭中，名分颠倒，不值得一看。所以有人问他关于禘祭的规定时，他故意说不知道。但紧接着又说，谁能懂得禘祭的道理，治天下就容易了。这就是说，谁懂得禘祭的规定，谁就可以归复紊乱的"礼"了。

【原文】

3.12 祭如在，祭神如神在。子曰："吾不与(1)祭，如不祭。"

【注释】

(1)与：参与。

【译文】

祭祀祖先就像祖先真在面前，祭神就像神真在面前。孔子说："我如果不亲自参加祭祀，那就和没有举行祭祀一样。"

【评析】

孔子并不过多提及鬼神之事，如他说："敬鬼神而远之。"所以，这一章他说祭祖先、祭鬼神，就好像祖先、鬼神真在面前一样，并非认为鬼神真的存在，而是强调参加祭祀的人，应当在内心有虔诚的情感。这样看来，孔子主张进行的祭祀活动主要是道德的而不是宗教的。

【原文】

3.13 王孙贾(1)问曰："与其媚于奥(2)，宁媚于灶(3)，何谓也？"子曰："不然。获罪于天(4)，无所祷也。"

【注释】

(1)王孙贾（jiǎ）：卫灵公的大臣，时任大夫。

(2)媚（mèi）：谄媚、巴结、奉承。奥（ào）：这里指屋内位居西南角最尊贵的神。

(3)灶：这里指灶旁管烹饪做饭的神。

(4)天：以天喻君，一说天即理。

【译文】

王孙贾问道："（人家都说）与其奉承奥神，不如奉承灶神。这话是什么意思？"孔子说："不是这样的。如果得罪了天，那就没有地方可以祷告了。"

【评析】

从表面上看，孔子似乎回答了王孙贾的有关拜神的问题，实际上讲出了一个深奥的道理。这就是：地方上的官员如灶神，他直接管理百姓的生产与生活，而在内廷的官员与君主往来密切，也是得罪不得的。

【原文】

3.14 子曰:"周监于二代⑴,郁郁⑵乎文哉!吾从周。"

【注释】

(1)监(jiàn):通"鉴",借鉴。二代:指夏代和商代。

(2)郁郁:文采盛貌。

【译文】

孔子说:"周朝的礼仪制度借鉴于夏、商二代,是多么丰富多彩啊!我遵从周朝的。"

【评析】

孔子对夏、商、周的礼仪制度等有深入研究,他认为,历史是不能割断的,后一个王朝对前一个王朝必然有承继,有沿袭。遵从周礼,这是孔子的基本态度,但这不是绝对的。在前面的篇章里,孔子就提出对夏、商、周的礼仪制度都应有所修订。

【原文】

3.15 子入太庙⑴,每事问。或曰:"孰谓鄹人之子知礼乎⑵?入太庙,每事问。"子闻之,曰:"是礼也。"

【注释】

(1)太庙:君主的祖庙。鲁国太庙,即周公旦的庙,供鲁国祭祀周公。

(2)鄹(zōu)人之子:指孔子。孔子的父亲叔梁纥(hé),曾为鄹邑大夫,故称为鄹人。鄹:春秋时鲁国地名,又写作"陬",在今山东曲阜附近。

【译文】

孔子到了太庙,每件事都要问。有人说:"谁说鄹人(叔梁纥)的儿子(孔子)懂得礼呀,他到了太庙里,什么事都要问别人。"孔子听到此话后说:"这就是礼呀!"

【评析】

孔子对周礼十分熟悉。他来到祭祀周公的太庙里却每件事都要问别人。所以,有人就对他是否真的懂礼表示怀疑。这一段说明孔子并不以"礼"学专家自居,而是虚心向人请教,同时也说明孔子对周礼的恭敬态度。

【原文】

3.16 子曰:"射不主皮⁽¹⁾,为力不同科⁽²⁾,古之道也。"

【注释】

(1)皮:用皮做成的箭靶子。

(2)科:等级。

【译文】

孔子说:"比赛射箭,不在于穿透靶子,因为各人的力气大小不同。自古以来就是这样的规则。"

【评析】

"射"是周代贵族经常举行的一种礼节仪式,属于周礼的内容之一。孔子在这里所讲的射箭,只不过是一种比喻,意思是说,只要肯学习有关礼的规定,不管学到什么程度,都是值得肯定的。

【原文】

3.17 子贡欲去告朔之饩羊⁽¹⁾。子曰:"赐也!尔爱⁽²⁾其羊,我爱其礼。"

【注释】

(1)告朔之饩羊:告朔(shuò):古代制度,天子每年秋冬之际,把第二年的历书颁发给诸侯,告知每个月的初一日。朔:农历每月初一为朔日。饩(xì)羊:祭祀用的活羊。

(2)爱:爱惜的意思。

【译文】

子贡提出去掉每月初一日告祭祖庙用的活羊。孔子说:"赐(子贡),你爱惜那只羊,我却爱惜那种礼。"

【评析】

按照周礼的规定,周天子每年秋冬之际,就把第二年的历书颁给诸侯,诸侯把历书放在祖庙里,并按照历书规定每月初一来到祖庙,杀一只活羊祭庙,表示每月听政的开始。当时,鲁国君主已不亲自去"告朔","告朔"已经成为形式。所以,子贡提出去掉"饩羊"。对此,孔子大为不满,对子贡加以指责，表明了孔子维护礼制的立场。

【原文】

3.18 子曰："事君尽礼，人以为谄也[1]。"

【注释】

[1]谄（chǎn）：谄媚，用卑贱的态度向人讨好。

【译文】

孔子说："侍奉君主尽到礼数，别人却以为是在谄媚呢。"

【评析】

孔子一生要求自己严格按照周礼的规定侍奉君主，这是他的政治伦理信念。但却受到别人的讥讽，认为他是在向君主谄媚。这表明，当时的君臣关系已经遭到破坏，已经没有多少人再重视君臣之礼了。

【原文】

3.19 定公[1]问："君使臣，臣事君，如之何？"孔子对曰："君使臣以礼，臣事君以忠。"

【注释】

[1]定公：鲁国国君，姓姬，名宋，定是谥号。公元前509—前495年在位。

【译文】

鲁定公问孔子："君主怎样使唤臣下，臣子怎样侍奉君主呢？"孔子回答说："君主应该按照礼的要求去使唤臣子，臣子应该以忠来侍奉君主。"

【评析】

"君使臣以礼，臣事君以忠"，这是孔子君臣之礼的主要内容。只要做到这一点，君臣之间就会和谐相处。从本章的语言环境来看，孔子还是侧重于对君的要求，强调君应依礼待臣，还不似后来那样：即使君主无礼，臣下也应尽忠，以至于发展到不问是非的愚忠。

【原文】

3.20 子曰："《关雎》[1]，乐而不淫[2]，哀而不伤。"

【注释】

(1)《关雎（jū）》：这是《诗经》的第一篇。此篇写一君子"追求"淑女，思念时辗转反侧、寤寐思之的忧思，以及结婚时钟鼓乐之、琴瑟友之的欢乐。

(2)乐（lè）而不淫：欢乐而不放荡。

【译文】

孔子说："《关雎》这篇诗，欢乐而不放荡，哀愁而不悲伤。"

【评析】

孔子对《关雎》一诗的这个评价，体现了他的"思无邪"的艺术观。《关雎》是写男女爱情、祝贺婚礼的诗，与"思无邪"本不相干，但孔子却从中认识到"乐而不淫，哀而不伤"的中庸思想，认为无论哀与乐都有节制，适度而不可过分。

【原文】

3.21 哀公问社于宰我 (1)。宰我对曰："夏后氏以松，殷人以柏 (2)，周人以栗，曰使民战栗 (3)。"子闻之，曰："成事不说，遂事不谏，既往不咎 (4)。"

【注释】

(1)问社于宰我：社（shè）：土地神，祭祀土地神的庙也称社。宰我：孔子的学生。

(2)柏（bǎi）：柏树。

(3)战栗（lì）：恐惧，发抖。

(4)既往不咎（jiù）：已经过去的事不再追究。

【译文】

鲁哀公问宰我，制作土地神的神主牌位应该用什么树木。宰我回答说："夏朝用松树，商朝用柏树，周朝用栗子树，意思是说，使老百姓战栗。"孔子听到后说："已经做过的事不用提了，已经完成的事不用再去劝阻了，已经过去的事也不必再追究了。"

【评析】

古时立国都要建立祭土地神的庙，选用宜于当地生长的树木做土地神的牌位。宰我回答鲁哀公说，周朝用栗木做神主牌位是为了"使民战栗"，孔子就不高兴了，因为宰我在这里讥讽了周天子，所以说了这一段话。

【原文】

3.22 子曰："管仲(1)之器小哉！"或曰："管仲俭乎？"曰："管氏有三归(2)，官事不摄(3)，焉得俭？""然则管仲知礼乎？"曰："邦君树塞门(4)，管氏亦树塞门；邦君为两君之好有反坫(5)，管氏亦有反坫。管氏而知礼，孰不知礼？"

【注释】

(1) 管仲：姓管名夷吾，字仲，谥号为"敬"，史称管子，齐国人，春秋时期的政治家、军事家；齐桓公的宰相，辅助齐桓公成为诸侯的霸主。

(2) 三归：相传是三处藏钱币的府库。

(3) 摄：兼任。

(4) 树塞（sāi 又读 sè）门：在大门口树立一道短墙，以别内外，相当于屏风、照壁等。

(5) 反坫（diàn）：古代君主招待别国国君时，放置献过酒的空杯子的土台。

【译文】

孔子说："管仲这个人的器量真是狭小呀！"有人说："管仲节俭吗？"孔子说："他有三处豪华的藏金府库，他家里的管事也是一人一职而不兼任，怎么谈得上节俭呢？"那人又问："那么管仲知礼吗？"孔子回答："国君大门口设立照壁，管仲在大门口也设立照壁。国君同别国国君举行会见时在堂上有放空酒杯的土台，管仲也有这样的土台。如果说管仲知礼，那么还有谁不知礼呢？"

【评析】

在《论语》中，孔子对管子曾有数处评价。这里，孔子指出管仲一不节俭，二不知礼，对他的所作所为进行批评，出发点也是儒家一贯倡导的"节俭"和"礼制"。在另外的篇章里，孔子也有对管仲的肯定性评价。

【原文】

3.23 子语鲁大师乐(1)，曰："乐其可知也：始作，翕如(2)也；从(3)

之，纯如[4]也，皦如[5]也，绎如[6]也，以成。"

【注释】

(1)语（yù）：告诉，动词用法。大（tài）师：乐师之长。乐：音乐。

(2)翕（xī）如：乐声合奏突起的盛况。

(3)从（zòng）：通"纵"，意为放纵、展开。

(4)纯如：清纯美好、和谐的样子。

(5)皦（jiǎo）如：音节分明，乐调明快的样子。

(6)绎（yì）如：连续不断，乐音绵延、余音袅袅的状况。

【译文】

孔子对鲁国乐官谈论演奏音乐的道理说："奏乐的道理是可以知道的：开始演奏，各种乐器合奏，声音繁美；继续展开下去，悠扬悦耳，音节分明，连续不断，最后完成。"

【评析】

孔子对学生的教育内容极为丰富和全面，乐理就是其中之一。音乐是净化人类灵魂的重要手段。这一章反映了孔子的音乐思想和音乐欣赏水平。

【原文】

3.24 仪封人请见[1]，曰："君子之至于斯也，吾未尝不得见也。"从者见之[2]。出曰："二三子何患于丧乎[3]？天下之无道也久矣，天将以夫子为木铎[4]。"

【注释】

(1)仪封人：仪为地名，在今河南兰考县境内。封人，系镇守边疆的官。请见（xiàn）：见，通"现"，请求被孔子接见。

(2)从者见（xiàn）之：随行的人使他见到了孔子。

(3)丧（sàng）：失去，这里指失去官职。

(4)木铎（duó）：木舌的铜铃。古代天子发布政令时摇它以召集听众。

【译文】

仪这个地方的长官请求见孔子，他说："凡是君子到这里来，我从没有见不到的。"孔子的随从弟子引他去见了孔子。他出来后（对孔子的学生们）

说：“你们几位何必为没有官位而发愁呢？天下无道已经很久了，上天将以孔夫子为圣人来号令天下。"

【评析】

孔子在他所处的那个时代，已经是十分有影响的人，尤其是在礼制方面，信服孔子的人很多，仪封人便是其中之一。他在见孔子之后，就认为上天将以孔夫子为圣人号令天下，可见对孔子是佩服至极了。

【原文】

3.25 子谓《韶》(1)："尽美(2)矣，又尽善(3)也。"谓《武》(4)："尽美矣，未尽善也。"

【注释】

(1)《韶（sháo）》：相传是古代歌颂虞舜的一种乐舞。

(2)美：就乐曲的音调、舞蹈的形式而言。

(3)善：就乐舞的思想内容而言。

(4)《武》：相传是歌颂周武王的一种乐舞。

【译文】

孔子讲到《韶》这一乐舞时说："艺术形式美极了，内容也很好。"谈到《武》这一乐舞时说："艺术形式很美，但内容却差一些。"

【评析】

孔子在这里谈到对艺术的评价问题。他很重视艺术的形式美，更注意艺术内容的善。这是有明显政治标准的，不单是娱乐问题。

【原文】

3.26 子曰："居上不宽，为礼不敬，临丧(1)不哀，吾何以观之哉？"

【注释】

(1)丧（sāng）：跟死了人有关的（事情）。

【译文】

孔子说："居于执政地位的人，不能宽厚待人，行礼的时候不严肃，参加丧礼时也不悲哀，这种情况我怎么能看得下去呢？"

【评析】

孔子主张实行"德治""礼治",这首先提出了对当政者的道德要求。倘为官执政者做不到"礼"所要求的那样,自身的道德修养不够,那这个国家就无法得到治理。当时社会上礼崩乐坏的局面,已经使孔子感到不能容忍了。

里仁篇 第四

【本篇引语】

本篇包括26章,主要内容涉及义与利的关系问题、个人的道德修养问题、孝敬父母的问题以及君子与小人的区别。这一篇包括了儒家的若干重要范畴、原则和理论,对后世都产生过较大影响。

【原文】

4.1 子曰:"里仁为美(1),择不处(2)仁,焉得知(3)?"

【注释】

(1)里仁为美:里,住处,借作动词用。住在有仁者的地方才好。

(2)处(chǔ):居住。

(3)知(zhì):通"智"。

【译文】

孔子说:"跟有仁德的人住在一起,才是好的。如果选择的住处不是跟有仁德的人在一起,怎么能说是明智呢?"

【评析】

每个人的道德修养既是个人自身的事,又必然与所处的外界环境有关。重视居住的环境,重视对朋友的选择,这是儒家一贯注重的问题。"近朱者赤、近墨者黑",与有仁德的人住在一起,耳濡目染,都会受到仁德者的影响;反之,就不大可能养成仁的情操。

【原文】

4.2 子曰:"不仁者不可以久处约(1),不可以长处乐。仁者安仁,知者利仁(2)。"

【注释】

(1) 约：穷困、困窘。

(2) 安仁：安仁是安于仁道；利仁：认为仁有利于自己，才去行仁。

【译文】

孔子说："没有仁德的人不能长久地处在贫困中，也不能长久地处在安乐富贵中。有仁德的人以行仁为安，有智慧的人以行仁为利。"

【评析】

在这章中，孔子认为，没有仁德的人不可能长久地处在贫困或安乐之中，否则，他们就会为非作乱或者骄奢淫逸。只有仁者安于仁，智者也会行仁。这种思想是希望人们注意个人的道德操守，在任何环境下都做到矢志不移，保持气节。

【原文】

4.3 子曰："唯仁者能好⁽¹⁾人，能恶⁽²⁾人。"

【注释】

(1) 好（hào）：喜爱的意思。作动词。

(2) 恶（wù）：憎恶、讨厌。作动词。

【译文】

孔子说："只有那些有仁德的人，才能做到正确地爱人和恨人。"

【评析】

儒家在讲"仁"的时候，不仅是说要"爱人"，而且还有"恨人"的一方面。当然，孔子在这里没有说到要爱什么人、恨什么人，但有爱则必然有恨，二者是相对立而存在的。只要做到了"仁"，就必然会有正确的爱和恨，才能做到爱憎分明。

【原文】

4.4 子曰："苟志于仁矣，无恶也。"

【译文】

孔子说："如果立志于仁，就不会做坏事了。"

【评析】

这是紧接上一章而言的。只要养成了仁德，那就不会去做坏事，即不会犯上作乱、为非作恶，也不会骄奢淫逸、随心所欲。而是可以做有益于国家、有利于百姓的善事了。

【原文】

4.5 子曰："富与贵，是人之所欲也，不以其道得之⁽¹⁾，不处也；贫与贱，是人之所恶也，不以其道得之，不去也。君子去仁，恶乎⁽²⁾成名？君子无终食之间⁽³⁾违仁，造次⁽⁴⁾必于是，颠沛⁽⁵⁾必于是。"

【注释】

（1）不以其道得之：不用合乎仁道的方式获得它。
（2）恶（wū）乎：怎样，怎么能够。
（3）终食之间：一顿饭的时间。
（4）造次：仓促匆忙。
（5）颠（diān）沛（pèi）：穷困，受挫折。

【译文】

孔子说："富裕和显贵是人人都想要得到的，但不用正当的方法得到它，就不会去享受；贫穷与低贱是人人都厌恶的，但不用正当的方法去摆脱它，就不会去摆脱。君子如果离开了仁德，又怎么能够成就美好的名声呢？君子没有一顿饭的时间背离仁德，就是在最紧迫的时刻也必须按照仁德办事，就是在颠沛流离的时候，也一定会这样。"

【评析】

这一段，反映了孔子的利欲观。以往的孔子研究中往往忽略了这一段内容，似乎孔子主张人们只要仁、义，不要利、欲。事实上并非如此。任何人都不会甘愿过贫穷困顿、流离失所的生活，都希望得到富贵安逸。但这必须通过正当的手段和途径去获取。否则宁守清贫而不去享受富贵。"君子爱财，取之有道"，这种观念在今天仍有其不可低估的价值。

【原文】

4.6 子曰:"我未见好仁者,恶不仁者。好仁者,无以尚⁽¹⁾之;恶不仁者,其为仁矣,不使不仁者加乎其身。有能一日用其力于仁矣乎?我未见力不足者。盖⁽²⁾有之矣,我未之见也。"

【注释】

(1)尚(shàng):超过。

(2)盖(gài):大概。

【译文】

孔子说:"我没有见过爱好仁德的人,也没有见过厌恶不仁的人。爱好仁德的人,那是再好不过了;厌恶不仁的人,在实行仁德的时候,不让不仁德的人影响自己。有能一天把自己的力量用在实行仁德上的吗?我还没有看见力量不够的。这种人大概有,但我没见过。"

【评析】

孔子特别强调个人道德修养,尤其是养成仁德的情操。但在当时动荡的社会中,爱好仁德的人已经不多了,所以孔子说他没有见到。但孔子认为,对仁德的修养,主要还是要靠个人自觉的努力,因为只要经过个人的努力,是完全可以达到仁的境界的。

【原文】

4.7 子曰:"人之过也,各于其党⁽¹⁾。观过,斯知仁矣⁽²⁾。"

【注释】

(1)党:同一类别。

(2)斯知仁矣:就知道是否是真正的仁。斯:就,则。

【译文】

孔子说:"人的过错,各属于一定的类型。观察一个人所犯的过错,就知道他有没有仁德了。"

【评析】

孔子认为,人都会犯错误。有仁德的人和没有仁德的人所犯错误是不一样的。有仁德的人犯错,是好心办坏事;没有仁德的人所犯错误,都是故意的。

【原文】

4.8 子曰:"朝闻道,夕死可矣。"

【译文】

孔子说:"早晨听到了真理,晚上死去也可以。"

【评析】

这一段话常常被人们引用。孔子所说的道究竟指什么,这在学术界是有争论的。我们的认识是,孔子这里所讲的"道",系指社会、政治的最高原则和做人的最高准则,这主要是从伦理学意义上说的。

【原文】

4.9 子曰:"士志于道,而耻(1)恶(2)衣恶食者,未足与议也。"

【注释】

(1) 耻:以……为耻。

(2) 恶(è):不好的。

【译文】

孔子说:"士人立志于行道,若以穿破衣、吃粗粮为耻辱的人,是不值得与他谈学论道的。"

【评析】

本章和前一章讨论的都是道的问题。本章所讲"道"的含义与前章大致相同。这里,孔子认为,一个人斤斤计较个人的吃穿等生活琐事,他是不会有远大志向的,因此,根本就不必与这样的人去讨论什么道的问题。

【原文】

4.10 子曰:"君子之于天下也,无适(1)也,无莫(2)也,义之与比(3)。"

【注释】

(1) 适(dí 又读 shì):同"適"。固定不变。

(2) 莫(mò 又读 mù):不可。

(3) 义:适宜、妥当。比(旧读 bì):亲近、相近、靠近、依靠、按照。

【译文】

孔子说："君子对于天下的人和事，没有一定的厚薄亲疏，也没有一定不可以做的，只是按照义的要求去做。"

【评析】

这一章里孔子提出对君子要求的基本点之一："义之与比。"有高尚人格的君子为人公正、友善，处世严肃灵活，不会厚此薄彼。本章谈论的仍是个人的道德修养问题。

【原文】

4.11 子曰："君子怀[1]德，小人怀土[2]；君子怀刑[3]，小人怀惠。"

【注释】

(1) 怀：思念。

(2) 土：土地、田产。

(3) 刑：法度。

【译文】

孔子说："君子心里装着的是道德，小人心里装着的是田产；君子想的是法度，小人想的是恩惠。"

【评析】

本章再次提到君子与小人这两个不同类型的人格形态，认为君子有高尚的道德，他们胸怀远大，视野开阔，考虑的是国家和社会的事情；而小人则只考虑田产、小恩小惠，考虑的只有个人和家庭的利益。这是君子与小人之间的区别点之一。

【原文】

4.12 子曰："放[1]于利而行，多怨[2]。"

【注释】

(1) 放（fǎng）：同"仿"，效法，依据。引申为追求。

(2) 怨：怨恨。

【译文】

孔子说:"为追求个人利益而行动,多会招致怨恨。"

【评析】

本章也谈义与利的问题。孔子认为,作为具有高尚人格的君子,不会总是考虑个人利益的得与失,更不会一心追求个人利益;否则,就会招致来自各方的怨恨和指责。这里仍谈先义后利的观点。

【原文】

4.13 子曰:"能以礼让为国乎,何有⁽¹⁾?不能以礼让为国,如礼何⁽²⁾?"

【注释】

(1)何有:全意为"何难之有",即不难的意思。

(2)如礼何:把礼怎么办?

【译文】

孔子说:"能够用礼让原则来治理国家,那还有什么困难呢?不能用礼让原则来治理国家,怎么能实行礼呢?"

【评析】

孔子把"礼"的原则推而广之,用于国与国之间的交往,这在古代是无可非议的。因为孔子时代的"国"乃"诸侯国",均属中国境内的兄弟国家。现在的礼让,也应在尊重各国主权,维护本国领土完整的基础上谈礼让,而不是无原则的退让。

【原文】

4.14 子曰:"不患无位,患所以立⁽¹⁾;不患莫己知,求为可知⁽²⁾也。"

【注释】

(1)所以立:可以立身的本领。

(2)为可知:能够被别人知道的才能。

【译文】

孔子说:"不怕没有官位,就怕自己没有可以立身的本领;不怕没有人知道自己,只求自己成为有真才实学值得人们知道的人。"

【评析】

这是孔子对自己和自己的学生经常谈论的问题,是他立身处世的基本态度。孔子并非不想成名成家,并非不想身居要职,而是希望他的学生必须首先立足于自身的学问、修养、才能的培养,具备足以胜任官职的各方面素质。这种思路是可取的。

【原文】

4.15 子曰:"参乎[1],吾道一以贯之[2]。"曾子曰:"唯。"子出,门人问曰:"何谓也?"曾子曰:"夫子之道,忠恕[3]而已矣。"

【注释】

(1) 参(shēn):曾参,曾子。孔子的学生。

(2) 贯:统贯,贯穿,贯通,如以绳穿物。

(3) 忠恕:尽己之心为忠,推己及人为恕。

【译文】

孔子说:"参啊,我讲的道是由一个基本的思想贯彻始终的。"曾子说:"是。"孔子出去之后,同学便问曾子:"这是什么意思?"曾子说:"老师的道,就是忠恕罢了。"

【评析】

忠恕之道是孔子思想的重要内容,待人忠恕,这是仁的基本要求,贯穿于孔子思想的各个方面。在这章中,孔子只说他的道是有一个基本思想一以贯之的,没有具体解释什么是忠恕的问题,在后面的篇章里,就回答了这个问题。对此,我们将再做剖析。

【原文】

4.16 子曰:"君子喻[1]于义,小人喻于利。"

【注释】

(1) 喻:知道,明白。

【译文】

孔子说:"君子明白大义,小人只知道小利。"

【评析】

"君子喻于义,小人喻于利"是孔子学说中对后世影响较大的一句话,被人们传说。这就明确提出了义利问题。孔子认为,利要服从义,要重义轻利。他把追求个人利益的人视为小人。经过后代儒家的发展,这种思想就变成义与利尖锐对立、非此即彼的义利观。

【原文】

4.17 子曰:"见贤思齐焉,见不贤而内自省(1)也。"

【注释】

(1)省(xǐng):反省,检查自己的思想行为。

【译文】

孔子说:"见到贤人,就应该向他学习、看齐;见到不贤的人,就应该自我反省(自己有没有与他相类似的错误)。"

【评析】

本章谈的是个人道德修养问题。这是修养方法之一,即见贤思齐,见不贤内自省。实际上这就是取别人之长补自己之短,同时又以别人的过失为鉴,不重蹈别人的旧辙,这是一种理性主义的态度,在今天仍不失其精辟之见。

【原文】

4.18 子曰:"事父母几(1)谏,见志不从,又敬不违,劳(2)而不怨。"

【注释】

(1)几(jī):轻微、婉转的意思。

(2)劳:忧愁、烦劳、担忧的意思。

【译文】

孔子说:"侍奉父母,(如果父母有不对的地方),要委婉地劝说他们。见父母心里不愿听从,还是要对他们恭恭敬敬,并不违抗,担忧而不怨恨。"

【评析】

这一段还是讲关于孝敬父母的问题。儿女侍奉父母,这是应该的。如果父母有不对的地方,子女应婉转地劝谏;若父母不听劝说时,子女也要对他们恭敬,不能有怨恨情绪。

【原文】

4.19 子曰:"父母在,不远游(1),游必有方(2)。"

【注释】

(1)游:指游学、游官、经商等外出活动。

(2)方:一定的地方。

【译文】

孔子说:"父母在世,不远离家乡;如果不得已要出远门,也必须要告诉父母要去的地方。"

【评析】

"父母在,不远游"是先秦儒家关于"孝"字道德的具体内容之一。历代都用这个孝字原则去约束、要求子女为其父母尽孝。尽孝应在父母身边,若出远门,一定要告诉父母要去的地方,以免父母担心。

【原文】

4.20 子曰:"三年无改于父之道,可谓孝矣(1)。"

【说明】

(1)本章内容见于《学而篇》1·11章,此处略。

【原文】

4.21 子曰:"父母之年,不可不知也。一则以喜,一则以惧。"

【译文】

孔子说:"父母的年纪,不可不知道。一方面为他们的长寿而高兴,一方面又为他们的衰老而恐惧。"

【评析】

这一章还是谈"孝",要求子女从内心深处要孝敬自己的父母,父母的年龄要常常记在心里,要时刻关心父母的身体健康。

【原文】

4.22 子曰:"古者言之不出,耻躬⁽¹⁾之不逮⁽²⁾也。"

【注释】

(1)躬:自身。

(2)逮(dài):赶上,达到。

【译文】

孔子说:"古代人不轻易把话说出口,因为他们以自己做不到为可耻啊。"

【评析】

孔子一贯主张谨言慎行,不轻易允诺,不轻易表态,如果做不到,就会失信于人,你的威信也就降低了。所以孔子说,古人就不轻易说话,更不说随心所欲的话,因为他们以不能兑现许诺而感到耻辱。

【原文】

4.23 子曰:"以约⁽¹⁾失之者鲜⁽²⁾矣。"

【注释】

(1)约:约束。这里指"约之以礼"。

(2)鲜(xiǎn):少的意思。

【译文】

孔子说:"因为用礼来约束自己而导致过失的人,是很少见的。"

【评析】

孔子认为,在日常生活中,一个人要想减少过失,最好的方法就是"约之以礼",依礼行事,约之有度。只有这样,才能避免过失,减少过失。

【原文】

4.24 子曰:"君子欲讷⁽¹⁾于言,而敏⁽²⁾于行。"

【注释】

(1) 讷（nè）：迟钝。这里指说话要谨慎。

(2) 敏：敏捷、快速的意思。

【译文】

孔子说："君子说话要谨慎，而行动要敏捷。"

【评析】

君子说话要谨慎，是因为"覆水难收"；而对于决定了的事情，便要立即行动，不要优柔寡断。这一缓一急，正体现了君子有为有守的处世原则。

【原文】

4.25 子曰："德不孤，必有邻。"

【译文】

孔子说："有道德的人是不会孤立的，一定会有思想一致的人与他相处。"

【评析】

孔子认为，若有仁德则必有善邻。一个人只要真心实意与人友善，就不用担心自己缺少朋友。有道德的人是不会孤单的，一定会有志同道合者与他作伴。

【原文】

4.26 子游曰："事君数(1)，斯(2)辱矣；朋友数，斯疏矣。"

【注释】

(1) 数（shuò）：屡次、多次、频繁、密切，引申为烦琐的意思。

(2) 斯：就。

【译文】

子游说："事奉君主太过烦琐，就会受到侮辱；与朋友交往太密切，过于频繁，就会被疏远。"

【评析】

本章论君臣、朋友相处之道，强调人在行仁过程中，也要讲求方法和掌握一定的度。否则，就会招来侮辱和被疏远。

公冶长篇 第五

【本篇引语】

本篇共计28章，内容以谈论仁德为主。在本篇里，孔子和他的弟子们从各个侧面探讨仁德的特征。此外，本篇著名的句子有"朽木不可雕也，粪土之墙不可杇也"；"听其言而观其行"；"敏而好学，不耻下问"；"三思而后行"等。这些思想对后世产生过较大影响。

【原文】

5.1 子谓公冶长(1)："可妻也。虽在缧绁之中(2)，非其罪也。"以其子妻之(3)。

【注释】

(1)公冶（yě）长（cháng）：姓公冶名长，齐国人，孔子的学生。
(2)缧（léi）绁（xiè）：捆绑犯人用的绳索，这里借指牢狱。
(3)子：古时无论儿、女均称子。妻（qì）：动词，以女嫁人，与之为妻。

【译文】

孔子评论公冶长说："可以把女儿嫁给他。他虽然被关在牢狱里，但这并不是他的罪过呀。"于是，孔子就把自己的女儿嫁给了他。

【评析】

在这一章里，孔子对公冶长作了较高评价，但并未说明究竟公冶长做了哪些突出的事情，不过从本篇所谈的中心内容看，作为公冶长的老师，孔子对他有全面了解。孔子能把女儿嫁给他，那么公冶长至少应具备仁德，这是孔子一再向他的学生提出的要求。

【原文】

5.2 子谓南容(1)："邦有道(2)，不废(3)；邦无道，免于刑戮(4)。"以其兄之子妻之。

【注释】

(1)南容：姓南宫名适（kuò），字子容。孔子的学生，通称他为南容。

(2)道：孔子这里所讲的道，是说国家的政治符合最高的和最好的原则。

(3)废：废置，不任用。

(4)刑戮（lù）：刑罚。

【译文】

孔子评论南容说："国家政治清明时，他能被任用做官；国家政治黑暗时，他也不会招致刑罚。"于是把自己的侄女嫁给了他。

【评析】

本章里，孔子对南容也作了比较高的评价，同样也没有讲明南容究竟有哪些突出的表现。当然，他能够把自己的侄女嫁给南容，也表明南容有较好的仁德。

【原文】

5.3 子谓子贱(1)："君子哉若人(2)！鲁无君子者，斯焉取斯(3)？"

【注释】

(1)子贱：姓宓（mì 旧读 fú）名不齐，字子贱。生于公元前521年，比孔子小49岁。

(2)若人：这个，此人。

(3)斯焉取斯：斯，此。第一个"斯"指子贱，第二个"斯"字指子贱的品德。

【译文】

孔子评论子贱说："这个人真是个君子呀！如果鲁国没有君子的话，他是从哪里学到这种品德的呢？"

【评析】

孔子在这里称子贱为君子。这是第一个层次，但接下来说，鲁国如无君子，子贱也不可能学到君子的品德。言下之意，是说鲁国有多个君子，包括他自己就是君子，而子贱的君子之德是由他一手培养的。

【原文】

5.4 子贡问曰:"赐⑴也何如?"子曰:"女,器⑵也。"曰:"何器也?"曰:"瑚琏⑶也。"

【注释】

(1)赐(cì):端木赐,字子贡。孔子的学生。

(2)器:器皿,器具。

(3)瑚(hú)琏(lián):古代祭祀时盛粮食用的器具。

【译文】

子贡问孔子:"我这个人怎么样?"孔子说:"你呀,好比一个器具。"子贡又问:"是什么器具呢?"孔子说:"是瑚琏。"

【评析】

孔子把子贡比作瑚琏,肯定子贡有一定的才能,因为瑚琏是古代祭器中贵重而华美的一种。孔子认为子贡还没有达到"君子之器"那样的程度,仅有某一方面的才干。

【原文】

5.5 或曰:"雍也仁而不佞⑴。"子曰:"焉⑵用佞?御人以口给⑶,屡憎于人。不知其仁⑷,焉用佞?"

【注释】

(1)雍(yōng):姓冉名雍,字仲弓,生于公元前522年,孔子的学生。佞(nìng):能言善辩,有口才。

(2)焉:为什么。

(3)御(yù)人以口给(jǐ):用伶牙俐齿来应对别人。御:抵挡,应对。口给:言语便捷、嘴快话多。

(4)不知其仁:指有口才者有仁与否不可知。

【译文】

有人说:"冉雍这个人有仁德但不善辩。"孔子说:"为什么要能言善辩呢?靠伶牙利齿和人辩论,常常招致别人的讨厌。这样的人我不知道他是不是有仁德,但为什么要能言善辩呢?"

【评析】

孔子针对有人对冉雍的评论,提出自己的看法。他认为人只要有仁德就足够了,根本不需要能言善辩,伶牙利齿,这两者在孔子观念中是对立的。善说的人不一定有仁德,而有仁德者则不必有辩才。要以德服人,不以嘴服人。

【原文】

5.6 子使漆雕开仕[1]。对曰:"吾斯之未能信。"子说[2]。

【注释】

(1)漆雕开:姓漆雕名开,字子开,一说字子若,鲁国人,生于公元前540年,孔子的学生。仕:仕进,做官。

(2)说(yuè):通"悦"。

【译文】

孔子让漆雕开去做官。漆雕开回答说:"我对做官这件事还没有信心。"孔子听了很高兴。

【评析】

孔子的教育方针是"学而优则仕",学到知识,就要去做官,他经常向学生灌输读书做官的思想,鼓励和推荐他们去做官。孔子让他的学生漆雕开去做官,但漆雕开感到尚未达到"学而优"的程度,急于做官还没有把握,他想继续学礼,晚点去做官,所以孔子很高兴。

【原文】

5.7 子曰:"道不行,乘桴[1]浮于海,从[2]我者,其由与!"子路闻之喜。子曰:"由也好勇过我,无所取材。"

【注释】

(1)桴(fú):用来过河的木筏子。

(2)从:跟随、随从。

【译文】

孔子说:"如果我的主张行不通,我就乘上木筏子到海外去。能跟从我的大概只有仲由吧!"子路(仲由)听到这话很高兴。孔子说:"仲由啊,好勇超过了我，其他没有什么可取的才能。"

【评析】

孔子在当时的历史背景下，极力推行他的礼制、德政主张。但他也担心自己的主张行不通，打算适当的时候乘筏到海外去。他认为子路有勇，可以跟随他一同前去，但同时又指出子路的不足乃在于仅有勇而已。孔子要求他的弟子们，要有勇有谋，智勇双全。

【原文】

5.8 孟武伯问："子路仁乎？"子曰："不知也。"又问。子曰："由也，千乘之国，可使治其赋(1)也，不知其仁也。""求也何如？"子曰："求也，千室之邑(2)，百乘之家(3)，可使为之宰(4)也，不知其仁也。""赤(5)也何如？"子曰："赤也，束带立于朝(6)，可使与宾客(7)言也，不知其仁也。"

【注释】

(1) 赋：兵赋，向居民征收的军事费用，包括兵员和装备。

(2) 千室之邑（yì）：邑是古代居民的聚居点，分公邑和采邑，大致相当于后来的城镇。有一千户人家的大邑。

(3) 百乘（shèng）之家：指卿大夫的封地，当时大夫有车百乘，是采邑中的较大者。

(4) 宰（zǎi）：家臣、总管、采邑的长官。

(5) 赤：姓公西名赤，字子华，生于公元前509年，孔子的学生。

(6) 束带立于朝：指穿着礼服立于朝廷。

(7) 宾客：指一般客人和来宾。

【译文】

孟武伯问孔子："子路做到了仁吧？"孔子说："我不知道。"孟武伯又问。孔子说："仲由嘛，在拥有一千辆兵车的国家里，可以让他管理军事，但我不知道他是不是做到了仁。"孟武伯又问："冉求这个人怎么样？"孔子说："冉求这个人，可以让他在一个有千户人家的公邑或有一百辆兵车的采邑里当总管，但我也不知道他是不是做到了仁。"孟武伯又问："公西赤又怎么样呢？"孔子说："公西赤嘛，可以让他穿着礼服，站在朝廷上，接待贵宾，我也不知道他是不是做到了仁。"

【评析】

在这段文字中，孔子对自己的三个学生进行评价，其评价标准就是"仁"。他说，他们有的可以管理军事，有的可以管理内政，有的可以办理外交。在孔子看来，他们虽然各有自己的专长，但所有这些专长都必须服务于礼制、德治的政治需要，必须以具备仁德情操为前提。实际上，他把"仁"放在更高的地位。

【原文】

5.9 子谓子贡曰："女与回也孰愈[1]？"对曰："赐也何敢望回？回也闻一以知十[2]，赐也闻一以知二[3]。"子曰："弗如也。吾与女弗如也[4]。"

【注释】

(1) 女：同"汝"，你。回：颜回。愈（yù）：胜过、超过。

(2) 十：指数的全体，旧注云："一，数之始；十，数之终。"

(3) 二：旧注云："二者，一之对也。"

(4) 与：赞同、同意。

【译文】

孔子对子贡说："你和颜回两个相比，谁更好一些呢？"子贡回答说："我怎么敢和颜回相比呢？颜回他听到一件事就可以推知十件事；我呢，知道一件事，只能推知两件事。"孔子说："是不如他呀，我同意你说的，是不如他。"

【评析】

颜回是孔子最得意的学生之一。他勤于学习，而且肯独立思考，能做到闻一知十，推知全体，融汇贯通。所以，孔子对他大加赞扬。有人将"吾与女弗如也"，译为"我和你都不如他"。孔子希望他的其他弟子都能像颜回那样，刻苦学习，举一反三，由此及彼，在学业上尽可能地事半功倍。

【原文】

5.10 宰予昼寝。子曰："朽木不可雕也，粪土之墙不可杇也[1]，于予与何诛⁽²⁾？"子曰："始吾于人也，听其言而信其行；今吾于人也，听其言而观其行。于予与⁽³⁾改是。"

【注释】

(1)粪土：腐土、脏土。杇（wū）：通"圬"，抹墙用的抹子。这里指用抹子粉刷墙壁。

(2)诛（zhū）：意为责备、批评。

(3)与：语气词。

【译文】

宰予白天睡觉。孔子说："腐朽的木头无法雕刻，粪土垒的墙壁无法粉刷。对于宰予这个人，责备还有什么用呢？"孔子说："起初我对于人，是听了他说的话便相信了他的行为；现在我对于人，听了他讲的话还要观察他的行为。在宰予这里我改变了观察人的方法。"

【评析】

孔子的学生宰予白天睡觉，孔子对他大加非难。此外，孔子在这里还提出判断一个人的正确方法，即听其言而观其行。

【原文】

5.11 子曰："吾未见刚者。"或对曰："申枨⁽¹⁾。"子曰："枨也欲⁽²⁾，焉得刚？"

【注释】

(1)申枨（chéng）：姓申名枨，字周，孔子的学生。

(2)欲：贪欲。

【译文】

孔子说："我没有见过刚强的人。"有人回答说："申枨就是刚强的。"孔子说："申枨这个人欲望太多，怎么能刚强呢？"

【评析】

孔子向来认为，一个人的欲望多了，他就会违背周礼。从这一章来看，人的欲望过多不仅做不到"义"，甚至也做不到"刚"。孔子不普遍地反对人们的欲望，但如果想成为有崇高理想的君子，那就要舍弃各种欲望，一心向道。无欲则刚。

【原文】

5.12 子贡曰:"我不欲人之加诸我也,吾亦欲无加诸人。"子曰:"赐也,非尔所及也⁽¹⁾。"

【注释】

(1)非尔所及:不是你能做到的。

【译文】

子贡说:"我不愿别人强加于我的事,我也不愿强加在别人身上。"孔子说:"赐呀,这就不是你所能做到的了。"

【评析】

子贡说的:"我不愿别人强加于我的事,我也不愿强加在别人身上。"正是孔子提倡的"恕"道,"己所不欲,勿施于人。"在当今社会,被尊为"道德金律",被推许为全球伦理或普世伦理。

【原文】

5.13 子贡曰:"夫子之文章⁽¹⁾,可得而闻也;夫子之言性与天道⁽²⁾,不可得而闻也。"

【注释】

(1)文章:《诗》《书》《礼》《乐》等文献方面的知识。

(2)性:天性,人的本性。天道:天命,自然界的日新变化之道。

【译文】

子贡说:"老师讲授的文献方面的知识,依靠耳闻是能够学到的;老师讲授的人性和天道的理论,依靠耳闻是不能够学到的。"

【评析】

在子贡看来,孔子所讲的《诗》《书》《礼》《乐》等具体知识是有形的,只靠耳闻就可以学到了,但关于人性与天道的理论,深奥神秘,不是通过耳闻就可以学到的,必须从事内心的体验,才有可能把握得住。

【原文】

5.14 子路有闻，未之能行，唯恐有⁽¹⁾闻。

【注释】

(1)有：通"又"。

【译文】

子路在听到一条道理但没有能亲自实行的时候，唯恐又听到新的道理。

【评析】

本章记述了子路是一位勇于实践的人。

【原文】

5.15 子贡问曰："孔文子⁽¹⁾何以谓之'文'也？"子曰："敏⁽²⁾而好学，不耻下问，是以谓之'文'也。"

【注释】

(1)孔文子：卫国大夫孔圉（yǔ），"文"是谥（shì）号，"子"是尊称。
(2)敏：敏捷、勤勉。

【译文】

子贡问道："为什么给孔文子一个'文'的谥号呢？"孔子说："他聪敏勤勉而好学，不以向他地位卑下的人请教为耻，所以给他谥号叫'文'。"

【评析】

本章里，孔子在回答子贡提问时讲到"不耻下问"的问题。这是孔子治学一贯应用的方法。"敏而好学"，就是勤敏而兴趣浓厚地发愤学习。"不耻下问"，就是不仅听老师、长辈的教导，向老师、长辈求教，而且还求教于一般看来不如自己知识多的一切人，而不以这样做为可耻。孔子"不耻下问"的表现：一是就近学习自己的学生们，即边教边学，这在《论语》中有多处记载。二是学于百姓，在他看来，群众中可以学的东西很多，这同样可从《论语》中找到许多根据。他提倡的"不耻下问"的学习态度对后世文人学士产生了深远影响。

【原文】

5.16 子谓子产⑴有君子之道四焉:"其行己也恭,其事上也敬,其养民也惠,其使民也义。"

【注释】

⑴子产:姓公孙名侨,字子产,郑国大夫,做过正卿,是郑穆公的孙子,为春秋时郑国的贤相。

【译文】

孔子评论子产有君子的四种道德:"他自己行为庄重,他事奉君主恭敬,他养护百姓有恩惠,他役使百姓有法度。"

【评析】

本章孔子讲的君子之道,就是为政之道。子产在郑国郑简公、郑定公之时执政22年。其时,于晋国当悼公、平公、昭公、顷公、定公五世,于楚国当共王、康王、郏敖、灵王、平王五世,正是两国争强、战乱不息的时候。郑国地处要冲,而周旋于这两大国之间,子产却能不低声下气,也不妄自尊大,使国家得到尊敬和安全,的确是中国古代一位杰出的政治家和外交家。孔子对子产的评价甚高,认为治国安邦就应当具有子产的这四种道德。

【原文】

5.17 子曰:"晏平仲⑴善与人交,久而敬之⑵。"

【注释】

⑴晏(yàn)平仲:齐国的贤大夫,名婴。《史记》卷六十二有他的传。"平"是他的谥号。

⑵久而敬之:"之"在这里指代晏平仲。

【译文】

孔子说:"晏平仲善于与人交朋友,相识久了,别人仍然尊敬他。"

【评析】

孔子在这里称赞齐国大夫晏婴,认为他与人为善,能够获得别人对他的尊敬,这是很不容易的。孔子这里一方面是对晏婴的称赞,另一方面则是希望他的学生向晏婴学习,做到"善与人交",互敬互爱,成为有道德的人。

【原文】

5.18 子曰："臧文仲居蔡⁽¹⁾，山节藻棁⁽²⁾，何如其知也？"

【注释】

(1) 臧（zāng）文仲：姓臧孙名辰，"文"是他的谥号。居蔡：居：藏放，使居住。蔡：国君用以占卜的大龟。蔡这个地方产龟，所以把大龟叫做蔡。

(2) 山节藻棁（zhuō）：把斗拱雕成山形，在棁上绘以水草花纹。这是古时装饰天子宗庙的做法。节：柱上的斗拱。棁：房梁上的短柱。

【译文】

孔子说："臧文仲藏了一只大龟，藏龟的屋子斗拱雕成山的形状，短柱上画以水草花纹，他这个人怎么能算是有智慧呢？"

【评析】

臧文仲在当时被人们称为"智者"，但他对礼则并不在意。他不顾周礼的规定，竟然修建了藏龟的大屋子，装饰成天子宗庙的式样，这在孔子看来就是"越礼"之举了。所以，孔子指责他"不仁""不智"。

【原文】

5.19 子张问曰："令尹子文⁽¹⁾，三仕为令尹，无喜色；三已⁽²⁾之，无愠色。旧令尹之政，必以告新令尹。何如？"子曰："忠矣。"曰："仁矣乎？"曰："未知。焉得仁？""崔子弑齐君⁽³⁾，陈文子有马十乘⁽⁴⁾，弃而违之。至于他邦，则曰：'犹吾大夫崔子也！'违之。之一邦，则又曰：'犹吾大夫崔子也！'违之。何如？"子曰："清矣。"曰："仁矣乎？"曰："未知。焉得仁？"

【注释】

(1) 令尹子文：令尹，楚国的官名，相当于宰相。子文是楚国的著名宰相。

(2) 三已：多次罢免。

(3) 崔子：齐国大夫崔杼（zhù），杀死齐庄公，在当时引起极大反应。弑（shì）：地位在下的人杀了地位在上的人。齐君：即指被崔杼所杀的齐庄公。

(4) 陈文子：陈国的大夫，名须无。乘（shèng）：四匹马驾一辆车，为一乘。

【译文】

子张问孔子说:"令尹子文几次做楚国宰相,没有显出高兴的样子;几次被免职,也没有显出怨恨的样子。(他每一次被免职)一定把自己的一切政事全部告诉给来接任的新宰相。你看这个人怎么样?"孔子说:"可算得是忠了。"子张问:"算得上仁了吗?"孔子说:"不知道。这怎么能算得仁呢?"(子张又问:)"崔杼杀了他的君主齐庄公,陈文子家有四十匹马,都舍弃不要了,离开了齐国。到了另一个国家,他说,这里的执政者也和我们齐国的大夫崔子差不多,就离开了。到了另一个国家,又说,这里的执政者也和我们的大夫崔子差不多,又离开了。这个人你看怎么样?"孔子说:"可算得上清高了。"子张说:"可说是仁了吗?"孔子说:"不知道。这怎么能算得仁呢?"

【评析】

孔子认为,令尹子文和陈文子,一个忠于君主,算是尽忠了;一个不与逆臣共事,算是清高了,但他们两人都还算不上仁。因为在孔子看来,"忠"只是仁的一个方面,"清"则是为维护礼而献身的殉道精神。所以,仅有忠和清高还是远远不够的。

【原文】

5.20 季文子[1]三思[2]而后行。子闻之,曰:"再,斯可矣[3]。"

【注释】

(1)季文子:即季孙行父,鲁成公、鲁襄公时任正卿,"文"是他的谥号。

(2)三思:多次考虑。

(3)斯:就。

【译文】

季文子凡事都要考虑多次才能行动。孔子听到了,说:"思考两次也就可以了。"

【评析】

凡事三思,一般总是利多弊少,为什么孔子听说以后,并不同意季文子的这种做法呢?有人说:"文子生平盖祸福利害之计太明,故其美恶两不相掩，皆三思之病也。其思之至三者，特以世故太深，过为谨慎；然其流弊将至利害徇一己之私矣。"（宦懋庸：《论语稽》）当时季文子做事过于谨慎，顾虑太多，所以就会发生各种弊病。从某个角度看，孔子的话也不无道理。

【原文】

5.21 子曰："宁武子[1]，邦有道则知；邦无道则愚[2]。其知可及也，其愚不可及也。"

【注释】

(1) 宁（nìng）武子：姓宁名俞，卫国大夫，"武"是他的谥号。

(2) 愚：这里是装傻的意思。

【译文】

孔子说："宁武子这个人，当国家有道时，他就显得聪明；当国家无道时，他就装傻。他的那种聪明别人可以做得到，他的那种装傻别人就做不到了。"

【评析】

宁武子是一个处世为官有方的大夫。当形势好转，对他有利时，他就充分发挥自己的聪明智慧，为卫国的政治竭力尽忠。当形势恶化，对他不利时，他就退居幕后或处处装傻，以便等待时机。孔子对宁武子的这种做法，表示赞许。

【原文】

5.22 子在陈[1]曰："归与！归与！吾党之小子狂简[2]，斐然[3]成章，不知所以裁[4]之。"

【注释】

(1) 陈：古国名，大约在今河南东部和安徽北部一带。

(2) 吾党之小子：古代以500家一为党。吾党意即我的故乡。小子，指孔子在鲁国的学生。狂简：志向远大但行为粗率简单。

(3) 斐（fěi）然：有文彩的样子。

(4) 裁：裁剪，节制。

【译文】

孔子在陈国说:"回去吧!回去吧!家乡的学生有远大志向,但行为粗率简单;有文彩但还不知道怎样来节制自己。"

【评析】

孔子说这段话时,正当鲁国季康子执政,欲召冉求回去,协助办理政务。所以,孔子说回去吧,去为官从政,实现他们的抱负。但同时又指出他在鲁国的学生尚存在的问题:行为粗率简单,还不知道怎样节制自己,这些还有待于他的教养。

【原文】

5.23 子曰:"伯夷、叔齐不念旧恶(1),怨是用希(2)。"

【注释】

(1)伯夷、叔齐:殷朝末年孤竹君的两个儿子。父亲死后,二人互相让位,都逃到周文王那里。周武王起兵伐纣,他们认为这是以臣弑君,是不忠不孝的行为,曾加以拦阻。周灭商统一天下后,他们以吃周朝的粮食为耻,逃进深山中以野草充饥,饿死在首阳山中。旧恶(è):过去的仇恨。

(2)希:稀少,罕见。

【译文】

孔子说:"伯夷、叔齐两个人不记旧仇,怨恨因此也就很少。"

【评析】

这一章里,孔子主要称赞的是伯夷、叔齐的"不念旧恶"。伯夷、叔齐认为周武王伐纣是"以暴易暴",既反对周武王,又反对殷纣王,但为了维护君臣之礼,他们还是阻拦武王伐纣,最后因不食周粟,而饿死在首阳山上。孔子则从伯夷、叔齐不记别人旧怨的角度,对他们加以称赞。他们不记别人旧怨,因此别人也就不记他们的旧怨了。孔子用这样一个故事讲述了为人处世应有的态度。

【原文】

5.24 子曰:"孰谓微生高(1)直?或乞醯(2)焉,乞诸其邻而与之。"

【注释】

(1)微生高：姓微生名高，鲁国人。当时人认为他为人直率。

(2)醯（xī）：即醋。

【译文】

孔子说："谁说微生高这个人直率？有人向他讨点醋，他（不直说没有，却暗地）到他邻居家里讨了点给人家。"

【评析】

微生高从邻居家讨醋给来讨醋的人，并不直说自己没有，对此，孔子认为他并不直率。

【原文】

5.25 子曰："巧言、令色、足恭(1)，左丘明(2)耻之，丘亦耻之。匿怨而友其人(3)，左丘明耻之，丘亦耻之。"

【注释】

(1)足恭：一说是两只脚做出恭敬逢迎的姿态来讨好别人；另一说是过分恭敬。

(2)左丘明：姓左丘名明，鲁国人，相传是《左传》一书的作者。

(3)匿怨而友其人：把怨恨藏在心里，却装出对那个人友好的样子。

【译文】

孔子说："花言巧语，装出好看的脸色，摆出逢迎的姿式，低三下四地过分恭敬，左丘明认为这种人可耻，我也认为可耻。把怨恨藏在心里，却装出对那个人友好的样子，左丘明认为这种人可耻，我也认为可耻。"

【评析】

孔子反感"巧言令色"的做法，这在《学而》篇中已经提及。他提倡人们正直、坦率、诚实，不要口是心非、表里不一。这符合孔子培养健康人格的基本要求。这种思想在我们今天仍有一定的意义，对那些人前一套、人后一套的人，有很强的针对性。

【原文】

5.26 颜渊、季路侍[1]。子曰:"盍各言尔志[2]?"子路曰:"愿车马,衣轻裘,与朋友共,敝之而无憾。"颜渊曰:"愿无伐善[3],无施劳[4]。"子路曰:"愿闻子之志。"子曰:"老者安之,朋友信之,少者怀之[5]。"

【注释】

(1)侍:服侍,站在旁边陪着尊贵者叫侍。

(2)盍(hé):何不。尔:你,你们。

(3)伐善:夸耀好处。

(4)施劳:表白功劳。

(5)少者怀之:让年少者得到关怀。

【译文】

颜渊、子路两人侍立在孔子身边。孔子说:"你们何不各自说说自己的志向?"子路说:"愿意拿出自己的车马、衣服、皮袍,同我的朋友共同使用,用坏了也不抱怨。"颜渊说:"我愿意不夸耀自己的长处,不表白自己的功劳。"子路向孔子说:"愿意听听您的志向。"孔子说:"让老年人安心,让朋友相互信任,让年轻人得到关怀。"

【评析】

在这一章里,孔子及其弟子们自述志向,主要谈的还是个人道德修养及为人处世的态度。孔子重视培养"仁"的道德情操,从各方面严格要求自己和学生。从本段里可以看出,只有孔子的志向最接近于"仁德"。

【原文】

5.27 子曰:"已矣乎!吾未见能见其过而内自讼者也[1]。"

【注释】

(1)自讼:自己责备自己。

【译文】

孔子说:"算了吧!我还没有看见过能够看到自己的错误而又能从内心责备自己的人。"

【评析】

古往今来，人们往往能够一眼看到别人的错误与缺点，却看不到自己的错误。即使有人明知自己有错，也因顾及面子或其他原因而拒绝承认错误，更谈不上从内心去责备自己了。甚至有的人，自己犯了错误，不去认真检查自己，反而把责任推到别人头上，这是一种十足的伪君子。孔子说他没有见过有自知之明、有错即改的人。其实，在现实社会生活当中，我们见到的伪君子还少吗？

【原文】

5.28 子曰："十室之邑，必有忠信如丘者焉，不如丘之好学也。"

【译文】

孔子说："即使只有十户人家的小村子，也一定有像我这样讲忠信的人，只是不如我这样好学罢了。"

【评析】

孔子是一个十分坦率直爽的人，他认为自己的忠信并不是最突出的，因为在只有10户人家的小村子里，就有像他这样讲求忠信的人。但他坦言自己非常好学，表明他承认自己的德性和才能都是学来的，并不是"生而知之"。这就从一个角度说明了孔子的基本精神。

雍也篇 第六

【本篇引语】

本篇共包括30章。其中著名文句有："贤哉回也，一箪食，一瓢饮，在陋巷"；"质胜文则野，文胜质则史，文质彬彬，然后君子"；"知之者不如好之者，好之者不如乐之者"；"敬鬼神而远之"；"己欲立而立人，己欲达而达人。"本篇里有数章谈到颜回，孔子对他的评价甚高。此外，本篇还涉及到"中庸之道"、"恕"的学说、"文质"思想，同时，还包括如何培养"仁德"的一些主张。

【原文】

6.1 子曰："雍也可使南面。"

【译文】

孔子说："冉雍这个人，可以让他去做官。"

【评析】

古代以面向南为尊位，天子、诸侯和官员听政都是面向南面而坐。所以这里孔子是说可以让冉雍去从政做官治理国家。在《先进》篇里，孔子将冉雍列在他的第一等学科"德行"之内，认为他已经具备为官的基本条件。这是孔子实行他的"学而优则仕"这一教育方针的典型事例。

【原文】

6.2 仲弓问子桑伯子[1]。子曰："可也，简[2]。"仲弓曰："居敬而行简[3]，以临[4]其民，不亦可乎？居简而行简，无乃大简乎[5]？"子曰："雍之言然。"

【注释】

（1）桑伯子：人名，此人生平不可考。

（2）简：简要，不烦琐。

（3）居敬：为人严肃认真，依礼严格要求自己。行简：指推行政事简而不繁。

（4）临：面临、面对。此处有"治理"的意思。

（5）无乃：岂不是。大：同"太"。

【译文】

仲弓问孔子，子桑伯子这个人怎么样。孔子说："此人还可以，办事简要而不烦琐。"仲弓说："居心恭敬严肃而行事简要，像这样来治理百姓，不是也可以吗？（但是）自己马马虎虎，又以简要的方法办事，这岂不是太简单了吗？"孔子说："冉雍，这话你说得对。"

【评析】

孔子主张办事简明扼要，不烦琐，不拖拉，果断利落。不过，任何事情都不可太过分。如果在办事时，一味追求简要，却马马虎虎，就有些不够妥当了。所以，孔子听完仲弓的话以后，认为仲弓说得很有道理。

【原文】

6.3 哀公问："弟子孰为好学？"孔子对曰："有颜回者好学，不迁怒(1)，不贰过(2)，不幸短命死矣(3)。今也则亡(4)，未闻好学者也。"

【注释】

（1）不迁怒：不把对此人的怒气发泄到彼人身上。

（2）不贰(èr)过："贰"是重复、一再的意思。这是说不犯同样的错误。

（3）短命死矣：颜回死时年仅31岁。

（4）亡(wú)：同"无"。

【译文】

鲁哀公问孔子："你的学生中谁是最好学的呢？"孔子回答说："有一个叫颜回的学生好学，他从不迁怒于别人，也从不重犯同样的过错，不幸短命死了。现在没有那样的人了，没有听说谁是好学的。"

【评析】

这里,孔子极为称赞他的得意门生颜回,认为他好学上进,自颜回死后,已经没有如此好学的人了。在孔子对颜回的评价中,他特别谈到不迁怒、不贰过这两点,也从中可以看出孔子教育学生,重在培养他们的道德情操。这其中包含有深刻的哲理。

【原文】

6.4 子华(1)使于齐,冉子为其母请粟(2)。子曰:"与之釜(3)。"请益。曰:"与之庾(4)。"冉子与之粟五秉(5)。子曰:"赤之适齐也,乘肥马,衣轻裘。吾闻之也:君子周(6)急不济富。"

【注释】

(1)子华:姓公西名赤,字子华,孔子的学生,比孔子小42岁。

(2)冉(rǎn)子:姓冉名求,字子有,通称冉有。在《论语》中被孔子弟子称为"子"的只有四五个人,冉有即其中之一。粟(sù):在古文中,粟与米连用时,粟指带壳的谷粒,去壳以后叫米;粟字单用时,就是指米了。

(3)釜(fǔ):古代量器名,一釜约等于六斗四升。

(4)庾(yǔ):古代量器名,一庾等于二斗四升。

(5)秉(bǐng):古代量器名,一秉等于十八斗。

(6)周:周济、救济。

【译文】

子华出使齐国,冉求替他(子华)的母亲向孔子请求补助一些谷米。孔子说:"给他一釜。"冉求请求再增加一些。孔子说:"再给他一庾。"冉求却给了他五秉谷米。孔子说:"公西赤到齐国去,乘坐着肥马驾的车子,穿着又暖和又轻便的皮袍。我听说过,君子只是周济急需救济的人,而不是周济富人。"

【评析】

孔子主张"君子周急不济富",这是从儒家"仁爱"思想出发的。孔子的"爱人"学说,并不是狭隘地爱自己的家人和朋友,而带有一定的普遍性。但他又认为,周济的只是穷人而不是富人,应当"雪中送炭",而不是"锦上添花"。

这种思想符合于人道主义。

【原文】

6.5 原思为之宰⁽¹⁾，与之粟九百⁽²⁾，辞。子曰："毋，以与尔邻里乡党⁽³⁾乎！"

【注释】

（1）原思：姓原名宪，字子思，鲁国人。孔子的学生，生于公元前515年。孔子在鲁国任司法官的时候，原思曾做他家的总管。宰：家宰，管家。

（2）九百：没有说明单位是什么。

（3）邻里乡党：相传古代以5家为邻，25家为里，12500家为乡，500家为党。此处指原思的同乡，或家乡周围的百姓。

【译文】

原思给孔子家当总管，孔子给他俸米九百，原思推辞不要。孔子说："不要推辞，（如果有多余的，）送给你的乡亲们吧。"

【评析】

以"仁爱"之心待人，这是儒家的传统。孔子提倡周济贫困者，是极富同情心的做法。这与上一章的内容可以联系起来思考。

【原文】

6.6 子谓仲弓，曰："犁牛之子骍且角⁽¹⁾，虽欲勿用⁽²⁾，山川其舍诸⁽³⁾？"

【注释】

（1）犁牛：即耕牛。骍（xīng）且角：红色毛，角长得端正。骍：红色。

（2）用：用于祭祀。

（3）山川：山川之神。此喻上层统治者。其舍诸：其，有"怎么会"的意思。舍，舍弃。诸，"之乎"二字的合音。

【译文】

孔子在评论仲弓的时候说："耕牛产下的牛犊长着红色的毛，角也长得整齐端正，人们虽想不用它做祭品，但山川之神难道会舍弃它吗？"

【评析】

孔子认为，人的出身并不是最重要的，重要的在于自己应有高尚的道德和突出的才干。只要具备了这样的条件，就会受到重用。这从另一方面也说明，作为统治者来讲，选拔重用人才，不能只看出身而抛弃贤才，反映了举贤才的思想和反对任人唯亲的主张。

【原文】

6.7 子曰："回也其心三月不违仁(1)，其余则日月至焉而已矣(2)。"

【注释】

（1）三月：指较长的时间。

（2）日月：指较短的时间。

【译文】

孔子说："颜回这个人，他的心可以在长时间内不离开仁德，其余的学生则只能在短时间内做到仁而已。"

【评析】

颜回是孔子的得意门生，他对孔子以"仁"为核心的思想有深入的理解，而且将"仁"贯穿于自己的行动与言论当中。所以，孔子赞扬他"三月不违仁"，而别的学生"则日月至焉而已。"

【原文】

6.8 季康子(1)问："仲由可使从政也与？"子曰："由也果(2)，于从政乎何有？"曰："赐也可使从政也与？"曰："赐也达(3)，于从政乎何有？"曰："求也可使从政也与？"曰："求也艺(4)，于从政乎何有？"

【注释】

（1）季康子：公元前492年继其父为鲁国正卿，此时孔子正在各地游说。8年以后，孔子返回鲁国，冉求正在帮助季康子推行革新措施。孔子于是对此三人做出了评价。

（2）果：果断、决断。

（3）达：通达、顺畅。

（4）艺：有才能技艺。

【译文】

季康子问孔子："仲由这个人，可以让他管理国家政事吗？"孔子说："仲由做事果断，对于管理国家政事有什么困难呢？"季康子又问："端木赐这个人，可以让他管理国家政事吗？"孔子说："端木赐通达事理，对于管理政事有什么困难呢？"又问："冉求这个人，可以让他管理国家政事吗？"孔子说："冉求有才能，对于管理国家政事有什么困难呢？"

【评析】

端木赐、仲由和冉求都是孔子的学生，他们在从事国务活动和行政事务方面，都各有其特长。孔子所培养的人才，就是要能够辅佐君主或大臣从事政治活动。在本章里，孔子对他的三个学生都给予较高评价，认为他们已经具备了担任重要职务的能力。

【原文】

6.9 季氏使闵子骞为费宰(1)。闵子骞曰："善为我辞焉！如有复我(2)者，则吾必在汶上(3)矣。"

【注释】

（1）闵（mǐn）子骞（qiān）：姓闵名损，字子骞，鲁国人，孔子的学生，比孔子小15岁。费（bì）：季氏的封邑，在今山东费县西北一带。

（2）复（fù）我：再来召我。

（3）在汶（wèn）上：是说要离开鲁国到齐国去。汶：水名，即今山东大汶河，当时流经齐、鲁两国之间。

【译文】

季氏派人请闵子骞去做费邑的长官，闵子骞（对来请他的人）说："请你好好替我推辞吧！如果再来召我，那我一定跑到汶水那边去了。"

【评析】

宋代朱熹对闵子骞的这一做法极表赞赏，他说：处乱世，遇恶人当政，"刚则必取祸，柔则必取辱"，即硬碰或者屈从都要受害，又刚又柔，刚柔相济，才能应付自如，保存实力。这种态度才能处乱世而不惊，遇恶人而不辱，是极富智慧的处世哲学。

【原文】

6.10 伯牛[1]有疾，子问之，自牖执其手[2]，曰："亡之[3]，命矣夫[4]！斯人也而有斯疾也！斯人也而有斯疾也！"

【注释】

（1）伯牛：姓冉名耕，字伯牛，鲁国人，孔子的学生。孔子认为他的"德行"较好。

（2）牖（yǒu）：窗户。

（3）亡（wáng）之：一作丧失解，一作死亡解。

（4）夫（fú）：语气词，相当于"吧"。

【译文】

伯牛病了，孔子前去探望他，从窗户外面握着他的手说："丧失了这个人，这是命里注定的吧！这样的人竟会得这样的病啊！这样的人竟会得这样的病啊！"

【评析】

在孔子弟子中，伯牛（冉耕）以"德行"著称。然而他却得上了不治之症，孔子前去探望，发出了师生真情的感叹；表现了孔子与伯牛师生之间的深厚情谊和依依永别之情。

【原文】

6.11 子曰："贤哉回也！一箪[1]食，一瓢饮，在陋巷[2]，人不堪其忧，回也不改其乐[3]。贤哉回也！"

【注释】

（1）箪（dān）：古代盛饭用的竹器。

（2）巷：巷子，胡同。此处指颜回的住处。

（3）乐：乐于学。

【译文】

孔子说:"颜回的品质是多么高尚啊!一箪饭,一瓢水,住在简陋的小屋里,别人都忍受不了这种穷困清苦,颜回却没有改变他好学的乐趣。颜回的品质是多么高尚啊!"

【评析】

本章中,孔子又一次称赞颜回,对他作了高度评价。这里讲颜回"不改其乐",这也就是贫贱不能移的精神,这里包含了一个具有普遍意义的道理,即人总是要有一点精神的,为了自己的理想,就要不断追求,即使生活清苦困顿也自得其乐。

【原文】

6.12 冉求曰:"非不说子之道[1],力不足也。"子曰:"力不足者,中道而废。今女画[2]。"

【注释】

(1)说(yuè):同"悦"。

(2)女(rǔ)画:女:同"汝",你。画:划定界限,停止前进。

【译文】

冉求说:"我不是不喜欢老师您所讲的道,而是我的能力不够呀。"孔子说:"能力不够是到半路才停下来,现在你是自己给自己划了界限不想前进。"

【评析】

从本章里孔子与冉求师生二人的对话来看,冉求对于学习孔子所讲授的理论产生了畏难情绪,认为自己的能力不够,在学习过程中感到非常吃力。但孔子认为,冉求并非能力的问题,而是他思想上的畏难情绪作怪,所以对他提出批评。

【原文】

6.13 子谓子夏曰:"女为君子儒,无为小人儒[1]。"

【注释】

(1)女:同"汝",你。君子儒:君子为儒将以明道。小人儒:小人为儒则矜其名。

【译文】

孔子对子夏说:"你要做君子儒,不要做小人儒。"

【评析】

在本章中,孔子提出了"君子儒"和"小人儒"的区别,要求子夏做君子儒,不要做小人儒。"君子儒"是指地位高贵、通晓礼法,具有理想人格的人;"小人儒"则指地位低贱,不通礼仪,品格平庸的人。

【原文】

6.14 子游为武城宰(1)。子曰:"女得人焉尔乎(2)?"曰:"有澹台灭明(3)者,行不由径(4),非公事,未尝至于偃(5)之室也。"

【注释】

(1)子游:姓言名偃,字子游,吴国人,比孔子小40岁。武城:鲁国的小城邑,在今山东费县境内。宰:官职名称。

(2)焉尔乎:此三个字都是语助词。

(3)澹(tán)台灭明:姓澹台名灭明,字子羽,武城人,孔子弟子。

(4)径:小路,引申为邪路。

(5)偃(yǎn):言偃,即子游,这是他自称其名。

【译文】

子游做了武城的长官。孔子说:"你在那里得到人才了吗?"子游回答说:"有一个叫澹台灭明的人,从来不走邪路,没有公事从不到我屋子里来。"

【评析】

孔子极为重视发现人才、使用人才。他问子游的这段话,反映出他对举贤才的重视。当时社会处于大动荡、大变革时期,各诸侯国都重视接纳人才,尤其是能够帮助他们治国安邦的有用之才,这是出于政治和国务活动的需要。

【原文】

6.15 子曰:"孟之反不伐(1),奔而殿(2),将入门,策其马,曰:'非敢后也,马不进也。'"

【注释】

（1）孟之反：即孟之侧，鲁国大夫。伐：夸耀。

（2）奔：败走。殿：殿后，在全军最后作掩护。

【译文】

孔子说："孟之反不喜欢夸耀自己。败退的时候，他留在最后掩护全军。快进城门的时候，他鞭打着自己的马说，'不是我敢于殿后，是马跑得不快。'"

【评析】

公元前484年，鲁国与齐国打仗。鲁国右翼军败退的时候，孟之反在最后掩护败退的鲁军。对此，孔子给予了高度评价，宣扬他提出的"功不独居，过不推诿"的学说，认为这是人的美德之一。

【原文】

6.16 子曰："不有祝鮀之佞(1)，而有宋朝之美(2)，难乎免于今之世矣。"

【注释】

（1）祝鮀（tuó）：字子鱼，卫国大夫，有口才，以能言善辩受到卫灵公重用。佞：口才。

（2）而：这里是"与"的意思。宋朝（zhāo）：宋国的公子朝，《左传》中曾记载他因美丽而惹起祸乱的事情。

【译文】

孔子说："如果没有祝鮀那样的口才，而只有宋朝的美貌，在当今社会上处世立足也难免祸患。"

【评析】

孔子感叹时人好佞、好色之风。美色是人之所喜好的，如果美而不佞，仍不免于衰世。孔子习惯借人、借物说理，本章所重，不在鮀、朝二人，而在"佞"与"美"的品行问题。孔子反对佞巧之人，赞美具有高尚品德的人。

【原文】

6.17 子曰："谁能出不由户？何莫由斯道也？"

【译文】

孔子说:"谁能外出不经过门户?为什么没有人走这条正道呢?"

【评析】

孔子这里所说的,其实仅是一个比喻。他所宣扬的"德治""礼制""仁道",在当时有许多人不予重视,他内心感到很不理解。所以,他发出了这样的疑问。

【原文】

6.18 子曰:"质胜文则野(1),文胜质则史(2)。文质彬彬(3),然后君子。"

【注释】

(1)质:朴实、自然,无修饰的。文:文采,经过修饰的。野:此处指粗鲁、鄙野,缺乏文彩。

(2)史:言词华丽,这里有虚伪、浮夸的意思。

(3)彬彬:指文与质的配合很恰当。

【译文】

孔子说:"质朴胜过文采,就流于粗野;文采胜过质朴,就流于虚伪、浮夸。只有质朴和文采配合恰当,才是个君子。"

【评析】

这段话言简意赅,确切地说明了文与质的正确关系和君子的人格模式,高度概括了孔子的文质思想。文与质是对立的统一,互相依存,不可分离。质朴与文采是同样重要的。孔子的文质思想经过两千多年的实践,不断得到丰富和发展,极大地影响了人们的思想和行为,产生了深远的影响。

【原文】

6.19 子曰:"人之生也直(1),罔(2)之生也幸而免。"

【注释】

(1)直:正直。

(2)罔(wǎng):诬罔不正的人。

【译文】

孔子说:"人的生存是由于正直,而不正直的人也能生存,是由于侥幸避免了灾祸。"

【评析】

"直"，是儒家的道德规范。直即直心肠，意思是耿直、坦率、正直、正派，同虚伪、奸诈是对立的。直人没有那么多坏心眼。直，符合仁的品德。与此相对，在社会生活中也有一些不正直的人，他们也能生存，甚至活得更好，这只是他们侥幸地避免了灾祸，并不说明他们的不正直有什么值得效法的。

【原文】

6.20 子曰："知之者不如好之者，好之者不如乐之者。"

【译文】

孔子说："知道它的人，不如爱好它的人；爱好它的人，又不如以它为乐的人。"

【评析】

孔子在这里没有具体指明"之"是什么，看来是泛指，包括道德、学问、技艺等。有句话说：兴趣是最好的导师，大概说的就是这个意思。

【原文】

6.21 子曰："中人(1)以上，可以语上(2)也；中人以下，不可以语上也。"

【注释】

（1）中人：中等之人。

（2）语（yù）上：告诉抽象而高深的学问。语：告诉。上：抽象而高深的学问。

【译文】

孔子说："具有中等以上才智的人，可以给他讲授高深的学问，在中等水平以下的人，不可以告诉他高深的学问。"

【评析】

孔子向来认为，人的智力从出生就有聪明和愚笨的差别，即上智、下愚与中人。既然人有这么多的差距，那么，孔子在教学过程中，就提出"因材施教"的原则,这是他教育思想的一个重要内容,即根据学生智力水平的高低来决定教学内容和教学方式,这对我国教育学的形成和发展作出了积极贡献。

【原文】

6.22 樊迟问知[1]。子曰:"务民之义[2],敬鬼神而远之,可谓知矣。"问仁。曰:"仁者先难而后获,可谓仁矣。"

【注释】

(1)知(zhì):通"智"。聪明,明智。

(2)务:从事、致力于。义:合乎道义。

【译文】

樊迟问怎样才算是明智。孔子说:"专心致力于使老百姓做事合乎道义,尊敬鬼神但要远离它,就可以说是明智了。"樊迟又问怎样才是仁。孔子说:"有仁德的人面对困难,争先在前面,面对收获,在人后面,这可以说是仁了。"

【评析】

本章提出了"智""仁"等重大问题。面对现实,以回答现实的社会问题、人生问题为中心,这是孔子思想的一个突出特点。他还提出了"敬鬼神而远之"的主张,否定了宗法传统的神权观念,他不迷信鬼神,自然也不主张以卜筮向鬼神问吉凶。所以,孔子是力求以实事求是的态度否定鬼神作用的。

【原文】

6.23 子曰:"知者乐水[1],仁者乐山;知者动,仁者静;知者乐[2],仁者寿。"

【注释】

(1)知(zhì)者乐(yào)水:聪明人喜爱水。知:通"智";乐:喜爱的意思。

(2)乐(lè):快乐

【译文】

孔子说:"聪明人喜爱水,有仁德者喜爱山;聪明人追求变动,仁德者追求宁静;聪明人快乐,有仁德者长寿。"

【评析】

孔子这里所说的"智者"和"仁者"不是一般人，而是那些有修养的"君子"。他希望人们都能做到"智"和"仁"，只要具备了这些品德，就能适应当时社会的要求。

【原文】

6.24 子曰："齐一变，至于鲁；鲁一变，至于道。"

【译文】

孔子说："齐国一改变，可以达到鲁国这个样子；鲁国一改变，就可以达到先王之道了。"

【评析】

本章里，孔子提出了"道"的范畴。此处所讲的"道"是治国安邦的最高原则。在春秋时期，齐国的经济发展较早，而且实行了一些改革，成为当时最富强的诸侯国家。与齐国相比，鲁国经济的发展比较缓慢，但意识形态和上层建筑保存得比较完备，所以孔子说，齐国改变就达到了鲁国的样子，而鲁国再一改变，就达到了先王之道。这反映了孔子对周礼的无限眷恋之情。

【原文】

6.25 子曰："觚(1)不觚，觚哉！觚哉！"

【注释】

（1）觚（gū）：古代盛酒的器具，上圆下方，有棱，容量约有二升。后来觚被改变了，所以孔子认为觚不像觚。

【译文】

孔子说："觚不像个觚了，还算是觚吗！还算是觚吗！"

【评析】

孔子的思想中，周礼是根本不可更动的。从井田到刑罚，从音乐到酒具，周礼规定的一切都是尽善尽美的，甚至是神圣不可侵犯的。在这里，孔子慨叹当今事物名不符实，主张"正名"。尤其是孔子所讲，现今社会"君不君，臣不臣，父不父，子不子"的这种状况，是不能让人容忍的。

【原文】

6.26 宰我⁽¹⁾问曰："仁⁽²⁾者，虽告之曰：'井有仁焉。'其从之也？"子曰："何为其然也？君子可逝⁽³⁾也，不可陷⁽⁴⁾也；可欺也，不可罔也⁽⁵⁾。"

【注释】

（1）宰我：宰予，字子我，鲁国人。

（2）仁：这里指有仁德的人。

（3）逝：往。这里指到井边去看并设法救之。

（4）陷：陷入。

（5）罔（wǎng）：愚弄。

【译文】

宰我问道："对于有仁德的人，别人告诉他：'井里有位仁人。'他应跟着下去吗？"孔子说："为什么要这样做呢？君子可以到井边去救人，却不可以陷入井中；可以欺骗，但不可以愚弄。"

【评析】

宰我所问的这个问题，的确是比较尖锐的。对此，孔子的回答是："君子可以到井边去救，却不可以陷入井中；可以欺骗，但不可以愚弄"。旨在说明仁者当明辨是非，可欺不可辱。

【原文】

6.27 子曰："君子博学于文，约⁽¹⁾之以礼，亦可以弗畔矣夫⁽²⁾。"

【注释】

（1）约：一种释为约束；一种释为简要。

（2）弗（fú）畔（pàn）：弗：不。畔：通"叛"，背叛。矣夫：语气词，表示较强烈的感叹。

【译文】

孔子说："君子广泛地学习古代的文化典籍，又以礼来约束自己，也就可以不离经叛道了。"

【评析】

本章清楚地说明了孔子的教育目的。他当然不主张离经叛道,那么怎么做呢?他认为应当广泛学习古代典籍,而且要用"礼"来约束自己。说到底,他是要培养懂得"礼"的君子。

【原文】

6.28 子见南子(1),子路不说(2)。夫子矢(3)之曰:"予所否(4)者,天厌之!天厌之!"

【注释】

(1)南子:卫国灵公的夫人,当时实际上左右着卫国政权,有淫乱的行为。

(2)说(yuè):通"悦",高兴。

(3)矢(shì):通"誓",发誓。

(4)否(fǒu):坏;恶;不对,不是,指做了不正当的事。

【译文】

孔子去见南子,子路不高兴。孔子发誓说:"我若做了不正当的事,让上天厌弃我吧!让上天厌弃我吧!"

【评析】

本章对孔子去见南子做什么,没有讲明。据后代儒家讲,孔子见南子是"欲行霸道"。所以,孔子在这里发誓赌咒,说如果做了什么不正当的事的话,就让上天厌弃他。此外,孔子在这里又提到了"天"这个概念,恐怕不能简单地说,孔子的观念上还有宗教意识,这只是他为了说服子路而发的誓。

【原文】

6.29 子曰:"中庸(1)之为德也,其至(2)矣乎!民鲜(3)久矣。"

【注释】

(1)中庸:就是"用中"的意思,折中,中正和谐,恰到好处,无过无不及,不偏不倚的平常道理。中:不偏之谓中。庸:不易(变)之谓庸,平常。

(2)至:极致,最高。

(3)鲜:少。

【译文】

孔子说:"中庸作为一种道德,该是最高的了吧!人们缺少这种道德已经很久了。"

【评析】

中庸是儒家的重要思想,尤其作为一种道德观念,这是孔子尤为提倡的。《论语》中提及"中庸"一词,仅此一条。中庸属于道德行为的评价问题,也是一种德行,而且是最高的德行。不偏不倚谓之中,平常谓庸。中庸就是不偏不倚的平常的道理。中庸又被理解为中道,中道就是不偏于对立双方的任何一方,使双方保持均衡状态。中庸又称为"中行",中行是说,人的气质、作风、德行都不偏于一个方面,对立的双方互相牵制,互相补充。中庸是一种折中调和的思想。调和与均衡是事物发展过程中的一种状态,这种状态是相对的、暂时的。孔子揭示了事物发展过程的这一状态,并概括为"中庸",这在古代认识史上是有贡献的。但在任何情况下都讲中庸,讲调和,就否定了对立面的斗争与转化,这是应当明确指出的。

【原文】

6.30 子贡曰:"如有博施(1)于民,而能济众(2),何如?可谓仁乎?"子曰:"何事于仁,必也圣乎!尧舜其犹病诸(3)!夫(4)仁者,己欲立而立人,己欲达而达人。能近取譬(5),可谓仁之方也已。"

【注释】

(1)施(shī):旧读 shì,动词。

(2)济(jì)众:周济众人。

(3)尧舜:传说中上古时代的两位帝王,也是孔子心目中的榜样。儒家认为是"圣人"。病诸:病,担忧。诸,"之乎"的合音。

(4)夫(fú):助词,句首发语词。

(5)能近取譬(pì):能够就自身打比方。即推己及人的意思。

【译文】

子贡说:"如果有人广泛地给予民众实惠又能周济大众,怎么样?可以算是仁人了吗?"孔子说:"岂止是仁人,必定是圣人了!就连尧舜也会担心难以做到呢！仁者，就是要想自己站得住，也要帮助别人站得住；要想自己通达，也要帮助别人通达。凡事能就近以自己作比，而推己及人，可以说就是实行仁的方法了。"

【评析】

"己欲立而立人，己欲达而达人"是实行"仁"的重要原则。"推己及人"就做到了"仁"。在后面的章节里，孔子还说"己所不欲，勿施于人"等。这些都说明了孔子关于"仁"的基本主张。对此，我们到后面还会提到。总之，这是孔子思想的一个重要方面，是社会基本伦理准则，在今天同样具有重要价值。

述而篇第七

【本篇引语】

本篇共包括38章，也是学者们在研究孔子和儒家思想时引述较多的篇章之一。它包括以下几个方面的主要内容："学而不厌，诲人不倦"；"饭疏食饮水，曲肱而枕之，乐在其中"；"发愤忘食，乐以忘忧，不知老之将至"；"三人行必有我师"；"君子坦荡荡，小人长戚戚"；"温而厉，威而不猛，恭而安"。本章提出了孔子的教育思想和学习态度，孔子对仁德等重要道德范畴的进一步阐释，以及孔子的其他思想主张。

【原文】

7.1 子曰："述而不作[1]，信而好古，窃比于我老彭[2]。"

【注释】

（1）述而不作：只传述、继承、延续而不创造发明。述，传述。作，创造。

（2）窃：私，私自，私下。老彭：人名，但究竟指谁，学术界说法不一。有的说是殷商时代一位"好述古事"的"贤大夫"；有的说是老子和彭祖两个人；有的说是殷商时代的彭祖。

【译文】

孔子说："只阐述而不创作，相信而且喜好古代的文化，我私下把自己比做老彭。"

【评析】

在这一章里，孔子提出了"述而不作"的原则，这反映了孔子思想上保守的一面。完全遵从"述而不作"的原则，那么对古代的东西只能陈陈相因，就不再会有思想的创新和发展。这种思想在汉代以后开始形成古文经学派。"述而不作"的治学方式，对于中国人的思想有一定程度的局限作用。我们提倡继承、发扬、与时俱进、不断创新。

【原文】

7.2 子曰:"默而识(1)之,学而不厌,诲(2)人不倦,何有于我哉(3)?"

【注释】

(1)识(zhì):记住的意思。

(2)诲(huì):教诲。

(3)何有于我哉:对我有什么难呢?

【译文】

孔子说:"默默地记住知识,学习不觉得厌烦,教人不知道疲倦,对于我有什么困难呢?"

【评析】

这一章紧接前一章的内容,继续谈论治学的方法问题。前面说他本人"述而不作,信而好古",此章则说他"学而不厌,诲人不倦",反映了孔子教育方法的一个侧面。这对中国教育思想的形成与发展产生了很大的影响,以至于在今天,我们仍在宣传他的这一教育学说。

【原文】

7.3 子曰:"德之不修,学之不讲,闻义不能徙(1),不善不能改,是吾忧也。"

【注释】

(1)徙(xǐ):迁移。此处指靠近义、做到义。

【译文】

孔子说:"不修养道德,不讲求学问,听到义不能去做,有了不善的事不能改正,这些都是我所忧虑的事情。"

【评析】

春秋末年,天下大乱。孔子慨叹世人不能自见其过而自责,对此,他万分忧虑。他把道德修养、读书学习和知错即改三个方面的问题相提并论,在他看来,三者之间也有内在联系,因为进行道德修养和学习各种知识,最重要的就是要能够及时改正自己的过失或"不善",只有这样,修养才可以完善,知识才可以丰富。

【原文】

7.4 子之燕居(1),申申如也(2),夭夭如也(3)。

【注释】

(1)燕居:安居、家居、闲居。

(2)申申:衣冠整洁。

(3)夭(yāo)夭:行动迟缓、斯文舒和的样子。

【译文】

孔子闲居在家里的时候,衣冠楚楚,仪态温和舒畅,悠闲自在。

【评析】

这里介绍了孔子闲居在家的情形,告诉人们,君子即使悠闲在家,也要保持衣冠整洁,行动斯文,时刻注意自己的形象。

【原文】

7.5 子曰:"甚矣吾衰也!久矣吾不复梦见周公(1)!"

【注释】

(1)周公:姓姬,名旦,周文王的儿子,周武王的弟弟,周成王的叔父,鲁国国君的始祖,传说是西周典章制度的制定者。他是孔子所崇拜的"圣人"之一。

【译文】

孔子说:"我衰老得很厉害了!我好久没有再梦见周公了!"

【评析】

周公是中国古代的"圣人"之一,孔子自称他继承了自尧、舜、禹、汤、文、武、周公以来的道统,肩负着光大古代文化的重任。孔子把梦见周公视为盛世有望的吉兆,也把自己的命运同世事的兴衰联系在一起。这句话,表明了孔子对周公的崇敬和思念,也反映了他对周礼的崇拜和拥护。

【原文】

7.6 子曰："志于道，据于德(1)，依于仁，游于艺(2)。"

【注释】

（1）德：旧注云：德者，得也。能把道贯彻到自己心中而不失掉就叫德。

（2）游：游玩涵泳。艺：指孔子教授学生的礼、乐、射、御、书、数六艺。

【译文】

孔子说："以道为志向，以德为根据，以仁为凭藉，游习在（礼、乐、射、御、书、数）六艺之中。"

【评析】

《礼记·学记》曾说："不兴其艺，不能乐学。故君子之于学也，藏焉，修焉，息焉，游焉。夫然，故安其学而亲其师，乐其友而信其道。是以虽离师辅而不反也。"这个解释阐明了这里所谓的"游于艺"的意思。孔子培养学生，就是以仁、德为纲领，以六艺为基本，使学生能够得到全面均衡的发展。

【原文】

7.7 子曰："自行束脩(1)以上，吾未尝无诲焉。"

【注释】

（1）束（shù）脩（xiū）：十条干肉。脩：干肉，又叫脯。孔子要求他的学生，初次见面时要拿十条干肉作为学费。后来，就把学生送给老师的学费叫做"束脩"。

【译文】

孔子说："只要自愿拿着十条干肉为礼来见我的人，我从来没有不给他教诲的。"

【评析】

这一章中孔子所说的这段话，表明了他诲人不倦的精神，也反映了他"有教无类"的教育思想。过去有人说，既然要交十条干肉作学费，那必定是中等以上的人家之子弟才有入学的可能，贫穷人家自然是交不出十条干肉来的，所以孔子的"有教无类"只停留在口头上，在社会实践中根本不可能推行。用这种推论否定孔子的"有教无类"的教育思想，过于理想化和幼稚。在任何社会里，要做到完全彻底的有教无类，恐怕都有相当难度，这要归之于社会经济的发展程度。

【原文】

7.8 子曰："不愤(1)不启，不悱(2)不发。举一隅(3)不以三隅反，则不复也。"

【注释】

（1）愤：苦思冥想而仍然领会不了的样子。

（2）悱（fěi）：想说又不能明确说出来的样子。

（3）隅（yú）：角落。

【译文】

孔子说："教导学生，不到他想弄明白而不得的时候，不去开导他；不到他想说出来却说不出来的时候，不去启发他。教给他一个方面，他却不能由此而推知其他三个方面，那就不再教他了。"

【评析】

在《雍也篇》第21章中，孔子说："中人以上可以语上也；中人以下，不可以语上也。"这一章继续谈他的教育方法问题。在这里，他提出了"启发式"教学的思想。从教学方面而言，他反对"填鸭式""满堂灌"的作法。要求学生能够"举一反三"，在学生充分进行独立思考的基础上，再对他们进行启发、开导，这是符合教学基本规律的，而且具有深远的影响，在今天的教学过程中仍可以加以借鉴。

【原文】

7.9 子食于有丧者之侧，未尝饱也。

【译文】

孔子在有丧事的人旁边吃饭，不曾吃饱过。

【评析】

《集解》云："丧者哀戚，饱食于其侧，是无恻隐之心。"意在说明孔子在有丧事的人旁边吃饭，出于同情，而不能饱食，则正是仁心之体现也。

【原文】

7.10 子于是日哭，则不歌。

【译文】

孔子在这一天为吊丧而哭泣，就不再唱歌。

【评析】

孔子在吊丧之日，便不再唱歌，既表达了本人的悲痛，又体现了对死者的尊重，乃仁心之彰显。与上章意思相同。

【原文】

7.11 子谓颜渊曰："用之则行，舍之则藏(1)，惟我与尔有是夫(2)！"子路曰："子行三军(3)，则谁与(4)？"子曰："暴虎冯河(5)，死而无悔者，吾不与也。必也临事而惧(6)，好谋而成者也。"

【注释】

（1）舍之则藏：舍，舍弃，不用。藏，隐藏。

（2）夫：语气词，相当于"吧"。

（3）三军：是当时大国所有的军队，每军约一万二千五百人。

（4）与：在一起的意思。

（5）暴虎：空拳赤手与老虎进行搏斗。冯（píng）河：无船而徒步过河。

（6）临事而惧：遇到事情便格外小心谨慎。惧：谨慎、警惕的意思。

【译文】

孔子对颜渊说："用我呢，我就去干；不用我，我就隐藏起来，只有我和你才能做到这样吧！"子路问孔子说："老师您如果统帅三军，那么您和谁在一起共事呢？"孔子说："赤手空拳和老虎搏斗，徒步涉水过河，死了都不会后悔的人，我是不会和他共事的。我要找的，一定是遇事小心谨慎，善于谋划而能完成任务的人。"

【评析】

孔子在本章提出不与"暴虎冯河，死而无悔"的人在一起去统帅军队。因为在他看来，这种人虽然视死如归，但有勇无谋，是不能成就大事的。"勇"是孔子道德范畴中的一个德目，但勇不是蛮干，而是"临事而惧，好谋而成"

的人，这种人智勇兼有，符合"勇"的规定。

【原文】

7.12 子曰："富而可求也⁽¹⁾，虽执鞭之士⁽²⁾，吾亦为之。如不可求，从吾所好。"

【注释】

（1）富：指升官发财。求：指合于道，可以去求。

（2）执鞭之士：古代为天子、诸侯和官员出入时手执皮鞭开路的人。意思指地位低下的职事。

【译文】

孔子说："如果富贵合乎于道就可以去追求，虽然是给人执鞭的下等差事，我也愿意去做。如果富贵不合于道就不必去追求，那就还是按我的爱好去干事。"

【评析】

孔子在这里又提到富贵与道的关系问题。只要合乎于道，富贵就可以去追求；不合乎道，富贵就不能去追求。那么，他就去做自己喜欢做的事情。从此处可以看到，孔子不反对做官，不反对发财，但必须符合于道，这是原则问题，孔子表明自己不会违背原则去追求富贵荣华。

【原文】

7.13 子之所慎：齐⁽¹⁾、战、疾。

【注释】

（1）齐（zhāi）：通"斋"，斋戒。古人在祭祀前要沐浴更衣，不吃荤，不饮酒，不与妻妾同寝，整洁身心，表示虔诚，这叫做斋戒。

【译文】

孔子所谨慎小心对待的是斋戒、战争和疾病这三件事。

【评析】

本章介绍孔子最谨慎对待的三件事是斋戒、战争和疾病，重点说明了斋戒在孔子心中的重要性。说明孔子把"礼"和战争、人的疾病生死看得一样重要。

【原文】

7.14 子在齐闻《韶》⁽¹⁾，三月不知肉味，曰："不图为乐之至于斯也。"

【注释】

（1）《韶》：舜时古乐曲名。

【译文】

孔子在齐国听到了《韶》乐，有很长时间尝不出肉的滋味，他说："想不到《韶》乐的美达到了这样迷人的地步。"

【评析】

《韶》乐是当时流行于贵族当中的古乐。孔子对音乐很有研究，音乐鉴赏能力也很强，他听了《韶》乐以后，在很长时间内品尝不出肉的滋味，这当然是一种形容的说法，但也说明音乐的美对人具有巨大的影响作用。他欣赏古乐已经到了痴迷的程度，也说明了他在音乐方面的高深造诣。

【原文】

7.15 冉有曰："夫子为卫君乎⁽¹⁾？"子贡曰："诺⁽²⁾，吾将问之。"入，曰："伯夷、叔齐何人也？"曰："古之贤人也。"曰："怨乎？"曰："求仁而得仁，又何怨？"出，曰："夫子不为也。"

【注释】

（1）为（wèi）：这里是帮助的意思。卫君：卫出公辄，是卫灵公的孙子。公元前492年至公元前481年在位。他的父亲蒯聩因谋杀卫灵公的夫人南子而被卫灵公驱逐出国。灵公死后，辄被立为国君，其父回国与他争位。

（2）诺：答应的说法。

【译文】

冉有（问子贡）说："老师会帮助卫国的国君吗？"子贡说："嗯，我去问他。"于是就进去问孔子："伯夷、叔齐是什么样的人呢？"（孔子）说："古代的贤人。"（子贡又）问："他们有怨恨吗？"（孔子）说："他们求仁而得到了仁，为什么又怨恨呢？"（子贡）出来（对冉有）说："老师不会帮助卫君。"

【评析】

卫国国君辄即位后,其父与其争夺王位,这件事恰好与伯夷、叔齐两兄弟互相让位形成鲜明对照。这里,孔子赞扬伯夷、叔齐,而对卫出公父子违反等级名分极为不满。孔子对这两件事给予评价的标准就是符不符合礼。

【原文】

7.16 子曰:"饭疏食⁽¹⁾饮水,曲肱⁽²⁾而枕之,乐亦在其中矣。不义而富且贵,于我如浮云。"

【注释】

(1)饭疏食:饭,这里是"吃"的意思,作动词。疏食即粗粮。

(2)曲肱(gōng):弯着胳膊。肱:胳膊,由肩至肘的部位。

【译文】

孔子说:"吃粗粮,喝白水,弯着胳膊当枕头,乐趣也就在这中间了。用不正当的手段得来的富贵,对于我来讲就像是天上的浮云一样。"

【评析】

孔子极力提倡"安贫乐道",认为有理想、有志向的君子,不会总是为自己的吃穿住而奔波的,"饭疏食饮水,曲肱而枕之",对于有理想的人来讲,可以说是乐在其中。同时,他还提出,不符合于道的富贵荣华,他是坚决不予接受的,对待这些东西,如天上的浮云一般。这种思想深深影响了古代的知识分子,也为一般老百姓所接受。

【原文】

7.17 子曰:"加⁽¹⁾我数年,五十以学《易》⁽²⁾,可以无大过矣。"

【注释】

(1)加(jiǎ):通"假"字,给予的意思。

(2)《易》:指《周易》。

【译文】

孔子说:"再给我几年时间,五十岁就学习《周易》,我便可以没有大的过错了。"

【评析】

孔子自己说，"五十而知天命"，可见他把学《易》和"知天命"联系在一起。他主张认真研究《易》，是为了使自己的言行符合于"天命"。《史记·孔子世家》中说，孔子"读《易》，韦编三绝"。他非常喜欢读《周易》，曾把穿竹简的皮条翻断了很多次。这表明孔子活到老、学到老的刻苦钻研精神，值得后人学习。

【原文】

7.18 子所雅言⑴，《诗》《书》、执礼，皆雅言也。

【注释】

（1）雅言：周王朝的京畿之地在今陕西地区，以陕西语音为标准音的周王朝的官话（官方通用语言），在当时被称作"雅言"，即普通话。孔子平时谈话时用鲁国的方言，但在诵读《诗》《书》和赞礼时，则以当时陕西语音为准。

【译文】

孔子有时讲普通话，读《诗》、念《书》、赞礼时，用的都是普通话。

【评析】

孔子在读《诗》、念《书》、赞礼时，用的都是普通话。这说明孔子在读《诗》、念《书》、赞礼时，特别认真严肃。表明了他对《诗》《书》、执礼的敬重之心。

【原文】

7.19 叶公⑴问孔子于子路，子路不对。子曰："女奚⑵不曰：其为人也，发愤忘食，乐以忘忧，不知老之将至云尔⑶。"

【注释】

（1）叶（shè）公：姓沈名诸梁，楚国的大夫，封地在叶城（今河南叶县南），所以叫叶公。

（2）奚（xī）：为什么。

（3）云尔：云，代词，如此的意思。尔同耳，而已，罢了。

【译文】

叶公向子路问孔子是个什么样的人，子路没有回答。孔子（对子路）说："你为什么不这样说：他这个人，发愤用功，连吃饭都忘了，快乐得把一切忧虑都忘了，连自己快要老了都不知道，如此而已。"

【评析】

这一章里孔子自述其心态，"发愤忘食，乐以忘忧"，连自己老了都觉察不出来。孔子从读书学习和各种活动中体味到无穷乐趣，是典型的现实主义和乐观主义者，他不为身旁的小事而烦恼，表现出积极向上的精神面貌。

【原文】

7.20 子曰："我非生而知之者，好古，敏以求之者也。"

【译文】

孔子说："我不是生来就有知识的人，而是爱好古代文化，勤奋敏捷地去求得知识的人。"

【评析】

在孔子的观念当中，"上智"就是"生而知之者"，但他却否认自己是生而知之者。他之所以成为学识渊博的人，在于他爱好古代的典章制度和文献图书，而且勤奋刻苦，思维敏捷，这是他总结自己学习与修养的主要特点。他这么说，是为了鼓励他的学生发奋努力，成为各方面的有用人才。

【原文】

7.21 子不语怪、力、乱、神。

【译文】

孔子不谈论怪异、暴力、叛乱、鬼神。

【评析】

孔子大力提倡"仁德""礼治"等道德观念，从《论语》书中，很少见到孔子谈论怪异、暴力、叛乱、鬼神，如他"敬鬼神而远之"等，但也不是绝对的。他偶尔谈及这些问题时，都是有条件的，有特定环境的。

【原文】

7.22 子曰:"三人⑴行,必有我师焉。择其善者而从之,其不善者而改之。"

【注释】

(1)三人:几个人。虚指多个人。

【译文】

孔子说:"几个人同行,必定有人可以当我的老师。选择那些品行好的,向他学习;那些不好的品行,就作为借鉴,自己改正它。"

【评析】

孔子的"三人行,必有我师焉"这句话,受到后代知识分子的极力赞赏。他虚心向别人学习的精神十分可贵,但更可贵的是,他不仅要以善者为师,而且以不善者为师,以此为鉴,从中吸取失败的教训。这其中包含有深刻的哲理。他的这段话,对于指导我们处事待人、修身养性、增长知识,都是有益的。

【原文】

7.23 子曰:"天生德于予,桓魋其如予何⑴?"

【注释】

(1)桓(huán)魋(tuí):向魋。是宋桓公的后代,故称桓魋。担任宋国主管军事行政的官——司马。

【译文】

孔子说:"上天把道德赋予了我,桓魋能把我怎么样?"

【评析】

公元前492年,孔子从卫国去陈国时经过宋国。桓魋听说以后,带兵要去害孔子。当时孔子正与弟子们在大树下演习周礼的仪式,桓魋砍倒大树,而且要杀孔子,孔子连忙在学生保护下,离开了宋国,途中,他说了这句话。他认为,自己是有仁德的人,而且是上天把仁德赋予了他,仁德之人,上天会护佑的,所以桓魋对他是无可奈何的。

【原文】

7.24 子曰:"二三子⁽¹⁾以我为隐乎?吾无隐乎尔。吾无行而不与二三子者,是丘也。"

【注释】

(1)二三子:这里指孔子的学生们。

【译文】

孔子说:"你们这些学生以为我有什么隐瞒的吗?我没有隐瞒你们的。我没有什么事不是和你们一起干的。这就是我孔丘啊。"

【评析】

本章体现孔子之教"无所隐",一视同仁,无所保留。同时还表明了师生共同学习、研究、实践的事实,证实了孔子的身教重于言传及光明磊落的为人。

【原文】

7.25 子以四教:文⁽¹⁾、行⁽²⁾、忠⁽³⁾、信⁽⁴⁾。

【注释】

(1)文:文献、古籍等。

(2)行:行动,指社会实践方面的内容。

(3)忠:尽己之谓忠,对人尽心竭力的意思。

(4)信:以实之谓信。诚实的意思。

【译文】

孔子从四个方面教育学生:文献、实践、忠心、诚信。

【评析】

本章主要讲孔子教学的内容。当然,这仅是他教学内容的一部分,并不包括全部内容。孔子注重历代古籍、文献资料的学习,但仅有书本知识还不够,还要重视社会实践活动,所以,从《论语》中,我们可以看到孔子经常带领他的学生周游列国,一方面向各国统治者进行游说,一方面让学生在实践中增长知识和才干。但书本知识和实践活动仍不够,还要养成忠、信的德行,即对待别人的忠心和与人交际的信实。概括起来讲,就是书本知识、社会实践和道德修养三个方面。

【原文】

7.26 子曰："圣人，吾不得而见之矣！得见君子者，斯[1]可矣。"子曰："善人，吾不得而见之矣！得见有恒[2]者，斯可矣。亡而为有，虚而为盈，约而为泰[3]，难乎有恒矣！"

【注释】

（1）斯：就。

（2）恒：指恒心。

（3）约：穷困。泰：这里是奢侈的意思。

【译文】

孔子说："圣人，我是不可能看到了！能看到君子，就可以了。"孔子又说："善人，我不可能看到了；能见到有恒心向善的人，就可以了。没有却装作有，空虚却装作充实，穷困却装作富足，这样的人是难以有恒心向善的。"

【评析】

对于春秋末期社会礼崩乐坏的状况，孔子似乎感到一种绝望，因为他认为在那样的社会背景下，难以找到他观念中的"圣人""善人"，而那些"虚而为盈，约而为泰"的人却比比皆是，在这样的情况下，能看到"君子""有恒者"，也就心满意足了。

【原文】

7.27 子钓而不纲[1]，弋不射宿[2]。

【注释】

（1）纲：大绳。这里作动词用。在水面上拉一根大绳，在大绳上系许多鱼钩来钓鱼，叫纲。

（2）弋（yì）：用带绳子的箭来射。宿（sù）：指归巢歇宿的鸟儿。

【译文】

孔子钓鱼，不用（有许多鱼钩的）大绳钓鱼；用带绳子的箭来射鸟，不射巢中歇宿的鸟。

【评析】

其实，只用有一个鱼钩的钓竿钓鱼和用有许多鱼钩的大绳钓鱼，以及只用箭射飞行中的鸟与射巢中之鸟，从实质上并无区别。孔子的这种做法，只不过表白他自己的仁德之心罢了。不论是钓鱼，还是射鸟，作为一种技艺展示的娱乐活动，要以展示技艺为主，而不是将鱼和鸟捕尽杀绝。

【原文】

7.28 子曰："盖有不知而作之者，我无是也。多闻，择其善者而从之；多见而识(1)之，知之次也。"

【注释】

（1）识（zhì）：记住。

【译文】

孔子说："大概有什么都不懂却在那里凭空创造的人，我却没有这样做过。多听，选择其中好的来学习；多看，然后记住它，这是次一等的智慧。"

【评析】

本章里，孔子提出对自己所不知的东西，应该多闻、多见，努力学习，反对那种本来什么都不懂，却在那里凭空创造的做法。这是他对自己的要求，同时也要求他的学生这样去做。

【原文】

7.29 互乡(1)难与言，童子见，门人惑。子曰："与其进(2)也，不与其退(3)也，唯何甚？人洁己(4)以进，与其洁也，不保其往(5)也。"

【注释】

（1）互乡：地名，具体所在已无可考。

（2）与：赞许。进：进步。

（3）退：退步。

（4）洁己：洁身自好，努力修养，成为有德之人。

（5）不保其往：不要死抓住他的过去不放。保：保守。往：过去。

【译文】

很难与互乡那个地方的人谈话,但互乡的一个童子却受到了孔子的接见,学生们都感到迷惑不解。孔子说:"我是肯定他的进步,不是肯定他的倒退。何必做得太过分呢?人家洁身自好以求进步,我们赞许他洁身自好,不要死抓住他的过去不放。"

【评析】

孔子时常向各地的人们宣传他的思想主张。但在互乡这个地方,就有些行不通了。所以他说:"与其进也,不与其退也";"人洁己以进,与其洁也,不保其往也",这从一个侧面体现出孔子"诲人不倦"的态度,而且他认为不应死抓着过去的错误不放。

【原文】

7.30 子曰:"仁远乎哉?我欲仁,斯仁至矣。"

【译文】

孔子说:"仁德离我们很远吗?我想有仁德,仁德就到来了。"

【评析】

从本章孔子的言论来看,仁德是人天生的本性,因此为仁就全靠自身的努力,不能依靠外界的力量,"我欲仁,斯仁至矣。"这种认识的基础,仍然是靠道德的自觉,要经过不懈的努力,就有可能达到仁。这里,孔子强调了人进行道德修养的主观能动性,有其重要意义。

【原文】

7.31 陈司败[1]问:"昭公[2]知礼乎?"孔子曰:"知礼。"孔子退,揖巫马期[3]而进之曰:"吾闻君子不党[4],君子亦党乎?君取[5]于吴,为同姓[6],谓之吴孟子[7]。君而知礼,孰不知礼?"巫马期以告。子曰:"丘也幸,苟有过,人必知之。"

【注释】

(1)陈司败:陈国主管司法的官,姓名不详;也有人说是齐国大夫,姓陈,名司败。

（2）昭公：鲁国的君主，名裯（chóu），公元前541至前510年在位。"昭"是谥号。

（3）揖：做揖，行拱手礼。巫马期：姓巫马名施，字子期，孔子的学生，比孔子小30岁。

（4）党：偏袒、包庇的意思。

（5）取：同"娶"。

（6）为同姓：鲁国和吴国的国君同姓姬。周礼规定：同姓不婚，昭公娶同姓女，是违礼的行为。

（7）吴孟子：鲁昭公夫人。春秋时代，国君夫人的称号，一般是她出生的国名加上她的姓，但因她姓姬，故称为吴孟子，而不称吴姬。

【译文】

陈司败问："鲁昭公懂得礼吗？"孔子说："懂得礼。"孔子出来后，陈司败向巫马期作了个揖，请他走近自己，对他说："我听说，君子是没有偏私的，难道君子还包庇别人吗？鲁君在吴国娶了个女子做夫人，是国君的同姓，称她为吴孟子。如果鲁君算是懂礼，还有谁不懂礼呢？"巫马期把这些话告诉了孔子。孔子说："我孔丘真是幸运。如果有错，人家一定会知道。"

【评析】

鲁昭公娶同姓女为夫人，违反了礼的规定，而孔子却说他懂礼。这表明孔子的确在为鲁昭公袒护，即"为尊者讳"。孔子以维护当时的宗法等级制度为最高原则，所以他自身出现了矛盾。在这种情况下，孔子又不得不自嘲似地说，"丘也幸，苟有过，人必知之。"事实上，他已经承认偏袒鲁昭公是自己的过错，只是无法解决这个矛盾而已。

【原文】

7.32 子与人歌而善，必使反之，而后和[1]之。

【注释】

（1）和（hè）：和谐地跟着唱。

【译文】

孔子与别人一起唱歌，如果唱得好，一定要请他再唱一遍，然后和他一起唱。

【评析】

孔子喜欢唱歌养性，每次发现唱得好的人，就一定请人家再唱一遍，在欣赏的同时也跟着一起唱。在娱乐的过程中，用音乐陶冶情操，修养自己的品行。

【原文】

7.33 子曰："文，莫⁽¹⁾吾犹人也。躬行⁽²⁾君子，则吾未之有得。"

【注释】

（1）莫：约摸、大概、差不多。

（2）躬行：身体力行。

【译文】

孔子说："就书本知识来说，大约我和别人差不多。做一个身体力行的君子，那我还没有做到。"

【评析】

对于"文，莫吾犹人也"一句，在学术界还有不同解释。有的说此句意为："讲到书本知识我不如别人"；有的说此句应为："论文献知识，大约我比别人好些。"我们这里采用了"就书本知识来说，大约我和别人差不多"这样的解释。他从事教育，既要给学生传授书本知识，也注重培养学生的实际能力。他说自己在身体力行方面，还没有取得君子的成就，希望自己和学生们尽可能地从这个方面再努力。

【原文】

7.34 子曰："若圣与仁，则吾岂敢？抑为之⁽¹⁾不厌，诲人不倦，则可谓云尔⁽²⁾已矣。"公西华曰："正唯弟子不能学也。"

【注释】

（1）抑："只不过是"的意思。之：圣与仁。

（2）云尔：这样说。

【译文】

孔子说："如果说到圣与仁，那我怎么敢当？只不过向圣与仁的方向努力而不感厌烦地做，教诲别人也从不感觉疲倦，则可以这样说而已。"公西华说："这正是我们学不到的。"

【评析】

本篇第2章里，孔子已经谈到"学而不厌，诲人不倦"，本章又说到"为之不厌，诲人不倦"的问题，其实是一致。他感到，说起圣与仁，他自己还不敢当，但朝这个方向努力，他会不厌其烦地去做，而同时，他也不感疲倦地教诲别人。这是他的由衷之言。仁与不仁，其基础在于好学不好学，而学又不能停留在口头上，重在能够行动。所以学而不厌，为之不厌，是相互关联、基本一致的。

【原文】

7.35 子疾病[1]，子路请祷[2]。子曰："有诸[3]？"子路对曰："有之。《诔》[4]曰：'祷尔于上下神祇[5]。'"子曰："丘之祷久矣。"

【注释】

（1）疾病：疾指有病，病指病情严重。

（2）请祷（dǎo）：向鬼神请求和祷告，即祈祷。

（3）有诸：诸，"之乎"的合音。意为：有这样的事吗。

（4）《诔》（lěi）：祈祷文。

（5）上下神祇（qí）：天地之神。古代称天神为神，地神为祇。

【译文】

孔子病情严重，子路向鬼神祈祷。孔子说："有这回事吗？"子路说："有的。《诔》文上说：'为你向天地神灵祈祷。'"孔子说："我祈祷很久了。"

【评析】

孔子患了重病，子路为他祈祷，孔子对此举并不加以反对，而且说自己已经祈祷很久了。对于这段文字怎么理解？有人认为，孔子本人也向鬼神祈祷，说明他是一个非常迷信天地神灵的人；也有人说，他已经向鬼神祈祷很久了，但病情却未见好转，表明他对鬼神抱有怀疑态度，说孔子认为自己平素言行并无过错，所以祈祷对他无所谓。这两种观点，请读者自己去仔细品评。

【原文】

7.36 子曰："奢则不孙⁽¹⁾，俭则固⁽²⁾。与其不孙也，宁固。"

【注释】

（1）不孙（xùn）：即为骄傲，这里的意思是"越礼"。孙：通"逊"，谦让、恭顺。

（2）固：简陋、鄙陋。这里是寒酸的意思。

【译文】

孔子说："奢侈了就会越礼，节俭了就会寒酸。与其越礼，宁可寒酸。"

【评析】

春秋时代各诸侯、大夫等都极为奢侈豪华，他们的生活享乐标准和礼仪规模都与周天子没有区别，这在孔子看来，都是越礼、违礼的行为。尽管节俭就会让人感到寒酸，但与其越礼，则宁可寒酸，以维护礼的尊严。

【原文】

7.37 子曰："君子坦荡荡⁽¹⁾，小人长戚戚⁽²⁾。"

【注释】

（1）坦荡荡：心胸宽广、开阔、容忍。

（2）长戚戚：经常忧愁、烦恼的样子。

【译文】

孔子说："君子心胸宽广，小人经常忧愁。"

【评析】

"君子坦荡荡，小人长戚戚"是自古以来人们所熟知的一句名言。许多人常常将此写成条幅，悬于室中，以激励自己。孔子认为，作为君子，应当有宽广的胸怀，可以容忍别人，容纳各种事件，不计个人利害得失。心胸狭窄，与人为难、与己为难，时常忧愁，局促不安，就不可能成为君子。

【原文】

7.38 子温而厉，威而不猛，恭而安。

【译文】

孔子温和而又严厉，威严而不凶猛，庄重而又安祥。

【评析】

这是孔子的学生对孔子的赞扬。孔子认为人有各种欲与情，这是顺因自然的，但人所有的情感与欲求，都必须合乎"中和"的原则。"厉""猛"等都有些"过"，而"不及"同样是不可取的。孔子的这些情感与实际表现，可以说正是符合中庸原则的。

泰伯篇 第八

【本篇引语】

本篇共计21章，其中著名的文句有："鸟之将死，其鸣也哀；人之将死，其言也善"；"任重而道远"；"死而后已"；"民可使由之，不可使知之"；"不在其位，不谋其政"等。本篇的基本内容，涉及到孔子及其学生对尧舜禹等古代先王的评价；孔子教学方法和教育思想的进一步发挥；孔子道德思想的具体内容以及曾子在若干问题上的见解。

【原文】

8.1 子曰："泰伯(1)，其可谓至德也已矣。三(2)以天下让，民无得而称焉(3)。"

【注释】

（1）泰伯：周代始祖古公亶（dǎn）父的长子。

（2）三：多次的意思。

（3）民无得而称焉：百姓找不到合适的词句来赞扬他的大德。得：通"德"

【译文】

孔子说："泰伯可以说是品德最高尚的人了，几次把王位让给季历，老百姓都找不到合适的词句来称赞他的大德。"

【评析】

传说古公亶父知道三子季历的儿子姬昌有圣德，想传位给季历，泰伯知道后便与二弟仲雍一起避居到吴。古公亶父死，泰伯不回来奔丧，后来又断发文身，表示终身不返，把君位让给了季历，季历传给姬昌，即周文王。武王时，灭了殷商，统一了天下。这一历史事件在孔子看来，是值得津津乐道的，泰伯是道德最高尚的人。只有天下让与贤者、圣者，才有可能得到治理，而让位者则显示出高尚的品格，老百姓对他们是称赞无比的。

【原文】

8.2 子曰："恭而无礼则劳⁽¹⁾，慎而无礼则葸⁽²⁾，勇而无礼则乱，直而无礼则绞⁽³⁾。君子笃⁽⁴⁾于亲，则民兴于仁；故旧不遗⁽⁵⁾，则民不偷⁽⁶⁾。"

【注释】

（1）劳：辛劳，劳苦。

（2）葸（xǐ）：拘谨，畏惧的样子。

（3）绞（jiǎo）：说话尖刻，出口伤人。

（4）笃（dǔ）：厚待、真诚。

（5）故旧：故交，老朋友。遗（yí）：遗弃。

（6）偷：淡薄。

【译文】

孔子说："只是恭敬而不以礼来指导，就会徒劳无功；只是谨慎而不以礼来指导，就会畏缩拘谨；只是勇猛而不以礼来指导，就会引起祸乱；只是正直而不以礼来指导，就会说话尖刻伤人。在上位的君子如果厚待自己的亲属，老百姓当中就会兴起仁德风气；不遗弃故交旧友，老百姓就不会人情淡薄。"

【评析】

"恭""慎""勇""直"等德目不是孤立存在的，必须以"礼"作指导，只有在"礼"的指导下，这些德目的实施才能符合中庸的准则，否则就会出现"劳""葸""乱""绞"，就不可能达到修身养性的目的。

【原文】

8.3 曾子有疾，召门弟子曰："启⁽¹⁾予足！启予手！《诗》云⁽²⁾：'战战兢兢，如临深渊，如履薄冰。'而今而后，吾知免⁽³⁾夫，小子⁽⁴⁾！"

【注释】

（1）启：开启，曾子让学生掀开被子看自己的手脚。

（2）《诗》云：以下三句引自《诗经·小雅·小旻》篇。

（3）免：指身体免于损伤。

（4）小子：对弟子的称呼。

【译文】

曾子有病，把他的学生召集到身边来，说道："看看我的脚！看看我的手（看看有没有损伤）！《诗经》上说：'小心谨慎呀，好像站在深渊旁边，好像踩在薄冰上面。'从今以后，我知道我的身体是不再会受到损伤了，弟子们！"

【评析】

曾子借用《诗经》里的三句，来说明自己一生谨慎小心，避免损伤身体，能够对父母尽孝。据《孝经》记载，孔子曾对曾参说过："身体发肤，受之父母，不敢毁伤，孝之始也。"就是说，一个孝子，应当极其爱护父母给予自己的身体，包括头发和皮肤都不能有所损伤，这就是孝的开始。曾子在临死前要他的学生们看看自己的手脚，以表白自己的身体完整无损，是一生遵守孝道的。可见，孝在儒家的道德规范当中是多么重要。

【原文】

8.4 曾子有疾，孟敬子问⁽¹⁾之。曾子言曰："鸟之将死，其鸣也哀；人之将死，其言也善。君子所贵乎道者三：动容貌⁽²⁾，斯远暴慢⁽³⁾矣；正颜色⁽⁴⁾，斯近信矣；出辞气⁽⁵⁾，斯远鄙倍⁽⁶⁾矣。笾豆⁽⁷⁾之事，则有司⁽⁸⁾存。"

【注释】

（1）孟敬子：即鲁国大夫孟孙捷。问：探望、探视。

（2）动容貌：使自己的内心感情表现于面容。

（3）暴慢：粗暴、放肆，懈怠不敬。

（4）正颜色：使自己的脸色庄重严肃。

（5）出辞气：出言，说话。指注意说话的言辞和口气。

（6）鄙（bǐ）倍（bèi）：粗野、过失。鄙：粗野。倍：同"背"，背理，过失，错误，不合礼仪。

（7）笾（biān）豆：笾和豆都是古代祭祀和典礼中的用具。

（8）有司：指主管某一方面事务的官吏，这里指主管祭祀、礼仪事务的官吏。

【译文】

曾子有病,孟敬子去看望他。曾子对他说:"鸟快死的时候,它的叫声是悲哀的;人快死的时候,他说的话是善意的。君子所应当重视的道有三个方面:使自己的容貌庄重严肃,这样可以避免粗暴、放肆;使自己的脸色一本正经,这样就接近于诚信;使自己说话的言辞和语气谨慎小心,这样就可以避免粗野和背理。至于祭祀和礼节仪式,自有主管这些事务的官吏来负责。"

【评析】

曾子与孟敬子在政治立场上是对立的。曾子在临死以前,他还在试图改变孟敬子的态度,所以他说:"人之将死,其言也善。"这一方面表白他自己对孟敬子没有恶意,同时也告诉孟敬子,作为君子应当重视的三个方面。这些道理现在看起来,还是很有意义的。对于个人的道德修养与和谐的人际关系有重要的借鉴价值。

【原文】

8.5 曾子曰:"以能问于不能,以多问于寡;有若无,实若虚;犯而不校(1)。昔者吾友(2)尝从事于斯矣。"

【注释】

(1)校(jiào):同"较",计较。

(2)吾友:我的朋友。旧注上一般都认为这里指颜渊。

【译文】

曾子说:"自己有才能却向没有才能的人请教,自己知识多却向知识少的人请教;有学问却像没学问一样,知识很充实却好像很空虚,被人侵犯却也不计较。从前我的朋友(颜回)就这样做过了。"

【评析】

曾子在这里所说的话,完全秉承了孔子的思想学说。"问于不能""问于寡"等都表明在学习上的谦逊态度。没有知识、没有才能的人并不是一钱不值的,在他们身上总有值得你学习的地方。所以,在学习上,即要向有知识、有才能的人学习,又要向少知识、少才能的人学习。其次,曾子还提出"有若无""实若虚"的说法,希望人们始终保持谦虚不自满的态度。第三,曾子说"犯而不校",

表现出一种宽阔的胸怀和忍让精神，这也是值得学习的。

【原文】

8.6 曾子曰："可以托六尺之孤(1)，可以寄百里之命(2)，临大节而不可夺也。君子人与？君子人也。"

【注释】

（1）托六尺之孤：孤：死去父亲的小孩叫孤，六尺指15岁以下，古人以七尺指成年。托孤，受君主临终前的嘱托辅佐幼君。

（2）寄百里之命：寄：寄托、委托。百里之命：指掌握国家政权和命运。

【译文】

曾子说："可以把年幼的君主托付给他，可以把国家的政权托付给他，面临生死存亡的紧急关头而不动摇屈服。这样的人是君子吗？是君子啊！"

【评析】

孔子所培养的就是有道德、有知识、有才干的人，他可以受命辅佐幼君，可以执掌国家政权，这样的人在生死关头决不动摇，决不屈服，这就是具有君子品格的人。

【原文】

8.7 曾子曰："士不可以不弘毅(1)，任重而道远。仁以为己任，不亦重乎？死而后已，不亦远乎？"

【注释】

（1）弘毅：弘大宽广和刚强而有毅力。弘：广大。毅：刚毅。

【译文】

曾子说："士不可以不弘大宽广和刚强而有毅力，因为他责任重大，道路遥远。把实现仁作为自己的责任，难道还不重大吗？奋斗终身，死而后已，难道路程还不遥远吗？"

【评析】

本章是曾子论士。此乃儒家精神之最佳写照。曾子认为作为一名有文化、有理想的知识分子，就应该有宽广的胸怀和刚强的毅力，因为他们有实现仁德的重要责任，并要为之奋斗一生。故曰"任重而道远""死而后已"。

【原文】

8.8 子曰："兴[1]于《诗》，立于礼，成于乐[2]。"

【注释】

（1）兴：开始。

（2）乐（yuè）：音乐。

【译文】

孔子说："（人的修养）开始于学《诗》，自立于学礼，完美成熟于学习、欣赏音乐。"

【评析】

本章里孔子提出了他从事教育的三方面内容：诗、礼、乐，指出了人的修养所经过的三个阶段，同时指出了这三者的不同作用。诗歌能启迪性情；礼仪能约束性情；音乐能陶冶性情。

【原文】

8.9 子曰："民可使由之，不可使知之。"

【译文】

孔子说："对于老百姓，可以使他们按照我们的意志去做，不用使他们懂得为什么要这样做。"

【评析】

孔子思想上有"爱民"的内容，但这有前提。他爱的是"顺民"，不是"乱民"。本章里他提出的"民可使由之，不可使知之"的观点，就表明了他的"愚民"思想。在孔子看来，老百姓由于没有文化知识，思想认识滞后，不如领导者聪明。当然，愚民与爱民并不是互相矛盾的。另有人认为，对此句应作如下解释："民可，使由之；不可，使知之。"即百姓认可，就让他们照着去做；百姓不认可，就给他们说明道理。持这种观点的人认为这是孔子倡行朴素民主政治的尝试。但大多数学者认为这样断句，不符合古汉语的语法；这样理解，拔高了孔子的思想水平，使古人现代化了，也与《论语》一书所反映的孔子思想不符。还有学者认为"民可使，由之；不可使，知之。"意思是"老百姓服从领导，就顺从他们；如果不服从领导，就要去了解民性、民情"。

【原文】

8.10 子曰："好勇疾⑴贫，乱也。人而不仁⑵，疾之已甚⑶，乱也。"

【注释】

（1）疾：恨、憎恨。

（2）不仁：不符合仁德的人或事。

（3）已甚：即太过分。已：太。甚：过分，厉害。

【译文】

孔子说："喜好勇敢而又恨自己太穷困，就会犯上作乱。对于不仁德的人或事憎恨得太厉害，也会出乱子。"

【评析】

本章与上一章有关联。在孔子看来，老百姓如果不甘心居于自己穷困的地位，他们就会起来造反，这就不利于社会的安定，而对于那些不仁的人憎恨得太厉害，也会惹出祸端。所以，最好的办法就是"民可使由之，不可使知之"，培养人们的"仁德"，用"礼"来规范制约人们的行为。

【原文】

8.11 子曰："如有周公之才之美，使骄且吝，其余不足观也已。"

【译文】

孔子说："即使有周公那样美好的才能，如果骄傲自大而又吝啬小气，那其他方面也就不值得一看了。"

【评析】

孔子在此强调的是看人要注重德才兼备而且要谦逊大方。他认为，一个人即使有周公那样美好的才能，如果骄傲自大而又吝啬小气，那其他方面也不值得一看。

【原文】

8.12 子曰："三年学，不至于谷[1]，不易得也。"

【注释】

（1）不至于谷：即做不了官。谷：古代以谷作为官吏的俸禄，这里用"谷"字代表做官。

【译文】

孔子说："学了三年，还做不了官的，是不易找到的。"

【评析】

孔子办教育的主要目的，是培养治国安邦的人才，古时一般学习三年为一个阶段，此后便可做官。对本章另有一种解释，认为"学了三年还达不到善的人，是很少的"。还有一种解释是"读书多年，不想去做官得俸禄，这是难得的。"读者可以根据自己的理解来阅读本章。

【原文】

8.13 子曰："笃信好学，守死善道。危邦不入，乱邦不居。天下有道则见[1]，无道则隐。邦有道，贫且贱焉，耻也；邦无道，富且贵焉，耻也。"

【注释】

（1）见（xiàn）：同"现"。意思为出仕，做官。

【译文】

孔子说："坚定信念并努力学习，誓死守卫并完善治国与为人的大道。不进入政局不稳的国家，不居住在动乱的国家。天下有道就出来做官，天下无道就隐居不出。国家有道而自己贫贱，是耻辱；国家无道而自己富贵，也是耻辱。"

【评析】

这是孔子给弟子们传授的为官之道。"天下有道则见，无道则隐"；"用之则行，舍之则藏"，这是孔子为官处世的一条重要原则。此外，他还提出应当把个人的贫贱荣辱与国家的兴衰存亡联系在一起，这才是为官的基点。

【原文】

8.14 子曰："不在其位，不谋其政。"

【译文】

孔子说："不在那个职位上，就不考虑那职位上的事。"

【评析】

"不在其位，不谋其政"涉及到儒家所谓的"名分"问题。不在其位而谋其政，则有僭越之嫌，就被人认为是"违礼"之举。"不在其位，不谋其政"也就是要"安分守己"，干好本职工作就行。这在春秋末年为维护社会稳定、抑制百姓"犯上作乱"起到过重要作用，但对后世则有一定的不良影响，尤其对民众不关心政治、安分守礼的心态起到诱导作用。应当说，这是消极的。

【原文】

8.15 子曰："师挚之始⑴，《关雎》之乱⑵，洋洋乎盈耳哉⑶！"

【注释】

（1）师挚（zhì）之始：师挚，是鲁国的太师。"始"是乐曲的开端，即序曲。古代奏乐，开端叫"升歌"，一般由太师演奏，师挚是太师，所以这里说是"师挚之始"。

（2）《关雎》之乱："乱"是乐曲的结尾。"乱"是合奏乐。此时奏《关雎》乐章，所以叫"《关雎》之乱"。

（3）洋洋：美好盛大的样子。

【译文】

孔子说："从太师挚演奏的序曲开始，到最后结尾演奏《关雎》乐章，恢弘美妙的音乐充盈于耳啊！"

【评析】

此章是孔子对鲁国太师挚演奏《关雎》乐章的赞叹之辞，寄寓了孔子的礼乐教化思想。音乐关乎道德教化，孔子的赞叹，不仅是说明音乐本身的美妙，而且还从音乐中照见了鲁国传统文化的博大恢弘，有一种自豪在里面。赞叹中包含了孔子对文化复兴的希望和信心。

【原文】

8.16 子曰:"狂而不直⁽¹⁾,侗而不愿⁽²⁾,悾悾而不信⁽³⁾,吾不知之矣。"

【注释】

(1)狂:狂妄、急躁、急进。直:直率,耿直。

(2)侗(tóng):幼稚无知。愿:谨慎、小心、朴实。

(3)悾(kōng)悾:诚恳的样子。信:诚信。

【译文】

孔子说:"狂妄而不正直,无知而不谨慎,表面上诚恳而不守信用,我不知道有的人为什么会是这个样子。"

【评析】

"狂而不直,侗而不愿,悾悾而不信"都不是好的道德品质,孔子对此十分反感。这是因为,这几种品质不符合中庸的基本原则,也不符合儒家一贯倡导的"温、良、恭、俭、让"和"仁、义、礼、智、信"的要求。所以孔子说:我真不知道有人会这样。

【原文】

8.17 子曰:"学如不及,犹恐失之。"

【译文】

孔子说:"学习好像来不及似的,还又害怕失去它。"

【评析】

本章是讲学习态度的问题。孔子自己对学习知识的要求十分强烈,有一种"只争朝夕"的紧迫感。他也同时这样要求他的学生。这"学如不及,犹恐失之",其实就是"学而不厌"一句最好的注脚。

【原文】

8.18 子曰:"巍巍⁽¹⁾乎,舜、禹之有天下也⁽²⁾,而不与焉⁽³⁾!"

【注释】

(1)巍巍:崇高、高大的样子。

(2)舜、禹:舜是传说中的圣君明主。禹是夏朝的第一个国君。传说古时代，尧禅位给舜，舜后来又禅位给禹。

（3）与：参与、相关的意思。

【译文】

孔子说："多么崇高啊！舜和禹得到天下，却不是为了独自享受！"

【评析】

这里孔子所讲的话，应该有所指。当时社会混乱，政局动荡，弑君、篡位者屡见不鲜。孔子赞颂传说时代的舜、禹，表明对古时禅让制的认同，他借称颂舜、禹，抨击现实中的这些问题。

【原文】

8.19 子曰："大哉，尧(1)之为君也！巍巍乎！唯天为大，唯尧则(2)之。荡荡(3)乎！民无能名焉(4)。巍巍乎，其有成功也！焕(5)乎，其有文章(6)！"

【注释】

（1）尧：中国古代传说中的圣君。

（2）则：效法、为准。

（3）荡荡：广大的样子。

（4）名：形容、称说、称赞。

（5）焕：光辉灿烂。

（6）文章：指礼仪制度。

【译文】

孔子说："真伟大啊！尧这样的君主。多么崇高啊！只有天最高大，只有尧才能效法天的高大。（他的恩德）多么广大啊！百姓们无法用语言来称赞他。他的功绩崇高伟大！他制定的礼仪制度光辉灿烂！"

【评析】

尧是中国古代的圣君。孔子在这里用极美好的语言称赞尧，尤其对他的礼仪制度愈加赞美，表达了他对古代先王的崇敬心情。

【原文】

8.20 舜有臣五人(1)，而天下治。武王曰："予有乱臣(2)十人。"

孔子曰："才难，不其然乎？唐、虞之际[3]，于斯[4]为盛；有妇人焉[5]，九人而已。三分天下有其二[6]，以服事殷。周之德，其可谓至德也已矣。"

【注释】

（1）舜有臣五人：传说是禹、稷、契（xiè）、皋陶（yáo）、伯益等人。

（2）乱臣：据《说文》："乱，治也。"此处所说的"乱臣"，应为"治国之臣"。

（3）唐、虞之际：传说尧在位的时代叫唐，舜在位的时代叫虞。

（4）斯：指周武王时期。

（5）有妇人焉：指武王的乱臣十人中有武王之妻邑姜。另说是文王妻，武王母，太姒。

（6）三分天下有其二：《逸周书·程典篇》说："文王令九州之侯，奉勤于商。"相传当时分九州，文王得六州，是三分之二。

【译文】

舜有五位贤臣，就能治理好天下。武王说："我有治理国家的臣子十人。"孔子说："人才难得，难道不是这样吗？唐尧和虞舜之间及周武王这个时期，人才是最盛了；但十个大臣当中有一个是妇女，实际上只有九个人而已。周文王得了天下的三分之二，仍然事奉殷朝。周朝的德行，可以说是最高的了。"

【评析】

本章孔子提出了一个重要问题，就是治理天下，必须有人才，而人才是十分难得的。有了人才，国家就可以得到治理，天下就可以太平。当然，这并不能证明孔子的"英雄史观"是正确的；因为在历史发展过程中，杰出人物的确发挥了不可低估的巨大作用，但人民群众的作用，也是不可忽视的。

【原文】

8.21 子曰："禹，吾无间然[1]矣。菲[2]饮食，而致[3]孝乎鬼神；恶衣服，而致美乎黻冕[4]；卑[5]宫室，而尽力乎沟洫[6]。禹，吾无间然矣。"

【注释】

（1）间（jiàn）然：意见，挑剔，批评的意思。间：空隙。

（2）菲（fěi）：菲薄，不丰厚。

（3）致：致力、努力。

（4）黻（fú）冕（miǎn）：祭祀时穿的礼服叫黻；祭祀时戴的帽子叫冕。

（5）卑（bēi）：低矮。

（6）沟洫（xù）：沟渠，指农田水利。

【译文】

孔子说："对于禹，我没有什么可以挑剔的了。他的饮食很简单，而尽力去孝敬鬼神；他平时穿的衣服很简朴，而祭祀时尽量穿得华美；他自己住的宫室很低矮，而致力于修治水利事宜。对于禹，我确实没有什么挑剔的了。"

【评析】

以上这几章，孔子对于尧、舜、禹给予高度评价，认为在他们的时代，一切都很完善，为君者生活简朴，孝敬鬼神，是执政者的榜样。而当今不少人拼命追逐权力、地位和财富，而把人民的生活和国家的富强放在了次要的位置，以古喻今，孔子是在向统治者提出警告。

子罕篇 第九

【本篇引语】

本篇共包括31章。其中著名的文句有:"出则事公卿,入则事父兄";"后生可畏,焉知来者之不如今也";"三军可夺帅也,匹夫不可夺志也";"岁寒然后知松柏之后彫也";"知者不惑,仁者不忧,勇者不惧"。本篇涉及孔子的道德教育思想;孔子弟子对其师的议论;此外,还记述了孔子的某些活动。

【原文】

9.1 子罕(1)言利,与(2)命与仁。

【注释】

(1)罕:稀少,很少。
(2)与:赞同、肯定。

【译文】

孔子很少谈到利益,却认同天命,赞许仁德。

【评析】

"子罕言利",说明孔子对"利"的轻视。在《论语》中,我们也多处见到他谈"利"的问题,但基本上主张"先义后利""重义轻利",可以说孔子很少谈"利"。此外,本章说孔子赞同"命"和"仁",表明孔子对此是十分重视的。孔子讲"命",常将"命"与"天"相连,即"天命",这是孔子思想中的一个组成部分。孔子还讲"仁",这是其思想的核心。

【原文】

9.2 达巷党人(1)曰:"大哉孔子!博学而无所成名(2)。"子闻之,谓门弟子曰："吾何执？执御乎？执射乎？吾执御矣。"

【注释】

（1）达巷党人：古代五百家为一党，达巷是党名。这是说达巷党这地方的人。

（2）博学而无所成名：学问渊博，因而不能以某一方面来称道他。

【译文】

达巷党这个地方有人说："孔子真伟大啊！他学问渊博，因而不能以某一方面的专长来称赞他。"孔子听说了，对他的学生说："我要专长于哪个方面呢？驾车呢？还是射箭呢？我还是驾车吧。"

【评析】

对于本章里"博学而无所成名"一句的解释还有一种，即"学问广博，可惜没有一艺之长以成名。"持此说的人认为，孔子表面上伟大，但实际上算不上博学多识，他什么都懂，什么都不精。对此说，我们觉得似乎有求全责备之嫌了。实际上，孔子是一位学问渊博的教育家、思想家。

【原文】

9.3 子曰："麻冕(1)，礼也；今也纯(2)，俭(3)，吾从众。拜下(4)，礼也；今拜乎上，泰(5)也。虽违众，吾从下。"

【注释】

（1）麻冕：麻布制成的礼帽。

（2）纯：丝绸，黑色的丝。

（3）俭：俭省，麻冕费工，用丝则俭省。

（4）拜下：大臣面见君主前，先在堂下跪拜，再到堂上跪拜。

（5）泰：这里指骄纵、傲慢。

【译文】

孔子说："用麻布制成的礼帽，符合于礼的规定。现在大家都用黑丝绸制作，这样比过去节省了，我赞成大家的做法。（臣见国君）首先要在堂下跪拜，这也是符合于礼的。现在大家都到堂上跪拜，这是骄纵的表现。虽然与大家的做法不一样，我还是主张先在堂下拜。"

【评析】

孔子赞同用比较俭省的黑绸帽代替用麻织的帽子这样一种作法，但反对在面君时只在堂上跪拜的作法，表明孔子不是顽固地坚持一切都要合乎于周礼的规定，而是在他认为的原则问题上坚持己见，不愿作出让步，因跪拜问题涉及"君主之防"的大问题，与戴帽子有根本的区别。

【原文】

9.4 子绝四：毋意(1)，毋必(2)，毋固(3)，毋我(4)。

【注释】

（1）毋意：没有主观臆断。毋：通"无"，没有。意：通"臆"，猜想、猜疑。

（2）必：必定，绝对。

（3）固：固执己见。

（4）我：自以为是。

【译文】

孔子杜绝了四种弊病：没有主观猜疑，没有绝对肯定，没有固执己见，没有自以为是。

【评析】

"绝四"是孔子的一大特点，这涉及人的道德观念和价值观念。人只有首先做到这几点才可以完善道德，修养高尚的人格。

【原文】

9.5 子畏于匡(1)，曰："文王既没(2)，文不在兹(3)乎？天之将丧斯文也，后死者(4)不得与(5)于斯文也；天之未丧斯文也，匡人其如予何(6)？"

【注释】

（1）畏（wèi）于匡（kuāng）：在匡地被人们围困，受到威胁。畏：受到威胁。匡：地名，在今河南省长垣县西南。公元前496年，孔子从卫国到陈国去经过匡地。匡人曾受到鲁国阳虎的掠夺和残杀。孔子的相貌与阳虎相像，匡人误以孔子就是阳虎，所以将他围困。

（2）文王：周文王，姓姬名昌，西周开国之君周武王的父亲，是孔子认为的古代圣贤之一。没（mò）：死了。

（3）兹（zī）：这里，指孔子自己。

（4）后死者：孔子这里指自己。

（5）与：同"举"，这里是掌握的意思。

（6）如予何：奈我何，把我怎么样。

【译文】

孔子被匡地的人们所围困时，他说："周文王死了以后，周代的礼乐文化不都体现在我的身上吗？上天如果想要消灭这种文化，那我这个后死之人，就不可能掌握这种文化了；上天如果不消灭这种文化，那么匡人又能把我怎么样呢？"

【评析】

外出游说时被围困，这对孔子来讲已不是第一次，当然这次是误会。但孔子有自己坚定的信念，他强调个人的主观能动作用，认为自己是周文化的继承者和传播者。不过，当孔子屡遭困厄时，他也感到人力的局限性，而把决定作用归之于天，表明他对"天命"的认可。

【原文】

9.6 太宰(1)问于子贡曰："夫子圣者与？何其多能也？"子贡曰："固天纵(2)之将圣，又多能也。"子闻之，曰："太宰知我乎！吾少也贱，故多能鄙事(3)。君子多乎哉？不多也。"

【注释】

（1）太宰：官名，掌握国君宫廷事务。这里的太宰，有人说是吴国的太宰伯，但不能确认。

（2）纵：让，使，不加限量。

（3）鄙（bǐ）事：卑贱的事情。

【译文】

太宰问子贡说："孔夫子是位圣人吧？为什么这样多才多艺呢？"子贡

说："这本是上天让他成为圣人，而且使他多才多艺。"孔子听到后说："太宰了解我呢！我因为少年时地位低贱，所以会许多卑贱的技艺。君子会有这么多的技艺吗？不会有很多的。"

【评析】

作为孔子的学生，子贡认为自己的老师是天才，是上天赋予他多才多艺的。但孔子这里否认了这一点。他说自己少年低贱，要谋生，就要多掌握一些技艺，这表明，当时孔子并不承认自己是圣人。

【原文】

9.7 牢[1]曰："子云：'吾不试[2]，故艺'。"

【注释】

（1）牢：郑玄说此人系孔子的学生，但在《史记·仲尼弟子列传》中未见此人。

（2）试：用，被任用。

【译文】

子牢说："孔子说过：'我没有被任用做官，所以学了许多技艺'。"

【评析】

这一章与上一章的内容相关联，同样用来说明孔子"我非生而知之"的思想。他不认为自己是"圣人"，也不承认自己是"天才"，他说他的多才多艺是由于年轻时没有去做官，生活比较清贫，所以掌握了这许多的谋生技艺。

【原文】

9.8 子曰："吾有知乎哉？无知也。有鄙夫[1]问于我，空空如也[2]。我叩其两端而竭焉[3]。"

【注释】

（1）鄙夫：孔子称乡下人、社会下层的人。

（2）空空如也：指孔子自己心中空空无知。

（3）叩：叩问、询问。两端：两头，指正反、始终、上下方面。竭：穷尽、尽力追究。

【译文】

孔子说:"我有知识吗?其实没有知识。有一个乡下人问我,我对他谈的问题本来一点也不知道。我只是从问题的两端去问,这样对此问题就可以全部搞清楚了。"

【评析】

孔子本人并不是高傲自大的人。事实也是如此。人不可能对世间所有事情都十分精通,因为人的精力毕竟是有限的。但孔子有一个分析问题、解决问题的基本方法,这就是"叩其两端而竭",只要抓住问题的两个极端,就能求得问题的解决。这种方法,体现了儒家的中庸思想,是一种十分有意义的思想方法。

【原文】

9.9 子曰:"凤鸟[1]不至,河不出图[2],吾已矣夫!"

【注释】

(1)凤鸟:古代传说中的一种神鸟。传说凤鸟在舜和周文王时代都出现过,它的出现象征着"圣王"将要出世。

(2)河不出图:传说在上古伏羲氏时代,黄河中有龙马背负八卦图而出,它的出现也象征着"圣王"将要出世。

【译文】

孔子说:"凤鸟不来了,黄河中也不出现八卦图了,我这一生也就完了吧!"

【评析】

孔子为了恢复礼制而辛苦奔波了一生。到了晚年,他看到周礼的恢复似乎已经成为泡影,于是发出了以上的哀叹。

【原文】

9.10 子见齐衰[1]者、冕衣裳者与瞽者[2],见之,虽少,必作[3];过之,必趋[4]。

【注释】

（1）齐（zī）衰（cuī）：丧服，古时用麻布制成。

（2）冕衣裳者：指贵族。冕：官帽；衣：上衣；裳：下服。这里统指官服。瞽（gǔ）：盲。

（3）作：站起来，表示敬意。

（4）趋：快步走，表示敬意。

【译文】

孔子遇见穿丧服的人、当官的人和盲人时，虽然他们年轻，也一定要站起来；从他们面前经过时，一定要快步走过。

【评析】

孔子对于周礼十分熟悉，他知道遇到什么人该行什么礼，对于尊贵者、家有丧事者和盲者，都应礼貌待之。孔子之所以这样做，也说明他极其尊崇"礼"，并尽量身体力行，以恢复礼治的理想社会。

【原文】

9.11 颜渊喟然(1)叹曰："仰之弥(2)高，钻之弥坚(3)。瞻(4)之在前，忽焉在后。夫子循循然善诱人(5)，博我以文，约我以礼，欲罢不能。即竭吾才，如有所立卓尔(6)。虽欲从之，末由(7)也已。"

【注释】

（1）喟（kuì）然：叹息的样子。

（2）弥（mí）：更加，越发。

（3）钻：钻研。坚：坚硬。

（4）瞻（zhān）：视、看。

（5）循循然善诱人：有次序地善于引导。循循然：有次序地。诱：劝导，引导。

（6）卓尔：高大、超群的样子。

（7）末由：这里是没有办法的意思。末：无、没有。由：途径、路径。

【译文】

颜渊感叹地说："（对于老师的学问与道德），我抬头仰望，越望越觉得高；我努力钻研，越钻研越觉得不可穷尽。看着它好像在前面，忽然又像在后面。老师善于一步一步地诱导我，用各种典籍来丰富我的知识，又用各种礼节来约束我的言行，使我想停止学习都不可能。我用尽了我的全力去追求，好像有一个十分高大的东西立在我前面，虽然我想要追随上去，却没有前进的路径了。"

【评析】

颜渊在本章里极力推崇自己的老师，把孔子的学问与道德说成是高不可攀。此外，他还谈到孔子对学生的教育方法，"循循善诱"则成为日后为人师者所遵循的原则之一。

【原文】

9.12 子疾病，子路使门人为臣(1)。病间(2)，曰："久矣哉，由之行诈也。无臣而为有臣。吾谁欺？欺天乎？且予与其死于臣之手也，无宁死于二三子(3)之手乎？且予纵不得大葬(4)，予死于道路乎？"

【注释】

（1）为臣：臣，指家臣，总管。孔子当时不是大夫，没有家臣，但子路叫门人充当孔子的家臣，准备由此人负责总管安葬孔子之事。

（2）病间（jiàn）：病情减轻。

（3）无宁：宁可。"无"是发语词，没有意义。二三子：孔门弟子。

（4）大葬：指大夫的葬礼。

【译文】

孔子患了重病，子路派了（孔子的）门徒去作孔子的家臣（负责料理后事），后来，孔子的病好了一些，他说："仲由很久以来就干这种弄虚作假的事情。我明明没有家臣，却偏偏要装作有家臣，我骗谁呢？骗上天吧？况且我与其在家臣的侍候下死去，还不如在你们这些学生的侍候下死去！即使我不能以大夫之礼来安葬，难道就会被丢在路边没人埋吗？"

【评析】

儒家对于葬礼十分重视，尤其重视葬礼的等级规定。对于死去的人，要严格地按照周礼的有关规定加以埋葬。不同等级的人有不同的安葬仪式，违反了这种规定，就是大逆不道。孔子反对子路弄虚作假，反对学生们按大夫之礼为他办理丧事，是为了恪守周礼的规定。

【原文】

9.13 子贡曰："有美玉于斯，韫椟(1)而藏诸？求善贾而沽诸(2)？"子曰："沽之哉！沽之哉！我待贾者也。"

【注释】

（1）韫（yùn）椟（dú）：收藏物件的匣子。
（2）善贾（gǔ）：识货的商人。沽（gū）：卖出去。

【译文】

子贡说："这里有一块美玉，是把它收藏在匣子里呢？还是找一个识货的商人卖掉呢？"孔子说："卖掉它吧！卖掉它吧！我在等待识货的商人。"

【评析】

"待贾而沽"说明了这样一个问题，孔子自称是"待贾者"，他一方面四处游说，以宣传礼治天下为己任，期待着各国统治者能够行道于天下；另一方面，他也随时准备走上治国之位，依靠政权的力量去推行礼。因此，本章反映了孔子求仕的心理。

【原文】

9.14 子欲居九夷(1)。或曰："陋(2)，如之何？"子曰："君子居之，何陋之有？"

【注释】

（1）九夷：中国古代对于东方少数民族的通称。
（2）陋：鄙野，文化闭塞，不开化。

【译文】

孔子想要搬到九夷地方去居住。有人说："那里非常落后闭塞，不开化，怎么能住呢？"孔子说："有君子住在那里，有什么闭塞落后的？"

【评析】

中国古代，中原地区的人把居住在东面的人们称为夷人，认为此地闭塞落后，当地人也愚昧不开化。孔子在回答某人的问题时说，只要有君子去这些地方住，传播文化知识，开化人们的愚蒙，那么这些地方就不会闭塞落后了。

【原文】

9.15 子曰："吾自卫反鲁⁽¹⁾，然后乐正⁽²⁾，《雅》《颂》各得其所⁽³⁾。"

【注释】

（1）自卫反鲁：公元前484年（鲁哀公十一年）冬，孔子从卫国返回鲁国，结束了14年游历不定的生活。反：通"返"。

（2）乐（yuè）正：调整乐曲的篇章。

（3）《雅》《颂》：这是《诗经》中两类不同的诗的名称。也是指雅乐、颂乐等乐曲名称。

【译文】

孔子说："我从卫国返回到鲁国以后，乐才得到整理，《雅》乐和《颂》乐各有适当的位置。"

【评析】

公元前484年（鲁哀公十一年）冬，孔子（68岁）从卫国返回鲁国，结束了14年游历不定的生活。虽然寻找贤德的君主来实现仁政的理想落空了，但通过正乐还可以复兴传统文化，将周礼的精神弘扬下去。因此，孔子还在积极地工作。

【原文】

9.16 子曰："出则事公卿，入则事父兄，丧事不敢不勉，不为酒困，何有于我哉？"

【译文】

孔子说："在外事奉公卿，在家孝敬父兄，有丧事不敢不尽力去办，不被酒所困，这些事对我来说有什么困难呢？"

【评析】

"出则事公卿"，是为国尽忠；"入则事父兄"，是对长辈尽孝。忠与孝是孔子特别强调的两个道德规范。它是对所有人的要求，而孔子本人就是这方面的身体力行者。在这里，孔子说自己已经基本上做到了这几点。

【原文】

9.17 子在川上曰："逝者如斯夫，不舍昼夜。"

【译文】

孔子在河边说："消逝的时光就像这河水一样啊，日夜不停地向前流去。"

【评析】

此句是《论语》中的名言。孔子面对奔流不息的大河，发出了时不我待的感慨。流水一去不复返，昼夜不停。观水悟人生，提醒人们要珍惜时光，自强不息、永不懈怠、只争朝夕。

【原文】

9.18 子曰："吾未见好德如好色者也。"

【译文】

孔子说："我没有见过喜欢贤德像喜欢美色那样的人。"

【评析】

本章孔子哀叹时人喜欢美色重于有贤德之人的现实，表明了自己的观点，说明"好德"难在自觉和有恒，而"好色"则是本能、人之常情。

【原文】

9.19 子曰："譬如为山，未成一篑，止，吾止也；譬如平地，虽覆一篑，进，吾往也。"

【注释】

（1）篑（kuì）：土筐。

【译文】

孔子说："好比用土堆山，只差一筐土就完成了，这时停下来，那是我自己要停下来的；好比平整土地，虽然只倒下一筐土，这时继续进行，那是我自己要坚持前往的。"

【评析】

孔子在这里用堆土成山这一比喻,说明功亏一篑和持之以恒的深刻道理,他鼓励自己和学生们无论在学问和道德上,都应该是坚持不懈,自觉自愿。这对于立志有所作为的人来说,是十分重要的,也是对人的道德品质的塑造。

【原文】

9.20 子曰:"语之而不惰者[1],其回也与!"

【注释】

(1)语(yù):告诉。惰(duò):懈怠。

【译文】

孔子说:"听我说话而能毫不懈怠的,大概只有颜回吧!"

【评析】

孔门弟子三千,能够始终持之以恒,不松懈、不倦怠,自觉坚持道德修养的,亦只有颜回一人了。孔子在赞叹颜回的同时,也是在惋叹天下能坚持不懈于道德修养的人不多。

【原文】

9.21 子谓颜渊,曰:"惜乎!吾见其进也,未见其止也。"

【译文】

孔子评价颜渊,说:"可惜呀!我只见他不断进取,从来没有看见他停止过。"

【评析】

孔子的学生颜渊是一个十分勤奋刻苦的人,他在生活方面几乎没有什么要求,而是一心用在学问和道德修养方面。但他却不幸英年早逝了。对于他的死,孔子自然十分悲痛惋惜。他经常以颜渊为榜样要求其他学生。

【原文】

9.22 子曰:"苗而不秀[1]者有矣夫;秀而不实者有矣夫!"

【注释】

（1）秀：稻、麦等庄稼吐穗扬花叫秀。

【译文】

孔子说："庄稼出了苗而不能吐穗扬花的情况是有的；吐穗扬花而不结果实的情况也是有的！"

【评析】

这是孔子以庄稼的生长、开花到结果来比喻一个人从求学到做官的过程。有的人很有前途，但不能坚持始终，最终达不到目的。在这里，孔子还是希望他的学生既能勤奋学习，最终又能出仕做官。

【原文】

9.23 子曰："后生可畏，焉知来者之不如今也？四十、五十而无闻焉，斯亦不足畏也已。"

【译文】

孔子说："年轻人是值得敬畏的，怎么就知道后一代不如前一代呢？如果到了四五十岁时还默默无闻，那也就不足以敬畏了。"

【评析】

这就是说"青出于蓝而胜于蓝"，"长江后浪推前浪，一代更比一代强"。社会在发展，人类在前进，后代一定会超过前人，这种今胜于昔的观念是正确的，说明孔子的思想并不完全是顽固守旧的。

【原文】

9.24 子曰："法语之言(1)，能无从乎？改之为贵。巽与之言(2)，能无说(3)乎？绎(4)之为贵。说而不绎，从而不改，吾末(5)如之何也已矣。"

【注释】

（1）法语（yù）之言：这里指以礼法规则正言规劝。法：指礼仪规则。语：告诫。

（2）巽（xùn）与之言：恭顺赞许的话。巽：恭顺，谦逊。与：称许，赞许。

（3）说（yuè）：通"悦"。

（4）绎（yì）：原义为"抽丝"，这里指推究，追求，分析，鉴别。

（5）末：没有。

【译文】

孔子说："符合礼法的正言规劝，谁能不听从呢？改正自己的错误才是可贵的。恭顺赞许的话，谁能听了不高兴呢？只有认真分析鉴别，才是可贵的。只是高兴而不去分析，只是听从而不改正错误，我对这样的人没有什么办法了。"

【评析】

这里讲的第一层意见是言行一致的问题。听从那些符合礼法的话只是问题的一方面，而真正依照礼法的规定去改正自己的错误，才是问题的实质。第二层的意思是忠言逆耳，而顺耳之言的是非真伪，则应加以仔细辨别。对于孔子所讲的这两点，我们今天还应借鉴它，按照这样的原则去办事。

【原文】

9.25 子曰："主忠信，毋友不如己者，过则勿惮改。"

【说明】

此章与《学而》篇第一之第8章重复，故注释、译文、评析略。

【原文】

9.26 子曰："三军[1]可夺帅也，匹夫[2]不可夺志也。"

【注释】

（1）三军：12500人为一军，三军包括大国所有的军队。此处言其多。

（2）匹夫：平民百姓，主要指男子。

【译文】

孔子说："一国军队，可以夺去它的主帅；一个男子汉，却不能强迫改变他的志向。"

【评析】

"理想"这个词，在孔子时代称为"志"，就是人的志向、志气。"匹夫不可夺志"，反映出孔子对于"志"的高度重视，甚至将它与三军之帅相比。对于一个人来讲，他有自己的独立人格，任何人都无权侵犯。作为个人，他应维护自己的尊严，不受威胁利诱，始终保持自己的"志向"。这就是中国人"人格"观念的形成及确定。

【原文】

9.27 子曰："衣敝缊袍(1)，与衣狐貉(2)者立，而不耻者，其由也与？'不忮不求，何用不臧？'(3)"子路终身诵之。子曰："是道也，何足以臧？"

【注释】

（1）衣（yì）敝（bì）缊（yùn）袍（páo）：穿破旧的丝棉袍。衣：穿，当动词用。敝：坏。缊：旧的丝棉絮。

（2）狐貉（hé）：用狐和貉的皮做的裘皮衣服。

（3）不忮（zhì）不求，何用不臧（zāng）：这两句见《诗经·邶风·雄雉》篇。忮：嫉妒。臧：善，好。

【译文】

孔子说："穿着破旧的丝棉袍子，与穿着狐貉皮袍的人站在一起，而不认为是可耻的，大概只有仲由吧？（《诗经》上说：）'不嫉妒，不贪求，为什么说不好呢？'"子路听后，反复背诵这句诗。孔子又说："仅仅把这作为修身之道，怎么能说够好了呢？"

【评析】

这一章记述了孔子对他的弟子子路先夸奖又批评的两段话。他希望子路不要满足于目前已经达到的水平，因为仅是不贪求、不嫉妒是不够的，还要有更高的更远的志向，成就一番大事业。

【原文】

9.28 子曰："岁寒，然后知松柏之后彫(1)也。"

【注释】

（1）彫（diāo）：通"凋"。凋零，凋谢，枯萎之意。

【译文】

孔子说:"到了寒冷的季节,才知道松柏的叶子是最后凋谢的。"

【评析】

孔子认为,人是要有骨气的。作为有远大志向的君子,他就像松柏那样,不会随波逐流,而且能够经受各种各样的严峻考验。孔子的话,语言简洁,寓意深刻,值得我们深入思考。

【原文】

9.29 子曰:"知⑴者不惑,仁者不忧,勇者不惧。"

【注释】

(1)知:通"智"。聪明,有智慧。

【译文】

孔子说:"聪明的人不迷惑,仁德的人不忧愁,勇敢的人不畏惧。"

【评析】

在儒家传统道德中,智、仁、勇是重要的三个范畴。《中庸》说:"知、仁、勇,三者天下之达德也。"孔子希望自己的学生能具备这三德,成为真正的君子。

【原文】

9.30 子曰:"可与共学,未可与适道⑴;可与适道,未可与立⑵;可与立,未可与权⑶。"

【注释】

(1)适道:志于道,追求道的意思。适:往。

(2)立:坚持道而不变。

(3)权:秤锤。这里引申为权衡轻重,灵活变通。

【译文】

孔子说:"可以一起学习的人,未必可以一起追求道;能够一起追求道的人,未必能够一起坚守道;能够一起坚守道的人,未必能够一起随机应变。"

【评析】

本章表明，人的追求、志向和能力是千差万别的，因此，交友一定要慎重和多方考察。孔子告诉人们，要想交到志同道合的朋友，是一件很不容易的事。

【原文】

9.31 "唐棣之华[1]，偏其反而[2]。岂不尔思？室是远而[3]。"子曰："未之思也，夫何远之有？"

【注释】

（1）唐棣（dì）之华（huā）：唐棣的花。唐棣：一种植物，属蔷薇科，落叶灌木。华：花。

（2）偏其反而：形容花摇动的样子。反：反转摇摆。

（3）室是远而：只是住的地方太远了。

【译文】

（古诗这样写道：）"唐棣的花朵啊，翩翩地摇摆。我岂能不想念你呢？是因为家住的地方太远了。"孔子说："他没有真的想念，（如果真的想念，）有什么遥远呢？"

【评析】

孔子通过对古诗的评论，表明：若有思念之真情，距离不是问题。寄寓了对"仁"执着追求的信念，也就是"我欲仁，斯仁至矣"。

乡党篇第十

【本篇引语】

本篇共27章，集中记载了孔子的容色言动、衣食住行，颂扬孔子是个一举一动都符合礼的正人君子。例如，孔子在面见国君时、面见大夫时的态度；他出入于公门和出使别国时的表现，都显示出正直、仁德的品格。本篇中还记载了孔子日常生活的一些侧面，为人们全面了解孔子、研究孔子，提供了生动的素材。

【原文】

10.1 孔子于乡党(1)，恂恂如也(2)，似不能言者。其在宗庙、朝廷，便便(3)言，唯谨尔。

【注释】

（1）乡党：家乡。

（2）恂（xún）恂：温和恭顺。

（3）便（pián）便：通"辩"，善于辞令。

【译文】

孔子在家乡温和恭顺，像是不善言谈的人。但他在宗庙里、朝廷上，却很善于言辞，只是比较谨慎而已。

【评析】

此章记载了孔子在不同场合的不同言谈举止，要求大家像孔子那样，谦虚谨慎，并做到因时因地，处处有礼而得体。

【原文】

10.2 朝，与下大夫言，侃侃如也(1)；与上大夫言，訚訚(2)如也。

君在，踧踖如也[3]，与与如也[4]。

【注释】

（1）侃（kǎn）侃如也：说话理直气壮，不卑不亢，温和快乐的样子。

（2）訚（yín）訚：正直，和颜悦色而又能直言诤辩。

（3）踧（cù）踖（jí）如也：恭敬而不安的样子。

（4）与与如也：小心谨慎、威仪适中的样子。

【译文】

孔子在上朝的时候，（国君还没有到来，）同下大夫说话，温和而快乐的样子；同上大夫说话，正直而公正的样子；国君已经来了，恭敬而心中不安的样子，但又仪态适中。

【评析】

此章记载了孔子在朝堂之上，事上接下时的言行举止。体现出孔子在待人接物时尽力符合礼的要求，对不同的人都能尊重而又恰到好处。

【原文】

10.3 君召使摈[1]，色勃如也[2]，足躩[3]如也。揖所与立，左右手，衣前后，襜如[4]也。趋进，翼如也[5]。宾退，必复命曰："宾不顾矣。"

【注释】

（1）摈（bìn）：动词，负责招待国君的官员。

（2）色勃如也：脸色立即庄重起来。

（3）足躩（jué）：脚步快的样子。

（4）襜（chān）如：整齐之貌。

（5）翼（yì）如也：如鸟儿展翅一样。

【译文】

国君召孔子去接待宾客，孔子脸色立即庄重起来，脚步也快起来，他向和他站在一起的人作揖，手向左或向右作揖，衣服前后摆动，却整齐不乱。快步走的时候，像鸟儿展开双翅一样。宾客走后，必定向君主回报说："客人已经不回头张望了。"

【评析】

此章描述了孔子奉君命接待外宾时在外交场所的神态举止。表现了一个国家大臣应有的文明、礼仪和风范。

【原文】

10.4 入公门,鞠躬如[1]也,如不容。立不中门,行不履阈[2]。过位,色勃如也,足躩如也,其言似不足者。摄齐[3]升堂,鞠躬如也,屏气[4]似不息者。出,降一等[5],逞[6]颜色,怡怡如也。没阶[7],趋进,翼如也。复其位,踧踖[8]如也。

【注释】

（1）鞠（jū）躬（gōng）如：谨慎而恭敬的样子。

（2）履（lǚ）阈（yù）：脚踩门坎。阈：门槛。

（3）摄齐（zī）：提起衣服的下摆。摄：提起。齐：衣服的下摆。

（4）屏（bǐng）气：憋住气。

（5）降一等：从台阶上走下一级。

（6）逞：舒展开,松口气。

（7）没阶：走完了台阶。

（8）踧（cù）踖（jí）：恭敬而不安。

【译文】

孔子走进朝廷的大门,谨慎而恭敬的样子,好像没有他的容身之地。站,他不站在门的中间；走,也不踩门坎。经过国君的座位时,他脸色立刻庄重起来,脚步也加快起来,说话也好像中气不足一样。提起衣服下摆向堂上走的时候,恭敬谨慎的样子,憋住气好像不呼吸一样。退出来,走下台阶,脸色便舒展开了,怡然自得的样子。走完了台阶,快快地向前走几步,姿态像鸟儿展翅一样。回到自己的位置,是恭敬而不安的样子。

【评析】

此章内容继续描述孔子在朝廷上的言行举止,都是严守礼制,充满了庄重敬畏的情感态度。

【原文】

10.5 执圭[1]，鞠躬如也，如不胜。上如揖，下如授。勃如战色[2]，足蹜蹜[3]，如有循[4]。享礼[5]，有容色。私觌[6]，愉愉如也。

【注释】

（1）圭（guī）：一种上圆下方的玉器，举行典礼时，不同身份的人拿着不同的圭。出使邻国，大夫拿着圭作为代表君主的凭信。

（2）战色：战战兢兢的样子。

（3）蹜（sù）蹜：小步快走的样子。

（4）如有循：好像沿着一条直线往前走一样。循：沿着。

（5）享礼：指向对方贡献礼物的仪式。使者受到接见后，接着举行献礼仪式。享：献上。

（6）觌（dí）：会见。

【译文】

（孔子出使别的诸侯国，）拿着圭，恭敬谨慎，像是举不起来的样子。向上举时好像在作揖，放在下面时好像是给人递东西。脸色庄重得像战栗的样子，步子很小，好像沿着一条直线往前走。在举行赠送礼物的仪式时，和颜悦色。和国君举行私下会见的时候，显得轻松愉快。

【评析】

以上这五章，集中记载了孔子在乡、在朝、迎宾和出使的言谈举止、音容笑貌，给人留下十分深刻的印象。孔子在不同的场合，对待不同的人，往往容貌、神态、言行都不同。他在家乡时，给人的印象是谦逊、和善的老实人；他在朝廷上，则态度恭敬而有威仪，不卑不亢，敢于讲话；他在国君面前，温和恭顺，局促不安，庄重严肃又诚惶诚恐；迎宾有礼；出使有节。所有这些，为人们深入研究孔子，提供了具体的资料。

【原文】

10.6 君子不以绀緅饰[1]，红紫不以为亵服[2]。当暑，袗絺绤[3]，必表而出之[4]。缁衣[5]，羔裘[6]；素衣，麑[7]裘；黄衣，狐裘。亵裘长，短右袂[8]。必有寝衣[9]，长一身有半。狐貉之厚以居[10]。去丧，无所不佩。

非帷裳⁽¹¹⁾，必杀之⁽¹²⁾。羔裘玄冠不以吊⁽¹³⁾。吉月⁽¹⁴⁾，必朝服而朝⁽¹⁵⁾。

【注释】

（1）不以绀（gàn）緅（zōu）饰：不用深青透红或黑中透红的颜色布给平常穿的衣服镶上边作饰物。绀：深青透红，斋戒时服装的颜色。緅：黑中透红，丧服的颜色。

（2）红紫不以为亵（xiè）服：便服不宜用红紫色。亵服：平时在家里穿的衣服。

（3）袗（zhěn）绤（chī）绤（xì）：穿粗的或细的葛（麻）布单衣。袗：单衣。绤：细葛布。绤：粗葛布。

（4）必表而出之：把麻布单衣穿在外面，里面还要衬有内衣。

（5）缁（zī）衣：黑色的衣服。

（6）羔裘：羔羊皮衣。古代的羔裘都是黑羊皮，毛皮向外。

（7）麑（ní）：小鹿，白色。

（8）短右袂（mèi）：右袖短一点，是为了便于做事。袂：袖子。

（9）寝衣：睡衣。

（10）狐貉（hé）之厚以居：用厚毛的狐貉皮来制作坐垫。居：坐。

（11）帷（wéi）裳（cháng）：上朝和祭祀时穿的礼服，用整幅布制作，不加以裁剪，折叠缝上。

（12）必杀（shài）之：一定要裁去多余的布。杀：裁。

（13）玄冠不以吊：黑色皮礼帽，不用于丧事。

（14）吉月：每月初一。一说正月初一。

（15）必朝（cháo）服而朝：一定要穿着礼服去朝拜君主。朝服：上朝穿的礼服。朝：朝拜。

【译文】

君子不用深青透红或黑中透红的布镶边，不用红色或紫色的布做平常在家穿的衣服。夏天，穿粗的或细的葛布单衣，但一定要套在内衣外面。黑色的羔羊皮袍，配黑色的罩衣；白色的鹿皮袍，配白色的罩衣；黄色的狐皮袍，配黄色的罩衣。平常在家穿的皮袍做得长一些，右边的袖子短一些。睡觉一定要有睡衣，要有一身半长。用狐貉的厚毛皮做坐垫。丧服期满，脱下丧服后，便佩带上各种各样的装饰品。如果不是礼服,一定要加以剪裁。不穿着黑色的羔羊皮袍和戴着黑色的帽子去吊丧。每月初一,一定要穿着礼服去朝拜君主。

【评析】

本章记述了孔子日常在各种场所的衣着服饰。反映了中国发达的服饰文化。孔子对春秋时期穿着衣服的礼制作了很好的示范,对当代服饰礼仪文化,有一定的启示作用。

【原文】

10.7 齐[1],必有明衣[2],布。齐必变食[3],居必迁坐[4]。

【注释】

(1) 齐(zhāi):同"斋"。

(2) 明衣:斋前沐浴后穿的浴衣。

(3) 变食:改变平常的饮食。指不饮酒,不吃葱、蒜等有刺激味的东西。

(4) 居必迁坐:指从内室迁到外室居住,不和妻妾同房。

【译文】

斋戒沐浴的时候,一定要有浴衣,用布做的。斋戒的时候,一定要改变平常的饮食,居住也一定搬移地方(不与妻妾同房)。

【评析】

本章记述了孔子斋戒前沐浴时的衣着和斋戒期间的生活,这些细节都表明了孔子严谨、守礼、诚敬的生活态度。

【原文】

10.8 食不厌精,脍[1]不厌细。食饐而餲[2],鱼馁而肉败[3],不食。色恶,不食。臭恶[4],不食。失饪[5],不食。不时[6],不食。割不正[7],不食。不得其酱,不食。肉虽多,不使胜食气[8]。唯酒无量,不及乱[9]。沽酒市脯[10],不食。不撤姜食,不多食。

【注释】

(1) 脍(kuài):切细的鱼、肉。

（2）馈（yì）：陈旧。食物放置时间长了。饐（ài）：变味了。

（3）鱼馁（něi）：鱼腐烂，这里指鱼不新鲜。肉败：肉腐烂，这里指肉不新鲜。

（4）臭（xiù）恶（è）：气味难闻。臭：气味。

（5）饪（rèn）：烹调制作饭菜。

（6）时：应时，时鲜，符合季节。

（7）割不正：肉切得不方正。

（8）气（xì）：同"饩"，即粮食。

（9）不及乱：不到酒醉时。乱：指酒醉。

（10）脯（fǔ）：熟肉干。

【译文】

粮食不嫌舂得精，鱼和肉不嫌切得细。粮食陈旧和变味了，鱼和肉腐烂了，都不吃。食物的颜色变了，不吃。气味变了，不吃。烹调不当，不吃。不符合季节的东西，不吃。肉切得不方正，不吃。佐料放得不适当，不吃。席上的肉虽多，但吃的量不超过米面的量。只有酒没有限制，但不喝醉。从市上买来的肉干和酒，不吃。每餐必须有姜，但也不多吃。

【评析】

本章着重介绍了孔子饮食保健思想，提出了一系列的饮食要求和注意事项。古代的饮食理念，对我们现在的健康饮食仍有指导意义。

【原文】

10.9 祭于公，不宿肉(1)。祭肉(2)不出三日。出三日，不食之矣。

【注释】

（1）不宿（sù）肉：不使肉过夜。古代大夫参加国君祭祀以后，可以得到国君赐的祭肉。但祭祀活动一般要持续二三天，所以这些肉就已经不新鲜，不能再过夜了。

（2）祭肉：这是祭祀用的肉。

【译文】

孔子参加国君祭祀典礼时分到的肉，不能留到第二天。祭祀用过的肉不超过三天。超过三天，就不吃了。

【评析】

本章特意介绍了孔子不吃超过三天的肉。以上4章里，记述了孔子的衣着和饮食习惯。孔子对"礼"的遵循，不仅表现在与国君和大夫们见面时的言谈举止和仪式，而且表现在衣着方面。他对祭祀时、服丧时和平时所穿的衣服都有不同的要求，如单衣、罩衣、麻衣、皮袍、睡衣、浴衣、礼服、便服等，都有不同的穿戴规定。在吃的方面，"食不厌精，脍不厌细"，而且对于食物，有八种情况他不吃。吃了，就有害于健康。说明孔子非常注重健康饮食。

【原文】

10.10 食不语，寝不言。

【译文】

吃饭的时候不说话，睡觉的时候也不说话。

【评析】

孔子非常热爱生命，他活到了73岁，有一套正确的养生之道，其中就有"食不语，寝不言。"他提醒我们：吃饭、睡觉时说话，不利于身体健康。

【原文】

10.11 虽疏食菜羹(1)，瓜祭(2)，必齐如也(3)。

【注释】

（1）菜羹（gēng）：用菜做成的汤。

（2）瓜祭：古人在吃饭前，把席上各种食品分出少许，放在食具之间祭祖。

（3）齐（zhāi）：通"斋"，斋戒。

【译文】

即使是粗米饭蔬菜汤，吃饭前也要把它们取出一些来祭祖，而且一定要像斋戒时那样严肃恭敬。

【评析】

本章说明孔子在祭祀活动中严肃认真的态度。

【原文】

10.12 席不正[1]，不坐。

【注释】

（1）席：古代没有椅子和桌子，都坐在铺于地面的席子上。

【译文】

坐席摆放得不端正，不就坐。

【评析】

本章记述孔子的就坐之礼。坐席很讲究上下位置，若摆放不正确，让人难以按礼的规定落座。说明孔子是守礼之人。

【原文】

10.13 乡人饮酒[1]，杖者[2]出，斯出矣。

【注释】

（1）乡人饮酒：指当时的乡饮酒礼。

（2）杖者：拿拐杖的人，指老年人。

【译文】

行乡饮酒的礼仪结束后，老年人出去后，自己才出去。

【评析】

本章说明孔子参加乡饮酒的礼仪时，尊重长者，恪守礼仪，做到了"长者先，幼者后"。

【原文】

10.14 乡人傩[1]，朝服而立于阼阶[2]。

【注释】

（1）傩（nuó）：古代迎神驱鬼的宗教仪式。

（2）阼（zuò）阶：东面的台阶。主人立在大堂东面的台阶，在这里欢迎客人。

【译文】

乡里人举行迎神驱鬼的宗教仪式时，孔子总是穿着朝服站在东边的台阶上。

【评析】

本章记述了孔子在乡里人举行迎神驱鬼的宗教仪式时,郑重着装,保持敬畏的态度。

【原文】

10.15 问⁽¹⁾人于他邦,再拜而送之⁽²⁾。

【注释】

(1)问:问候。古代人在问候时往往要致送礼物。

(2)再拜而送之:在送别客人时,两次拜别。

【译文】

(孔子)托人向在其他诸侯国的朋友问候送礼,便向受托者拜两次送行。

【评析】

本章着重介绍了孔子托人问候致礼的表现,孔子向受托人连拜两次,说明他在与外邦人士交往时十分注重礼节。以上6章中,记载了孔子举止言谈的某些规矩或者习惯。他时时处处以正人君子的标准要求自己,使自己的言行尽量符合礼的规定。他认为,"礼"是至高无上的,是神圣不可侵犯的,那么,一投足、一举手都必须依照礼的原则。这一方面是孔子个人修养的具体反映,一方面也是他向学生们传授知识和仁德时所身体力行的。

【原文】

10.16 康子馈药⁽¹⁾,拜而受之,曰:"丘未达⁽²⁾,不敢尝。"

【注释】

(1)康子:季康子,姓季孙,名肥,鲁哀公时的正卿。馈(kuì):赠。

(2)达:通达,了解,懂得。

【译文】

季康子给孔子赠送药品,孔子拜谢之后接受了,说:"我对药性不了解,不敢尝用。"

【评析】

本章说明孔子用药十分谨慎小心,对于自己不了解的药物,不敢轻易品尝试用。

【原文】

10.17 厩⑴焚。子退朝,曰:"伤人乎?"不问马。

【注释】

(1)厩(jiù):马棚。

【译文】

马棚失火烧掉了。孔子退朝回来,说:"伤人了吗?"不问马的情况怎么样。

【评析】

孔子家里的马棚失火被烧掉了。当他听到这个消息后,首先问人有没有受伤。有人说,儒家学说是"人学",这一条可以作佐证材料。他只问人,不问马,表明他重人不重财,十分关心下面的人。事实上,这是中国自古以来人道主义思想的发端。

【原文】

10.18 君赐食,必正席先尝之。君赐腥⑴,必熟而荐⑵之。君赐生⑶,必畜⑷之。侍食于君,君祭,先饭⑸。

【注释】

(1)腥(xīng):生肉。

(2)荐(jiàn):供奉。

(3)生:活的禽、畜、海鲜等。

(4)畜(xù):饲养。

(5)饭:吃,品尝。

【译文】

国君赐给熟食,孔子一定摆正座席先尝一尝。国君赐给生肉,一定煮熟了,先给祖宗上供。国君赐给活物,一定要饲养起来。同国君一道吃饭,在国君举行饭前祭礼的时候,一定要先尝一尝。

【评析】

古时候君主吃饭前，要有人先尝一尝，君主才吃。孔子对国君十分尊重。他在与国君吃饭时，都主动尝一下，表明他对礼的遵从。

【原文】

10.19 疾，君视之，东首⁽¹⁾，加朝服，拖绅⁽²⁾。

【注释】

（1）东首：头朝东。

（2）绅（shēn）：束在腰间的大带子。

【译文】

孔子病了，国君来探视，他便头朝东躺着，身上盖上朝服，拖着大带子。

【评析】

孔子患了病，躺在床上，国君来探视他，他无法起身穿朝服，这似乎对国君不尊重，有违于礼，于是他就把朝服盖在身上。这反映出孔子即使在病榻上，也不会失礼于国君。

【原文】

10.20 君命召，不俟⁽¹⁾驾行矣。

【注释】

（1）俟（sì）：等待，等候。

【译文】

国君召见（孔子），他不等车马驾好就先步行走去了。

【评析】

本章说明了孔子对国君的敬重，体现了他浓厚的忠君思想。

【原文】

10.21 入太庙，每事问。

【说明】

此章重出。译文、评析参见《八佾》篇第三之第15章。

【原文】

10.22 朋友⑴死，无所归，曰："于我殡⑵。"

【注释】

（1）朋友：指与孔子志同道合的人。

（2）殡（bìn）：停放灵柩和埋葬都可以叫殡，这里是泛指丧葬事务。

【译文】

（孔子的）朋友死了，没有亲属负责殓埋，孔子说："由我来办理丧事吧。"

【评析】

本章记述了孔子对亡友的情谊和见义而为的人道主义精神。

【原文】

10.23 朋友之馈，虽车马，非祭肉，不拜。

【译文】

朋友馈赠物品，即使是车和马，不是祭肉，（孔子在接受时）也不会行拜谢礼。

【评析】

孔子把祭肉看得比车、马还重要，这是为什么呢？因为祭肉关系到"孝"的问题。用肉祭祀祖先之后，这块肉就不仅仅是一块可以食用的东西了，而是对祖先尽孝的一个载体。

【原文】

10.24 寝不尸，居不容。

【译文】

（孔子）睡觉不像死尸一样挺着，平日家居也不像作客或接待客人时那样庄重严肃。

【评析】

本章介绍孔子睡觉的姿势以及平日居家时的容貌，说明孔子闲居在家和外出待客，有着不同的神态和面貌。

【原文】

10.25 见齐衰⁽¹⁾者，虽狎⁽²⁾，必变。见冕者与瞽者⁽³⁾，虽亵⁽⁴⁾，必以貌。凶服⁽⁵⁾者，式⁽⁶⁾之。式负版者⁽⁷⁾。有盛馔⁽⁸⁾，必变色而作⁽⁹⁾。迅雷、风烈，必变。

【注释】

（1）齐（zī）衰（cuī）：指丧服。

（2）狎（xiá）：亲近的意思。

（3）瞽（gǔ）者：盲人，指乐师。

（4）亵（xiè）：常见、熟悉。

（5）凶服：丧服。

（6）式：通"轼"，古代车辆前部的横木。这里作动词用。遇见地位高的人或其他人时，驭手身子向前微俯，伏在横木上，以示尊敬或者同情。这在当时是一种礼节。

（7）负版者：背负国家图籍的人。当时无纸，用木版来书写，故称"版"。

（8）盛馔（zhuàn）：盛大的宴席。馔：饮食。

（9）作：站起来。

【译文】

（孔子）看见穿丧服的人，即使是关系很亲密的，也一定要把态度变得严肃起来。看见当官的和盲人，即使是常在一起的，也一定要有礼貌。在乘车时遇见穿丧服的人，便俯伏在车前横木上（以示同情）。遇见背负国家图籍的人，也这样做（以示敬意）。（作客时）如果有丰盛的筵席，就神色一变，并站起来致谢。遇见迅雷、大风，一定要改变神色（以示对上天的敬畏）。

【原文】

10.26 升车，必正立，执绥⁽¹⁾。车中，不内顾⁽²⁾，不疾言⁽³⁾，不亲指⁽⁴⁾。

【注释】

（1）绥（suí）：上车时扶手用的索带。

（2）内顾：回头看。

（3）疾言：大声说话。

（4）亲指：用自己的手指点。

【译文】

上车时，一定先直立站好，然后拉着扶手索带上车。在车上，不回头看车内，不高声说话，不用手指指点点。

【评析】

本章记述的是孔子御车时的礼仪。以上这几章，讲的都是孔子如何遵从周礼的。在许多举动上，他都能按礼行事，对不同的人、不同的事、不同的环境，应该有什么表情、什么动作、什么语言，他都一丝不苟，准确而妥贴。所以，孔子的学生们在谈起这些时，津津乐道，极其佩服。

【原文】

10.27 色斯举矣(1)，翔而后集(2)。曰："山梁雌雉(3)，时哉！时哉(4)！"子路共之(5)，三嗅而作(6)。

【注释】

（1）色斯举矣：色：脸色。斯：则。举：鸟飞起来。

（2）翔而后集：飞翔一阵，然后落到树上。鸟群停在树上叫"集"。

（3）山梁雌（cí）雉（zhì）：聚集在山梁上的母野鸡。

（4）时哉！时哉：得其时呀！得其时呀！这是说野鸡时运好，能自由飞翔，自由落下。

（5）共：通"拱"。

（6）三嗅（xiù）而作：叫了几声振翅飞走了。嗅，应为"狊"字之误。狊，音 jù，鸟张开两翅。一本作"戞"字，鸟的长叫声。

【译文】

（孔子与学生在山谷中行走，）看见一群野鸡在那儿飞，孔子神色动了一下，野鸡飞翔了一阵落在树上。孔子说："这些山梁上的母野鸡，得其时呀！得其时呀！"子路向它们拱拱手，野鸡便叫了几声振翅飞走了。

【评析】

这里似乎是在游山观景，其实孔子是有感而发。他感到山谷里的野鸡能够自由飞翔，自由落下，这是"得其时"，而自己却不得其时，东奔西走，却没有获得普遍响应。因此，他看到野鸡时，神色动了一下，随之发出了这样的感叹。

先进篇 第十一

【本篇引语】

本篇共有26章，其中著名的文句有："未能事人，焉能事鬼？""未知生，焉知死"；"过犹不及"等。这一篇中包括孔子对弟子们的评价，并以此为例说明"过犹不及"的中庸思想；学习各种知识与日后做官的关系；孔子对待鬼神、生死问题的态度。最后一章里，孔子和他的学生们各述其志向，反映出孔子政治思想上的倾向。

【原文】

11.1 子曰："先进⑴于礼乐，野人⑵也；后进⑶于礼乐，君子⑷也。如用之，则吾从先进。"

【注释】

（1）先进：指先学习礼乐而后再做官的人。
（2）野人：朴素粗鲁的人或指乡野平民。
（3）后进：先做官后学习礼乐的人。
（4）君子：这里指统治者，贵族子弟。

【译文】

孔子说："先学习礼乐而后再做官的人，是（原来没有爵禄的）平民；先当了官然后再学习礼乐的人，是（享有爵禄的）贵族子弟。如果要选用人才，那我主张选用先学习礼乐的人。"

【评析】

在西周时期，人们因社会地位和居住地的不同，就有了贵族、平民和乡野之人的区分。孔子这里认为，那些先当官，即原来就有爵禄的人，在为官以前，没有接受礼乐知识的系统教育，还不知道怎样为官，便当上了官。这样的人是不可选用的。而那些本来没有爵禄的平民，他们在当官以前已经全面系统地学习了礼乐知识，然后就知道怎样为官，怎样当一个好官。所以孔子主张选用先学习礼乐的人。

【原文】

11.2 子曰："从我于陈、蔡[1]者，皆不及门[2]也。"

【注释】

（1）陈、蔡：均为国名。

（2）不及门：不在跟前受教。门，这里指受教的场所。

【译文】

孔子说："曾跟随我从陈国到蔡国去的学生，现在都不在我身边受教了。"

【评析】

公元前489年，孔子和他的学生从陈国到蔡国去。途中，他们被陈国的人们所包围，绝粮7天，许多学生饿得不能行走。当时跟随他的学生有子路、子贡、颜渊等人。公元前484年，孔子回鲁国以后，子路、子贡等先后离开了他，颜回也死了。所以，孔子时常想念他们。这句话，就反映了孔子的这种心情。

【原文】

11.3 德行[1]：颜渊、闵子骞、冉伯牛、仲弓。言语[2]：宰我、子贡。政事[3]：冉有、季路。文学[4]：子游、子夏。

【注释】

（1）德行：指能实行孝悌、忠恕等道德。

（2）言语：指善于辞令，能办理外交。

（3）政事：指能从事政治事务。

（4）文学：指通晓诗书礼乐等古代文献。

【译文】

德行好的有：颜渊、闵子骞、冉伯牛、仲弓。善于辞令的有：宰我、子贡。擅长政事的有：冉有、季路。通晓文献知识的有：子游、子夏。

【评析】

本章孔子对自己的10名学生的德行、才能、特长进行了评价,说明孔子对学生非常了解。

【原文】

11.4 子曰:"回也非助我者也,于吾言无所不说[1]。"

【注释】

(1)说(yuè):通"悦"。心悦诚服。

【译文】

孔子说:"颜回不是对我有帮助的人,对于我说的话,他没有不心悦诚服的。"

【评析】

颜回是孔子得意门生之一,在孔子面前始终是服服贴贴、毕恭毕敬的,对于孔子的学说深信不疑、全面接受。所以,孔子多次赞扬颜回。这里,孔子说颜回"非助我者",并不是责备颜回,而是在得意地赞许他。

【原文】

11.5 子曰:"孝哉闵子骞!人不间于其父母昆弟之言[1]。"

【注释】

(1)间(jiàn):非难、批评、挑剔。昆:哥哥,兄长。

【译文】

孔子说:"闵子骞真是孝顺呀!人们对于他的父母兄弟称赞他的话,没有什么异议。"

【评析】

闵子骞的后母偏爱自己生的两个儿子,冬天给他们穿厚暖的棉衣,但给闵子骞穿以芦花为内塞的假棉衣。后来他父亲察觉,想要赶走后母,闵子骞却向父亲求情说:"母在一子单,母去三子寒。"他这一番话感动了父亲,也使后母感动变成了慈母,他的两个异母弟弟也受感动而对他友爱。由于闵子骞的孝行,别人对于闵子骞的父母、兄弟称赞闵子骞的话也没有异议。所以,孔子称赞闵子骞真孝顺。说明孝道具有巨大的感召力。

【原文】

11.6 南容三复"白圭"⑴，孔子以其兄之子妻之。

【注释】

（1）白圭：白玉。这里指《诗经·大雅·抑》中的诗句："白圭之玷，尚可磨也；斯言之玷，不可为也。"意思是白玉上的污点还可以磨掉，我们言论中有毛病，就无法挽回了。这是告诫人们要谨慎自己的言语。

【译文】

南容反复诵读"白圭之玷，尚可磨也；斯言之玷，不可为也。"的诗句。孔子把侄女嫁给了他。

【评析】

儒家从孔子开始，极力提倡"慎言"，不该说的话绝对不说。因为，白玉被玷污了，还可以把它磨去，而说错了的话，则无法挽回。希望人们言语要谨慎。这里，孔子把自己的侄女嫁给了南容，表明他很欣赏南容的慎言。

【原文】

11.7 季康子问："弟子孰为好学？"孔子对曰："有颜回者好学，不幸短命死矣，今也则亡⑴。"

【注释】

（1）亡（wú）：通"无"。没有。

【译文】

季康子问（孔子）："你的学生中谁是好学的？"孔子回答说："有一个叫颜回的学生很好学，不幸短命死了，现在再也没有（像他那样的）了。"

【评析】

孔子称赞颜回是所有弟子中最好学的学生，同时为颜回的早逝感到不幸和惋惜。

【原文】

11.8 颜渊死，颜路请子之车以为之椁[1]。子曰："才不才，亦各言其子也。鲤[2]也死，有棺而无椁。吾不徒行以为之椁，以吾从大夫之后[3]，不可徒行也。"

【注释】

（1）颜路：颜无繇（yóu），字路，颜渊（颜回）的父亲，也是孔子的学生，生于公元前545年。椁（guǒ）：古人所用棺材，内为棺，外为椁。

（2）鲤：孔子的儿子，字伯鲁，死时50岁，孔子70岁。

（3）从大夫之后：跟随在大夫们的后面，意即当过大夫。孔子在鲁国曾任司寇，是大夫一级的官员。

【译文】

颜渊死了，（他的父亲）颜路请求孔子卖掉车子，给颜渊买个外椁。孔子说："（虽然颜渊和鲤）一个有才一个无才，但各自都是父母的儿子。孔鲤死的时候，也是有棺无椁。我没有卖掉自己的车子步行而给他买椁，因为我还跟随在大夫之后，是不可以步行的。"

【评析】

颜渊是孔子的得意门生。孔子多次高度称赞颜渊，认为他有很好的品德，又好学上进。颜渊死了，他的父亲颜路请孔子卖掉自己的车子，给颜渊买椁。尽管孔子十分悲痛，但他却不愿意卖掉车子。因为他曾经担任过大夫一级的官员，而大夫必须有自己的车子，不能步行，否则就违背了礼的规定。这一章反映了孔子对礼的严谨态度。

【原文】

11.9 颜渊死。子曰："噫！天丧予！天丧予！"

【译文】

颜渊死了。孔子说："唉！老天爷真要我的命呀！老天爷真要我的命呀！"

【评析】

颜渊的死，孔子非常悲痛。

【原文】

11.10 颜渊死，子哭之恸⁽¹⁾。从者曰："子恸矣。"曰："有恸乎？非夫⁽²⁾人之为恸而谁为？"

【注释】

（1）恸（tòng）：哀伤过度，过于悲痛。

（2）夫（fú）：指示代词，此处指颜渊。

【译文】

颜渊死了，孔子哭得极其悲痛。跟随孔子的人说："您悲痛过度了！"孔子说："是太悲伤过度了吗？我不为这个人悲伤过度，又为谁呢？"

【评析】

学生颜渊死了，孔子哭得极其悲痛。别人不理解，他却认为是应该的。孔子特别疼爱、喜欢注重修养、仁爱诚信、虚心好学、德行出众的颜渊。

【原文】

11.11 颜渊死，门人欲厚葬⁽¹⁾之，子曰："不可。"门人厚葬之。子曰："回也，视予犹父也，予不得视犹子也⁽²⁾。非我也，夫⁽³⁾二三子也。"

【注释】

（1）厚葬：隆重地安葬。

（2）予不得视犹子也：我不能把他当亲生儿子一样看待。

（3）夫：语助词。

【译文】

颜渊死了，孔子的学生们想要隆重地安葬他。孔子说："不可以。"学生们仍然隆重地安葬了他。孔子说："颜回把我当父亲一样看待，我却不能把他当亲生儿子一样看待。这不是我的意思，是那些学生们干的呀。"

【评析】

孔子说，"予不得视犹子也"，这句话的意思是，不能像对待自己亲生的儿子那样，按照礼的规定，对他予以安葬。他的学生仍隆重地埋葬了颜渊，孔子说，这不是自己的过错，而是学生们做的。这仍是表明孔子遵从礼的原则，即使是在厚葬颜渊的问题上，仍是如此。

【原文】

11.12 季路问事鬼神。子曰:"未能事人,焉能事鬼?"曰:"敢(1)问死。"曰:"未知生,焉知死?"

【注释】

(1)敢:谦词,表示冒昧。

【译文】

季路问怎样去事奉鬼神。孔子说:"没能事奉好人,怎么能事奉鬼呢?"季路说:"请问死是怎么回事?"(孔子回答)说:"还不知道活着的道理,怎么能知道死呢?"

【评析】

孔子这里讲的"事人",指事奉君父。在君父活着的时候,如果不能尽忠尽孝,君父死后也就谈不上孝敬鬼神,他希望人们能够忠君孝父。本章表明了孔子在鬼神、生死问题上的基本态度,他不信鬼神,也不把注意力放在来世,或死后的情形上,在君父生前要尽忠尽孝,至于对待鬼神就不必多提了。这一章为他所说的"敬鬼神而远之"做了注脚。

【原文】

11.13 闵子侍侧,訚訚(1)如也;子路,行行(2)如也;冉有、子贡,侃侃(3)如也。子乐。"若由也,不得其死然。"

【注释】

(1)訚(yín)訚:恭敬正直的样子。

(2)行(hàng)行:刚强的样子。

(3)侃(kǎn)侃:和乐的样子。

【译文】

闵子骞侍立在孔子身旁,一派恭敬正直的样子;子路是一副刚强的样子;冉有、子贡是温和快乐的样子。孔子高兴了。但孔子又说:"像仲由(子路)这样,只怕不得好死吧!"

【评析】

子路这个人有勇无谋,尽管他非常刚强。孔子一方面为他的这些学生各有特长而高兴，但又担心子路，惟恐他不会有好的结果。师之爱生，人之常情。孔子的这种担心，就说明了这一点。

【原文】

11.14 鲁人为长府[1]。闵子骞曰："仍旧贯[2]，如之何？何必改作？"子曰："夫人不言[3]，言必有中。"

【注释】

（1）鲁人：这里指鲁国的当权者。这就是人和民的区别。为长（cháng）府：改建鲁国的长府国库。为：这里是改建的意思。长府：是鲁国的国库名。藏财货、兵器等的仓库叫"府"。

（2）仍旧贯：沿袭老样子。仍：沿袭，按照。贯：事，例。

（3）夫（fú）人：这个人。

【译文】

鲁国翻修长府国库。闵子骞道："照老样子下去，怎么样？何必改建呢？"孔子道："这个人平日不大开口，一开口就说到要害上。"

【评析】

鲁国翻修长府国库，孔子赞赏支持闵子骞的意见。反对统治者好大喜功，劳民伤财。

【原文】

11.15 子曰："由之瑟[1]，奚为于丘之门[2]？"门人不敬子路。子曰："由也升堂[3]矣，未入于室也。"

【注释】

（1）瑟（sè）：一种古乐器，与古琴相似。

（2）奚为于丘之门：奚，为什么。为，弹。为什么在我这里弹呢？

（3）升堂入室：堂是正厅，室是内室，用以形容学习程度的深浅。

【译文】

孔子说："仲由弹瑟，为什么在我这里弹呢？"孔子的学生们因此都不尊敬子路。孔子便说："仲由嘛，他在学习上已经达到升堂的程度了，只是还没有入室罢了。"

【评析】

这一段文字记载了孔子对子路的评价。他先是用责备的口气批评子路，当门人都不尊敬子路时，他便改口说子路已经登堂尚未入室。这是就演奏乐器而言的。孔子对学生的态度应该讲是比较客观的，有成绩就表扬，有过错就批评，让学生认识到自己的不足，同时又树立起信心，争取更大的成绩。

【原文】

11.16 子贡问："师与商(1)也孰贤？"子曰："师也过，商也不及。"曰："然则师愈(2)与？"子曰："过犹(3)不及。"

【注释】

（1）师与商：颛（zhuān）孙师和卜商。师：颛孙（姓）师，即子张。商：卜商，即子夏。

（2）愈（yù）：胜过，强些。

（3）犹：如同，一样。

【译文】

子贡问孔子："子张和子夏二人谁更好一些呢？"孔子回答说："子张过分，子夏不足。"子贡说："那么是子张好一些吗？"孔子说："过分和不足是一样的。"

【评析】

"过犹不及"即中庸思想的具体说明。《中庸》说，"道之不行也，我知之矣。知者过之，愚者不及也。道之不明也，我知之矣。贤者过之，不肖者不及也。""执其两端，用其中于民，其斯以为舜乎？"这是说，舜于两端取其中，既非过，也非不及，以中道教化百姓，所以为大圣。这就是对本章孔子"过犹不及"的具体解释。既然子张做得过分、子夏做得不足，那么两人都不好，所以孔子对此二人的评价就是："过犹不及"。

【原文】

11.17 季氏富于周公(1)，而求也为之聚敛而附益之(2)。子曰："非吾徒也，小子鸣鼓而攻之可也！"

【注释】

（1）季氏富于周公：季氏比周朝的公侯还要富有。

（2）聚敛：积聚和收集钱财，即搜刮。益：增加。

【译文】

季氏比周朝的公侯还要富有，而冉求还帮他搜刮来增加他的钱财。孔子说："他不是我的学生了，你们可以大张旗鼓地去攻击他吧！"

【评析】

鲁国的三家曾于公元前562年将公室，即鲁国国君直辖的土地和附属于土地上的奴隶瓜分，季氏分得三分之一，并用封建的剥削方式取代了奴隶制的剥削方式。公元前537年，三家第二次瓜分公室，季氏分得四分之二。由于季氏推行了新的政治和经济措施，所以很快富了起来。孔子的学生冉求帮助季氏积敛钱财，搜刮人民，所以孔子很生气，表示不承认冉求是自己的学生，而且让其他学生打着鼓去声讨冉求。

【原文】

11.18 柴也愚(1)，参也鲁(2)，师也辟(3)，由也喭(4)。

【注释】

（1）柴：高柴，字子羔，孔子学生，比孔子小30岁，公元前521年出生。愚：旧注云：愚直之愚，指愚而耿直，不是傻的意思。

（2）参（shēn）：曾参。鲁：迟钝。

（3）辟（pì）：偏，偏激，邪。

（4）喭（yàn）：鲁莽，粗鲁，刚猛。

【译文】

高柴愚直，曾参迟钝，颛（zhuān）孙师偏激，仲由鲁莽。

【评析】

孔子认为，他的这些学生各有所偏，不合中行，对他们的品质和德行必须加以纠正。这一段同样表达了孔子的中庸思想。中庸是一种折中调和思想，调和与折中是事物发展过程中的一种状态，这种状态是相对的、暂时的。孔子揭示了事物发展过程的这一状态，并概括为"中庸"，这在中国古代认识史上是有贡献的。

【原文】

11.19 子曰："回也其庶⁽¹⁾乎，屡空⁽²⁾。赐不受命，而货殖⁽³⁾焉，亿⁽⁴⁾则屡中。"

【注释】

（1）庶（shù）：庶几，相近。这里指颜渊的学问道德接近于完善。

（2）屡（lǚ）空：经常贫困、匮乏。屡：经常，往往。空：贫困、匮乏。

（3）货殖：做买卖。

（4）亿：通"臆"，猜测，估计，预料。

【译文】

孔子说："颜回的学问道德接近于完善了吧，可是他常常贫困。端本赐不听命运的安排，去做买卖，猜测行情，往往猜中了。"

【评析】

这一章，孔子对颜回学问道德接近于完善却在生活上常常贫困深感遗憾。同时，他对端本赐（子贡）不听命运的安排去经商致富反而感到不满，这在孔子看来，是极其不公正的。

【原文】

11.20 子张问善人⁽¹⁾之道。子曰："不践迹⁽²⁾，亦不入于室⁽³⁾。"

【注释】

（1）善人：指本质善良但没有经过学习的人。

（2）践迹：踩着前人的脚印走。迹：脚印。

（3）入于室：比喻学问和修养达到了精深地步。

【译文】

子张问做善人的方法。孔子说："如果不沿着前人的脚印走，其学问和修养就不到家。

【评析】

孔子强调提高道德修养的方法，就是要向圣人学习，否则不能达到目标。

【原文】

11.21 子曰："论笃是与⁽¹⁾，君子者乎？色庄者乎？"

【注释】

（1）论笃（dǔ）是与：意思是对说话笃实诚恳的人表示赞许。论：言论。笃：诚恳。与：赞许。

【译文】

孔子说："听到人议论笃实诚恳就表示赞许，但还应看他是真君子呢？还是伪装庄重的人呢？"

【评析】

孔子希望他的学生们不但要说话笃实诚恳，而且要言行一致。在第五篇第10章中曾有"听其言而观其行"的说法，表明孔子在观察别人的时候，不仅要看他说话时诚恳的态度，而且要看他的行动。言行一致才是真君子。

【原文】

11.22 子路问："闻斯行诸⁽¹⁾？"子曰："有父兄在，如之何其闻斯行之？"冉有问："闻斯行诸？"子曰："闻斯行之。"公西华曰："由也问'闻斯行诸'，子曰'有父兄在'；求也问'闻斯行诸'，子曰'闻斯行之'。赤也惑，敢问。"子曰："求也退，故进之；由也兼人⁽²⁾，故退之。"

【注释】

（1）诸："之乎"二字的合音。

（2）兼人：好勇过人。

【译文】

子路问："听到了就行动起来吗？"孔子说："有父兄在，怎么能听到就行动起来呢？"冉有问："听到了就行动起来吗？"孔子说："听到了就行动起来。"公西华说："仲由问'听到了就行动起来吗？'你回答说'有父兄健在'；冉求问'听到了就行动起来吗？'你回答'听到了就行动起来'。我被弄糊涂了，敢再问个明白。"孔子说："冉求总是退缩，所以我鼓励他；仲由好勇过人，所以我约束他。"

【评析】

这是孔子把中庸思想贯穿于教育实践中的一个具体事例。在这里，他要自己的学生不要退缩，也不要过头冒进，要进退适中。所以，对于同一个问题，孔子针对子路与冉求的不同情况作了不同回答。同时也生动地反映了孔子教育方法的一个特点，即因材施教。

【原文】

11.23 子畏于匡[1]，颜渊后。子曰："吾以女为死矣。"曰："子在，回何敢死？"

【注释】

（1）畏于匡：在匡地受到威胁。畏：受到威胁。

【译文】

孔子在匡地受到当地人围困，颜渊最后才逃出来。孔子说："我以为你已经死了呢。"颜渊说："夫子还活着，我怎么敢死呢？"

【评析】

本章这段对话，反映了孔子与弟子们患难与共的师生情谊。主要表现了颜渊为了他人，敢于断后的牺牲精神和智勇双全及幽默的性格。

【原文】

11.24 季子然[1]问："仲由、冉求可谓大臣与？"子曰："吾以子为异之问，曾[2]由与求之问。所谓大臣者，以道事君，不可则止。今由与求也，可谓具臣[3]矣。"曰："然则从之[4]者与？"子曰："弑[5]父与君，亦不从也。"

【注释】

（1）季子然：鲁国季氏的同族人。

（2）曾（zēng）：乃。

(3)具臣：普通的臣子。

(4)之：代名词，这里指季氏。当时冉求和子路都是季氏的家臣。

(5)弑（shì）：杀。

【译文】

季子然问："仲由和冉求可以算是大臣吗？"孔子说："我以为你是问别人，原来是问由和求呀。所谓大臣是能够用周公之道的要求来事奉君主，如果这样不行，他宁肯辞职不干。现在由和求这两个人，只能算是充数的臣子罢了。"季子然说："那么他们会一切都跟着季氏干吗？"孔子说："杀父亲、杀君主的事，他们也不会跟着干的。"

【评析】

孔子这里指出"以道事君"的原则，他告诫冉求和子路应当用周公之道去规劝季氏，不要犯上作乱，如果季氏不听，就辞职不干。由此可见，孔子对待君臣关系是以道和礼为准绳的。这里，他既要求臣，也要求君，双方都应遵循道和礼。如果季氏干杀父杀君的事，冉求和子路就要加以反对。

【原文】

11.25 子路使子羔为费宰。子曰："贼夫人之子(1)。"子路曰："有民人焉，有社稷焉(2)，何必读书，然后为学？"子曰："是故恶夫佞者。"

【注释】

(1)贼夫（fú）人之子：害那人家的孩子（子羔）。贼：害。夫：那。人之子：指子羔。孔子认为子羔没有经过很好的学习就去从政，这会害了他自己。

(2)社稷（jì）：指祭祀土地神和谷神的地方，即社稷坛。社：土地神。稷：谷神。古代国都及各地都设立社稷坛，分别由国君和地方长官主祭，故社稷成为国家政权的象征。

【译文】

子路让子羔去作费地的长官。孔子说："这简直是害人子弟。"子路说："那个地方有老百姓，有社稷，（治理百姓和祭祀神灵都是学习，）为什么一定要读书才算学习？"孔子说："所以我厌恶那种花言巧语狡辩的人。"

【评析】

孔子反对子路让子羔去做官。他认为一个人若不经过学习就去做官，会害民害己。子羔没有经过很好的学习就去从政，这会害了他自己的。同时孔子对子路的狡辩也是非常反感。

【原文】

11.26 子路、曾皙(1)、冉有、公西华侍坐。子曰："以吾一日长乎尔，毋吾以也(2)。居(3)则曰：'不吾知也！'如或知尔，则何以哉(4)？"子路率尔(5)而对曰："千乘之国，摄(6)乎大国之间，加之以师旅，因之以饥馑，由也为之，比及(7)三年，可使有勇，且知方(8)也。"夫子哂(9)之。"求，尔何如？"对曰："方六七十(10)，如(11)五六十，求也为之，比及三年，可使足民。如其礼乐，以俟(12)君子。""赤，尔何如？"对曰："非曰能之，愿学焉。宗庙之事(13)，如会同(14)，端章甫(15)，愿为小相(16)焉。""点，尔何如？"鼓瑟希(17)，铿尔，舍瑟而作(18)，对曰："异乎三子者之撰。"子曰："何伤乎？亦各言其志也。"曰："莫春(19)者，春服既成，冠者(20)五六人，童子六七人，浴乎沂(21)，风乎舞雩(22)，咏而归。"夫子喟然(23)叹曰："吾与点也！"三子者出，曾皙后。曾皙曰："夫三子者之言何如？"子曰："亦各言其志也已矣。"曰："夫子何哂由也？"曰："为国以礼。其言不让，是故哂之。""唯(24)求则非邦也与？""安见方六七十如五六十而非邦也者？""唯赤则非邦也与？""宗庙会同，非诸侯而何？赤也为之小，孰能为之大？"

【注释】

（1）曾（zēng）皙（xī）：名点，字子皙，曾参的父亲，也是孔子的学生。

（2）以吾一日长乎尔，毋吾以也：认为我比你们的年龄稍长一些，不要因为我年龄大而不敢说话。以：认为。尔：你们。

（3）居：平日。

（4）如或知尔，则何以哉：假如有人了解你们，那你们怎样做。或：有人。

（5）率（shuài 又读 cù）尔：轻率、急切。率：通"猝"，急切。

（6）摄：迫于、夹于。

(7) 比（bì）及：等到。

(8) 方：方向，指道义。

(9) 哂（shěn）：讥讽地微笑。

(10) 方六七十：方圆六七十里。

(11) 如：或者。

(12) 俟（sì）：等待。

(13) 宗庙之事：指祭祀之事。

(14) 会同：诸侯会见。

(15) 端章甫：礼服、礼帽。端：古代礼服的名称。章甫：古代礼帽的名称。

(16) 相（xiàng）：赞礼人，司仪。

(17) 希：通"稀"，指弹瑟的速度放慢，节奏逐渐稀疏。

(18) 作：站起来。

(19) 莫（mù）春：夏历三月。莫：通"暮"。

(20) 冠者：成年人。古代子弟到20岁时行冠礼，表示已经成年。

(21) 浴乎沂（yí）：在水边洗头面手足。沂，水名，发源于山东南部，流经江苏北部入海。

(22) 舞雩（yú）：地名，在今山东曲阜。舞雩台，原是祭天求雨的地方。

(23) 喟（kuì）然：长叹的样子。

(24) 唯：语首词，没有什么意义。

【译文】

子路、曾皙、冉有、公西华四个人陪孔子坐着。孔子说："我年龄比你们大一些，不要因为我年长而不敢说。你们平时总说：'没有人了解我呀！'假如有人了解你们，那你们要怎样去做呢？"子路赶忙回答："一个拥有一千辆兵车的国家，夹在大国中间，常常受到别的国家侵犯，加上国内又闹饥荒，让我去治理，只要三年，就可以使人们勇敢善战，而且懂得礼仪。"孔子听了，微微一笑。孔子又问："冉求，你怎么样呢？"冉求答道："国土有六七十里或五六十里见方的国家，让我去治理，三年以后，就可以使百姓饱暖。至于这个国家的礼乐教化，就要等君子来施行了。"孔子又问："公西赤，你怎么样？"公西赤答道："我不敢说能做到，而是愿意学习。在宗庙祭祀的活动中，或者在同别国的盟会中，我愿意穿着礼服，戴着礼帽，做一个小小的赞礼人。"孔子又问："曾点，你怎么样呢？"这时曾点弹瑟的声音逐渐放慢，接着"铿"的一声，离开瑟站起来，回答说："我想的和他们三位说的不一样。"孔子说："那有什么关系呢？也就是各人讲自己的志向而已。"曾皙说："暮春三月，已经穿上了春天的衣服，我和五六位成年人，六七个少年，去沂河里洗洗澡，在舞雩台上吹吹风，一路唱着歌走回来。"孔子长叹一声说："我是赞成曾皙的想法的。"子路、冉有、公西华三个人都出去了，曾皙后走。他问孔子说："他们三人的话怎么样？"孔子说："也就是各自谈谈自己的志向罢了。"曾皙说："夫子为什么要笑仲由呢？"孔子说："治理国家要讲礼让，可是他说话一点也不谦让，所以我笑他。"曾皙又问："那么是不是冉求讲的不是治理国家呢？"孔子说："哪里见得六七十里或五六十里见方的地方就不是国家呢？"曾皙又问："公西赤讲的不是治理国家吗？"孔子说："宗庙祭祀和诸侯会盟，这不是诸侯的事又是什么？像赤这样的人如果只能做一个小相，那谁又能做大相呢？"

【评析】

孔子认为，前三个人的治国方法，都没有谈到根本上。他之所以只赞赏曾点的主张，就是因为曾点用形象的方法描绘了礼乐之治下的景象，体现了"仁"和"礼"的治国原则，这就谈到了根本点上。这一章，孔子和他的学生们自述其政治上的抱负，从中可以看出孔子的政治理想。

颜渊篇第十二

【本篇引语】

本篇共计24章。其中著名的文句有："克己复礼为仁,一日克己复礼,天下归仁焉";"非礼勿视,非礼勿听,非礼勿言,非礼勿动";"己所不欲,勿施于人";"死生有命,富贵在天";"四海之内,皆兄弟也";"君子成人之美,不成人之恶";"君子以文会友,以友辅仁"。本篇中,孔子的几位弟子向他问怎样才是仁。这几段,是研究者们经常引用的。孔子还谈到怎样算是君子等问题。

【原文】

12.1 颜渊问仁。子曰:"克己复礼(1)为仁。一日克己复礼,天下归仁(2)焉。为仁由己,而由人乎哉?"颜渊曰:"请问其目(3)。"子曰:"非礼勿视,非礼勿听,非礼勿言,非礼勿动。"颜渊曰:"回虽不敏,请事(4)斯语矣。"

【注释】

(1)克己复礼:克制自己,使自己的言行符合于礼的要求。复:返回,回复。

(2)归仁:归顺仁道。

(3)目:具体的条目。目和纲相对。

(4)事:从事,照着去做。

【译文】

颜渊问怎样做才是仁。孔子说:"克制自己,一切都照着礼的要求去做,这就是仁。一旦这样做了,天下的一切就都归于仁了。实行仁德,完全在于自己,难道还在于别人吗?"颜渊说:"请问实行仁的条目。"孔子说:"不合于礼的不要看,不合于礼的不要听,不合于礼的不要说,不合于礼的不要做。"颜渊说:"我虽然愚笨,请让我按照这些话去做吧。"

【评析】

"克己复礼为仁",这是孔子关于什么是仁的主要解释。在这里,孔子以礼来规定仁,依礼而行就是仁的根本要求。所以,礼以仁为基础,以仁来维护。仁是内在的,礼是外在的,二者紧密结合。这里实际上包括两个方面的内容,一是克己,二是复礼。克己复礼就是通过人们的道德修养自觉地遵守礼的规定。这是孔子思想的核心内容,贯穿于《论语》一书的始终。

【原文】

12.2 仲弓问仁。子曰:"出门如见大宾,使民如承大祭(1);己所不欲,勿施于人;在邦无怨,在家无怨(2)。"仲弓曰:"雍虽不敏,请事斯语矣。"

【注释】

(1)出门如见大宾,使民如承大祭:出门办事和役使百姓,都要像迎接贵宾和进行大祭时那样恭敬严肃。

(2)邦:诸侯统治的国家。家:卿大夫统治的封地。

【译文】

仲弓问怎样做才是仁。孔子说:"出门办事如同去接待贵宾,使唤百姓如同去进行重大的祭祀;自己不愿意要的,不要强加于别人;在诸侯的朝廷上没人怨恨,在卿大夫的封地里也没人怨恨。"仲弓说:"我冉雍虽然笨,请让我照这些话去做吧。"

【评析】

这里是孔子对他的学生仲弓论说"仁"的一段话。他谈到了"仁"的两个内容。一是要他的学生事君使民都要严肃认真;二是要宽以待人,"己所不欲,勿施于人"。只有做到了这两点,就向仁德迈进了一大步。"己所不欲,勿施于人",这句话成为后世遵奉的信条。

【原文】

12.3 司马牛[1]问仁。子曰:"仁者,其言也讱[2]。"曰:"其言也讱,斯[3]谓之仁已乎?"子曰:"为之难,言之得无讱乎?"

【注释】

(1)司马牛:姓司马名耕,字子牛,孔子的学生。

(2)讱(rèn):话难说出口。这里引申为说话谨慎。

(3)斯:就。

【译文】

司马牛问怎样做才是仁。孔子说:"仁人,他说话是慎重的。"司马牛说:"说话慎重,那就叫做仁了吗?"孔子说:"做起来很困难,说起来能不慎重吗?"

【评析】

"其言也讱"是孔子对于那些希望成为仁人的人所提要求之一。"仁者",其言行必须慎重,行动必须认真,一言一行都符合周礼。所以,这里的"讱"是为"仁"服务的,为了"仁",就必须"讱"。这种思想与本篇第1章中所说"克己复礼为仁"基本上是一贯的。

【原文】

12.4 司马牛问君子。子曰:"君子不忧不惧。"曰:"不忧不惧,斯谓之君子已乎?"子曰:"内省不疚[1],夫何忧何惧?"

【注释】

(1)内省(xǐng)不疚(jiù):自我反省而不惭愧。疚:内心愧疚,痛苦难受。

【译文】

司马牛问怎样做一个君子。孔子说:"君子不忧愁,不恐惧。"司马牛说:"不忧愁,不恐惧,这样就可以叫做君子了吗?"孔子说:"自己问心无愧,那还有什么忧愁和恐惧呢?"

【评析】

这一章里,孔子回答司马牛问怎样做才是君子的问题,这是有针对性的。

因为司马牛正直善言而性情急躁,所以在这里,孔子耐心地引导他加强修养,向内省察自己,做到问心无愧,就会不忧不惧。此乃君子之道也。

【原文】

12.5 司马牛忧曰:"人皆有兄弟,我独亡⁽¹⁾。"子夏曰:"商闻之矣:'死生有命,富贵在天'。君子敬而无失,与人恭而有礼,四海之内,皆兄弟也。君子何患乎无兄弟也?"

【注释】

(1)亡(wú):无。

【译文】

司马牛忧愁地说:"别人都有兄弟,唯独我没有。"子夏说:"我听说过:'死生有命,富贵在天。'君子只要对待所做的事情严肃认真,不出差错,对人恭敬而合乎礼的规定,那么,天下人就都是自己的兄弟了。君子何愁没有兄弟呢?"

【评析】

这一章,子夏劝慰司马牛,说只要自己的言行没有过失,对人恭敬符合"礼",那就会赢得天下人的称赞,就不必发愁自己没有兄弟,"四海之内皆兄弟也。"

【原文】

12.6 子张问明。子曰:"浸润之谮⁽¹⁾,肤受之愬⁽²⁾,不行焉,可谓明也已矣。浸润之谮,肤受之愬,不行焉,可谓远⁽³⁾也已矣。"

【注释】

(1)浸润之谮(zèn):像水那样一点一滴地渗进来的谗言,不易觉察。谮:谗言。

(2)肤受之愬(sù):像皮肤感觉到疼痛那样的诬告,即直接的诽谤。愬:通"诉",诬告。

(3)远:明之至,明智的最高境界。

【译文】

子张问怎样做才算是明智的。孔子说:"像水润物那样暗中挑拨的坏话,像切肤之痛那样直接的诽谤,在你那里都行不通,那你可以算是明智的了。暗中挑拨的坏话和直接的诽谤,在你那里都行不通,那你可以算是有远见的了。"

【原文】

12.7 子贡问政。子曰:"足食,足兵,民信之矣。"子贡曰:"必不得已而去,于斯三者何先?"曰:"去兵。"子贡曰:"必不得已而去,于斯二者何先?"曰:"去食。自古皆有死,民无信不立。"

【译文】

子贡问怎样治理国家。孔子说,"粮食充足,军备充足,老百姓信任统治者。"子贡说:"如果不得不去掉一项,那么在三项中先去掉哪一项呢?"孔子说:"去掉军备。"子贡说:"如果不得不再去掉一项,那么这两项中去掉哪一项呢?"孔子说:"去掉粮食。自古以来人总是要死的,如果老百姓对统治者不信任,那么国家就不能存在了。"

【评析】

本章里孔子回答了子贡问政中所连续提出的三个问题。孔子认为,治理一个国家,应当具备三个起码条件:食、兵、信。但这三者当中,信是最重要的。这体现了儒家以德治国的思想。只有兵和食,而百姓对统治者不信任,那这样的国家也就不能存在下去了。

【原文】

12.8 棘子成[1]曰:"君子质而已矣,何以文为?"子贡曰:"惜乎,夫子之说君子也!驷不及舌[2]。文犹质也,质犹文也。虎豹之鞟犹犬羊之鞟[3]。"

【注释】

(1)棘(jí)子成:卫国大夫。古代大夫都可以被尊称为夫子,所以子贡这样称呼他。

（2）驷不及舌：指话一说出口，就收不回来了。驷，拉一辆车的四匹马。

（3）鞟（kuò）：去掉毛的皮，即革。犹：如同，一样。

【译文】

棘子成说："君子只要具有好的品质就行了，要那些表面的仪式干什么呢？"子贡说："真遗憾，夫子您这样谈论君子！一言既出，驷马难追。本质就像文采，文采就像本质，都是同等重要的。去掉了毛的虎、豹的皮革，就如同去掉了毛的狗皮、羊皮。"

【评析】

这里是讲表里一致的问题。棘子成认为作为君子只要有好的品质就可以了，不需要外表的文采。但子贡反对这种说法。他的意思是，良好的本质应当有适当的表现形式，否则，本质再好，也无法显现出来。

【原文】

12.9 哀公问于有若曰："年饥，用不足，如之何？"有若对曰："盍彻乎[1]？"曰："二[2]，吾犹不足，如之何其彻也？"对曰："百姓足，君孰与不足？百姓不足，君孰与足？"

【注释】

（1）盍（hé）彻乎：盍，何不。彻，西周奴隶主国家的一种田税制度。旧注曰："什一而税谓之彻。"

（2）二：抽取十分之二的税。

【译文】

鲁哀公问有若说："遭了饥荒，国家用度困难，怎么办？"有若回答说："为什么不实行彻法，只抽十分之一的田税呢？"哀公说："现在抽十分之二，我还不够，怎么能实行彻法呢？"有若说："如果百姓的用度够，您怎么会不够呢？如果百姓的用度不够，您怎么又会够呢？"

【评析】

这一章反映了儒家学派的经济思想，其核心是"富民"思想。鲁国所征的田税是十分之二的税率，即使如此，国家的财政仍然是十分紧张的。这里，有若的观点是，削减田税的税率，改行"彻税"即什一税率，使百姓减轻经济负担。只要百姓富足了，国家就不可能贫穷。反之，如果对百姓征收过甚，这种短期行为必将使民不聊生，国家经济也就随之衰退了。这种以"富民"为核心的经济思想有其值得借鉴的价值。

【原文】

12.10 子张问崇德[1]、辨惑[2]。子曰："主忠信[3]，徙义[4]，崇德也。爱之欲其生，恶之欲其死。既欲其生，又欲其死，是惑也。'诚不以富，亦祇以异[5]。'"

【注释】

（1）崇德：提高道德修养的水平。
（2）惑：迷惑，不分是非。
（3）主忠信：以忠厚诚实为主。
（4）徙（xǐ）义：向义靠拢。徙：迁移。
（5）诚不以富，亦祇（zhī）以异：确实不可以致富，而只是可以生异。这是《诗经·小雅·我行其野》篇的最后两句。此诗表现了一个被遗弃的女子对其丈夫喜新厌旧的愤怒情绪。祇：同"祇（zhī）"，适，只是，仅仅。副词，表示限于某个范围。

【译文】

子张问怎样提高道德修养水平和辨别是非迷惑的能力。孔子说："以忠信为主，使自己的思想合于义，这就是提高道德修养水平了。爱一个人，就希望他活下去，厌恶起来就恨不得他立刻死去。既要他活，又要他死，这就是迷惑。（正如《诗经》所说的：）'确实不可以致富，而只是可以生异。'"

【评析】

本章里，孔子谈的主要是个人的道德修养问题。他希望人们按照"忠信""仁义"的原则去办事，否则，感情用事，就会陷于迷惑之中。

【原文】

12.11 齐景公[1]问政于孔子。孔子对曰："君君、臣臣、父父、子子。"公曰："善哉！信如君不君，臣不臣，父不父，子不子，虽有粟，吾得而食诸？"

【注释】

（1）齐景公：名杵（chǔ）臼（jiù），齐国国君，公元前547年至公元前490年在位。

【译文】

齐景公问孔子如何治理国家。孔子回答说："做君主的要像君的样子，做臣子的要像臣的样子，做父亲的要像父亲的样子，做儿子的要像儿子的样子。"齐景公说："讲得好呀！如果君不像君，臣不像臣，父不像父，子不像子，虽然有粮食，我能吃得着吗？"

【评析】

春秋时期的社会变动，使当时的等级名分受到破坏，弑君父之事屡有发生，孔子认为这是国家动乱的主要原因。所以他告诉齐景公，"君君、臣臣、父父、子子"，恢复这样的等级秩序，国家就可以得到治理。

【原文】

12.12 子曰："片言可以折狱[1]者，其由也与[2]？"子路无宿诺[3]。

【注释】

（1）片言：诉讼双方中一方的言辞，即片面之辞，古时也叫"单辞"。折狱：即断案。狱：案件。

（2）其由也与：大概只有仲由吧。

（3）宿诺：拖了很久而没有兑现的诺言。宿：久。

【译文】

孔子说："只听了单方面的供词就可以判决案件的，大概只有仲由吧。"子路说话没有不算数的时候。

【评析】

仲由可以以"片言"而"折狱"，这是为什么？历来有这样几种解释。一说子路明决，凭单方面的陈述就可以作出判断；二说子路为人忠信，人们都十分信服他，所以有了纠纷都在他面前不讲假话，所以凭一面之辞就可以明辨是非；三说子路忠信，他所说的话决无虚假，所以只听其中一面之辞，就可以断定案件。但无论哪种解释，都可以证明子路在刑狱方面是卓有才干的。

【原文】

12.13 子曰："听讼⁽¹⁾，吾犹人也。必也使无讼⁽²⁾乎！"

【注释】

（1）听讼（sòng）：审理诉讼案件。讼：诉讼。

（2）使无讼：使人们之间没有诉讼案件之事。

【译文】

孔子说："审理诉讼案件，我同别人一样。一定使诉讼的案件不发生为好！"

【评析】

孔子强调自己审理刑事诉讼案件，与他人无异，但自己的理想是推行教化，使人人守法重礼，不发生诉讼案件，创建和谐社会。

【原文】

12.14 子张问政。子曰："居之无倦，行之以忠。"

【译文】

子张问如何治理政事。孔子说："居于官位不懈怠，执行君令要忠实。"

【评析】

以上两章都是谈的如何从政为官的问题。他借回答问题，指出各级统治者身居官位，就要勤政爱民，以仁德的规定要求自己，以礼的原则治理国家和百姓，通过教化的方式消除民间的诉讼纠纷；行政要忠于国家，忠于人民，这样才能做一个好官。

【原文】

12.15 子曰："博学于文，约之以礼，亦可以弗畔矣夫！"

【说明】

本章重出，见《雍也篇》第27章。

【原文】

12.16 子曰:"君子成人之美,不成人之恶。小人反是。"

【译文】

孔子说:"君子成全别人的好事,而不助长别人的恶处。小人则与此相反。"

【评析】

这一章所讲的"成人之美,不成人之恶"贯穿了儒家一贯的思想主张,与人为善,即"己欲立而立人,己欲达而达人""己所不欲,勿施于人"的精神。

【原文】

12.17 季康子问政于孔子。孔子对曰:"政者正也。子帅以正,孰敢不正?"

【译文】

季康子问孔子如何治理国家。孔子回答说:"政就是正的意思。您本人带头走正路,那么还有谁敢不走正道呢?"

【评析】

无论为人还是为官,首在一个"正"字。孔子政治思想中,对为官者要求十分严格,注重为政者的模范带头作用,正人先正己。只要身居官职的人能够修身正己,那么手下的大臣和平民百姓,就都会归于正道。

【原文】

12.18 季康子患盗,问于孔子。孔子对曰:"苟子之不欲,虽赏之不窃。"

【译文】

季康子担忧盗窃,问孔子怎么办。孔子回答说:"如果你自己不贪图财利,即使奖励偷窃,也没有人偷盗。"

【评析】

这一章同样是孔子谈论为官从政之道。他仍然阐释的是为政者要正人先正己的道理。他希望当政者以自己的德行感染百姓,这就表明了他主张政治道德化的倾向。具体到治理社会问题时也是如此。他没有让季康子用严刑峻法去制裁盗窃犯罪，而是主张用德治去教化百姓，以使人免于犯罪。

【原文】

12.19 季康子问政于孔子，曰："如杀无道⁽¹⁾，以就有道⁽²⁾，何如？"孔子对曰："子为政，焉用杀？子欲善而民善矣。君子之德风，小人之德草。草上之风⁽³⁾，必偃⁽⁴⁾。"

【注释】

（1）无道：指无道的人。
（2）有道：指有道的人。
（3）草上之风：指风加之于草。
（4）偃（yǎn）：仆，倒。

【译文】

季康子问孔子如何治理政事，说："如果杀掉无道的人来成全有道的人，怎么样？"孔子说："您治理政事，哪里用得着杀戮的手段呢？您只要想行善，老百姓也会跟着行善。君子的品德好比风，小人的品德好比草，风吹到草上，草就必定跟着倒。"

【评析】

孔子反对杀人，主张"德政"。在上位的人只要善理政事，百姓就不会犯上作乱。这里讲的人治，是有仁德者的所为。那些暴虐的统治者滥行无道，必然会引起百姓的反对。

【原文】

12.20 子张问："士何如斯可谓之达⁽¹⁾矣？"子曰："何哉，尔所谓达者？"子张对曰："在邦必闻⁽²⁾，在家必闻。"子曰："是闻也，非达也。夫达也者，质直而好义，察言而观色，虑以下人⁽³⁾。在邦必达，在家必达。夫闻也者，色取仁而行违，居之不疑。在邦必闻，在家必闻。"

【注释】

（1）达：通达，显达。

（2）闻：有名望。

（3）下人：对人谦恭有礼。下：动词。

【译文】

子张问："士怎样才可以叫做通达？"孔子说："你说的通达是什么意思？"子张答道："在国君的朝廷里必定有名望，在大夫的封地里也必定有名声。"孔子说："这只是虚假的名声，不是通达。所谓达，那是要品质正直，遵从礼义，善于揣摩别人的话语，观察别人的脸色，经常想着谦恭待人。这样的人，就可以在国君的朝廷和大夫的封地里通达。至于有虚假名声的人，只是外表上装出仁义的样子，而行动上却违背了仁义，自己还以仁人自居不惭愧，那他无论在国君的朝廷里和大夫的封地里都必定会骗取名声。"

【评析】

本章中孔子提出了一对相互对立的名词，即"闻"与"达"。"闻"是虚假的名声，并不是显达；而"达"则要求士大夫必须从内心深处具备仁、义、礼的德性，注重自身的道德修养，而不仅是追求虚名。这里同样讲的是名实相符、表里如一的问题。

【原文】

12.21 樊迟从游于舞雩(1)之下，曰："敢问崇德、修慝(2)、辨惑。"子曰："善哉问！先事后得(3)，非崇德与？攻其恶，无攻人之恶，非修慝与？一朝之忿(4)，忘其身，以及其亲，非惑与？"

【注释】

（1）舞雩（yú）：舞雩台，祭坛，祭天求雨的地方，在今山东曲阜市城南。

（2）修慝（tè）：改正邪恶的念头。修：改正。慝：邪恶的念头。

（3）先事后得：先致力于事，把利禄放在后面。

（4）忿（fèn）：忿怒，气愤。

【译文】

樊迟陪着孔子在舞雩台下散步，说："请问怎样提高品德修养？怎样改正自己的邪念？怎样辨别迷惑？"孔子说："问得好！先努力致力于事，然后才有所收获，不就是提高品德了吗？批判自己的错误，不去指责别人的缺点，不就是改正自己的邪念了吗？由于一时的气愤，就忘记了自身的安危，以至于牵连自己的亲人，不就是迷惑吗？"

【评析】

这一章里孔子仍谈个人的修养问题。他认为，要提高道德修养水平，首先在于踏踏实实地做事，不要过多地考虑物质利益；然后严格要求自己，不要过多地去指责别人；还要注意克服感情冲动的毛病，不要以自身的安危作为代价，这就可以辨别迷惑。这样，人就可以提高道德水平，改正邪念，辨别迷惑了。

【原文】

12.22 樊迟问仁。子曰："爱人。"问知。子曰："知人。"樊迟未达。子曰："举直错诸枉[1]，能使枉者直。"樊迟退，见子夏曰："乡也，吾见于夫子而问'知'[2]，子曰：'举直错诸枉，能使枉者直'，何谓也？"子夏曰："富哉言乎！舜有天下，选于众，举皋陶[3]，不仁者远[4]矣。汤[5]有天下，选于众，举伊尹[6]，不仁者远矣。"

【注释】

（1）举直错诸枉：选拔直者，罢黜枉者。错：通"措"，放置。诸：这是"之于"二字的合音。枉：不正直，邪恶。

（2）乡（xiàng）：同"向"，过去。见（xiàn）于：被接见。

（3）皋（gāo）陶（yáo）：舜时掌握刑法的大臣。

（4）远：动词，远离，远去。

（5）汤：商朝的第一个君主，名履。

（6）伊（yī）尹（yǐn）：汤的宰相，曾辅助汤灭夏兴商。

【译文】

樊迟问什么是仁。孔子说："爱人。"樊迟问什么是智，孔子说："了解人。"樊迟还不明白。孔子说："选拔正直的人，罢黜邪恶的人，这样就能使邪者归正。"樊迟退出来，见到子夏说："刚才过去，我见到老师，问他什么是智，他说'选拔正直的人，罢黜邪恶的人，这样就能使邪者归正。这是什么意思？"子夏说："这话说得多么深刻呀！舜有了天下，在众人中选选人才，把皋陶选拔出来，不仁的人就被疏远了。汤有了天下，在众人中挑选人才，把伊尹选拔出来，不仁的人就被疏远了。"

【评析】

本章谈了两个问题，一是仁，二是智。关于仁，孔子对樊迟的解释似乎与别处不同，说是"爱人"，实际上孔子在各处对仁的解释都有内在的联系。他所说的爱人，包含有古代的人文主义精神，把仁作为他全部学说的对象和中心。正如著名学者张岂之先生所说，儒学即仁学，仁是人的发现。关于智，孔子认为是要了解人，选拔贤才，罢黜邪才。但在历史上，许多贤能之才不但没有被选拔反而受到压抑，而一些奸佞之人却平步青云，这说明真正做到智并不容易。

【原文】

12.23 子贡问友。子曰："忠告而善道之，不可则止，毋自辱也。"

【译文】

子贡问怎样对待朋友。孔子说："忠诚地劝告他，恰当地引导他，如果不听也就罢了，不要自取其辱。"

【评析】

在人伦关系中，"朋友"一伦是最松弛的一种。朋友之间讲求一个"信"字，这是维系双方关系的纽带。但对待朋友的错误，要开诚布公地劝导他，推心置腹地讲明利害关系，但他坚持不听，也就作罢。如果别人不听，你一再劝告，就会自取其辱。这是交友的一个基本准则。其实，孔子这里所讲的，是对别人作为主体的一种承认和尊重。

【原文】

12.24 曾子曰："君子以文会友，以友辅仁。"

【译文】

曾子说："君子以文章学问来结交朋友，依靠朋友帮助自己培养仁德。"

【评析】

曾子继承了孔子的思想，主张以文章学问作为结交朋友的手段，以互相帮助培养仁德作为结交朋友的目的。这是君子之所为。

子路篇第十三

【本篇引语】

本篇共有30章,其中著名的文句有:"名不正则言不顺,言不顺则事不成";"欲速则不达";"父为子隐,子为父隐";"居处恭,执事敬,与人忠";"言必信,行必果";"君子和而不同,小人同而不和";"君子泰而不骄,小人骄而不泰"。本篇包含的内容比较广泛,其中有关于如何治理国家的政治主张,孔子的教育思想,个人的道德修养与品格完善,以及"和而不同"的思想。

【原文】

13.1 子路问政。子曰:"先之,劳之(1)。"请益(2)。曰:"无倦(3)。"

【注释】

(1)先之,劳之:做在老百姓之前,使老百姓勤劳。先:率先,先导,即教化。之:指老百姓。

(2)请益:请求增加一些。

(3)无倦(juàn):不厌倦,不松懈。

【译文】

子路问怎样管理政事。孔子说:"做在老百姓之前,使老百姓勤劳。"子路请求多讲一点。孔子说:"不要懈怠。"

【评析】

孔子要求执政者自己要首先以身作则,教化百姓辛勤劳动,不要倦怠。

【原文】

13.2 仲弓为季氏宰,问政。子曰:"先有司(1),赦小过,举贤才。"

曰："焉知贤才而举之？"子曰："举尔所知；尔所不知，人其舍诸⁽²⁾？"

【注释】

（1）有司：古代负责具体事务的官吏。

（2）诸："之乎"二字的合音。

【译文】

仲弓做了季氏的家臣，问怎样管理政事。孔子说："先责成手下负责具体事务的官吏，让他们各负其责，赦免他们的小过错，选拔贤才来任职。"仲弓又问："怎样知道是贤才而把他们选拔出来呢？"孔子说："选拔你所知道的；至于你不知道的贤才，别人难道还会埋没他们吗？"

【评析】

孔子的为政之道就是提倡为政者做出表率，从自己做起，举贤任能，不要计较下属的小过失，要抓大放小。

【原文】

13.3 子路曰："卫君⁽¹⁾待子而为政，子将奚⁽²⁾先？"子曰："必也正名⁽³⁾乎！"子路曰："有是哉，子之迂⁽⁴⁾也！奚其正？"子曰："野哉，由也！君子于其所不知，盖阙⁽⁵⁾如也。名不正，则言不顺；言不顺，则事不成；事不成，则礼乐不兴；礼乐不兴，则刑罚不中⁽⁶⁾；刑罚不中，则民无所措手足。故君子名之必可言也，言之必可行也。君子于其言，无所苟⁽⁷⁾而已矣。"

【注释】

（1）卫君：卫出公，名辄（zhé），卫灵公之孙。其父蒯（kuǎi）聩被卫灵公驱逐出国，卫灵公死后，蒯辄继位。蒯聩要回国争夺君位，遭到蒯辄拒绝。这里，孔子对此事提出了自己的看法。

（2）奚（xī）：什么。

（3）正名：即正名分。

（4）迂：迂腐。

（5）阙（quē）：通"缺"，存疑的意思。

（6）中（zhòng）：得当。

（7）苟：苟且，马马虎虎。

【译文】

子路（对孔子）说："卫国国君要您去治理国家，您打算先从哪些事情做起呢？"孔子说："首先必须正名分！"子路说："有这样做的吗？您想得太不合时宜了！这名怎么正呢？"孔子说："仲由，真粗野啊！君子对于他所不知道的事情，总是采取存疑的态度。名分不正，说起话来就不顺当合理；说话不顺当合理，事情就办不成；事情办不成，礼乐也就不能兴盛；礼乐不能兴盛，刑罚的执行就不会得当；刑罚不得当，百姓就不知怎么办好。所以，君子一定要定下一个名分，必须能够说得明白，说出来一定能够行得通。君子对于自己的言行，是从不马马虎虎对待的。"

【评析】

本章中讲的最重要的问题是"正名"。"正名"是孔子"礼"的思想的组成部分。正名的具体内容就是"君君、臣臣、父父、子子"，只有"名正"才可以做到"言顺"，接下来的事情就迎刃而解了。

【原文】

13.4 樊迟请学稼。子曰："吾不如老农。"请学为圃⑴。曰："吾不如老圃。"樊迟出。子曰："小人哉，樊须也！上好礼，则民莫敢不敬；上好义，则民莫敢不服；上好信，则民莫敢不用情⑵。夫如是，则四方之民襁⑶负其子而至矣，焉用稼？"

【注释】

（1）圃（pǔ）：菜地，引申为种菜。

（2）用情：以真心实情来对待。情：情实。

（3）襁（qiǎng）：背婴孩的背篓。

【译文】

樊迟向孔子请教如何种庄稼。孔子说："我不如老农。"樊迟又请教如何种菜。孔子说："我不如老菜农。"樊迟退出以后，孔子说："樊迟真是小人。在上位者只要重视礼，老百姓就不敢不敬畏；在上位者只要重视义，老百姓就不敢不服从；在上位的人只要重视信，老百姓就不敢不用真心实情来对待你。要是做到这样，四面八方的老百姓就会背着自己的小孩来投奔，哪里用得着自己去种庄稼呢？"

【评析】

孔子毫不客气地指责想学种庄稼和种菜的樊迟是小人，可以清楚地看出他的教育思想。他认为，在上位的人哪里需要学习种庄稼、种菜之类的知识，只要重视礼、义、信也就足够了。他培养学生，不是为了以后去种庄稼种菜，而是为了从政为官。在孔子时代，接受教育的人毕竟是少数，劳动者只要有充沛的体力就可以从事农业生产，而教育的目的，就是为了培养实行统治的知识分子。所以，孔子的教育目的并不是为了培养劳动者，这在当时的历史条件下有其相对的合理性，但也体现了孔子有轻视农业劳动的倾向。

【原文】

13.5 子曰："诵《诗》三百，授之以政，不达[1]；使于四方，不能专对[2]；虽多，亦奚以[3]为？"

【注释】

（1）达：通达。这里是会运用的意思。

（2）专对：独立对答。

（3）以：用。

【译文】

孔子说："把《诗经》三百篇背得很熟，让他处理政务，却不会办事；让他当外交使节，不能随机应变，独立地进行外事交涉；背得很多，又有什么用呢？"

【评析】

诗，也是孔子教授学生的主要内容之一。他教学生诵诗，不单纯是为了诵诗，而是为了把诗的思想运用到指导政治活动之中。儒家不主张死背硬记，当书呆子，而是要学以致用，应用到社会实践中去。

【原文】

13.6 子曰："其身正，不令而行；其身不正，虽令不从。"

【译文】

孔子说:"自身正了,即使不发布命令,老百姓也会去干;自身不正,即使发布命令,老百姓也不会服从。"

【评析】

孔子讲为政以德,要求执政者要以身作则,正人先正己,自身不正,难以正人。对历朝领导者(官员、教师、家长等),都具有积极的指导意义。

【原文】

13.7 子曰:"鲁、卫之政,兄弟也。"

【译文】

孔子说:"鲁和卫两国的政事,就像兄弟一样。"

【评析】

鲁国是周公旦的封地,卫国是康叔的封地,周公旦和康叔是兄弟,当时两国的政治情况有些相似(都趋向衰败)。所以孔子说,鲁国的国事和卫国的国事,就像兄弟一样。

【原文】

13.8 子谓卫公子荆[1]:"善居室[2]。始有,曰:'苟合[3]矣'。少有,曰:'苟完矣。'富有,曰:'苟美矣。'"

【注释】

(1)卫公子荆:卫国大夫,字南楚,卫献公的儿子。

(2)善居室:善于管理经济,居家过日子。

(3)苟:差不多。合:足够。

【译文】

孔子谈到卫国的公子荆时说:"他善于居家理财。刚开始有一点,他说:'差不多也就够了。'稍多一点时,他说:'差不多就算完备了。'更多一点时,他说:'差不多算是完美了。'"

【评析】

本章是孔子对卫公子荆的赞美之词。孔子反对生活腐化奢侈;反对铺张浪费；反对追求物质享受；提倡生活节俭知足，俭以养德。

【原文】

13.9 子适⁽¹⁾卫，冉有仆⁽²⁾。子曰："庶⁽³⁾矣哉！"冉有曰："既庶矣，又何加焉？"曰："富之。"曰："既富矣，又何加焉？"曰："教之。"

【注释】

（1）适：往，到……去。
（2）仆：驾车。
（3）庶：众多，这里指人口众多。

【译文】

孔子到卫国去，冉有为他驾车。孔子说："人口真多呀！"冉有说："人口已经够多了，还要再做什么呢？"孔子说："使他们富起来。"冉有说："富了以后又还要做些什么？"孔子说："对他们进行教化。"

【评析】

在本章里，孔子提出"富民"和"教民"的思想，而且是"先富后教"。这是正确的。对老百姓不能只富不教。在孔子的观念中，教化百姓始终是十分重要的问题。所以，在这里，一定要注意深入理解孔子的原意。

【原文】

13.10 子曰："苟有用我者，期月⁽¹⁾而已可也，三年有成。"

【注释】

（1）期（jī）月：一年。

【译文】

孔子说："如果有人用我治理国家，一年便可以搞出个样子，三年就一定会有成效。"

【评析】

本章里，孔子的话，表达了自己从政的信心。

【原文】

13.11 子曰:"'善人为邦百年,亦可以胜残去杀矣。'诚哉是言也!"

【译文】

孔子说:"'善人治理国家,经过一百年,也就可以消除残暴,废除刑罚杀戮了。'这话真对呀!"

【评析】

孔子说,善人需要一百年的时间,可以"胜残去杀",达到他所理想的境界。其实,从这句话的本意去理解,善人施行"德治",但并不排除刑罚的必要手段。这在现实的政治活动中,并不是可有可无的。管理国家,既要德治,也要法治。

【原文】

13.12 子曰:"如有王者,必世(1)而后仁。"

【注释】

(1)世:古代以三十年为一世。

【译文】

孔子说:"如果有王者兴起,也一定要三十年才能实现仁政。"

【评析】

上一章孔子讲,善人施行德治需要一百年的时间才可以到达理想境界,本章又说,王者治理国家也需要三十年的时间才能实现仁政。同样,王者在实现仁政之前的三十年间,也不能排除刑罚杀戮手段在社会政治生活中所起的重要作用。

【原文】

13.13 子曰:"苟正其身矣,于从政乎何有?不能正其身,如正人何?"

【译文】

孔子说:"如果端正了自身的行为,管理政事还有什么困难呢?如果不能端正自身的行为,怎能使别人端正呢?"

【评析】

俗话说:"正人先正己。"本章里孔子所讲的就是这个道理。孔子把"正身"看作是从政为官的重要方面,是有深刻的思想价值的。

【原文】

13.14 冉子退朝。子曰:"何晏⁽¹⁾也?"对曰:"有政。"子曰:"其事也。如有政,虽不吾以⁽²⁾,吾其与闻之。"

【注释】

(1) 晏(yàn):晚。

(2) 不吾以:即"不以吾"的倒装。不用我。

【译文】

冉求退朝回来,孔子说:"为什么回来得这么晚呀?"冉求说:"有政事。"孔子说:"那是一般的事务。如果有政事,虽然国君不用我了,我也会知道的。"

【评析】

此章孔子区分了"议事"与"议政"两个不同的概念,也有正名的意思,因为冉有是退于季氏的私朝。这也说明孔子虽不在朝,却一直十分关心国家政治。

【原文】

13.15 定公问:"一言而可以兴邦,有诸?"孔子对曰:"言不可以若是,其几⁽¹⁾也。人之言曰:'为君难,为臣不易。'如知为君之难也,不几乎一言而兴邦乎?"曰:"一言而丧邦,有诸?"孔子对曰:"言不可以若是,其几也。人之言曰:'予无乐乎为君,唯其言而莫予违也。'如其善而莫之违也,不亦善乎?如不善而莫之违也,不几乎一言而丧邦乎?"

【注释】

(1) 几(jī):近。

【译文】

鲁定公问:"一句话就可以使国家兴盛,有这样的话吗?"孔子答道:

"不可能有这样的话，但有近乎于这样的话。有人说：'做君难，做臣不易。'如果知道了做君的难，这不近乎于一句话可以使国家兴盛吗？"鲁定公又问："一句话可以亡国，有这样的话吗？"孔子回答说："不可能有这样的话，但有近乎这样的话。有人说过：'我做君主并没有什么可高兴的，我所高兴的只在于我所说的话没有人敢于违抗。'如果说得对而没有人违抗，不也很好吗？如果说得不对而没有人违抗，那不就近乎于一句话可以亡国吗？"

【评析】

对于鲁定公的提问，孔子实际上作了肯定性的回答。他劝告定公，应当行仁政、礼治，不应以国君所说的话无人敢于违抗而感到高兴，这是值得注意的。作为在上位的统治者，应该小心谨慎，一个念头、一句话如果不当，就有可能导致亡国丧天下的结局。

【原文】

13.16 叶公问政。子曰："近者说[1]，远者来。"

【注释】

（1）说（yuè）：通"悦"。

【译文】

叶公问孔子怎样管理政事。孔子说："使近处的人高兴，使远处的人来归附。"

【评析】

叶公（楚国贵族沈诸梁）向孔子请教行政管理的方法，孔子提出："近者悦，远者来。"为政之道，在得民心。

【原文】

13.17 子夏为莒父[1]宰，问政。子曰："无欲速，无见小利。欲速则不达，见小利则大事不成。"

【注释】

（1）莒（jǔ）父：鲁国的一个城邑，在今山东省莒县境内。

【译文】

子夏做莒父的总管，问孔子怎样办理政事。孔子说："不要求快，不要贪求小利。求快反而达不到目的，贪求小利就做不成大事。"

【评析】

"欲速则不达"，贯穿着辩证法思想，即对立着的事物可以互相转化。孔子要求子夏从政不要急功近利，否则就无法达到目的；不要贪求小利，否则就做不成大事。

【原文】

13.18 叶公语孔子曰："吾党有直躬者(1)，其父攘羊(2)，而子证(3)之。"孔子曰："吾党之直者异于是：父为子隐(4)，子为父隐，直在其中矣。"

【注释】

（1）党：乡党，古代以五百户为一党。直躬者：正直的人。

（2）攘（rǎng）羊：偷羊。

（3）证：告发。

（4）隐：隐瞒。

【译文】

叶公告诉孔子说："我的家乡有个正直的人，他的父亲偷了人家的羊，他告发了父亲。"孔子说："我家乡的正直的人和你讲的正直人不一样：父亲为儿子隐瞒，儿子为父亲隐瞒，正直就在其中了。"

【评析】

孔子认为"父为子隐，子为父隐"就是具有了"直"的品格。看来，他把正直的道德纳入"孝"与"慈"的范畴之中了，一切都要服从"礼"的规定。

【原文】

13.19 樊迟问仁。子曰："居处恭，执事敬，与人忠。虽之夷狄(1)，不可弃也。"

【注释】

（1）夷狄：古代中原地区的人对周边地区的贬称，谓之不开化，缺乏教养，不知书达礼。

【译文】

樊迟问怎样才是仁。孔子说:"平常在家规规矩矩,办事严肃认真,待人忠心诚意。即使到了夷狄之地,也不可背弃。"

【评析】

这里孔子对"仁"的解释,是以"恭""敬""忠"三个德目为基本内涵。在家恭敬有礼,就是要符合孝悌的道德要求;办事严肃谨慎,就是要符合"礼"的要求;待人忠厚诚实显示出仁德的本色。

【原文】

13.20 子贡问曰:"何如斯可谓之士[1]矣?"子曰:"行己有耻,使于四方,不辱君命,可谓士矣。"曰:"敢问其次。"曰:"宗族称孝焉,乡党称弟焉。"曰:"敢问其次。"曰:"言必信,行必果[2],硁硁然小人哉[3]!抑亦可以为次矣。"曰:"今之从政者何如?"子曰:"噫!斗筲之人[4],何足算也?"

【注释】

(1)士:士在周代贵族中位于最低层。此后,士成为古代社会知识分子的通称。

(2)果:果断、坚决。

(3)硁(kēng)硁:象声词,敲击石头的声音。这里引申为像石块那样坚硬。

(4)斗筲(shāo)之人:比喻器量狭小的人。筲:竹器,容一斗二升。

【译文】

子贡问道:"怎样才可以叫做士?"孔子说:"自己在做事时有知耻之心,出使外国各方,能够完成君主交付的使命,可以叫做士。"子贡说:"请问次一等的呢?"孔子说:"宗族中的人称赞他孝顺父母,乡党们称他尊敬兄长。"子贡又问:"请问再次一等的呢?"孔子说:"说到一定做到,做事一定坚持到底,不问是非地固执己见,那是小人啊。但也可以说是再次一等的士了。"子贡说:"现在的执政者,您看怎么样?"孔子说:"唉!

这些器量狭小的人，哪里能数得上呢？"

【评析】

孔子观念中的"士"，首先是有知耻之心、不辱君命的人，能够担负一定的国家使命。其次是孝敬父母、顺从兄长的人。再次才是"言必信，行必果"的人。至于现在的当政者，他认为是器量狭小的人，根本算不得士。他所培养的就是具有前两种品德的"士"。

【原文】

13.21 子曰："不得中行(1)而与之，必也狂狷(2)乎！狂者进取，狷者有所不为也。"

【注释】

（1）中（zhòng）行：行为合乎中庸。

（2）狂：勇于进取。狷（juàn）：性情正直，拘谨，洁身自好，不肯同流合污。

【译文】

孔子说："我找不到奉行中庸之道的人和他交往，只能与狂者、狷者相交往了！狂者敢作敢为，狷者对有些事是不肯干的。"

【评析】

"狂"与"狷"是两种对立的品质。一是流于冒进，进取，敢作敢为；一是流于拘谨，退缩，不敢作为。孔子认为，中行就是不偏于狂，也不偏于狷。人的气质、作风、德行都不偏于任何一个方面，对立的双方应互相牵制，互相补充，这样，才符合于中庸之道。

【原文】

13.22 子曰："南人有言曰：'人而无恒，不可以作巫医(1)。'善夫！""不恒其德，或承之羞(2)。"子曰："不占(3)而已矣。"

【注释】

（1）巫医：用卜筮（shì）为人治病的人。

（2）不恒其德，或承之羞：人不能长久地保存自己的德行，有时就会遭受耻辱。此二句引自《易经·恒卦·爻辞》。

（3）占：占卜。

【译文】

孔子说："南方人有句话说：'人如果做事没有恒心，就不能当巫医。'这句话说得真好啊！""人不能长久地保存自己的德行，有时就会遭受耻辱。"孔子说："（这句话是说，没有恒心的人）用不着去占卦了。"

【评析】

本章中孔子讲了两层意思：一是人必须有恒心，这样才能成就事业。二是人必须恒久保持德行，否则就可能遭受耻辱。这是他对自己的要求，也是对学生们的告诫。

【原文】

13.23 子曰："君子和而不同(1)，小人同而不和。"

【注释】

（1）和：不同的东西和谐地配合叫做和。同：相同的东西相加或与人相混同，叫做同。

【译文】

孔子说："君子讲求和谐而不同流合污，小人只求完全一致，而不讲求协调。"

【评析】

"和而不同"是孔子思想体系中的重要组成部分。"君子和而不同，小人同而不和。"君子可以与他周围的人保持和谐融洽的关系，但他对待任何事情都必须经过自己大脑的独立思考，从来不愿人云亦云，盲目附和；但小人则没有自己独立的见解，只求与别人完全一致，而不讲求原则，但他却与别人不能保持融洽友好的关系，这是在处事为人方面。其实，在所有的问题上，往往都能体现出"和而不同"和"同而不和"的区别。"和而不同"显示出孔子思想的深刻哲理和高度智慧。

【原文】

13.24 子贡问曰:"乡人皆好之,何如?"子曰:"未可也。""乡人皆恶之,何如?"子曰:"未可也。不如乡人之善者好之,其不善者恶之。"

【译文】

子贡问孔子说:"全乡人都喜欢、赞扬他,这个人怎么样?"孔子说:"这还不能肯定。"子贡又问孔子说:"全乡人都厌恶、憎恨他,这个人怎么样?"孔子说:"这也是不能肯定的。最好的人是全乡的好人都喜欢他,全乡的坏人都厌恶他。"

【评析】

对于一个人的正确评价,其实并不容易。但在这里孔子把握住了一个原则,即不以众人的好恶为依据,而应以善恶为标准。听取众人的意见是应当的,也是判断一个人优劣的依据之一,但决不是唯一的依据。他的这个思想对于我们今天识别好人与坏人、考察领导干部具有重要意义。

【原文】

13.25 子曰:"君子易事而难说⁽¹⁾也。说之不以道,不说也;及其使人也,器之⁽²⁾。小人难事而易说也。说之虽不以道,说也;及其使人也,求备焉。"

【注释】

(1)易事:易于与人相处共事。难说:难于取得他的欢喜。说(yuè):通"悦",喜悦,喜欢。

(2)器之:量才使用他。器:器用,作动词用。

【译文】

孔子说:"为君子办事很容易,但很难取得他的欢喜。不按正道去讨他的喜欢,他是不会喜欢的;但是,当他使用人的时候,总是量才而用人。为小人办事很难,但要取得他的欢喜则是很容易的。不按正道去讨他的喜欢,也会得到他的喜欢。但等到他使用人的时候,却是求全责备。"

【评析】

这一章里，孔子又提出了君子与小人之间的另一个区别。这一点也是十分重要的。作为君子，他并不对人百般挑剔，而且也不轻易表明自己的喜好，但在选用人才的时候，往往能够量才而用，不会求全责备。但小人就不同了。在现实社会中，君子并不多见，而此类小人则屡见不鲜。

【原文】

13.26 子曰："君子泰而不骄，小人骄而不泰。"

【译文】

孔子说："君子安静坦然而不傲慢无礼，小人骄矜凌人而不安详坦然。"

【评析】

由于君子和小人内在的心灵、思想和修养不同，诚于中，形于外，自然他们表现出不同的风格。君子安然坦荡，小人心高气盛。

【原文】

13.27 子曰："刚、毅、木、讷[1]，近仁。"

【注释】

（1）讷（nè）：言语谨慎。

【译文】

孔子说："刚强、坚毅、朴实、谨慎，（这四种品德）接近于仁。"

【评析】

孔子把"仁"和人的朴素气质归为一类。这里首先必须是刚毅果断，其次必须言行谨慎，这样就接近于仁的最高境界了。这一主张与孔子的一贯思想是完全一致的。

【原文】

13.28 子路问曰："何如斯可谓之士矣？"子曰："切切偲偲[1]，怡怡[2]如也，可谓士矣。朋友切切偲偲，兄弟怡怡。"

【注释】

（1）切切偲（sī）偲：切磋勉励。切切：责勉。偲偲：互相勉励、督促、诚恳的样子。

（2）怡（yí）怡：和气、亲切、顺从的样子。

【译文】

子路问孔子道："怎样才可以称为士呢？"孔子说："互相督促勉励，相处和和气气，可以算是士了。朋友之间互相督促勉励，兄弟之间相处和和气气。"

【评析】

孔子在本篇第二十章中回答子贡时提出了"士"的三个不同层次：首先是有知耻之心，不辱使命的人；其次是孝敬父母、顺从兄长的人；再次才是言必信、行必果的人。而在本章中回答子路时，却又讲到，"士"要做到，朋友之间互相督促勉励，兄弟之间相处和和气气。这些回答都是在因材施教。

【原文】

13.29 子曰："善人教民七年，亦可以即戎[1]矣。"

【注释】

（1）戎（róng）：兵戎，作战。

【译文】

孔子说："善人教练百姓用七年的时间，也就可以叫他们去当兵打仗了。"

【评析】

孔子一贯主张和平，反对战争；但也强调训练百姓，保家卫国，预防战争。

【原文】

13.30 子曰："以不教民战，是谓弃之。"

【译文】

孔子说："如果不先对老百姓进行作战训练，这就叫抛弃他们。"

【评析】

本章和上一章都讲了教练百姓作战的问题，从中可以看出，孔子并不完全反对军事手段解决某些问题。他主张训练百姓，否则便是抛弃了他们。

宪问篇 第十四

【本篇引语】

本篇共计44章。其中著名文句有:"见危授命,见利思义";"君子上达,小人下达";"古之学者为己,今之学者为人";"不在其位,不谋其政";"君子思不出其位";"君子耻其言而过其行";"修己以安百姓";"仁者不忧,智者不惑,勇者不惧"。这一篇中所包括的主要内容有:作为君子必须具备的某些品德;孔子对当时社会上的各种现象所发表的评论;孔子提出"见利思义"的义利观等。

【原文】

14.1 宪[1]问耻。子曰:"邦有道,谷[2];邦无道,谷,耻也。""克、伐[3]、怨、欲不行焉,可以为仁矣?"子曰:"可以为难矣,仁则吾不知也。"

【注释】

(1)宪:姓原名宪,字子思。孔子的学生。
(2)谷:这里指做官者的俸禄。
(3)克:好胜。伐:自夸。

【译文】

原宪问孔子什么是可耻。孔子说:"国家有道,做官拿俸禄;国家无道,还做官拿俸禄,这就是可耻。"原宪又问:"好胜、自夸、怨恨、贪欲都没有的人,可以算做到仁了吧?"孔子说:"这可以说是很难得的,但至于是不是做到了仁,那我就不知道了。"

【评析】

在《述而》篇第13章里,孔子谈到过有关"耻"的问题,本章又提到"耻"

的问题。孔子在这里认为,做官的人应当竭尽全力为国效忠,无论国家有道还是无道,都照样拿俸禄的人,就是无耻。在本章第二个层次中,孔子又谈到"仁"的题。仁的标准很高,孔子在这里认为脱除了"好胜、自夸、怨恨、贪欲"的人难能可贵,但究竟合不合"仁",他说就不得而知。显然,"仁"是最高的道德标准。

【原文】

14.2 子曰:"士而怀居(1),不足以为士矣。"

【注释】

(1)怀居:指留恋安逸的生活。怀:思念,留恋。居:安居。

【译文】

孔子说:"士如果留恋安逸的生活,就不配做士了。"

【评析】

孔子理想中的"士",具有安贫乐道的美好品格。他认为,如果士人贪图安逸的生活,就失去了作为士的资格。

【原文】

14.3 子曰:"邦有道,危(1)言危行;邦无道,危行言孙(2)。"

【注释】

(1)危:直,正直。

(2)孙(xùn):通"逊",谦逊。

【译文】

孔子说:"国家政治清明,言语正直,行为正直;国家政治黑暗,行为正直,但说话要谦逊谨慎。"

【评析】

孔子要求自己的学生,当国家有道时,可以直述其言,但国家无道时,就要注意说话的方式方法。只有这样,才可以避免祸端。这是一种为政之道。也是孔子教育学生身处乱世保身全生的办法。可见孔子虽然主张"知其不可而为之",却不主张在任何时地都必须赤膊上阵,蛮干乱干。

【原文】

14.4 子曰:"有德者必有言,有言者不必有德;仁者必有勇,勇者不必有仁。"

【译文】

孔子说:"有道德的人,一定有好的言语,有好言语的人不一定有道德;仁德的人一定勇敢,勇敢的人不一定有仁德。"

【评析】

这一章解释的是言语与道德以及勇敢与仁德之间的关系。这是孔子的道德哲学观,他认为有道德的人,一定有好的言语,但有好言语的人,未必就有高尚的道德;勇敢只是仁德的一个方面,二者不能划等号,所以,人除了有勇以外,还要修养其他各种道德,从而成为有德之人。

【原文】

14.5 南宫适问于孔子曰(1):"羿(2)善射,奡荡舟(3),俱不得其死然。禹、稷(4)躬稼,而有天下。"夫子不答。南宫适出。子曰:"君子哉若人!尚德哉若人!"

【注释】

(1)南宫适(kuò):姓南宫名适,字子容,孔子的学生。适:亦作"括"。

(2)羿(yì):传说中夏代有穷国的国君,善于射箭,曾夺夏太康的王位,后被其臣寒浞(zhuó)所杀。

(3)奡(ào):传说中夏代寒浞的儿子,力大无比,善于水战,后来为夏少康所杀。荡舟:即覆舟,用手推翻船。

(4)禹:夏朝的开国之君,善于治水,注重发展农业。稷(jì):传说是周朝的祖先,又为谷神,教民种植庄稼。

【译文】

南宫适问孔子:"羿善于射箭,奡善于水战,最后都不得好死。禹和稷都亲自种植庄稼,却得到了天下。"孔子没有回答。南宫适出去后,孔子说:"这个人真是个君子呀!这个人真尊重道德啊!"

【评析】

孔子是道德主义者，他鄙视武力和权术，崇尚朴素和道德。南宫适认为禹、稷以德而有天下，羿、奡以力而不得其终。孔子就说他很有道德，是个君子。后代儒家发展了这一思想，提出"恃德者昌，恃力者亡"的主张，要求统治者以德治天下，而不要以武力得天下，否则，最终是没有好下场的。

【原文】

14.6 子曰："君子而不仁者有矣夫，未有小人而仁者也。"

【译文】

孔子说："君子中没有仁德的人是有的，而小人中却不存在有仁德的人。"

【评析】

在孔子看来，仁的境界是非常高的。君子有时也难以达到仁德的要求，所以，小人就更谈不上有仁德之人了。

【原文】

14.7 子曰："爱之，能勿劳乎？忠焉，能勿诲乎？"

【译文】

孔子说："爱他，能不使他操劳吗？忠于他，能不对他教诲吗？"

【评析】

孔子的观点是：爱他，就要让他学会操劳，幸福生活；忠于他，就要为之谋虑，勤教诲、常劝告，使其不犯错误。

【原文】

14.8 子曰："为命[1]，裨谌[2]草创之，世叔[3]讨论之，行人子羽[4]修饰之，东里[5]子产润色之。"

【注释】

（1）命：指外交辞令。不是一般的政令。

（2）裨（bì）谌（chén）：人名，郑国的大夫。

（3）世叔：即子太叔，姓游名吉，郑国的大夫。子产死后，继子产为郑国宰相。

（4）行人：官名，掌管朝觐（jìn）聘问事务，即古代的外交官。子羽：公孙挥的字，郑国大夫。

（5）东里：地名，郑国大夫子产居住的地方。

【译文】

孔子说："郑国制订的外交辞令，是由裨谌起草的，世叔提出意见，外交官子羽加以修饰，子产作最后修改润色。"

【评析】

此章是孔子对子产的外交能力的赞赏之辞。郑国大夫子产治国有方，知人善任，一道外交文书需要经过四道手续，由四位大夫各尽所长，才得以颁布，足见其从政的慎重。

【原文】

14.9 或[1]问子产。子曰："惠人也。"问子西[2]。曰："彼哉[3]！彼哉！"问管仲。曰："人也[4]。夺伯氏骈邑[5]三百，饭疏食，没齿无怨言[6]。"

【注释】

（1）或：有人。

（2）子西：春秋时有三个子西。一是郑国的公孙夏，为子产的同宗兄弟，子产便是继他而主持郑国政治的。二是楚国的大夫宜申，谋乱被诛。三是楚国的公子申，与孔子同时，后孔子死。本章与上为命章相承，皆论郑事，此子西必是郑国的子西。

（3）彼哉：他呀！无足称之意。表示轻视。

（4）人也：即此人也。

（5）伯氏：齐国的大夫。骈（pián）邑：齐国的地名，伯氏的采邑。夺：削夺。伯氏有罪，管仲为相，削夺其采邑。

（6）没（mò）齿：终身。

【译文】

有人问子产是个怎样的人。孔子说："是个宽厚慈惠的人。"又问子西。

孔子说:"他呀!他呀!"又问管仲。孔子说:"他是个有才干的人。他削夺伯氏的骈邑三百户,使伯氏只能吃粗茶淡饭,(伯氏)却至死没有怨恨的话。"

【评析】

此章孔子针对子产、子西及管仲的政绩,分别作了不同的评价:子产爱民惠民;子西政绩平平,不足道;管仲秉公办事,深得民心。

【原文】

14.10 子曰:"贫而无怨难,富而无骄易。"

【译文】

孔子说:"贫穷而没有怨恨是很难做到的,富裕而不骄傲是容易做到的。"

【评析】

孔子认为一个人富足了而不骄傲容易做到,而长期处在贫苦之中,就会不堪其忧,很难保持平和的心态而不产生怨恨。

【原文】

14.11 子曰:"孟公绰为赵、魏老则优[1],不可以为滕、薛[2]大夫。"

【注释】

(1)孟公绰(chuò):鲁国大夫,为人清心寡欲。属于孟孙氏家族。老:这里指古代大夫的家臣。优:优裕,有余力。

(2)滕、薛:都是当时的小国,都在鲁国附近。滕,在今山东滕县西南。薛,在今山东滕县南一带。

【译文】

孔子说:"孟公绰做晋国赵氏、魏氏的家臣,是绰绰有余的,但没有才能做滕、薛这样小国的大夫。"

【评析】

孔子要求为政者应量才用人,使人各尽所能,各得其所。

【原文】

14.12 子路问成人[1]。子曰:"若臧武仲[2]之知,公绰[3]之不欲,卞庄子[4]之勇，冉求之艺，文之以礼乐，亦可以为成人矣。"曰："今之成人者何必然？见利思义，见危授命，久要[5]不忘平生之言，亦可以为成人矣。"

【注释】

（1）成人：全人，即人格完美无缺的人。

（2）臧武仲：鲁国大夫臧孙纥（hé），非常聪明。逃到齐国后，能预见到齐庄公的被杀而设法辞去庄公给他的田。

（3）公绰：即上章之孟公绰。

（4）卞（biàn）庄子：鲁国卞邑大夫，以勇敢著称。

（5）久要（yuē）：长久处于穷困中。要："约"的借字，困顿，穷困。

【译文】

子路问怎样做才是一个完人。孔子说："像臧武仲那样有智慧，像孟公绰那样清心寡欲，有卞庄子的勇敢，有冉求那样的才艺，再加上礼乐修养，也就可以算是一个完人了。"孔子又说："现在的完人何必一定要这样呢？见到利益想到道义，遇到危险肯献出生命，长久处于穷困还不忘平日的诺言，这样也可以成为一位完人。"

【评析】

本章谈人格完善的问题。孔子认为，具备完善人格的人，应当富有智慧、克制、勇敢、多才多艺和礼乐修饰。谈到这里，孔子还认为，有完善人格的人，应当做到在见利见危和久居贫困的时候，能够思义、授命、不忘平生之言，这样做就符合于义。尤其是本章提出"见利思义"的主张，即遇到有利可图的事情，要考虑是否符合义，不义则不为。"不义之财不可取"，这句话对后世产生了极大影响。

【原文】

14.13 子问公叔文子于公明贾[1]，曰："信乎？夫子[2]不言、不笑、不取乎？"公明贾对曰："以[3]告者过也。夫子时然后言，人不厌其言；乐然后笑，人不厌其笑；义然后取，人不厌其取。"子曰："其然！岂[4]其然乎？"

【注释】

（1）公叔文子：卫国大夫公孙拔，亦作公孙发。公明贾（jiǎ）：姓公明名贾。卫国人。

（2）夫子：文中指公叔文子。

（3）以：代词，此。

（4）岂：难道。

【译文】

孔子向公明贾问到公叔文子，说："是真的吗？先生他不说、不笑、不取钱财？"公明贾回答道："这是告诉你话的那个人的过错。先生他到该说时才说，因此别人不厌恶他说话；快乐时才笑，因此别人不厌恶他笑；合于道义要求的财利他才取，因此别人不厌恶他取。"孔子说："原来是这样！难道真是这样吗？"

【评析】

孔子在这里通过评价公叔文子，进一步阐释"义然后取"的思想，只要合乎义、礼，公叔文子并非不说、不笑、不取钱财。这就是有高尚人格者之所为。

【原文】

14.14 子曰："臧武仲以防求为后(1)于鲁，虽曰不要(2)君，吾不信也。"

【注释】

（1）防：地名，臧武仲的封邑，在今山东费县东北六十里，离齐国边境很近。为后：立后代。

（2）要（yāo）：要挟。

【译文】

孔子说："臧武仲凭借防邑请求鲁君立其子嗣为鲁国卿大夫，虽然有人说他不是要挟君主，但我不相信。"

【评析】

臧武仲因得罪孟孙氏逃离鲁国，后来回到防邑，向鲁君要求，以立臧氏之后为卿大夫作为条件，自己离开防邑。孔子认为他以自己的封地为据点，想要挟君主，犯上作乱，犯下了不忠的大罪，所以他说了上面这段话。此事在《春秋》中有记载。

【原文】

14.15 子曰："晋文公谲[1]而不正，齐桓公[2]正而不谲。"

【注释】

（1）晋文公：姓姬名重耳，春秋时期有作为的政治家，"春秋五霸"之一。公元前636至前628年在位。谲（jué）：欺诈，玩弄手段。

（2）齐桓公：姓姜名小白，春秋时期有作为的政治家，"春秋五霸"之一。公元前685至前643年在位。

【译文】

孔子说："晋文公诡诈而不正派，齐桓公正派而不诡诈。"

【评析】

为什么孔子对春秋时代两位著名政治家的评价截然相反呢？他主张"礼乐征伐自天子出"，对时人的违礼行为一概加以指责。晋文公称霸后召见周天子，这对孔子来说是不可接受的，所以他说晋文公诡诈。齐桓公打着"尊王"的旗号称霸，孔子认为他的做法符合于礼的规定。所以，他对晋文公、齐桓公作出上述评价。

【原文】

14.16 子路曰："桓公杀公子纠[1]，召忽[2]死之，管仲不死。"曰："未仁乎？"子曰："桓公九合诸侯[3]，不以兵车[4]，管仲之力也。如其仁[5]！如其仁！"

【注释】

（1）公子纠：齐桓（huán）公的哥哥。齐桓公与他争位，杀掉了他。

（2）召忽：管仲和召忽都是公子纠的家臣。公子纠被杀后，召忽自杀，管仲归服于齐桓公，并当上了齐国的宰相。

（3）九合诸侯：指齐桓公多次召集诸侯盟会。"九"字实是虚数，表示多。

（4）不以兵车：即不用武力。

（5）如其仁：如，乃。这就是他的仁德。

【译文】

子路说："齐桓公杀了公子纠，召忽自杀以殉，但管仲却没有自杀。"子路接着问道："管仲不能算是仁人吧？"孔子说："桓公多次召集各诸侯国的盟会，不用武力，都是管仲的力量啊。这就是他的仁德！这就是他的仁德！"

【评析】

孔子提出"事君以忠"。公子纠被杀了，召忽自杀以殉其主，而管仲却没有死，不仅如此，他还归服了其主的政敌，担任了宰相，这样的行为，应当属于对其主的不忠。但孔子这里却认为管仲帮助齐桓公召集诸侯会盟，而不依靠武力，是依靠仁德的力量，值得称赞。

【原文】

14.17 子贡曰："管仲非仁者与？桓公杀公子纠，不能死，又相(1)之。"子曰："管仲相桓公，霸诸侯，一匡天下，民到于今受其赐。微(2)管仲，吾其被发左衽(3)矣。岂若匹夫匹妇之为谅(4)也，自经于沟渎(5)而莫之知也？"

【注释】

（1）相（xiàng）：辅佐，作为宰相。

（2）微：无，没有。假设没有的意思。

（3）被（pī）发左衽（rèn）：披散着头发，衣襟向左开。被：通"披"。衽：衣襟。"被发左衽"是当时的夷狄之俗。

（4）谅：遵守信用。这里指小节小信。

（5）自经：自缢，上吊自杀。渎（dú）：小沟渠。

【译文】

子贡问："管仲不能算是仁人了吧？桓公杀了公子纠，他不能为公子纠殉死，反而做了齐桓公的宰相。"孔子说："管仲辅佐桓公，称霸诸侯，匡正了天下，老百姓到了今天还享受到他的好处。如果没有管仲，恐怕我们也要披散着头发，衣襟向左开了。怎么能像普通百姓那样恪守小节，自杀在小水沟里，谁也不知道呢？"

【评析】

本章和上一章都是评价管仲。孔子也曾在别的章节中说到管仲的不是之处，但总的来说，他肯定了管仲有仁德。根本原因就在于管仲"尊王攘夷"，反对使用暴力，而且阻止了齐鲁之地被"夷化"的可能。孔子认为，像管仲这样有仁德的人，取大义而舍小义，不必像匹夫匹妇那样，斤斤计较他的节操与信用（愚忠）。

【原文】

14.18 公叔文子之臣大夫僎⁽¹⁾，与文子同升诸公⁽²⁾。子闻之，曰："可以为'文'矣。"

【注释】

（1）僎（zhuàn）：人名。公叔文子的家臣。

（2）升诸公：公，公室。这是说僎因公叔文子的推荐，由家臣升为大夫，与公叔文子同位。

【译文】

公叔文子的家臣僎，和文子一同做了卫国的大夫。孔子听说了这件事，说："这便可以谥为'文'了。"

【评析】

本章孔子称赞了公叔文子举贤的美德。自己的下级由自己推荐与自己同时晋升至同等地位，在等级森严的传统社会中（甚至在今日中国）殊为不易，难怪孔子赞美公叔文子。

【原文】

14.19 子言卫灵公之无道也，康子曰："夫如是，奚而不丧？"孔子曰："仲叔圉⁽¹⁾治宾客，祝鮀治宗庙，王孙贾治军旅。夫如是，奚其丧？"

【注释】

（1）仲叔圉（yǔ）：即孔文子。他与后面提到的祝鮀（tuó）、王孙贾都是卫国的大夫。

【译文】

孔子讲到卫灵公的无道，季康子说："既然如此，为什么他没有败亡呢？"孔子说："因为他有仲叔圉接待宾客（办理外交），祝鮀管理宗庙祭祀，王孙贾统率军队。像这样，怎么会败亡呢？"

【评析】

本章孔子认为知人善任，选用贤才，用人得当，是治国的关键所在。一个国家，有贤臣治国理政，虽有昏君也可暂不败亡，可见人才的重要。

【原文】

14.20 子曰："其言之不怍(1)，则为之也难。"

【注释】

（1）怍（zuò）：惭愧的意思。

【译文】

孔子说："说话如果大言不惭，那么实现这些话就很困难了。"

【评析】

本章孔子认为人贵有自知之明，好的品德的体现，在于行动；说大话就会使自己难堪。

【原文】

14.21 陈成子弑简公(1)。孔子沐浴而朝，告于哀公曰："陈恒弑其君，请讨之。"公曰："告夫三子(2)。"孔子曰："以吾从大夫之后(3)，不敢不告也。君曰'告夫三子'者。"之(4)三子告，不可。孔子曰："以吾从大夫之后，不敢不告也。"

【注释】

（1）陈成子：即陈恒，齐国大夫，又叫田成子。他以大斗借出，小斗收进的方法受到百姓拥护。公元前481年，他杀死齐简公，夺取了政权。弑（shì）：下杀上为弑。简公：齐简公，姓姜，名壬。公元前484年至前481年在位。

(2) 三子：指季孙、孟孙、叔孙三家。

(3) 从大夫之后：孔子曾任过大夫职，但此时已经去官家居，所以说从大夫之后。

(4) 之：动词，去，到，往。

【译文】

陈成子杀了齐简公。孔子斋戒沐浴后上朝，对鲁哀公报告说："陈恒把他的君主杀了，请你出兵讨伐他。"哀公说："你去报告那三人吧。"孔子退朝后说："因为我曾经做过大夫，所以不敢不来报告，君主却说'你去告诉那三人吧'。"孔子去向那三位大臣报告，但三位大臣不愿派兵讨伐。孔子又说："因为我曾经做过大夫，所以不敢不来报告呀！"

【评析】

陈成子杀死齐简公，这在孔子看来真是"不可忍"的事情。尽管他已经退官家居了，但他还是郑重其事地把此事告诉了鲁哀公，当然这违背了"不在其位，不谋其政"的戒律。他的请求遭到哀公的婉拒，所以孔子心里一定是很抱怨，但又无能为力。

【原文】

14.22 子路问事君。子曰："勿欺也，而犯之。"

【译文】

子路问怎样事奉君主。孔子说："不能欺骗他，但可以冒犯他（犯颜直谏）。"

【评析】

孔子强调为人臣要做到忠，不欺骗领导，不阿谀奉承；对于原则性和根本性的问题，可以犯颜直谏。这是为人臣者的本分。

【原文】

14.23 子曰："君子上达，小人下达。"

【译文】

孔子说："君子向上通达仁义，小人向下通达财利。"

【评析】

对于"上达""下达"的解释,在学术界有所不同。另三种观点,一是上达于道,下达于器,即农工商各业;二是上达长进向上,日进乎高明;下达是沉沦向下,日究乎污下。三是上达通晓高深的道理;下达是通晓低级的道理。可供读者分析判别。

【原文】

14.24 子曰:"古之学者为己,今之学者为人。"

【译文】

孔子说:"古代学者的目的是为了提高自己,修养自己的学问道德,而现在学者的目的是为了装饰自己,给别人看。"

【评析】

孔子对古代和现代人们的学习目的进行了比较。主张学习提高个人修养,反对学习只是装点门面给人看。

【原文】

14.25 蘧伯玉(1)使人于孔子,孔子与之坐而问焉,曰:"夫子何为(2)?"对曰:"夫子欲寡其过而未能也。"使者出。子曰:"使乎!使乎!"

【注释】

(1)蘧(qú)伯玉:人名,卫国的大夫,名瑗(yuàn)。孔子到卫国时曾住在他的家里。

(2)为(wéi):动词,做。何为,宾语前置用法,做什么。

【译文】

蘧伯玉派使者去拜访孔子,孔子让使者坐下,然后问道:"先生最近在做什么?"使者回答说:"先生想要减少自己的错误,但未能做到。"使者出去了。孔子说:"好一位使者啊!好一位使者啊!"

【评析】

此章塑造了一位不卑不亢、反应敏捷、忠诚正直而又谦逊有礼的使者形象。

通过使者的答话，体现了蘧伯玉的修养和境界，同时又体现了使者自身的修养，故孔子称赞说："好一位使者啊！好一位使者啊！"

【原文】

14.26 子曰："不在其位，不谋其政。"曾子曰："君子思不出其位。"

【译文】

孔子说："不在那个职位，就不要考虑那个职位上的事情。"曾子说："君子考虑问题，从来不超出自己的职位范围。"

【评析】

"不在其位，不谋其政"，这是被人们广为传说的一句名言。这是孔子对于学生们今后为官从政的忠告。他要求为官者各负其责，各司其职，脚踏实地，做好本职份内的事情。"君子思不出位"也同样是这个意思。这是孔子的一贯思想，与"正名分"的主张是完全一致的。

【原文】

14.27 子曰："君子耻其言而过其行。"

【译文】

孔子说："君子认为说得多而做得少是可耻的。"

【评析】

这句话极为精炼，但含义深刻。提出语言与行为的关系，孔子希望人们少说多做，而不要只说不做或多说少做。在社会生活中，总有一些夸夸其谈的人，他们口若悬河，滔滔不绝，说尽了大话、套话、虚话，但到头来，一件实事未做，给集体和他人造成极大的不良影响。因此，对照孔子所说的这句话，有此类习惯的人，似乎应当有所警戒了。

【原文】

14.28 子曰："君子道者三，我无能焉：仁者不忧，知[1]者不惑，勇者不惧。"子贡曰："夫子自道也。"

【注释】

（1）知（zhì）：通"智"。智者，有智慧的人，聪明的人。

【译文】

孔子说："君子之道有三个方面，我都未能做到：仁德的人不忧愁，聪明的人不迷惑，勇敢的人不畏惧。"子贡说："这正是老师的自我表述啊！"

【评析】

作为君子，孔子认为其必需的品格有许多，这里他强调指出了其中的三个方面：仁、智、勇。在《子罕篇》29章当中，孔子也讲到以上这三个方面。

【原文】

14.29 子贡方人⁽¹⁾。子曰："赐也贤乎哉⁽²⁾？夫我则不暇⁽³⁾。"

【注释】

（1）方（fāng）：谤也。评论、批评。而非诽谤义。
（2）赐（cì）也贤乎哉：端木赐（子贡）就那么贤良吗？
（3）暇（xiá）：闲暇时间。

【译文】

子贡评论别人。孔子说："赐啊，你真的就那么贤良吗？我却没有这闲工夫。"

【评析】

孔子强调个人要加强自身修养，不要喜欢议论别人。对子贡的缺点婉转地提出批评。

【原文】

14.30 子曰："不患人之不己知，患其不能也。"

【译文】

孔子说："不忧虑别人不知道自己，只担心自己没有能力。"

【评析】

孔子告诉我们，一个人不要担心别人不了解自己，整天抱怨怀才不遇，重要的是自己有没有真才实学。是金子，总会发光。

【原文】

14.31 子曰："不逆⁽¹⁾诈，不亿⁽²⁾不信，抑亦先觉者，是贤乎！"

【注释】

（1）逆：预先猜测。

（2）亿：通"臆"，猜测的意思。

【译文】

孔子说："不预先怀疑别人欺诈，也不猜测别人不诚实，然而能事先觉察别人的欺诈和不诚实，这就是贤人了。"

【评析】

孔子认为真正的贤者，不会去凭空怀疑和臆测别人；但又有知人之明，能如明镜一般体察万物，不会被人所蒙蔽。这大概就是贤者自然有智慧吧？

【原文】

14.32 微生亩⁽¹⁾谓孔子曰："丘，何为是栖栖⁽²⁾者与？无乃为佞⁽³⁾乎？"孔子曰："非敢为佞也，疾固⁽⁴⁾也。"

【注释】

（1）微生亩：姓微生名亩。鲁国人。

（2）是：如此。栖（xī）栖：忙碌不安、不安定的样子。

（3）佞（nìng）：花言巧语。

（4）疾固：痛恨顽固不化。疾：恨，讨厌。固：固执。

【译文】

微生亩对孔子说："孔丘，你为什么这样四处奔波忙碌呢？不就是要显示自己的口才和花言巧语吗？"孔子说："我不敢显示口才和花言巧语，只是痛恨那些顽固不化的人。"

【评析】

微生亩是长者，直呼孔子之名，并质问孔子是为了显示自己的口才和花言巧语而四处奔波忙碌。而孔子回答了他的质问，表明了自己对国家负责的态度和对理想的执着追求。

【原文】

14.33 子曰:"骥不称其力⑴,称其德也。"

【注释】

(1)骥(jì):千里马。古代称善跑的马为骥。称(chēng):称赞。

【译文】

孔子说:"千里马值得称赞的不是它的气力,而是它的品德。"

【评析】

骥是千里马,能日行千里。孔子用千里马来比喻说明人的品德比才能更重要。衡量人才的标准首先是德,其次是才。先做人,后做事;做人需修德,做事要有才。

【原文】

14.34 或曰:"以德报怨,何如?"子曰:"何以报德?以直报怨,以德报德。"

【译文】

有人说:"用恩德来报答怨恨怎么样?"孔子说:"用什么来报答恩德呢?应该是用正直来报答怨恨,用恩德来报答恩德。"

【评析】

孔子不同意"以德报怨"的做法,认为应当是"以直报怨"。这是说,不以有旧恶旧怨而改变自己的公平正直,也就是坚持了正直,"以直报怨"对于个人道德修养极为重要。

【原文】

14.35 子曰:"莫我知也夫!"子贡曰:"何为其莫知子也?"子曰:"不怨天,不尤⑴人;下学而上达⑵。知我者其天乎!"

【注释】

(1)尤:责怪、怨恨。

(2)下学而上达:下学学人事,上达达天命。

【译文】

孔子说:"没有人了解我啊!"子贡说:"为什么说没有人了解您呢?"孔子说:"我不埋怨天,也不责备别人,下学人事而上达天命,了解我的只有天吧!"

【评析】

孔子有时候也有对当政者不重用自己的埋怨;这正描述出一个真实的孔子。怀才不遇而抑郁感叹,乃人之常情,孔子也不能免。但他接着又说"我不埋怨天,也不责备别人"。

【原文】

14.36 公伯寮愬[1]子路于季孙。子服景伯[2]以告,曰:"夫子固有惑志于公伯寮,吾力犹能肆诸市朝[3]。"子曰:"道之将行也与,命也;道之将废也与,命也。公伯寮其如命何?"

【注释】

(1)公伯寮(liáo):姓公伯名寮,字子周,曾任季氏的家臣。或说亦是孔子的学生。愬(sù):同"诉",诽谤、毁谤。

(2)子服景伯:鲁国大夫,姓子服名何,字伯,景是他的谥号。

(3)肆诸市朝:古时处死罪人后陈尸示众。

【译文】

公伯寮向季孙毁谤子路。子服景伯把这件事告诉给孔子,并且说:"季孙已经被公伯寮迷惑了,我的力量能够把公伯寮杀了,让他陈尸于市。"孔子说:"道能够得到推行,是天命决定的;道不能得到推行,也是天命决定的。公伯寮能把天命怎么样呢?"

【评析】

在本章里,孔子又一次谈到自己的天命思想。"道"能否推行,在天命而不在人为,即所谓"谋事在人,成事在天"。

【原文】

14.37 子曰:"贤者辟[1]世,其次辟地,其次辟色,其次辟言。"

子曰："作者七人⁽²⁾矣。"

【注释】

（1）辟（bì）：同"避"，逃避。

（2）七人：即伯夷、叔齐、虞仲、夷逸、朱张、柳下惠、少连。

【译文】

孔子说："贤人逃避动荡的社会而隐居，次一等的逃避到另外一个地方去，再次一点的逃避别人难看的脸色，再次一点的回避别人难听的话。"孔子又说："这样做的已经有七个人了。"

【评析】

这一章里讲为人处世的道理。人不能总是处于一帆风顺的环境里，身居逆境，怎样做？这是孔子在"礼崩乐坏"的时代教授给弟子们处乱世的处世之道。

【原文】

14.38 子路宿于石门⁽¹⁾。晨门⁽²⁾曰："奚自？"子路曰："自孔氏。"曰："是知其不可而为之者与？"

【注释】

（1）石门：地名。鲁国都城的外门。

（2）晨门：早上看守城门的人。

【译文】

子路夜里住在石门。早上看守城门的人问："你从哪里来？"子路说："从孔子那里来。"看门的人说："就是那个明知做不到却还要去做的人吗？"

【评析】

"知其不可而为之"，这是做人的大道理。人要有一点锲而不舍的追求精神，许多事情都是经过艰苦努力和奋斗而得来的。孔子"知其不可而为之"，反映出他孜孜不倦的执着精神。从这位看门人的话中，我们也可以看出当时普通人对孔子的评论。

【原文】

14.39 子击磬⁽¹⁾于卫,有荷蒉⁽²⁾而过孔氏之门者,曰:"有心哉,击磬乎!"既而曰:"鄙哉!硁硁⁽³⁾乎!莫己知也,斯己而已矣。深则厉⁽⁴⁾,浅则揭⁽⁵⁾。"子曰:"果哉!末之难矣⁽⁶⁾。"

【注释】

(1)磬(qìng):一种打击乐器的名称。

(2)荷蒉(kuì):荷,担负。蒉:草筐,盛土的器具。

(3)硁硁(kēng),击磬的声音。

(4)深则厉:穿着衣服涉水过河。

(5)浅则揭:提起衣襟涉水过河。"深则厉,浅则揭"是《诗经·卫风·匏有苦叶》的诗句。这是比喻。水深比喻社会非常黑暗,只得听之任之;水浅比喻社会黑暗程度不深,还可以使自己不受污染,便无妨撩起衣襟,免得濡湿。

(6)末:无。难:反驳,驳难。

【译文】

孔子在卫国,有一次正在敲击磬。有一位背扛草筐的人从门前走过说:"这个击磬的人有心思啊!"一会儿又说:"声音硁硁的,真可鄙呀,没有人了解自己,就自己作罢好了。(好像涉水一样)水深就穿着衣服趟过去,水浅就撩起衣服趟过去。"孔子说:"真坚决呀!我没有什么可以驳难他了。"

【评析】

水深水浅,指应按实际情况、环境办事。本章说明孔子知难而进,为了理想"知其不可而为之"的精神。

【原文】

14.40 子张曰:"《书》云:'高宗谅阴⁽¹⁾,三年不言。'何谓也?"子曰:"何必高宗?古之人皆然。君薨⁽²⁾,百官总己以听于冢宰三年⁽³⁾。"

【注释】

(1)高宗:商王武丁。谅(liáng)阴(ān):天子居丧之庐。谅:通"梁"。阴:通"庵"。

(2)薨(hōng):周代时诸侯死称此。

（3）冢（zhǒng）宰：官名，相当于后世的宰相。

【译文】

子张说："《尚书》上说，'殷高宗守丧，三年不谈政事。'这是什么意思？"孔子说："不仅是高宗，古人都是这样。国君死了，朝廷百官都各管自己的职事，听命于冢宰三年。"

【评析】

子女为父母守丧三年的习惯在孔子以前就有，《尚书》中就有这样的记载。对此，孔子持肯定态度，即使国君，其父母去世了，也在继位后三年内不理政事，平民百姓更是如此了。在中国，直到清末仍有父母去世后"丁忧三年"不做官的规定。孔子认为这是孝道的体现。

【原文】

14.41 子曰："上好礼，则民易使也。"

【译文】

孔子说："在上位的人喜好依礼行事，那么百姓就容易役使了。"

【评析】

本章与前《颜渊篇》中第19章"君子之德风，小人之德草。草上之风，必偃。"义同。说明上行下效的道理，也是告诉执政者的为政之道。

【原文】

14.42 子路问君子。子曰："修己以敬。"曰："如斯而已乎？"曰："修己以安人(1)。"曰："如斯而已乎？"曰："修己以安百姓(2)。修己以安百姓，尧舜其犹病诸？"

【注释】

（1）安人：使别人安乐。

（2）安百姓：使百姓安乐。

【译文】

子路问什么叫君子。孔子说："修养自己，保持严肃恭敬的态度。"子路说："这样就够了吗？"孔子说："修养自己，使周围的人们安乐。"

子路说："这样就够了吗？"孔子说："修养自己，使所有百姓都安乐。修养自己使所有百姓都安乐，尧舜还怕难于做到呢？"

【评析】

本章里孔子再谈君子的标准问题。他认为，修养自己是君子立身处世和管理政事的关键所在，只有这样做，才可以使周围的人和百姓都得到安乐。所以孔子的修身，更重要的在于治国平天下。

【原文】

14.43 原壤夷俟(1)。子曰："幼而不孙弟(2)，长而无述焉，老而不死，是为贼。"以杖叩其胫。

【注释】

（1）原壤（rǎng）：鲁国人，孔子的旧友。《礼记·檀弓》记载说他母亲死了，他还大声歌唱，孔子认为这是大逆不道。夷（yí）俟（sì）：夷，箕踞，双腿分开像簸箕而坐。俟，等待。

（2）孙（xùn）弟（tì）：同"逊悌"。

【译文】

原壤叉开双腿坐着等待孔子。孔子骂他说："年幼的时候，你不讲孝悌，长大了又没有什么可说的成就，老而不死，真是祸害。"说着，用手杖敲他的小腿。

【原文】

14.44 阙党童子将命(1)。或问之曰："益(2)者与？"子曰："吾见其居于位(3)也，见其与先生并行也。非求益者也，欲速成者也。"

【注释】

（1）阙（quē）党：即阙里，孔子家住的地方。将命：在宾主之间传言。

（2）益：长进，上进。

（3）居于位：童子与长者同坐。古礼，童子当隅坐，无席位。

【译文】

阙里的一个童子，来向孔子传话。有人问孔子："这是个求上进的孩子吗？"

孔子说:"我看见他坐在成年人的位子上,又见他和长辈并肩而行,他不是要求上进的人,只是个急于求成的人。"

【评析】

孔子特别注重长幼有序。这是儒家的一贯主张。除了在家庭里讲孝、讲悌以外,年幼者在家庭以外的地方还必须尊敬长者。由此,发展为中华民族尊老敬老的传统美德,这在今天还有提倡的必要,但应当剔除其中的封建因素,赋予民主性内容。

卫灵公篇第十五

【本篇引语】

本篇包括42章,其中著名文句有:"无为而治";"志士仁人,无求生以害仁,有杀身以成仁";"人无远虑,必有近忧";"躬自厚而薄责于人";"君子求诸己,小人求诸人";"己所不欲,勿施于人";"小不忍则乱大谋";"人能弘道,非道弘人";"当仁不让于师";"有教无类";"道不同,不相为谋"。本篇内容涉及到孔子的"君子小人"观的若干方面,孔子的教育思想和政治思想,以及孔子在其他方面的言行。

【原文】

15.1 卫灵公问陈(1)于孔子。孔子对曰:"俎豆(2)之事,则尝闻之矣;军旅之事,未之学也。"明日遂行。

【注释】

(1)陈(zhèn):通"阵",军队作战时,布列的阵势。

(2)俎(zǔ)豆:是古代盛食物的器皿,被用作祭祀时的礼器。

【译文】

卫灵公向孔子问军队列阵之法。孔子回答说:"祭祀礼仪方面的事情,我还听说过;用兵打仗的事,从来没有学过。"第二天,孔子便离开了卫国。

【评析】

卫灵公向孔子寻问有关军事方面的问题,孔子对此很不感兴趣。从总体上讲,孔子反对用战争的方式解决国与国之间的争端,当然在具体问题上也有例外。孔子主张以礼治国,礼让为国,所以他以上面这段话回答了卫灵公,并于次日离开了卫国。

【原文】

15.2 在陈绝粮，从者病，莫能兴(1)。子路愠(2)见曰："君子亦有穷乎？"子曰："君子固穷(3)，小人穷斯滥矣。"

【注释】

（1）兴：起。

（2）愠（yùn）：怒，生气。

（3）固穷：固守穷困，安守穷困。

【译文】

（孔子一行）在陈国断了粮食，随从的人都饿病了，起不来。子路很不高兴地来见孔子，说道："君子也有穷得毫无办法的时候吗？"孔子说："君子虽然穷困，但还是坚持着；小人一遇穷困就无所不为了。"

【评析】

从本章开始，以后又有若干章谈及君子与小人在某些方面的区别。这里，孔子说到面对穷困潦倒的局面，君子与小人就有了显而易见的不同。

【原文】

15.3 子曰："赐也！女以予为多学而识之者与？"对曰："然，非与？"曰："非也。予一以贯之。"

【译文】

孔子说："赐啊！你以为我是学习得多了才一一记住的吗？"子贡答道："是啊，难道不是这样吗？"孔子说："不是的。我是用一个根本的东西把它们贯穿始终的。"

【评析】

这里，孔子讲到"一以贯之"，这是他学问渊博的根本所在。那么，这个"一"指什么？文中没有讲明。我们认为，"一以贯之"，就是在学习的基础上，认真思考，从而悟出其中内在的东西。孔子在这里告诉子贡和其他学生，要学与思相结合，认真学习，深切领悟。

【原文】

15.4 子曰："由！知德者鲜矣。"

【译文】

孔子说："子路啊！懂得德的人太少了。"

【原文】

15.5 子曰："无为而治⁽¹⁾者，其舜也与？夫⁽²⁾何为哉？恭己正南面而已矣。"

【注释】

（1）无为而治：国家的统治者不必有所作为便可以治理国家了。

（2）夫：代词，他。

【译文】

孔子说："能够无所作为而治理天下的人，大概只有舜吧？他做了些什么呢？只是庄严端正地坐在朝廷的王位上罢了。"

【评析】

"无为而治"是道家所称赞的治国方略，符合道家思想的一贯性。这里，孔子也赞赏无为而治并以舜为例加以说明，这表明，主张积极进取的儒家十分留恋三代的法度礼治，但在当时的现实生活中并不一定要求统治者无为而治。在孔子的观念中，不是无为而治，而是礼治。

【原文】

15.6 子张问行⁽¹⁾。子曰"言忠信，行笃敬，虽蛮貊⁽²⁾之邦，行矣。言不忠信，行不笃敬，虽州里⁽³⁾，行乎哉？立则见其参⁽⁴⁾于前也，在舆则见其倚于衡⁽⁵⁾也，夫然后行。"子张书诸绅⁽⁶⁾。

【注释】

（1）行：通达的意思。

（2）蛮（mán）貊（mò）：古人对少数民族的贬称，蛮在南，貊在北。

（3）州里：五家为邻，五邻为里。五党为州，二千五百家。州里指近处。

（4）参（cān）：列，显现。

（5）衡：车辕前面的横木。

（6）绅：贵族系在腰间的大带。

【译文】

子张问如何才能使自己到处都能行得通。孔子说："说话要忠信，行事要笃敬，即使到了蛮貊地区，也可以行得通。说话不忠信，行事不笃敬，就是在本乡本土，能行得通吗？站着，就仿佛看到忠信笃敬这几个字显现在面前，坐车，就好像看到这几个字刻在车辕前的横木上，这样才能使自己到处行得通。"子张把这些话写在腰间的大带上。

【原文】

15.7 子曰："直哉史鱼(1)！邦有道，如矢(2)；邦无道，如矢。君子哉蘧伯玉！邦有道，则仕；邦无道，则可卷而怀之(3)。"

【注释】

（1）史鱼：卫国大夫，名鲋（qiū），字子鱼，他多次向卫灵公推荐蘧（qú）伯玉。他临死时嘱咐他的儿子，不要"治丧正室"，以此来劝告卫灵公进用蘧伯玉，斥退弥子瑕，古人称为"尸谏"。

（2）如矢（shǐ）：矢，箭，形容其直。

（3）卷（juǎn）：同"捲"，收。怀：藏。

【译文】

孔子说："史鱼真是正直啊！国家有道，他的言行像箭一样直；国家无道，他的言行也像箭一样直。蘧伯玉也真是一位君子啊！国家有道就出来做官，国家无道就（辞退官职）把自己的主张收藏在心里。

【评析】

从文中所述内容看，史鱼与伯玉是有所不同的。史鱼当国家有道或无道时，都同样直爽，而伯玉则只在国家有道时出来做官。所以，孔子说史鱼是"直"，伯玉是"君子"。

【原文】

15.8 子曰："可与言而不与之言，失人；不可与言而与之言，失言。

知者不失人，亦不失言。"

【译文】

孔子说："可以跟他说却不跟他说，这就会失掉了朋友；不可以跟他说却跟他说了，这就是说错了话。有智慧的人既不失去朋友，又不说错话。"

【评析】

本章反映了孔子在为人处世方面的思想，并指出了"知者"的做法。

【原文】

15.9 子曰："志士仁人，无求生以害仁，有杀身以成仁。"

【译文】

孔子说："志士仁人，没有因贪生怕死而损害仁的，只有牺牲自己的性命来成全仁的。"

【评析】

"杀身成仁"被近现代以来某些人加以解释和利用后，似乎已经成了贬义词。其实，我们认真、深入地去理解孔子所说的这段话，主要谈了他的生死观是以"仁"为最高原则的。生命对每个人来讲都是十分宝贵的，但还有比生命更可宝贵的，那就是"仁"。"杀身成仁"，就是要人们在生死关头宁可舍弃自己的生命也要保全"仁"。自古以来，它激励着多少仁人志士为国家和民族的生死存亡而抛头颅洒热血，谱写了一首首可歌可泣的壮丽诗篇。

【原文】

15.10 子贡问为仁。子曰："工欲善其事，必先利其器。居是邦也，事其大夫之贤者，友其士之仁者。"

【译文】

子贡问怎样实行仁德。孔子说："做工的人想把活儿做好，必须首先使他的工具锋利。住在这个国家，就要事奉大夫中的那些贤者，与士人中的仁者交朋友。"

【评析】

"工欲善其事，必先利其器"这句话在民间已为人们所熟知。这就是"磨刀不误砍柴功"。在本章中，孔子以此作比喻，说明实行仁德的方式，就是要事奉贤者，结交仁者，这是需要首先做到的。

【原文】

15.11 颜渊问为邦。子曰："行夏之时⁽¹⁾，乘殷之辂⁽²⁾，服周之冕⁽³⁾，乐则《韶》舞⁽⁴⁾。放郑声⁽⁵⁾，远佞人⁽⁶⁾。郑声淫，佞人殆⁽⁷⁾。"

【注释】

（1）夏之时：夏代的历法，便于农业生产。

（2）殷之辂（lù）：天子所乘的车。殷代的车是木制成，比较朴实。

（3）周之冕（miǎn）：周代的礼帽。周冕华丽而又自然，说明孔子在礼服上尚文。

（4）《韶》舞：是舜时的舞乐，孔子认为是尽善尽美的。

（5）放：禁绝、排斥、抛弃的意思。郑声：郑国的乐曲，孔子认为是淫声。

（6）远：远离。佞（nìng）人：用花言巧语谄媚人的小人。

（7）殆（dài）：危险。

【译文】

颜渊问怎样治理国家。孔子说："用夏代的历法，乘殷代的车子，戴周代的礼帽，奏《韶》乐。禁绝郑国的乐曲，疏远能言善辩的人。郑国的乐曲浮靡不正派，佞人太危险。"

【评析】

这里仍讲为人处世的道理。夏代的历法有利于农业生产，殷代的车子朴实适用，周代的礼帽华美，《韶》乐优美动听，这是孔子理想的生活方式。涉及到礼的问题，他还是主张"复礼"，当然不是越古越好，而是有所选择。此外，还要禁绝靡靡之音，疏远佞人。

【原文】

15.12 子曰："人无远虑，必有近忧。"

【译文】

孔子说："人没有长远的考虑，一定会有眼前的忧患。"

【评析】

这里孔子提出人应该深谋远虑,防患于未然。这也正是孔子与当时为政者只顾眼前利益的做法有所不同的表现。

【原文】

15.13 子曰:"已矣乎!吾未见好德如好色者也。"

【译文】

孔子说:"罢了吧!我从来没有见到像好色那样好德的人。"

【评析】

孔子指出,爱美之心人皆有之,好色是不需要提醒的,但是一个人好德就很不容易了。好德需要加强自身的道德修养。

【原文】

15.14 子曰:"臧文仲其窃位[1]者与!知柳下惠[2]之贤而不与立也。"

【注释】

(1)窃位:身居官位而不称职,如盗取而窃据职位。

(2)柳下惠:春秋中期鲁国大夫,姓展名获,字禽,他受封的地名是柳下,惠是他的私谥,所以,人称其为柳下惠。

【译文】

孔子说:"臧文仲是一个窃居官位的人吧!他明知道柳下惠是个贤人,却不举荐他一起做官。"

【评析】

本章通过孔子批评鲁国的大夫臧文仲为官不称职,不能做到"见贤而举",说明治国需要举贤的道理。

【原文】

15.15 子曰:"躬自厚而薄责于人,则远怨矣。"

【译文】

孔子说:"多责备自己而少责备别人,那就可以避免别人的怨恨了。"

【评析】

人与人相处难免会有各种矛盾与纠纷。那么,为人处事应该多替别人考虑,从别人的角度看待问题。所以,一旦发生了矛盾,人们应该多作自我批评,而不能一味指责别人的不是。责己严,待人宽,这是保持良好和谐的人际关系所不可缺少的原则。

【原文】

15.16 子曰:"不曰'如之何[1],如之何'者,吾末[2]如之何也已矣。"

【注释】

(1) 如之何:怎么办的意思。

(2) 末:这里指没有办法。

【译文】

孔子说:"从来遇事不说'怎么办,怎么办'的人,我对他也不知怎么办才好。"

【评析】

孔子是要提醒人们,遇事都应考虑怎么办,想办法解决问题,而不是什么也不说。

【原文】

15.17 子曰:"群居终日,言不及义,好行小慧,难矣哉!"

【译文】

孔子说:"整天聚在一块,说些丝毫不涉及义理的话,专好卖弄小聪明,这种人真难教导。"

【评析】

孔子认为,整天聚在一起,说些蜚短流长,言不及义,卖弄小聪明,这样的人是很难教导他们成为君子的。

【原文】

15.18 子曰："君子义以为质，礼以行之，孙⁽¹⁾以出之，信以成之。君子哉！"

【注释】

（1）孙（xùn）：谦逊。

【译文】

孔子说："君子以义作为根本，用礼加以推行，用谦逊的语言来表达，用忠诚的态度来完成。这就是君子了。"

【原文】

15.19 子曰："君子病无能焉，不病人之不己知也。"

【译文】

孔子说："君子只怕自己没有才能，不怕别人不知道自己。"

【原文】

15.20 子曰："君子疾没世而名不称焉⁽¹⁾。"

【注释】

（1）没（mò）世：死亡之后。称：被称颂。

【译文】

孔子说："君子担心死亡以后他的名字不为人们所称颂。"

【原文】

15.21 子曰："君子求诸己，小人求诸人。"

【译文】

孔子说："君子一切求之于自己，小人一切求之于别人。"

【原文】

15.22 子曰："君子矜⁽¹⁾而不争，群而不党。"

【注释】

(1) 矜(jīn)：庄重矜持的意思。

【译文】

孔子说："君子庄重而不与别人争执，合群而不结党营私。"

【原文】

15.23 子曰："君子不以言举人，不以人废言。"

【译文】

孔子说："君子不凭一个人说的话来举荐他，也不因为一个人不好而不采纳他的好的建议。"

【评析】

从18章到23章，这6章基本上全都是讲君子的所作所为以及与小人的不同。什么是君子呢？孔子认为，他应当注重义、礼、逊、信的道德准则；他严格要求自己，尽可能做到立言、立德、立功的"三不朽"，传名于后世；他行为庄重，与人和谐，但不结党营私，不以言论重用人，也不以人废其言，等等。当然，这只是君子的一部分特征。

【原文】

15.24 子贡问曰："有一言而可以终身行之者乎？"子曰："其恕乎！己所不欲，勿施于人。"

【译文】

子贡问道："有没有一个字可以终身奉行的呢？"孔子回答说："那大概就是恕吧！自己不愿意的，不要强加给别人。"

【评析】

"忠恕之道"可以说是孔子的发明。这个发明对后人影响很大。孔子把"忠恕之道"看成是处理人己关系的一条准则，这也是儒家伦理的一个特色。这样，可以消除别人对自己的怨恨，缓和人际关系，安定当时的社会秩序。

【原文】

15.25 子曰:"吾之于人也,谁毁谁誉?"如有所誉者,其有所试⁽¹⁾矣。斯民也,三代之所以直道而行也。"

【注释】

(1)试:考察,考验。

【译文】

孔子说:"我对于别人,诋毁过谁?赞美过谁?如有所赞美的,必须是曾经考验过他的。夏商周三代的人都是这样做的,所以三代能直道而行。"

【评析】

孔子告诉人们,对人不能轻易诋毁和赞美;若要评判,必须要经过一番考察和考验。

【原文】

15.26 子曰:"吾犹及史之阙文⁽¹⁾也,有马者借人乘之⁽²⁾,今亡矣夫⁽³⁾。"

【注释】

(1)阙(quē)文:史官记史,遇到有疑问的地方便缺而不记,这叫做阙文。

(2)有马者借人乘(chéng)之:有人认为此句系错出,另有一种解释为:有马的人自己不会调教,而靠别人训练。本书依从后者。

(3)亡(wú):无。

【译文】

孔子说:"我还能够看到史书存疑的地方,有马的人(自己不会调教马)先借给别人使用,现在没有这样的了。"

【评析】

孔子在此强调无论是治学还是做事,都应保持诚实虚心的态度,不要不懂装懂,无知而妄为。

【原文】

15.27 子曰："巧言乱德。小不忍则乱大谋。"

【译文】

孔子说："花言巧语会败坏人的德行。小事情不忍耐，就会败坏大事情。"

【评析】

"小不忍则乱大谋"，这句话在民间极为流行，甚至成为一些人用以告诫自己的座右铭。的确，这句话包含有智慧的因素，尤其对于那些有志于修养大丈夫人格的人来说，此句话是至关重要的。有志向、有理想的人，不会斤斤计较个人得失，更不应在小事上纠缠不清，而应有开阔的胸襟，远大的抱负，只有如此，才能成就大事，从而达到自己的目标。

【原文】

15.28 子曰："众恶之，必察焉；众好之，必察焉。"

【译文】

孔子说："大家都厌恶他，我必须考察一下；大家都喜欢他，我也一定要考察一下。"

【评析】

这一段讲了两个方面的意思。一是孔子决不人云亦云，不随波逐流，不以众人之是非标准决定自己的是非判断，而要经过自己大脑的独立思考，经过自己理性的判断，然后再作出结论。二是一个人的好与坏不是绝对的，在不同的地点，不同的人们心目中，往往有很大的差别。所以孔子必定用自己的标准去评判他。

【原文】

15.29 子曰："人能弘道，非道弘人。"

【译文】

孔子说："人能够把道发扬光大，不是道能把人发扬光大。"

【评析】

人必须首先修养自身、扩充自己、提高自己，才可以把道发扬光大，反过来，以道弘人，用来装点门面，哗众取宠，那就不是真正的君子之所为。这两者的关系是不可以颠倒的。

【原文】

15.30 子曰："过而不改，是谓过矣。"

【译文】

孔子说："有了过错而不改正，这才真叫错了。"

【评析】

"人非圣贤，孰能无过？"但关键不在于过，而在于能否改过，保证今后不再重犯同样的错误。也就是说，有了过错并不可怕，可怕的是坚持错误，不加改正。孔子以"过而不改，是谓过矣"的简炼语言，向人们道出了这样一个真理，这是对待错误的唯一正确态度。

【原文】

15.31 子曰："吾尝终日不食，终夜不寝，以思，无益，不如学也。"

【译文】

孔子说："我曾经整天不吃饭，彻夜不睡觉，去左思右想，结果没有什么好处，还不如去学习为好。"

【评析】

这一章讲的是学与思的关系问题。在前面的一些章节中，孔子已经提到"学而不思则罔，思而不学则殆"的认识，这里又进一步加以发挥和深入阐述。思是理性活动，其作用有两方面，一是发觉言行不符合或者违背了道德，就要改正过来；另一方面是检查自己的言行符合道德标准，就要坚持下去。但学和思不可以偏废，只学不思不行，只思不学也是十分危险的。总之，思与学相结合才能使自己成为有德行、有学问的人。这是孔子教育思想的组成部分。

【原文】

15.32 子曰："君子谋道不谋食。耕也，馁[1]在其中矣；学也，禄[2]在其中矣。君子忧道不忧贫。"

【注释】

（1）馁（něi）：饥饿。

（2）禄（lù）：做官的俸禄。

【译文】

孔子说："君子只谋求道，不谋求衣食。耕田，也常要饿肚子；学习，可以得到俸禄。君子只担心道不能行，不担心贫穷。"

【评析】

孔子强调，君子不要将心思只放在吃饭、穿衣和俸禄上面；而是要谋求真理和正道，心中想的是道能否推行，而不是担心贫穷。

【原文】

15.33 子曰："知及之(1)，仁不能守之，虽得之，必失之；知及之，仁能守之，不庄以涖(2)之，则民不敬；知及之，仁能守之，庄以涖之，动之不以礼，未善也。"

【注释】

（1）知及之：知，同"智"。之，一说是指百姓，一说是指国家。此处我们认为指禄位和国家天下。

（2）涖（lì）：同"莅"，临，到的意思。

【译文】

孔子说："凭借聪明才智足以得到它，但仁德不能保持它，即使得到，也一定会丧失。凭借聪明才智足以得到它，仁德可以保持它，不用严肃态度来治理百姓，那么百姓就会不敬；聪明才智足以得到它，仁德可以保持它，能用严肃态度来治理百姓，但动员百姓时不照礼的要求，那也是不完善的。"

【评析】

孔子提出了一个合格的执政者所应具备的品质和治国理政的四条标准：首先要有治国的智慧，再追求仁德爱民，然后怀着庄严敬畏的态度去对待，最后是依照礼法而行动。

【原文】

15.34 子曰："君子不可小知而可大受也[1]，小人不可大受而可小知也。"

【注释】

（1）小知：知，作为的意思，做小事情。大受：受，责任，使命的意思。大受，承担大任。

【译文】

孔子说："君子不能让他们做那些小事，但可以让他们承担重大的使命。小人不能让他们承担重大的使命，但可以让他们做那些小事。"

【评析】

孔子讲的是要知人善任的道理。任用君子做大事，利用小人做小事。

【原文】

15.35 子曰："民之于仁也，甚于水火。水火，吾见蹈而死者矣，未见蹈仁而死者也。"

【译文】

孔子说："百姓们对于仁（的需要），比对于水火（的需要）更迫切。我只见过人跳到水火中而死的，却没有见过实践仁而死的。"

【评析】

孔子强调，仁是人生和社会得以健康发展的根本，它是有益于人和社会的，但是人们往往认识不到它的重要性；所以很少有人为了仁而付出生命的代价，做到"舍生取义，杀身成仁"。

【原文】

15.36 子曰："当仁，不让于师。"

【译文】

孔子说："面对着仁德，就是老师，也不同他谦让。"

【评析】

孔子和儒家特别重视师生关系的和谐，强调师道尊严，学生不可违背老师。这是在一般情况下。但是，在仁德面前，即使是老师，也不谦让。这是把实现仁德摆在了第一位，仁是衡量一切是非善恶的最高准则。

【原文】

15.37 子曰："君子贞而不谅(1)。"

【注释】

（1）贞（zhēn）：一说是"正"的意思，一说是"大信"的意思。这里选用"正"的说法。谅：信，守信用。

【译文】

孔子说："君子固守正道，而不拘泥于小信。"

【评析】

前面孔子曾说过："言必信，行必果"，这不是君子的作为，而是小人的举动。孔子注重"信"的道德准则，但它必须以"道"为前提，即服从于仁、礼的规定。离开了仁、礼这样的大原则，而讲什么"信"，就不是真正的信。

【原文】

15.38 子曰："事君，敬其事而后其食(1)。"

【注释】

（1）食：食禄，俸禄。

【译文】

孔子说："事奉君主，要认真办事而把领取俸禄的事放在后面。"

【评析】

在孔子看来，食君之禄，担君之忧；要诚敬地对待自己的职责，在自己还没有尽职尽责做出贡献之前，先不要提出俸禄待遇之事。

【原文】

15.39 子曰："有教无类。"

【译文】

孔子说："人人都可以接受教育，不分贫富、贵贱。"

【评析】

孔子的教育对象、教学内容和培养目标都有自己的独特性。他办教育，反映了当时文化下移的现实，学在官府的局面得到改变，除了出身贵族的子弟可以受教育外，其他各阶级、阶层都有了受教育的可能性和某种机会。他广招门徒，不分种族、氏族，都可以到他的门下受教育。所以，我们说，孔子是中国古代伟大的教育家，开创了中国古代私学的先例，奠定了中国传统教育的基本思想。

【原文】

15.40 子曰："道不同，不相为(1)谋。"

【注释】

（1）为（wèi）：与，对。

【译文】

孔子说："志向主张不同，不互相商议。"

【评析】

孔子讲出了一句千古不变的箴言。志向不同的人，是不会在一起谋划共事的。

【原文】

15.41 子曰："辞达而已矣。"

【译文】

孔子说："言辞只要能表达意思就行了。"

【评析】

孔子强调辞贵达意，不提倡言辞的虚浮和华丽。

【原文】

15.42 "师冕(1)见，及阶，子曰："阶也。"及席，子曰："席也。"皆坐，子告之曰："某在斯，某在斯。"师冕出，子张问曰："与师言之道与？"子曰："然，固相(2)师之道也。"

【注释】

（1）师冕：乐师。这位乐师的名字是冕。古代的乐师一般是盲人。

（2）相（xiàng）：帮助。

【译文】

乐师冕来见孔子，走到台阶沿，孔子说："这儿是台阶。"走到坐席旁，孔子说："这是坐席。"等大家都坐下来，孔子告诉他："某某在这里，某某在这里。"师冕走了以后，子张就问孔子："这就是与乐师谈话的道吗？"孔子说："对，这本来就是帮助乐师的礼道。"

【评析】

本章具体而生动地描述了孔子对盲人乐师真诚关心的态度，表现了孔子伟大的人道主义精神。

季氏篇第十六

【本篇引语】

本篇包括14章,其中著名的文句有:"不患寡而患不均,不患贫而患不安";"生而知之";"君子有三戒:少之时,血气未定,戒之在色;及其壮也,血气方刚,戒之在斗;及其老也,血气既衰,戒之在得";"君子有三畏:畏天命,畏大人,畏圣人之言"。本篇主要谈论的问题包括孔子及其学生的政治活动,与人相处和结交时注意的原则,君子的"三戒""三畏"和"九思"等。

【原文】

16.1 季氏将伐颛臾(1)。冉有、季路见于孔子曰:"季氏将有事(2)于颛臾。"孔子曰:"求,无乃尔是过与?夫颛臾,昔者先王以为东蒙主(3),且在邦域之中矣,是社稷之臣也。何以伐为?"冉有曰:"夫子欲之,吾二臣者皆不欲也。"孔子曰:"求,周任(4)有言曰:'陈力就列(5),不能者止。'危而不持,颠而不扶,则将焉用彼相(6)矣?且尔言过矣,虎兕出于柙(7),龟玉毁于椟(8)中,是谁之过与?"冉有曰:"今夫颛臾,固而近于费(9)。今不取,后世必为子孙忧。"孔子曰:"求,君子疾夫舍曰欲之,而必为之辞。丘也闻有国有家者,不患寡而患不均,不患贫而患不安(10)。盖均无贫,和无寡,安无倾。夫如是,故远人不服,则修文德以来之。既来之,则安之。今由与求也,相夫子,远人不服而不能来也,邦分崩离析而不能守也,而谋动干戈于邦内。吾恐季孙之忧,不在颛臾,而在萧墙(11)之内也。"

【注释】

(1)颛臾(zhuān yú):鲁国的附属国,在今山东省费县西。

(2) 有事：指有军事行动，用兵作战。《左传》成公十三年有"国之大事，在祀与戎"。

(3) 东蒙主：东蒙，蒙山。主，主持祭祀的人。

(4) 周任：人名，周代史官。

(5) 陈力就列：陈力，发挥能力，按才力担任适当的职务。

(6) 相：搀扶盲人的人叫相，这里是辅助的意思。

(7) 兕（sì）：雌性犀牛。柙（xiá）：用以关押野兽的木笼。

(8) 椟（dú）：匣子。

(9) 固：城郭完整坚固。费（bì）：季氏的采邑。

(10) 贫、寡：穷、少。（从文内容看"寡"与"贫"应该易位）。

(11) 萧墙：照壁屏风。指宫廷之内。

【译文】

季氏将要讨伐颛臾。冉有、子路去见孔子说："季氏快要攻打颛臾了。"孔子说："冉求，这不就是你的过错吗？颛臾从前是周天子让它主持东蒙的祭祀的，而且已经在鲁国的疆域之内，是国家的臣属啊，为什么要讨伐它呢？"冉有说："季孙大夫想去攻打，我们两个人都不愿意。"孔子说："冉求，周任有句话说：'尽自己的力量去负担你的职务，实在做不好就辞职。'有了危险不去扶助，跌倒了不去搀扶，那还用辅助的人干什么呢？而且你说的话错了。老虎、犀牛从笼子里跑出来，龟甲、玉器在匣子里毁坏了，这是谁的过错呢？"冉有说："现在颛臾城墙坚固，而且离费邑很近。现在不把它夺取过来，将来一定会成为子孙的忧患。"孔子说："冉求，君子痛恨那种不肯实说自己想要那样做，而又一定要找出理由来为之辩解的作法。我听说，对于诸侯和大夫，不怕贫穷，而怕财富不均；不怕人口少，而怕不安定。由于财富均了，也就没有所谓贫穷；大家和睦，就不会感到人少；安定了，也就没有倾覆的危险了。因为这样，所以如果远方的人还不归服，就用仁、义、礼、乐招徕他们；已经来了，就让他们安心住下去。现在，仲由和冉求你们两个人辅助季氏，远方的人不归服，而不能招徕他们；国内民心离散，你们不能保全，反而策划在国内使用武力。我只怕季孙的忧患不在颛臾，而是在自己的内部呢！"

【评析】

这一章又反映出孔子的反战思想。他不主张通过军事手段解决国际、国内的问题，而希望采用礼、义、仁、乐的方式解决问题，这是孔子的一贯思想。此外，这一章里孔子还提出了"不患贫而患不均，不患寡而患不安"。朱熹对此句的解释是："均，谓各得其分；安，谓上下相安。"这种思想对后代人的影响很大，甚至成为人们的社会心理。就今天而言，这种思想有消极的一面，基本不适宜现代社会，这是应该指出的。

【原文】

16.2 孔子曰："天下有道，则礼乐征伐自天子出；天下无道，则礼乐征伐自诸侯出。自诸侯出，盖十世希不失矣；自大夫出，五世希不失矣；陪臣执国命，三世希不失矣。天下有道，则政不在大夫。天下有道，则庶人不议。"

【译文】

孔子说："天下有道的时候，制作礼乐和出兵打仗都由天子作主决定；天下无道的时候，制作礼乐和出兵打仗，由诸侯作主决定。由诸侯作主决定，大概经过十代很少有不垮台的；由大夫决定，经过五代很少有不垮台的；由家臣来执掌国家的命令，传到三代很少有不失掉的。天下有道，国家政权就不会落在大夫手中。天下有道，老百姓也就不会议论国家政治了。"

【评析】

"天下无道"指什么？孔子这里讲，一是周天子的大权落入诸侯手中，二是诸侯国家的大权落入大夫和家臣手中，三是老百姓议论政事。对于这种情况，孔子极感不满，认为这种政权很快就会垮台。他希望回到"天下有道"的那种时代去，政权就会稳定，百姓也相安无事。

【原文】

16.3 孔子曰："禄之去公室五世[1]矣，政逮于大夫四世[2]矣，故夫三桓之子孙微矣[3]。"

【注释】

（1）五世：指鲁国宣公、成公、襄公、昭公、定公五世。

（2）逮（dài）：及。四世：指季孙氏文子、武子、平子、桓子四世。

（3）三桓：鲁国仲孙、叔孙、季孙都出于鲁桓公，所以叫三桓。

【译文】

孔子说："鲁国失去国家政权已经有五代了，政权落在大夫之手已经四代了，所以三桓的子孙也衰微了。"

【评析】

三桓掌握了国家政权，这是春秋末期的一种政治变革，对此，孔子表示不满。本章里孔子对当时社会政治形势提出了自己的认识和态度。孔子的观点是，社会政治变革就是"天下无道"，这还是基于他的"礼治"的思想，希望变为"天下有道"的政治局面。

【原文】

16.4 孔子曰："益者三友，损者三友。友直，友谅(1)，友多闻，益矣。友便辟(2)，友善柔(3)，友便佞(4)，损矣。"

【注释】

（1）谅：诚信。

（2）便（pián）辟（pì）：善于阿谀奉承，举止矫揉造作。辟，通"僻"。

（3）善柔：善于和颜悦色骗人。

（4）便佞（nìng）：惯于花言巧语。

【译文】

孔子说："有益的交友有三种，有害的交友有三种。同正直的人交友，同诚信的人交友，同见闻广博的人交友，这是有益的。同善于阿谀奉承的人交朋友，同表面柔顺而内心奸诈的人交朋友，同惯于花言巧语的人交朋友，这是有害的。"

【评析】

本章孔子提出的交友之道，至今有非常重要的指导意义。提醒人们交友应交正直、诚信、见闻广博的人。

【原文】

16.5 孔子曰:"益者三乐,损者三乐。乐节礼乐[1],乐道人之善,乐多贤友,益矣。乐骄乐[2],乐佚[3]游,乐宴乐[4],损矣。"

【注释】

(1) 乐(lè)节礼乐(yuè):喜好节制人的礼乐。乐:喜好,喜欢,快乐。节:制约。

(2) 骄乐:骄纵不知节制的欢乐。

(3) 佚(yì):同"逸",即游荡。

(4) 宴乐(lè):沉溺于宴饮取乐。

【译文】

孔子说:"有益的喜好有三种,有害的喜好有三种。喜欢以礼乐调节自己,喜欢称道别人的好处,喜欢许多贤德之友,这是有益的。喜欢骄傲,喜欢闲游,喜欢大吃大喝,这就是有害的。"

【评析】

本章孔子提出了健康的喜好有三种,有害的喜好有三种。充分表明了健康的快乐观应以道德修养为要旨。

【原文】

16.6 孔子曰:"侍于君子有三愆[1]:言未及之而言谓之躁,言及之而不言谓之隐,未见颜色而言谓之瞽[2]。"

【注释】

(1) 愆(qiān):过失。

(2) 瞽(gǔ):眼睛瞎。

【译文】

孔子说:"侍奉在君子旁边陪他说话,要注意避免犯三种过失:还没有问到你的时候就说话,这是急躁;已经问到你的时候你却不说,这叫隐瞒;不看君子的脸色而贸然说话,这是瞎子。"

【评析】

本章主要讲的是社会交往过程中应当注意的问题。与君子交往要注意不急躁、不隐瞒等等，这些对我们都有一定的参考价值。

【原文】

16.7 孔子曰："君子有三戒：少之时，血气未定，戒之在色；及其壮[1]也，血气方刚，戒之在斗；及其老也，血气既衰，戒之在得。"

【注释】

（1）壮：壮年，年满30岁。

【译文】

孔子说："君子有三种事情应引以为戒：年少的时候，血气还不成熟，要戒除对女色的迷恋；等到壮年身体成熟了，血气方刚，要戒除与人争斗；等到老年，血气已经衰弱了，要戒除贪得无厌。"

【评析】

这是孔子对人从少年到老年这一生中需要注意的问题提出的忠告。对今天的人们仍具有重要的指导意义。

【原文】

16.8 孔子曰："君子有三畏：畏天命，畏大人[1]，畏圣人之言。小人不知天命而不畏也，狎[2]大人，侮圣人之言。"

【注释】

（1）大人：居高位的人。

（2）狎（xiá）：态度不庄重地亲昵。

【译文】

孔子说："君子有三件敬畏的事情：敬畏天命，敬畏地位高贵的人，敬畏圣人的话。小人不懂得天命，因而也不敬畏，不尊重地位高贵的人，轻侮圣人之言。"

【原文】

16.9 孔子曰："生而知之者，上也；学而知之者，次也；困而学之，又其次也；困而不学，民斯为下矣。"

【译文】

孔子说:"生来就知道的人,是上等人;经过学习以后才知道的,是次一等的人;遇到困难再去学习的,是又次一等的人;遇到困难还不学习的人,这种人就是下等的人了。"

【评析】

孔子虽说有"生而知之者",但他不承认自己是这种人,也没有见到这种。他说自己是经过学习之后才知道的。他希望人们勤奋好学,不要等遇到困难再去学习。俗话说,书到用时方恨少,就是讲的这个道理。至于遇到困难还不去学习,就不足为训了。

【原文】

16.10 孔子曰:"君子有九思:视思明,听思聪,色思温,貌思恭,言思忠,事思敬,疑思问,忿思难[1],见得思义。"

【注释】

(1) 难(nàn):后患。

【译文】

孔子说:"君子有九种要思考的事:看的时候,要思考看清与否;听的时候,要思考是否听清楚;自己的脸色,要思考是否温和;容貌要思考是否谦恭;言谈的时候,要思考是否忠诚;办事要思考是否谨慎严肃;遇到疑问,要思考是否应该向别人询问;忿怒时,要思考是否有后患;获取财利时,要思考是否合乎义的准则。"

【评析】

本章通过孔子所谈的"君子有九思",把人的言行举止的各个方面都考虑到了,他要求自己和学生们一言一行都要认真思考和自我反省,这里包括个人道德修养的各种规范,如温、良、恭、俭、让、忠、孝、仁、义、礼、智等等,所有这些,是孔子关于道德修养学说的组成部分。

【原文】

16.11 子曰:"见善如不及,见不善如探汤。吾见其人矣,吾闻其语矣。隐居以求其志，行义以达其道。吾闻其语矣，未见其人也。"

【译文】

孔子说："看到善良的行为，就如同赶不上似的急切追求；看到不善良的行动，就好像把手伸到开水中一样赶快避开。我见到过这样的人，也听到过这样的话。以隐居避世来保全自己的志向，依照义而贯彻自己的主张。我听到过这种话，却没有见到过这样的人。"

【评析】

本章孔子讲到，见过"见贤思齐"和"见不贤而内自省"的人，却没见过通过隐居来践行自己的理想、依照义来实现其道的人。体现了孔子对道的追求。

【原文】

16.12 齐景公有马千驷(1)，死之日，民无德而称焉。伯夷、叔齐饿死于首阳之下，民到于今称之。其斯之谓与？

【注释】

（1）千驷（sì）：一千辆兵车。驷：四匹马驾的兵车。

【译文】

齐景公有马四千匹，死的时候，百姓们觉得他没有什么德行可以称颂。伯夷、叔齐饿死在首阳山下，百姓们到现在还在称颂他们。说的就是这个意思吧。

【评析】

本章孔子告诉人们，一个人的价值，不在于其外在的地位、财富，而在于其内在的品德。说明了金杯、银杯，不如老百姓的口碑。

【原文】

16.13 陈亢问于伯鱼(1)曰："子亦有异闻(2)乎？"对曰："未也。尝独立，鲤趋而过庭。曰：'学《诗》乎？'对曰：'未也。''不学《诗》，无以言。'鲤退而学《诗》。他日又独立，鲤趋而过庭。曰：'学《礼》乎？'对曰：'未也。''不学《礼》，无以立。'鲤退而学《礼》。闻斯二者。"陈亢退而喜曰："问一得三。闻《诗》，闻《礼》，又闻君子之远[3]其子也。"

【注释】

（1）陈亢（旧读 gāng）：即陈子禽。伯鱼：孔子的儿子，即孔鲤，伯鱼为他的字，先孔子而卒。

（2）异闻：这里指不同于对其他学生所讲的内容。

（3）远（yuǎn）：不亲近，不偏爱。

【译文】

陈亢问伯鱼："你在老师那里听到过什么特别的教诲吗？"伯鱼回答说："没有呀。有一次他独自站在堂上，我快步从庭里走过，他说：'学《诗》了吗？'我回答说：'没有。'他说：'不学《诗》，就不懂得怎么说话。'我回去就学《诗》。又有一天，他又独自站在堂上，我快步从庭里走过，他说：'学《礼》了吗？'我回答说：'没有。'他说：'不学《礼》就不懂得怎样立身。'我回去就学《礼》。我就听到过这两件事。"陈亢回去高兴地说："我提一个问题，得到三方面的收获，听了关于《诗》的道理，听了关于《礼》的道理，又听了君子不偏爱自己儿子的道理。"

【评析】

本章介绍了孔子"诗礼传家"的家教过程，指出了《诗》《礼》对人的重要作用。"不学《诗》，无以言。""不学《礼》，无以立。"

【原文】

16.14 邦君之妻，君称之曰"夫人"，夫人自称曰"小童"，邦人称之曰"君夫人"；称诸异邦曰"寡小君"，异邦人称之，亦曰"君夫人"。

【译文】

国君的妻子，国君称她为"夫人"，夫人自称为"小童"，国人称她为"君夫人"；对他国人则称她为"寡小君"，他国人也称她为"君夫人"。

【评析】

这套称号是周礼的内容之一。这是为了维护等级名分制度，以达到"名正言顺"的目的。

阳货篇第十七

【本篇引语】

本篇共26章。其中著名的文句有："性相近也,习相远也"；"唯上知与下愚不移"；"君子有勇而无义为乱,小人有勇而无义为盗"；"唯女子与小人为难养也"。这一篇中,介绍了孔子的道德教育思想,孔子对仁的进一步解释,还有关于为父母守丧三年问题,也谈到君子与小人的区别等等。

【原文】

17.1 阳货(1)欲见孔子,孔子不见,归孔子豚(2)。孔子时其亡(3)也,而往拜之,遇诸涂(4)。谓孔子曰："来,予与尔言。"曰："怀其宝而迷其邦(5),可谓仁乎？"曰："不可。""好从事而亟(6)失时,可谓知乎？"曰："不可。""日月逝矣,岁不我与(7)。"孔子曰："诺,吾将仕矣。"

【注释】

（1）阳货：又叫阳虎,季氏的家臣。季氏连续几代把持鲁国朝政,季氏的权柄又落到阳货的手中。

（2）归（kuì）孔子豚（tún）：归,通"馈",赠送。豚,小猪。赠给孔子一只熟小猪。

（3）时（sì）其亡（wú）：等他外出的时候。时：通"伺",窥伺,打听。亡：通"无",没有在家。

（4）遇诸涂：涂,同"途",道路。在路上遇到了他。

（5）迷其邦：听任国家迷乱。

（6）亟（qì）：屡次。

(7)与：在一起，等待的意思。

【译文】

阳货想见孔子，孔子不见，他便赠送给孔子一只熟小猪，想要孔子去拜见他。孔子打听到阳货不在家时，往阳货家拜谢，却在半路上遇见了。阳货对孔子说："来，我有话要跟你说。"（孔子走过去。）阳货说："把自己的本领藏起来而听任国家迷乱，这可以叫做仁吗？"（孔子回答）说："不可以。"（阳货）说："喜欢参与政事而又屡次错过机会，这可以说是智（明智）吗？"（孔子回答）说："不可以。"（阳货）说："时间一天天过去了，年岁是不等人的。"孔子说："好吧，我将要去做官了。"

【评析】

本章生动地介绍了孔子的为人处世和处事的原则性及灵活性。

【原文】

17.2 子曰："性相近也，习相远也。"

【译文】

孔子说："人的本性是相近的，由于习染不同才相互有了差别。"

【评析】

《三字经》中的"性相近，习相远"，就源于孔子的这句名言。表明了孔子注重后天教育的思想。人的成长发展，需要教育。

【原文】

17·3 子曰："唯上知与下愚不移。"

【译文】

孔子说："只有上等的智者与下等的愚者是改变不了的。"

【评析】

"上智"是指高贵而有智慧的人；"下愚"指卑贱而又愚蠢的人，这两类人是先天所决定的，是不能改变的。这种观念如果用阶级分析的方法去看待，则有其歧视甚至侮辱劳动民众的一面，这是应该予以指出的。

【原文】

17.4 子之武城⁽¹⁾，闻弦歌⁽²⁾之声。夫子莞尔⁽³⁾而笑，曰："割鸡焉用牛刀？"子游对曰："昔者偃⁽⁴⁾也闻诸夫子曰：'君子学道则爱人，小人学道则易使也。'"子曰："二三子，偃之言是也。前言戏之耳。"

【注释】

（1）之：动词，到。武城：鲁国的一个小城，当时子游是武城宰。

（2）弦（xián）歌：弦，指琴瑟。以琴瑟伴奏歌唱。

（3）莞（wǎn）尔：微笑的样子。

（4）偃（yǎn）：言偃，姓言名偃，字子游，亦称言游。是吴国常熟人，孔子的学生。

【译文】

孔子到武城，听见弹琴唱歌的声音。孔子微笑着说："杀鸡何必用宰牛的刀呢？"子游回答说："以前我听先生说过：'君子学习了礼乐就能爱人，小人学习了礼乐就容易指使。'"孔子说："学生们，言偃的话是对的。我刚才说的话，只是开个玩笑而已。"

【评析】

本章通过记述孔子与子游的玩笑，阐述了礼乐教化民众的意义和作用。

【原文】

17.5 公山弗扰以费畔⁽¹⁾，召，子欲往。子路不说，曰："末之也已⁽²⁾，何必公山氏之之也⁽³⁾。"子曰："夫召我者，而岂徒⁽⁴⁾哉？如有用我者，吾其为东周乎⁽⁵⁾！"

【注释】

（1）公山弗（fú）扰：人名，又称公山不狃，字子泄，季氏的家臣。费（bì）：费邑（地名）。畔（pàn）：通"叛"。

（2）末之也已：末，无。之，到、往。末之，无处去。也已，语气词连用，表示肯定。

（3）之之也：第一个"之"字是助词，后一个"之"字是动词，去、到的意思。

(4) 徒：徒然，空无所据。

(5) 吾其为东周乎：为东周，建造一个东方的周王朝，在东方复兴周礼。

【译文】

公山弗扰据费邑反叛，来召孔子，孔子准备前去。子路不高兴地说："没有地方去就算了，为什么一定要去公山弗扰那里呢？"孔子说："他来召我，难道只是一句空话吗？如果有人用我，我就要在东方复兴周礼，建设一个东方的西周。"

【评析】

本章表明了孔子用礼治世的迫切愿望，希望在东方复兴周礼，建设一个东方的西周。

【原文】

17.6 子张问仁于孔子。孔子曰："能行五者于天下，为仁矣。""请问之。"曰："恭、宽、信、敏、惠。恭则不侮，宽则得众，信则人任焉，敏则有功，惠则足以使人。"

【译文】

子张向孔子问仁。孔子说："能够处处实行五种品德，就是仁人了。"子张说："请问哪五种。"孔子说："庄重、宽厚、诚实、勤敏、慈惠。庄重就不致遭受侮辱，宽厚就会得到众人的拥护，诚信就能得到别人的任用，勤敏就会有成就，慈惠就能够使唤人。"

【评析】

本章孔子指出了"仁"的五种品德，即庄重、宽厚、诚实、勤敏、慈惠。同时也指出了这五种品德的意义所在。"仁"字在《论语》中，共出现了109次，可见"仁"在孔子心目中的重要性。

【原文】

17.7 佛肸[1]召，子欲往。子路曰："昔者由也闻诸夫子曰：'亲于其身为不善者，君子不入也。'佛肸以中牟[2]畔，子之往也，如之何？"

子曰："然，有是言也。不曰坚乎，磨而不磷⑶；不曰白乎，涅而不缁⑷。吾岂匏瓜⑸也哉？焉能系⑹而不食？"

【注释】

（1）佛（bì）肸（xī）：晋国大夫范氏家臣，中牟城地方官。

（2）中牟（mù）：地名，在晋国，约在今河北邢台与邯郸之间。

（3）磷（旧读 lìn）：薄，损伤。

（4）涅（niè）：染黑。缁（zī）：黑色。

（5）匏（páo）瓜：葫芦中的一种，味苦不能吃。

（6）系（jì 又读 xì）：打结，扣。

【译文】

佛肸召孔子去，孔子打算前往。子路说："从前我听先生说过：'亲自做坏事的人那里，君子是不去的。'现在佛肸据中牟反叛，你却要去，这如何解释呢？"孔子说："是的，我有过这样的话。不是说坚硬的东西磨也磨不坏吗？不是说洁白的东西染也染不黑吗？我难道是个苦味的葫芦吗？怎么能只挂在那里而不给人吃呢？"

【评析】

本章介绍孔子急于从政，急于行道于天下，说明了孔子坚信自己能够做到出污泥而不染。

【原文】

17.8 子曰："由也，女闻六言六蔽矣乎？"对曰："未也。""居⑴，吾语女。好仁不好学，其蔽也愚⑵；好知不好学，其蔽也荡⑶；好信不好学，其蔽也贼⑷；好直不好学，其蔽也绞⑸；好勇不好学，其蔽也乱；好刚不好学，其蔽也狂。"

【注释】

（1）居：坐。

（2）愚：受人愚弄。

（3）荡：放荡。好高骛远而没有根基。

（4）贼：害。

（5）绞（jiǎo）：说话尖刻。

【译文】

孔子说："由呀，你听说过六种品德和六种弊病了吗？"子路回答说："没有。"孔子说："坐下，我告诉你。爱好仁德而不爱好学习，它的弊病是受人愚弄；爱好智慧而不爱好学习，它的弊病是行为放荡；爱好诚信而不爱好学习，它的弊病是危害亲人；爱好直率却不爱好学习，它的弊病是说话尖刻；爱好勇敢却不爱好学习，它的弊病是犯上作乱；爱好刚强却不爱好学习，它的弊病是狂妄自大。"

【评析】

本章孔子指出了人的6种美好品德和爱好学习的重要性。

【原文】

17.9 子曰："小子何莫学夫《诗》？《诗》，可以兴[1]，可以观[2]，可以群[3]，可以怨[4]。迩[5]之事父，远之事君；多识于鸟兽草木之名。"

【注释】

（1）兴：激发感情的意思。一说是《诗》的创作手法之一，即托事于物。

（2）观：观察了解天地万物与人间万象。

（3）群：与人交际、交往。

（4）怨：怨刺，讽谏上级，怨而不怒。

（5）迩（ěr）：近。

【译文】

孔子说："学生们为什么不学习《诗经》呢？学《诗经》可以激发志气，可以观察天地万物及人间的盛衰与得失，可以使人懂得合群的必要，可以使人懂得怎样去讽谏上级。近可以用来事奉父母，远可以事奉君主；还可以多知道一些鸟兽草木的名字。"

【评析】

本章孔子讲解了学习《诗经》三百篇的重要性。"兴、观、群、怨"是孔子对《诗经》的社会作用的高度概括，后来成为了中国传统文艺批评的标准。

【原文】

17.10 子谓伯鱼曰："女为《周南》《召南》⁽¹⁾矣乎？人而不为《周南》《召南》，其犹正墙面而立⁽²⁾也与？"

【注释】

（1）《周南》《召南》：《诗经·国风》中的第一、二两部分篇名。周南和召南都是地名。这是指当地的民歌。

（2）正墙面而立：面向墙壁站立着。比喻没有见识，没有前途。

【译文】

孔子对伯鱼说："你学习《周南》《召南》了吗？一个人如果不学习《周南》《召南》，那就像面对墙壁而站着吧？"

【评析】

本章孔子对儿子伯鱼（孔鲤）讲的两句话，是想让他认真学习《周南》《召南》中的夫妇之道，意在培养儿子"修身、齐家、治国、平天下"的理念。

【原文】

17.11 子曰："礼云礼云，玉帛云乎哉？乐云乐云，钟鼓云乎哉？"

【译文】

孔子说："礼呀礼呀，只是说的玉器和丝帛之类的器具吗？乐呀乐呀，只是说的钟鼓之类的乐器吗？"

【评析】

本章孔子强调指出，"礼、乐"并非注重外在的器具形式，而是应该注重"礼"和"乐"所包含的内容。孔子反对奢侈成风的形式主义。

【原文】

17.12 子曰："色厉而内荏⁽¹⁾，譬诸小人，其犹穿窬⁽²⁾之盗也与？"

【注释】

（1）色厉内荏（rěn）：厉，威严。荏，虚弱。外表严厉而内心虚弱。

（2）窬（yú）：爬墙。

【译文】

孔子说:"外表严厉而内心虚弱,以小人作比喻,就像是挖洞爬墙的小偷吧?"

【评析】

本章孔子对于那些外表严厉而内心虚弱之人,比作小偷,表明了孔子欣赏表里如一的光明正大之人,讨厌那些虚张声势、故作矜持之人。

【原文】

17.13 子曰:"乡愿⁽¹⁾,德之贼⁽²⁾也。"

【注释】

(1)乡愿(yuàn):也作"乡原"。愿,朴实善良。乡愿是指那些与世俗同流合污、谁也不得罪的好好先生。

(2)贼:残害。

【译文】

孔子说:"没有道德修养的伪君子,就是破坏道德的人。"

【评析】

孔子所说的"乡愿",就是指那些表里不一、言行不一的伪君子,这些人欺世盗名,却可以堂而皇之地自我炫耀。孔子反对"乡愿",就是主张以仁、礼为原则,只有仁、礼可以使人成为真正的君子。

【原文】

17.14 子曰:"道听而涂⁽¹⁾说,德之弃也。"

【注释】

(1)涂(tú):通"途"。

【译文】

孔子说:"在路上听到传言就到处去传播,这是道德所唾弃的。"

【评析】

道听途说是一种背离道德准则的行为,而这种行为自古以来就存在。在现实生活中,有些不仅是道听途说,而且四处打听别人的隐私,然后到处传说,以此作为生活的乐趣，实乃卑鄙之小人。

【原文】

17.15 子曰："鄙夫可与事君也与哉？其未得之也，患得之。既得之，患失之。苟患失之，无所不至矣。"

【译文】

孔子说："可以和一个鄙夫一起事奉君主吗？他在没有得到利益时，总担心得不到。已经得到了，又怕失去它。如果这样患得患失，就没有什么行为是他们做不出来的。"

【评析】

孔子在本章里对那些一心想当官的人斥为鄙夫，这种人在没有得到官位时总担心得不到，一旦得到又怕失去。为此，他就会不择手段去做任何事情，以至于不惜危害群体，危害他人。这种人在现实生活中也是司空见惯的。当然，这种人是不会有什么好的结局的。

【原文】

17.16 子曰："古者民有三疾⑴，今也或是之亡也。古之狂也肆⑵，今之狂也荡⑶；古之矜也廉⑷，今之矜也忿戾⑸；古之愚也直，今之愚也诈而已矣。"

【注释】

（1）疾：毛病，缺点。

（2）狂：狂妄自大，愿望太高。肆（sì）：放肆，不拘礼节。

（3）荡：放荡，不守礼。

（4）矜（jīn）：骄傲。廉：不可触犯，难以接近。

（5）忿（fèn）戾（lì）：火气太大，蛮横不讲理。

【译文】

孔子说："古代人有三种毛病，现在恐怕连这三种毛病也不是原来的样子了。古代的狂者不过是愿望太高，而现在的狂妄者却是放荡不羁；古代骄傲的人不过是难以接近，现在那些骄傲的人却是凶恶蛮横；古代愚笨的人不过是直率一些，现在的愚笨者却是为了欺骗别人啊！"

【评析】

孔子所处的时代，已经与上古时代有所区别，上古时期人们的"狂""矜""愚"虽然也是毛病，但并非不能让人接受，而今天人们的这三种毛病都变本加厉。从孔子时代到现在，又过去了两千多年了，这三种毛病不但没有改变，反而有增无减，愈益加重，到了令人无法理喻的地步，这就需要用道德的力量加以惩治，也希望有这三种毛病的人警醒。

【原文】

17.17 子曰："巧言令色，鲜矣仁。"

【说明】

本章已见于《学而篇》第一之第3章，此处系重出，故译文略。

【原文】

17.18 子曰："恶紫之夺朱也，恶郑声之乱雅乐也，恶利口之覆邦家者。"

【译文】

孔子说："我厌恶用紫色取代红色，厌恶用郑国的声乐扰乱雅乐，厌恶用伶牙利齿而颠覆国家的人。"

【评析】

本章是孔子感慨世道纷乱，对服色、音乐、利口覆邦等以偏夺正现象的厌恶，表达了他对那些混淆了礼制、音乐和国家法纪的人的深恶痛绝。

【原文】

17.19 子曰："予欲无言。"子贡曰："子如不言，则小子何述焉？"子曰："天何言哉？四时行焉，百物生焉，天何言哉？"

【译文】

孔子说："我想不说话了。"子贡说："你如果不说话，那么我们这些学生还传述什么呢？"孔子说："天何尝说话呢？四季照常运行，百物照样生长。天说了什么话呢？"

【评析】

本章通过孔子与子贡一段有趣的对话，道出了一哲理：一切规律、法则皆无言而自化。

【原文】

17.20 孺悲[1]欲见孔子，孔子辞以疾。将命者出户[2]，取瑟[3]而歌，使之闻之。

【注释】

（1）孺悲：鲁国人，鲁哀公曾派他向孔子学礼。

（2）将命者：传话的人。户：门。

（3）瑟（sè）：琴瑟。乐器名。这里指弹瑟。

【译文】

孺悲想见孔子，孔子以有病为由推辞不见。传话的人刚出门，（孔子）便取来瑟边弹边唱，（有意）让孺悲听到。

【评析】

本章记述的是孔子故意不见孺悲的小故事，表明了孔子坚守"士相见礼"的礼节，希望孺悲能够对自己的"背礼"行为进行反省。

【原文】

17.21 宰我问："三年之丧，期已久矣。君子三年不为礼，礼必坏；三年不为乐，乐必崩。旧谷既没，新谷既升，钻燧改火[1]，期[2]可已矣。"子曰："食夫稻[3]，衣夫锦，于女安乎？"曰："安。""女安则为之。夫君子之居丧，食旨[4]不甘，闻乐不乐，居处不安，故不为也。今女安，则为之！"宰我出，子曰："予之不仁也！子生三年，然后免于父母之怀，夫三年之丧，天下之通丧也。予也有三年之爱于其父母乎？"

【注释】

（1）钻燧（suì）改火：古人钻木取火，四季所用木头不同，每年轮换一遍，叫改火。

（2）期（jī）：同"朞"，一周年。

（3）食夫稻：古代北方少种稻米，故大米很珍贵。这里是说吃好的。夫：那。

（4）旨：甜美，指吃好的食物。

【译文】

宰我问："服丧三年，时间太长了。君子三年不讲究礼仪，礼仪必然败坏；三年不演奏音乐，音乐就会荒废。旧谷吃完，新谷登场，钻燧取火的木头轮过了一遍，有一年的时间就可以了。"孔子说："（才一年的时间，）你就吃开了大米饭，穿起了锦缎衣，你心安吗？"宰我说："我心安。"孔子说："你心安，你就那样去做吧！君子守丧，吃美味不觉得香甜，听音乐不觉得快乐，住在家里不觉得舒服，所以不那样做。如今你既觉得心安，你就那样去做吧！"宰我出去后，孔子说："宰予真是不仁啊！小孩生下来，到三岁时才能离开父母的怀抱。服丧三年，这是天下通行的丧礼。难道宰予对他的父母没有三年的爱吗？"

【评析】

这一段说的是孔子和他的弟子宰我之间，围绕丧礼应服几年的问题展开的争论。孔子的意见是孩子生下来以后，要经过三年才能离开父母的怀抱，所以父母去世了，也应该为父母守三年丧，这是必不可少的。所以，他批评宰我"不仁"。其实在孔子之前，华夏族就已经有为父母守丧三年的习惯，经过儒家在这个问题上的道德制度化，一直沿袭到今天，这是以"孝"道为思想基础的。

【原文】

17.22 子曰："饱食终日，无所用心，难矣哉！不有博弈⑴者乎？为之，犹贤乎已⑵。"

【注释】

（1）博（bó）弈（yì）：古代的一种棋局游戏。博：掷骰（tóu）子［色（shǎi）子］。弈：围棋。

（2）贤：好。已：止，不动的意思。

【译文】

孔子说:"整天吃饱了饭,什么心思也不用,难以有所成啊!不是还有玩掷骰子下围棋的游戏吗?干这个,也比闲着好。"

【评析】

本章孔子反对吃饱了什么也不干,成天无所事事的人;他提倡没事可做,也应该玩游戏下围棋,勤动脑筋,有利于身心发展。

【原文】

17.23 子路曰:"君子尚勇乎?"子曰:"君子义以为上。君子有勇而无义为乱,小人有勇而无义为盗。"

【译文】

子路说:"君子崇尚勇敢吗?"孔子答道:"君子以义作为最高尚的品德,君子有勇无义就会作乱,小人有勇无义就会偷盗。"

【评析】

本章孔子告诫好勇的子路说,君子应该把义当作最高尚的品德。勇要服从义。人的行为要合乎礼就是义,故礼义并称。

【原文】

17.24 子贡曰:"君子亦有恶[1]乎?"子曰:"有恶。恶称人之恶者,恶居下流而讪[2]上者,恶勇而无礼者,恶果敢而窒[3]者。"曰:"赐也亦有恶乎?""恶徼以为知者[4],恶不孙[5]以为勇者,恶讦[6]以为直者。"

【注释】

(1) 恶(wù):厌恶,憎恶。

(2) 下流:下等的,在下的。晚唐以前的本子没有"流"字。讪(shàn):诽谤,毁谤。

(3) 窒(zhì):阻塞,不通事理,顽固不化。

(4) 徼(旧读jiāo):窃取,抄袭。知:通"智"。

(5) 孙(xùn):通"逊"。

(6) 讦(jié):攻击、揭发别人。

【译文】

子贡说:"君子也有厌恶的事吗?"孔子说:"有厌恶的事。厌恶宣扬别人坏处的人,厌恶身居下位而诽谤在上位的人,厌恶勇敢而不懂礼节的人,厌恶固执而又不通事理的人。"孔子又说:"赐,你也有厌恶的事吗?"子贡说:"厌恶抄袭别人的成绩而自以为聪明的人,厌恶把高傲不逊当做勇敢的人,厌恶揭发别人的隐私而自以为直率的人。"

【评析】

本章通过孔子与子贡的对话,对不道德的七种人作了揭露和斥责,表明君子爱憎分明。

【原文】

17.25 子曰:"唯女子与小人为难养也,近之则不孙[1],远之则怨。"

【注释】

(1)孙(xùn):通"逊",谦虚,有礼貌。

【译文】

孔子说:"只有女子和小人是难以教养的,亲近他们,他们就会无礼;疏远他们,他们就会埋怨。"

【评析】

这一章是孔子对于当时社会经验的一种总结,也是儒家一贯的思想主张,后来则演变为"男尊女卑""夫为妻纲"的男权主义。

【原文】

17.26 子曰:"年四十而见恶焉,其终也已。"

【译文】

孔子说:"到了四十岁的时候还被人所厌恶,他这一生也就算完了啊。"

【评析】

本章孔子提醒人们,要不断加强自身修养,做到"四十不惑";如果到了四十岁还修养不够,被人厌恶,那么,就无药可救了。

微子篇 第十八

【本篇引语】

本篇共计11章。其中著名的文句有："四体不勤，五谷不分"；"往者不可谏，来者犹可追。"这一篇中有孔子的政治思想主张，孔子弟子与老农谈孔子，孔子关于塑造独立人格的思想等。

【原文】

18.1 微子[1]去之，箕子[2]为之奴，比干[3]谏而死。孔子曰："殷有三仁焉。"

【注释】

（1）微子：殷纣王的同母兄长，见纣王无道，劝他不听，遂离开纣王。

（2）箕（jī）子：殷纣王的叔父。他去劝纣王，见王不听，便披发装疯，被降为奴隶。

（3）比干：殷纣王的叔父，屡次强谏，激怒纣王，被纣王剖心而死。

【译文】

微子离开了纣王，箕子做了他的奴隶，比干强谏被杀死了。孔子说："殷朝有三位仁人啊！"

【评析】

本章中的微子、箕子、比干都具有忧国忧民的仁者之心和为国献身的精神，故孔子称之为"仁"。

【原文】

18.2 柳下惠为士师[1]，三黜[2]。人曰："子未可以去乎？"曰："直道而事人，焉往而不三黜？枉道而事人，何必去父母之邦？"

【注释】

（1）士师：典狱官，掌管刑狱。

（2）黜（chù）：罢免不用。

【译文】

柳下惠当典狱官，三次被罢免。有人说："你不可以离开鲁国吗？"（柳下惠）说："按正道事奉君主，到哪里不会被多次罢官呢？如果不按正道事奉君主，为什么一定要离开本国呢？"

【评析】

本章通过记述贤人柳下惠三次被罢免的现象，道出了当时官场的腐败。

【原文】

18.3 齐景公待孔子曰："若季氏，则吾不能；以季、孟之间待之。"曰："吾老矣，不能用也。"孔子行。

【译文】

齐景公讲到对待孔子的礼节时说："像鲁君对待季氏那样，我做不到；我用介于季氏孟氏之间的待遇对待他。"又说："我老了，不能用他（孔子）了。"孔子于是离开了齐国。

【评析】

本章表明了齐景公在使用孔子问题上的态度是反复无常的。说明了孔子"道"的实行，困难重重。

【原文】

18.4 齐人归女乐[1]，季桓子[2]受之，三日不朝。孔子行。

【注释】

（1）归（kuì）：通"馈"，赠送。女（nǚ）乐（yuè）：歌妓舞女。

（2）季桓（huán）子：鲁国宰相季孙斯。

【译文】

齐国人赠送了一些歌女（给鲁国），季桓子接受了，三天不上朝。孔子于是离开了（鲁国）。

【评析】

孔子之所以离开鲁国，是因为季桓子接受了齐国赠送的歌女后，三天不上朝。孔子对抛弃礼制的行为痛心不已。

【原文】

18.5 楚狂接舆[1]歌而过孔子曰："凤兮凤兮！何德之衰？往者不可谏，来者犹可追。已而，已而。今之从政者殆而！"孔子下，欲与之言。趋而辟之，不得与之言。

【注释】

（1）楚狂接舆：一说楚国的狂人接孔子之车；一说楚国叫接舆的狂人；一说楚国狂人姓接名舆。本书采用第二种说法。

【译文】

楚国的狂人接舆唱着歌从孔子的车旁走过，他唱道："凤凰啊，凤凰啊，你的德运怎么这么衰弱呢？过去的已经无可挽回，未来的还来得及改正。算了吧，算了吧。今天的执政者危乎其危！"孔子下车，想同他谈谈，他却赶快避开，孔子没能和他交谈。

【评析】

本章通过楚国狂人接舆唱词，反映了当时社会的黑暗现实。提醒知识分子"有道则见，无道则隐"。

【原文】

18.6 长沮、桀溺耦而耕[1]。孔子过之，使子路问津[2]焉。长沮曰："夫执舆[3]者为谁？"子路曰："为孔丘。"曰："是鲁孔丘与？"曰："是也。"曰："是知津矣。"问于桀溺。桀溺曰："子为谁？"曰："为仲由。"曰："是鲁孔丘之徒与？"对曰："然。"曰："滔滔者天下皆是也，而谁以[4]易之？且而与其从辟[5]人之士也，岂若从辟世之士哉？"耰[6]而不辍。子路行以告。夫子怃然[7]曰："鸟兽不可与同群，吾非斯人之徒与而谁与？天下有道，丘不与易也。"

【注释】

（1）长（cháng）沮（jū）、桀（jié）溺（nì）：两位隐士，真实姓名和身世不详。耦而耕：古代的一种耕田方法，两个人合力耕作。

（2）问津（jīn）：津，渡口。问津指寻问渡口。

（3）执舆（yú）：即执辔（pèi）驾车。本是子路驾车，因子路已下车，所以孔子代为驾车。

（4）以：与。"谁以"即"谁与"，与谁的意思。

（5）辟：同"避"。

（6）耰（yōu）：用土覆盖种子。辍（chuò）：停止。

（7）怃（wǔ）然：怅然，失意。

【译文】

长沮、桀溺在一起耕种，孔子路过，让子路去寻问渡口在哪里。长沮问子路："那个拿着缰绳的是谁？"子路说："是孔丘。"长沮说："是鲁国的孔丘吗？"子路说："是的。"长沮说："那他是早已知道渡口的位置了。"子路再去问桀溺。桀溺说："你是谁？"子路说："我是仲由。"桀溺说："你是鲁国孔丘的门徒吗？"子路说："是的。"桀溺说："像洪水一般的坏东西到处都是，你们同谁去改变它呢？而且你与其跟着躲避人的人，为什么不跟着我们这些躲避社会的人呢？"说完，仍旧不停地做田里的农活。子路回来后把情况报告给孔子。孔子很失望地说："人是不能与飞禽走兽合群共处的，如果不同世上的人群打交道还与谁打交道呢？如果天下太平，我就不会与你们一道来从事改革了。"

【评析】

这一章反映了孔子关于社会改革的主观愿望和积极的入世思想。儒家不倡导消极避世的做法，这与道家不同。儒家认为，即使不能齐家治国平天下，也要独善其身，做一个有道德修养的人。孔子就是这样一位身体力行者。所以，他感到自己有一种社会责任心，正因为社会动乱、天下无道，他才与自己的弟子们不知辛苦地四处呼吁，为社会改革而努力，这是一种可贵的忧患意识和历史责任感。

【原文】

18.7 子路从而后，遇丈人，以杖荷蓧⑴。子路问曰："子见夫子乎？"丈人曰："四体不勤，五谷不分⑵，孰为夫子？"植其杖而芸⑶。子路拱而立。止子路宿，杀鸡为黍而食之⑷。见⑸其二子焉。明日，子路行以告。子曰："隐者也。"使子路反见之。至，则行矣。子路曰："不仕无义。长幼之节，不可废也；君臣之义，如之何其废之？欲洁其身，而乱大伦。君子之仕也，行其义也。道之不行，已知之矣。"

【注释】

（1）丈人：古代对老年男子的称呼。蓧（diào）：古代耘田所用的竹器。

（2）四体不勤，五谷不分：一说这是丈人指自己。分是粪；不，是语气词，意为：我忙于播种五谷，没有闲暇，怎知你夫子是谁？另一说是丈人责备子路。说子路手脚不勤，五谷不分。多数人持第二种说法。

（3）植（zhí）：通"置"。芸（yún）：通"耘"，除草。

（4）黍（shǔ）：黏小米。 食（sì）：拿东西给人吃。

（5）见（xiàn）：使见，动词的使动用法。让他的两个儿子来见子路。

【译文】

子路跟随孔子出行，落在了后面，遇到一个老丈，用拐杖挑着除草的工具。子路问道："你看到我的老师吗？"老丈说："（你们）四肢不勤劳，五谷分不清，谁是你的老师？"说完，便把拐杖插在地上去除草。子路拱着手恭敬地站在一旁。老丈留子路到他家住宿，杀了鸡，做了小米饭给他吃，又叫两个儿子出来与子路见面。第二天，子路赶上孔子，把这件事向他作了报告。孔子说："这是个隐士啊。"叫子路回去再看看他。子路到了那里，老丈已经走了。子路说："不做官是不对的。长幼间的关系是不可能废弃的；君臣间的关系怎么能废弃呢？想要自身清白，却破坏了根本的君臣伦理关系。君子做官，只是为了实行君臣之义的。至于道的行不通，早就知道了。"

【评析】

过去有一个时期，人们认为这一章中老丈所说："四体不勤，五谷不分"是劳动人民对孔丘的批判等等。这恐怕是理解上和思想方法上的问题。对此，我们不想多作评论，因为当时不是科学研究，而是政治需要。其实，本章的要点不在于此，而在于后面子路所作的总结，即认为，隐居山林是不对的，老丈与他的儿子的关系仍然保持，却抛弃了君臣之伦。这是儒家向来都不提倡的。

【原文】

18.8 逸⑴民：伯夷、叔齐、虞仲、夷逸、朱张、柳下惠、少连⑵。子曰："不降其志，不辱其身，伯夷、叔齐与？"谓："柳下惠、少连，降志辱身矣，言中伦⑶，行中虑，其斯而已矣。"谓："虞仲、夷逸，隐居放⑷言，身中清，废中权。我则异于是，无可无不可。"

【注释】

（1）逸（yì）：同"佚"，散失、遗弃。指遗落于世而无官位的贤人。

（2）虞（yú）仲、夷（yí）逸、朱张、少连：此四人身世无从考，从文中意思看，当是没落贵族。

（3）中（zhòng）：合乎。伦：条理、法则。

（4）放：放置，不再谈论世事。

【译文】

被遗落的人有：伯夷、叔齐、虞仲、夷逸、朱张、柳下惠、少连。孔子说："不降低自己的志向，不屈辱自己的身份，这是伯夷、叔齐吧？"又说："柳下惠、少连，是被迫降低自己的意志，屈辱自己的身份，但说话合乎伦理，行为合乎人心。"又说："虞仲、夷逸，过着隐居的生活，说话很随便，能洁身自爱，离开官位合乎权宜。我却同这些人不同，可以这样做，也可以那样做。"

【评析】

本章是孔子对历史和当代七位逸民作出的评价，反映了他对个人独立人格的崇尚。同时也表明了自己的通权达变，有着更大的灵活性。

【原文】

18.9 大师挚适齐⑴，亚饭干适楚，三饭缭适蔡，四饭缺适秦⑵，鼓方叔⑶入于河，播鼗⑷武入于汉，少师⑸阳、击磬襄⑹入于海。

【注释】

（1）大师挚（zhì）：大同"太"。太师是鲁国乐官之长，挚是人名。适齐（qí）：到齐国。

（2）亚饭、三饭、四饭：都是乐官名。干、缭、缺是人名。

（3）鼓方叔：击鼓的乐师名方叔。

（4）鼗（táo）：小鼓。

（5）少师：乐官名，副乐师。

（6）击磬（qìng）襄（xiāng）：击磬的乐师，名襄。

【译文】

太师挚到齐国去了，亚饭干到楚国去了，三饭缭到蔡国去了，四饭缺到秦国去了，打鼓的方叔到了黄河边，敲小鼓的武到了汉水边，少师阳和击磬的襄到了海滨。

【评析】

本章介绍了鲁国乐师在哀公时流散四方的情况，说明当时统治者不太重视"乐"教。孔子对音乐有深厚的修养，重视"乐"教，因此对当时乐师的境遇非常关心。

【原文】

18.10 周公谓鲁公(1)曰："君子不施(2)其亲，不使大臣怨乎不以(3)。故旧无大故，则不弃也。无求备于一人。"

【注释】

(1)鲁公：指周公的儿子伯禽，封于鲁。

(2)施（chí）：通"弛"，怠慢、疏远、废弃。

(3)以：用。

【译文】

周公对鲁公说："君子不疏远他的亲属，不使大臣们抱怨不用他们。旧友老臣没有大的过失，就不要抛弃他们。不要对人求全责备。"

【评析】

本章意在表明君子不可疏远亲朋好友，对人不要求全责备。

【原文】

18.11 周有八士：伯达、伯适、仲突、仲忽、叔夜、叔夏、季随、季骅(1)。

【注释】

(1) 八士：本章中所说八士已不可考。适（kuò）；骅（guā）。

【译文】

周代有八个士：伯达、伯适、仲突、仲忽、叔夜、叔夏、季随、季骅。

【评析】

本章说明周代贤士众多，指出国家兴亡的关键在于任用贤人。

子张篇第十九

【本篇引语】

本篇共计25章。其中著名的文句有:"见危致命,见得思义";"仕而优则学,学而优则仕";"君子之过也,如日月之食焉";"其生也荣,其死也哀"。本篇中包括的主要内容有:孔子学而不厌、不耻下问的精神,孔子对殷纣王的批评,孔子关于学与仕的关系,君子与小人在有过失时的不同表现,以及孔子与其学生和他人之间的对话。

【原文】

19.1 子张曰:"士见危致命,见得思义,祭思敬,丧思哀,其可已矣。"

【译文】

子张说:"士遇见危险时能献出自己的生命,看见有利可得时能考虑是否符合义的要求,祭祀时能想到严肃恭敬,居丧的时候想到哀伤,这样就可以了。"

【评析】

"见危致命,见得思义",这是士之所为,在需要自己献出生命的时候,他可以毫不犹豫,勇于献身。同样,在有利可得的时候,他往往想到这样做是否符合义的规定。这是孔子思想的精华点。

【原文】

19.2 子张曰:"执德不弘,信道不笃,焉能为有?焉能为亡[1]?"

【注释】

(1)亡(wú):通"无"。

【译文】

子张说:"实行德而不能发扬光大,信仰道而不忠实坚定,(这样的人)怎么能说有,又怎么说他没有?"

【评析】

此章强调了全面的道德修养是一个人的价值基础。践行道而不去弘扬,则德孤;信仰道却不能笃守坚持,则道废。

【原文】

19.3 子夏之门人问交于子张。子张曰:"子夏云何?"对曰:"子夏曰:'可者与之,其不可者拒之。'"子张曰:"异乎吾所闻:君子尊贤而容众,嘉善而矜不能。我之大贤与,于人何所不容?我之不贤与,人将拒我,如之何其拒人也?"

【译文】

子夏的学生向子张询问怎样结交朋友。子张说:"子夏是怎么说的?"答道:"子夏说:'可以相交的就和他交朋友,不可以相交的就拒绝他。'"子张说:"我所听到的和这些不一样:君子既尊重贤人,又能容纳众人;能够赞美善人,又能同情能力不够的人。如果我是十分贤良的人,那我对别人有什么不能容纳的呢?我如果不贤良,那人家就会拒绝我,又怎么能拒绝人家呢?"

【评析】

此章讲述的是与人交往之道。要善于与各种人结交,做到宽容包涵。

【原文】

19.4 子夏曰:"虽小道[1],必有可观者焉;致远恐泥[2],是以君子不为也。"

【注释】

(1)小道:指各种农工商医卜之类的技能。
(2)泥:阻滞,不通,妨碍。

【译文】

子夏说:"虽然都是些小的技艺,也一定有可取的地方,但用它来达到远大目标就行不通了,所以君子不钻研它。"

【评析】

此章是说专业技能虽有可取之处,但对于君子治国理政,就不能拘泥于某些专业技能。

【原文】

19.5 子夏曰:"日知其所亡[1],月无[2]忘其所能,可谓好学也已矣。"

【注释】

(1)亡(wú):无。

(2)无:勿,不要。

【译文】

子夏说:"每天学到一些过去所不知道的东西,每月都不能忘记已经学会的东西,这就可以叫做好学了。"

【评析】

这是孔子教育思想的一个组成部分。孔子并不笼统反对博学强记,因为人类知识中的很多内容都需要认真记忆,不断巩固,并且在原有知识的基础上再接受新的知识。这一点,对我们今天的教育也有某种借鉴作用。

【原文】

19.6 子夏曰;"博学而笃志[1],切问[2]而近思,仁在其中矣。"

【注释】

(1)笃志:坚定志向。

(2)切问:问与切身有关的问题。

【译文】

子夏说:"广泛地学习,不断坚定自己的意志,就与切身有关的问题提出疑问并且去思考,仁就在其中了。"

【评析】

这里又提到孔子的教育方法问题。"博学而笃志,切问而近思",学思结合,再一次谈到它的重要性。

【原文】

19.7 子夏曰:"百工居肆⁽¹⁾以成其事,君子学以致其道。"

【注释】

(1)百工居肆(sì):百工,各行各业的工匠。肆,古代社会制作物品的作坊。

【译文】

子夏说:"各行各业的工匠住在作坊里来完成自己的工作,君子通过学习来掌握道。"

【评析】

此章讲的是百工成事在作坊,君子务道在学习。

【原文】

19.8 子夏说:"小人之过也必文⁽¹⁾。"

【注释】

(1)文(旧读 wèn 现读 wén):掩饰。

【译文】

子夏说:"小人犯了过错一定要掩饰。"

【评析】

此章讲的是小人犯了错误,不敢勇于承认错误,往往总要找借口掩饰。而君子则勇于改正错误。

【原文】

19.9 子夏曰:"君子有三变:望之俨然,即之也温,听其言也厉。"

【译文】

子夏说:"君子让人感到有三种变化:远看他的样子肃穆威严,接近他又温和可亲，听他说话语言严厉不苟。"

【评析】

此章是子夏对孔子仪容风度的基本概括。概括出了君子的形象。

【原文】

19.10 子夏曰："君子信而后劳其民；未信，则以为厉己也。信而后谏；未信，则以为谤己也。"

【译文】

子夏说："君子必须取得信任之后才去役使百姓；否则，百姓就会以为是在伤害他们。要先取得（君主）信任，然后才去规劝；否则，（君主）就会以为你在诽谤他。"

【评析】

此章子夏讲到了君子治国必须取信于民；臣民劝谏也应首先取得领导的信任。

【原文】

19.11 子夏曰："大德不逾闲[1]，小德出入可也。"

【注释】

（1）大德、小德：指德行中的大节小节。逾（yú）闲（xián）：木栏，这里指界限。

【译文】

子夏说："大节上不能超越界限，小节上有些出入是可以的。"

【评析】

这一章提出了大节小节的问题。儒家向来认为，作为有君子人格的人，他应当顾全大局，而不在细枝末节上斤斤计较。

【原文】

19.12 子游曰："子夏之门人小子，当洒扫、应对、进退，则可矣，抑末[1]也。本之则无，如之何？"子夏闻之，曰："噫，言游过矣！

君子之道，孰先传焉，孰后倦(2)焉，譬诸草木，区以别矣。君子之道，焉可诬(3)也？有始有卒者，其惟圣人乎！"

【注释】

（1）抑：但是，不过。转折的意思。末：指礼仪之末。

（2）倦：诲人不倦的"倦"。这里指教诲。

（3）诬（wū）：欺骗。

【译文】

子游说："子夏的学生，做些打扫和迎送客人的事情是可以的，但这些不过是末节小事，根本的东西却没有学到，这怎么行呢？"子夏听了，说："唉，子游错了！君子之道先传授哪一条，后传授哪一条，这就像草和木一样，都是分类区别的。君子之道怎么可以随意歪曲，欺骗学生呢？能按次序有始有终地教授学生们，恐怕只有圣人吧！"

【评析】

孔子的两个学生子游和子夏，在如何教授学生的问题上发生了争执，而且争得比较激烈，不过，这其中并没有根本的不同，只是教育方法各有自己的路子。

【原文】

19.13 子夏曰："仕而优(1)则学，学而优则仕。"

【注释】

（1）优：有余力。

【译文】

子夏说："做官还有余力的人，就可以去学习；学习有余力的人，就可以去做官。"

【评析】

子夏的这段话集中概括了孔子的教育方针和办学目的。做官之余，还有精力和时间，那他就可以去学习礼乐等治国安邦的知识；学习之余，还有精力和时间，他就可以去做官从政。同时，本章又一次谈到"学"与"仕"的关系问题。

【原文】

19.14 子游曰:"丧致⁽¹⁾乎哀而止。"

【注释】

(1)致:极致、竭尽。

【译文】

子游说:"丧事做到尽哀也就可以了。"

【评析】

此章子游讲的是办理丧事,既要尽哀,又要节哀。

【原文】

19.15 子游曰:"吾友张也,为难能也,然而未仁。"

【译文】

子游说:"我的朋友子张可以说是难能可贵的了,然而还没有达到仁的境界。"

【评析】

此章子游表扬赞美子张的目的,在于鼓励朋友继续前进,争取达到仁的境界。

【原文】

19.16 曾子曰:"堂堂乎张也,难与并为仁矣。"

【译文】

曾子说:"子张外表堂堂,但是难于和他一起修养仁。"

【评析】

此章是曾子对子张的评价,说明仁的境界是很难达到的。

【原文】

19.17 曾子曰:"吾闻诸夫子,人未有自致者也,必也亲丧乎。"

【译文】

曾子说:"我听老师说过,人不可能自动地充分表露感情,(如果有)

一定是在父母死亡的时候。"

【评析】

此章曾子是说人的感情是受理智控制的，情的表露是受礼约束的。只有父母去世时，人的悲情才可以不顾一切，放声大哭，尽情流露。

【原文】

19.18 曾子曰："吾闻诸夫子，孟庄子[1]之孝也，其他可能也，其不改父之臣与父之政，是难能也。"

【注释】

（1）孟庄子：鲁国大夫孟孙速。

【译文】

曾子说："我听老师说过，孟庄子的孝，其他方面别人也可以做到，但他不更换父亲的旧臣及其政治措施，这是别人难以做到的。"

【评析】

此章讲述了孟庄子尽孝，他以国事为重，做到了别人难以做到的事情。

【原文】

19.19 孟氏使阳肤为士师[1]，问于曾子。曾子曰："上失其道，民散久矣。如得其情，则哀矜[2]而勿喜。"

【注释】

（1）阳肤：曾子的学生。士师：典狱官。

（2）矜（jīn）：怜悯。

【译文】

孟氏任命阳肤做典狱官，阳肤向曾子请教。曾子说："在上位的人离开了正道，百姓早就离心离德了。你如果能弄清他们的情况，就应当怜悯他们，而不要自鸣得意。"

【评析】

此章表明了曾子的一片仁心。同情怜悯下层民众，这在乱世，尤为可贵。

【原文】

19.20 子贡曰:"纣之不善(1),不如是之甚也。是以君子恶居下流(2),天下之恶(3)皆归焉。"

【注释】

(1)纣:商代最后一个君主,名辛,纣是他的谥号,历来被认为是一个暴君。

(2)恶(wù):讨厌,厌恶。下流:即地形低洼各处来水汇集的地方。

(3)恶(è):坏事情。

【译文】

子贡说:"纣王的不善,不像传说的那样厉害。所以君子厌恶处在下流的地方,使天下一切坏名声都归到他的身上。"

【评析】

此章子贡告诫人们,一定不要做坏事情;舆论对一个人的评价往往带有一种从众的"惯性";一旦迈进了污秽之地,就会成为众矢之的。

【原文】

19.21 子贡曰:"君子之过也,如日月之食焉:过也,人皆见之;更也,人皆仰之。"

【译文】

子贡说:"君子的过错好比日食月食:有过错,人们都看得见;他改正过错,人们都仰望着他。"

【评析】

此章以日食月食的变化为喻,赞扬了君子不隐瞒和掩盖过错,敢于改正过错的光明磊落的态度和胸襟。与本篇中的"小人之过也必文"一章,形成鲜明的对比。

【原文】

19.22 卫公孙朝(1)问于子贡曰:"仲尼(2)焉学?"子贡曰:"文、武之道,未坠于地,在人。贤者识其大者,不贤者识其小者,莫不有文、武之道焉。夫子焉不学？而亦何常师之有？"

【注释】

（1）卫公孙朝（cháo）：卫国的大夫公孙朝。

（2）仲尼：孔子的字。

【译文】

卫国的公孙朝问子贡说："仲尼的学问是从哪里学来的？"子贡说："周文王武王的道，并没有失传，还留在人们中间。贤能的人可以了解它的根本，不贤的人只了解它的末节，没有什么地方无文王武王之道。我们老师何处不学，又何必要有固定的老师传播呢？"

【评析】

这一章又讲到孔子之学何处而来的问题。子贡说，孔子承袭了周文王、周武王之道，并没有固定的老师给他传授。这实际是说，孔子肩负着上承尧舜禹汤文武周公之道，并把它发扬光大的责任，这不需要什么人讲授给孔子。表明了孔子"不耻下问""学无常师"的学习过程。

【原文】

19.23 叔孙武叔语大夫于朝(1)，曰："子贡贤于仲尼。"子服景伯以告子贡。子贡曰；"譬之宫墙(2)，赐之墙也及肩，窥见室家之好。夫子之墙数仞(3)，不得其门而入，不见宗庙之美，百官之富(4)。得其门者或寡矣。夫子之云，不亦宜乎！"

【注释】

（1）叔孙武叔：鲁国大夫，名州仇，三桓之一。朝（cháo）：朝廷。

（2）譬（pì）：比喻。宫墙：宫也是墙，即围墙，不是房屋的墙。

（3）仞（rèn）：古时七尺为仞，一说八尺为仞，一说五尺六寸为仞。

（4）官：这里指房舍。

【译文】

叔孙武叔在朝廷上对大夫们说："子贡比仲尼更贤。"子服景伯把这一番话告诉了子贡。子贡说："拿围墙来作比喻，我家的围墙只有齐肩高，从墙外可以看到里面房屋的美好。老师家的围墙却有几仞高，如果找不到门进去，你就看不见里面宗庙的富丽堂皇和房屋的绚丽多彩。能够找到门进去的人并不多。叔孙武叔那么讲，不也是很自然吗？"

【评析】

本章通过叔孙武叔的不察之言，引出了子贡对孔老夫子的高度评价。孔子是一位平凡而伟大的思想家，圣贤之光辉，一般人很难发现。

【原文】

19.24 叔孙武叔毁仲尼。子贡曰："无以为也！仲尼不可毁也。他人之贤者，丘陵也，犹可逾也；仲尼，日月也，无得而逾焉。人虽欲自绝，其何伤于日月乎？多[1]见其不知量也。"

【注释】

（1）多：用作副词，只是的意思。

【译文】

叔孙武叔诽谤仲尼。子贡说："不要这样做！仲尼是毁谤不了的。别人的贤德好比丘陵，还可超越过去，仲尼的贤德好比太阳和月亮，是无法超越的。虽然有人要自绝于日月，对日月又有什么损害呢？只是表明他不自量力而已。"

【评析】

此章中，子贡面对叔孙武叔诽谤自己的老师仲尼（孔子），借机盛赞孔子之德如日月。不仅维护了师道尊严，还讥讽了叔孙武叔的不自量力。

【原文】

19.25 陈子禽谓子贡曰："子为恭也，仲尼岂贤于子乎？"子贡曰："君子一言以为知，一言以为不知，言不可不慎也。夫子之不可及也，犹天之不可阶而升也。夫子之得邦家者，所谓立之斯立，道[1]之斯行，绥[2]之斯来，动之斯和[3]。其生也荣，其死也哀，如之何其可及也？"

【注释】

（1）道（dǎo）：同"导"，引导。

（2）绥（suí）：安抚。

（3）和：同心协力。

【译文】

陈子禽对子贡说:"你太谦恭了,仲尼怎么能比你更贤良呢?"子贡说:"君子的一句话就可以表现他的智慧,一句话也可以表现他的不智,所以说话不可以不慎重。夫子的高不可及,正像天是不能够顺着梯子爬上去一样。夫子如果得国而为诸侯或得到采邑而为卿大夫,那就会像人们说的那样,教百姓立于礼,百姓就会立于礼,要引导百姓,百姓就会跟着走;安抚百姓,百姓就会归顺;动员百姓,百姓就会齐心协力。(夫子)活着是十分荣耀的,(夫子)死了是极其可惜的。我怎么能赶得上他呢?"

【评析】

以上这几章,都是子贡回答别人贬低孔子而抬高子贡的问话。子贡对孔子十分敬重,认为他高不可及,所以他不能容忍别人对孔子的毁谤。本章也是子贡再次盛赞自己的老师是圣贤之人,无人能比,并提醒陈子禽,君子说话要谨慎。

尧曰篇第二十

【本篇引语】

本篇共3章，但段落都比较长。本篇中著名的文句有："君子惠而不费，劳而不怨，欲而不贪，泰而不骄，威而不猛"；"宽则得众，信则民任"；"兴灭国，继绝世，举逸民"等。这一篇中，主要谈到尧禅让帝位给舜，舜禅让帝位给禹，即所谓三代的善政和孔子关于治理国家事务的基本要求。

【原文】

20.1 尧曰[1]："咨[2]！尔舜！天之历数在尔躬，允[3]执其中。四海困穷，天禄永终。"舜亦以命禹。曰："予小子履[4]，敢用玄牡[5]，敢昭告于皇皇后帝：有罪不敢赦。帝臣不蔽，简[6]在帝心。朕[7]躬有罪，无以万方；万方有罪，罪在朕躬。"周有大赉[8]，善人是富。"虽有周亲[9]，不如仁人。百姓有过，在予一人。"谨权量[10]，审法度[11]，修废官，四方之政行焉。兴灭国，继绝世，举逸民，天下之民归心焉。所重：民、食、丧、祭。宽则得众，信则民任焉。敏则有功，公则说[12]。

【注释】

（1）尧曰：下面引号内的话是尧在禅让帝位时对舜说的话。

（2）咨（zī）：即"啧"，感叹词，表示赞誉。

（3）允：真诚；诚信。

（4）履（lǔ）：这是商汤的名字。

（5）玄（xuán）牡（mǔ）：玄，黑色谓玄。牡，公牛。

（6）简（jiǎn）：阅，这里是知道的意思。

（7）朕（zhèn）：我。从秦始皇起，专用作帝王自称。

（8）赉（lài）：赏赐。下面几句是说周武王。

（9）周亲：至亲。

（10）权量：权，秤锤。指量轻重的标准。量，斗斛。指量容积的标准。

（11）法度：指量长度的标准。

（12）公则说（yuè）：公平就会使百姓喜悦。说：通"悦"，高兴，喜悦。

【译文】

尧说："啧啧！你这位舜！上天的大命已经落在你的身上了。诚实地保持那中道吧！假如天下百姓都隐于困苦和贫穷，上天赐给你的禄位也就会永远终止。"舜也这样告诫过禹。（商汤）说："我小子履谨慎地用黑色的公牛来祭祀，向伟大的天帝祷告：有罪的人我不敢擅自赦免，天帝的臣仆我也不敢掩蔽，您心里也是早就晓得的。我本人若有罪，不要牵连天下万方；天下万方若有罪，都归我一个人承担。"周朝大封诸侯，使善人都富贵起来。（周武王）说："我虽然有至亲，不如有仁德之人。百姓有过错，都在我一人身上。"认真检查度量衡器，周密地制定法度，重新修立已废弃的官职，全国的政令就会通行了。恢复被灭亡了的国家，接续已经断绝了的家族，提拔被遗落的人才，天下百姓就会真心归服了。所重视的四件事：人民、粮食、丧礼、祭祀。宽厚就能得到众人的拥护，诚信就能得到别人的任用，勤敏就能取得成绩，公平就会使百姓喜悦。

【评析】

这一大段文字，记述了从尧帝以来历代先圣先王的遗训，中间或许有脱落之处，衔接不起来。后来的部分里，孔子对三代以来的美德善政作了高度概括，可以说是对《论语》全书中有关治国安邦平天下的思想加以总结，对后代产生了很大的影响。

【原文】

20.2 子张问于孔子曰："何如斯可以从政矣？"子曰："尊五美，屏四恶，斯可以从政矣。"子张曰："何谓五美？"子曰："君子惠而不费，劳而不怨，欲而不贪，泰而不骄，威而不猛。"子张曰："何谓惠而不费？"子曰："因民之所利而利之，斯不亦惠而不费乎？择可劳而劳之，又谁怨？欲仁而得仁，又焉贪？君子无众寡，无小大，无敢慢，斯不亦泰而不骄乎？君子正其衣冠，尊其瞻视，俨然人望而畏之，斯不亦威而不猛乎？"子张曰："何谓四恶？"子曰："不教而杀谓之虐；不戒视成谓之暴；慢令致期谓之贼；犹之与人也，出纳之吝谓之有司。"

【译文】

子张问孔子说："怎样才可以治理政事呢？"孔子说："尊重五种美德，排除四种恶政，这样就可以治理政事了。"子张问："五种美德是什么？"孔子说："君子要给百姓以恩惠而自己却无所耗费；使百姓劳作而不使他们怨恨；要追求仁德而不贪图财利；庄重而不傲慢；威严而不凶猛。"子张说："怎样叫要给百姓以恩惠而自己却无所耗费呢？"孔子说："让百姓们去做对他们有利的事，这不就是对百姓有利而自己却无所耗费吗？选择可以让百姓劳作的时间和事情让百姓去做，这又有谁会怨恨呢？自己要追求仁德便得到了仁，又还有什么可贪的呢？君子对人，无论多少，势力大小，都不怠慢他们，这不就是庄重而不傲慢吗？君子衣冠整齐，目不邪视，使人见了就让人生敬畏之心，这不也是威严而不凶猛吗？"子张问："什么叫四种恶政呢？"孔子说："不经教化便加以杀戮叫做虐；不加告诫便要求成功叫做暴；不加监督而突然限期叫做贼；同样是给人财物，却出手吝啬，叫做小气。"

【评析】

这是子张向孔子请教为官从政的要领。这里，孔子讲了"五美四恶"，这是他政治主张的基本点，其中包含有丰富的"民本"思想，比如："因民之所利而利之"，"择可劳而劳之"，反对"不教而杀""不戒视成"的暴虐之政。从这里可以看出，孔子对德治、礼治社会有自己独到的主张，在今天仍不失其重要的借鉴价值。

【原文】

20.3 孔子曰："不知命，无以为君子也；不知礼，无以立也；不知言，无以知人也。"

【译文】

孔子说:"不懂得天命,就不能做君子;不知道礼仪,就不能立身处世;不善于分辨别人的话语,就不能真正了解别人。"

【评析】

这一章,孔子再次向君子提出三点要求,即"知命""知礼""知言",这是君子立身处世需要特别注意的问题。《论语》一书最后一章谈君子人格的内容,表明此书之侧重点,就在于塑造具有理想人格的君子,培养修身、齐家、治国、平天下的志士仁人。

附 录

《论语》原文

学而篇第一

1.1 子曰:"学而时习之,不亦说乎?有朋自远方来,不亦乐乎?人不知而不愠,不亦君子乎?"

1.2 有子曰:"其为人也孝弟,而好犯上者,鲜矣;不好犯上,而好作乱者,未之有也。君子务本,本立而道生。孝弟也者,其为仁之本与!"

1.3 子曰:"巧言令色,鲜矣仁!"

1.4 曾子曰:"吾日三省吾身:为人谋而不忠乎?与朋友交而不信乎?传不习乎?"

1.5 子曰:"道千乘之国,敬事而信,节用而爱人,使民以时。"

1.6 子曰:"弟子入则孝,出则弟,谨而信,汎爱众,而亲仁。行有余力,则以学文。"

1.7 子夏曰:"贤贤易色;事父母,能竭其力;事君,能致其身;与朋友交,言而有信。虽曰未学,吾必谓之学矣。"

1.8 子曰:"君子不重则不威;学则不固;主忠信;无友不如己者;过则勿惮改。"

1.9 曾子曰:"慎终追远,民德归厚矣。"

1.10 子禽问于子贡曰:"夫子至于是邦也,必闻其政,求之与?抑与之与?"子贡曰:"夫子温、良、恭、俭、让以得之。夫子之求之也,其诸异乎人之求之与?"

1.11 子曰:"父在,观其志;父没,观其行;三年无改于父之道,可谓孝矣。"

1.12 有子曰:"礼之用,和为贵。先王之道,斯为美。小大由之,有所不行。

知和而和，不以礼节之，亦不可行也。"

1.13 有子曰："信近于义，言可复也；恭近于礼，远耻辱也；因不失其亲，亦可宗也。"

1.14 子曰："君子食无求饱，居无求安，敏于事而慎于言，就有道而正焉，可谓好学也已。"

1.15 子贡曰："贫而无谄，富而无骄，何如？"子曰："可也。未若贫而乐，富而好礼者也。"子贡曰："《诗》云：'如切如磋，如琢如磨'，其斯之谓与？"子曰："赐也，始可与言《诗》已矣！告诸往而知来者。"

1.16 子曰："不患人之不己知，患不知人也。"

为政篇第二

2.1 子曰："为政以德，譬如北辰，居其所而众星共之。"

2.2 子曰："《诗》三百，一言以蔽之，曰：'思无邪'。"

2.3 子曰："道之以政，齐之以刑，民免而无耻；道之以德，齐之以礼，有耻且格。"

2.4 子曰："吾十有五而志于学；三十而立；四十而不惑；五十而知天命；六十而耳顺；七十而从心所欲不逾矩。"

2.5 孟懿子问孝。子曰："无违。"樊迟御，子告之曰："孟孙问孝于我，我对曰'无违'。"樊迟曰："何谓也？"子曰："生，事之以礼；死，葬之以礼，祭之以礼。"

2.6 孟武伯问孝。子曰："父母唯其疾之忧。"

2.7 子游问孝。子曰："今之孝者，是谓能养。至于犬马，皆能有养，不敬，何以别乎？"

2.8 子夏问孝。子曰："色难。有事，弟子服其劳；有酒食，先生馔，曾是以为孝乎？"

2.9 子曰："吾与回言终日，不违，如愚。退而省其私，亦足以发，回也不愚。"

2.10 子曰："视其所以，观其所由，察其所安，人焉廋哉？人焉廋哉？"

2.11 子曰："温故而知新，可以为师矣。"

2.12 子曰："君子不器。"

2.13 子贡问君子。子曰："先行其言，而后从之。"

2.14 子曰："君子周而不比，小人比而不周。"

2.15 子曰："学而不思则罔，思而不学则殆。"

2.16 子曰："攻乎异端，斯害也已。"

2.17 子曰："由，诲女知之乎？知之为知之，不知为不知，是知也。"

2.18 子张学干禄。子曰："多闻阙疑，慎言其余，则寡尤；多见阙殆，慎行其余，则寡悔。言寡尤，行寡悔，禄在其中矣。"

2.19 哀公问曰："何为则民服？"孔子对曰："举直错诸枉，则民服；举枉错诸直，则民不服。"

2.20 季康子问："使民敬、忠以劝，如之何？"子曰："临之以庄，则敬；孝慈，则忠；举善而教不能，则劝。"

2.21 或谓孔子曰："子奚不为政？"子曰："《书》云：'孝乎惟孝，友于兄弟'。施于有政，是亦为政，奚其为为政？"

2.22 子曰："人而无信，不知其可也。大车无輗，小车无軏，其何以行之哉？"

2.23 子张问："十世可知也？"子曰："殷因于夏礼，所损益可知也；周因于殷礼，所损益可知也。其或继周者，虽百世，可知也。"

2.24 子曰："非其鬼而祭之，谄也。见义不为，无勇也。"

八佾篇第三

3.1 孔子谓季氏："八佾舞于庭，是可忍也，孰不可忍也？"

3.2 三家者以《雍》彻。子曰："'相维辟公，天子穆穆'，奚取于三家之堂？"

3.3 子曰："人而不仁，如礼何？人而不仁，如乐何？"

3.4 林放问礼之本。子曰："大哉问！礼，与其奢也，宁俭；丧，与其易也，宁戚。"

3.5 子曰："夷狄之有君，不如诸夏之亡也。"

3.6 季氏旅于泰山。子谓冉有曰："女弗能救与？"对曰："不能。"子曰："呜呼！曾谓泰山不如林放乎？"

3.7 子曰："君子无所争，必也射乎！揖让而升，下而饮。其争也君子。"

3.8 子夏问曰："'巧笑倩兮，美目盼兮，素以为绚兮。'何谓也？"子曰："绘事后素。"曰："礼后乎？"子曰："起予者商也！始可与言《诗》已矣。"

3.9 子曰："夏礼吾能言之，杞不足征也；殷礼吾能言之，宋不足征也。文献不足故也。足，则吾能征之矣。"

3.10 子曰："禘自既灌而往者，吾不欲观之矣。"

3.11 或问禘之说。子曰："不知也。知其说者之于天下也，其如示诸斯乎！"指其掌。

3.12 祭如在，祭神如神在。子曰："吾不与祭，如不祭。"

3.13 王孙贾问曰："与其媚于奥，宁媚于灶，何谓也？"子曰："不然。获罪于天，无所祷也。"

3.14 子曰："周监于二代，郁郁乎文哉！吾从周。"

3.15 子入太庙，每事问。或曰："孰谓鄹人之子知礼乎？入太庙，每事问。"子闻之，曰："是礼也。"

3.16 子曰："射不主皮，为力不同科，古之道也。"

3.17 子贡欲去告朔之饩羊。子曰："赐也！尔爱其羊，我爱其礼。"

3.18 子曰："事君尽礼，人以为谄也。"

3.19 定公问："君使臣，臣事君，如之何？"孔子对曰："君使臣以礼，臣事君以忠。"

3.20 子曰："《关雎》，乐而不淫，哀而不伤。"

3.21 哀公问社于宰我。宰我对曰："夏后氏以松，殷人以柏，周人以栗，曰使民战栗。"子闻之，曰："成事不说，遂事不谏，既往不咎。"

3.22 子曰："管仲之器小哉！"或曰："管仲俭乎？"曰："管氏有三归，官事不摄，焉得俭？""然则管仲知礼乎？"曰："邦君树塞门，管氏亦树塞门；邦君为两君之好有反坫，管氏亦有反坫。管氏而知礼，孰不知礼？"

3.23 子语鲁大师乐，曰："乐其可知也：始作，翕如也；从之，纯如也，皦如也，绎如也，以成。"

3.24 仪封人请见，曰："君子之至于斯也，吾未尝不得见也。"从者见之。出曰："二三子何患于丧乎？天下之无道也久矣，天将以夫子为木铎。"

3.25 子谓《韶》："尽美矣，又尽善也。"谓《武》："尽美矣，未尽善也。"

3.26 子曰："居上不宽，为礼不敬，临丧不哀，吾何以观之哉？"

里仁篇第四

4.1 子曰："里仁为美，择不处仁，焉得知？"

4.2 子曰："不仁者不可以久处约，不可以长处乐。仁者安仁，知者利仁。"

4.3 子曰："唯仁者能好人，能恶人。"

4.4 子曰："苟志于仁矣，无恶也。"

4.5 子曰："富与贵，是人之所欲也，不以其道得之，不处也；贫与贱，是人之所恶也，不以其道得之，不去也。君子去仁，恶乎成名？君子无终食之间违仁，造次必于是，颠沛必于是。"

4.6 子曰："我未见好仁者，恶不仁者。好仁者，无以尚之；恶不仁者，其为仁矣，不使不仁者加乎其身。有能一日用其力于仁矣乎？我未见力不足者。盖有之矣，我未之见也。"

4.7 子曰："人之过也，各于其党。观过，斯知仁矣。"

4.8 子曰："朝闻道，夕死可矣。"

4.9 子曰："士志于道，而耻恶衣恶食者，未足与议也。"

4.10 子曰："君子之于天下也，无适也，无莫也，义之与比。"

4.11 子曰："君子怀德，小人怀土；君子怀刑，小人怀惠。"

4.12 子曰："放于利而行，多怨。"

4.13 子曰："能以礼让为国乎，何有？不能以礼让为国，如礼何？"

4.14 子曰："不患无位，患所以立；不患莫己知，求为可知也。"

4.15 子曰："参乎！吾道一以贯之。"曾子曰："唯。"子出，门人问曰："何谓也？"曾子曰："夫子之道，忠恕而已矣。"

4.16 子曰："君子喻于义，小人喻于利。"

4.17 子曰："见贤思齐焉，见不贤而内自省也。"

4.18 子曰："事父母几谏，见志不从，又敬不违，劳而不怨。"

4.19 子曰："父母在，不远游，游必有方。"

4.20 子曰："三年无改于父之道，可谓孝矣。"

4.21 子曰："父母之年，不可不知也。一则以喜，一则以惧。"

4.22 子曰："古者言之不出，耻躬之不逮也。"

4.23 子曰："以约失之者鲜矣。"

4.24 子曰："君子欲讷于言，而敏于行。"

4.25 子曰："德不孤，必有邻。"

4.26 子游曰："事君数，斯辱矣；朋友数，斯疏矣。"

公冶长篇第五

5.1 子谓公冶长："可妻也。虽在缧绁之中，非其罪也。"以其子妻之。

5.2 子谓南容："邦有道，不废；邦无道，免于刑戮。"以其兄之子妻之。

5.3 子谓子贱："君子哉若人！鲁无君子者，斯焉取斯？"

5.4 子贡问曰："赐也何如？"子曰："女，器也。"曰："何器也？"曰："瑚琏也。"

5.5 或曰："雍也仁而不佞。"子曰："焉用佞？御人以口给，屡憎于人。不知其仁，焉用佞？"

5.6 子使漆雕开仕。对曰："吾斯之未能信。"子说。

5.7 子曰："道不行，乘桴浮于海。从我者，其由与！"子路闻之喜。子曰："由也好勇过我，无所取材。"

5.8 孟武伯问："子路仁乎？"子曰："不知也。"又问。子曰："由也，千乘之国，可使治其赋也，不知其仁也。""求也何如？"子曰："求也，千室之邑，百乘之家，可使为之宰也，不知其仁也。""赤也何如？"子曰："赤也，束带立于朝，可使与宾客言也，不知其仁也。"

5.9 子谓子贡曰："女与回也孰愈？"对曰："赐也何敢望回？回也闻一以知十，赐也闻一以知二。"子曰："弗如也。吾与女弗如也。"

5.10 宰予昼寝。子曰："朽木不可雕也，粪土之墙不可杇也，于予与何诛？"子曰："始吾于人也，听其言而信其行；今吾于人也，听其言而观其行。于予与改是。"

5.11 子曰："吾未见刚者。"或对曰："申枨。"子曰："枨也欲，焉得刚？"

5.12 子贡曰："我不欲人之加诸我也，吾亦欲无加诸人。"子曰："赐也，非尔所及也。"

5.13 子贡曰："夫子之文章，可得而闻也；夫子之言性与天道，不可得而闻也。"

5.14 子路有闻，未之能行，唯恐有闻。

5.15 子贡问曰："孔文子何以谓之'文'也？"子曰："敏而好学，不耻下问，是以谓之'文'也。"

5.16 子谓子产有君子之道四焉："其行己也恭，其事上也敬，其养民也惠，其使民也义。"

5.17 子曰："晏平仲善与人交，久而敬之。"

5.18 子曰："臧文仲居蔡，山节藻棁，何如其知也？"

5.19 子张问曰："令尹子文，三仕为令尹，无喜色；三已之，无愠色。旧令尹之政，必以告新令尹。何如？"子曰："忠矣。"曰："仁矣乎？"曰："未知。焉得仁？""崔子弑齐君，陈文子有马十乘，弃而违之。至于他邦，则曰：'犹吾大夫崔子也！'违之。之一邦，则又曰：'犹吾大夫崔子也！'违之。何如？"子曰："清矣。"曰："仁矣乎？"曰："未知。焉得仁？"

5.20 季文子三思而后行。子闻之，曰："再，斯可矣。"

5.21 子曰："宁武子，邦有道则知；邦无道则愚。其知可及也，其愚不可及也。"

5.22 子在陈曰："归与！归与！吾党之小子狂简，斐然成章，不知所以裁之。"

5.23 子曰："伯夷、叔齐不念旧恶，怨是用希。"

5.24 子曰："孰谓微生高直？或乞醯焉，乞诸其邻而与之。"

5.25 子曰："巧言、令色、足恭，左丘明耻之，丘亦耻之。匿怨而友其人，左丘明耻之，丘亦耻之。"

5.26 颜渊、季路侍。子曰："盍各言尔志？"子路曰："愿车马，衣轻裘，与朋友共，敝之而无憾。"颜渊曰："愿无伐善，无施劳。"子路曰："愿闻子之志。"子曰："老者安之，朋友信之，少者怀之。"

5.27 子曰："已矣乎！吾未见能见其过而内自讼者也。"

5.28 子曰："十室之邑，必有忠信如丘者焉，不如丘之好学也。"

雍也篇第六

6.1 子曰："雍也可使南面。"

6.2 仲弓问子桑伯子。子曰："可也，简。"仲弓曰："居敬而行简，以临其民，不亦可乎？居简而行简，无乃大简乎？"子曰："雍之言然。"

6.3 哀公问："弟子孰为好学？"孔子对曰："有颜回者好学，不迁怒，不贰过，不幸短命死矣。今也则亡，未闻好学者也。"

6.4 子华使于齐，冉子为其母请粟。子曰："与之釜。"请益。曰："与之庾。"冉子与之粟五秉。子曰："赤之适齐也，乘肥马，衣轻裘。吾闻之也：君子周急不继富。"

6.5 原思为之宰，与之粟九百，辞。子曰："毋，以与尔邻里乡党乎！"

6.6 子谓仲弓，曰："犁牛之子骍且角，虽欲勿用，山川其舍诸？"

6.7 子曰："回也其心三月不违仁，其馀则日月至焉而已矣。"

6.8 季康子问："仲由可使从政也与？"子曰："由也果，于从政乎何有？"曰："赐也可使从政也与？"曰："赐也达，于从政乎何有？"曰："求也可使从政也与？"曰："求也艺，于从政乎何有？"

6.9 季氏使闵子骞为费宰。闵子骞曰："善为我辞焉！如有复我者，则吾必在汶上矣。"

6.10 伯牛有疾，子问之，自牖执其手，曰："亡之，命矣夫！斯人也而有斯疾也！斯人也而有斯疾也！"

6.11 子曰："贤哉回也！一箪食，一瓢饮，在陋巷，人不堪其忧，回也不改其乐。贤哉回也！"

6.12 冉求曰："非不说子之道，力不足也。"子曰："力不足者，中道而废。今女画。"

6.13 子谓子夏曰："女为君子儒，无为小人儒。"

6.14 子游为武城宰。子曰："女得人焉尔乎？"曰："有澹台灭明者，行不由径，非公事，未尝至于偃之室也。"

6.15 子曰："孟之反不伐，奔而殿，将入门，策其马，曰：'非敢后也，马不进也。'"

6.16 子曰："不有祝鮀之佞，而有宋朝之美，难乎免于今之世矣。"

6.17 子曰："谁能出不由户？何莫由斯道也？"

6.18 子曰："质胜文则野，文胜质则史。文质彬彬，然后君子。"

6.19 子曰："人之生也直，罔之生也幸而免。"

6.20 子曰："知之者不如好之者，好之者不如乐之者。"

6.21 子曰："中人以上，可以语上也；中人以下，不可以语上也。"

6.22 樊迟问知。子曰："务民之义，敬鬼神而远之，可谓知矣。"问仁。曰："仁者先难而后获，可谓仁矣。"

6.23 子曰："知者乐水，仁者乐山；知者动，仁者静；知者乐，仁者寿。"

6.24 子曰："齐一变，至于鲁；鲁一变，至于道。"

6.25 子曰："觚不觚，觚哉！觚哉！"

6.26 宰我问曰："仁者，虽告之曰：'井有仁焉。'其从之也？"子曰："何为其然也？君子可逝也，不可陷也；可欺也，不可罔也。"

6.27 子曰："君子博学于文，约之以礼，亦可以弗畔矣夫。"

6.28 子见南子，子路不说。夫子矢之曰："予所否者，天厌之！天厌之！"

6.29 子曰："中庸之为德也，其至矣乎！民鲜久矣。"

6.30 子贡曰："如有博施于民，而能济众，何如？可谓仁乎？"子曰："何事于仁，必也圣乎！尧舜其犹病诸！夫仁者，己欲立而立人，己欲达而达人。能近取譬，可谓仁之方也已。"

述而篇第七

7.1 子曰："述而不作，信而好古，窃比于我老彭。"

7.2 子曰："默而识之，学而不厌，诲人不倦，何有于我哉？"

7.3 子曰："德之不修，学之不讲，闻义不能徙，不善不能改，是吾忧也。"

7.4 子之燕居，申申如也，夭夭如也。

7.5 子曰："甚矣吾衰也！久矣吾不复梦见周公！"

7.6 子曰："志于道，据于德，依于仁，游于艺。"

7.7 子曰："自行束脩以上，吾未尝无诲焉。"

7.8 子曰："不愤不启，不悱不发。举一隅不以三隅反，则不复也。"

7.9 子食于有丧者之侧，未尝饱也。

7.10 子于是日哭，则不歌。

7.11 子谓颜渊曰："用之则行，舍之则藏，惟我与尔有是夫！"子路曰："子行三军，则谁与？"子曰："暴虎冯河，死而无悔者，吾不与也。必也临事而惧，好谋而成者也。"

7.12 子曰："富而可求也，虽执鞭之士，吾亦为之。如不可求，从吾所好。"

7.13 子之所慎：齐、战、疾。

7.14 子在齐闻《韶》，三月不知肉味，曰："不图为乐之至于斯也。"

7.15 冉有曰："夫子为卫君乎？"子贡曰："诺。吾将问之。"入，曰："伯夷、叔齐何人也？"曰："古之贤人也。"曰："怨乎？"曰："求仁而得仁，又何怨？"出，曰："夫子不为也。"

7.16 子曰："饭疏食饮水，曲肱而枕之，乐亦在其中矣。不义而富且贵，于我如浮云。"

7.17 子曰："加我数年，五十以学《易》，可以无大过矣。"

7.18 子所雅言，《诗》、《书》、执礼，皆雅言也。

7.19 叶公问孔子于子路，子路不对。子曰："女奚不曰：其为人也，发愤忘食，乐以忘忧，不知老之将至云尔。"

7.20 子曰："我非生而知之者，好古，敏以求之者也。"

7.21 子不语怪、力、乱、神。

7.22 子曰："三人行，必有我师焉。择其善者而从之，其不善者而改之。"

7.23 子曰："天生德于予，桓魋其如予何？"

7.24 子曰："二三子以我为隐乎？吾无隐乎尔。吾无行而不与二三子者，是丘也。"

7.25 子以四教：文、行、忠、信。

7.26 子曰："圣人，吾不得而见之矣！得见君子者，斯可矣。"子曰："善人，吾不得而见之矣！得见有恒者，斯可矣。亡而为有，虚而为盈，约而为泰，难乎有恒矣。"

7.27 子钓而不纲，弋不射宿。

7.28 子曰："盖有不知而作之者，我无是也。多闻，择其善者而从之；多见而识之，知之次也。"

7.29 互乡难与言，童子见，门人惑。子曰："与其进也，不与其退也，唯何甚？人洁己以进，与其洁也，不保其往也。"

7.30 子曰："仁远乎哉？我欲仁，斯仁至矣。"

7.31 陈司败问："昭公知礼乎？"孔子曰："知礼。"孔子退，揖巫马期而进之曰："吾闻君子不党，君子亦党乎？君取于吴，为同姓，谓之吴孟子。君而知礼，孰不知礼？"巫马期以告。子曰："丘也幸，苟有过，人必知之。"

7.32 子与人歌而善，必使反之，而后和之。

7.33 子曰："文，莫吾犹人也。躬行君子，则吾未之有得。"

7.34 子曰："若圣与仁，则吾岂敢？抑为之不厌，诲人不倦，则可谓云尔已矣。"公西华曰："正唯弟子不能学也。"

7.35 子疾病，子路请祷。子曰："有诸？"子路对曰："有之。《诔》曰：'祷尔于上下神祇。'"子曰："丘之祷久矣。"

7.36 子曰："奢则不孙，俭则固。与其不孙也，宁固。"

7.37 子曰："君子坦荡荡，小人长戚戚。"

7.38 子温而厉，威而不猛，恭而安。

泰伯篇第八

8.1 子曰："泰伯，其可谓至德也已矣。三以天下让，民无得而称焉。"

8.2 子曰："恭而无礼则劳，慎而无礼则葸，勇而无礼则乱，直而无礼则绞。君子笃于亲，则民兴于仁；故旧不遗，则民不偷。"

8.3 曾子有疾，召门弟子曰："启予足！启予手！《诗》云：'战战兢兢，如临深渊，如履薄冰。'而今而后，吾知免夫！小子！"

8.4 曾子有疾，孟敬子问之。曾子言曰："鸟之将死，其鸣也哀；人之将死，其言也善。君子所贵乎道者三：动容貌，斯远暴慢矣；正颜色，斯近信矣；出辞气，斯远鄙倍矣。笾豆之事，则有司存。"

8.5 曾子曰："以能问于不能，以多问于寡；有若无，实若虚；犯而不校。昔者吾友尝从事于斯矣。"

8.6 曾子曰："可以托六尺之孤，可以寄百里之命，临大节而不可夺也。君子人与？君子人也。"

8.7 曾子曰"士不可以不弘毅，任重而道远。仁以为己任，不亦重乎？死而后已，不亦远乎？"

8.8 子曰："兴于《诗》，立于礼，成于乐。"

8.9 子曰："民可使由之，不可使知之。"

8.10 子曰："好勇疾贫，乱也。人而不仁，疾之已甚，乱也。"

8.11 子曰："如有周公之才之美，使骄且吝，其余不足观也已。"

8.12 子曰："三年学，不至于谷，不易得也。"

8.13 子曰："笃信好学，守死善道。危邦不入，乱邦不居。天下有道则见，无道则隐。邦有道，贫且贱焉，耻也；邦无道，富且贵焉，耻也。"

8.14 子曰："不在其位，不谋其政。"

8.15 子曰："师挚之始，《关雎》之乱，洋洋乎盈耳哉！"

8.16 子曰："狂而不直，侗而不愿，悾悾而不信，吾不知之矣。"

8.17 子曰："学如不及，犹恐失之。"

8.18 子曰："巍巍乎，舜、禹之有天下也，而不与焉！"

8.19 子曰："大哉，尧之为君也！巍巍乎！唯天为大，唯尧则之。荡荡乎！民无能名焉。巍巍乎，其有成功也！焕乎，其有文章！"

8.20 舜有臣五人，而天下治。武王曰："予有乱臣十人。"孔子曰："才难，不其然乎？唐、虞之际，于斯为盛；有妇人焉，九人而已。三分天下有其二，以服事殷。周之德，其可谓至德也已矣。"

8.21 子曰："禹，吾无间然矣。菲饮食，而致孝乎鬼神；恶衣服，而致美乎黻冕；卑宫室，而尽力乎沟洫。禹，吾无间然矣。"

子罕篇第九

9.1 子罕言利，与命与仁。

9.2 达巷党人曰："大哉孔子！博学而无所成名。"子闻之，谓门弟子曰："吾何执？执御乎？执射乎？吾执御矣。"

9.3 子曰："麻冕，礼也；今也纯，俭，吾从众。拜下，礼也；今拜乎上，泰也。虽违众，吾从下。"

9.4 子绝四：毋意，毋必，毋固，毋我。

9.5 子畏于匡，曰："文王既没，文不在兹乎？天之将丧斯文也，后死者不得与于斯文也；天之未丧斯文也，匡人其如予何？"

9.6 太宰问于子贡曰："夫子圣者与？何其多能也？"子贡曰："固天纵之将圣，又多能也。"子闻之，曰："太宰知我乎！吾少也贱，故多能鄙事。君子多乎哉？不多也。"

9.7 牢曰："子云：'吾不试，故艺。'"

9.8 子曰:"吾有知乎哉?无知也。有鄙夫问于我,空空如也。我叩其两端而竭焉。"

9.9 子曰:"凤鸟不至,河不出图,吾已矣夫!"

9.10 子见齐衰者、冕衣裳者与瞽者,见之,虽少,必作;过之,必趋。

9.11 颜渊喟然叹曰:"仰之弥高,钻之弥坚。瞻之在前,忽焉在后。夫子循循然善诱人,博我以文,约我以礼,欲罢不能。既竭吾才,如有所立卓尔。虽欲从之,末由也已。"

9.12 子疾病,子路使门人为臣。病间,曰:"久矣哉,由之行诈也。无臣而为有臣。吾谁欺?欺天乎?且予与其死于臣之手也,无宁死于二三子之手乎?且予纵不得大葬,予死于道路乎?"

9.13 子贡曰:"有美玉于斯,韫椟而藏诸?求善贾而沽诸?"子曰:"沽之哉!沽之哉!我待贾者也。"

9.14 子欲居九夷。或曰:"陋,如之何?"子曰:"君子居之,何陋之有?"

9.15 子曰:"吾自卫反鲁,然后乐正,《雅》《颂》各得其所。"

9.16 子曰:"出则事公卿,入则事父兄,丧事不敢不勉,不为酒困,何有于我哉?"

9.17 子在川上曰:"逝者如斯夫,不舍昼夜。"

9.18 子曰:"吾未见好德如好色者也。"

9.19 子曰:"譬如为山,未成一篑,止,吾止也;譬如平地,虽覆一篑,进,吾往也。"

9.20 子曰:"语之而不惰者,其回也与!"

9.21 子谓颜渊,曰:"惜乎!吾见其进也,未见其止也。"

9.22 子曰:"苗而不秀者有矣夫;秀而不实者有矣夫!"

9.23 子曰:"后生可畏,焉知来者之不如今也?四十、五十而无闻焉,斯亦不足畏也已。"

9.24 子曰:"法语之言,能无从乎?改之为贵。巽与之言,能无说乎?绎之为贵。说而不绎,从而不改,吾未如之何也已矣。"

9.25 子曰:"主忠信,毋友不如己者,过则勿惮改。"

9.26 子曰:"三军可夺帅也,匹夫不可夺志也。"

9.27 子曰："衣敝缊袍,与衣狐貉者立,而不耻者,其由也与？'不忮不求,何用不臧？'"子路终身诵之。子曰："是道也,何足以臧？"

9.28 子曰："岁寒,然后知松柏之后彫也。"

9.29 子曰："知者不惑,仁者不忧,勇者不惧。"

9.30 子曰："可与共学,未可与适道；可与适道,未可与立；可与立,未可与权。"

9.31 "唐棣之华,偏其反而。岂不尔思？室是远而。"子曰："未之思也,夫何远之有？"

乡党篇第十

10.1 孔子于乡党,恂恂如也,似不能言者。其在宗庙、朝廷,便便言,唯谨尔。

10.2 朝,与下大夫言,侃侃如也；与上大夫言,訚訚如也。君在,踧踖如也,与与如也。"

10.3 君召使摈,色勃如也,足躩如也。揖所与立,左右手,衣前后,襜如也。趋进,翼如也。宾退,必复命曰："宾不顾矣。"

10.4 入公门,鞠躬如也,如不容。立不中门,行不履阈。过位,色勃如也,足躩如也,其言似不足者。摄齐升堂,鞠躬如也,屏气似不息者。出,降一等,逞颜色,怡怡如也。没阶,趋进,翼如也。复其位,踧踖如也。

10.5 执圭,鞠躬如也,如不胜。上如揖,下如授。勃如战色,足蹜蹜,如有循。享礼,有容色。私觌,愉愉如也。

10.6 君子不以绀緅饰,红紫不以为亵服。当暑,袗絺绤,必表而出之。缁衣,羔裘；素衣,麑裘；黄衣,狐裘。亵裘长,短右袂。必有寝衣,长一身有半。狐貉之厚以居。去丧,无所不佩。非帷裳,必杀之。羔裘玄冠不以吊。吉月,必朝服而朝。

10.7 齐,必有明衣,布。齐必变食,居必迁坐。

10.8 食不厌精,脍不厌细。食饐而餲,鱼馁而肉败,不食。色恶,不食。臭恶,不食。失饪,不食。不时,不食。割不正,不食。不得其酱,不食。肉虽多,不使胜食气。唯酒无量,不及乱。沽酒市脯,不食。不撤姜食,不多食。

10.9 祭于公,不宿肉。祭肉不出三日。出三日,不食之矣。

10.10 食不语，寝不言。

10.11 虽疏食菜羹，瓜祭，必齐如也。

10.12 席不正，不坐。

10.13 乡人饮酒，杖者出，斯出矣。

10.14 乡人傩，朝服而立于阼阶。

10.15 问人于他邦，再拜而送之。

10.16 康子馈药，拜而受之，曰："丘未达，不敢尝。"

10.17 厩焚。子退朝，曰："伤人乎？"不问马。

10.18 君赐食，必正席先尝之。君赐腥，必熟而荐之。君赐生，必畜之。侍食于君，君祭，先饭。

10.19 疾，君视之，东首，加朝服，拖绅。

10.20 君命召，不俟驾行矣。

10.21 入太庙，每事问。

10.22 朋友死，无所归，曰："于我殡。"

10.23 朋友之馈，虽车马，非祭肉，不拜。

10.24 寝不尸，居不容。

10.25 见齐衰者，虽狎，必变。见冕者与瞽者，虽亵，必以貌。凶服者，式之。式负版者。有盛馔，必变色而作。迅雷、风烈，必变。

10.26 升车，必正立，执绥。车中，不内顾，不疾言，不亲指。

10.27 色斯举矣，翔而后集。曰："山梁雌雉，时哉！时哉！"子路共之，三嗅而作。

先进篇第十一

11.1 子曰："先进于礼乐，野人也；后进于礼乐，君子也。如用之，则吾从先进。"

11.2 子曰："从我于陈、蔡者，皆不及门也。"

11.3 德行：颜渊、闵子骞、冉伯牛、仲弓。言语：宰我、子贡。政事：冉有、季路。文学：子游、子夏。

11.4 子曰："回也非助我者也，于吾言无所不说。"

11.5 子曰："孝哉闵子骞！人不间于其父母昆弟之言。"

11.6 南容三复"白圭",孔子以其兄之子妻之。

11.7 季康子问:"弟子孰为好学?"孔子对曰:"有颜回者好学,不幸短命死矣,今也则亡。"

11.8 颜渊死,颜路请子之车以为之椁。子曰:"才不才,亦各言其子也。鲤也死,有棺而无椁。吾不徒行以为之椁,以吾从大夫之后,不可徒行也。"

11.9 颜渊死。子曰:"噫!天丧予!天丧予!"

11.10 颜渊死,子哭之恸。从者曰:"子恸矣!"曰:"有恸乎?非夫人之为恸而谁为?"

11.11 颜渊死,门人欲厚葬之。子曰:"不可。"门人厚葬之。子曰:"回也,视予犹父也,予不得视犹子也。非我也,夫二三子也。"

11.12 季路问事鬼神。子曰:"未能事人,焉能事鬼?"曰:"敢问死。"曰:"未知生,焉知死?"

11.13 闵子侍侧,訚訚如也;子路,行行如也;冉有、子贡,侃侃如也。子乐。"若由也,不得其死然。"

11.14 鲁人为长府。闵子骞曰:"仍旧贯,如之何?何必改作?"子曰:"夫人不言,言必有中。"

11.15 子曰:"由之瑟,奚为于丘之门?"门人不敬子路。子曰:"由也升堂矣,未入于室也。"

11.16 子贡问:"师与商也孰贤?"子曰:"师也过,商也不及。"曰:"然则师愈与?"子曰:"过犹不及。"

11.17 季氏富于周公,而求也为之聚敛而附益之。子曰:"非吾徒也,小子鸣鼓而攻之可也!"

11.18 柴也愚,参也鲁,师也辟,由也喭。

11.19 子曰:"回也其庶乎,屡空。赐不受命,而货殖焉,亿则屡中。"

11.20 子张问善人之道。子曰:"不践迹,亦不入于室。"

11.21 子曰:"论笃是与,君子者乎?色庄者乎?"

11.22 子路问:"闻斯行诸?"子曰:"有父兄在,如之何其闻斯行之?"冉有问:"闻斯行诸?"子曰:"闻斯行之。"公西华曰:"由也问'闻斯行诸',子曰:'有父兄在';求也问'闻斯行诸',子曰:'闻斯行之'。赤也惑,敢问。"子曰："求也退，故进之；由也兼人，故退之。"

11.23 子畏于匡，颜渊后。子曰："吾以女为死矣。"曰："子在，回何敢死？"

11.24 季子然问："仲由、冉求可谓大臣与？"子曰："吾以子为异之问，曾由与求之问。所谓大臣者，以道事君，不可则止。今由与求也，可谓具臣矣。"曰："然则从之者与？"子曰："弑父与君，亦不从也。"

11.25 子路使子羔为费宰。子曰："贼夫人之子。"子路曰："有民人焉，有社稷焉，何必读书，然后为学？"子曰："是故恶夫佞者。"

11.26 子路、曾皙、冉有、公西华侍坐。子曰："以吾一日长乎尔，毋吾以也。居则曰：'不吾知也！'如或知尔，则何以哉？"子路率尔而对曰："千乘之国，摄乎大国之间，加之以师旅，因之以饥馑，由也为之，比及三年，可使有勇，且知方也。"夫子哂之。"求，尔何如？"对曰："方六七十，如五六十，求也为之，比及三年，可使足民。如其礼乐，以俟君子。""赤，尔何如？"对曰："非曰能之，愿学焉。宗庙之事，如会同，端章甫，愿为小相焉。""点，尔何如？"鼓瑟希，铿尔，舍瑟而作，对曰："异乎三子者之撰。"子曰："何伤乎？亦各言其志也。"曰："莫春者，春服既成，冠者五六人，童子六七人，浴乎沂，风乎舞雩，咏而归。"夫子喟然叹曰："吾与点也！"三子者出，曾皙后。曾皙曰："夫三子者之言何如？"子曰："亦各言其志也已矣。"曰："夫子何哂由也？"曰："为国以礼。其言不让，是故哂之。""唯求则非邦也与？""安见方六七十如五六十而非邦也者？""唯赤则非邦也与？""宗庙会同，非诸侯而何？赤也为之小，孰能为之大？"

颜渊篇第十二

12.1 颜渊问仁。子曰："克己复礼为仁。一日克己复礼，天下归仁焉。为仁由己，而由人乎哉？"颜渊曰："请问其目。"子曰："非礼勿视，非礼勿听，非礼勿言，非礼勿动。"颜渊曰："回虽不敏，请事斯语矣。"

12.2 仲弓问仁。子曰："出门如见大宾，使民如承大祭；己所不欲，勿施于人；在邦无怨，在家无怨。"仲弓曰："雍虽不敏，请事斯语矣。"

12.3 司马牛问仁。子曰："仁者，其言也讱。"曰："其言也讱，斯谓之仁已乎？"子曰："为之难，言之得无讱乎？"

12.4 司马牛问君子。子曰:"君子不忧不惧。"曰:"不忧不惧,斯谓之君子已乎?"子曰:"内省不疚,夫何忧何惧?"

12.5 司马牛忧曰:"人皆有兄弟,我独亡。"子夏曰:"商闻之矣:'死生有命,富贵在天'。君子敬而无失,与人恭而有礼,四海之内,皆兄弟也。君子何患乎无兄弟也?"

12.6 子张问明。子曰:"浸润之谮,肤受之愬,不行焉,可谓明也已矣。浸润之谮,肤受之愬,不行焉,可谓远也已矣。"

12.7 子贡问政。子曰:"足食,足兵,民信之矣。"子贡曰:"必不得已而去,于斯三者何先?"曰:"去兵。"子贡曰:"必不得已而去,于斯二者何先?"曰:"去食。自古皆有死,民无信不立。"

12.8 棘子成曰:"君子质而已矣,何以文为?"子贡曰:"惜乎,夫子之说君子也!驷不及舌。文犹质也,质犹文也。虎豹之鞟犹犬羊之鞟。"

12.9 哀公问于有若曰:"年饥,用不足,如之何?"有若对曰:"盍彻乎?"曰:"二,吾犹不足,如之何其彻也?"对曰:"百姓足,君孰与不足?百姓不足,君孰与足?"

12.10 子张问崇德、辨惑。子曰:"主忠信,徙义,崇德也。爱之欲其生,恶之欲其死。既欲其生,又欲其死,是惑也。'诚不以富,亦祗以异'。"

12.11 齐景公问政于孔子。孔子对曰:"君君,臣臣,父父,子子。"公曰:"善哉!信如君不君,臣不臣,父不父,子不子,虽有粟,吾得而食诸?"

12.12 子曰:"片言可以折狱者,其由也与?"子路无宿诺。

12.13 子曰:"听讼,吾犹人也。必也使无讼乎!"

12.14 子张问政。子曰:"居之无倦,行之以忠。"

12.15 子曰:"博学于文,约之以礼,亦可以弗畔矣夫!"

12.16 子曰:"君子成人之美,不成人之恶。小人反是。"

12.17 季康子问政于孔子。孔子对曰:"政者正也。子帅以正,孰敢不正?"

12.18 季康子患盗,问于孔子。孔子对曰:"苟子之不欲,虽赏之不窃。"

12.19 季康子问政于孔子,曰:"如杀无道,以就有道,何如?"孔子对曰:"子为政,焉用杀?子欲善而民善矣。君子之德风,小人之德草。草上之风,必偃。"

12.20 子张问："士何如斯可谓之达矣？"子曰："何哉，尔所谓达者？"子张对曰："在邦必闻，在家必闻。"子曰："是闻也，非达也。夫达也者，质直而好义，察言而观色，虑以下人。在邦必达，在家必达。夫闻也者，色取仁而行违，居之不疑。在邦必闻，在家必闻。"

12.21 樊迟从游于舞雩之下，曰："敢问崇德、修慝、辨惑。"子曰："善哉问！先事后得，非崇德与？攻其恶，无攻人之恶，非修慝与？一朝之忿，忘其身，以及其亲，非惑与？"

12.22 樊迟问仁。子曰："爱人。"问知。子曰："知人。"樊迟未达。子曰："举直错诸枉，能使枉者直。"樊迟退，见子夏曰："乡也，吾见于夫子而问'知'，子曰：'举直错诸枉，能使枉者直'，何谓也？"子夏曰："富哉言乎！舜有天下，选于众，举皋陶，不仁者远矣。汤有天下，选于众，举伊尹，不仁者远矣。"

12.23 子贡问友。子曰："忠告而善道之，不可则止，毋自辱焉。"

12.24 曾子曰："君子以文会友，以友辅仁。"

子路篇第十三

13.1 子路问政。子曰："先之，劳之。"请益。曰："无倦。"

13.2 仲弓为季氏宰，问政。子曰："先有司，赦小过，举贤才。"曰："焉知贤才而举之？"子曰："举尔所知；尔所不知，人其舍诸？"

13.3 子路曰："卫君待子而为政，子将奚先？"子曰："必也正名乎！"子路曰："有是哉，子之迂也！奚其正？"子曰："野哉，由也！君子于其所不知，盖阙如也。名不正，则言不顺；言不顺，则事不成；事不成，则礼乐不兴；礼乐不兴，则刑罚不中；刑罚不中，则民无所措手足。故君子名之必可言也，言之必可行也。君子于其言，无所苟而已矣。"

13.4 樊迟请学稼。子曰："吾不如老农。"请学为圃。曰："吾不如老圃。"樊迟出。子曰："小人哉，樊须也！上好礼，则民莫敢不敬；上好义，则民莫敢不服；上好信，则民莫敢不用情。夫如是，则四方之民襁负其子而至矣，焉用稼？"

13.5 子曰："诵《诗》三百，授之以政，不达；使于四方，不能专对；虽多，亦奚以为？"

13.6 子曰:"其身正,不令而行;其身不正,虽令不从。"

13.7 子曰:"鲁、卫之政,兄弟也。"

13.8 子谓卫公子荆:"善居室。始有,曰:'苟合矣。'少有,曰:'苟完矣。'富有,曰:'苟美矣。'"

13.9 子适卫,冉有仆。子曰:"庶矣哉!"冉有曰:"既庶矣,又何加焉?"曰:"富之。"曰:"既富矣,又何加焉?"曰:"教之。"

13.10 子曰:"苟有用我者,期月而已可也,三年有成。"

13.11 子曰:"'善人为邦百年,亦可以胜残去杀矣。'诚哉是言也!"

13.12 子曰:"如有王者,必世而后仁。"

13.13 子曰:"苟正其身矣,于从政乎何有?不能正其身,如正人何?"

13.14 冉子退朝。子曰:"何晏也?"对曰:"有政。"子曰:"其事也。如有政,虽不吾以,吾其与闻之。"

13.15 定公问:"一言而可以兴邦,有诸?"孔子对曰:"言不可以若是,其几也。人之言曰:'为君难,为臣不易。'如知为君之难也,不几乎一言而兴邦乎?"曰:"一言而丧邦,有诸?"孔子对曰:"言不可以若是,其几也。人之言曰:'予无乐乎为君,唯其言而莫予违也。'如其善而莫之违也,不亦善乎?如不善而莫之违也,不几乎一言而丧邦乎?"

13.16 叶公问政。子曰:"近者说,远者来。"

13.17 子夏为莒父宰,问政。子曰:"无欲速,无见小利。欲速则不达;见小利则大事不成。"

13.18 叶公语孔子曰:"吾党有直躬者,其父攘羊,而子证之。"孔子曰:"吾党之直者异于是:父为子隐,子为父隐,直在其中矣。"

13.19 樊迟问仁。子曰:"居处恭,执事敬,与人忠。虽之夷狄,不可弃也。"

13.20 子贡问曰:"何如斯可谓之士矣?"子曰:"行己有耻,使于四方,不辱君命,可谓士矣。"曰:"敢问其次。"曰:"宗族称孝焉,乡党称弟焉。"曰:"敢问其次。"曰:"言必信,行必果,硁硁然小人哉!抑亦可以为次矣。"曰:"今之从政者何如?"子曰:"噫!斗筲之人,何足算也?"

13.21 子曰:"不得中行而与之,必也狂狷乎!狂者进取,狷者有所不为也。"

13.22 子曰:"南人有言曰:'人而无恒,不可以作巫医。'善夫!""不恒其德,或承之羞。"子曰:"不占而已矣。"

13.23 子曰:"君子和而不同,小人同而不和。"

13.24 子贡问曰:"乡人皆好之,何如?"子曰:"未可也。""乡人皆恶之,何如?"子曰:"未可也。不如乡人之善者好之,其不善者恶之。"

13.25 子曰:"君子易事而难说也。说之不以道,不说也;及其使人也,器之。小人难事而易说也。说之虽不以道,说也;及其使人也,求备焉。"

13.26 子曰:"君子泰而不骄,小人骄而不泰。"

13.27 子曰:"刚、毅、木、讷,近仁。"

13.28 子路问曰:"何如斯可谓之士矣?"子曰:"切切偲偲,怡怡如也,可谓士矣。朋友切切偲偲,兄弟怡怡。"

13.29 子曰:"善人教民七年,亦可以即戎矣。"

13.30 子曰:"以不教民战,是谓弃之。"

宪问篇第十四

14.1 宪问耻。子曰:"邦有道,谷;邦无道,谷,耻也。""克、伐、怨、欲不行焉,可以为仁矣?"子曰:"可以为难矣,仁则吾不知也。"

14.2 子曰:"士而怀居,不足以为士矣。"

14.3 子曰:"邦有道,危言危行;邦无道,危行言孙。"

14.4 子曰:"有德者必有言,有言者不必有德;仁者必有勇,勇者不必有仁。"

14.5 南宫适问于孔子曰:"羿善射,奡荡舟,俱不得其死然。禹、稷躬稼,而有天下。"夫子不答。南宫适出。子曰:"君子哉若人!尚德哉若人!"

14.6 子曰:"君子而不仁者有矣夫,未有小人而仁者也。"

14.7 子曰:"爱之,能勿劳乎?忠焉,能勿诲乎?"

14.8 子曰:"为命,裨谌草创之,世叔讨论之,行人子羽修饰之,东里子产润色之。"

14.9 或问子产。子曰:"惠人也。"问子西。曰:"彼哉!彼哉!"问管仲。曰:"人也。夺伯氏骈邑三百,饭疏食,没齿无怨言。"

14.10 子曰："贫而无怨难，富而无骄易。"

14.11 子曰："孟公绰为赵、魏老则优，不可以为滕、薛大夫。"

14.12 子路问成人。子曰："若臧武仲之知，公绰之不欲，卞庄子之勇，冉求之艺，文之以礼乐，亦可以为成人矣。"曰："今之成人者何必然？见利思义，见危授命，久要不忘平生之言，亦可以为成人矣。"

14.13 子问公叔文子于公明贾，曰："信乎，夫子不言、不笑、不取乎？"公明贾对曰："以告者过也。夫子时然后言，人不厌其言；乐然后笑，人不厌其笑；义然后取，人不厌其取。"子曰："其然！岂其然乎？"

14.14 子曰："臧武仲以防求为后于鲁，虽曰不要君，吾不信也。"

14.15 子曰："晋文公谲而不正，齐桓公正而不谲。"

14.16 子路曰："桓公杀公子纠，召忽死之，管仲不死。"曰："未仁乎？"子曰："桓公九合诸侯，不以兵车，管仲之力也。如其仁！如其仁！"

14.17 子贡曰："管仲非仁者与？桓公杀公子纠，不能死，又相之。"子曰："管仲相桓公，霸诸侯，一匡天下，民到于今受其赐。微管仲，吾其被发左衽矣。岂若匹夫匹妇之为谅也，自经于沟渎而莫之知也？"

14.18 公叔文子之臣大夫僎，与文子同升诸公。子闻之，曰："可以为'文'矣。"

14.19 子言卫灵公之无道也，康子曰："夫如是，奚而不丧？"孔子曰："仲叔圉治宾客，祝鮀治宗庙，王孙贾治军旅。夫如是，奚其丧？"

14.20 子曰："其言之不怍，则为之也难。"

14.21 陈成子弑简公。孔子沐浴而朝，告于哀公曰："陈恒弑其君，请讨之。"公曰："告夫三子。"孔子曰："以吾从大夫之后，不敢不告也。君曰'告夫三子'者。"之三子告，不可。孔子曰："以吾从大夫之后，不敢不告也。"

14.22 子路问事君。子曰："勿欺也，而犯之。"

14.23 子曰："君子上达，小人下达。"

14.24 子曰："古之学者为己，今之学者为人。"

14.25 蘧伯玉使人于孔子，孔子与之坐而问焉，曰："夫子何为？"对曰："夫子欲寡其过而未能也。"使者出。子曰："使乎！使乎！"

14.26 子曰："不在其位，不谋其政。"曾子曰："君子思不出其位。"

14.27 子曰："君子耻其言而过其行。"

14.28 子曰："君子道者三，我无能焉：仁者不忧，知者不惑，勇者不惧。"子贡曰："夫子自道也。"

14.29 子贡方人。子曰："赐也贤乎哉？夫我则不暇。"

14.30 子曰："不患人之不己知，患其不能也。"

14.31 子曰："不逆诈，不亿不信，抑亦先觉者，是贤乎！"

14.32 微生亩谓孔子曰："丘，何为是栖栖者与？无乃为佞乎？"孔子曰："非敢为佞也，疾固也。"

14.33 子曰："骥不称其力，称其德也。"

14.34 或曰："以德报怨，何如？"子曰："何以报德？以直报怨，以德报德。"

14.35 子曰："莫我知也夫！"子贡曰："何为其莫知子也？"子曰："不怨天，不尤人；下学而上达。知我者其天乎！"

14.36 公伯寮愬子路于季孙。子服景伯以告，曰："夫子固有惑志于公伯寮，吾力犹能肆诸市朝。"子曰："道之将行也与，命也；道之将废也与，命也。公伯寮其如命何？"

14.37 子曰："贤者辟世，其次辟地，其次辟色，其次辟言。"子曰："作者七人矣。"

14.38 子路宿于石门。晨门曰："奚自？"子路曰："自孔氏。"曰："是知其不可而为之者与？"

14.39 子击磬于卫，有荷蒉而过孔氏之门者，曰："有心哉，击磬乎！"既而曰："鄙哉！硁硁乎！莫己知也，斯己而已矣。深则厉，浅则揭。"子曰："果哉！末之难矣。"

14.40 子张曰："《书》云：'高宗谅阴，三年不言。'何谓也？"子曰："何必高宗？古之人皆然。君薨，百官总己以听于冢宰三年。"

14.41 子曰："上好礼，则民易使也。"

14.42 子路问君子。子曰："修己以敬。"曰："如斯而已乎？"曰："修己以安人。"曰："如斯而已乎？"曰："修己以安百姓。修己以安百姓，尧舜其犹病诸？"

14.43 原壤夷俟。子曰："幼而不孙弟，长而无述焉，老而不死，是为贼。"以杖叩其胫。

14.44 阙党童子将命。或问之曰："益者与？"子曰："吾见其居于位也，见其与先生并行也。非求益者也，欲速成者也。"

卫灵公篇第十五

15.1 卫灵公问陈于孔子。孔子对曰："俎豆之事，则尝闻之矣；军旅之事，未之学也。"明日遂行。

15.2 在陈绝粮，从者病，莫能兴。子路愠见曰："君子亦有穷乎？"子曰："君子固穷，小人穷斯滥矣。"

15.3 子曰："赐也！女以予为多学而识之者与？"对曰："然。非与？"曰："非也，予一以贯之。"

15.4 子曰："由！知德者鲜矣。"

15.5 子曰："无为而治者，其舜也与？夫何为哉？恭己正南面而已矣。"

15.6 子张问行。子曰："言忠信，行笃敬，虽蛮貊之邦，行矣。言不忠信，行不笃敬，虽州里，行乎哉？立则见其参于前也，在舆则见其倚于衡也，夫然后行。"子张书诸绅。

15.7 子曰："直哉史鱼！邦有道，如矢；邦无道，如矢。君子哉蘧伯玉！邦有道，则仕；邦无道，则可卷而怀之。"

15.8 子曰："可与言而不与之言，失人；不可与言而与之言，失言。知者不失人，亦不失言。"

15.9 子曰："志士仁人，无求生以害仁，有杀身以成仁。"

15.10 子贡问为仁。子曰："工欲善其事，必先利其器。居是邦也，事其大夫之贤者，友其士之仁者。"

15.11 颜渊问为邦。子曰："行夏之时，乘殷之辂，服周之冕，乐则《韶》舞。放郑声，远佞人。郑声淫，佞人殆。"

15.12 子曰："人无远虑，必有近忧。"

15.13 子曰："已矣乎！吾未见好德如好色者也。"

15.14 子曰："臧文仲其窃位者与！知柳下惠之贤而不与立也。"

15.15 子曰："躬自厚而薄责于人，则远怨矣。"

15.16 子曰："不曰'如之何，如之何'者，吾末如之何也已矣。"

15.17 子曰："群居终日，言不及义，好行小慧，难矣哉！"

15.18 子曰："君子义以为质，礼以行之，孙以出之，信以成之。君子哉！"

15.19 子曰："君子病无能焉，不病人之不己知也。"

15.20 子曰："君子疾没世而名不称焉。"

15.21 子曰："君子求诸己，小人求诸人。"

15.22 子曰："君子矜而不争，群而不党。"

15.23 子曰："君子不以言举人，不以人废言。"

15.24 子贡问曰："有一言而可以终身行之者乎？"子曰："其恕乎！己所不欲，勿施于人。"

15.25 子曰："吾之于人也，谁毁谁誉？如有所誉者，其有所试矣。斯民也，三代之所以直道而行也。"

15.26 子曰："吾犹及史之阙文也，有马者借人乘之，今亡矣夫！"

15.27 子曰："巧言乱德。小不忍则乱大谋。"

15.28 子曰："众恶之，必察焉；众好之，必察焉。"

15.29 子曰："人能弘道，非道弘人。"

15.30 子曰："过而不改，是谓过矣。"

15.31 子曰："吾尝终日不食，终夜不寝，以思，无益，不如学也。"

15.32 子曰："君子谋道不谋食。耕也，馁在其中矣；学也，禄在其中矣。君子忧道不忧贫。"

15.33 子曰："知及之，仁不能守之，虽得之，必失之；知及之，仁能守之，不庄以涖之，则民不敬；知及之，仁能守之，庄以涖之，动之不以礼，未善也。"

15.34 子曰："君子不可小知而可大受也，小人不可大受而可小知也。"

15.35 子曰："民之于仁也，甚于水火。水火，吾见蹈而死者矣，未见蹈仁而死者也。"

15.36 子曰："当仁，不让于师。"

15.37 子曰："君子贞而不谅。"

15.38 子曰："事君，敬其事而后其食。"

15.39 子曰："有教无类。"

15.40 子曰："道不同，不相为谋。"

15.41 子曰："辞达而已矣。"

15.42 师冕见，及阶，子曰："阶也。"及席，子曰："席也。"皆坐，子告之曰："某在斯，某在斯。"师冕出，子张问曰："与师言之道与？"子曰："然，固相师之道也。"

季氏篇第十六

16.1 季氏将伐颛臾。冉有、季路见于孔子曰："季氏将有事于颛臾。"孔子曰："求，无乃尔是过与？夫颛臾，昔者先王以为东蒙主，且在邦域之中矣，是社稷之臣也。何以伐为？"冉有曰："夫子欲之，吾二臣者皆不欲也。"孔子曰："求，周任有言曰：'陈力就列，不能者止。'危而不持，颠而不扶，则将焉用彼相矣？且尔言过矣，虎兕出于柙，龟玉毁于椟中，是谁之过与？"冉有曰："今夫颛臾，固而近于费。今不取，后世必为子孙忧。"孔子曰："求，君子疾夫舍曰欲之，而必为之辞。丘也闻有国有家者，不患寡而患不均，不患贫而患不安。盖均无贫，和无寡，安无倾。夫如是，故远人不服，则修文德以来之。既来之，则安之。今由与求也，相夫子，远人不服而不能来也，邦分崩离析而不能守也，而谋动干戈于邦内。吾恐季孙之忧，不在颛臾，而在萧墙之内也。"

16.2 孔子曰："天下有道，则礼乐征伐自天子出；天下无道，则礼乐征伐自诸侯出。自诸侯出，盖十世希不失矣；自大夫出，五世希不失矣；陪臣执国命，三世希不失矣。天下有道，则政不在大夫。天下有道，则庶人不议。"

16.3 孔子曰："禄之去公室五世矣，政逮于大夫四世矣，故夫三桓之子孙微矣。"

16.4 孔子曰："益者三友，损者三友。友直，友谅，友多闻，益矣。友便辟，友善柔，友便佞，损矣。"

16.5 孔子曰："益者三乐，损者三乐。乐节礼乐，乐道人之善，乐多贤友，益矣。乐骄乐，乐佚游，乐宴乐，损矣。"

16.6 孔子曰："侍于君子有三愆：言未及之而言谓之躁；言及之而不言谓之隐；未见颜色而言谓之瞽。"

16.7 孔子曰："君子有三戒：少之时，血气未定，戒之在色；及其壮也，血气方刚，戒之在斗；及其老也，血气既衰，戒之在得。"

16.8 孔子曰："君子有三畏：畏天命，畏大人，畏圣人之言。小人不知天命而不畏也，狎大人，侮圣人之言。"

16.9 孔子曰："生而知之者，上也；学而知之者，次也；困而学之，又其次也；困而不学，民斯为下矣。"

16.10 孔子曰："君子有九思：视思明，听思聪，色思温，貌思恭，言思忠，事思敬，疑思问，忿思难，见得思义。"

16.11 孔子曰："见善如不及，见不善如探汤。吾见其人矣，吾闻其语矣。隐居以求其志，行义以达其道。吾闻其语矣，未见其人也。"

16.12 齐景公有马千驷，死之日，民无德而称焉。伯夷、叔齐饿死于首阳之下，民到于今称之。其斯之谓与？

16.13 陈亢问于伯鱼曰："子亦有异闻乎？"对曰："未也。尝独立，鲤趋而过庭。曰：'学《诗》乎？'对曰：'未也。''不学《诗》，无以言。'鲤退而学《诗》。他日又独立，鲤趋而过庭。曰：'学《礼》乎？'对曰：'未也。''不学《礼》，无以立。'鲤退而学《礼》。闻斯二者。"陈亢退而喜曰："问一得三：闻《诗》，闻《礼》，又闻君子之远其子也。"

16.14 邦君之妻，君称之曰"夫人"，夫人自称曰"小童"，邦人称之曰"君夫人"；称诸异邦曰"寡小君"，异邦人称之，亦曰"君夫人"。

阳货篇第十七

17.1 阳货欲见孔子，孔子不见，归孔子豚。孔子时其亡也，而往拜之，遇诸涂。谓孔子曰："来，予与尔言。"曰："怀其宝而迷其邦，可谓仁乎？"曰："不可。""好从事而亟失时，可谓知乎？"曰："不可。""日月逝矣，岁不我与。"孔子曰："诺，吾将仕矣。"

17.2 子曰："性相近也，习相远也。"

17.3 子曰："唯上知与下愚不移。"

17.4 子之武城，闻弦歌之声。夫子莞尔而笑，曰："割鸡焉用牛刀？"子游对曰："昔者偃也闻诸夫子曰：'君子学道则爱人，小人学道则易使也。'"子曰："二三子，偃之言是也。前言戏之耳。"

17.5 公山弗扰以费畔，召，子欲往。子路不说，曰："末之也已，何必公山氏之之也？"子曰："夫召我者，而岂徒哉？如有用我者，吾其为东周乎！"

17.6 子张问仁于孔子。孔子曰："能行五者于天下，为仁矣。""请问之。"曰："恭、宽、信、敏、惠。恭则不侮，宽则得众，信则人任焉，敏则有功，惠则足以使人。"

17.7 佛肸召，子欲往。子路曰："昔者由也闻诸夫子曰：'亲于其身为不善者，君子不入也。'佛肸以中牟畔，子之往也，如之何？"子曰："然，有是言也。不曰坚乎，磨而不磷；不曰白乎，涅而不缁。吾岂匏瓜也哉？焉能系而不食？"

17.8 子曰："由也，女闻六言六蔽矣乎？"对曰："未也。""居，吾语女。好仁不好学，其蔽也愚；好知不好学，其蔽也荡；好信不好学，其蔽也贼；好直不好学，其蔽也绞；好勇不好学，其蔽也乱；好刚不好学，其蔽也狂。"

17.9 子曰："小子何莫学夫《诗》？《诗》，可以兴，可以观，可以群，可以怨。迩之事父，远之事君；多识于鸟兽草木之名。"

17.10 子谓伯鱼曰："女为《周南》《召南》矣乎？人而不为《周南》《召南》，其犹正墙面而立也与？"

17.11 子曰："礼云礼云，玉帛云乎哉？乐云乐云，钟鼓云乎哉？"

17.12 子曰："色厉而内荏，譬诸小人，其犹穿窬之盗也与？"

17.13 子曰："乡愿，德之贼也。"

17.14 子曰："道听而涂说，德之弃也。"

17.15 子曰："鄙夫可与事君也与哉？其未得之也，患得之。既得之，患失之。苟患失之，无所不至矣。"

17.16 子曰："古者民有三疾，今也或是之亡也。古之狂也肆，今之狂也荡；古之矜也廉，今之矜也忿戾；古之愚也直，今之愚也诈而已矣。"

17.17 子曰："巧言令色，鲜矣仁。"

17.18 子曰："恶紫之夺朱也，恶郑声之乱雅乐也，恶利口之覆邦家者。"

17.19 子曰："予欲无言。"子贡曰："子如不言，则小子何述焉？"子曰："天何言哉？四时行焉，百物生焉，天何言哉？"

17.20 孺悲欲见孔子，孔子辞以疾。将命者出户，取瑟而歌，使之闻之。

17.21 宰我问："三年之丧，期已久矣。君子三年不为礼，礼必坏；三年不为乐，乐必崩。旧谷既没，新谷既升，钻燧改火，期可已矣。"子曰："食夫稻，衣夫锦，于女安乎？"曰："安。""女安则为之。夫君子之居丧，食旨不甘，闻乐不乐，居处不安，故不为也。今女安，则为之！"宰我出，子曰："予之不仁也！子生三年，然后免于父母之怀，夫三年之丧，天下之通丧也。予也有三年之爱于其父母乎？"

17.22 子曰："饱食终日，无所用心，难矣哉！不有博弈者乎？为之，犹贤乎已。"

17.23 子路曰："君子尚勇乎？"子曰："君子义以为上。君子有勇而无义为乱，小人有勇而无义为盗。"

17.24 子贡曰："君子亦有恶乎？"子曰："有恶。恶称人之恶者，恶居下流而讪上者，恶勇而不礼者，恶果敢而窒者。"曰："赐也亦有恶乎？""恶徼以为知者，恶不孙以为勇者，恶讦以为直者。"

17.25 子曰："唯女子与小人为难养也，近之则不孙，远之则怨。"

17.26 子曰："年四十而见恶焉，其终也已。"

微子篇第十八

18.1 微子去之，箕子为之奴，比干谏而死。孔子曰："殷有三仁焉。"

18.2 柳下惠为士师，三黜。人曰："子未可以去乎？"曰："直道而事人，焉往而不三黜？枉道而事人，何必去父母之邦？"

18.3 齐景公待孔子曰："若季氏，则吾不能；以季、孟之间待之。"曰："吾老矣，不能用也。"孔子行。

18.4 齐人归女乐，季桓子受之，三日不朝。孔子行。

18.5 楚狂接舆歌而过孔子曰："凤兮凤兮！何德之衰？往者不可谏，来者犹可追。已而，已而。今之从政者殆而！"孔子下，欲与之言。趋而辟之，不得与之言。

18.6 长沮、桀溺耦而耕。孔子过之，使子路问津焉。长沮曰："夫执舆者为谁？"子路曰："为孔丘。"曰："是鲁孔丘与？"曰："是也。"曰："是知津矣。"问于桀溺。桀溺曰："子为谁？"曰："为仲由"。曰："是鲁孔丘之徒与？"对曰："然。"曰："滔滔者天下皆是也，而谁以易之？且而与其从辟人之士也，岂若从辟世之士哉？"耰而不辍。子路行以告。夫子怃然曰："鸟兽不可与同群，吾非斯人之徒与而谁与？天下有道，丘不与易也。"

18.7 子路从而后，遇丈人，以杖荷蓧。子路问曰："子见夫子乎？"丈人曰："四体不勤，五谷不分，孰为夫子？"植其杖而芸。子路拱而立。止子路宿，杀鸡为黍而食之。见其二子焉。明日，子路行以告。子曰："隐者也。"使子路反见之。至，则行矣。子路曰："不仕无义。长幼之节，不可废也；君臣之义，如之何其废之？欲洁其身，而乱大伦。君子之仕也，行其义也。道之不行，已知之矣。"

18.8 逸民：伯夷、叔齐、虞仲、夷逸、朱张、柳下惠、少连。子曰："不降其志，不辱其身，伯夷、叔齐与？"谓："柳下惠、少连，降志辱身矣，言中伦，行中虑，其斯而已矣。"谓："虞仲、夷逸，隐居放言，身中清，废中权。我则异于是，无可无不可。"

18.9 大师挚适齐，亚饭干适楚，三饭缭适蔡，四饭缺适秦，鼓方叔入于河，播鼗武入于汉，少师阳、击磬襄入于海。

18.10 周公谓鲁公曰："君子不施其亲，不使大臣怨乎不以。故旧无大故，则不弃也。无求备于一人！"

18.11 周有八士：伯达、伯适、仲突、仲忽、叔夜、叔夏、季随、季騧。

子张篇第十九

19.1 子张曰："士见危致命，见得思义，祭思敬，丧思哀，其可已矣。"

19.2 子张曰："执德不弘，信道不笃，焉能为有？焉能为亡？"

19.3 子夏之门人问交于子张。子张曰："子夏云何？"对曰："子夏曰：'可者与之，其不可者拒之。'"子张曰："异乎吾所闻：君子尊贤而容众，嘉善而矜不能。我之大贤与，于人何所不容？我之不贤与，人将拒我，如之何其拒人也？"

19.4 子夏曰："虽小道，必有可观者焉；致远恐泥，是以君子不为也。"

19.5 子夏曰："日知其所亡，月无忘其所能，可谓好学也已矣。"

19.6 子夏曰："博学而笃志，切问而近思，仁在其中矣。"

19.7 子夏曰："百工居肆以成其事，君子学以致其道。"

19.8 子夏曰："小人之过也必文。"

19.9 子夏曰："君子有三变：望之俨然，即之也温，听其言也厉。"

19.10 子夏曰："君子信而后劳其民；未信，则以为厉己也。信而后谏；未信，则以为谤己也。"

19.11 子夏曰："大德不逾闲，小德出入可也。"

19.12 子游曰："子夏之门人小子，当洒扫、应对、进退，则可矣，抑末也。本之则无，如之何？"子夏闻之，曰："噫，言游过矣！君子之道，孰先传焉，孰后倦焉，譬诸草木，区以别矣。君子之道，焉可诬也？有始有卒者，其惟圣人乎！"

19.13 子夏曰："仕而优则学，学而优则仕。"

19.14 子游曰："丧致乎哀而止。"

19.15 子游曰："吾友张也，为难能也，然而未仁。"

19.16 曾子曰："堂堂乎张也，难与并为仁矣。"

19.17 曾子曰："吾闻诸夫子，人未有自致者也，必也亲丧乎。"

19.18 曾子曰："吾闻诸夫子，孟庄子之孝也，其他可能也，其不改父之臣与父之政，是难能也。"

19.19 孟氏使阳肤为士师，问于曾子。曾子曰："上失其道，民散久矣。如得其情，则哀矜而勿喜。"

19.20 子贡曰："纣之不善，不如是之甚也。是以君子恶居下流，天下之恶皆归焉。"

19.21 子贡曰："君子之过也，如日月之食焉：过也，人皆见之；更也，人皆仰之。"

19.22 卫公孙朝问于子贡曰："仲尼焉学？"子贡曰："文、武之道，未坠于地，在人。贤者识其大者，不贤者识其小者，莫不有文、武之道焉。夫子焉不学？而亦何常师之有？"

19.23 叔孙武叔语大夫于朝，曰："子贡贤于仲尼。"子服景伯以告子贡。子贡曰："譬之宫墙，赐之墙也及肩，窥见室家之好。夫子之墙数仞，不得其门而入，不见宗庙之美，百官之富。得其门者或寡矣。夫子之云，不亦宜乎！"

19.24 叔孙武叔毁仲尼。子贡曰："无以为也！仲尼不可毁也。他人之贤者，丘陵也，犹可逾也；仲尼，日月也，无得而逾焉。人虽欲自绝，其何伤于日月乎？多见其不知量也。"

19.25 陈子禽谓子贡曰："子为恭也，仲尼岂贤于子乎？"子贡曰："君子一言以为知，一言以为不知，言不可不慎也。夫子之不可及也，犹天之不可阶而升也。夫子之得邦家者，所谓立之斯立，道之斯行，绥之斯来，动之斯和。其生也荣，其死也哀。如之何其可及也？"

尧曰篇第二十

20.1 尧曰："咨！尔舜！天之历数在尔躬，允执其中。四海困穷，天禄永终。"舜亦以命禹。曰："予小子履，敢用玄牡，敢昭告于皇皇后帝：有罪不敢赦。帝臣不蔽，简在帝心。朕躬有罪，无以万方；万方有罪，罪在朕躬。"周有大赉，善人是富。"虽有周亲，不如仁人。百姓有过，在予一人。"谨权量，审法度，修废官，四方之政行焉。兴灭国，继绝世，举逸民，天下之民归心焉。所重：民、食、丧、祭。宽则得众，信则民任焉，敏则有功，公则说。

20.2 子张问于孔子曰："何如斯可以从政矣？"子曰："尊五美，屏四恶，斯可以从政矣。"子张曰："何谓五美？"子曰："君子惠而不费，劳而不怨，欲而不贪，泰而不骄，威而不猛。"子张曰："何谓惠而不费？"子曰："因民之所利而利之，斯不亦惠而不费乎？择可劳而劳之，又谁怨？欲仁而得仁，又焉贪？君子无众寡，无小大，无敢慢，斯不亦泰而不骄乎？君子正其衣冠，尊其瞻视，俨然人望而畏之，斯不亦威而不猛乎？"子张曰："何谓四恶？"子曰："不教而杀谓之虐；不戒视成谓之暴；慢令致期谓之贼；犹之与人也，出纳之吝谓之有司"。

20.3 孔子曰："不知命，无以为君子也；不知礼，无以立也；不知言，无以知人也。"

参考文献：

[1] 吴龙辉. 孔子论语全编[M]. 北京：北京图书馆出版社，2007.

[2] 南怀瑾. 论语别裁. 复旦大学出版社，2006.

[3] 钱穆. 论语新解. 三联书店，2005.

[4] 李学勤. 论语注疏(标点本). 北京大学出版社，1999.

[5] 李泽厚. 论语今读. 三联书店，2004.

[6] 唐满先. 论语今译. 江西人民出版社，1982.

[7] 钱逊. 论语浅解. 北京古籍出版社，1988.

[8] 杨伯俊. 论语译注[M]. 北京：中华书局，1980.

[9] 杨朝明. 论语诠解[M]. 济南：山东友谊出版社，2013

[10] 马肇基. 国学经典[M]. 北京：线装书局，2012.

[11] 思履. 论语全书[M]. 北京：中国华侨出版社，2013.

[12] 刘金同. 国学经典释译[M]. 北京：高等教育出版社，2012.

[13] 司马迁. 史记[M]. 北京：光明日报出版社，2015.

[14] 邓启铜. 论语[M]. 南京：东南大学出版社，2013.

[15] 吴兆基. 论语[M]. 西安：三秦出版社，2008.

[16] 天宜. 论语明心[M]. 南京：东南大学出版社，2010.

[17] 陈涛. 论语通译[M]. 北京：线装书局，2012.

[18] 夏于全，邓学之. 论语[M]. 北京：三辰影库音像出版社，2010.

[19] 张慧. 论语精译[M]. 呼和浩特：内蒙古人民出版社，2008.

[20] 刘敬余. 论语节选[M]. 北京：北京教育出版社，2012.

[21] 刘华民. 论语导读[M]. 南京：东南大学出版社，2007.

[22] 钱逊. 论语[M]. 济南：济南出版社，2016.

[23] 何亚辉. 四书五经[M]. 北京：光明日报出版社，2011.

[24] 王朝亮. 大学·中庸·论语·孟子[M]. 北京：华艺出版社，2009.

[25] 肖俊莲. 刘金同. 英汉对照〈论语〉经典释译[M]. 长青：吉林文史出版社，2018.